# חומש קורן מהדורת ישראל • דברים

קורן ירושלים

חומש קורן • מהדורת ישראל

# בראשית
# שמות
# ויקרא
# במדבר
# דברים

הוצאת קורן ירושלים

חומש קורן מהדורת ישראל • דברים
עם רש״י ואונקלוס
מהדורה שנייה © תשע״ו

הוצאת קורן ירושלים
ת״ד 4044 ירושלים 9104001

www.korenpub.com



מהדורה גדולה, כריכה קשה, מפות צבעוניות ותוספות
מסת״ב: 978-965-301-679-8

מהדורה גדולה, כריכה קשה ותוספות
מסת״ב: 978-965-301-699-6

חיד2

Koren Ḥumash Yisrael, Devarim
with Rashi & Onkelos,
Second Edition © 2016

Koren Publishers Jerusalem Ltd.
POB 4044, Jerusalem 9104001, ISRAEL
POB 8531, New Milford, CT 06776, USA

www.korenpub.com



Large size, Hardcover, color maps & additional material.
ISBN 978-965-301-679-8

Large size, Hardcover & additional material.
ISBN 978-965-301-699-6

HYD2

## תוכן



## פרשות



## נספחים

# דברי פתיחה

הקריאה בתורה בבתי הכנסת והקריאה הערבה של תינוקות של בית רבן יום־יום בבתי המדרשות היו חוסנו של העם היהודי מאז ומעולם.

שני מאורות האירו את עיניהם של ישראל בקריאה ובלימוד אלו: אונקלוס, כאלף וארבע מאות שנה אחרי מסירת התורה על ידי משה, ורש״י, כאלף שנה אחריו. חכמים אלו התקבלו כפרשני יסוד של התורה, והם המעטרים אותה בדפוסים רבים, עד לימינו, תשע מאות שנה אחרי רש״י.

למן המצאת הדפוס עמלו מדפיסי הספרים לקבוע למאורות אלה מקום מתאים בצד התורה. משימה מורכבת זו גרמה לא פעם לקשיים בעימוד ואלה הכבידו על הלימוד והקריאה. המהדורה שבידך שואפת ליצוק את התורה על שני מפרשיה למבנה ולמראה הראויים לשאת את דבר ה׳, ולהנגישו לדור הזה. ארבע שנות עמל הושקעו בחומש זה – החל מהנוסחים המדויקים ביותר וכלה בעימוד הקפדני של הדף.

לאות העברית המפורסמת שעיצב אליהו קורן ז״ל מייסד ההוצאה לתנ״ך, נוספה כעת אות חדשה שעליה עמל מר קורן אך לא זכה לראות בגמר מלאכתו. גופן ׳קורן רש״י׳ שעיצב מר קורן הוא ביטוי נוסף של אמונתו של מייסד ההוצאה כי העיצוב נועד להעצים את התוכן: מלבד הקריאות והבהירות המאפיינים את הגופן, היופי והאסתטיקה מעניקים את הכבוד הראוי לדברי רש״י. כשם שבדי ארון הברית צופו גם הם זהב, כן האותיות הנושאות את דבר ה׳ – מרהיבות ומאירות.

מהדורה מיוחדת זו רואה אור בראש ובראשונה הודות לרב כרמיאל כהן, הרב ינון חן, יהושע מילר ומיכל בריטמן שלא חסכו מאמצים להעמיד דבר מתוקן ונאה – אשריהם ואשרי חלקם. נוספים עליהם הרב דוד פוקס, הרב חנן בניהו ואפרת גרוס; אסתר באר, רינה בן גל, דניאל בר־לב ואליהו משגב שעיצבו את הספר בהתאם לרף הגבוה של ההוצאה; לרב דן בארי, הרב ראובן ציגלר, תומר מבורך, הרב דוד נתיב, אליאב סטולמן, דוד פיאלקוף, גלעד קרני ומנחם שמשי שנתנו מחכמתם למהדורה זו.

אחרית כול עלינו להודות לקב״ה שזיכה אותנו לעסוק במלאכת קודשו, ושזימן לנו את הכלים המתאימים ליצור את המצע להעברת דברו לעם ישראל. אנו תפילה שמאמצינו יישאו פרי, ומהדורה זו תשרת בנאמנות את עם ה׳, ותפרה את הקשר הנצחי שיש בין ה׳ ובין עמו, קשר של כבוד הדדי, כדברי חז״ל המובאים ברש״י על הפסוק הראשון בספר דברים: ״׳אלה הדברים׳... מפני כבודן של ישראל״.

מאיר מילר, מו״ל

ערב י״ז בתמוז ה׳תשע״ה, ירושלים

# מבוא

למהדורה זו מעלות רבות, ולהן מגמה עיקרית - הנגשת התורה לקורא. נעמוד על העיקריות שבהן:

**תורה**

נוסח התורה עבר בחינה מדוקדקת על פי המסורה בידי שלושת המומחים הידועים דניאל גולדשמידט, אברהם מאיר הברמן ומאיר מדן, זכרם לברכה.

התורה מוצגת בכתב גדול בגופן 'תנ"ך קורן' בחטיבה אחת בעמוד הימני, כדי להבחין בין התורה שבכתב ובין פרשניה. חלוקה זו נועדה גם להקל את הקריאה הרציפה של התורה בבתי כנסת ובבתי ספר. מהדורה זו מחולקת לפי שלוש חלוקות עתיקות: החלוקה לפרשות, החלוקה לפרשות הפתוחות והסתומות והחלוקה לסדרים המסומנת בשוליים החיצוניים של העמוד. את העליות של מנחה של שבת ושני וחמישי, סימַנו בסימן: ◄.

צִיַּנו גם בכל פרשה עוד שני מקומות אפשריים להוספת עולים על שבעת הקרואים לתורה בשבת. את ההוספות סימַנו בסימן: ★.

במהדורה זו הבדלנו בין השווא הנע והשווא הנח, וסימַנו את השווא הנע בסימן בולט יותר, למשל, נַפְשְׁךָ. באותו אופן הבדלנו בין הקמץ הרגיל לקמץ הקטן באמצעות סימן גדול לקמץ הקטן, למשל, חָכְמָה. כידוע, ישנו הבדל בין מסורת הקריאה הספרדית לאופן הקריאה שהמליצה עליו האקדמיה. כל הקמצים שבהם ישנה מחלוקת, מסומנים בטעמי המקרא באמצעות געיה. משום כך, סימַנו אותם כקמצים קטנים בהתאם להוראות האקדמיה. המקפידים על המסורה הספרדית, יקראו כל קמץ שיש בו געיה כקמץ רחב (להרחבה ראו במאמר על שיטת הניקוד המופיע באתר ההוצאה, במדור 'אודות').

לצד התורה צִיַּנו את המצוות על פי ספר החינוך.

כמו כן, בשולי כל דף ישנה תווית ובה שם הפרשה, להקל את ההתמצאות בחומש.

**תרגום אונקלוס**

את נוסח התרגום, ניקודו ופיסוקו קיבלנו מאת מכון שתילי זיתים באדיבות המו"ל הרב יוסף עראקי הכהן ואדם בן נון. נוסח מבורר ומנופה זה משקף את המסורת העתיקה של קריאת התרגום בציבור, כפי שהיא נהוגה עד ימינו אלה בקהילות תימן.

ראוי לציין כי הפיסוק במסורת זו מנוגד לעתים לכללי הפיסוק לפי הטעמים, שכן לפי מסורת זו יש הפסקה בתביר ולא בטיפחא שאחריו. מכל מקום העדפנו להיצמד למסורת ברורה ולא ליצור פיסוק חדש. התרגום מוצג בגופן 'סידור קורן' כדי להבחין בין התורה ובין התרגום. צִיַּנו באפור את התיבות שאינן תרגומו המילולי של הכתוב בתורה אלא הרחבה או פירוש נוסף. מובן שבכל תרגום יש מן הפירוש וקשה לקבוע במדויק, מתי המעבר לשפה אחרת הוא בגדר תרגום מילולי מדויק, ומתי יש בו תוספת או ביאור. לכן אחזנו בשיטה מצמצמת וסימַנו אך ורק מילים שבפסוקי התורה לא הייתה אף מילה התואמת לתוכן.

**רש"י**

פירוש רש"י לתורה הוא מן הספרים הנפוצים ביותר בעולם התורה. בכל תפוצות ישראל הגו ושיננו חומש עם פירוש רש"י מגיל צעיר. בשל תפוצתו הגדולה של הספר בכתבי יד ובדפוסים ובשל ידי הלומדים שהרבו למשמש בדברי רש"י, עד היום לא צלחה דרכם של המבקשים להעמיד לפני הלומדים מהדורה מוסמכת של פירוש רש"י, נקייה ומנופה בלי תוספות ובלי שיבושים.

בהניחנו לפני הלומדים נוסח דברי רש"י לא התיימרנו ללכת בגדולות ובנפלאות ולומר כזה

ראה וקדש, אך עמלנו שיהיו הדברים ברורים ומדויקים כמידת יכולתנו. לנגד עינינו היו שלושה סוגים של עדי נוסח: 1. כתבי יד של פירוש רש״י, כגון: כתב יד ויימר, כתב יד וינה, כתב יד מינכן. 2. דפוסים קדומים של פירוש רש״י, כגון: רומא (ר״ל), רג׳יו די קלבריה (רל״ה), ואדי אל חאג׳ארה (רל״ו) וונציה (רפ״ד–רפ״ו). 3. מהדורות חשובות שיצאו לאור במהלך השנים, כגון: מהדורותיו של אברהם ברלינר מן המאה הי״ט, חומש אריאל ומהדורת הכתר של אוניברסיטת בר אילן שיצאה לאור בשנים האחרונות. ויותר מכולם עיינו תדיר בכתב יד לייפציג 1 (מן המאה הי״ג). המומחים ראו בו כתב יד בכיר לפירושו של רש״י לתורה, ובסיועו עלה בידינו במקומות רבים בס״ד להעמיד נוסח מדויק יותר בדברי רש״י. תודתנו נתונה למכון לתצלומי כתבי יד שבספרייה הלאומית.

מלבד הניסיון להעמיד נוסח מדויק לפירוש רש״י עמלנו גם בניקוד דברי רש״י ובפיסוקם. וגם בזה אפשר שזכינו להאיר חלק מדבריו. תודה מיוחדת למגיהים המעולים, הרב כרמיאל כהן והרב ינון חן. במקומות שבהם רש״י מזכיר בקצרה משל ואינו מצטט ציטוט מלא, השלמנו את המשל בגופן רש״י בלא ניקוד. ראה למשל רש״י לויקרא י, ב.

פירוש רש״י מוצג בגופן החדש ׳קורן רש״י׳, גופן שעיצב אליהו קורן ז״ל לפני מותו. בעיצוב הגופן הושם דגש על יופי, קריאות ודמיון לכתב עברי מרובע. ייחודיותו של גופן זה מתבטאת בעיצוב כמה תבניות לאותיות מסוימות, למען ירוץ הקורא בו (לדוגמה האות ׳ת׳ במילים: **תלתל כתית**). גופן זה מבוסס על סגנון כתב רש״י כפי הסגנון הרווח בכתבי יד ספרדיים מן המאה הט״ו (ראו לדוגמה: פריז, הספרייה הלאומית, המחלקה העברית, 684; אוקספורד, הספרייה הבריטית, Poc. 393).

**החלוקה לפרשות**

לכל פרשה שער משלה ובו תרשים הסוקר את החטיבות המרכזיות של הפרשה, את ההקשר הגיאוגרפי שלה ואת טווח הזמן שבו היא מתרחשת. החטיבות נקבעו על פי החלוקה לסדרים. הוצאת קורן מחזירה עטרה ליושנה בחשיפת המשמעות שבחלוקה היהודית לסדרים. חלוקה ארצישראלית קדומה זו נועדה, ככל הנראה, להשלמת קריאת התורה אחת לשלוש שנים וחצי, פעמיים בשמיטה, וייתכן שיש זיקה בינה ובין מצוות הקהל. חלוקה ייחודית זו שונה מהחלוקה הנוצרית לפרקים, שהיא החלוקה המצויה בכל החומשים. כבר בפרק הראשון של ספר בראשית אפשר להבחין בהבדל בין החלוקה היהודית לסדרים לחלוקה הנוצרית לפרקים. לפי החלוקה הנוצרית, מסתיים פרק א בסוף היום השישי, ואילו לפי החלוקה היהודית, מסתיים סדר א אחרי היום השביעי, כלומר, סדר א מאגד בתוכו את שבעת הימים יחדיו.

בסוף כל פרשה הבאנו את ההפטרה על פי מנהגי הקריאה השונים: אשכנזי, ספרדי ותימני. בתחילת כל הפטרה שילבנו דברי רקע וביאור מאת הרב דוד נתיב, המעניקים לקורא את ההקשר הנדרש להבנת דברי הנביאים.

בסוף כל חומש מובאות עליות המפטיר, ההפטרות הנוספות והמגילות המתאימות לעונת השנה שבה קוראים את החומש.

**נספחים**

פרופסור זהר עמר הכין לכבוד מהדורה זו את הנספח ׳צמחים ובעלי חיים בספר דברים׳. בנספח זה צילומים וביאורים על הצמחים ובעלי החיים המופיעים בתורה שאינם מוכרים לקהל הרחב. למתעניינים בשיטת הזיהוי, אפשר לעיין באתר ההוצאה, במדור ׳אודות׳ במבוא שכתב פרופסור עמר לנספח זה.

הרב ינון חן ואליהו משגב עמלו רבות ביצירת הנספחים במהדורה זו. המפות, התרשימים והאיורים הנוספים נועדו להוסיף רקע גיאוגרפי ולבאר חזותית עניינים בתורה הזוקקים המחשה, כגון: רצף אירועי המבול, סדר הקרבנות, מפת מסעי בני ישראל ועוד. בבחירת המפות ובעיצובן הושקעה מחשבה רבה.

וגם כאן ראוי ללומד המעמיק לעיין במדור 'אודות' באתר ההוצאה, לתכנים המעשירים את הנספחים האלו.

בפירושיו של רש"י לתנ"ך ולתלמוד משובצים מאות מילים וביטויים בצרפתית עתיקה, השפה שהייתה מדוברת בימיו ובמקומו של רש"י. בדרך כלל אחרי תיבות אלו רשומה המילה 'בלעז', המציינת שמדובר במילה או בביטוי בלועזית. ד"ר משה קטן ז"ל (תר"פ–תשנ"ו) השווה את הנוסח בכתבי היד למצוי בספרות הצרפתית העתיקה ובספרות המחקר, זיהה את כל הלעזים ופירשם. רעייתו, יקירת ירושלים, הגב' שולמית קטן ז"ל (תרפ"ג–תשע"ג), ניאותה בחפץ לב בשעתו להעביר את החומר לידינו ולהדפיסו, ועל כך תודתנו נתונה לה.

בסוף כל חומש ערכנו טבלה ובה מניין המצוות, הפסוקים, המילים והאותיות של כל פרשה ופרשה. אנו מודים לר' פינחס טשרנפסקי שקיבץ בעבורנו את החומר.

בנספח הבאנו הלכות מעשיות לשעת קריאת התורה.

תודה מיוחדת לאליהו משגב על העיצוב הקליגרפי המעטר את כריכת הספר. עיצוב זה הוא הביטוי האומנותי של עקרונות המהדורה, בהיותו מנגיש באמצעים חדשניים סגנונות קליגרפיים מסורתיים. למאמר המתאר את סיפור יצירת קליגרפיית הכריכה עיין באתר ההוצאה במדור 'אודות'.

מי ייתן ויקוים בנו הכתוב: "וְהַמַּשְׂכִּלִים יַזְהִרוּ כְּזֹהַר הָרָקִיעַ וּמַצְדִּיקֵי הָרַבִּים כַּכּוֹכָבִים לְעוֹלָם וָעֶד" (דניאל יב, ג).

ועתה "חֲתֹם הַסֵּפֶר" (שם, שם ד).

יהושע מילר, עורך ראשי
הוצאת קורן ירושלים
שמחה ואור לצום הרביעי ה'תשע"ה

## ברכות התורה לאשכנזים

קודם הברכה על העולה לראות היכן קוראים ולנשק את ספר התורה.
בשעת הברכה העולה אוחז בעמודי הספר.

עולה: **בָּרְכוּ אֶת יהוה הַמְבֹרָךְ.**

קהל: **בָּרוּךְ יהוה הַמְבֹרָךְ לְעוֹלָם וָעֶד.**

עולה: **בָּרוּךְ יהוה הַמְבֹרָךְ לְעוֹלָם וָעֶד.**

**בָּרוּךְ אַתָּה יהוה, אֱלֹהֵינוּ מֶלֶךְ הָעוֹלָם, אֲשֶׁר בָּחַר בָּנוּ מִכָּל הָעַמִּים וְנָתַן לָנוּ אֶת תּוֹרָתוֹ. בָּרוּךְ אַתָּה יהוה, נוֹתֵן הַתּוֹרָה.**

לאחר הקריאה מברך:

**בָּרוּךְ אַתָּה יהוה, אֱלֹהֵינוּ מֶלֶךְ הָעוֹלָם, אֲשֶׁר נָתַן לָנוּ תּוֹרַת אֱמֶת וְחַיֵּי עוֹלָם נָטַע בְּתוֹכֵנוּ. בָּרוּךְ אַתָּה יהוה, נוֹתֵן הַתּוֹרָה.**

## ברכות ההפטרה

בָּרוּךְ אַתָּה יהוה אֱלֹהֵינוּ מֶלֶךְ הָעוֹלָם אֲשֶׁר בָּחַר בִּנְבִיאִים טוֹבִים, וְרָצָה בְדִבְרֵיהֶם הַנֶּאֱמָרִים בֶּאֱמֶת. בָּרוּךְ אַתָּה יהוה, הַבּוֹחֵר בַּתּוֹרָה וּבְמֹשֶׁה עַבְדּוֹ וּבְיִשְׂרָאֵל עַמּוֹ וּבִנְבִיאֵי הָאֱמֶת וָצֶדֶק.

אחר קריאת ההפטרה המפטיר מברך:

בָּרוּךְ אַתָּה יהוה, אֱלֹהֵינוּ מֶלֶךְ הָעוֹלָם, צוּר כָּל הָעוֹלָמִים, צַדִּיק בְּכָל הַדּוֹרוֹת, הָאֵל הַנֶּאֱמָן, הָאוֹמֵר וְעוֹשֶׂה, הַמְדַבֵּר וּמְקַיֵּם, שֶׁכָּל דְּבָרָיו אֱמֶת וָצֶדֶק. נֶאֱמָן אַתָּה הוּא יהוה אֱלֹהֵינוּ וְנֶאֱמָנִים דְּבָרֶיךָ, וְדָבָר אֶחָד מִדְּבָרֶיךָ אָחוֹר לֹא יָשׁוּב רֵיקָם, כִּי אֵל מֶלֶךְ נֶאֱמָן (וְרַחֲמָן) אָתָּה. בָּרוּךְ אַתָּה יהוה, הָאֵל הַנֶּאֱמָן בְּכָל דְּבָרָיו.

רַחֵם עַל צִיּוֹן כִּי הִיא בֵּית חַיֵּינוּ, וְלַעֲלוּבַת נֶפֶשׁ תּוֹשִׁיעַ בִּמְהֵרָה בְיָמֵינוּ. בָּרוּךְ אַתָּה יהוה, מְשַׂמֵּחַ צִיּוֹן בְּבָנֶיהָ.

שַׂמְּחֵנוּ יהוה אֱלֹהֵינוּ בְּאֵלִיָּהוּ הַנָּבִיא עַבְדֶּךָ, וּבְמַלְכוּת בֵּית דָּוִד מְשִׁיחֶךָ, בִּמְהֵרָה יָבוֹא וְיָגֵל לִבֵּנוּ. עַל כִּסְאוֹ לֹא יֵשֵׁב זָר, וְלֹא יִנְחֲלוּ עוֹד אֲחֵרִים אֶת כְּבוֹדוֹ, כִּי בְשֵׁם קָדְשְׁךָ נִשְׁבַּעְתָּ לּוֹ שֶׁלֹּא יִכְבֶּה נֵרוֹ לְעוֹלָם וָעֶד. בָּרוּךְ אַתָּה יהוה, מָגֵן דָּוִד.

עַל הַתּוֹרָה וְעַל הָעֲבוֹדָה וְעַל הַנְּבִיאִים וְעַל יוֹם הַשַּׁבָּת הַזֶּה, שֶׁנָּתַתָּ לָּנוּ יהוה אֱלֹהֵינוּ לִקְדֻשָּׁה וְלִמְנוּחָה, לְכָבוֹד וּלְתִפְאָרֶת. עַל הַכֹּל יהוה אֱלֹהֵינוּ אֲנַחְנוּ מוֹדִים לָךְ וּמְבָרְכִים אוֹתָךְ, יִתְבָּרַךְ שִׁמְךָ בְּפִי כָּל חַי תָּמִיד לְעוֹלָם וָעֶד. בָּרוּךְ אַתָּה יהוה, מְקַדֵּשׁ הַשַּׁבָּת.

## ברכות התורה לספרדים

קודם הברכה על העולה לראות היכן קוראים ולנשק את ספר התורה.
בשעת הברכה העולה אוחז בעמודי הספר באמצעות מטפחת.

עולה: **יהוה עִמָּכֶם** קהל: **יְבָרֶכְךָ יהוה**

עולה: **(רַבָּנָן) בָּרְכוּ אֶת יהוה הַמְבֹרָךְ.**

קהל: **בָּרוּךְ יהוה הַמְבֹרָךְ לְעוֹלָם וָעֶד.**

עולה: **בָּרוּךְ יהוה הַמְבֹרָךְ לְעוֹלָם וָעֶד.**

**בָּרוּךְ אַתָּה יהוה, אֱלֹהֵינוּ מֶלֶךְ הָעוֹלָם, אֲשֶׁר בָּחַר בָּנוּ מִכָּל הָעַמִּים, וְנָתַן לָנוּ אֶת תּוֹרָתוֹ. בָּרוּךְ אַתָּה יהוה, נוֹתֵן הַתּוֹרָה.**

לאחר הקריאה העולה מנשק את ספר התורה ומברך:

**בָּרוּךְ אַתָּה יהוה, אֱלֹהֵינוּ מֶלֶךְ הָעוֹלָם, אֲשֶׁר נָתַן לָנוּ (אֶת) תּוֹרָתוֹ תּוֹרַת אֱמֶת, וְחַיֵּי עוֹלָם נָטַע בְּתוֹכֵנוּ. בָּרוּךְ אַתָּה יהוה, נוֹתֵן הַתּוֹרָה.**

## ברכות ההפטרה

**בָּרוּךְ אַתָּה יהוה אֱלֹהֵינוּ מֶלֶךְ הָעוֹלָם אֲשֶׁר בָּחַר בִּנְבִיאִים טוֹבִים, וְרָצָה בְדִבְרֵיהֶם הַנֶּאֱמָרִים בֶּאֱמֶת. בָּרוּךְ אַתָּה יהוה, הַבּוֹחֵר בַּתּוֹרָה וּבְמֹשֶׁה עַבְדּוֹ וּבְיִשְׂרָאֵל עַמּוֹ וּבִנְבִיאֵי הָאֱמֶת וְהַצֶּדֶק.**

אחרי קריאת ההפטרה המפטיר מוסיף פסוק זה קודם הברכה:

**גֹּאֲלֵנוּ יהוה צְבָאוֹת שְׁמוֹ, קְדוֹשׁ יִשְׂרָאֵל:** ישעיה מז

**בָּרוּךְ אַתָּה יהוה, אֱלֹהֵינוּ מֶלֶךְ הָעוֹלָם, צוּר כָּל הָעוֹלָמִים, צַדִּיק בְּכָל הַדּוֹרוֹת, הָאֵל הַנֶּאֱמָן, הָאוֹמֵר וְעוֹשֶׂה, מְדַבֵּר וּמְקַיֵּם, כִּי כָל דְּבָרָיו אֱמֶת וָצֶדֶק. נֶאֱמָן אַתָּה הוּא יהוה אֱלֹהֵינוּ וְנֶאֱמָנִים דְּבָרֶיךָ, וְדָבָר אֶחָד מִדְּבָרֶיךָ אָחוֹר לֹא יָשׁוּב רֵיקָם, כִּי אֵל מֶלֶךְ נֶאֱמָן (וְרַחֲמָן) אָתָּה. בָּרוּךְ אַתָּה יהוה, הָאֵל הַנֶּאֱמָן בְּכָל דְּבָרָיו.**

**רַחֵם עַל צִיּוֹן כִּי הִיא בֵּית חַיֵּינוּ, וְלַעֲלוּבַת נֶפֶשׁ תּוֹשִׁיעַ בִּמְהֵרָה בְיָמֵינוּ. בָּרוּךְ אַתָּה יהוה, מְשַׂמֵּחַ צִיּוֹן בְּבָנֶיהָ.**

**שַׂמְּחֵנוּ יהוה אֱלֹהֵינוּ בְּאֵלִיָּהוּ הַנָּבִיא עַבְדֶּךָ, וּבְמַלְכוּת בֵּית דָּוִד מְשִׁיחֶךָ, בִּמְהֵרָה יָבוֹא וְיָגֵל לִבֵּנוּ. עַל כִּסְאוֹ לֹא יֵשֵׁב זָר, וְלֹא יִנְחֲלוּ עוֹד אֲחֵרִים אֶת כְּבוֹדוֹ, כִּי בְשֵׁם קָדְשְׁךָ נִשְׁבַּעְתָּ לוֹ שֶׁלֹּא יִכְבֶּה נֵרוֹ לְעוֹלָם וָעֶד. בָּרוּךְ אַתָּה יהוה, מָגֵן דָּוִד.**

**עַל הַתּוֹרָה וְעַל הָעֲבוֹדָה וְעַל הַנְּבִיאִים וְעַל יוֹם הַשַּׁבָּת הַזֶּה, שֶׁנָּתַתָּ לָּנוּ יהוה אֱלֹהֵינוּ לִקְדֻשָּׁה וְלִמְנוּחָה, לְכָבוֹד וּלְתִפְאָרֶת. עַל הַכֹּל יהוה אֱלֹהֵינוּ אֲנַחְנוּ מוֹדִים לָךְ וּמְבָרְכִים אוֹתָךְ, יִתְבָּרַךְ שִׁמְךָ בְּפִי כָּל חַי תָּמִיד לְעוֹלָם וָעֶד. בָּרוּךְ אַתָּה יהוה, מְקַדֵּשׁ הַשַּׁבָּת. אָמֵן.**

## ברכות התורה לתימנים

קודם הברכה על העולה לראות היכן קוראים ולנשק את ספר התורה.
בשעת הברכה העולה אוחז ביריעת הספר באמצעות מטפחת.

עולה: **בָּרְכוּ אֶת יהוה הַמְּבֹרָךְ.**

קהל ועולה: **בָּרוּךְ יהוה הַמְּבֹרָךְ לְעוֹלָם וָעֶד.**

עולה: **בָּרוּךְ אַתָּה יהוה, אֱלֹהֵינוּ מֶלֶךְ הָעוֹלָם, אֲשֶׁר בָּחַר בָּנוּ מִכָּל הָעַמִּים, וְנָתַן לָנוּ אֶת תּוֹרָתוֹ. בָּרוּךְ אַתָּה יהוה, נוֹתֵן הַתּוֹרָה.**

לאחר הקריאה העולה מנשק את ספר התורה ומברך:

**בָּרוּךְ אַתָּה יהוה, אֱלֹהֵינוּ מֶלֶךְ הָעוֹלָם, אֲשֶׁר נָתַן לָנוּ תּוֹרַת אֱמֶת, וְחַיֵּי עוֹלָם נָטַע בְּתוֹכֵנוּ. בָּרוּךְ אַתָּה יהוה, נוֹתֵן הַתּוֹרָה.**

### ברכות ההפטרה

בָּרוּךְ אַתָּה יהוה אֱלֹהֵינוּ מֶלֶךְ הָעוֹלָם אֲשֶׁר בָּחַר בִּנְבִיאִים טוֹבִים, וְרָצָה בְדִבְרֵיהֶם הַנֶּאֱמָרִים בֶּאֱמֶת. בָּרוּךְ אַתָּה יהוה, הַבּוֹחֵר בַּתּוֹרָה בְּמֹשֶׁה עַבְדּוֹ וּבְיִשְׂרָאֵל עַמּוֹ וּבִנְבִיאֵי הָאֱמֶת וְהַצֶּדֶק.

אחר קריאת ההפטרה המפטיר מברך:

בָּרוּךְ אַתָּה יהוה, אֱלֹהֵינוּ מֶלֶךְ הָעוֹלָם, צוּר כָּל הָעוֹלָמִים, הַצַּדִּיק בְּכָל הַדּוֹרוֹת, הָאֵל הַנֶּאֱמָן, הָאוֹמֵר וְעוֹשֶׂה, מְדַבֵּר וּמְקַיֵּם, אֲשֶׁר כָּל דְּבָרָיו הָאֱמֶת וְהַצֶּדֶק. נֶאֱמָן אַתָּה הוּא יהוה אֱלֹהֵינוּ וְנֶאֱמָנִים דְּבָרֶיךָ, וְדָבָר מִדְּבָרֶיךָ אָחוֹר לֹא יָשׁוּב רֵיקָם, כִּי אֵל נֶאֱמָן אָתָּה. בָּרוּךְ אַתָּה יהוה, הָאֵל הַנֶּאֱמָן בְּכָל דְּבָרָיו.

רַחֵם עַל צִיּוֹן כִּי הִיא בֵּית חַיֵּינוּ, וְלַעֲגוּמַת נֶפֶשׁ תִּנְקֹם נָקָם מְהֵרָה בְיָמֵינוּ וְתִבָּנֶה מְהֵרָה. בָּרוּךְ אַתָּה יהוה, בּוֹנֵה יְרוּשָׁלָיִם.

אֵת צֶמַח דָּוִד מְהֵרָה תַצְמִיחַ וְקַרְנוֹ תָרוּם בִּישׁוּעָתֶךָ. בָּרוּךְ אַתָּה יהוה, מָגֵן דָּוִד.

עַל הַתּוֹרָה וְעַל הַנְּבִיאִים וְעַל יוֹם הַמָּנוֹחַ הַזֶּה /בראש חודש: וְעַל יוֹם רֹאשׁ הַחֹדֶשׁ הַזֶּה/ שֶׁנָּתַתָּ לָנוּ יהוה אֱלֹהֵינוּ לִקְדֻשָּׁה וְלִמְנוּחָה, לְכָבוֹד וּלְתִפְאָרֶת. עַל הַכֹּל אָנוּ מְבָרְכִים אֶת שְׁמָךְ. בָּרוּךְ אַתָּה יהוה, מְקַדֵּשׁ הַשַּׁבָּת. אָמֵן.

## שמות הטעמים וסימניהם

אשכנזים:

מֵרְכָא טִפְּחָא מֻנַּח אֶתְנַחְתָּא מֵרְכָא טִפְּחָא סוֹף־פָּסוּק
מַהְפַּךְ פַּשְׁטָא מֻנַּח זָקֵף־קָטֹן זָקֵף־גָּדוֹל מֻנַּח | מֻנַּח רְבִיעַ
קַדְמָא דַּרְגָּא תְּבִיר מֻנַּח זַרְקָא מֻנַּח סֶגּוֹל תְּלִישָא־גְדוֹלָה
תְּלִישָא־קְטַנָּה קַדְמָא וְאַזְלָא אַזְלָא־גֵּרֵשׁ גֵּרְשַׁיִם פָּזֵר
יְתִיב שַׁלְשֶׁלֶת גַּלְגַּל קַרְנֵי־פָרָה מֵרְכָא־כְפוּלָה
לְגַרְמֵהּ | סוֹף־פָּסוּק

ספרדים:

זַרְקָא מַקַּף־שׁוֹפָר־הוֹלֵךְ סְגוֹלְתָּא פָּזֵר־גָּדוֹל
תַּלְשָׁא תִּילְשָׁא אַזְלָא־גֵּרִישׁ פָּסֵק | רָבִיעַ שְׁנֵי־גֵרְשִׁין
דַּרְגָּא תְּבִיר מַאֲרִיךְ טַרְחָא אַתְנָח שׁוֹפָר־מְהֻפָּךְ
קַדְמָא תְּרֵי־קַדְמִין זָקֵף־קָטֹן זָקֵף־גָּדוֹל שַׁלְשֶׁלֶת
גַּלְגַּל קַרְנֵי־פָרָה תְּרֵי־טַעֲמֵי יְתִיב סוֹף־פָּסוּק

תימנים:

זַרְקָא מַקַּף־שׁוֹפָר־הוֹלֵךְ סְגֻלְתָּא פָּזֵר תַּלְשָׁא־יָמִין
תִּלְשָׁא־שְׂמֹאל אָזֵיל וְאָתֵי פְּסִיק | רְבִיעַ תְּרֵין־טַרְסִין
דַּרְגָּא תְּבִיר מַאַרְכָה טִפְחָא אַתְנַחְאָ שׁוֹפָר־הָפוּךְ
פִּשְׁטָא תְּרֵין־פִּשְׁטִין זָקֵף־קָטֹן זָקֵף־גָּדוֹל שַׁלְשֶׁלֶת
גַּלְגַּל קַרְנֵי־פָרָה תְּרֵין־טַעְמֵי יְתִיב סוֹף־פָּסוּק

## אות קורן ואות רש"י

| קורן | רש"י |
|---|---|
| א | א |
| ב | ב |
| ג | ג |
| ד | ד |
| ה | ה |
| ו | ו |
| ז | ז |
| ח | ח |
| ט | ט |
| י | י |
| כ | כ |

| קורן | רש"י |
|---|---|
| ל | ל |
| מ | מ |
| נ | נ |
| ס | ס |
| ע | ע |
| פ | פ |
| צ | צ |
| ק | ק |
| ר | ר |
| ש | ש |
| ת | ת |

| קורן | רש"י |
|---|---|
| ם | ם |
| ן | ן |
| ץ | ץ |
| ף | ף |
| ך | ך |

# חלוקת ספר דברים

| הנאום ההיסטורי | | נאום המצוות | | | | | | נאום הברית | | | פרֵדת משה | | |
|---|---|---|---|---|---|---|---|---|---|---|---|---|---|
| חטא המרגלים | המסע בעבר הירדן | הברית בחורב | חטא העגל | המקום אשר יבחר ה׳ | היבדלות מעבודה זרה ודרכיה | סדרי משפט והנהגה | דיני מלחמה | ברכות וקללות | כריתת הברית | תשובת ישראל | השירה | ברכות השבטים | מות משה |
| דברים | | ואתחנן | עקב | ראה - שפטים - כי תצא | | | | כי תבוא - נצבים | | | וילך - האזינו | וזאת הברכה | |

# פרשת דברים

| נושאים לפי סדרים | א | ב | ג |
|---|---|---|---|
| | מינוי שופטים<br>חטא המרגלים והמעפילים | הקפת אדום, מואב ועמון<br>הפנייה לסיחון | כיבוש ארץ סיחון ועוג<br>נחלת ראובן, גד וחצי המנשה |

# דברים

א אֵלֶּה הַדְּבָרִים אֲשֶׁר דִּבֶּר מֹשֶׁה אֶל־כָּל־ א א
יִשְׂרָאֵל בְּעֵבֶר הַיַּרְדֵּן בַּמִּדְבָּר בָּעֲרָבָה מוֹל
סוּף בֵּין־פָּארָן וּבֵין־תֹּפֶל וְלָבָן וַחֲצֵרֹת וְדִי
זָהָב: אַחַד עָשָׂר יוֹם מֵחֹרֵב דֶּרֶךְ הַר־שֵׂעִיר ב
עַד קָדֵשׁ בַּרְנֵעַ: וַיְהִי בְּאַרְבָּעִים שָׁנָה ג
בְּעַשְׁתֵּי־עָשָׂר חֹדֶשׁ בְּאֶחָד לַחֹדֶשׁ דִּבֶּר מֹשֶׁה
אֶל־בְּנֵי יִשְׂרָאֵל כְּכֹל אֲשֶׁר צִוָּה יְהוָה אֹתוֹ
אֲלֵהֶם: · אַחֲרֵי הַכֹּתוֹ אֵת סִיחֹן מֶלֶךְ הָאֱמֹרִי ד
אֲשֶׁר יוֹשֵׁב בְּחֶשְׁבּוֹן וְאֵת עוֹג מֶלֶךְ הַבָּשָׁן
אֲשֶׁר־יוֹשֵׁב בְּעַשְׁתָּרֹת בְּאֶדְרֶעִי: בְּעֵבֶר ה
הַיַּרְדֵּן בְּאֶרֶץ מוֹאָב הוֹאִיל מֹשֶׁה בֵּאֵר אֶת־
הַתּוֹרָה הַזֹּאת לֵאמֹר: יְהוָה אֱלֹהֵינוּ דִּבֶּר ו

א| **אלה הדברים.** לפי שהן דברי תוכחות, ומנה כאן כל המקומות שהכעיסו לפני המקום בהן, לפיכך סתם את הדברים והזכירם ברמז, מפני כבודן של ישראל: **אל כל ישראל.** אלו הוכיח מקצתן, היו אלו שבשוק אומרים: אתם הייתם שומעים מבן עמרם ולא השיבותם דבר, מכך וכך, אלו היינו שם היינו משיבין אותו; לכך כנסם כלם ואמר להם: הרי כלכם כאן, כל מי שיש לו תשובה ישיב: **במדבר.** לא במדבר היו אלא בערבות מואב, ומהו "במדבר"? אלא בשביל מה שהכעיסוהו במדבר, שאמרו: "מי יתן מותנו" וגו' (שמות טז, ג): **בערבה.** בשביל הערבה, שחטאו בבעל פעור בשטים בערבות מואב: **מול סוף.** על מה שהמרו בים סוף, בבואם לים סוף, שאמרו: "המבלי אין קברים במצרים" (שמות יד, יא), וכן בנסעם מתוך הים, שנאמר: "וימרו על ים בים סוף" (תהלים קו, ז), כדאיתא בערכין (דף טו ע"א): **בין פארן ובין תפל ולבן.** אמר רבי יוחנן: חזרנו על כל המקרא ולא מצינו מקום ששמו תפל ולבן, אלא הוכיחן על הדברים שתפלו על המן שהוא לבן, שאמרו: "ונפשנו קצה בלחם הקלקל" (במדבר כא, ה), ועל מה שעשו במדבר פארן

א א אִלֵּין פִּתְגָמַיָּא, דְּמַלֵּיל מֹשֶׁה עִם כָּל יִשְׂרָאֵל, בְּעִבְרָא דְּיַרְדְּנָא, אוֹכַח יָתְהוֹן עַל דְּחָבוּ
בְּמַדְבְּרָא, וְעַל דְּאַרְגִּיזוּ בְּמֵישְׁרָא לָקֳבֵיל יַם סוּף, בְּפָארָן אִתַּפַּלוּ עַל מַנָּא, וּבַחֲצֵרוֹת
ב אַרְגִּיזוּ עַל בִּסְרָא וְעַל דַּעֲבַדוּ עֵיגֶל דִּדְהַב: מַהְלַךְ חַד עֲסַר יוֹמִין מֵחוֹרֵב, אוֹרַח טוּרָא
ג דְּשֵׂעִיר, עַד רְקַם גֵּיאָה: וַהֲוָה בְּאַרְבְּעִין שְׁנִין, בְּחַד עֲסַר יַרְחִין בְּחַד לְיַרְחָא, מַלֵּיל מֹשֶׁה
ד עִם בְּנֵי יִשְׂרָאֵל, כְּכֹל, דְּפַקֵּיד יְיָ, יָתֵיהּ לְוָתְהוֹן: בָּתַר דִּמְחָא, יָת סִיחוֹן מַלְכָּא אֱמוֹרָאָה,
ה דְּיָתֵיב בְּחֶשְׁבּוֹן, וְיָת, עוֹג מַלְכָּא דְּמַתְנָן, דְּיָתֵיב בְּעַשְׁתָּרוֹת בְּאֶדְרֶעִי: בְּעִבְרָא דְּיַרְדְּנָא
ו בְּאַרְעָא דְּמוֹאָב, שָׁרִי מֹשֶׁה, פָּרֵישׁ, יָת אֻלְפַן אוֹרָיְתָא הָדָא לְמֵימַר: יְיָ אֱלָהַנָא, מַלֵּיל

על ידי המרגלים: וחצרת. במחלקתו של קרח. דבר אחר, אמר להם: היה לכם ללמד ממה שעשיתי למרים בחצרות בשביל לשון הרע, ואתם נדברתם במקום: ודי זהב. הוכיחן על העגל שעשו בשביל רב זהב שהיה להם, שנאמר: "וכסף הרביתי לה וזהב עשו לבעל" (הושע ב, י):

ב] אחד עשר יום מחרב. אמר להם משה: ראו מה שגרמתם, אין לכם דרך קצרה מחורב לקדש ברנע כדרך הר שעיר, ואף היא מהלך אחד עשר יום ואתם הלכתם אותה בשלשה ימים, שהרי בעשרים באייר נסעו מחורב, שנאמר: "ויהי בשנה השנית בחדש השני בעשרים בחדש" וגו' (במדבר י, יא), ובעשרים ותשעה בסיון שלחו את המרגלים מקדש ברנע, צא מהם שלשים יום שעשו בקברות התאוה שאכלו הבשר חדש ימים, ושבעה ימים שעשו בחצרות להסגר של מרים, נמצא בשלשה ימים הלכו כל אותו הדרך, וכל כך היתה השכינה מתלבטת בשבילכם למהר ביאתכם לארץ דרך הר שעיר, ובשביל שקלקלתם הסב אתכם סביבות הר שעיר ארבעים שנה:

ג] ויהי בארבעים שנה בעשתי עשר חדש באחד לחדש. מלמד שלא הוכיחן אלא סמוך למיתה. ממי למד? מיעקב, שלא הוכיח את בניו אלא סמוך למיתה. אמר: ראובן בני, אני אומר לך מפני מה לא הוכחתיך כל השנים הללו, כדי שלא תניחני ותלך ותדבק בעשו אחי. ומפני ארבעה דברים אין מוכיחין את האדם אלא סמוך למיתה: כדי שלא יהא מוכיחו וחוזר ומוכיחו, ושלא יהא חברו רואהו ומתבייש ממנו וכו', כדאיתא בספרי (ב). וכן יהושע לא הוכיח את ישראל אלא סמוך למיתה. וכן שמואל, שנאמר: "הנני ענו בי" (שמואל א' יב, ג). וכן דוד את שלמה בנו:

ד] אחרי הכתו. אמר משה: אם אני מוכיחם קודם שיכנסו לקצת הארץ, יאמרו: מה לזה עלינו, מה היטיב לנו, אינו בא אלא לקנתר ולמצא עלה, שאין בו כח להכניסנו לארץ. לפיכך המתין עד שהפיל סיחון ועוג לפניהם והורישם את ארצם, ואחר כך הוכיחן: סיחן... אשר יושב בחשבון. אלו לא היה סיחון קשה והיה שרוי בחשבון, היה קשה, שהמדינה קשה. ואלו היתה עיר אחרת וסיחון שרוי בתוכה, היה קשה, שהמלך קשה. על אחת כמה וכמה שהמלך קשה והמדינה קשה: אשר יושב בעשתרת. המלך קשה והמדינה קשה: עשתרת. הוא לשון צוקין וקשי, כמו: "עשתרת קרנים" (בראשית יד, ה), ו'עשתרת' זה הוא עשתרת קרנים שהיו שם רפאים שהכה אמרפל, שנאמר: "ויכו את רפאים בעשתרת קרנים" (שם), ועוג נמלט מהם, והוא שנאמר: "ויבא הפליט" (שם פסוק יג), ואומר: "כי רק עוג מלך הבשן נשאר מיתר הרפאים" (להלן ג, יא): באדרעי. שם המלכות:

ה] הואיל. התחיל, כמו: "הנה נא הואלתי" (בראשית יח, כז): באר את התורה. בשבעים לשון פרשה להם:

אֵלֵינוּ בְּחֹרֵב לֵאמֹר רַב־לָכֶם שֶׁבֶת בָּהָר הַזֶּה:
פְּנוּ ׀ וּסְעוּ לָכֶם וּבֹאוּ הַר הָאֱמֹרִי וְאֶל־כָּל־ ז
שְׁכֵנָיו בָּעֲרָבָה בָהָר וּבַשְּׁפֵלָה וּבַנֶּגֶב וּבְחוֹף
הַיָּם אֶרֶץ הַכְּנַעֲנִי וְהַלְּבָנוֹן עַד־הַנָּהָר הַגָּדֹל
נְהַר־פְּרָת: רְאֵה נָתַתִּי לִפְנֵיכֶם אֶת־הָאָרֶץ ח
בֹּאוּ וּרְשׁוּ אֶת־הָאָרֶץ אֲשֶׁר נִשְׁבַּע יְהוָה
לַאֲבֹתֵיכֶם לְאַבְרָהָם לְיִצְחָק וּלְיַעֲקֹב לָתֵת
לָהֶם וּלְזַרְעָם אַחֲרֵיהֶם: וָאֹמַר אֲלֵכֶם בָּעֵת ט
הַהִוא לֵאמֹר לֹא־אוּכַל לְבַדִּי שְׂאֵת אֶתְכֶם:
יְהוָה אֱלֹהֵיכֶם הִרְבָּה אֶתְכֶם וְהִנְּכֶם הַיּוֹם י
שני כְּכוֹכְבֵי הַשָּׁמַיִם לָרֹב: יְהוָה אֱלֹהֵי אֲבוֹתֵכֶם יא
יֹסֵף עֲלֵיכֶם כָּכֶם אֶלֶף פְּעָמִים וִיבָרֵךְ אֶתְכֶם
כַּאֲשֶׁר דִּבֶּר לָכֶם: אֵיכָה אֶשָּׂא לְבַדִּי טָרְחֲכֶם יב
וּמַשַּׂאֲכֶם וְרִיבְכֶם: הָבוּ לָכֶם אֲנָשִׁים חֲכָמִים יג
וּנְבֹנִים וִידֻעִים לְשִׁבְטֵיכֶם וַאֲשִׂימֵם בְּרָאשֵׁיכֶם:

ו| **רַב לָכֶם שֶׁבֶת.** כִּפְשׁוּטוֹ. וְיֵשׁ מִדְרַשׁ אַגָּדָה: הַרְבֵּה גְּדֻלָּה לָכֶם וְשָׂכָר עַל יְשִׁיבַתְכֶם בָּהָר הַזֶּה, עֲשִׂיתֶם מִשְׁכָּן מְנוֹרָה וְכֵלִים, קִבַּלְתֶּם תּוֹרָה, מִנִּיתֶם לָכֶם סַנְהֶדְרִין שָׂרֵי אֲלָפִים וְשָׂרֵי מֵאוֹת:

ז| **פְּנוּ וּסְעוּ לָכֶם.** זוֹ דֶּרֶךְ עֲרָד וְחָרְמָה: **וּבֹאוּ הַר הָאֱמֹרִי.** כְּמַשְׁמָעוֹ: **וְאֶל כָּל שְׁכֵנָיו.** עַמּוֹן וּמוֹאָב וְהַר שֵׂעִיר: **בָּעֲרָבָה.** זֶה מִישׁוֹר שֶׁל יַעַר: **בָהָר.** זֶה הַר הַמֶּלֶךְ: **וּבַשְּׁפֵלָה.** זוֹ שְׁפֵלַת דָּרוֹם: **וּבַנֶּגֶב** **וּבְחוֹף הַיָּם.** אַשְׁקְלוֹן וְעַזָּה וְקֵסָרִי וְכוּ', כִּדְאִיתָא בְּסִפְרֵי (ו): **עַד הַנָּהָר הַגָּדֹל.** מִפְּנֵי שֶׁנִּזְכָּר עִם אֶרֶץ יִשְׂרָאֵל קוֹרְאֵהוּ גָּדוֹל, מְשַׁל הֶדְיוֹט אוֹמֵר: עֶבֶד מֶלֶךְ מֶלֶךְ, הִדָּבֵק לְשַׁחוּר וְיִשְׁתַּחֲווּ לָךְ, קְרַב לְגַבֵּי דְּהִינָא וְאִדְּהַן:

ח| **רְאֵה נָתַתִּי.** בְּעֵינֵיכֶם אַתֶּם רוֹאִים, אֵינִי אוֹמֵר לָכֶם מֵאֹמֶד וּמִשְּׁמוּעָה: **בֹּאוּ וּרְשׁוּ.** אֵין מְעַרְעֵר בַּדָּבָר וְאֵינְכֶם צְרִיכִים לְמִלְחָמָה, אִלּוּ לֹא שָׁלְחוּ מְרַגְּלִים לֹא הָיוּ צְרִיכִים לִכְלֵי זַיִן: **לַאֲבֹתֵיכֶם.**

ז עִמַּנָא בְּחוֹרֵב לְמֵימַר, סַגִּי לְכוֹן דִּיתֵיבְתּוּן בְּטוּרָא הָדֵין: אִתְפְּנוּ וְטוּלוּ לְכוֹן, וְעוּלוּ לְטוּרָא
דֶּאֱמוֹרָאָה וּלְכָל מְגִירוֹהִי, בְּמֵישְׁרָא בְּטוּרָא, וּבְשְׁפֵלְתָּא וּבְדָרוֹמָא וּבִסְפַר יַמָּא, אֲרַע כְּנַעֲנָאָה
ח וְלִבְנָן, עַד נַהֲרָא רַבָּא נַהֲרָא פְרָת: חֲזוּ, דִּיהַבִית קֳדָמֵיכוֹן יָת אַרְעָא, עוּלוּ וְאַחְסִינוּ יָת אַרְעָא,
ט דְּקַיֵּים יְיָ, לַאֲבָהָתְכוֹן, לְאַבְרָהָם לְיִצְחָק וּלְיַעֲקֹב לְמִתַּן לְהוֹן, וְלִבְנֵיהוֹן בָּתְרֵיהוֹן: וַאֲמָרִית
י לְכוֹן, בְּעִדָּנָא הַהוּא לְמֵימַר, לֵית אֲנָא יָכִיל בִּלְחוֹדַי לְסוֹבָרָא יָתְכוֹן: יְיָ אֱלָהֲכוֹן אַסְגִּי יָתְכוֹן,
יא וְהָא אִיתֵיכוֹן יוֹמָא דֵין, כְּכוֹכְבֵי שְׁמַיָּא לְסָגֵי: יְיָ אֱלָהָא דַּאֲבָהָתְכוֹן, יוֹסֵיף עֲלֵיכוֹן, כְּוָתְכוֹן
יב אֶלֶף זִמְנִין, וִיבָרֵיךְ יָתְכוֹן, כְּמָא דְּמַלֵּיל לְכוֹן: אֵיכְדֵין אֲסוֹבַר בִּלְחוֹדַי, טָרְחֵיכוֹן וְעִסְקֵיכוֹן
יג וְדִינְכוֹן: הַבוּ לְכוֹן, גֻּבְרִין חַכִּימִין וְסָכְלְתָנִין, וּמַדְעַן לְשִׁבְטֵיכוֹן, וַאֲמַנֵּינוּן רֵישִׁין עֲלֵיכוֹן:

לָמָּה הִזְכִּיר שׁוּב "לְאַבְרָהָם לְיִצְחָק וּלְיַעֲקֹב"? אֶלָּא אַבְרָהָם כְּדַאי לְעַצְמוֹ, יִצְחָק כְּדַאי לְעַצְמוֹ, יַעֲקֹב כְּדַאי לְעַצְמוֹ:

ט] **וָאֹמַר אֲלֵכֶם בָּעֵת הַהִוא לֵאמֹר.** מַהוּ 'לֵאמֹר'? אָמַר לָהֶם מֹשֶׁה: לֹא מֵעַצְמִי אֲנִי אוֹמֵר לָכֶם אֶלָּא מִפִּי הַקָּדוֹשׁ בָּרוּךְ הוּא: **לֹא אוּכַל לְבַדִּי וגו'.** אֶפְשָׁר שֶׁלֹּא הָיָה מֹשֶׁה יָכוֹל לָדוּן אֶת יִשְׂרָאֵל? אָדָם שֶׁהוֹצִיאָם מִמִּצְרַיִם, וְקָרַע לָהֶם אֶת הַיָּם, וְהוֹרִיד אֶת הַמָּן, וְהֵגִיז אֶת הַשְּׂלָו, לֹא הָיָה יָכוֹל לְדוּנָם? אֶלָּא כָּךְ אָמַר לָהֶם: "ה' אֱלֹהֵיכֶם הִרְבָּה אֶתְכֶם" (להלן פסוק י) – הִגְדִּיל וְהֵרִים אֶתְכֶם עַל דַּיָּנֵיכֶם, נָטַל אֶת הָעֹנֶשׁ מִכֶּם וּנְתָנוֹ עַל הַדַּיָּנִים. וְכֵן אָמַר שְׁלֹמֹה: "כִּי מִי יוּכַל לִשְׁפֹּט אֶת עַמְּךָ הַכָּבֵד הַזֶּה" (מלכים א' ג, ט), אֶפְשָׁר מִי שֶׁכָּתוּב בּוֹ: "וַיֶּחְכַּם מִכָּל הָאָדָם" (שם ה, יא) אוֹמֵר: "מִי יוּכַל לִשְׁפֹּט"? אֶלָּא כָּךְ אָמַר שְׁלֹמֹה: אֵין דַּיָּנֵי אֻמָּה זוֹ כְּדַיָּנֵי שְׁאָר הָאֻמּוֹת, שֶׁאִם דָּן וְהוֹרֵג וּמַכֶּה וְחוֹנֵק וּמַטֶּה אֶת דִּינוֹ וְגוֹזֵל אֵין בְּכָךְ כְּלוּם, אֲנִי אִם חִיַּבְתִּי מָמוֹן שֶׁלֹּא כַּדִּין, נְפָשׁוֹת אֲנִי נִתְבָּע, שֶׁנֶּאֱמַר: "וְקָבַע אֶת קֹבְעֵיהֶם נָפֶשׁ" (משלי כב, כג):

י] **וְהִנְּכֶם הַיּוֹם כְּכוֹכְבֵי הַשָּׁמַיִם.** וְכִי כְּכוֹכְבֵי הַשָּׁמַיִם הָיוּ בְּאוֹתוֹ הַיּוֹם? וַהֲלֹא לֹא הָיוּ אֶלָּא שִׁשִּׁים רִבּוֹא, מַהוּ "וְהִנְּכֶם הַיּוֹם"? הִנְּכֶם מְשׁוּלִים כַּיּוֹם, קַיָּמִים לְעוֹלָם כַּחַמָּה וְכַלְּבָנָה וְכַכּוֹכָבִים:

יא] **יֹסֵף עֲלֵיכֶם כָּכֶם אֶלֶף פְּעָמִים.** מַהוּ שׁוּב "וִיבָרֵךְ אֶתְכֶם כַּאֲשֶׁר דִּבֶּר לָכֶם"? אֶלָּא אָמְרוּ לוֹ: מֹשֶׁה, אַתָּה נוֹתֵן קִצְבָה לְבִרְכוֹתֵינוּ, כְּבָר הִבְטִיחַ הַקָּדוֹשׁ בָּרוּךְ הוּא אֶת אַבְרָהָם: "אֲשֶׁר אִם יוּכַל אִישׁ לִמְנוֹת" וגו' (בראשית יג, טז). אָמַר לָהֶם: זוֹ מִשֶּׁלִּי הִיא, אֲבָל הוּא "יְבָרֵךְ אֶתְכֶם כַּאֲשֶׁר דִּבֶּר לָכֶם":

יב] **אֵיכָה אֶשָּׂא לְבַדִּי.** אִם אֹמַר לְקַבֵּל שָׂכָר, לֹא אוּכַל, זוֹ הִיא שֶׁאָמַרְתִּי לָכֶם: לֹא מֵעַצְמִי אֲנִי אוֹמֵר לָכֶם אֶלָּא מִפִּי הַקָּדוֹשׁ בָּרוּךְ הוּא: **טָרְחֲכֶם.** מְלַמֵּד שֶׁהָיוּ יִשְׂרָאֵל טַרְחָנִין, הָיָה אֶחָד מֵהֶם רוֹאֶה אֶת בַּעַל דִּינוֹ נוֹצֵחַ בַּדִּין, אוֹמֵר: יֵשׁ לִי עֵדִים לְהָבִיא, יֵשׁ לִי רְאָיוֹת לְהָבִיא, מוֹסִיף אֲנִי עֲלֵיכֶם דַּיָּנִין: **וּמַשַּׂאֲכֶם.** מְלַמֵּד שֶׁהָיוּ אֶפִּיקוֹרְסִין. הִקְדִּים מֹשֶׁה לָצֵאת, אָמְרוּ: מָה רָאָה בֶּן עַמְרָם לָצֵאת? שֶׁמָּא אֵינוֹ שָׁפוּי בְּתוֹךְ בֵּיתוֹ. אִחֵר לָצֵאת, אָמְרוּ: מָה רָאָה בֶּן עַמְרָם שֶׁלֹּא לָצֵאת? מָה אַתֶּם סְבוּרִים, יוֹשֵׁב וְיוֹעֵץ עֲלֵיכֶם עֵצוֹת רָעוֹת וְחוֹשֵׁב עֲלֵיכֶם מַחֲשָׁבוֹת: **וְרִיבְכֶם.** מְלַמֵּד שֶׁהָיוּ רוֹגְנִים:

יג] **הָבוּ לָכֶם.** הַזְמִינוּ עַצְמְכֶם לַדָּבָר: **אֲנָשִׁים.** וְכִי תַעֲלֶה עַל דַּעְתְּךָ נָשִׁים? מַה תַּלְמוּד לוֹמַר: אֲנָשִׁים? צַדִּיקִים, חֲכָמִים, כְּסוּפִים: **וּנְבֹנִים.** מְבִינִים דָּבָר מִתּוֹךְ דָּבָר. זֶהוּ שֶׁשָּׁאַל אַרְיוֹס אֶת רַבִּי יוֹסֵי: מַה בֵּין חֲכָמִים לִנְבוֹנִים? חָכָם דּוֹמֶה לְשֻׁלְחָנִי עָשִׁיר, כְּשֶׁמְּבִיאִין לוֹ דִּינָרִין לִרְאוֹת רוֹאֶה, וּכְשֶׁאֵין מְבִיאִין לוֹ יוֹשֵׁב וְתוֹהֵא. נָבוֹן דּוֹמֶה לְשֻׁלְחָנִי תַּגָּר, כְּשֶׁמְּבִיאִין לוֹ מָעוֹת לִרְאוֹת רוֹאֶה, וּכְשֶׁאֵין מְבִיאִין לוֹ הוּא מְחַזֵּר וּמֵבִיא מִשֶּׁלּוֹ: **וִידֻעִים לְשִׁבְטֵיכֶם.** שֶׁהֵם נִכָּרִים לָכֶם, שֶׁאִם בָּא לְפָנַי מְעֻטָּף בְּטַלִּיתוֹ אֵינִי יוֹדֵעַ מִי הוּא וּמֵאֵיזֶה שֵׁבֶט הוּא וְאִם הָגוּן הוּא, אֲבָל אַתֶּם מַכִּירִין בּוֹ, שֶׁאַתֶּם גִּדַּלְתֶּם אוֹתוֹ, לְכָךְ נֶאֱמַר: "וִידֻעִים לְשִׁבְטֵיכֶם": **בְּרָאשֵׁיכֶם.** רָאשִׁים וּמְכֻבָּדִים עֲלֵיכֶם, שֶׁתִּהְיוּ נוֹהֲגִין בָּהֶם כָּבוֹד וְיִרְאָה: **וַאֲשִׂמֵם.** חָסֵר יוּ"ד, לִמֵּד שֶׁאַשְׁמוֹתֵיהֶם שֶׁל יִשְׂרָאֵל תְּלוּיוֹת בְּרָאשֵׁי דַּיָּנֵיהֶם, שֶׁהָיָה לָהֶם לִמְחוֹת וּלְכַוֵּן אוֹתָם לַדֶּרֶךְ הַיְשָׁרָה:

וַתַּעֲנוּ אֹתִי וַתֹּאמְרוּ טוֹב־הַדָּבָר אֲשֶׁר־דִּבַּרְתָּ יד
לַעֲשׂוֹת׃ וָאֶקַּח אֶת־רָאשֵׁי שִׁבְטֵיכֶם אֲנָשִׁים טו
חֲכָמִים וִידֻעִים וָאֶתֵּן אוֹתָם רָאשִׁים עֲלֵיכֶם שָׂרֵי
אֲלָפִים וְשָׂרֵי מֵאוֹת וְשָׂרֵי חֲמִשִּׁים וְשָׂרֵי עֲשָׂרֹת
וְשֹׁטְרִים לְשִׁבְטֵיכֶם׃ וָאֲצַוֶּה אֶת־שֹׁפְטֵיכֶם בָּעֵת טז
הַהִוא לֵאמֹר שָׁמֹעַ בֵּין־אֲחֵיכֶם וּשְׁפַטְתֶּם צֶדֶק
בֵּין־אִישׁ וּבֵין־אָחִיו וּבֵין גֵּרוֹ׃ לֹא־תַכִּירוּ פָנִים יז
בַּמִּשְׁפָּט כַּקָּטֹן כַּגָּדֹל תִּשְׁמָעוּן לֹא תָגוּרוּ מִפְּנֵי־
אִישׁ כִּי הַמִּשְׁפָּט לֵאלֹהִים הוּא וְהַדָּבָר אֲשֶׁר
יִקְשֶׁה מִכֶּם תַּקְרִבוּן אֵלַי וּשְׁמַעְתִּיו׃ וָאֲצַוֶּה יח
אֶתְכֶם בָּעֵת הַהִוא אֵת כָּל־הַדְּבָרִים אֲשֶׁר
תַּעֲשׂוּן׃ וַנִּסַּע מֵחֹרֵב וַנֵּלֶךְ אֵת כָּל־הַמִּדְבָּר יט
הַגָּדוֹל וְהַנּוֹרָא הַהוּא אֲשֶׁר רְאִיתֶם דֶּרֶךְ הַר
הָאֱמֹרִי כַּאֲשֶׁר צִוָּה יְהוָה אֱלֹהֵינוּ אֹתָנוּ וַנָּבֹא
עַד קָדֵשׁ בַּרְנֵעַ׃ וָאֹמַר אֲלֵכֶם בָּאתֶם עַד־הַר כ
הָאֱמֹרִי אֲשֶׁר־יְהוָה אֱלֹהֵינוּ נֹתֵן לָנוּ׃ רְאֵה נָתַן כא
יְהוָה אֱלֹהֶיךָ לְפָנֶיךָ אֶת־הָאָרֶץ עֲלֵה רֵשׁ כַּאֲשֶׁר
דִּבֶּר יְהוָה אֱלֹהֵי אֲבֹתֶיךָ לָךְ אַל־תִּירָא וְאַל־

**מצווה תיד**
איסור מינוי דיין שאינו בקי בדיני התורה

**מצווה תטו**
איסור לדיין שיירא בדין מכל אדם

יד) וַתַּעֲנוּ אֹתִי וְגוֹ'. חֲלַטְתֶּם אֶת הַדָּבָר לַהֲנָאַתְכֶם, הָיָה לָכֶם לְהָשִׁיב: רַבֵּנוּ מֹשֶׁה, מִמִּי נָאֶה לִלְמֹד, מִמְּךָ אוֹ מִתַּלְמִידְךָ? לֹא מִמְּךָ שֶׁנִּצְטַעַרְתָּ עָלֶיהָ? אֶלָּא יָדַעְתִּי מַחְשְׁבוֹתֵיכֶם, הֱיִיתֶם אוֹמְרִים: עַכְשָׁיו

יד טו וַאֲתֵיבְתּוּן יָתִי, וַאֲמַרְתּוּן, תָּקֵין פִּתְגָּמָא דְמַלֵּילְתָּא לְמֶעְבַּד: וּדְבָרִית יָת רֵישֵׁי שִׁבְטֵיכוֹן,
גֻּבְרִין חַכִּימִין וּמַדְּעָן, וּמַנֵּיתִי יָתְהוֹן, רֵישִׁין עֲלֵיכוֹן, רַבָּנֵי אַלְפֵי וְרַבָּנֵי מָאוָתָא, וְרַבָּנֵי חַמְשִׁין
טז וְרַבָּנֵי עֲסוֹרְיָתָא, וְסָרְכִין לְשִׁבְטֵיכוֹן: וּפַקֵּידִית יָת דַּיָּנֵיכוֹן, בְּעִדָּנָא הַהוּא לְמֵימַר, שְׁמַעוּ
יז בֵּין אֲחֵיכוֹן וּתְדִינוּן קֻשְׁטָא, בֵּין גְּבַרָא וּבֵין אֲחוּהִי וּבֵין גִּיּוֹרֵיהּ: לָא תִשְׁתְּמוֹדְעוּן אַפֵּי
בְּדִינָא, מִלֵּי זְעֵירָא כְּרַבָּא תִּשְׁמְעוּן, לָא תִדְחֲלוּן מִן קֳדָם גְּבַרָא, אֲרֵי דִינָא דַּייָ הוּא,
יח וּפִתְגָּמָא דְיִקְשֵׁי מִנְּכוֹן, תְּקָרְבוּן לְוָתִי וְאֶשְׁמְעִנֵּיהּ: וּפַקֵּידִית יָתְכוֹן בְּעִדָּנָא הַהוּא, יָת כָּל
יט פִּתְגָּמַיָּא דְתַעְבְּדוּן: וּנְטַלְנָא מֵחוֹרֵב, וְהַלֵּיכְנָא, יָת כָּל מַדְבְּרָא רַבָּא וּדְחִילָא הַהוּא
דַּחֲזֵיתוּן, אוֹרַח טוּרָא דֶאֱמוֹרָאָה, כְּמָא דְפַקֵּיד, יְיָ אֱלָהַנָא יָתָנָא, וַאֲתֵינָא, עַד רְקַם גֵּיאָה:
כ כא וַאֲמַרִית לְכוֹן, אֲתֵיתוּן עַד טוּרָא דֶאֱמוֹרָאָה, דַּייָ אֱלָהַנָא יָהֵיב לַנָא: חֲזִי, דִיהַב יְיָ אֱלָהָךְ,
קֳדָמָךְ יָת אַרְעָא, סַק אַחְסֵין, כְּמָא דְמַלֵּיל יְיָ, אֱלָהָא דַאֲבָהָתָךְ לָךְ, לָא תִדְחַל וְלָא

יִתְמַנּוּ עָלֵינוּ דַּיָּנִין הַרְבֵּה, אִם אֵין מַכִּירֵנוּ, אָנוּ מְבִיאִין לוֹ דּוֹרוֹן וְהוּא נוֹשֵׂא לָנוּ פָּנִים: לַעֲשׂוֹת. אִם הָיִיתִי מִתְעַצֵּל, אַתֶּם אוֹמְרִים עֲשֵׂה מְהֵרָה:

טו **וָאֶקַּח אֶת רָאשֵׁי שִׁבְטֵיכֶם.** מְשַׁכְתִּים בִּדְבָרִים: אַשְׁרֵיכֶם, עַל מִי בָּאתֶם לְהִתְמַנּוֹת, עַל בְּנֵי אַבְרָהָם יִצְחָק וְיַעֲקֹב, עַל בְּנֵי אָדָם שֶׁנִּקְרְאוּ אַחִים וְרֵעִים, חֵלֶק וְנַחֲלָה, וְכָל לְשׁוֹן חִבָּה: **אֲנָשִׁים חֲכָמִים וִידֻעִים.** אֲבָל נְבוֹנִים לֹא מָצָאתִי. זוֹ אַחַת מִשֶּׁבַע מִדּוֹת שֶׁאָמַר יִתְרוֹ לְמֹשֶׁה, וְלֹא מָצָא אֶלָּא שָׁלֹשׁ: אֲנָשִׁים צַדִּיקִים, חֲכָמִים וִידֻעִים: **רָאשִׁים עֲלֵיכֶם.** שֶׁתִּנְהֲגוּ בָהֶם כָּבוֹד, רָאשִׁים בַּמִּקָּח, רָאשִׁים בַּמִּמְכָּר, רָאשִׁים בְּמַשָּׂא וּמַתָּן, נִכְנָס אַחֲרוֹן וְיוֹצֵא רִאשׁוֹן: **שָׂרֵי אֲלָפִים.** אֶחָד מְמֻנֶּה עַל אֶלֶף: **שָׂרֵי מֵאוֹת.** אֶחָד מְמֻנֶּה עַל מֵאָה: **וְשֹׁטְרִים.** מִנִּיתִי עֲלֵיכֶם "לְשִׁבְטֵיכֶם", אֵלּוּ הַכּוֹפְתִין וְהַמַּכִּין בִּרְצוּעָה עַל פִּי הַדַּיָּנִין:

טז **וָאֲצַוֶּה אֶת שֹׁפְטֵיכֶם.** אָמַרְתִּי לָהֶם: הֱווּ מְתוּנִים בַּדִּין, אִם בָּא דִין לְפָנֶיךָ פַּעַם אַחַת וּשְׁתַּיִם וְשָׁלֹשׁ, אַל תֹּאמַר: כְּבָר בָּא דִין זֶה לְפָנַי פְּעָמִים הַרְבֵּה, אֶלָּא הֱיוּ נוֹשְׂאִים וְנוֹתְנִים בּוֹ: **בָּעֵת הַהִוא.** מִשֶּׁמִּנִּיתִים אָמַרְתִּי לָהֶם: אֵין עַכְשָׁיו כִּלְשֶׁעָבַר, לְשֶׁעָבַר הֱיִיתֶם בִּרְשׁוּת עַצְמְכֶם, עַכְשָׁיו הֲרֵי אַתֶּם מְשֻׁעְבָּדִים לַצִּבּוּר: **שָׁמֹעַ.** לְשׁוֹן הֹוֶה, אודנ"ט בְּלַעַז, כְּמוֹ 'זָכוֹר' וְ'שָׁמוֹר': **וּבֵין גֵּרוֹ.** זֶה בַּעַל דִּינוֹ שֶׁאוֹגֵר עָלָיו דְּבָרִים. דָּבָר אַחֵר, "וּבֵין גֵּרוֹ", אַף עַל עִסְקֵי דִירָה, בֵּין חֲלֻקַּת אַחִים, אֲפִלּוּ בֵּין תַּנּוּר לְכִירַיִם:

יז **לֹא תַכִּירוּ פָנִים בַּמִּשְׁפָּט.** זֶה הַמְמֻנֶּה לְהוֹשִׁיב הַדַּיָּנִים, שֶׁלֹּא יֹאמַר: אִישׁ פְּלוֹנִי נָאֶה אוֹ גִבּוֹר, אוֹשִׁיבֶנּוּ דַּיָּן, אִישׁ פְּלוֹנִי קְרוֹבִי, אוֹשִׁיבֶנּוּ דַּיָּן בָּעִיר, וְהוּא אֵינוֹ בָּקִי בְּדִינִין, נִמְצָא מְחַיֵּב אֶת הַזַּכַּאי וּמְזַכֶּה אֶת הַחַיָּב, מַעֲלֶה אֲנִי עַל מִי שֶׁמִּנָּהוּ כְּאִלּוּ הִכִּיר פָּנִים בַּדִּין: **כַּקָּטֹן כַּגָּדֹל תִּשְׁמָעוּן.** שֶׁיְּהֵא חָבִיב עָלֶיךָ דִּין שֶׁל פְּרוּטָה כְּדִין שֶׁל מֵאָה מָנֶה, שֶׁאִם קָדַם וּבָא לְפָנֶיךָ לֹא תְסַלְּקֶנּוּ לָאַחֲרוֹנָה. דָּבָר אַחֵר, "כַּקָּטֹן כַּגָּדֹל תִּשְׁמָעוּן", כְּתַרְגּוּמוֹ, שֶׁלֹּא תֹּאמַר: זֶה עָנִי הוּא וַחֲבֵרוֹ עָשִׁיר וּמִצְוָה לְפַרְנְסוֹ, אֲזַכֶּה אֶת הֶעָנִי וְנִמְצָא מִתְפַּרְנֵס בִּנְקִיּוּת. דָּבָר אַחֵר, שֶׁלֹּא תֹאמַר: הֵיאַךְ אֲנִי פּוֹגֵם בִּכְבוֹדוֹ שֶׁל עָשִׁיר זֶה בִּשְׁבִיל דִּינָר, אֲזַכֶּנּוּ עַכְשָׁיו, וּכְשֶׁיֵּצֵא לַחוּץ, אֹמַר לוֹ: תֵּן לוֹ, שֶׁאַתָּה חַיָּב לוֹ: **לֹא תָגוּרוּ מִפְּנֵי אִישׁ.** לֹא תִירְאוּ. דָּבָר אַחֵר, "לֹא תָגוּרוּ", לֹא תַכְנִיס דְּבָרֶיךָ מִפְּנֵי אִישׁ, לְשׁוֹן: "אֹגֵר בַּקַּיִץ" (משלי י, ה): **כִּי הַמִּשְׁפָּט לֵאלֹהִים הוּא.** מַה שֶּׁאַתָּה נוֹטֵל מִזֶּה שֶׁלֹּא כַּדִּין אַתָּה מַזְקִיקֵנִי לְהַחֲזִיר לוֹ, נִמְצָא שֶׁהִטִּיתָ עָלַי הַמִּשְׁפָּט: **תַּקְרִבוּן אֵלַי.** עַל דָּבָר זֶה נִסְתַּלֵּק מִמֶּנּוּ מִשְׁפַּט בְּנוֹת צְלָפְחָד. וְכֵן שְׁמוּאֵל אָמַר לְשָׁאוּל: "אָנֹכִי הָרֹאֶה" (שמואל א׳ ט, יט), אָמַר לוֹ הַקָּדוֹשׁ בָּרוּךְ הוּא: חַיֶּיךָ שֶׁאֲנִי מוֹדִיעֲךָ שֶׁאֵין אַתָּה רוֹאֶה. וְאֵימָתַי הוֹדִיעוֹ? כְּשֶׁבָּא לִמְשֹׁחַ אֶת דָּוִד: "וַיַּרְא אֶת אֱלִיאָב וַיֹּאמֶר אַךְ נֶגֶד ה׳ מְשִׁיחוֹ" (שמואל א׳ טז, ו), אָמַר לוֹ הַקָּדוֹשׁ בָּרוּךְ הוּא: וְלֹא אָמַרְתָּ: "אָנֹכִי הָרֹאֶה"? "אַל תַּבֵּט אֶל מַרְאֵהוּ" (שם פסוק ז):

יח **אֵת כָּל הַדְּבָרִים אֲשֶׁר תַּעֲשׂוּן.** אֵלּוּ עֲשֶׂרֶת הַדְּבָרִים שֶׁבֵּין דִּינֵי מָמוֹנוֹת לְדִינֵי נְפָשׁוֹת:

יט **הַמִּדְבָּר הַגָּדוֹל וְהַנּוֹרָא.** שֶׁהָיוּ בוֹ נְחָשִׁים כְּקוֹרוֹת וְעַקְרַבִּים כִּקְשָׁתוֹת:

שלישי

כב תַּחַת: וַתִּקְרְבוּן אֵלַי כֻּלְּכֶם וַתֹּאמְרוּ נִשְׁלְחָה
אֲנָשִׁים לְפָנֵינוּ וְיַחְפְּרוּ־לָנוּ אֶת־הָאָרֶץ וְיָשִׁבוּ
אֹתָנוּ דָּבָר אֶת־הַדֶּרֶךְ אֲשֶׁר נַעֲלֶה־בָּהּ וְאֵת
כג הֶעָרִים אֲשֶׁר נָבֹא אֲלֵיהֶן: וַיִּיטַב בְּעֵינַי הַדָּבָר
וָאֶקַּח מִכֶּם שְׁנֵים עָשָׂר אֲנָשִׁים אִישׁ אֶחָד
כד לַשָּׁבֶט: וַיִּפְנוּ וַיַּעֲלוּ הָהָרָה וַיָּבֹאוּ עַד־נַחַל
כה אֶשְׁכֹּל וַיְרַגְּלוּ אֹתָהּ: וַיִּקְחוּ בְיָדָם מִפְּרִי הָאָרֶץ
וַיּוֹרִדוּ אֵלֵינוּ וַיָּשִׁבוּ אֹתָנוּ דָבָר וַיֹּאמְרוּ טוֹבָה
כו הָאָרֶץ אֲשֶׁר־יְהוָה אֱלֹהֵינוּ נֹתֵן לָנוּ: וְלֹא
אֲבִיתֶם לַעֲלֹת וַתַּמְרוּ אֶת־פִּי יְהוָה אֱלֹהֵיכֶם:
כז וַתֵּרָגְנוּ בְאָהֳלֵיכֶם וַתֹּאמְרוּ בְּשִׂנְאַת יְהוָה
אֹתָנוּ הוֹצִיאָנוּ מֵאֶרֶץ מִצְרָיִם לָתֵת אֹתָנוּ בְּיַד
כח הָאֱמֹרִי לְהַשְׁמִידֵנוּ: אָנָה ׀ אֲנַחְנוּ עֹלִים אַחֵינוּ
הֵמַסּוּ אֶת־לְבָבֵנוּ לֵאמֹר עַם גָּדוֹל וָרָם מִמֶּנּוּ
עָרִים גְּדֹלֹת וּבְצוּרֹת בַּשָּׁמָיִם וְגַם־בְּנֵי עֲנָקִים
כט רָאִינוּ שָׁם: וָאֹמַר אֲלֵכֶם לֹא־תַעַרְצוּן וְלֹא־
ל תִירְאוּן מֵהֶם: יְהוָה אֱלֹהֵיכֶם הַהֹלֵךְ לִפְנֵיכֶם
הוּא יִלָּחֵם לָכֶם כְּכֹל אֲשֶׁר עָשָׂה אִתְּכֶם
לא בְּמִצְרַיִם לְעֵינֵיכֶם: וּבַמִּדְבָּר אֲשֶׁר רָאִיתָ אֲשֶׁר
נְשָׂאֲךָ יְהוָה אֱלֹהֶיךָ כַּאֲשֶׁר יִשָּׂא־אִישׁ אֶת־בְּנוֹ
בְּכָל־הַדֶּרֶךְ אֲשֶׁר הֲלַכְתֶּם עַד־בֹּאֲכֶם עַד־

כב תִּתְּבַר: וּקְרֵיבְתּוּן לְוָתִי כֻּלְּכוֹן, וַאֲמַרְתּוּן, נִשְׁלַח גֻּבְרִין קֳדָמַנָא, וִיאַלְּלוּן לַנָא יָת אַרְעָא,
כג וְיָתִיבוּן יָתַנָא פִּתְגָּמָא, יָת אוֹרְחָא דְּנִסַּק בַּהּ, וְיָת קִרְוַיָּא, דְּנֵיעוֹל לְהוֹן: וּשְׁפַר בְּעֵינַי פִּתְגָּמָא,
כד וּדְבַרִית מִנְּכוֹן תְּרֵי עֲסַר גֻּבְרִין, גֻּבְרָא חַד לְשִׁבְטָא: וְאִתְפְּנִיאוּ וּסְלִיקוּ לְטוּרָא, וַאֲתוֹ עַד
כה נַחְלָא דְּאֶתְכָּלָא, וְאַלִּילוּ יָתַהּ: וּנְסִיבוּ בִּידֵיהוֹן מֵאִבָּא דְּאַרְעָא, וַאֲחִיתוּ לַנָא, וַאֲתִיבוּ יָתַנָא
כו פִּתְגָּמָא וַאֲמַרוּ, טָבָא אַרְעָא, דַּייָ אֱלָהָנָא יָהֵיב לַנָא: וְלָא אֲבֵיתוּן לְמִסַּק, וְסָרֵיבְתּוּן, עַל
כז מֵימְרָא דַּייָ אֱלָהֲכוֹן: וְאִתְרָעַמְתּוּן בְּמַשְׁכְּנֵיכוֹן וַאֲמַרְתּוּן, בִּדְסָנֵי יְיָ יָתַנָא, אַפְּקַנָא מֵאַרְעָא
כח דְּמִצְרָיִם, לְמִמְסַר יָתַנָא, בִּידָא דֶּאֱמוֹרָאָה לְשֵׁיצָיוּתַנָא: לְאָן אֲנַחְנָא סָלְקִין, אֲחָנָא תַּבַּרוּ
יָת לִבַּנָא לְמֵימַר, עַם רַב וְתַקִּיף מִנַּנָא, קִרְוִין, רַבְרְבָן וּכְרִיכָן עַד צֵית שְׁמַיָּא, וְאַף בְּנֵי גִבָּרָא
כט ל חֲזֵינָא תַמָּן: וַאֲמַרִית לְכוֹן, לָא תִתַּבְרוּן וְלָא תִדְחֲלוּן מִנְּהוֹן: יְיָ אֱלָהֲכוֹן דִּמְדַבַּר קֳדָמֵיכוֹן,
לא מֵימְרֵיהּ יְגִיחַ לְכוֹן, כְּכֹל, דַּעֲבַד עִמְּכוֹן, בְּמִצְרַיִם לְעֵינֵיכוֹן: וּבְמַדְבְּרָא דַּחֲזֵיתָא, דְּסוֹבְרָךְ
יְיָ אֱלָהָךְ, כְּמָא דִּמְסוֹבַר גֻּבְרָא יָת בְּרֵיהּ, בְּכָל אוֹרְחָא דְּהַלֵּיכְתּוּן, עַד מֵיתֵיכוֹן עַד

כב | **וַתִּקְרְבוּן אֵלַי כֻּלְּכֶם.** בְּעִרְבּוּבְיָא, וּלְהַלָּן הוּא אוֹמֵר: "וַתִּקְרְבוּן אֵלַי כָּל רָאשֵׁי שִׁבְטֵיכֶם וְזִקְנֵיכֶם, וַתֹּאמְרוּ הֵן הֶרְאָנוּ" וְגוֹ' (להלן ה, כ-כא), אוֹתָהּ קְרִיבָה הָיְתָה הוֹגֶנֶת, יְלָדִים מְכַבְּדִים אֶת הַזְּקֵנִים וּשְׁלָחוּם לִפְנֵיהֶם, וּזְקֵנִים מְכַבְּדִים אֶת הָרָאשִׁים לָלֶכֶת לִפְנֵיהֶם, אֲבָל כָּאן: "וַתִּקְרְבוּן אֵלַי כֻּלְּכֶם", בְּעִרְבּוּבְיָא, יְלָדִים דּוֹחֲפִין אֶת הַזְּקֵנִים וּזְקֵנִים דּוֹחֲפִין אֶת הָרָאשִׁים: **וְיָשִׁבוּ אֹתָנוּ דָּבָר.** בְּאֵיזֶה לָשׁוֹן הֵם מְדַבְּרִים: **אֶת הַדֶּרֶךְ אֲשֶׁר נַעֲלֶה בָּהּ.** אֵין דֶּרֶךְ שֶׁאֵין בָּהּ עַקְמִימוּת: **וְאֵת הֶעָרִים אֲשֶׁר נָבֹא אֲלֵיהֶן.** תְּחִלָּה לִכְבֹּשׁ:

כג | **וַיִּיטַב בְּעֵינַי הַדָּבָר.** בְּעֵינַי וְלֹא בְּעֵינֵי הַמָּקוֹם. וְאִם בְּעֵינֵי מֹשֶׁה הָיָה טוֹב, לָמָּה אֲמָרָהּ בַּתּוֹכָחוֹת? מָשָׁל לְאָדָם שֶׁאוֹמֵר לַחֲבֵרוֹ: מְכֹר לִי חֲמוֹרְךָ זֶה, אָמַר לוֹ: הֵן. נוֹתְנוֹ אַתָּה לִי לְנִסָּיוֹן? אָמַר לוֹ: הֵן. בֶּהָרִים וּגְבָעוֹת? אָמַר לוֹ: הֵן. כֵּיוָן שֶׁרָאָה שֶׁאֵין מְעַכְּבוֹ כְּלוּם, אָמַר הַלּוֹקֵחַ בְּלִבּוֹ: בָּטוּחַ הוּא זֶה שֶׁלֹּא אֶמְצָא בּוֹ מוּם. מִיָּד אָמַר לוֹ: טֹל מָעוֹתֶיךָ וְאֵינִי מְנַסֶּה מֵעַתָּה. אַף אֲנִי הוֹדֵיתִי לְדִבְרֵיכֶם, שֶׁמָּא תַּחְזְרוּ בָּכֶם כְּשֶׁתִּרְאוּ שֶׁאֵינִי מְעַכֵּב, וְאַתֶּם לֹא חֲזַרְתֶּם בָּכֶם: **וָאֶקַּח מִכֶּם.** מִן הַבְּרוּרִים שֶׁבָּכֶם, מִן הַמְסֻלָּתִים שֶׁבָּכֶם: **שְׁנֵים עָשָׂר אֲנָשִׁים אִישׁ אֶחָד לַשָּׁבֶט.** מַגִּיד שֶׁלֹּא הָיָה שֵׁבֶט לֵוִי עִמָּהֶם:

כד | **עַד נַחַל אֶשְׁכֹּל.** מַגִּיד שֶׁנִּקְרָא עַל שֵׁם סוֹפוֹ: **וַיְרַגְּלוּ אֹתָהּ.** מְלַמֵּד שֶׁהָלְכוּ בָּהּ אַרְבָּעָה אוֹמָנִין שְׁתִּי וָעֵרֶב:

כה | **וַיּוֹרִדוּ אֵלֵינוּ.** מַגִּיד שֶׁאֶרֶץ יִשְׂרָאֵל גְּבוֹהָה מִכָּל הָאֲרָצוֹת: **וַיֹּאמְרוּ טוֹבָה הָאָרֶץ.** מִי הֵם שֶׁאָמְרוּ טוֹבָתָהּ? יְהוֹשֻׁעַ וְכָלֵב:

כו | **וַתַּמְרוּ.** לְשׁוֹן הַתְרָסָה, הִתְרַסְתֶּם כְּנֶגֶד מַאֲמָרוֹ:

כז | **וַתֵּרָגְנוּ.** לָשׁוֹן הָרַע, וְכֵן: "דִּבְרֵי נִרְגָּן" (משלי יח, ח), אָדָם הַמּוֹצִיא דִּבָּה: **בְּשִׂנְאַת ה' אֹתָנוּ.** וְהוּא הָיָה אוֹהֵב אֶתְכֶם, אֲבָל אַתֶּם שׂוֹנְאִים אוֹתוֹ. מָשָׁל הֶדְיוֹט אוֹמֵר: מָה דִּבְלִבָּךְ עַל רְחָמָךְ, מָה דִּבְלִבֵּיהּ עֲלָךְ: **בְּשִׂנְאַת ה' אֹתָנוּ הוֹצִיאָנוּ מֵאֶרֶץ מִצְרָיִם.** הוֹצָאָתוֹ לְשִׂנְאָה הָיְתָה. מָשָׁל לְמֶלֶךְ בָּשָׂר וָדָם שֶׁהָיוּ לוֹ שְׁנֵי בָנִים וְיֵשׁ לוֹ שְׁתֵּי שָׂדוֹת, אַחַת שֶׁל שַׁקְיָא וְאַחַת שֶׁל בַּעַל, לְמִי שֶׁהוּא אוֹהֵב נוֹתֵן שֶׁל שַׁקְיָא וּלְמִי שֶׁהוּא שׂוֹנֵא נוֹתֵן לוֹ שֶׁל בַּעַל. אֶרֶץ מִצְרַיִם שֶׁל שַׁקְיָא הִיא, שֶׁנִּילוּס עוֹלֶה וּמַשְׁקֶה אוֹתָהּ, וְאֶרֶץ כְּנַעַן שֶׁל בַּעַל, וְהוֹצִיאָנוּ מִמִּצְרַיִם לָתֵת לָנוּ אֶת אֶרֶץ כְּנָעַן:

כח | **עָרִים גְּדֹלֹת וּבְצוּרֹת בַּשָּׁמָיִם.** דִּבְּרוּ הַכְּתוּבִים לְשׁוֹן הֲבַאי:

כט | **לֹא תַעַרְצוּן.** לְשׁוֹן שְׁבִירָה כְּתַרְגּוּמוֹ, וְדוֹמֶה לוֹ: "בַּעֲרוּץ נְחָלִים" (איוב ל, ו), לִשְׁבֹּר הַנְּחָלִים:

ל | **יִלָּחֵם לָכֶם.** בִּשְׁבִילְכֶם:

לא | **וּבַמִּדְבָּר אֲשֶׁר רָאִיתָ.** מוּסָב עַל מִקְרָא שֶׁלְּמַעְלָה הֵימֶנּוּ: "כְּכֹל אֲשֶׁר עָשָׂה אִתְּכֶם בְּמִצְרַיִם" וְעָשָׂה אַף בַּמִּדְבָּר, "אֲשֶׁר רָאִיתָ אֲשֶׁר נְשָׂאֲךָ" וְגוֹ': **כַּאֲשֶׁר יִשָּׂא אִישׁ אֶת בְּנוֹ.** כְּמוֹ שֶׁפֵּרַשְׁתִּי אֵצֶל "וַיִּסַּע מַלְאַךְ הָאֱלֹהִים הַהֹלֵךְ

הַמָּק֖וֹם הַזֶּֽה׃ וּבַדָּבָ֖ר הַזֶּ֑ה אֵֽינְכֶם֙ מַֽאֲמִינִ֔ם לב
בַּֽיהוָ֖ה אֱלֹהֵיכֶֽם׃ הַהֹלֵ֨ךְ לִפְנֵיכֶ֜ם בַּדֶּ֗רֶךְ לָת֥וּר לג
לָכֶ֛ם מָק֖וֹם לַחֲנֹֽתְכֶ֑ם בָּאֵ֣שׁ ׀ לַ֗יְלָה לַרְאֹֽתְכֶם֙
בַּדֶּ֙רֶךְ֙ אֲשֶׁ֣ר תֵּֽלְכוּ־בָ֔הּ וּבֶעָנָ֖ן יוֹמָֽם׃ וַיִּשְׁמַ֥ע לד
יְהוָ֖ה אֶת־ק֣וֹל דִּבְרֵיכֶ֑ם וַיִּקְצֹ֖ף וַיִּשָּׁבַ֥ע לֵאמֹֽר׃
אִם־יִרְאֶ֥ה אִישׁ֙ בָּאֲנָשִׁ֣ים הָאֵ֔לֶּה הַדּ֥וֹר הָרָ֖ע לה
הַזֶּ֑ה אֵ֚ת הָאָ֣רֶץ הַטּוֹבָ֔ה אֲשֶׁ֣ר נִשְׁבַּ֔עְתִּי לָתֵ֖ת
לַאֲבֹתֵיכֶֽם׃ זֽוּלָתִ֞י כָּלֵ֤ב בֶּן־יְפֻנֶּה֙ ה֣וּא יִרְאֶ֔נָּה לו
וְלֽוֹ־אֶתֵּ֧ן אֶת־הָאָ֛רֶץ אֲשֶׁ֥ר דָּֽרַךְ־בָּ֖הּ וּלְבָנָ֑יו יַ֕עַן
אֲשֶׁ֥ר מִלֵּ֖א אַחֲרֵ֥י יְהוָֽה׃ גַּם־בִּי֙ הִתְאַנַּ֣ף יְהוָ֔ה לז
בִּגְלַלְכֶ֖ם לֵאמֹ֑ר גַּם־אַתָּ֖ה לֹא־תָבֹ֥א שָֽׁם׃
יְהוֹשֻׁ֤עַ בִּן־נוּן֙ הָעֹמֵ֣ד לְפָנֶ֔יךָ ה֖וּא יָ֣בֹא שָׁ֑מָּה לח
רביעי אֹת֣וֹ חַזֵּ֔ק כִּי־ה֖וּא יַנְחִלֶ֥נָּה אֶת־יִשְׂרָאֵֽל׃ וְטַפְּכֶם֩ לט
אֲשֶׁ֨ר אֲמַרְתֶּ֜ם לָבַ֣ז יִהְיֶ֗ה וּ֨בְנֵיכֶ֜ם אֲשֶׁ֨ר לֹא־
יָדְע֤וּ הַיּוֹם֙ ט֣וֹב וָרָ֔ע הֵ֖מָּה יָבֹ֣אוּ שָׁ֑מָּה וְלָהֶ֣ם
אֶתְּנֶ֔נָּה וְהֵ֖ם יִירָשֽׁוּהָ׃ וְאַתֶּ֖ם פְּנ֣וּ לָכֶ֑ם וּסְע֥וּ מ
הַמִּדְבָּ֖רָה דֶּ֥רֶךְ יַם־סֽוּף׃ וַתַּֽעֲנ֣וּ ׀ וַתֹּאמְר֣וּ אֵלַ֗י מא
חָטָ֘אנוּ֮ לַֽיהוָה֒ אֲנַ֤חְנוּ נַעֲלֶה֙ וְנִלְחַ֔מְנוּ כְּכֹ֥ל
אֲשֶׁר־צִוָּ֖נוּ יְהוָ֣ה אֱלֹהֵ֑ינוּ וַֽתַּחְגְּר֗וּ אִ֚ישׁ אֶת־כְּלֵ֣י
מִלְחַמְתּ֔וֹ וַתָּהִ֖ינוּ לַעֲלֹ֥ת הָהָֽרָה׃ וַיֹּ֨אמֶר יְהוָ֜ה מב
אֵלַ֗י אֱמֹ֤ר לָהֶם֙ לֹ֣א תַֽעֲלוּ֙ וְלֹֽא־תִלָּ֣חֲמ֔וּ כִּ֥י אֵינֶ֖נִּי

מג בְּקִרְבְּכֶם וְלֹא תִּנָּגְפוּ לִפְנֵי אֹיְבֵיכֶם: וָאֲדַבֵּר
אֲלֵיכֶם וְלֹא שְׁמַעְתֶּם וַתַּמְרוּ אֶת־פִּי יהוה וַתָּזִדוּ
מד וַתַּעֲלוּ הָהָרָה: וַיֵּצֵא הָאֱמֹרִי הַיֹּשֵׁב בָּהָר הַהוּא

לב לג אַתְרָא הָדֵין: וּבְפִתְגָמָא הָדֵין, לֵיתֵיכוֹן מְהֵימְנִין, בְּמֵימְרָא דַּיי אֱלָהֲכוֹן: דִּמְדַבַּר קֳדָמֵיכוֹן
בְּאוֹרְחָא, לְאַתְקָנָא לְכוֹן, אֲתַר בֵּית מִשְׁרֵי לְאַשְׁרָיוּתְכוֹן, בְּעַמּוּדָא דְּאִישָׁתָא בְּלֵילְיָא,
לד לְאַחֲזָיוּתְכוֹן בְּאוֹרְחָא דִּתְהָכוּן בַּהּ, וּבְעַמּוּדָא דַּעֲנָנָא בִּימָמָא: וּשְׁמִיעַ קֳדָם יי יָת קָל
לה פִּתְגָמֵיכוֹן, וּרְגִיז וְקַיֵּים לְמֵימַר: אִם יִחְזֵי גְּבַר בְּגֻבְרַיָּא הָאִלֵּין, דָּרָא בִּישָׁא הָדֵין, יָת אַרְעָא
לו טָבְתָא, דְּקַיֵּימִית, לְמִתַּן לַאֲבָהָתְכוֹן: אֱלָהֵין, כָּלֵב בַּר יְפֻנֶּה הוּא יִחְזֵינַהּ, וְלֵיהּ אֶתֵּין יָת
לז אַרְעָא, דִּדְרַךְ בַּהּ וְלִבְנוֹהִי, חֲלָף, דְּאַשְׁלֵים בָּתַר דַּחַלְתָּא דַּיי: אַף עֲלַי הֲוָה רְגַז מִן קֳדָם
לח יי, בְּדִילְכוֹן לְמֵימַר, אַף אַתְּ לָא תֵיעוֹל לְתַמָּן: יְהוֹשֻׁעַ בַּר נוּן דְּקָאֵים קֳדָמָךְ, הוּא יֵיעוֹל
לט לְתַמָּן, יָתֵיהּ תַּקֵּיף, אֲרֵי הוּא יַחְסְנִנַּהּ לְיִשְׂרָאֵל: וְטַפְלְכוֹן דַּאֲמַרְתּוּן לְבִזָּא יְהוֹן, וּבְנֵיכוֹן,
מ דְּלָא יְדַעוּ יוֹמָא דֵּין טָב וּבִישׁ, אִנּוּן יֵיעֲלוּן לְתַמָּן, וּלְהוֹן אֶתְּנִנַּהּ, וְאִנּוּן יֵירְתֻנַּהּ: וְאַתּוּן
מא אִתְפְּנוֹ לְכוֹן, וְטוּלוּ לְמַדְבְּרָא אוֹרַח יַמָּא דְּסוּף: וַאֲתֵיבְתּוּן וַאֲמַרְתּוּן לִי, חַבְנָא קֳדָם יי,
אֲנַחְנָא נִסַּק וּנְגִיחַ קְרָב, כְּכֹל דְּפַקְּדַנָא יי אֱלָהָנָא, וְזָרֵיזְתּוּן, גְּבַר יָת מָנֵי קְרָבֵיהּ, וְשָׁרִיתוּן
מב לְמִסַּק לְטוּרָא: וַאֲמַר יי לִי, אֵימַר לְהוֹן לָא תִסְּקוּן וְלָא תְגִיחוּן קְרָב, אֲרֵי לֵית שְׁכִינְתִּי
מג בֵּינֵיכוֹן, וְלָא תִתַּבְרוּן, קֳדָם בַּעֲלֵי דְּבָבֵיכוֹן: וּמַלֵּילִית עִמְּכוֹן וְלָא קַבֵּילְתּוּן, וְסָרֵיבְתּוּן עַל
מד מֵימְרָא דַּיי, וְאַרְשַׁעְתּוּן וּסְלֵיקְתּוּן לְטוּרָא: וּנְפַק אֱמוֹרָאָה, דְּיָתֵיב בְּטוּרָא הַהוּא

לִפְנֵי מַחֲנֵה יִשְׂרָאֵל" וְגוֹ' (שמות יד, יט-כ), מָשָׁל לִמְהַלֵּךְ בַּדֶּרֶךְ וּבְנוֹ לְפָנָיו, בָּאוּ לִסְטִים לִשְׁבּוֹתוֹ וְכוּ' [נְטָלוֹ מִלְּפָנָיו נְתָנוֹ לְאַחֲרָיו. בָּא זְאֵב מֵאַחֲרָיו, נְתָנוֹ לְפָנָיו. בָּאוּ לִסְטִים לְפָנָיו וּזְאֵבִים מֵאַחֲרָיו, נְתָנוֹ עַל זְרוֹעוֹ וְנִלְחַם בָּהֶם. כָּךְ: "וְאָנֹכִי תִרְגַּלְתִּי לְאֶפְרַיִם קָחָם עַל זְרוֹעֹתָיו" (הושע יא, ג)]:

לב| וּבַדָּבָר הַזֶּה. שֶׁהוּא מַבְטִיחֲכֶם לַהֲבִיאֲכֶם אֶל הָאָרֶץ, "אֵינְכֶם מַאֲמִינִם" בּוֹ:

לג| לַרְאֹתְכֶם. כְּמוֹ 'לְהַרְאוֹתְכֶם', וְכֵן: "לַנְחֹתָם הַדֶּרֶךְ" (שמות יג, כא), וְכֵן: "לַשְׁמִעַ בְּקוֹל תּוֹדָה" (תהלים כו, ז), וְכֵן: "לָלֶכֶת לַגִּיד בְּיִזְרְעֶאל" (מלכים ב' ט, טו ועיין רש"י שם):

לו| אֲשֶׁר דָּרַךְ בָּהּ. חֶבְרוֹן, שֶׁנֶּאֱמַר: "וַיָּבֹא עַד חֶבְרוֹן" (במדבר יג, כב):

לז| הִתְאַנַּף. נִתְמַלֵּא רֹגֶז:

מ| פְּנוּ לָכֶם. אָמַרְתִּי לְהַעֲבִיר אֶתְכֶם דֶּרֶךְ רֹחַב אֶרֶץ אֱדוֹם לְצַד צָפוֹן לִכָּנֵס לָאָרֶץ, קִלְקַלְתֶּם וּגְרַמְתֶּם לָכֶם עִכּוּב: פְּנוּ לָכֶם. לַאֲחוֹרֵיכֶם, וְתֵלְכוּ בַּמִּדְבָּר לְצַד יַם סוּף, שֶׁהַמִּדְבָּר שֶׁהָיוּ הוֹלְכִים בּוֹ לִדְרוֹמָהּ שֶׁל הַר שֵׂעִיר הָיָה, מַפְסִיק בֵּין יַם סוּף לְהַר שֵׂעִיר, עַתָּה הִמָּשְׁכוּ לְצַד הַיָּם וְתִסְבְּבוּ אֶת הַר שֵׂעִיר כָּל דְּרוֹמוֹ מִן הַמַּעֲרָב לַמִּזְרָח:

מא| וַתָּהִינוּ. לָשׁוֹן: "הִנֶּנּוּ וְעָלִינוּ אֶל הַמָּקוֹם" (במדבר יד, מ), זֶה הַלָּשׁוֹן שֶׁאֲמַרְתֶּם, לְשׁוֹן הֵן, כְּלוֹמַר נִזְדַּמַּנְתֶּם:

מב| לֹא תַעֲלוּ. לֹא עֲלִיָּה תְּהֵא לָכֶם אֶלָּא יְרִידָה:

לִקְרַאתְכֶם וַיִּרְדְּפוּ אֶתְכֶם כַּאֲשֶׁר תַּעֲשֶׂינָה
הַדְּבֹרִים וַיַּכְּתוּ אֶתְכֶם בְּשֵׂעִיר עַד־חָרְמָה׃ וַתָּשֻׁבוּ מה
וַתִּבְכּוּ לִפְנֵי יְהוָה וְלֹא־שָׁמַע יְהוָה בְּקֹלְכֶם וְלֹא
הֶאֱזִין אֲלֵיכֶם׃ וַתֵּשְׁבוּ בְקָדֵשׁ יָמִים רַבִּים כַּיָּמִים מו
אֲשֶׁר יְשַׁבְתֶּם׃ וַנֵּפֶן וַנִּסַּע הַמִּדְבָּרָה דֶּרֶךְ יַם־סוּף א ב
כַּאֲשֶׁר דִּבֶּר יְהוָה אֵלָי וַנָּסָב אֶת־הַר־שֵׂעִיר יָמִים
חמישי רַבִּים׃ ב וַיֹּאמֶר יְהוָה אֵלַי לֵאמֹר׃ ב
רַב־לָכֶם סֹב אֶת־הָהָר הַזֶּה פְּנוּ לָכֶם צָפֹנָה׃ וְאֶת־ ג ד
הָעָם צַו לֵאמֹר אַתֶּם עֹבְרִים בִּגְבוּל אֲחֵיכֶם בְּנֵי־
עֵשָׂו הַיֹּשְׁבִים בְּשֵׂעִיר וְיִירְאוּ מִכֶּם וְנִשְׁמַרְתֶּם
מְאֹד׃ אַל־תִּתְגָּרוּ בָם כִּי לֹא־אֶתֵּן לָכֶם מֵאַרְצָם ה
עַד מִדְרַךְ כַּף־רָגֶל כִּי־יְרֻשָּׁה לְעֵשָׂו נָתַתִּי אֶת־הַר
שֵׂעִיר׃ אֹכֶל תִּשְׁבְּרוּ מֵאִתָּם בַּכֶּסֶף וַאֲכַלְתֶּם וְגַם־ ו
מַיִם תִּכְרוּ מֵאִתָּם בַּכֶּסֶף וּשְׁתִיתֶם׃ כִּי יְהוָה אֱלֹהֶיךָ ז
בֵּרַכְךָ בְּכֹל מַעֲשֵׂה יָדֶךָ יָדַע לֶכְתְּךָ אֶת־הַמִּדְבָּר
הַגָּדֹל הַזֶּה זֶה ׀ אַרְבָּעִים שָׁנָה יְהוָה אֱלֹהֶיךָ עִמָּךְ
לֹא חָסַרְתָּ דָּבָר׃ וַנַּעֲבֹר מֵאֵת אַחֵינוּ בְנֵי־עֵשָׂו ח
הַיֹּשְׁבִים בְּשֵׂעִיר מִדֶּרֶךְ הָעֲרָבָה מֵאֵילַת וּמֵעֶצְיֹן
גָּבֶר וַנֵּפֶן וַנַּעֲבֹר דֶּרֶךְ מִדְבַּר מוֹאָב׃
וַיֹּאמֶר יְהוָה אֵלַי אַל־תָּצַר אֶת־מוֹאָב וְאַל־תִּתְגָּר ט
בָּם מִלְחָמָה כִּי לֹא־אֶתֵּן לְךָ מֵאַרְצוֹ יְרֻשָּׁה כִּי לִבְנֵי־

מה לקדמותכון, ורדפו יתכון, כמא דנתזן דבריתא, וטרדו יתכון, בשעיר עד חרמה: ותבתון
מו ובכיתון קדם יי, ולא קביל יי צלותכון, ולא אצית למליכון: ויתיבתון ברקם יומין סגיאין,
ב א כיומיא דיתיבתון: ואתפנינא, ונטלנא למדברא אורח ימא דסוף, כמא דמליל יי עמי,
ב ג ואקיפנא ית טורא דשעיר יומין סגיאין: ואמר יי לי למימר: סגי לכון, דאקיפתון ית טורא הדין,
ד אתפנו לכון לצפונא: וית עמא פקיד למימר, אתון עברין, בתחום אחיכון בני עשו, דיתבין
ה בשעיר, וידחלון מנכון, ותסתמרון לחדא: לא תתגרן בהון, ארי, לא אתין לכון מארעהון, עד
ו מדרך פרסת רגל, ארי ירתא לעשו, יהבית ית טורא דשעיר: עבורא תזבנון מנהון, בכספא
ז ותיכלון, ואף מיא, תזבנון מנהון, בכספא ותשתון: ארי יי אלהך ברכך, בכל עובדי ידך, סופיק
לך צרכך במהכך, ית מדברא רבא הדין, דנן ארבעין שנין, מימרא דיי אלהך בסעדך,
ח לא חסרתא מדעם: ועברנא מלות אחנא בני עשו, דיתבין בשעיר, מאורח מישרא,
ט מאילת ומעציון גבר, ואתפנינא ועברנא, אורח מדברא דמואב: ואמר יי לי, לא תצור על
מואבאי, ולא תתגרי למעבד עמהון קרב, ארי, לא אתין לך מארעהון ירתא, ארי לבני

מד) **כאשר תעשינה הדברים.** מה הדבורה הזאת כשהיא מכה את האדם מיד מתה, אף הם כשהיו נוגעים בכם מיד מתים:

מה) **ולא שמע ה' בקלכם.** כביכול עשיתם מדת רחמיו כאלו אכזרי:

מו) **ותשבו בקדש ימים רבים.** תשע עשרה שנה, שנאמר: "כימים אשר ישבתם" באחר המסעות, והם היו שלשים ושמנה שנה, תשע עשרה מהם עשו בקדש ותשע עשרה שנה הולכים ומטרפים וחזרו לקדש, כמו שנאמר: "וינעם במדבר" (במדבר לב, יג). כך מצאתי בסדר עולם (פרק ח):

פרק ב

א) **ונסע המדברה.** אלו לא חטאו היו עוברים דרך הר שעיר לכנס לארץ מדרומו לצפונו, ובשביל שקלקלו הפנן לצד המדבר שהוא בין ים סוף לדרומו של הר שעיר, והלכו אצל דרומו מן המערב למזרח דרך יציאתן ממצרים שהוא במקצוע דרומית מערבית, משם היו הולכים לצד המזרח: **ונסב את הר שעיר.** כל דרומו עד ארץ מואב:

ג) **פנו לכם צפנה.** סבו לכם לרוח מזרחית מן הדרום לצפון פניכם לצפון, נמצאו הולכים את רוח מזרחית, וזהו שנאמר: "ויבא ממזרח שמש לארץ מואב" (שופטים יא, יח):

ד) **ונשמרתם מאד.** ומהו השמירה? "אל תתגרו בם" (להלן פסוק ה):

ה) **עד מדרך כף רגל.** (אפלו כדי מדרך כף רגל), [כלומר אפלו דריסת הרגל איני מרשה לכם לעבר בארצם שלא ברשות – רבינו שמעיה העיד: "רבי נוה להגיה"]. ומדרש אגדה, עד שיבוא יום דריסת כף רגל על הר הזיתים, שנאמר: "ועמדו רגליו" וגו' (זכריה יד, ד): **ירשה לעשו.** מאברהם. עשרה עממים נתתי לו, שבעה לכם, וקיני וקנזי וקדמוני הן עמון ומואב ושעיר, אחת מהם לעשו, והשנים לבני לוט בשכר שהלך אתו למצרים ושתק על מה שהיה אומר על אשתו 'אחותי היא', לפיכך עשאו כבנו:

ו) **תכרו.** לשון מקח, וכן: "אשר כריתי לי" (בראשית נ, ה), שכן בכרכי הים קורין למכירה כירה:

ז) **כי ה' אלהיך ברכך.** לפיכך לא תכפו את טובתו להראות כאלו אתם עניים, אלא הראו עצמכם עשירים:

ח) **ונפן ונעבר.** לצד צפון, הפכנו פנים להלך רוח מזרחית:

ט) **ואל תתגר בם.** לא אסר להם על מואב אלא מלחמה, אבל מיראים היו אותם ונראים להם כשהם מזוינים, לפיכך כתיב: "ויגר מואב מפני העם" (במדבר כב, ג), שהיו שוללים ובוזזים אותם. אבל בבני עמון נאמר: "ואל תתגר בם" (להלן פסוק יט), שום גרוי, בשכר צניעות אמם שלא פרסמה על אביה כמו שעשתה הבכירה שקראה שם בנה מואב: **ער.** שם המדינה:

לוֹט נָתַתִּי אֶת־עָר יְרֻשָּׁה׃ הָאֵמִים לְפָנִים יָשְׁבוּ י
בָהּ עַם גָּדוֹל וְרַב וָרָם כַּעֲנָקִים׃ רְפָאִים יֵחָשְׁבוּ יא
אַף־הֵם כַּעֲנָקִים וְהַמֹּאָבִים יִקְרְאוּ לָהֶם אֵמִים׃
וּבְשֵׂעִיר יָשְׁבוּ הַחֹרִים לְפָנִים וּבְנֵי עֵשָׂו יִירָשׁוּם יב
וַיַּשְׁמִידוּם מִפְּנֵיהֶם וַיֵּשְׁבוּ תַּחְתָּם כַּאֲשֶׁר עָשָׂה
יִשְׂרָאֵל לְאֶרֶץ יְרֻשָּׁתוֹ אֲשֶׁר־נָתַן יְהוָה לָהֶם׃
עַתָּה קֻמוּ וְעִבְרוּ לָכֶם אֶת־נַחַל זָרֶד וַנַּעֲבֹר יג ★
אֶת־נַחַל זָרֶד׃ וְהַיָּמִים אֲשֶׁר־הָלַכְנוּ ׀ מִקָּדֵשׁ יד
בַּרְנֵעַ עַד אֲשֶׁר־עָבַרְנוּ אֶת־נַחַל זֶרֶד שְׁלֹשִׁים
וּשְׁמֹנֶה שָׁנָה עַד־תֹּם כָּל־הַדּוֹר אַנְשֵׁי הַמִּלְחָמָה
מִקֶּרֶב הַמַּחֲנֶה כַּאֲשֶׁר נִשְׁבַּע יְהוָה לָהֶם׃ וְגַם טו
יַד־יְהוָה הָיְתָה בָּם לְהֻמָּם מִקֶּרֶב הַמַּחֲנֶה עַד
תֻּמָּם׃ וַיְהִי כַאֲשֶׁר־תַּמּוּ כָּל־אַנְשֵׁי הַמִּלְחָמָה טז
לָמוּת מִקֶּרֶב הָעָם׃ וַיְדַבֵּר יְהוָה יז
אֵלַי לֵאמֹר׃ אַתָּה עֹבֵר הַיּוֹם אֶת־גְּבוּל מוֹאָב יח
אֶת־עָר׃ וְקָרַבְתָּ מוּל בְּנֵי עַמּוֹן אַל־תְּצֻרֵם יט
וְאַל־תִּתְגָּר בָּם כִּי לֹא־אֶתֵּן מֵאֶרֶץ בְּנֵי־עַמּוֹן
לְךָ יְרֻשָּׁה כִּי לִבְנֵי־לוֹט נְתַתִּיהָ יְרֻשָּׁה׃ אֶרֶץ־ כ
רְפָאִים תֵּחָשֵׁב אַף־הִוא רְפָאִים יָשְׁבוּ־בָהּ
לְפָנִים וְהָעַמֹּנִים יִקְרְאוּ לָהֶם זַמְזֻמִּים׃ עַם גָּדוֹל כא
וְרַב וָרָם כַּעֲנָקִים וַיַּשְׁמִידֵם יְהוָה מִפְּנֵיהֶם

כב וַיִּירָשֻׁם וַיֵּשְׁבוּ תַחְתָּם: כַּאֲשֶׁר עָשָׂה לִבְנֵי
עֵשָׂו הַיֹּשְׁבִים בְּשֵׂעִיר אֲשֶׁר הִשְׁמִיד אֶת־
הַחֹרִי מִפְּנֵיהֶם וַיִּירָשֻׁם וַיֵּשְׁבוּ תַחְתָּם עַד

י לוט, יהבית ית לחית ירתא: אימתני מלקדמין יתיבו בה, עם רב וסגי, ותקיף כגבריא:
יא יב גבריא, מתחשבין אף אנון כגבריא, ומואבאי, קרן להון אימתני: ובשעיר, יתיבו חוראי
מלקדמין, ובני עשו תריכונון, ושיציאונון מן קדמיהון, ויתיבו באתרהון, כמא דעבד
יג ישראל, לארע ירותתיה, דיהב יי להון: כען, קומו, ועיברו לכון ית נחלא דזרד, ועברנא
יד ית נחלא דזרד: ויומיא, דהליכנא מרקם גיאה, עד דעברנא ית נחלא דזרד, תלתין ותמני
טו שנין, עד דסף כל דרא, גברי מגיחי קרבא מגו משריתא, כמא דקיים יי להון: ואף מחא
טז מן קדם יי הות בהון, לשיצאותהון מגו משריתא, עד דשלימו: והוה כד שלימו, כל גברי
יז יח מגיחי קרבא, לממת מגו עמא: ומליל יי עמי למימר: את עבר יומא דין, ית תחום מואב
יט ית לחית: ותתקרב, לקביל בני עמון, לא תצור עליהון ולא תתגרי למעבד עמהון קרב,
כ ארי לא אתין, מארע בני עמון לך ירתא, ארי לבני לוט יהבתה ירתא: ארע גבריא
כא מתחשבא אף היא, גברין יתיבו בה מלקדמין, ועמונאי, קרן להון חשבני: עם רב וסגי,
כב ותקיף כגבריא, ושיצינון יי מן קדמיהון, ותריכונון ויתיבו באתרהון: כמא דעבד לבני
עשו, דיתבין בשעיר, דשיצי ית חוראי מן קדמיהון, ותריכונון ויתיבו באתרהון, עד

י **האמים לפנים וגו'.** אתה סבור שזו ארץ רפאים שנתתי לו לאברהם (בראשית טו, כ), לפי שהאמים שהם רפאים ישבו בה לפנים, אבל לא זו היא, כי אותן רפאים הורשתי מפני בני לוט והושבתים תחתם:

יא-יב **רפאים יחשבו וגו'.** רפאים היו נחשבין אותם אמים, כענקים הנקראים רפאים, על שם שכל הרואה אותם ידיו מתרפות: **אמים.** על שם שאימתם מוטלת על הבריות. וכן: "ובשעיר ישבו החורים" ונתתים לבני עשו: **יירשום.** לשון הווה, כלומר נתתי בהם כח שיהיו מורישים אותם והולכים:

טו **היתה בם.** למהר ולהמם בתוך ארבעים שנה, שלא יגרמו לבניהם עוד להתעכב במדבר:

טז-יז **ויהי כאשר תמו וגו' וידבר ה' אלי וגו'.** אבל משלוח המרגלים עד כאן לא נאמר 'וידבר' בפרשה זו אלא 'ויאמר', ללמדך שכל שלשים ושמונה שנה שהיו ישראל נזופים, לא נתיחד עמו הדבור בלשון חבה פנים אל פנים וישוב, ללמדך שאין השכינה שורה על הנביאים אלא בשביל ישראל: **אנשי המלחמה.** מבן עשרים שנה היוצאים בצבא:

יח-יט **אתה עבר היום את גבול מואב.** אל 'מול בני עמון', מכאן שארץ עמון לצד צפון:

כ **ארץ רפאים תחשב.** ארץ רפאים נחשבת אף היא לפי שהרפאים ישבו בה לפנים, אבל לא זו היא שנתתי לאברהם:

היום הזה: והעוים הישבים בחצרים עד־עזה כג
כפתרים היצאים מכפתור השמידם וישבו
תחתם: קומו סעו ועברו את־נחל ארנן ראה כד *
נתתי בידך את־סיחן מלך־חשבון האמרי
ואת־ארצו החל רש והתגר בו מלחמה: היום כה
הזה אחל תת פחדך ויראתך על־פני העמים
תחת כל־השמים אשר ישמעון שמעך ורגזו
וחלו מפניך: ואשלח מלאכים ממדבר קדמות כו
אל־סיחון מלך חשבון דברי שלום לאמר:
אעברה בארצך בדרך בדרך אלך לא אסור כז
ימין ושמאול: אכל בכסף תשברני ואכלתי כח
ומים בכסף תתן־לי ושתיתי רק אעברה ברגלי:
כאשר עשו־לי בני עשו הישבים בשעיר כט
והמואבים הישבים בער עד אשר־אעבר את־
הירדן אל־הארץ אשר־יהוה אלהינו נתן לנו:
ולא אבה סיחן מלך חשבון העברנו בו כי־ ל
הקשה יהוה אלהיך את־רוחו ואמץ את־לבבו
למען תתו בידך כיום הזה: ויאמר לא ששי ג
יהוה אלי ראה החלתי תת לפניך את־סיחן
ואת־ארצו החל רש לרשת את־ארצו: ויצא לב
סיחן לקראתנו הוא וכל־עמו למלחמה יהצה:

לג וַיִּתְּנֵהוּ יְהוָה אֱלֹהֵינוּ לְפָנֵינוּ וַנַּךְ אֹתוֹ וְאֶת־בָּנָו
לד וְאֶת־כָּל־עַמּוֹ: וַנִּלְכֹּד אֶת־כָּל־עָרָיו בָּעֵת הַהִוא
וַנַּחֲרֵם אֶת־כָּל־עִיר מְתִם וְהַנָּשִׁים וְהַטָּף לֹא

כג יוֹמָא הָדֵין: וְעַוָּאֵי, דְּיָתְבִין בִּרְפִיחַ עַד עַזָּה, קַפְטְקָאֵי דִּנְפַקוּ מִקַּפְטְקִיָא, שֵׁיצִיאוּנוּן וִיתִיבוּ
כד בְּאַתְרְהוֹן: קוּמוּ טוּלוּ, וְעִיבַרוּ יָת נַחְלָא דְּאַרְנוֹן, חֲזִי דִּמְסַרִית בִּידָךְ, יָת סִיחוֹן מַלְכָּא
כה דְּחֶשְׁבּוֹן אֱמוֹרָאָה, וְיָת אַרְעֵיהּ שָׁרִי לְתָרָכוּתֵיהּ, וְתִתְגָּרֵי לְמֶעֱבַד עִמְּהוֹן קְרָב: יוֹמָא הָדֵין,
אֲשָׁרֵי לְמִתַּן זֵיעֲתָךְ וְדַחְלְתָךְ, עַל אַפֵּי עַמְמַיָּא, דִּתְחוֹת כָּל שְׁמַיָּא, דְּיִשְׁמְעוּן שִׁמְעָךְ,
כו וִיזוּעוּן וְיִתַּבְרוּן מִן קֳדָמָךְ: וּשְׁלַחִית אִזְגַּדִּין מִמַּדְבַּר קְדֵמוֹת, לְוָת סִיחוֹן מַלְכָּא דְּחֶשְׁבּוֹן,
כז פִּתְגָּמֵי שְׁלָמָא לְמֵימַר: אֶעְבַּר בְּאַרְעָךְ, בְּאוֹרְחָא בְּאוֹרְחָא אֵיזֵיל, לָא אֶסְטֵי לְיַמִּינָא
כח וְלִסְמָאלָא: עֲבוּרָא בְּכַסְפָּא תְּזַבֵּין לִי וְאֵיכוּל, וּמַיָּא, בְּכַסְפָּא תִּתֵּין לִי וְאֶשְׁתֵּי, לְחוֹד
כט אֶעְבַּר בְּרַגְלָי: כְּמָא דַּעֲבַדוּ לִי בְּנֵי עֵשָׂו, דְּיָתְבִין בְּשֵׂעִיר, וּמוֹאֲבָאֵי, דְּיָתְבִין בִּלְחָיַת, עַד
ל דְּאֶעְבַּר יָת יַרְדְּנָא, לְאַרְעָא, דַּיְיָ אֱלָהָנָא יָהֵיב לַנָא: וְלָא אֲבָא, סִיחוֹן מַלְכָּא דְּחֶשְׁבּוֹן,
לְמִשְׁבְּקַנָא לְמִעְבַּר בִּתְחוּמֵיהּ, אֲרֵי אַקְשִׁי יְיָ אֱלָהָךְ יָת רוּחֵיהּ, וְתַקֵּיף יָת לִבֵּיהּ, בְּדִיל,
לא לְמִמְסְרֵיהּ בִּידָךְ כְּיוֹמָא הָדֵין: וַאֲמַר יְיָ לִי, חֲזִי, דְּשָׁרִיתִי לְמִמְסַר קֳדָמָךְ, יָת סִיחוֹן וְיָת
לב אַרְעֵיהּ, שָׁרִי לְתָרָכוּתֵיהּ, לְמֵירַת יָת אַרְעֵיהּ: וּנְפַק סִיחוֹן לְקַדָּמוּתַנָא, הוּא וְכָל עַמֵּיהּ,
לג לְאַגָּחָא קְרָבָא לְיָהָץ: וּמַסְרֵיהּ, יְיָ אֱלָהָנָא קֳדָמַנָא, וּמְחֵינָא יָתֵיהּ, וְיָת בְּנוֹהִי וְיָת כָּל עַמֵּיהּ:
לד וּכְבַשְׁנָא יָת כָּל קִרְווֹהִי בְּעִדָּנָא הַהוּא, וְגַמַּרְנָא יָת כָּל קִרְוַיָּא גֻּבְרַיָּא, וּנְשַׁיָּא וְטַפְלָא, לָא

כג) **וְהָעַוִּים הַיֹּשְׁבִים בַּחֲצֵרִים וְגוֹ'.** עַוִּים מִפְּלִשְׁתִּים הֵם, שֶׁעִמָּהֶם הֵם נֶחְשָׁבִים בְּסֵפֶר יְהוֹשֻׁעַ, שֶׁנֶּאֱמַר: "חֲמֵשֶׁת סַרְנֵי פְלִשְׁתִּים הָעַזָּתִי וְהָאַשְׁדּוֹדִי הָאֶשְׁקְלוֹנִי הַגִּתִּי וְהָעֶקְרוֹנִי וְהָעַוִּים" (יהושע יג, ג), וּמִפְּנֵי הַשְּׁבוּעָה שֶׁנִּשְׁבַּע אַבְרָהָם לַאֲבִימֶלֶךְ לֹא יָכְלוּ יִשְׂרָאֵל לְהוֹצִיא אַרְצָם מִיָּדָם, וְהֵבֵאתִי עֲלֵיהֶם כַּפְתּוֹרִים וְהִשְׁמִידוּם וְיָשְׁבוּ תַחְתָּם, וְעַכְשָׁיו אַתֶּם מֻתָּרִים לְקַחְתָּהּ מִיָּדָם:

כה) **תַּחַת כָּל הַשָּׁמָיִם.** לִמֵּד שֶׁעָמְדָה חַמָּה לְמֹשֶׁה בְּיוֹם מִלְחֶמֶת עוֹג, וְנוֹדַע הַדָּבָר תַּחַת כָּל הַשָּׁמָיִם:

כו) **מִמִּדְבַּר קְדֵמוֹת.** אַף עַל פִּי שֶׁלֹּא צִוַּנִי הַמָּקוֹם לִקְרֹא לְסִיחוֹן לְשָׁלוֹם, לָמַדְתִּי מִמִּדְבַּר סִינַי, מִן הַתּוֹרָה שֶׁקָּדְמָה לָעוֹלָם, כְּשֶׁבָּא הַקָּדוֹשׁ בָּרוּךְ הוּא לִתְּנָהּ לְיִשְׂרָאֵל חִזֵּר אוֹתָהּ עַל עֵשָׂו וְיִשְׁמָעֵאל, וְגָלוּי לְפָנָיו שֶׁלֹּא יְקַבְּלוּהָ וְאַף עַל פִּי כֵן פָּתַח לָהֶם בְּשָׁלוֹם, אַף אֲנִי קִדַּמְתִּי אֶת סִיחוֹן בְּדִבְרֵי שָׁלוֹם:

כט) **כַּאֲשֶׁר עָשׂוּ לִי בְּנֵי עֵשָׂו.** לֹא לְעִנְיַן לַעֲבֹר בְּאַרְצָם, אֶלָּא לְעִנְיַן מֶכֶר אֹכֶל וּמַיִם:

לב) **וַיֵּצֵא סִיחֹן.** לֹא שָׁלַח בִּשְׁבִיל עוֹג לַעֲזֹר לוֹ, לְלַמֶּדְךָ שֶׁלֹּא הָיוּ צְרִיכִים זֶה לָזֶה:

לג) **וְאֶת בָּנָו.** 'בְּנוֹ' כְּתִיב, שֶׁהָיָה לוֹ בֵּן גִּבּוֹר כְּמוֹתוֹ:

לד) **מְתִם.** אֲנָשִׁים. בְּבִזַּת סִיחוֹן נֶאֱמַר: "בָּזַזְנוּ לָנוּ" (להלן פסוק לה), לְשׁוֹן בִּזָּה, שֶׁהָיְתָה חֲבִיבָה עֲלֵיהֶם וּבוֹזְזִים אִישׁ לוֹ, וּכְשֶׁבָּאוּ לְבִזַּת עוֹג כְּבָר הָיוּ שְׂבֵעִים וּמְלֵאִים, וְהָיְתָה בְּזוּיָה בְּעֵינֵיהֶם וּמַקְרִעִין וּמַשְׁלִיכִין בְּהֵמָה וּבְגָדִים, כִּי אִם כֶּסֶף וְזָהָב,

לה הִשְׁאַרְנוּ שָׂרִיד׃ רַק הַבְּהֵמָה בָּזַזְנוּ לָנוּ וּשְׁלַל
לו הֶעָרִים אֲשֶׁר לָכָדְנוּ׃ מֵעֲרֹעֵר אֲשֶׁר עַל־שְׂפַת־
נַחַל אַרְנֹן וְהָעִיר אֲשֶׁר בַּנַּחַל וְעַד־הַגִּלְעָד לֹא
הָיְתָה קִרְיָה אֲשֶׁר שָׂגְבָה מִמֶּנּוּ אֶת־הַכֹּל נָתַן
לז יְהוָה אֱלֹהֵינוּ לְפָנֵינוּ׃ רַק אֶל־אֶרֶץ בְּנֵי־עַמּוֹן
לֹא קָרָבְתָּ כָּל־יַד נַחַל יַבֹּק וְעָרֵי הָהָר וְכֹל
ג א אֲשֶׁר־צִוָּה יְהוָה אֱלֹהֵינוּ׃ וַנֵּפֶן וַנַּעַל דֶּרֶךְ הַבָּשָׁן
וַיֵּצֵא עוֹג מֶלֶךְ־הַבָּשָׁן לִקְרָאתֵנוּ הוּא וְכָל־עַמּוֹ
ב לַמִּלְחָמָה אֶדְרֶעִי׃ וַיֹּאמֶר יְהוָה אֵלַי אַל־תִּירָא
אֹתוֹ כִּי בְיָדְךָ נָתַתִּי אֹתוֹ וְאֶת־כָּל־עַמּוֹ וְאֶת־
אַרְצוֹ וְעָשִׂיתָ לּוֹ כַּאֲשֶׁר עָשִׂיתָ לְסִיחֹן מֶלֶךְ
ג הָאֱמֹרִי אֲשֶׁר יוֹשֵׁב בְּחֶשְׁבּוֹן׃ וַיִּתֵּן יְהוָה
אֱלֹהֵינוּ בְּיָדֵנוּ גַּם אֶת־עוֹג מֶלֶךְ־הַבָּשָׁן וְאֶת־
כָּל־עַמּוֹ וַנַּכֵּהוּ עַד־בִּלְתִּי הִשְׁאִיר־לוֹ שָׂרִיד׃
ד וַנִּלְכֹּד אֶת־כָּל־עָרָיו בָּעֵת הַהִוא לֹא הָיְתָה
קִרְיָה אֲשֶׁר לֹא־לָקַחְנוּ מֵאִתָּם שִׁשִּׁים עִיר כָּל־
ה חֶבֶל אַרְגֹּב מַמְלֶכֶת עוֹג בַּבָּשָׁן׃ כָּל־אֵלֶּה
עָרִים בְּצֻרֹת חוֹמָה גְבֹהָה דְּלָתַיִם וּבְרִיחַ לְבַד
ו מֵעָרֵי הַפְּרָזִי הַרְבֵּה מְאֹד׃ וַנַּחֲרֵם אוֹתָם כַּאֲשֶׁר
עָשִׂינוּ לְסִיחֹן מֶלֶךְ חֶשְׁבּוֹן הַחֲרֵם כָּל־עִיר
ז מְתִם הַנָּשִׁים וְהַטָּף׃ וְכָל־הַבְּהֵמָה וּשְׁלַל

ח הֶעָרִ֖ים בַּזֹּ֥ונוּ לָֽנוּ׃ וַנִּקַּ֞ח בָּעֵ֤ת הַהִוא֙ אֶת־
הָאָ֔רֶץ מִיַּ֗ד שְׁנֵי֙ מַלְכֵ֣י הָֽאֱמֹרִ֔י אֲשֶׁ֖ר בְּעֵ֣בֶר
ט הַיַּרְדֵּ֑ן מִנַּ֥חַל אַרְנֹ֖ן עַד־הַ֥ר חֶרְמֽוֹן׃ צִידֹנִ֛ים

לה לו אַשְׁאַרְנָא מְשֵׁיזֵיב: לְחוֹד בְּעִירָא בַּזְּנָא לַנָא, וַעֲדֵי קִרְוַיָּא דִּכְבַשְׁנָא: מֵעֲרוֹעֵר, דְּעַל כֵּיף
נַחְלָא דְּאַרְנוֹן, וְקַרְתָּא דִּבְנַחְלָא וְעַד גִּלְעָד, לָא הֲוָת קַרְתָּא, דִּתְקֵיפַת מִנַּנָא, יָת כּוֹלָא,
לז מְסַר, יי אֱלָהַנָא קֳדָמַנָא: לְחוֹד, לַאֲרַע בְּנֵי עַמּוֹן לָא קְרֵיבְתָּא, כָּל כֵּיף, נְחַל יֻבְקָא וְקִרְוֵי
ג א טוּרָא, וְכָל דְּפַקֵּיד יי אֱלָהַנָא: וְאִתְפְּנֵינָא וּסְלֵיקְנָא, לְאוֹרַח מַתְנַן, וּנְפַק עוֹג מַלְכָּא דְּמַתְנַן
ב לְקַדָּמוּתַנָא, הוּא וְכָל עַמֵּיהּ, לְאַגָּחָא קְרָבָא לְאֶדְרֶעִי: וַאֲמַר יי לִי לָא תִדְחַל מִנֵּיהּ, אֲרֵי
בִידָךְ, מְסָרִית יָתֵיהּ, וְיָת כָּל עַמֵּיהּ וְיָת אַרְעֵיהּ, וְתַעֲבֵיד לֵיהּ, כְּמָא דַּעֲבַדְתָּא, לְסִיחוֹן מַלְכָּא
ג אֱמוֹרָאָה, דְּיָתֵיב בְּחֶשְׁבּוֹן: וּמְסַר יי אֱלָהַנָא בִּידַנָא, אַף, יָת עוֹג מַלְכָּא דְּמַתְנַן וְיָת כָּל עַמֵּיהּ,
ד וּמְחֵינָהִי, עַד דְּלָא אִשְׁתְּאַר לֵיהּ מְשֵׁיזֵיב: וּכְבַשְׁנָא יָת כָּל קִרְווֹהִי בְּעִדָּנָא הַהוּא, לָא הֲוָת
ה קַרְתָּא, דְּלָא נְסֵיבְנָא מִנְּהוֹן, שִׁתִּין קִרְוִין כָּל בֵּית פֶּלֶךְ טְרָכוֹנָא, מַלְכוּתֵיהּ דְּעוֹג בְּמַתְנַן: כָּל
אִלֵּין, קִרְוִין כְּרִיכָן, מַקְּפָן שׁוּר רָם דִּילְהוֹן דַּשִּׁין וְעָבְרִין, בָּר, מִקִּרְוֵי פַּצְחַיָּא דְּסַגִּיאָן לַחְדָּא:
ו וְגַמַּרְנָא יָתְהוֹן, כְּמָא דַּעֲבַדְנָא, לְסִיחוֹן מַלְכָּא דְּחֶשְׁבּוֹן, גַּמַּרְנָא יָת כָּל קִרְוַיָּא גֻּבְרַיָּא, נְשַׁיָּא
ז ח וְטַפְלָא: וְכָל בְּעִירָא, וַעֲדֵי קִרְוַיָּא בַּזְּנָא לַנָא: וּכְבַשְׁנָא, בְּעִדָּנָא הַהוּא יָת אַרְעָא, מִיַּד, תְּרֵין
ט מַלְכֵי אֱמוֹרָאָה, דִּבְעִבְרָא דְּיַרְדְּנָא, מִנַּחְלָא דְּאַרְנוֹן עַד טוּרָא דְּחֶרְמוֹן: צִידוֹנָאֵי,

לְכָךְ נֶאֱמַר: ״בַּזּוֹנוּ לָנוּ״ (להלן ג, ז), לְשׁוֹן בִּזָּיוֹן. כָּךְ נִדְרָשׁ בְּסִפְרֵי בְּפָרָשַׁת ׳וַיֵּשֶׁב יִשְׂרָאֵל בַּשִּׁטִּים׳ (ספרי במדבר קלא):

לז) כָּל יַד נַחַל יַבֹּק. כָּל אֵצֶל נַחַל יַבֹּק: וְכֹל אֲשֶׁר צִוָּה ה׳ אֱלֹהֵינוּ. שֶׁלֹּא לִכְבֹּשׁ, הִנַּחְנוּ:

פרק ג

א) וַנֵּפֶן וַנַּעַל. כָּל לְצַד צָפוֹן עֲלִיָּה הִיא:

ב) אַל תִּירָא אֹתוֹ. וּבְסִיחוֹן לֹא הֻצְרַךְ לוֹמַר ׳אַל תִּירָא אֹתוֹ׳, אֶלָּא מִתְיָרֵא הָיָה מֹשֶׁה שֶׁלֹּא תַּעֲמֹד לוֹ זְכוּת שֶׁשִּׁמֵּשׁ לְאַבְרָהָם, שֶׁנֶּאֱמַר: ״וַיָּבֹא הַפָּלִיט״ (בראשית יד, יג) וְהוּא עוֹג:

ד) חֶבֶל אַרְגֹּב. מְתַרְגְּמִינַן: ״בֵּית פֶּלֶךְ טְרָכוֹנָא״. וְרָאִיתִי תַּרְגּוּם יְרוּשַׁלְמִי בִּמְגִלַּת אֶסְתֵּר (א, ג) קוֹרֵא פָּלָטִין – טְרָכוֹנִין, לָמַדְתִּי ״חֶבֶל אַרְגֹּב״ – הַפַּרְכִיָּא שֶׁל הֵיכַל הַמֶּלֶךְ, כְּלוֹמַר שֶׁהַמַּלְכוּת נִקְרָא עַל שְׁמָהּ וְכֵן: ״אֶת אַרְגֹּב״ דִּמְלָכִים (ב׳ טו, כה), אֵצֶל הֵיכַל הַמֶּלֶךְ הֲרָגוֹ פֶּקַח לִ[פְקַחְיָה בֶּן] מְנַחֵם:

ה) מֵעָרֵי הַפְּרָזִי. פְּרוּזוֹת וּפְתוּחוֹת בְּלֹא חוֹמָה, וְכֵן: ״פְּרָזוֹת תֵּשֵׁב יְרוּשָׁלַםִ״ (זכריה ב, ח):

ו) הַחֲרֵם. לְשׁוֹן הֹוֶה, הָלוֹךְ וְכַלּוֹת:

ח) מִיַּד. מֵרְשׁוּת:

ט) צִידֹנִים יִקְרְאוּ לְחֶרְמוֹן וְגוֹ׳. וּבְמָקוֹם אַחֵר הוּא אוֹמֵר: ״וְעַד הַר שִׂיאֹן הוּא חֶרְמוֹן״ (להלן ד, מח), הֲרֵי לוֹ אַרְבָּעָה שֵׁמוֹת. לָמָּה הֻצְרְכוּ לִכָּתֵב? לְהַגִּיד שֶׁבַח אֶרֶץ יִשְׂרָאֵל, שֶׁהָיוּ אַרְבַּע מַלְכֻיּוֹת

יִקְרְא֥וּ לְחֶרְמ֖וֹן שִׂרְיֹ֑ן וְהָ֣אֱמֹרִ֔י יִקְרְאוּ־ל֖וֹ
שְׂנִֽיר׃ כֹּ֣ל ׀ עָרֵ֣י הַמִּישֹׁ֗ר וְכָל־הַגִּלְעָד֙ וְכָל־ י
הַבָּשָׁ֔ן עַד־סַלְכָ֖ה וְאֶדְרֶ֑עִי עָרֵ֛י מַמְלֶ֥כֶת ע֖וֹג
בַּבָּשָֽׁן׃ כִּ֥י רַק־ע֨וֹג מֶ֣לֶךְ הַבָּשָׁ֗ן נִשְׁאַר֮ מִיֶּ֣תֶר יא
הָרְפָאִים֒ הִנֵּ֤ה עַרְשׂוֹ֙ עֶ֣רֶשׂ בַּרְזֶ֔ל הֲלֹ֣ה הִ֔וא
בְּרַבַּ֖ת בְּנֵ֣י עַמּ֑וֹן תֵּ֧שַׁע אַמּ֣וֹת אָרְכָּ֗הּ וְאַרְבַּ֥ע
אַמּ֛וֹת רָחְבָּ֖הּ בְּאַמַּת־אִֽישׁ׃ וְאֶת־הָאָ֧רֶץ יב
הַזֹּ֛את יָרַ֖שְׁנוּ בָּעֵ֣ת הַהִ֑וא מֵעֲרֹעֵ֞ר אֲשֶׁר־
עַל־נַ֣חַל אַרְנֹ֗ן וַחֲצִ֤י הַר־הַגִּלְעָד֙ וְעָרָ֔יו נָתַ֕תִּי
לָרֽאוּבֵנִ֖י וְלַגָּדִֽי׃ וְיֶ֨תֶר הַגִּלְעָ֤ד וְכָל־הַבָּשָׁן֙ יג
מַמְלֶ֣כֶת ע֔וֹג נָתַ֕תִּי לַחֲצִ֖י שֵׁ֣בֶט הַֽמְנַשֶּׁ֑ה כֹּ֣ל
חֶ֤בֶל הָֽאַרְגֹּב֙ לְכָל־הַבָּשָׁ֔ן הַה֥וּא יִקָּרֵ֖א אֶ֥רֶץ
רְפָאִֽים׃ יָאִ֣יר בֶּן־מְנַשֶּׁ֗ה לָקַח֙ אֶת־כָּל־חֶ֣בֶל יד
אַרְגֹּ֔ב עַד־גְּב֥וּל הַגְּשׁוּרִ֖י וְהַמַּעֲכָתִ֑י וַיִּקְרָא֩
אֹתָ֨ם עַל־שְׁמ֤וֹ אֶת־הַבָּשָׁן֙ חַוֺּ֣ת יָאִ֔יר עַ֖ד
הַיּ֥וֹם הַזֶּֽה׃ וּלְמָכִ֖יר נָתַ֥תִּי אֶת־הַגִּלְעָֽד׃ טו שביעי
וְלָרֽאוּבֵנִ֨י וְלַגָּדִ֜י נָתַ֣תִּי מִן־הַגִּלְעָד֙ וְעַד־נַ֣חַל טז
אַרְנֹ֔ן תּ֥וֹךְ הַנַּ֖חַל וּגְבֻ֑ל וְעַד֙ יַבֹּ֣ק הַנַּ֔חַל גְּב֖וּל
בְּנֵ֥י עַמּֽוֹן׃ וְהָעֲרָבָ֖ה וְהַיַּרְדֵּ֣ן וּגְבֻ֑ל מִכִּנֶּ֗רֶת יז
וְעַ֨ד יָ֤ם הָֽעֲרָבָה֙ יָ֣ם הַמֶּ֔לַח תַּ֖חַת אַשְׁדֹּ֥ת
הַפִּסְגָּ֖ה מִזְרָֽחָה׃ וָאֲצַ֣ו אֶתְכֶ֔ם בָּעֵ֥ת הַהִ֖וא יח

לֵאמֹר יְהוָה אֱלֹהֵיכֶם נָתַן לָכֶם אֶת־הָאָרֶץ
הַזֹּאת לְרִשְׁתָּהּ חֲלוּצִים תַּעַבְרוּ לִפְנֵי אֲחֵיכֶם
יט בְּנֵי־יִשְׂרָאֵל כָּל־בְּנֵי־חָיִל׃ רַק נְשֵׁיכֶם וְטַפְּכֶם
וּמִקְנֵכֶם יָדַעְתִּי כִּי־מִקְנֶה רַב לָכֶם יֵשְׁבוּ

י קָרַן לְחֶרְמוֹן שִׂרְיוֹן, וֶאֱמוֹרָאֵי, קָרַן לֵיהּ טוּר תַּלְגָּא׃ כֹּל קִרְוֵי מֵישְׁרָא, וְכָל גִּלְעָד וְכָל מַתְנַן, עַד
יא סַלְכָה וְאֶדְרֶעִי, קִרְוֵי, מַלְכוּתֵיהּ דְּעוֹג בְּמַתְנַן׃ אֲרֵי לְחוֹד עוֹג מַלְכָּא דְּמַתְנַן, אִשְׁתְּאַר מִשְּׁאָר
גִּבָּרַיָּא, הָא עַרְסֵיהּ עַרְסָא דְּבַרְזְלָא, הֲלָא הִיא, בְּרַבַּת בְּנֵי עַמּוֹן, תְּשַׁע אַמִּין אָרְכַּהּ, וְאַרְבַּע
יב אַמִּין, פְּתָיַהּ בְּאַמַּת מְלַךְ׃ וְיָת אַרְעָא הָדָא, יֵרִיתְנָא בְּעִדָּנָא הַהוּא, מֵעֲרוֹעֵר דְּעַל נַחְלָא
יג דְּאַרְנוֹן, וּפַלְגוּת טוּרָא דְּגִלְעָד וְקִרְווֹהִי, יְהַבִית, לְשֵׁיבֶט רְאוּבֵן וּלְשֵׁיבֶט גָּד׃ וּשְׁאָר גִּלְעָד וְכָל
מַתְנַן מַלְכוּתֵיהּ דְּעוֹג, יְהַבִית, לְפַלְגוּת שִׁבְטָא דִּמְנַשֶּׁה, כָּל בֵּית פֶּלֶךְ טְרָכוֹנָא לְכָל מַתְנַן,
יד הַהוּא מִתְקְרֵי אֲרַע גִּבָּרַיָּא׃ יָאִיר בַּר מְנַשֶּׁה, נְסֵיב יָת כָּל בֵּית פֶּלֶךְ טְרָכוֹנָא, עַד תְּחוּם
טו גְּשׁוּרָאָה וַאֲפִיקוּרוֹס, וּקְרָא יָתְהוֹן עַל שְׁמֵיהּ יָת מַתְנַן כַּפְרָנֵי יָאִיר, עַד יוֹמָא הָדֵין׃ וּלְמָכִיר
טז יְהַבִית יָת גִּלְעָד׃ וּלְשֵׁיבֶט רְאוּבֵן וּלְשֵׁיבֶט גָּד, יְהַבִית מִן גִּלְעָד וְעַד נַחְלָא דְּאַרְנוֹן, גּוֹ נַחְלָא
יז וּתְחוּמֵיהּ, וְעַד יֻבְקָא דְּנַחְלָא, תְּחוּמָא דִּבְנֵי עַמּוֹן׃ וּמֵישְׁרָא וְיַרְדְּנָא וּתְחוּמֵיהּ, מִגְּנֵיסַר, וְעַד
יח יַמָּא דְמֵישְׁרָא יַמָּא דְמִלְחָא, תְּחוֹת, מַשְׁפַּךְ מֵרָמָתָא מַדִּנְחָא׃ וּפַקֵּידִית יָתְכוֹן, בְּעִדָּנָא הַהוּא
לְמֵימַר, יי אֱלָהֲכוֹן, יָהֵיב לְכוֹן, יָת אַרְעָא הָדָא לְמֵירְתַהּ, מְזָרְזִין תְּעִבְרוּן, קֳדָם, אֲחֵיכוֹן בְּנֵי
יט יִשְׂרָאֵל כָּל מְזָרְזֵי חֵילָא׃ לְחוֹד, נְשֵׁיכוֹן וְטַפְלְכוֹן וּבְעִירְכוֹן, יְדַעְנָא, אֲרֵי בְעִיר סַגִּי לְכוֹן, יִתְּבוּן

מִתְפָּאֲרוֹת בְּכָךְ, זוֹ אוֹמֶרֶת עַל שְׁמִי יִקָּרֵא, וְזוֹ אוֹמֶרֶת עַל שְׁמִי יִקָּרֵא: שְׂנִיר. הוּא שֶׁלֶג בִּלְשׁוֹן אַשְׁכְּנַז וּבִלְשׁוֹן כְּנַעַן:

יא] **מִיֶּתֶר הָרְפָאִים.** שֶׁהָרְגוּ אַמְרָפֶל וַחֲבֵרָיו בְּעַשְׁתְּרוֹת קַרְנַיִם, וְהוּא פָּלַט מִן הַמִּלְחָמָה, שֶׁנֶּאֱמַר: "וַיָּבֹא הַפָּלִיט" (בראשית יד, יג), זֶהוּ עוֹג: **בְּאַמַּת אִישׁ.** בְּאַמַּת עוֹג:

יב] **וְאֶת הָאָרֶץ הַזֹּאת.** הָאֲמוּרָה לְמַעְלָה מִנַּחַל אַרְנֹן וְעַד הַר חֶרְמוֹן (לעיל פסוק ח), "יָרַשְׁנוּ בָּעֵת הַהִיא": **מֵעֲרֹעֵר אֲשֶׁר עַל נַחַל אַרְנֹן.** אֵינוֹ מְחֻבָּר לְרֹאשׁוֹ שֶׁל מִקְרָא אֶלָּא לְסוֹפוֹ, עַל "נָתַתִּי לָראוּבֵנִי וְלַגָּדִי", אֲבָל לְעִנְיַן יְרֻשָּׁה עַד הַר חֶרְמוֹן הָיָה:

יג] **הַהוּא יִקָּרֵא אֶרֶץ רְפָאִים.** הִיא אוֹתָהּ שֶׁנָּתַתִּי לְאַבְרָהָם:

טז] **תּוֹךְ הַנַּחַל וּגְבֻל.** כָּל הַנַּחַל וְעַד מֵעֵבֶר לִשְׂפָתוֹ, כְּלוֹמַר, עַד וְעַד בִּכְלָל, וְיוֹתֵר מִכָּאן:

יז] **כִּנֶּרֶת.** מֵעֵבֶר הַיַּרְדֵּן הַמַּעֲרָבִי הִיא, וְנַחֲלַת בְּנֵי גָד מֵעֵבֶר הַיַּרְדֵּן הַמִּזְרָחִי, וְנָפַל בְּגוֹרָלָם רֹחַב הַיַּרְדֵּן כְּנֶגְדָּם וְעוֹד מֵעֵבֶר לִשְׂפָתוֹ עַד כִּנֶּרֶת, וְזֶהוּ שֶׁנֶּאֱמַר: "וְהַיַּרְדֵּן וּגְבֻל", הַיַּרְדֵּן וּמֵעֵבֶר לוֹ:

יח] **וָאֲצַו אֶתְכֶם.** לִבְנֵי רְאוּבֵן וְגָד הָיָה מְדַבֵּר: **לִפְנֵי אֲחֵיכֶם.** הֵם הָיוּ הוֹלְכִים לִפְנֵי יִשְׂרָאֵל לַמִּלְחָמָה, לְפִי שֶׁהָיוּ גִּבּוֹרִים וְאוֹיְבִים נוֹפְלִים לִפְנֵיהֶם, שֶׁנֶּאֱמַר: "וְטָרַף זְרוֹעַ אַף קָדְקֹד" (דברים לג, כ):

מפטיר

כ בְּעָרֵיכֶם אֲשֶׁר נָתַתִּי לָכֶם׃ עַד אֲשֶׁר־יָנִיחַ
יְהוָה ׀ לַאֲחֵיכֶם כָּכֶם וְיָרְשׁוּ גַם־הֵם אֶת־
הָאָרֶץ אֲשֶׁר יְהוָה אֱלֹהֵיכֶם נֹתֵן לָהֶם בְּעֵבֶר
הַיַּרְדֵּן וְשַׁבְתֶּם אִישׁ לִירֻשָּׁתוֹ אֲשֶׁר נָתַתִּי
כא לָכֶם׃ וְאֶת־יְהוֹשׁוּעַ צִוֵּיתִי בָּעֵת הַהִוא לֵאמֹר
עֵינֶיךָ הָרֹאֹת אֵת כָּל־אֲשֶׁר עָשָׂה יְהוָה
אֱלֹהֵיכֶם לִשְׁנֵי הַמְּלָכִים הָאֵלֶּה כֵּן־יַעֲשֶׂה

# הפטרת דברים

ישעיהו פעל ביהודה ובירושלים עשרות שנים בימי עוזיהו, יותם, אחז וחזקיהו. בתקופה זו ידעה יהודה תהפוכות רבות בתחום הרוחני, המדיני-צבאי והכלכלי-חברתי. ישעיהו מזכיר בהפטרה פעמיים את סדום. פעם אחת היא מסמלת את הענישה החמורה שנענשו בה ופעם שנייה את הרשעות הקיצונית שנהגו בה. למנהיגים יש תפקיד מרכזי בעיצוב האווירה הציבורית, לטוב ולרע. הנביא מתאר הנהגה מושחתת, המנצלת את עמדות הכוח שלה לטובת עצמה, ברמיסת השכבות החלשות. הרמאות מחלחלת מן ההנהגה לשווקים ולבתים. מוכרים מוצרים מזויפים כמקוריים וקריה נאמנה מלאה מרצחים. תיקון העיוותים יצלח רק אם המנהיגות המושחתת תוחלף במנהיגות ראויה. זה החזון שיש להציב בכל שנה בשבת "חזון".

ישעיה
האשכנזים והספרדים מתחילים כאן

א א חֲזוֹן יְשַׁעְיָהוּ בֶן־אָמוֹץ אֲשֶׁר חָזָה עַל־יְהוּדָה וִירוּשָׁלָםִ בִּימֵי עֻזִּיָּהוּ
ב יוֹתָם אָחָז יְחִזְקִיָּהוּ מַלְכֵי יְהוּדָה׃ שִׁמְעוּ שָׁמַיִם וְהַאֲזִינִי אֶרֶץ כִּי יְהוָה
ג דִּבֵּר בָּנִים גִּדַּלְתִּי וְרוֹמַמְתִּי וְהֵם פָּשְׁעוּ בִי׃ יָדַע שׁוֹר קֹנֵהוּ וַחֲמוֹר
ד אֵבוּס בְּעָלָיו יִשְׂרָאֵל לֹא יָדַע עַמִּי לֹא הִתְבּוֹנָן׃ הוֹי ׀ גּוֹי חֹטֵא עַם
כֶּבֶד עָוֺן זֶרַע מְרֵעִים בָּנִים מַשְׁחִיתִים עָזְבוּ אֶת־יְהוָה נִאֲצוּ אֶת־
ה קְדוֹשׁ יִשְׂרָאֵל נָזֹרוּ אָחוֹר׃ עַל מֶה תֻכּוּ עוֹד תּוֹסִיפוּ סָרָה כָּל־רֹאשׁ
ו לָחֳלִי וְכָל־לֵבָב דַּוָּי׃ מִכַּף־רֶגֶל וְעַד־רֹאשׁ אֵין־בּוֹ מְתֹם פֶּצַע וְחַבּוּרָה
ז וּמַכָּה טְרִיָּה לֹא־זֹרוּ וְלֹא חֻבָּשׁוּ וְלֹא רֻכְּכָה בַּשָּׁמֶן׃ אַרְצְכֶם שְׁמָמָה
עָרֵיכֶם שְׂרֻפוֹת אֵשׁ אַדְמַתְכֶם לְנֶגְדְּכֶם זָרִים אֹכְלִים אֹתָהּ וּשְׁמָמָה
ח כְּמַהְפֵּכַת זָרִים׃ וְנוֹתְרָה בַת־צִיּוֹן כְּסֻכָּה בְכָרֶם כִּמְלוּנָה בְמִקְשָׁה
ט כְּעִיר נְצוּרָה׃ לוּלֵי יְהוָה צְבָאוֹת הוֹתִיר לָנוּ שָׂרִיד כִּמְעָט כִּסְדֹם הָיִינוּ

יְהוָה לְכָל־הַמַּמְלָכוֹת אֲשֶׁר אַתָּה עֹבֵר שָׁמָּה:
כב לֹא תִּירָאוּם כִּי יְהוָה אֱלֹהֵיכֶם הוּא הַנִּלְחָם
לָכֶם:

כ בְּקִרְוֵיכוֹן, דִּיהַבִית לְכוֹן: עַד, דִּינִיחַ יי לַאֲחֵיכוֹן כְּוָתְכוֹן, וְיֵירְתוּן אַף אִנּוּן, יָת אַרְעָא, דַּיי
כא אֱלָהֲכוֹן, יָהֵיב לְהוֹן בְּעִבְרָא דְּיַרְדְּנָא, וּתְתוּבוּן, גְּבַר לִירֻתְּתֵיהּ, דִּיהַבִית לְכוֹן: וְיָת יְהוֹשֻׁעַ
פַּקֵּידִית, בְּעִדָּנָא הַהוּא לְמֵימַר, עֵינָךְ חֲזָאָה, יָת כָּל דַּעֲבַד, יי אֱלָהֲכוֹן לִתְרֵין מַלְכַיָּא הָאִלֵּין,
כב כֵּן יַעֲבֵיד יי לְכָל מַלְכְוָתָא, דְּאַתְּ עָבַר לְתַמָּן: לָא תִדְחֲלוּן מִנְּהוֹן, אֲרֵי יי אֱלָהֲכוֹן, מֵימְרֵיהּ
מְגִיחַ לְכוֹן:

י לַעֲמֹרָה דָּמִינוּ: שִׁמְעוּ דְבַר־יְהוָה קְצִינֵי סְדֹם הַאֲזִינוּ
יא תּוֹרַת אֱלֹהֵינוּ עַם עֲמֹרָה: לָמָּה לִּי רֹב־זִבְחֵיכֶם יֹאמַר יְהוָה שָׂבַעְתִּי
עֹלוֹת אֵילִים וְחֵלֶב מְרִיאִים וְדַם פָּרִים וּכְבָשִׂים וְעַתּוּדִים לֹא חָפָצְתִּי:
יב יג כִּי תָבֹאוּ לֵרָאוֹת פָּנָי מִי־בִקֵּשׁ זֹאת מִיֶּדְכֶם רְמֹס חֲצֵרָי: לֹא תוֹסִיפוּ
הָבִיא מִנְחַת־שָׁוְא קְטֹרֶת תּוֹעֵבָה הִיא לִי חֹדֶשׁ וְשַׁבָּת קְרֹא מִקְרָא
יד לֹא־אוּכַל אָוֶן וַעֲצָרָה: חָדְשֵׁיכֶם וּמוֹעֲדֵיכֶם שָׂנְאָה נַפְשִׁי הָיוּ עָלַי
טו לָטֹרַח נִלְאֵיתִי נְשֹׂא: וּבְפָרִשְׂכֶם כַּפֵּיכֶם אַעְלִים עֵינַי מִכֶּם גַּם כִּי־
טז תַרְבּוּ תְפִלָּה אֵינֶנִּי שֹׁמֵעַ יְדֵיכֶם דָּמִים מָלֵאוּ: רַחֲצוּ הִזַּכּוּ הָסִירוּ רֹעַ
יז מַעַלְלֵיכֶם מִנֶּגֶד עֵינָי חִדְלוּ הָרֵעַ: לִמְדוּ הֵיטֵב דִּרְשׁוּ מִשְׁפָּט אַשְּׁרוּ
יח חָמוֹץ שִׁפְטוּ יָתוֹם רִיבוּ אַלְמָנָה: לְכוּ־נָא וְנִוָּכְחָה יֹאמַר
יְהוָה אִם־יִהְיוּ חֲטָאֵיכֶם כַּשָּׁנִים כַּשֶּׁלֶג יַלְבִּינוּ אִם־יַאְדִּימוּ כַתּוֹלָע
יט כ כַּצֶּמֶר יִהְיוּ: אִם־תֹּאבוּ וּשְׁמַעְתֶּם טוּב הָאָרֶץ תֹּאכֵלוּ: וְאִם־תְּמָאֲנוּ
כא וּמְרִיתֶם חֶרֶב תְּאֻכְּלוּ כִּי פִּי יְהוָה דִּבֵּר: *אֵיכָה הָיְתָה התימנים מתחילים כאן
לְזוֹנָה קִרְיָה נֶאֱמָנָה מְלֵאֲתִי מִשְׁפָּט צֶדֶק יָלִין בָּהּ וְעַתָּה מְרַצְּחִים:
כב כג כַּסְפֵּךְ הָיָה לְסִיגִים סָבְאֵךְ מָהוּל בַּמָּיִם: שָׂרַיִךְ סוֹרְרִים וְחַבְרֵי גַּנָּבִים
כֻּלּוֹ אֹהֵב שֹׁחַד וְרֹדֵף שַׁלְמֹנִים יָתוֹם לֹא יִשְׁפֹּטוּ וְרִיב אַלְמָנָה לֹא־

יָבוֹא אֲלֵיהֶם׃ לָכֵן נְאֻם הָאָדוֹן יְהוָה צְבָאוֹת אֲבִיר כד
יִשְׂרָאֵל הוֹי אֶנָּחֵם מִצָּרַי וְאִנָּקְמָה מֵאוֹיְבָי׃ וְאָשִׁיבָה יָדִי עָלַיִךְ וְאֶצְרֹף כה
כַּבֹּר סִיגָיִךְ וְאָסִירָה כָּל־בְּדִילָיִךְ׃ וְאָשִׁיבָה שֹׁפְטַיִךְ כְּבָרִאשֹׁנָה וְיֹעֲצַיִךְ כו
כְּבַתְּחִלָּה אַחֲרֵי־כֵן יִקָּרֵא לָךְ עִיר הַצֶּדֶק קִרְיָה נֶאֱמָנָה׃ צִיּוֹן בְּמִשְׁפָּט כז
תִּפָּדֶה וְשָׁבֶיהָ בִּצְדָקָה׃* וְשֶׁבֶר פֹּשְׁעִים וְחַטָּאִים יַחְדָּו וְעֹזְבֵי יְהוָה יִכְלוּ׃ כח
כִּי יֵבֹשׁוּ מֵאֵילִים אֲשֶׁר חֲמַדְתֶּם וְתַחְפְּרוּ מֵהַגַּנּוֹת אֲשֶׁר בְּחַרְתֶּם׃ כִּי כט ל
תִהְיוּ כְּאֵלָה נֹבֶלֶת עָלֶהָ וּכְגַנָּה אֲשֶׁר־מַיִם אֵין לָהּ׃ וְהָיָה הֶחָסֹן לִנְעֹרֶת לא
וּפֹעֲלוֹ לְנִיצוֹץ וּבָעֲרוּ שְׁנֵיהֶם יַחְדָּו וְאֵין מְכַבֶּה׃

האשכנזים והספרדים מסיימים כאן

# פרשת ואתחנן

| נושאים לפי סדרים | ד | ה | ו |
|---|---|---|---|
| | תחינתו של משה<br>אזהרה על שמירת המצוות<br>חובת זכירת מעמד הר סיני<br>אזהרה מעבודה זרה | הבדלת ערי המקלט<br>בעבר הירדן<br>תיאור מעמד הר סיני | ציווי על ייחוד ה׳, אהבתו<br>ותלמוד תורתו<br>אזהרות לקראת הכניסה לארץ |

# ואתחנן

ד וָאֶתְחַנַּן אֶל־יְהוָה בָּעֵת הַהִוא לֵאמֹר׃ אֲדֹנָי ג כג כד
יֱהוִה אַתָּה הַחִלּוֹתָ לְהַרְאוֹת אֶת־עַבְדְּךָ אֶת־
גָּדְלְךָ וְאֶת־יָדְךָ הַחֲזָקָה אֲשֶׁר מִי־אֵל בַּשָּׁמַיִם
וּבָאָרֶץ אֲשֶׁר־יַעֲשֶׂה כְמַעֲשֶׂיךָ וְכִגְבוּרֹתֶךָ׃
אֶעְבְּרָה־נָּא וְאֶרְאֶה אֶת־הָאָרֶץ הַטּוֹבָה כה
אֲשֶׁר בְּעֵבֶר הַיַּרְדֵּן הָהָר הַטּוֹב הַזֶּה וְהַלְּבָנֹן׃
◦ וַיִּתְעַבֵּר יְהוָה בִּי לְמַעַנְכֶם וְלֹא שָׁמַע אֵלָי כו
וַיֹּאמֶר יְהוָה אֵלַי רַב־לָךְ אַל־תּוֹסֶף דַּבֵּר אֵלַי
עוֹד בַּדָּבָר הַזֶּה׃ עֲלֵה ׀ רֹאשׁ הַפִּסְגָּה וְשָׂא עֵינֶיךָ כז
יָמָּה וְצָפֹנָה וְתֵימָנָה וּמִזְרָחָה וּרְאֵה בְעֵינֶיךָ כִּי־
לֹא תַעֲבֹר אֶת־הַיַּרְדֵּן הַזֶּה׃ וְצַו אֶת־יְהוֹשֻׁעַ כח
וְחַזְּקֵהוּ וְאַמְּצֵהוּ כִּי־הוּא יַעֲבֹר לִפְנֵי הָעָם הַזֶּה
וְהוּא יַנְחִיל אוֹתָם אֶת־הָאָרֶץ אֲשֶׁר תִּרְאֶה׃
וַנֵּשֶׁב בַּגָּיְא מוּל בֵּית פְּעוֹר׃ כט

(כג) וָאֶתְחַנַּן. אֵין חִנּוּן בְּכָל מָקוֹם אֶלָּא לְשׁוֹן מַתְּנַת חִנָּם. אַף עַל פִּי שֶׁיֵּשׁ לָהֶם לַצַּדִּיקִים לִתְלוֹת בְּמַעֲשֵׂיהֶם הַטּוֹבִים, אֵין מְבַקְשִׁים מֵאֵת הַמָּקוֹם אֶלָּא מַתְּנַת חִנָּם. דָּבָר אַחֵר, זֶה אֶחָד מֵעֲשָׂרָה לְשׁוֹנוֹת שֶׁנִּקְרְאוּ תְפִלָּה, כִּדְאִיתָא בְּסִפְרֵי (כו): בָּעֵת הַהִוא. לְאַחַר שֶׁכָּבַשְׁתִּי אֶרֶץ

כג כד וצליתי קדם יי, בעדנא ההוא למימר: יי אלהים, את שריתא לאחזאה ית עבדך,
ית רבותך, וית ידך תקיפתא, דאת הוא אלהא דשכינתך בשמיא מלעילא ושליט
כה בארעא, לית דיעביד כעובדך וכגבורתך: אעבר כען, ואחזי ית ארעא טבתא,
כו דבעברא דירדנא, טורא טבא, הדין ובית מקדשא: והוה רגז מן קדם יי עלי בדילכון,
כז ולא קביל מני, ואמר יי לי סגי לך, לא תוסיף, למללא קדמי, עוד בפתגמא הדין: סק
לריש רמתא, וזקף עינך, למערבא ולצפונא, ולדרומא ולמדנחא וחזי בעינך, ארי
כח לא תעבר ית ירדנא הדין: ופקיד ית יהושע ותקיפהי ואלימהי, ארי הוא יעבר, קדם
כט עמא הדין, והוא יחסין יתהון, ית ארעא דתחזי: ויתיבנא בחלתא, לקביל בית פעור:

סיחון ועוג, דמיתי שמא הותר הנדר: **לאמר.** זה אחד משלשה מקומות שאמר משה לפני המקום: איני מניחך עד שתודיעני אם תעשה שאלתי אם לאו:

כד] **ה' אלהים.** רחום בדין: **אתה החלות להראות את עבדך.** פתח להיות עומד ומתפלל אף על פי שנגזרה גזרה. אמר לו: ממך למדתי, שאמרת לי: "ועתה הניחה לי" (שמות לב, י), וכי תופס הייתי בך? אלא לפתוח פתח, שבי היה תלוי להתפלל עליהם: **את גדלך.** זו מדת טובך, וכן הוא אומר: "ועתה יגדל נא כח אדני" (במדבר יד, יז): **ואת ידך.** זו ימינך שהיא פשוטה לכל באי עולם: **החזקה.** שאתה כובש ברחמים את מדת הדין בחזקה: **אשר מי אל וגו'.** אינך דומה למלך בשר ודם, שיש לו יועצין וסנקתדרין הממחין בידו כשרוצה לעשות חסד ולעבר על מדותיו, אתה אין מי ימחה בידך אם תמחל לי ותבטל גזרתך:

כה] **אעברה נא.** אין 'נא' אלא לשון בקשה: **ההר הטוב הזה.** זו ירושלים: **והלבנן.** זה בית המקדש:

כו] **ויתעבר ה'.** נתמלא חמה: **למענכם.** אתם גרמתם לי, וכן הוא אומר: "ויקציפו על מי מריבה וירע למשה בעבורם" (תהלים קו, לב): **רב לך.** שלא יאמרו, הרב כמה קשה והתלמיד כמה סרבן ומפציר. דבר אחר, "רב לך", הרבה מזה שמור לך רב טוב הצפון לך:

כז] **וראה בעיניך.** בקשת ממני: "ואראה את הארץ הטובה" (לעיל פסוק כה), אני מראה לך את כלה, שנאמר: "ויראהו ה' את כל הארץ" (להלן לד, א):

כח] **וצו את יהושע.** על הטרחות ועל המשאות ועל המריבות: **וחזקהו ואמצהו.** בדבריך, שלא ירך לבו לומר: כשם שנענש רבי עליהם כך סופי לענש עליהם, מבטיחו אני כי "הוא יעבר והוא ינחיל": **כי הוא יעבר.** אם יעבר לפניהם - ינחלו, ואם לאו - לא ינחלו. וכן אתה מוצא כששלח מן העם אל העי והוא ישב: "ויכו מהם אנשי העי" וגו' (יהושע ז, ה), וכיון שנפל על פניו, אמר לו: "קם לך" (שם פסוק י), 'קם לך' כתיב, אתה הוא העומד במקומך ומשלח את בני למלחמה, "למה זה אתה נפל על פניך", לא כך אמרתי למשה רבך: אם הוא עובר עוברין ואם לאו אין עוברין?:

כט] **ונשב בגיא וגו'.** ונצמדתם לעבודה זרה, ואף על פי כן: "ועתה ישראל שמע אל החקים" (להלן ד, א), והכל מחול לך, ואני לא זכיתי למחל לי:

ד א וְעַתָּה יִשְׂרָאֵל שְׁמַע אֶל־הַחֻקִּים וְאֶל־
הַמִּשְׁפָּטִים אֲשֶׁר אָנֹכִי מְלַמֵּד אֶתְכֶם לַעֲשׂוֹת
לְמַעַן תִּחְיוּ וּבָאתֶם וִירִשְׁתֶּם אֶת־הָאָרֶץ
ב אֲשֶׁר יְהוָה אֱלֹהֵי אֲבֹתֵיכֶם נֹתֵן לָכֶם׃ לֹא
תֹסִפוּ עַל־הַדָּבָר אֲשֶׁר אָנֹכִי מְצַוֶּה אֶתְכֶם
וְלֹא תִגְרְעוּ מִמֶּנּוּ לִשְׁמֹר אֶת־מִצְוֺת יְהוָה
ג אֱלֹהֵיכֶם אֲשֶׁר אָנֹכִי מְצַוֶּה אֶתְכֶם׃ עֵינֵיכֶם
הָרֹאוֹת אֵת אֲשֶׁר־עָשָׂה יְהוָה בְּבַעַל פְּעוֹר
כִּי כָל־הָאִישׁ אֲשֶׁר הָלַךְ אַחֲרֵי בַעַל־פְּעוֹר
ד הִשְׁמִידוֹ יְהוָה אֱלֹהֶיךָ מִקִּרְבֶּךָ׃ וְאַתֶּם
הַדְּבֵקִים בַּיהוָה אֱלֹהֵיכֶם חַיִּים כֻּלְּכֶם הַיּוֹם׃
ה שני רְאֵה ׀ לִמַּדְתִּי אֶתְכֶם חֻקִּים וּמִשְׁפָּטִים
כַּאֲשֶׁר צִוַּנִי יְהוָה אֱלֹהָי לַעֲשׂוֹת כֵּן בְּקֶרֶב
הָאָרֶץ אֲשֶׁר אַתֶּם בָּאִים שָׁמָּה לְרִשְׁתָּהּ׃
ו וּשְׁמַרְתֶּם וַעֲשִׂיתֶם כִּי הִוא חָכְמַתְכֶם
וּבִינַתְכֶם לְעֵינֵי הָעַמִּים אֲשֶׁר יִשְׁמְעוּן אֵת
כָּל־הַחֻקִּים הָאֵלֶּה וְאָמְרוּ רַק עַם־חָכָם וְנָבוֹן
ז הַגּוֹי הַגָּדוֹל הַזֶּה׃ כִּי מִי־גוֹי גָּדוֹל אֲשֶׁר־לוֹ
אֱלֹהִים קְרֹבִים אֵלָיו כַּיהוָה אֱלֹהֵינוּ בְּכָל־
ח קָרְאֵנוּ אֵלָיו׃ וּמִי גּוֹי גָּדוֹל אֲשֶׁר־לוֹ חֻקִּים

וּמִשְׁפָּטִים צַדִּיקִם כְּכֹל הַתּוֹרָה הַזֹּאת אֲשֶׁר
ט אָנֹכִי נֹתֵן לִפְנֵיכֶם הַיּוֹם: ◂ רַק הִשָּׁמֶר לְךָ
וּשְׁמֹר נַפְשְׁךָ מְאֹד פֶּן־תִּשְׁכַּח אֶת־הַדְּבָרִים
אֲשֶׁר־רָאוּ עֵינֶיךָ וּפֶן־יָסוּרוּ מִלְּבָבְךָ כֹּל יְמֵי
י חַיֶּיךָ וְהוֹדַעְתָּם לְבָנֶיךָ וְלִבְנֵי בָנֶיךָ: יוֹם אֲשֶׁר
עָמַדְתָּ לִפְנֵי יְהוָה אֱלֹהֶיךָ בְּחֹרֵב בֶּאֱמֹר יְהוָה

ד א וּכְעַן יִשְׂרָאֵל, שְׁמַע לִקְיָמַיָּא וּלְדִינַיָּא, דַּאֲנָא, מַלֵּיף יָתְכוֹן לְמֶעְבַּד, בְּדִיל דְּתֵיחוֹן, וְתֵיעֲלוּן
ב וְתֵירְתוּן יָת אַרְעָא, דַּיְיָ, אֱלָהָא דַּאֲבָהָתְכוֹן יָהֵיב לְכוֹן: לָא תֵיסְפוּן, עַל פִּתְגָּמָא דַּאֲנָא מְפַקֵּיד
ג יָתְכוֹן, וְלָא תִמְנְעוּן מִנֵּיהּ, לְמִטַּר, יָת פִּקּוֹדַיָּא דַּיְיָ אֱלָהֲכוֹן, דַּאֲנָא מְפַקֵּיד יָתְכוֹן: עֵינֵיכוֹן חֲזָאָה,
יָת דַּעֲבַד יְיָ בְּפָלְחֵי בַעְלָא פְעוֹר, אֲרֵי כָל גֻּבְרָא, דְּהַלֵּיךְ בָּתַר בַּעְלָא פְעוֹר, שֵׁיצְיֵהּ, יְיָ אֱלָהָךְ
ד ה מִבֵּינָךְ: וְאַתּוּן דְּאִדְבֵּיקְתּוּן, בְּדַחְלְתָא דַּיְיָ אֱלָהֲכוֹן, קַיָּמִין כֻּלְּכוֹן יוֹמָא דֵין: חֲזוֹ דְּאַלֵּיפִית יָתְכוֹן,
קְיָמִין וְדִינִין, כְּמָא דְּפַקְּדַנִי יְיָ אֱלָהִי, לְמֶעְבַּד כֵּן, בְּגוֹ אַרְעָא, דְּאַתּוּן, עָאלִין לְתַמָּן לְמֵירְתַהּ:
ו וְתִטְּרוּן וְתַעְבְּדוּן, אֲרֵי הִיא חָכְמַתְכוֹן וְסֻכְלְתָנוּתְכוֹן, לְעֵינֵי עַמְמַיָּא, דְּיִשְׁמְעוּן, יָת כָּל קְיָמַיָּא
ז הָאִלֵּין, וְיֵימְרוּן, לְחוֹד עַם חַכִּים וְסֻכְלְתָן, עַמָּא רַבָּא הָדֵין: אֲרֵי מָאן עַם רַב, דְּלֵיהּ אֱלָהּ קָרִיב
ח לֵיהּ לְקַבָּלָא צְלוֹתֵיהּ בְּעִדָּן עָקְתֵיהּ, כַּיְיָ אֱלָהַנָא, בְּכָל עִדָּן דַּאֲנַחְנָא מְצַלַּן קֳדָמוֹהִי: וּמָאן עַם
ט רַב, דְּלֵיהּ, קְיָמִין וְדִינִין קַשִּׁיטִין, כְּכֹל אוֹרָיְתָא הָדָא, דַּאֲנָא, יָהֵיב קֳדָמֵיכוֹן יוֹמָא דֵין: לְחוֹד,
אִסְתְּמַר לָךְ וְטַר נַפְשָׁךְ לַחְדָּא, דִּלְמָא תִתְנְשֵׁי יָת פִּתְגָּמַיָּא דַּחֲזָאָה עֵינָךְ, וְדִלְמָא יִעְדּוֹן מִלִּבָּךְ,
י כָּל יוֹמֵי חַיָּךְ, וּתְהוֹדְעִנּוּן לִבְנָךְ וְלִבְנֵי בְנָךְ: יוֹמָא, דְּקַמְתָּא, קֳדָם יְיָ אֱלָהָךְ בְּחוֹרֵב, כַּד אֲמַר יְיָ

פרק ד

ב) **לֹא תֹסִפוּ.** כְּגוֹן חָמֵשׁ פָּרָשִׁיּוֹת בַּתְּפִלִּין, חֲמֵשֶׁת מִינִין בַּלּוּלָב וְחָמֵשׁ צִיצִיּוֹת. וְכֵן "לֹא תִגְרְעוּ":

ו) **וּשְׁמַרְתֶּם.** זוֹ מִשְׁנָה: **וַעֲשִׂיתֶם.** כְּמַשְׁמָעוֹ: **כִּי הוּא חָכְמַתְכֶם וּבִינַתְכֶם וְגוֹ'.** בְּזֹאת תֵּחָשְׁבוּ חֲכָמִים וּנְבוֹנִים "לְעֵינֵי הָעַמִּים":

ח) **חֻקִּים וּמִשְׁפָּטִים צַדִּיקִם.** הֲגוּנִים וּמְקֻבָּלִים:

ט) **רַק הִשָּׁמֶר לְךָ וְגוֹ' פֶּן תִּשְׁכַּח אֶת הַדְּבָרִים.** אָז כְּשֶׁלֹּא תִשְׁכָּחוּ אוֹתָם וְתַעֲשׂוּם עַל אֲמִתָּתָם, תֵּחָשְׁבוּ חֲכָמִים וּנְבוֹנִים, וְאִם תְּעַוְּתוּ אוֹתָם מִתּוֹךְ שִׁכְחָה, תֵּחָשְׁבוּ שׁוֹטִים:

י) **יוֹם אֲשֶׁר עָמַדְתָּ.** מוּסָב עַל מִקְרָא שֶׁלְּמַעְלָה מִמֶּנּוּ: אֲשֶׁר רָאוּ עֵינֶיךָ יוֹם אֲשֶׁר עָמַדְתָּ בְּחֹרֵב,

אֵלַי֙ הַקְהֶל־לִי֙ אֶת־הָעָ֔ם וְאַשְׁמִעֵ֖ם אֶת־דְּבָרָ֑י
אֲשֶׁ֨ר יִלְמְד֜וּן לְיִרְאָ֣ה אֹתִ֗י כָּל־הַיָּמִים֙ אֲשֶׁ֨ר
הֵ֤ם חַיִּים֙ עַל־הָ֣אֲדָמָ֔ה וְאֶת־בְּנֵיהֶ֖ם יְלַמֵּדֽוּן׃
וַתִּקְרְב֥וּן וַתַּעַמְד֖וּן תַּ֣חַת הָהָ֑ר וְהָהָ֞ר בֹּעֵ֤ר יא
בָּאֵשׁ֙ עַד־לֵ֣ב הַשָּׁמַ֔יִם חֹ֖שֶׁךְ עָנָ֥ן וַעֲרָפֶֽל׃ וַיְדַבֵּ֧ר יב
יְהוָ֛ה אֲלֵיכֶ֖ם מִתּ֣וֹךְ הָאֵ֑שׁ ק֤וֹל דְּבָרִים֙ אַתֶּ֣ם
שֹׁמְעִ֔ים וּתְמוּנָ֛ה אֵינְכֶ֥ם רֹאִ֖ים זוּלָתִ֥י קֽוֹל׃ וַיַּגֵּ֨ד יג
לָכֶ֜ם אֶת־בְּרִית֗וֹ אֲשֶׁ֨ר צִוָּ֤ה אֶתְכֶם֙ לַעֲשׂ֔וֹת
עֲשֶׂ֖רֶת הַדְּבָרִ֑ים וַֽיִּכְתְּבֵ֔ם עַל־שְׁנֵ֖י לֻח֥וֹת
אֲבָנִֽים׃ וְאֹתִ֞י צִוָּ֣ה יְהוָ֗ה בָּעֵ֣ת הַהִ֔וא לְלַמֵּ֣ד יד
אֶתְכֶ֔ם חֻקִּ֖ים וּמִשְׁפָּטִ֑ים לַעֲשֹׂתְכֶ֣ם אֹתָ֔ם בָּאָ֕רֶץ
אֲשֶׁ֥ר אַתֶּ֛ם עֹבְרִ֥ים שָׁ֖מָּה לְרִשְׁתָּֽהּ׃ וְנִשְׁמַרְתֶּ֥ם טו
מְאֹ֖ד לְנַפְשֹׁתֵיכֶ֑ם כִּ֣י לֹ֤א רְאִיתֶם֙ כָּל־תְּמוּנָ֔ה
בְּי֗וֹם דִּבֶּ֨ר יְהוָ֧ה אֲלֵיכֶ֛ם בְּחֹרֵ֖ב מִתּ֥וֹךְ הָאֵֽשׁ׃
פֶּ֨ן־תַּשְׁחִת֔וּן וַעֲשִׂיתֶ֥ם לָכֶ֛ם פֶּ֖סֶל תְּמוּנַ֣ת כָּל־ טז
סָ֑מֶל תַּבְנִ֥ית זָכָ֖ר א֥וֹ נְקֵבָֽה׃ תַּבְנִ֕ית כָּל־בְּהֵמָ֖ה יז
אֲשֶׁ֣ר בָּאָ֑רֶץ תַּבְנִית֙ כָּל־צִפּ֣וֹר כָּנָ֔ף אֲשֶׁ֥ר תָּע֖וּף
בַּשָּׁמָֽיִם׃ תַּבְנִ֕ית כָּל־רֹמֵ֖שׂ בָּאֲדָמָ֑ה תַּבְנִ֛ית כָּל־ יח
דָּגָ֥ה אֲשֶׁר־בַּמַּ֖יִם מִתַּ֥חַת לָאָֽרֶץ׃ וּפֶן־תִּשָּׂ֨א יט
עֵינֶ֜יךָ הַשָּׁמַ֗יְמָה וְֽ֠רָאִיתָ אֶת־הַשֶּׁ֨מֶשׁ וְאֶת־
הַיָּרֵ֜חַ וְאֶת־הַכּוֹכָבִ֗ים כֹּ֚ל צְבָ֣א הַשָּׁמַ֔יִם וְנִדַּחְתָּ֛

וְהִשְׁתַּחֲוִיתָ לָהֶם וַעֲבַדְתָּם אֲשֶׁר חָלַק יְהוָה
אֱלֹהֶיךָ אֹתָם לְכֹל הָעַמִּים תַּחַת כָּל־הַשָּׁמָיִם׃
כ וְאֶתְכֶם לָקַח יְהוָה וַיּוֹצִא אֶתְכֶם מִכּוּר הַבַּרְזֶל
מִמִּצְרָיִם לִהְיוֹת לוֹ לְעַם נַחֲלָה כַּיּוֹם הַזֶּה׃
כא וַיהוָה הִתְאַנַּף־בִּי עַל־דִּבְרֵיכֶם וַיִּשָּׁבַע לְבִלְתִּי
עָבְרִי אֶת־הַיַּרְדֵּן וּלְבִלְתִּי־בֹא אֶל־הָאָרֶץ

לִי, כְּנוֹשׁ קֳדָמַי יָת עַמָּא, וְאַשְׁמְעִנּוּן יָת פִּתְגָּמָי, דְּיֵילְפוּן לְמִדְחַל קֳדָמַי, כָּל יוֹמַיָּא דְּאִנּוּן קַיָּמִין
יא עַל אַרְעָא, וְיָת בְּנֵיהוֹן יַלְּפוּן: וּקְרֵיבְתּוּן וְקַמְתּוּן בְּשִׁפּוֹלֵי טוּרָא, וְטוּרָא, בָּעַר בְּאִישָּׁתָא עַד צִית
יב שְׁמַיָּא, חֲשׁוֹכָא עֲנָנָא וַאֲמִטְתָּא: וּמַלֵּיל יְיָ, עִמְּכוֹן מִגּוֹ אִישָּׁתָא, קָל פִּתְגָּמִין אַתּוּן שָׁמְעִין, וּדְמוּ,
יג לֵיתֵיכוֹן חָזַן אֱלָהֵין קָלָא: וְחַוִּי לְכוֹן יָת קְיָמֵיהּ, דְּפַקֵּיד יָתְכוֹן לְמֶעְבַּד, עַסְרָא פִתְגָּמִין, וּכְתַבְנוּן,
יד עַל תְּרֵין לוּחֵי אַבְנַיָּא: וְיָתִי, פַּקֵּיד יְיָ בְּעִדָּנָא הַהוּא, לְאַלָּפָא יָתְכוֹן, קְיָמִין וְדִינִין, לְמֶעְבַּדְכוֹן
טו יָתְהוֹן, בְּאַרְעָא, דְּאַתּוּן, עָבְרִין לְתַמָּן לְמֵירְתַהּ: וְתִסְתַּמְרוּן לַחְדָּא לְנַפְשָׁתְכוֹן, אֲרֵי לָא חֲזֵיתוּן
טז כָּל דְּמוּ, בְּיוֹמָא, דְּמַלֵּיל יְיָ עִמְּכוֹן, בְּחוֹרֵב מִגּוֹ אִישָּׁתָא: דִּלְמָא תְּחַבְּלוּן, וְתַעְבְּדוּן לְכוֹן, צֵילֶם
יז דְּמוּת כָּל צוּרָא, דְּמוּת דְּכַר אוֹ נֻקְבָּא: דְּמוּת, כָּל בְּעִירָא דְּבְאַרְעָא, דְּמוּת כָּל צִפַּר גַּפָּא, דְּפָרַח
יח יט בַּאֲוִיר רְקִיעַ שְׁמַיָּא: דְּמוּת, כָּל רִחְשָׁא דְּבְאַרְעָא, דְּמוּת, כָּל נוּנֵי דִּבְמַיָּא מִלְּרַע לְאַרְעָא: וּדְלְמָא
תִזְקוֹף עֵינָךְ לִשְׁמַיָּא, וְתִחְזֵי, יָת שִׁמְשָׁא וְיָת סִיהֲרָא וְיָת כּוֹכְבַיָּא, כָּל חֵילֵי שְׁמַיָּא, וְתִטְעֵי,
כ וְתִסְגּוֹד לְהוֹן וְתִפְלְחִנּוּן, דִּזְמִין, יְיָ אֱלָהָךְ יָתְהוֹן, לְכָל עַמְמַיָּא, דִּתְחוֹת כָּל שְׁמַיָּא: וְיָתְכוֹן קָרֵיב
יְיָ לְדַחְלְתֵיהּ, וְאַפֵּיק יָתְכוֹן, מִכּוּרָא דְּבַרְזְלָא מִמִּצְרָיִם, לְמִהְוֵי לֵיהּ, לְעַם אַחְסָנָא כְּיוֹמָא הָדֵין:
כא וּמִן קֳדָם יְיָ הֲוָה רְגַז עֲלַי עַל פִּתְגָּמֵיכוֹן, וְקַיֵּים, בְּדִיל דְּלָא לְמִעְבַּרִי יָת יַרְדְּנָא, וּבְדִיל דְּלָא לְמֵיעַל

אֲשֶׁר רָאִיתָ אֶת הַקּוֹלוֹת וְאֶת הַלַּפִּידִים: יִלְמְדוּן. לְעַצְמָם:

יד| וְאֹתִי צִוָּה ה׳ בָּעֵת הַהִוא לְלַמֵּד אֶתְכֶם. תּוֹרָה שֶׁבְּעַל פֶּה:

טז| סָמֶל. צוּרָה:

יט| וּפֶן תִּשָּׂא עֵינֶיךָ. לְהִסְתַּכֵּל בַּדָּבָר וְלָתֵת לֵב לִטְעוֹת אַחֲרֵיהֶם: אֲשֶׁר חָלַק ה׳. לְהָאִיר לָהֶם. דָּבָר אַחֵר, לֵאלֹהוֹת, לֹא מְנָעָן מִלִּטְעוֹת אַחֲרֵיהֶם, אֶלָּא הֶחֱלִיקָם בְּדִבְרֵי הַבְלֵיהֶם לְטָרְדָם, וְכֵן הוּא אוֹמֵר: "כִּי הֶחֱלִיק אֵלָיו בְּעֵינָיו לִמְצֹא עֲוֹנוֹ לִשְׂנֹא" (תהלים לו, ג):

כ| מִכּוּר. כּוּר הוּא כְּלִי שֶׁמְּזַקְּקִים בּוֹ אֶת הַזָּהָב:

כא| הִתְאַנֶּף. נִתְמַלֵּא רֹגֶז: עַל דִּבְרֵיכֶם. עַל אוֹדוֹתֵיכֶם, עַל עִסְקֵיכֶם:

הַטּוֹבָה אֲשֶׁר יְהוָה אֱלֹהֶיךָ נֹתֵן לְךָ נַחֲלָה: כִּי כב
אָנֹכִי מֵת בָּאָרֶץ הַזֹּאת אֵינֶנִּי עֹבֵר אֶת־הַיַּרְדֵּן
וְאַתֶּם עֹבְרִים וִירִשְׁתֶּם אֶת־הָאָרֶץ הַטּוֹבָה
הַזֹּאת: הִשָּׁמְרוּ לָכֶם פֶּן־תִּשְׁכְּחוּ אֶת־בְּרִית כג
יְהוָה אֱלֹהֵיכֶם אֲשֶׁר כָּרַת עִמָּכֶם וַעֲשִׂיתֶם לָכֶם
פֶּסֶל תְּמוּנַת כֹּל אֲשֶׁר צִוְּךָ יְהוָה אֱלֹהֶיךָ: כִּי כד
יְהוָה אֱלֹהֶיךָ אֵשׁ אֹכְלָה הוּא אֵל קַנָּא:
כִּי־תוֹלִיד בָּנִים וּבְנֵי בָנִים וְנוֹשַׁנְתֶּם בָּאָרֶץ כה
וְהִשְׁחַתֶּם וַעֲשִׂיתֶם פֶּסֶל תְּמוּנַת כֹּל וַעֲשִׂיתֶם
הָרַע בְּעֵינֵי־יְהוָה אֱלֹהֶיךָ לְהַכְעִיסוֹ: הַעִידֹתִי כו
בָכֶם הַיּוֹם אֶת־הַשָּׁמַיִם וְאֶת־הָאָרֶץ כִּי־
אָבֹד תֹּאבֵדוּן מַהֵר מֵעַל הָאָרֶץ אֲשֶׁר אַתֶּם
עֹבְרִים אֶת־הַיַּרְדֵּן שָׁמָּה לְרִשְׁתָּהּ לֹא־תַאֲרִיכֻן
יָמִים עָלֶיהָ כִּי הִשָּׁמֵד תִּשָּׁמֵדוּן: וְהֵפִיץ יְהוָה כז
אֶתְכֶם בָּעַמִּים וְנִשְׁאַרְתֶּם מְתֵי מִסְפָּר בַּגּוֹיִם
אֲשֶׁר יְנַהֵג יְהוָה אֶתְכֶם שָׁמָּה: וַעֲבַדְתֶּם־שָׁם כח
אֱלֹהִים מַעֲשֵׂה יְדֵי אָדָם עֵץ וָאֶבֶן אֲשֶׁר לֹא־
יִרְאוּן וְלֹא יִשְׁמְעוּן וְלֹא יֹאכְלוּן וְלֹא יְרִיחֻן:
וּבִקַּשְׁתֶּם מִשָּׁם אֶת־יְהוָה אֱלֹהֶיךָ וּמָצָאתָ כִּי כט
תִדְרְשֶׁנּוּ בְּכָל־לְבָבְךָ וּבְכָל־נַפְשֶׁךָ: בַּצַּר לְךָ ל
וּמְצָאוּךָ כֹּל הַדְּבָרִים הָאֵלֶּה בְּאַחֲרִית הַיָּמִים

לא וְשַׁבְתָּ֙ עַד־יְהוָ֣ה אֱלֹהֶ֔יךָ וְשָׁמַעְתָּ֖ בְּקֹלֽוֹ׃ כִּ֣י אֵ֤ל
רַחוּם֙ יְהוָ֣ה אֱלֹהֶ֔יךָ לֹ֥א יַרְפְּךָ֖ וְלֹ֣א יַשְׁחִיתֶ֑ךָ וְלֹ֤א
יִשְׁכַּח֙ אֶת־בְּרִ֣ית אֲבֹתֶ֔יךָ אֲשֶׁ֥ר נִשְׁבַּ֖ע לָהֶֽם׃
לב כִּ֣י שְׁאַל־נָ֠א לְיָמִ֨ים רִאשֹׁנִ֜ים אֲשֶׁר־הָי֣וּ לְפָנֶ֗יךָ

כב לְאַרְעָא טָבְתָא, דַּיְיָ אֱלָהָךְ, יָהֵיב לָךְ אַחְסָנָא: אֲרֵי אֲנָא מָאֵית בְּאַרְעָא הָדָא, לֵית אֲנָא עָבַר
כג יָת יַרְדְּנָא, וְאַתּוּן עָבְרִין, וְתֵירְתוּן, יָת אַרְעָא טָבְתָא הָדָא: אִסְתַּמַּרוּ לְכוֹן, דִּלְמָא תִתְנְשׁוֹן יָת
כד קְיָמָא דַּיְיָ אֱלָהֲכוֹן, דִּגְזַר עִמְּכוֹן, וְתַעְבְּדוּן לְכוֹן צֵילַם דְּמוּת כּוֹלָא, דְּפַקְּדָךְ יְיָ אֱלָהָךְ: אֲרֵי יְיָ
כה אֱלָהָךְ, מֵימְרֵיהּ אִישָׁא אָכְלָא הוּא, אֵל קַנָּא: אֲרֵי תֵילְדוּן בְּנִין וּבְנֵי בְנִין, וְתִתְעַתְּקוּן בְּאַרְעָא,
וּתְחַבְּלוּן, וְתַעְבְּדוּן צֵילַם דְּמוּת כּוֹלָא, וְתַעְבְּדוּן דְּבִישׁ, קֳדָם יְיָ אֱלָהָךְ לְאַרְגָּזָא קֳדָמוֹהִי:
כו אַסְהֵידִית בְּכוֹן יוֹמָא דֵין יָת שְׁמַיָּא וְיָת אַרְעָא, אֲרֵי מֵיבָד תֵּיבְדוּן בִּפְרִיעַ, מֵעַל אַרְעָא, דְּאַתּוּן,
כז עָבְרִין יָת יַרְדְּנָא, לְתַמָּן לְמֵירְתַהּ, לָא תֵירְכוּן יוֹמִין עֲלַהּ, אֲרֵי אִשְׁתֵּיצָאָה תִּשְׁתֵּיצוּן: וִיבַדַּר יְיָ,
כח יָתְכוֹן בֵּינֵי עַמְמַיָּא, וְתִשְׁתַּאֲרוּן עַם דְּמְנָן, בְּעַמְמַיָּא, דִּידַבַּר יְיָ, יָתְכוֹן לְתַמָּן: וְתִפְלְחוּן תַּמָּן
לְעַמְמַיָּא פָּלְחֵי טָעֲוָתָא, עוֹבַד יְדֵי אֱנָשָׁא, אָעָא וְאַבְנָא, דְּלָא חָזַן וְלָא שָׁמְעִין, וְלָא אָכְלִין וְלָא
כט מְרִיחִין: וְתִתְבְּעוּן מִתַּמָּן, יָת דַּחַלְתָּא דַּיְיָ אֱלָהָךְ וְתַשְׁכַּח, אֲרֵי תִבְעֵי מִן קֳדָמוֹהִי, בְּכָל לִבָּךְ
ל וּבְכָל נַפְשָׁךְ: כַּד תֵּיעוּק לָךְ, וְיַשְׁכְּחֻנָּךְ, כָּל פִּתְגָּמַיָּא הָאִלֵּין, בְּסוֹף יוֹמַיָּא, וּתְתוּב לְדַחַלְתָּא
לא דַּיְיָ אֱלָהָךְ, וּתְקַבֵּיל לְמֵימְרֵיהּ: אֲרֵי אֱלָהָא רַחֲמָנָא יְיָ אֱלָהָךְ, לָא יִשְׁבְּקִנָּךְ וְלָא יְחַבְּלִנָּךְ,
לב וְלָא יִתְנְשֵׁי יָת קְיָמָא דַּאֲבָהָתָךְ, דְּקַיֵּים לְהוֹן: אֲרֵי שְׁאַל כְּעַן לְיוֹמַיָּא קַדְמָאֵי דַּהֲווֹ קֳדָמָךְ,

כב] **כִּי אָנֹכִי מֵת וְגוֹ׳ אֵינֶנִּי עֹבֵר.** מֵאַחַר שֶׁמֵּת מֵהֵיכָן יַעֲבֹר?! אֶלָּא אַף עַצְמוֹתָיו אֵינָם עוֹבְרִים:

כג] **תְּמוּנַת כֹּל.** תְּמוּנַת כָּל דָּבָר: **אֲשֶׁר צִוְּךָ ה׳.** אֲשֶׁר צִוְּךָ שֶׁלֹּא לַעֲשׂוֹת:

כד] **אֵל קַנָּא.** מְקַנֵּא לִנְקֹם, אנפרנדר״א בְּלַעַז, מִתְחָרֶה עַל רָגְזוֹ לְהִפָּרַע מֵעוֹבְדֵי עֲבוֹדָה זָרָה:

כה] **וְנוֹשַׁנְתֶּם.** רָמַז לָהֶם שֶׁיִּגְלוּ מִמֶּנָּה לְסוֹף שְׁמוֹנֶה מֵאוֹת וַחֲמִשִּׁים וּשְׁתַּיִם שָׁנָה כְּמִנְיַן ׳וְנוֹשַׁנְתֶּם׳, וְהוּא הִקְדִּים וְהִגְלָם לְסוֹף שְׁמוֹנֶה מֵאוֹת וַחֲמִשִּׁים, וְהִקְדִּים שְׁתֵּי שָׁנִים לְ׳וְנוֹשַׁנְתֶּם׳, כְּדֵי שֶׁלֹּא יִתְקַיֵּם בָּהֶם: ״כִּי אָבֹד תֹּאבֵדוּן״ (להלן פסוק כו), וְזֶהוּ שֶׁנֶּאֱמַר: ״וַיִּשְׁקֹד ה׳ עַל הָרָעָה וַיְבִיאֶהָ עָלֵינוּ כִּי צַדִּיק ה׳ אֱלֹהֵינוּ״ (דניאל ט, יד), צְדָקָה עָשָׂה עִמָּנוּ שֶׁמִּהֵר לַהֲבִיאָהּ שְׁתֵּי שָׁנִים לִפְנֵי זְמַנָּהּ:

כו] **הַעִידֹתִי בָכֶם.** הִנְנִי מַזְמִינָם לִהְיוֹת עֵדִים שֶׁהִתְרֵיתִי בָּכֶם:

כח] **וַעֲבַדְתֶּם שָׁם אֱלֹהִים.** כְּתַרְגּוּמוֹ, מִשֶּׁאַתֶּם עוֹבְדִים לְעוֹבְדֵיהֶם כְּאִלּוּ אַתֶּם עוֹבְדִים לָהֶם:

לא] **לֹא יַרְפְּךָ.** מִלְּהַחֲזִיק בְּךָ בְּיָדָיו, וּלְשׁוֹן ״לֹא יַרְפְּךָ״ לְשׁוֹן לֹא יַפְעִיל הוּא, לֹא יִתֵּן לְךָ רִפְיוֹן, לֹא יַפְרִישׁ אוֹתְךָ מֵאֶצְלוֹ, וְכֵן: ״אֲחַזְתִּיו וְלֹא אַרְפֶּנּוּ״ (שיר השירים ג, ד), שֶׁלֹּא נִנְקַד ׳אֶרְפֶּנּוּ׳. כָּל לְשׁוֹן רִפְיוֹן מוּסָב עַל לְשׁוֹן מַפְעִיל וּמִתְפַּעֵל, כְּמוֹ ״הַרְפֵּה לָהּ״ (מלכים ב׳ ד, כז), תֵּן לָהּ רִפְיוֹן, ״הֶרֶף מִמֶּנִּי״ (להלן ט, יד), הִתְרַפֵּה מִמֶּנִּי:

לב] **לְיָמִים רִאשֹׁנִים.** עַל יָמִים רִאשׁוֹנִים: וּלְמִקְצֵה

לְמִן־הַיּוֹם אֲשֶׁר בָּרָא אֱלֹהִים ׀ אָדָם עַל־הָאָרֶץ
וּלְמִקְצֵה הַשָּׁמַיִם וְעַד־קְצֵה הַשָּׁמָיִם הֲנִהְיָה
לג כַּדָּבָר הַגָּדוֹל הַזֶּה אוֹ הֲנִשְׁמַע כָּמֹהוּ׃ הֲשָׁמַע
עָם קוֹל אֱלֹהִים מְדַבֵּר מִתּוֹךְ־הָאֵשׁ כַּאֲשֶׁר־
לד שָׁמַעְתָּ אַתָּה וַיֶּחִי׃ אוֹ ׀ הֲנִסָּה אֱלֹהִים לָבוֹא
לָקַחַת לוֹ גוֹי מִקֶּרֶב גּוֹי בְּמַסֹּת בְּאֹתֹת
וּבְמוֹפְתִים וּבְמִלְחָמָה וּבְיָד חֲזָקָה וּבִזְרוֹעַ נְטוּיָה
וּבְמוֹרָאִים גְּדֹלִים כְּכֹל אֲשֶׁר־עָשָׂה לָכֶם יְהוָה
לה אֱלֹהֵיכֶם בְּמִצְרַיִם לְעֵינֶיךָ׃ אַתָּה הָרְאֵתָ לָדַעַת
לו כִּי יְהוָה הוּא הָאֱלֹהִים אֵין עוֹד מִלְּבַדּוֹ׃ מִן־
הַשָּׁמַיִם הִשְׁמִיעֲךָ אֶת־קֹלוֹ לְיַסְּרֶךָּ וְעַל־הָאָרֶץ
הֶרְאֲךָ אֶת־אִשּׁוֹ הַגְּדוֹלָה וּדְבָרָיו שָׁמַעְתָּ מִתּוֹךְ
לז הָאֵשׁ׃ וְתַחַת כִּי אָהַב אֶת־אֲבֹתֶיךָ וַיִּבְחַר בְּזַרְעוֹ
אַחֲרָיו וַיּוֹצִאֲךָ בְּפָנָיו בְּכֹחוֹ הַגָּדֹל מִמִּצְרָיִם׃
לח לְהוֹרִישׁ גּוֹיִם גְּדֹלִים וַעֲצֻמִים מִמְּךָ מִפָּנֶיךָ
לַהֲבִיאֲךָ לָתֶת־לְךָ אֶת־אַרְצָם נַחֲלָה כַּיּוֹם הַזֶּה׃
לט וְיָדַעְתָּ הַיּוֹם וַהֲשֵׁבֹתָ אֶל־לְבָבֶךָ כִּי יְהוָה הוּא
הָאֱלֹהִים בַּשָּׁמַיִם מִמַּעַל וְעַל־הָאָרֶץ מִתָּחַת
מ אֵין עוֹד׃ וְשָׁמַרְתָּ אֶת־חֻקָּיו וְאֶת־מִצְוֺתָיו אֲשֶׁר
אָנֹכִי מְצַוְּךָ הַיּוֹם אֲשֶׁר יִיטַב לְךָ וּלְבָנֶיךָ אַחֲרֶיךָ

# וּלְמַ֨עַן תַּאֲרִ֤יךְ יָמִים֙ עַל־הָ֣אֲדָמָ֔ה אֲשֶׁ֨ר יְהֹוָ֧ה אֱלֹהֶ֛יךָ נֹתֵ֥ן לְךָ֖ כׇּל־הַיָּמִֽים׃

לְמִן יוֹמָא דִּבְרָא יי אָדָם עַל אַרְעָא, וּלְמִסְּיָפֵי שְׁמַיָּא וְעַד סְיָפֵי שְׁמַיָּא, הַהֲוָה, כְּפִתְגָּמָא
לג רַבָּא הָדֵין, אוֹ הַאִשְׁתְּמַע דִּכְוָתֵיהּ: הַשְׁמַע עַמָּא קָל מֵימְרָא דַּיי, מְמַלֵּיל מִגּוֹ אִישָּׁתָא,
לד כְּמָא דִשְׁמַעְתָּא אַתְּ וְאִתְקַיַּם: אוֹ נִסִּין עֲבַד יי, לְאִתְגְּלָאָה, לְמִפְרַק לֵיהּ עַם מִגּוֹ עַם,
בְּנִסִּין בְּאָתִין וּבְמוֹפְתִין וּבִקְרָבָא, וּבְיַד תַּקִּיפָא וּבִדְרָעָא מְרָמְמָא, וּבְחֶזְוָנִין רַבְרְבִין, כְּכֹל,
לה דַּעֲבַד לְכוֹן, יי אֱלָהֲכוֹן, בְּמִצְרַיִם לְעֵינֵיכוֹן: אַתְּ אִתַּחְזִיתָא לְמִדַּע, אֲרֵי יי הוּא אֱלֹהִים,
לו לֵית עוֹד בַּר מִנֵּיהּ: מִן שְׁמַיָּא, אַשְׁמְעָךְ יָת קָל מֵימְרֵיהּ לְאַלָּפוּתָךְ, וְעַל אַרְעָא, אַחְזְיָךְ
לז יָת אִישָּׁתֵיהּ רַבְּתָא, וּפִתְגָּמוֹהִי שְׁמַעְתָּא מִגּוֹ אִישָּׁתָא: וּחְלָף, אֲרֵי רְחֵים יָת אֲבָהָתָךְ,
לח וְאִתְרְעִי בִּבְנֵיהוֹן בָּתְרֵיהוֹן, וְאַפְּקָךְ בְּמֵימְרֵיהּ, בְּחֵילֵיהּ רַבָּא מִמִּצְרָיִם: לְתָרָכָא, עַמְמִין,
רַבְרְבִין וְתַקִּיפִין, מִנָּךְ מִן קֳדָמָךְ, לְאַעָלוּתָךְ, לְמִתַּן לָךְ יָת אַרְעֲהוֹן, אַחְסָנָא כְּיוֹמָא הָדֵין:
לט וְתִדַּע יוֹמָא דֵין, וְתְתִיב לְלִבָּךְ, אֲרֵי יי הוּא אֱלֹהִים, דִּשְׁכִינְתֵיהּ בִּשְׁמַיָּא מִלְּעֵילָא, וְשַׁלִּיט
מ עַל אַרְעָא מִלְּרַע, לֵית עוֹד: וְתִטַּר יָת קְיָמוֹהִי וְיָת פִּקּוֹדוֹהִי, דַּאֲנָא מְפַקֵּיד לָךְ יוֹמָא דֵין,
דְּיִיטַב לָךְ, וְלִבְנָךְ בָּתְרָךְ, וּבְדִיל דְּתוֹרֵיךְ יוֹמִין עַל אַרְעָא, דַּיי אֱלָהָךְ, יָהֵיב לָךְ כָּל יוֹמַיָּא:

הַשָּׁמַיִם. וְגַם שֶׁאַל לְכָל הַבְּרוּאִים חָשֵׁר מִקָּצֶה אֶל קָצֶה, זֶהוּ פְּשׁוּטוֹ. וּמִדְרָשׁוֹ, מְלַמֵּד עַל קוֹמָתוֹ שֶׁל אָדָם שֶׁהָיְתָה מִן הָאָרֶץ עַד הַשָּׁמַיִם, וְהוּא הַשִּׁעוּר עַצְמוֹ אֲשֶׁר מִקָּצֶה אֶל קָצֶה: **הֲנִהְיָה כַּדָּבָר הַגָּדוֹל הַזֶּה.** מַהוּ הַדָּבָר הַגָּדוֹל? "הֲשָׁמַע עָם" וְגוֹ' (להלן פסוק לג):

לד| **אוֹ הֲנִסָּה אֱלֹהִים.** הֲכִי עָשָׂה נִסִּים שׁוּם אֱלוֹהַּ "לָבוֹא לָקַחַת לוֹ גוֹי" וְגוֹ', כָּל הַהֵ"ין הַלָּלוּ תְּמִיהוֹת הֵן, לְכָךְ נְקוּדוֹת הֵן בַּחֲטַף פַּתָּח: הֲנִהְיָה, הֲנִשְׁמַע, הֲשָׁמַע, הֲנִסָּה: **בְּמַסֹּת.** עַל יְדֵי נִסְיוֹנוֹת הוֹדִיעָם גְּבוּרוֹתָיו, כְּגוֹן: "הִתְפָּאֵר עָלַי" (שמות ח, ה) אִם אוּכַל לַעֲשׂוֹת כֵּן, הֲרֵי זֶה נִסָּיוֹן: **בְּאֹתֹת.** בְּסִימָנִים לְהַאֲמִין שֶׁהוּא שְׁלוּחוֹ שֶׁל מָקוֹם, כְּגוֹן: "מַה זֶּה בְיָדֶךָ" (שם ד, ב): **וּבְמוֹפְתִים.** הֵם נִפְלָאוֹת, שֶׁהֵבִיא עֲלֵיהֶם מַכּוֹת מֻפְלָאוֹת: **וּבְמִלְחָמָה.** בַּיָּם, שֶׁנֶּאֱמַר: "כִּי ה' נִלְחָם לָהֶם" (שם יד, כה):

לה| **הָרְאֵתָ.** כְּתַרְגּוּמוֹ: "אִתַּחְזִיתָא", כְּשֶׁנָּתַן הַקָּדוֹשׁ בָּרוּךְ הוּא אֶת הַתּוֹרָה פָּתַח לָהֶם שִׁבְעָה רְקִיעִים וּכְשֵׁם שֶׁקָּרַע אֶת הָעֶלְיוֹנִים כָּךְ קָרַע אֶת הַתַּחְתּוֹנִים וְרָאוּ שֶׁהוּא יְחִידִי, לְכָךְ נֶאֱמַר: "אַתָּה הָרְאֵתָ לָדַעַת":

לז| **וְתַחַת כִּי אָהַב.** וְכָל זֶה תַּחַת אֲשֶׁר אָהַב: **וַיּוֹצִאֲךָ בְּפָנָיו.** כְּאָדָם הַמַּנְהִיג בְּנוֹ לְפָנָיו, שֶׁנֶּאֱמַר: "וַיִּסַּע מַלְאַךְ הָאֱלֹהִים הַהֹלֵךְ וְגוֹ' וַיֵּלֶךְ מֵאַחֲרֵיהֶם" (שמות יד, יט). דָּבָר אַחֵר, "וַיּוֹצִאֲךָ בְּפָנָיו", בִּפְנֵי אֲבוֹתָיו, כְּמָה שֶׁנֶּאֱמַר: "נֶגֶד אֲבוֹתָם עָשָׂה פֶלֶא" (תהלים עח, יב). וְאַל תִּתְמַהּ עַל שֶׁהִזְכִּירָם בִּלְשׁוֹן יָחִיד, שֶׁהֲרֵי כְּתָבָם בִּלְשׁוֹן יָחִיד, "וַיִּבְחַר בְּזַרְעוֹ אַחֲרָיו":

לח| **מִמְּךָ מִפָּנֶיךָ.** סָרְסֵהוּ וְדָרְשֵׁהוּ: לְהוֹרִישׁ מִפָּנֶיךָ גּוֹיִם גְּדֹלִים וַעֲצֻמִים מִמְּךָ: **כַּיּוֹם הַזֶּה.** כַּאֲשֶׁר אַתָּה רוֹאֶה הַיּוֹם:

שלישי ה אָז יַבְדִּיל מֹשֶׁה שָׁלֹשׁ עָרִים בְּעֵבֶר הַיַּרְדֵּן מא
מִזְרְחָה שָׁמֶשׁ: לָנֻס שָׁמָּה רוֹצֵחַ אֲשֶׁר יִרְצַח מב
אֶת־רֵעֵהוּ בִּבְלִי־דַעַת וְהוּא לֹא־שֹׂנֵא לוֹ
מִתְּמֹל שִׁלְשֹׁם וְנָס אֶל־אַחַת מִן־הֶעָרִים
הָאֵל וָחָי: אֶת־בֶּצֶר בַּמִּדְבָּר בְּאֶרֶץ הַמִּישֹׁר מג
לָראוּבֵנִי וְאֶת־רָאמֹת בַּגִּלְעָד לַגָּדִי וְאֶת־
גּוֹלָן בַּבָּשָׁן לַמְנַשִּׁי: וְזֹאת הַתּוֹרָה אֲשֶׁר־שָׂם מד
מֹשֶׁה לִפְנֵי בְּנֵי יִשְׂרָאֵל: אֵלֶּה הָעֵדֹת וְהַחֻקִּים מה
וְהַמִּשְׁפָּטִים אֲשֶׁר דִּבֶּר מֹשֶׁה אֶל־בְּנֵי יִשְׂרָאֵל
בְּצֵאתָם מִמִּצְרָיִם: בְּעֵבֶר הַיַּרְדֵּן בַּגַּיְא מוּל מו
בֵּית פְּעוֹר בְּאֶרֶץ סִיחֹן מֶלֶךְ הָאֱמֹרִי אֲשֶׁר
יוֹשֵׁב בְּחֶשְׁבּוֹן אֲשֶׁר הִכָּה מֹשֶׁה וּבְנֵי יִשְׂרָאֵל
בְּצֵאתָם מִמִּצְרָיִם: וַיִּירְשׁוּ אֶת־אַרְצוֹ וְאֶת־ מז
אֶרֶץ ׀ עוֹג מֶלֶךְ־הַבָּשָׁן שְׁנֵי מַלְכֵי הָאֱמֹרִי אֲשֶׁר
בְּעֵבֶר הַיַּרְדֵּן מִזְרַח שָׁמֶשׁ: מֵעֲרֹעֵר אֲשֶׁר עַל־ מח
שְׂפַת־נַחַל אַרְנֹן וְעַד־הַר שִׂיאֹן הוּא חֶרְמוֹן:
וְכָל־הָעֲרָבָה עֵבֶר הַיַּרְדֵּן מִזְרָחָה וְעַד יָם מט
הָעֲרָבָה תַּחַת אַשְׁדֹּת הַפִּסְגָּה:
רביעי וַיִּקְרָא מֹשֶׁה אֶל־כָּל־יִשְׂרָאֵל וַיֹּאמֶר אֲלֵהֶם א ה
שְׁמַע יִשְׂרָאֵל אֶת־הַחֻקִּים וְאֶת־הַמִּשְׁפָּטִים

אֲשֶׁר אָנֹכִי דֹּבֵר בְּאָזְנֵיכֶם הַיּוֹם וּלְמַדְתֶּם אֹתָם
ב וּשְׁמַרְתֶּם לַעֲשֹׂתָם: יְהוָה אֱלֹהֵינוּ כָּרַת עִמָּנוּ בְּרִית
ג בְּחֹרֵב: לֹא אֶת־אֲבֹתֵינוּ כָּרַת יְהוָה אֶת־הַבְּרִית
הַזֹּאת כִּי אִתָּנוּ אֲנַחְנוּ אֵלֶּה פֹה הַיּוֹם כֻּלָּנוּ חַיִּים:
ד פָּנִים ׀ בְּפָנִים דִּבֶּר יְהוָה עִמָּכֶם בָּהָר מִתּוֹךְ הָאֵשׁ:

מא מב בְּכֵן אַפְרֵישׁ מֹשֶׁה תְּלָת קִרְוִין, בְּעִבְרָא דְּיַרְדְּנָא, מַדְנַח שִׁמְשָׁא: לְמֵעַרַק לְתַמָּן קָטוֹלָא,
דִּיִקְטוֹל יָת חַבְרֵיהּ בְּלָא מַדְעֵיהּ, וְהוּא, לָא סָנֵי לֵיהּ מֵאִתְמָלֵי וּמִדְּקַמּוֹהִי, וְיִעְרוֹק, לַחֲדָא,
מג מִן קִרְוַיָּא הָאִלֵּין וְיִתְקַיַּם: יָת בֶּצֶר בְּמַדְבְּרָא, בַּאֲרַע מֵישְׁרָא לְשֵׁבֶט רְאוּבֵן, וְיָת רָמוֹת בְּגִלְעָד
מד לְשֵׁיבֶט גָּד, וְיָת גּוֹלָן בְּמַתְנַן לְשִׁבְטָא דִּמְנַשֶּׁה: וְדָא אוֹרָיְתָא, דְּסַדַּר מֹשֶׁה, קֳדָם בְּנֵי יִשְׂרָאֵל:
מה מו אִלֵּין סָהֲדְוָתָא, וּקְיָמַיָּא וְדִינַיָּא, דְּמַלֵּיל מֹשֶׁה עִם בְּנֵי יִשְׂרָאֵל, בְּמִפַּקְהוֹן מִמִּצְרָיִם: בְּעִבְרָא
דְּיַרְדְּנָא בְּחִלְּתָא, לָקֳבֵיל בֵּית פְּעוֹר, בַּאֲרַע, סִיחוֹן מַלְכָּא אֱמוֹרָאָה, דְּיָתֵיב בְּחֶשְׁבּוֹן, דִּמְחָא
מז מֹשֶׁה וּבְנֵי יִשְׂרָאֵל, בְּמִפַּקְהוֹן מִמִּצְרָיִם: וִירִיתוּ יָת אַרְעֵיהּ, וְיָת אֲרַע עוֹג מַלְכָּא דְּמַתְנַן,
מח תְּרֵין מַלְכֵי אֱמוֹרָאָה, דִּבְעִבְרָא דְּיַרְדְּנָא, מַדְנַח שִׁמְשָׁא: מֵעֲרוֹעֵר, דְּעַל כֵּיף נַחְלָא דְּאַרְנוֹן,
מט וְעַד טוּרָא דְּשִׂיאוֹן הוּא חֶרְמוֹן: וְכָל מֵישְׁרָא, עִבְרָא דְּיַרְדְּנָא מַדְנְחָא, וְעַד יַמָּא דְּמֵישְׁרָא,
ה א תְּחוֹת מַשְׁפַּךְ מֵרָמָתָא: וּקְרָא מֹשֶׁה לְכָל יִשְׂרָאֵל, וַאֲמַר לְהוֹן, שְׁמַע יִשְׂרָאֵל יָת קְיָמַיָּא
ב וְיָת דִּינַיָּא, דַּאֲנָא, מְמַלֵּיל קֳדָמֵיכוֹן יוֹמָא דֵין, וְתֵילְפוּן יָתְהוֹן, וְתִטְּרוּן לְמֶעְבַּדְהוֹן: יְיָ אֱלָהַנָא,
ג גְּזַר עִמַּנָא, קְיָם בְּחוֹרֵב: לָא עִם אֲבָהָתַנָא, גְּזַר יְיָ יָת קְיָמָא הָדֵין, אֱלָהֵין עִמַּנָא, אֲנַחְנָא
ד אִלֵּין כָּא, יוֹמָא דֵין כֻּלַּנָא קַיָּמִין: מַמְלַל עִם מַמְלַל, מַלֵּיל יְיָ עִמְּכוֹן, בְּטוּרָא מִגּוֹ אִישָּׁתָא:

מא) **אָז יַבְדִּיל.** נָתַן לֵב לִהְיוֹת חָרֵד לְדָבָר שֶׁיַּבְדִּילֵם, וְאַף עַל פִּי שֶׁאֵינָן קוֹלְטוֹת עַד שֶׁיִּבָּדְלוּ אוֹתָן שֶׁבְּאֶרֶץ כְּנַעַן, אָמַר מֹשֶׁה: מִצְוָה שֶׁאֶפְשָׁר לְקַיְּמָהּ אֲקַיְּמֶנָּה: **בְּעֵבֶר הַיַּרְדֵּן מִזְרְחָה שָׁמֶשׁ.** בְּאוֹתוֹ עֵבֶר שֶׁבְּמִזְרָחוֹ שֶׁל יַרְדֵּן: **מִזְרְחָה שָׁמֶשׁ.** לְפִי שֶׁהוּא דָּבוּק נְקוּדָה רֵי"שׁ בַּחֲטָף, מִזְרַח שֶׁל שֶׁמֶשׁ, מְקוֹם זְרִיחַת הַשֶּׁמֶשׁ:

מד) **וְזֹאת הַתּוֹרָה.** זוֹ שֶׁהוּא עָתִיד לְסַדֵּר אַחַר פָּרָשָׁה זוֹ:

מה-מו) **אֵלֶּה הָעֵדֹת וְגוֹ' אֲשֶׁר דִּבֶּר.** הֵם הֵם אֲשֶׁר דִּבֶּר בְּצֵאתָם מִמִּצְרַיִם דִּבֶּר לָהֶם בְּעַרְבוֹת מוֹאָב אֲשֶׁר בְּעֵבֶר הַיַּרְדֵּן שֶׁהוּא בַּמִּזְרָח, שֶׁהָעֵבֶר הַשֵּׁנִי הָיָה בַּמַּעֲרָב: **בְּעֵבֶר הַיַּרְדֵּן.** חָזַר וְשְׁנָאָהּ לָהֶם:

פרק ה

ג) **לֹא אֶת אֲבֹתֵינוּ.** בִּלְבַד "כָּרַת ה'" וְגוֹ':

ד) **פָּנִים בְּפָנִים.** אָמַר רַבִּי בֶּרֶכְיָה: כָּךְ אָמַר מֹשֶׁה: אַל תֹּאמְרוּ אֲנִי מַטְעֶה אֶתְכֶם עַל לֹא דָבָר כְּדֶרֶךְ שֶׁהַסַּרְסוּר עוֹשֶׂה בֵּין הַמּוֹכֵר לַלּוֹקֵחַ, הֲרֵי (הַלּוֹקֵחַ) [הַמּוֹכֵר] עַצְמוֹ מְדַבֵּר עִמָּכֶם:

ה אָנֹכִי עֹמֵד בֵּין־יְהוָה וּבֵינֵיכֶם בָּעֵת הַהִוא לְהַגִּיד
לָכֶם אֶת־דְּבַר יְהוָה כִּי יְרֵאתֶם מִפְּנֵי הָאֵשׁ
ו וְלֹא־עֲלִיתֶם בָּהָר לֵאמֹר׃ אָנֹכִי
יְהוָה אֱלֹהֶיךָ אֲשֶׁר הוֹצֵאתִיךָ מֵאֶרֶץ מִצְרַיִם
ז מִבֵּית עֲבָדִים׃ לֹא־יִהְיֶה לְךָ אֱלֹהִים אֲחֵרִים
ח עַל־פָּנָי׃ לֹא־תַעֲשֶׂה לְךָ פֶסֶל כָּל־תְּמוּנָה אֲשֶׁר
בַּשָּׁמַיִם מִמַּעַל וַאֲשֶׁר בָּאָרֶץ מִתָּחַת וַאֲשֶׁר
ט בַּמַּיִם מִתַּחַת לָאָרֶץ׃ לֹא־תִשְׁתַּחֲוֶה לָהֶם
וְלֹא תָעָבְדֵם כִּי אָנֹכִי יְהוָה אֱלֹהֶיךָ אֵל קַנָּא
פֹּקֵד עֲוֺן אָבוֹת עַל־בָּנִים וְעַל־שִׁלֵּשִׁים וְעַל־
י רִבֵּעִים לְשֹׂנְאָי׃ וְעֹשֶׂה חֶסֶד לַאֲלָפִים לְאֹהֲבַי
יא וּלְשֹׁמְרֵי מצותו׃ לֹא תִשָּׂא אֶת־ מִצְוֺתָי
שֵׁם־יְהוָה אֱלֹהֶיךָ לַשָּׁוְא כִּי לֹא יְנַקֶּה יְהוָה אֵת
יב אֲשֶׁר־יִשָּׂא אֶת־שְׁמוֹ לַשָּׁוְא׃ שָׁמוֹר
אֶת־יוֹם הַשַּׁבָּת לְקַדְּשׁוֹ כַּאֲשֶׁר צִוְּךָ יְהוָה
יג אֱלֹהֶיךָ׃ שֵׁשֶׁת יָמִים תַּעֲבֹד וְעָשִׂיתָ כָּל־
יד מְלַאכְתֶּךָ׃ וְיוֹם הַשְּׁבִיעִי שַׁבָּת לַיהוָה אֱלֹהֶיךָ
לֹא־תַעֲשֶׂה כָל־מְלָאכָה אַתָּה ׀ וּבִנְךָ־וּבִתֶּךָ
וְעַבְדְּךָ־וַאֲמָתֶךָ וְשׁוֹרְךָ וַחֲמֹרְךָ וְכָל־בְּהֶמְתֶּךָ
וְגֵרְךָ אֲשֶׁר בִּשְׁעָרֶיךָ לְמַעַן יָנוּחַ עַבְדְּךָ וַאֲמָתְךָ

טו כָּמוֹךָ: וְזָכַרְתָּ כִּי עֶבֶד הָיִיתָ בְּאֶרֶץ מִצְרַיִם
וַיֹּצִאֲךָ יְהוָה אֱלֹהֶיךָ מִשָּׁם בְּיָד חֲזָקָה וּבִזְרֹעַ
נְטוּיָה עַל־כֵּן צִוְּךָ יְהוָה אֱלֹהֶיךָ לַעֲשׂוֹת אֶת־יוֹם
טז הַשַּׁבָּת: כַּבֵּד אֶת־אָבִיךָ וְאֶת־אִמֶּךָ
כַּאֲשֶׁר צִוְּךָ יְהוָה אֱלֹהֶיךָ לְמַעַן ׀ יַאֲרִיכֻן יָמֶיךָ
וּלְמַעַן יִיטַב לָךְ עַל הָאֲדָמָה אֲשֶׁר־יְהוָה אֱלֹהֶיךָ

ה אֲנָא, הֲוֵיתִי קָאֵים בֵּין מֵימְרָא דַיי וּבֵינֵיכוֹן בְּעִדָּנָא הַהוּא, לְחַוָּאָה לְכוֹן יָת פִּתְגָמָא דַיי, אֲרֵי
ו דְּחֵילְתּוּן מִן קֳדָם אִישָּׁתָא, וְלָא סְלֵיקְתּוּן בְּטוּרָא לְמֵימַר: אֲנָא יי אֱלָהָךְ, דְּאַפֵּיקְתָּךְ, מֵאַרְעָא
ז ח דְּמִצְרַיִם מִבֵּית עַבְדוּתָא: לָא יְהֵוֵי לָךְ אֱלָה אָחֳרָן בַּר מִנִּי: לָא תַעֲבֵיד לָךְ צֵילֶם כָּל דְּמוּ,
ט דְּבִשְׁמַיָּא מִלְּעֵילָא וְדִבְאַרְעָא מִלְּרַע, וְדִבְמַיָּא מִלְּרַע לְאַרְעָא: לָא תִסְגּוּד לְהוֹן וְלָא תִפְלְחִנּוּן,
אֲרֵי אֲנָא, יי אֱלָהָךְ אֵל קַנָּא, מַסְעַר, חוֹבֵי אֲבָהָן עַל בְּנִין מָרָדִין, וְעַל דָּר תְּלִיתַאי וְעַל דָּר
י רְבִיעַאי לְסָנְאַי, כַּד מַשְׁלְמִין בְּנַיָּא לְמֶחְטֵי בָּתַר אֲבָהָתְהוֹן: וְעָבֵיד טֵיבוּ לְאַלְפֵי דָרִין, לְרָחֲמַי
יא וּלְנָטְרֵי פִקּוֹדָי: לָא תֵימֵי, בִּשְׁמָא דַיי אֱלָהָךְ לְמַגָּנָא, אֲרֵי לָא יְזַכֵּי יי, יָת, דְּיֵימֵי בִּשְׁמֵיהּ
יב יג לְשִׁקְרָא: טַר יָת יוֹמָא דְשַׁבְּתָא לְקַדָּשׁוּתֵיהּ, כְּמָא דְפַקְּדָךְ יי אֱלָהָךְ: שִׁתָּא יוֹמִין תִּפְלַח
יד וְתַעֲבֵיד כָּל עֲבִידְתָּךְ: וְיוֹמָא שְׁבִיעָאָה, שַׁבְּתָא קֳדָם יי אֱלָהָךְ, לָא תַעֲבֵיד כָּל עֲבִידָא, אַתְּ
וּבְרָךְ וּבְרַתָּךְ וְעַבְדָּךְ וְאַמְתָּךְ, וְתוֹרָךְ וּחְמָרָךְ וְכָל בְּעִירָךְ, וְגִיּוֹרָךְ דִּבְקִרְוָךְ, בְּדִיל, דִּינוּחַ, עַבְדָּךְ
טו וְאַמְתָּךְ כְּוָתָךְ: וְתִדְכַּר, אֲרֵי עַבְדָּא הֲוֵיתָא בְּאַרְעָא דְּמִצְרַיִם, וְאַפְּקָךְ יי אֱלָהָךְ מִתַּמָּן בְּיַד
טז תַּקִּיפָא וּבִדְרָע מְרָמַם, עַל כֵּן, פַּקְּדָךְ יי אֱלָהָךְ, לְמֶעְבַּד יָת יוֹמָא דְשַׁבְּתָא: יַקַּר יָת אֲבוּךְ וְיָת
אִמָּךְ, כְּמָא דְפַקְּדָךְ יי אֱלָהָךְ, בְּדִיל דְּיֵירְכוּן יוֹמָךְ, וּבְדִיל דְּיִיטַב לָךְ, עַל אַרְעָא, דַיי אֱלָהָךְ

ד-ה| לֵאמֹר. מוּסָב עַל "דִּבֶּר ה' עִמָּכֶם בָּהָר מִתּוֹךְ הָאֵשׁ" לֵאמֹר, וְ"אָנֹכִי עֹמֵד בֵּין ה' וּבֵינֵיכֶם".

ז| עַל פָּנָי. בְּכָל מָקוֹם אֲשֶׁר אֲנִי שָׁם, וְזֶהוּ כָּל הָעוֹלָם. דָּבָר אַחֵר, כָּל זְמַן שֶׁאֲנִי קַיָּם:

עֲשֶׂרֶת הַדִּבְּרוֹת כְּבָר פֵּרַשְׁתִּים.

יב| שָׁמוֹר. וּבָרִאשׁוֹנוֹת הוּא אוֹמֵר: "זָכוֹר" (שמות כ, ח), שְׁנֵיהֶם בְּדִבּוּר אֶחָד וּבְתֵבָה אַחַת נֶאֶמְרוּ וּבִשְׁמִיעָה אַחַת נִשְׁמְעוּ: כַּאֲשֶׁר צִוְּךָ. קֹדֶם מַתַּן תּוֹרָה, בְּמָרָה:

טו| וְזָכַרְתָּ כִּי עֶבֶד הָיִיתָ וְגוֹ'. עַל מְנָת כֵּן פְּדָאֲךָ, שֶׁתִּהְיֶה לוֹ עֶבֶד וְתִשְׁמֹר מִצְוֹתָיו:

טז| כַּאֲשֶׁר צִוְּךָ. אַף עַל כִּבּוּד אָב וָאֵם נִצְטַוּוּ בְּמָרָה, שֶׁנֶּאֱמַר: "שָׂם שָׂם לוֹ חֹק וּמִשְׁפָּט" (שמות טו, כה):

נֹתֵ֥ן לָֽךְ׃ לֹ֥א תִּֿרְצָ֖ח וְלֹ֣א יז
תִּֿנְאָ֑ף וְלֹ֖א תִּֿגְנֹֽב׃ וְלֹֽא־
תַֽעֲנֶ֥ה בְרֵֽעֲךָ֖ עֵ֥ד שָֽׁוְא׃ וְלֹ֥א תַחְמֹ֖ד יח
אֵ֣שֶׁת רֵעֶ֑ךָ וְלֹ֨א תִתְאַוֶּ֜ה בֵּ֣ית רֵעֶ֗ךָ
שָׂדֵ֜הוּ וְעַבְדּ֣וֹ וַאֲמָת֗וֹ שׁוֹר֣וֹ וַחֲמֹר֔וֹ וְכֹ֖ל אֲשֶׁ֥ר
לְרֵעֶֽךָ׃ אֶת־הַדְּבָרִ֣ים הָאֵ֡לֶּה דִּבֶּר֩ יט
יְהוָ֨ה אֶל־כָּל־קְהַלְכֶ֜ם בָּהָ֗ר מִתּ֤וֹךְ הָאֵשׁ֙ הֶֽעָנָ֣ן
וְהָֽעֲרָפֶ֔ל ק֥וֹל גָּד֖וֹל וְלֹ֣א יָסָ֑ף וַֽיִּכְתְּבֵ֗ם עַל־שְׁנֵי֙
לֻחֹ֣ת אֲבָנִ֔ים וַֽיִּתְּנֵ֖ם אֵלָֽי׃ וַיְהִ֗י כְּשָׁמְעֲכֶ֤ם אֶת־ כ
הַקּוֹל֙ מִתּ֣וֹךְ הַחֹ֔שֶׁךְ וְהָהָ֖ר בֹּעֵ֣ר בָּאֵ֑שׁ וַתִּקְרְב֣וּן
אֵלַ֔י כָּל־רָאשֵׁ֥י שִׁבְטֵיכֶ֖ם וְזִקְנֵיכֶֽם׃ וַתֹּאמְר֗וּ כא
הֵ֣ן הֶרְאָ֜נוּ יְהוָ֤ה אֱלֹהֵ֙ינוּ֙ אֶת־כְּבֹד֣וֹ וְאֶת־גָּדְל֔וֹ
וְאֶת־קֹל֥וֹ שָׁמַ֖עְנוּ מִתּ֣וֹךְ הָאֵ֑שׁ הַיּ֤וֹם הַזֶּה֙ רָאִ֔ינוּ
כִּֽי־יְדַבֵּ֧ר אֱלֹהִ֛ים אֶת־הָאָדָ֖ם וָחָֽי׃ וְעַתָּה֙ לָ֣מָּה כב
נָמ֔וּת כִּ֣י תֹֽאכְלֵ֔נוּ הָאֵ֥שׁ הַגְּדֹלָ֖ה הַזֹּ֑את אִם־
יֹסְפִ֣ים ׀ אֲנַ֗חְנוּ לִ֠שְׁמֹעַ אֶת־ק֨וֹל יְהוָ֧ה אֱלֹהֵ֛ינוּ
ע֖וֹד וָמָֽתְנוּ׃ כִּ֣י מִ֣י כָל־בָּשָׂ֡ר אֲשֶׁ֣ר שָׁמַ֣ע ק֩וֹל כג
אֱלֹהִ֨ים חַיִּ֜ים מְדַבֵּ֧ר מִתּוֹךְ־הָאֵ֛שׁ כָּמֹ֖נוּ וַיֶּֽחִי׃
קְרַ֤ב אַתָּה֙ וּֽשֲׁמָ֔ע אֵ֛ת כָּל־אֲשֶׁ֥ר יֹאמַ֖ר יְהוָ֣ה כד
אֱלֹהֵ֑ינוּ וְאַ֣תְּ ׀ תְּדַבֵּ֣ר אֵלֵ֗ינוּ אֵת֩ כָּל־אֲשֶׁ֨ר יְדַבֵּ֜ר
יְהוָ֧ה אֱלֹהֵ֛ינוּ אֵלֶ֖יךָ וְשָׁמַ֥עְנוּ וְעָשִֽׂינוּ׃ וַיִּשְׁמַ֤ע כה

מצווה תטז
איסור להתאוות
לממונו של אחר

חמישי

יְהוָ֜ה אֶת־ק֣וֹל דִּבְרֵיכֶ֗ם בְּדַבֶּרְכֶ֛ם אֵלָ֖י וַיֹּ֨אמֶר
יְהוָ֜ה אֵלַ֗י שָׁ֠מַעְתִּי אֶת־ק֨וֹל דִּבְרֵ֜י הָעָ֤ם הַזֶּה֙ אֲשֶׁ֣ר
כו דִּבְּר֣וּ אֵלֶ֔יךָ הֵיטִ֖יבוּ כׇּל־אֲשֶׁ֥ר דִּבֵּֽרוּ׃ מִֽי־יִתֵּ֡ן
וְהָיָה֩ לְבָבָ֨ם זֶ֜ה לָהֶ֗ם לְיִרְאָ֥ה אֹתִ֛י וְלִשְׁמֹ֥ר אֶת־
כׇּל־מִצְוֺתַ֖י כׇּל־הַיָּמִ֑ים לְמַ֨עַן יִיטַ֥ב לָהֶ֛ם וְלִבְנֵיהֶ֖ם
כז לְעֹלָֽם׃ לֵ֖ךְ אֱמֹ֣ר לָהֶ֑ם שׁ֥וּבוּ לָכֶ֖ם לְאׇהֳלֵיכֶֽם׃

יז יְהֵיב לָךְ: לָא תִקְטוֹל נְפַשׁ, וְלָא תְגוּף, וְלָא תִגְנוּב, וְלָא תַסְהֵיד בְּחַבְרָךְ סָהֲדוּתָא דְשִׁקְרָא:
יח וְלָא תַחְמֵיד אִתַּת חַבְרָךְ, וְלָא תֵרוֹג בֵּית חַבְרָךְ, חַקְלֵיהּ, וְעַבְדֵּיהּ וְאַמְתֵיהּ תּוֹרֵיהּ וּחְמָרֵיהּ,
יט וְכֹל דִּלְחַבְרָךְ: יָת פִּתְגָמַיָּא הָאִלֵּין, מַלֵּיל יי עִם כָּל קְהַלְכוֹן בְּטוּרָא, מִגּוֹ אִישָּׁתָא עֲנָנָא
כ וַאֲמִטְתָא, קָל רַב וְלָא פְסִיק, וּכְתַבְנּוּן, עַל תְּרֵין לוּחֵי אַבְנַיָּא, וִיהַבְנּוּן לִי: וַהֲוָה, בְּמִשְׁמַעְכוֹן
יָת קָלָא מִגּוֹ חֲשׁוֹכָא, וְטוּרָא בָּעַר בְּאִישָּׁתָא, וּקְרֵיבְתּוּן לְוָתִי, כָּל רֵישֵׁי שִׁבְטֵיכוֹן וְסָבֵיכוֹן:
כא וַאֲמַרְתּוּן, הָא אַחְזְיַנָא, יי אֱלָהַנָא יָת יְקָרֵיהּ וְיָת רְבוּתֵיהּ, וְיָת קָל מֵימְרֵיהּ שְׁמַעְנָא מִגּוֹ
כב אִישָּׁתָא, יוֹמָא הָדֵין חֲזֵינָא, אֲרֵי מְמַלֵּיל יי, עִם אֲנָשָׁא וּמִתְקַיַּם: וּכְעַן לְמָא נְמוּת, אֲרֵי
תֵיכְלִנַּנָא, אִישָּׁתָא רַבְּתָא הָדָא, אִם מוֹסְפִין אֲנַחְנָא, לְמִשְׁמַע, יָת קָל מֵימְרָא דַיי אֱלָהַנָא,
כג עוֹד מָיְתִין אֲנַחְנָא: אֲרֵי מַאן כָּל בִּסְרָא, דְשָׁמַע קָל מֵימְרָא דַיי קַיָּמָא, מְמַלֵּיל מִגּוֹ
כד אִישָּׁתָא, כְּוָתַנָא וְאִתְקַיַּם: קְרַב אַתְּ וּשְׁמַע, יָת כָּל דְּיֵימַר יי אֱלָהַנָא, וְאַתְּ תְּמַלֵּיל עִמַּנָא,
כה יָת כָּל דִּימַלֵּיל, יי אֱלָהַנָא, עִמָּךְ וּנְקַבֵּיל וְנַעֲבֵיד: וּשְׁמִיעַ קֳדָם יי יָת קָל פִּתְגָמֵיכוֹן,
בְּמַלָּלוּתְכוֹן עִמִּי, וַאֲמַר יי לִי, שְׁמִיעַ קֳדָמַי, יָת קָל פִּתְגָמֵי, עַמָּא הָדֵין דְמַלִּילוּ עִמָּךְ,
כו אַתְקִינוּ כָּל דְּמַלִּילוּ: לְוַי, דִיהֵי לִבָּא הָדֵין לְהוֹן, לְמִדְחַל קֳדָמַי, וּלְמִטַּר יָת כָּל פִּקּוֹדַי כָּל
כז יוֹמַיָּא, בְּדִיל דְּיִיטַב לְהוֹן, וְלִבְנֵיהוֹן לְעָלַם: אִיזֵיל אֵימַר לְהוֹן, תּוּבוּ לְכוֹן לְמַשְׁכְּנֵיכוֹן:

יז) **וְלֹא תִנְאָף.** אֵין לְשׁוֹן נִאוּף אֶלָּא בְּאֵשֶׁת אִישׁ:

יח) **לֹא תִתְאַוֶּה.** "לֹא תַרוֹג", אַף הוּא לְשׁוֹן חֶמְדָּה, כְּמוֹ "נֶחְמָד לְמַרְאֶה" (בראשית ב, ט) דְּמִתַּרְגְּמִינַן: "דִּמְרַגַּג לְמִחְזֵי":

יט) **וְלֹא יָסָף.** מְתַרְגְּמִינַן "וְלָא פְסַק", כִּי קוֹלוֹ חָזָק וְקַיָּם לְעוֹלָם. דָּבָר אַחֵר, "וְלֹא יָסָף", לֹא הוֹסִיף לְהֵרָאוֹת בְּאוֹתוֹ פֻּמְבֵּי:

כד) **וְאַתְּ תְּדַבֵּר אֵלֵינוּ.** הִתַּשְׁתֶּם אֶת כֹּחִי כִּנְקֵבָה, שֶׁנִּצְטַעַרְתִּי עֲלֵיכֶם וְרִפִּיתֶם אֶת יָדִי, כִּי רָאִיתִי שֶׁאֵינְכֶם חֲרֵדִים לְהִתְקָרֵב אֵלָיו מֵאַהֲבָה. וְכִי לֹא הָיָה יָפֶה לָכֶם לִלְמֹד מִפִּי הַגְּבוּרָה וְלֹא לִלְמֹד מִמֶּנִּי?

וְאַתָּה פֹּה עֲמֹד עִמָּדִי וַאֲדַבְּרָה אֵלֶיךָ אֵת כָּל־ כח
הַמִּצְוָה וְהַחֻקִּים וְהַמִּשְׁפָּטִים אֲשֶׁר תְּלַמְּדֵם
וְעָשׂוּ בָאָרֶץ אֲשֶׁר אָנֹכִי נֹתֵן לָהֶם לְרִשְׁתָּהּ׃
וּשְׁמַרְתֶּם לַעֲשׂוֹת כַּאֲשֶׁר צִוָּה יְהוָה אֱלֹהֵיכֶם כט
אֶתְכֶם לֹא תָסֻרוּ יָמִין וּשְׂמֹאל׃ בְּכָל־הַדֶּרֶךְ ל
אֲשֶׁר צִוָּה יְהוָה אֱלֹהֵיכֶם אֶתְכֶם תֵּלֵכוּ לְמַעַן
תִּחְיוּן וְטוֹב לָכֶם וְהַאֲרַכְתֶּם יָמִים בָּאָרֶץ אֲשֶׁר
תִּירָשׁוּן׃ וְזֹאת הַמִּצְוָה הַחֻקִּים וְהַמִּשְׁפָּטִים א ו
אֲשֶׁר צִוָּה יְהוָה אֱלֹהֵיכֶם לְלַמֵּד אֶתְכֶם לַעֲשׂוֹת
בָּאָרֶץ אֲשֶׁר אַתֶּם עֹבְרִים שָׁמָּה לְרִשְׁתָּהּ׃
לְמַעַן תִּירָא אֶת־יְהוָה אֱלֹהֶיךָ לִשְׁמֹר אֶת־ ב
כָּל־חֻקֹּתָיו וּמִצְוֺתָיו אֲשֶׁר אָנֹכִי מְצַוֶּךָּ אַתָּה
וּבִנְךָ וּבֶן־בִּנְךָ כֹּל יְמֵי חַיֶּיךָ וּלְמַעַן יַאֲרִכֻן יָמֶיךָ׃
וְשָׁמַעְתָּ יִשְׂרָאֵל וְשָׁמַרְתָּ לַעֲשׂוֹת אֲשֶׁר יִיטַב ג
לְךָ וַאֲשֶׁר תִּרְבּוּן מְאֹד כַּאֲשֶׁר דִּבֶּר יְהוָה אֱלֹהֵי
אֲבֹתֶיךָ לָךְ אֶרֶץ זָבַת חָלָב וּדְבָשׁ׃

ששי ו שְׁמַע יִשְׂרָאֵל יְהוָה אֱלֹהֵינוּ יְהוָה ׀ אֶחָד׃ ד

**מצוה תיז**
מצוות אחדות ה׳

**מצוה תיח**
מצוות אהבת ה׳

וְאָהַבְתָּ אֵת יְהוָה אֱלֹהֶיךָ בְּכָל־לְבָבְךָ וּבְכָל־ ה
נַפְשְׁךָ וּבְכָל־מְאֹדֶךָ׃ וְהָיוּ הַדְּבָרִים הָאֵלֶּה ו
אֲשֶׁר אָנֹכִי מְצַוְּךָ הַיּוֹם עַל־לְבָבֶךָ׃ וְשִׁנַּנְתָּם ז
לְבָנֶיךָ וְדִבַּרְתָּ בָּם בְּשִׁבְתְּךָ בְּבֵיתֶךָ וּבְלֶכְתְּךָ

**מצוה תיט**
מצוות לימוד התורה והוראתה

**מצוה תכ**
מצוות קריאת שמע פעמיים ביום

ח בַּדֶּ֔רֶךְ וּֽבְשָׁכְבְּךָ֖ וּבְקוּמֶֽךָ׃ וּקְשַׁרְתָּ֥ם לְא֖וֹת עַל־
ט יָדֶ֑ךָ וְהָי֥וּ לְטֹטָפֹ֖ת בֵּ֥ין עֵינֶֽיךָ׃ וּכְתַבְתָּ֛ם עַל־

מצווה תכא-תכב
מצוות הנחת תפילין של יד
מצוות הנחת תפילין של ראש
מצווה תכג
מצוות קביעת מזוזה



כח וְאַתְּ, הָכָא קוּם קֳדָמַי, וַאֲמַלֵּיל עִמָּךְ, יָת כָּל תַּפְקֵידְתָּא, וּקְיָמַיָּא וְדִינַיָּא דְּתַלֵּיפִנּוּן, וְיַעְבְּדוּן
כט בְּאַרְעָא, דַּאֲנָא, יָהֵיב לְהוֹן לְמֵירְתַהּ: וְתִטְּרוּן לְמֶעְבַּד, כְּמָא דְּפַקֵּיד, יי אֱלָהֲכוֹן יָתְכוֹן, לָא
ל תִסְטוּן לְיַמִּינָא וְלִסְמָאלָא: בְּכָל אוֹרְחָא, דְּפַקֵּיד, יי אֱלָהֲכוֹן, יָתְכוֹן תְּהָכוּן, בְּדִיל דְּתֵיחוּן וְיֵיטַב
ו א לְכוֹן, וְתֵירְכוּן יוֹמִין, בְּאַרְעָא דְּתֵירְתוּן: וְדָא תַּפְקֵידְתָּא, קְיָמַיָּא וְדִינַיָּא, דְּפַקֵּיד, יי אֱלָהֲכוֹן
ב לְאַלָּפָא יָתְכוֹן, לְמֶעְבַּד בְּאַרְעָא, דְּאַתּוּן, עָבְרִין לְתַמָּן לְמֵירְתַהּ: בְּדִיל דְּתִדְחַל קֳדָם יי אֱלָהָךְ,
לְמִטַּר, יָת כָּל קְיָמוֹהִי וּפִקּוֹדוֹהִי דַּאֲנָא מְפַקֵּיד לָךְ, אַתְּ וּבְרָךְ וּבַר בְּרָךְ, כָּל יוֹמֵי חַיָּךְ, וּבְדִיל
ג דְּיֵירְכוּן יוֹמָךְ: וּתְקַבֵּיל יִשְׂרָאֵל וְתִטַּר לְמֶעְבַּד, דְּיֵיטַב לָךְ, וּדְתִסְגּוּן לַחְדָּא, כְּמָא דְמַלֵּיל יי,
ד ה אֱלָהָא דַּאֲבָהָתָךְ לָךְ, אֲרַע, עָבְדָא חֲלַב וּדְבָשׁ: שְׁמַע יִשְׂרָאֵל, יי אֱלָהַנָא יי חַד: וְתִרְחַם,
ו יָת יי אֱלָהָךְ, בְּכָל לִבָּךְ וּבְכָל נַפְשָׁךְ וּבְכָל נִכְסָךְ: וִיהוֹן פִּתְגָּמַיָּא הָאִלֵּין, דַּאֲנָא מְפַקֵּיד לָךְ,
ז יוֹמָא דֵין עַל לִבָּךְ: וּתְתַנֵּינוּן לִבְנָךְ, וּתְמַלֵּיל בְּהוֹן, בְּמִתְבָךְ בְּבֵיתָךְ וּבִמְהָכָךְ בְּאוֹרְחָא,
ח ט וּבְמִשְׁכְּבָךְ וּבִמְקִימָךְ: וְתִקְטְרִנּוּן לְאָת עַל יְדָךְ, וִיהוֹן לִתְפִלִּין בֵּין עֵינָךְ: וְתִכְתּוֹבִנּוּן עַל

פרק ו

ד ה' אֱלֹהֵינוּ ה' אֶחָד. ה' שֶׁהוּא "אֱלֹהֵינוּ" עַתָּה וְלֹא אֱלֹהֵי הָאֻמּוֹת, הוּא עָתִיד לִהְיוֹת "ה' אֶחָד", שֶׁנֶּאֱמַר: "כִּי אָז אֶהְפֹּךְ אֶל עַמִּים שָׂפָה בְרוּרָה לִקְרֹא כֻלָּם בְּשֵׁם ה'" (צפניה ג, ט), וְנֶאֱמַר: "בַּיּוֹם הַהוּא יִהְיֶה ה' אֶחָד וּשְׁמוֹ אֶחָד" (זכריה יד, ט):

ה וְאָהַבְתָּ. עֲשֵׂה דְבָרָיו מֵאַהֲבָה. אֵינוֹ דוֹמֶה עוֹשֶׂה מֵאַהֲבָה לָעוֹשֶׂה מִיִּרְאָה. הָעוֹשֶׂה אֵצֶל רַבּוֹ מִיִּרְאָה כְּשֶׁהוּא מַטְרִיחַ עָלָיו מַנִּיחוֹ וְהוֹלֵךְ לוֹ: בְּכָל לְבָבְךָ. בִּשְׁנֵי יְצָרֶיךָ. דָּבָר אַחֵר, "בְּכָל לְבָבְךָ", שֶׁלֹּא יִהְיֶה לִבְּךָ חָלוּק עַל הַמָּקוֹם: וּבְכָל נַפְשְׁךָ. אֲפִלּוּ הוּא נוֹטֵל אֶת נַפְשְׁךָ: וּבְכָל מְאֹדֶךָ. בְּכָל מָמוֹנְךָ, יֵשׁ לְךָ אָדָם שֶׁמָּמוֹנוֹ חָבִיב עָלָיו מִגּוּפוֹ, לְכָךְ נֶאֱמַר: "בְּכָל מְאֹדֶךָ". דָּבָר אַחֵר, "וּבְכָל מְאֹדֶךָ", בְּכָל מִדָּה וּמִדָּה שֶׁמּוֹדֵד לְךָ, בֵּין בְּמִדָּה טוֹבָה בֵּין בְּמִדַּת פֻּרְעָנוּת, וְכֵן דָּוִד הוּא אוֹמֵר: "כּוֹס יְשׁוּעוֹת אֶשָּׂא וּבְשֵׁם ה' אֶקְרָא" (תהלים קטז, יג) "צָרָה וְיָגוֹן אֶמְצָא וּבְשֵׁם ה' אֶקְרָא" (שם פסוקים ג-ד):

ו וְהָיוּ הַדְּבָרִים. מַהוּ הָאַהֲבָה? "וְהָיוּ הַדְּבָרִים הָאֵלֶּה", שֶׁמִּתּוֹךְ כָּךְ אַתָּה מַכִּיר בְּהַקָּדוֹשׁ בָּרוּךְ הוּא וּמִדַּבֵּק בִּדְרָכָיו: אֲשֶׁר אָנֹכִי מְצַוְּךָ הַיּוֹם. לֹא יִהְיוּ בְעֵינֶיךָ כִּדְיוֹטַגְמָא יְשָׁנָה שֶׁאֵין אָדָם סוֹפְנָהּ, אֶלָּא כַּחֲדָשָׁה שֶׁהַכֹּל רָצִין לִקְרָאתָהּ. 'דְּיוֹטַגְמָא' – מִצְוַת הַמֶּלֶךְ הַבָּאָה בְּמִכְתָּב:

ז וְשִׁנַּנְתָּם. לְשׁוֹן חִדּוּד הוּא, שֶׁיִּהְיוּ מְחֻדָּדִים בְּפִיךָ, שֶׁאִם יִשְׁאָלְךָ אָדָם דָּבָר לֹא תְהֵא צָרִיךְ לְגַמְגֵּם בּוֹ, אֶלָּא אֱמֹר לוֹ מִיָּד: לְבָנֶיךָ. אֵלּוּ הַתַּלְמִידִים. מָצִינוּ בְּכָל מָקוֹם שֶׁהַתַּלְמִידִים קְרוּיִים בָּנִים, שֶׁנֶּאֱמַר: "בָּנִים אַתֶּם לַה' אֱלֹהֵיכֶם" (להלן יד, א), וְאוֹמֵר: "בְּנֵי הַנְּבִיאִים אֲשֶׁר בֵּית אֵל" (מלכים ב' ב, ג), וְכֵן בְּחִזְקִיָּהוּ שֶׁלִּמֵּד תּוֹרָה לְכָל יִשְׂרָאֵל וּקְרָאָם בָּנִים, שֶׁנֶּאֱמַר: "בָּנַי עַתָּה אַל תִּשָּׁלוּ" (דברי הימים ב' כט, יא). וּכְשֵׁם שֶׁהַתַּלְמִידִים קְרוּיִים בָּנִים, כָּךְ הָרַב קָרוּי אָב, שֶׁנֶּאֱמַר: "אָבִי אָבִי רֶכֶב יִשְׂרָאֵל" וְגוֹ' (מלכים ב' ב, יב): וְדִבַּרְתָּ בָּם. שֶׁלֹּא יְהֵא עִקַּר דִּבּוּרְךָ אֶלָּא בָּם, עֲשֵׂם עִקָּר וְאַל תַּעֲשֵׂם טָפֵל: וּבְשָׁכְבְּךָ. יָכוֹל אֲפִלּוּ שָׁכַב בַּחֲצִי הַיּוֹם? תַּלְמוּד לוֹמַר: "וּבְלֶכְתְּךָ בַדֶּרֶךְ", דֶּרֶךְ אֶרֶץ דִּבְּרָה תוֹרָה, זְמַן שְׁכִיבָה וּזְמַן קִימָה:

ח וּקְשַׁרְתָּם לְאוֹת עַל יָדֶךָ. אֵלּוּ תְּפִלִּין שֶׁבַּזְּרוֹעַ: וְהָיוּ לְטֹטָפֹת בֵּין עֵינֶיךָ. אֵלּוּ תְּפִלִּין שֶׁבָּרֹאשׁ. וְעַל שֵׁם מִנְיַן פָּרָשִׁיּוֹתֵיהֶם נִקְרְאוּ טוֹטָפֹת, 'טָט' בְּכַתְפִּי שְׁתַּיִם, 'פַּת' בְּאַפְרִיקִי שְׁתַּיִם:

★ מְזֻזוֹת בֵּיתֶךָ וּבִשְׁעָרֶיךָ׃ וְהָיָה כִּי־ י
יְבִיאֲךָ ׀ יְהוָה אֱלֹהֶיךָ אֶל־הָאָרֶץ אֲשֶׁר נִשְׁבַּע
לַאֲבֹתֶיךָ לְאַבְרָהָם לְיִצְחָק וּלְיַעֲקֹב לָתֶת לָךְ
עָרִים גְּדֹלֹת וְטֹבֹת אֲשֶׁר לֹא־בָנִיתָ׃ וּבָתִּים יא
מְלֵאִים כָּל־טוּב אֲשֶׁר לֹא־מִלֵּאתָ וּבֹרֹת
חֲצוּבִים אֲשֶׁר לֹא־חָצַבְתָּ כְּרָמִים וְזֵיתִים
אֲשֶׁר לֹא־נָטָעְתָּ וְאָכַלְתָּ וְשָׂבָעְתָּ׃ הִשָּׁמֶר לְךָ יב
פֶּן־תִּשְׁכַּח אֶת־יְהוָה אֲשֶׁר הוֹצִיאֲךָ מֵאֶרֶץ
מִצְרַיִם מִבֵּית עֲבָדִים׃ אֶת־יְהוָה אֱלֹהֶיךָ יג
תִּירָא וְאֹתוֹ תַעֲבֹד וּבִשְׁמוֹ תִּשָּׁבֵעַ׃ לֹא יד
תֵלְכוּן אַחֲרֵי אֱלֹהִים אֲחֵרִים מֵאֱלֹהֵי הָעַמִּים
אֲשֶׁר סְבִיבוֹתֵיכֶם׃ כִּי אֵל קַנָּא יְהוָה אֱלֹהֶיךָ טו
בְּקִרְבֶּךָ פֶּן־יֶחֱרֶה אַף־יְהוָה אֱלֹהֶיךָ בָּךְ
וְהִשְׁמִידְךָ מֵעַל פְּנֵי הָאֲדָמָה׃ לֹא טז
תְנַסּוּ אֶת־יְהוָה אֱלֹהֵיכֶם כַּאֲשֶׁר נִסִּיתֶם
בַּמַּסָּה׃ שָׁמוֹר תִּשְׁמְרוּן אֶת־מִצְוֺת יְהוָה יז
אֱלֹהֵיכֶם וְעֵדֹתָיו וְחֻקָּיו אֲשֶׁר צִוָּךְ׃ וְעָשִׂיתָ יח
הַיָּשָׁר וְהַטּוֹב בְּעֵינֵי יְהוָה לְמַעַן יִיטַב לָךְ
וּבָאתָ וְיָרַשְׁתָּ אֶת־הָאָרֶץ הַטֹּבָה אֲשֶׁר־
נִשְׁבַּע יְהוָה לַאֲבֹתֶיךָ׃ לַהֲדֹף אֶת־כָּל־אֹיְבֶיךָ יט

**מצווה תכד**
איסור דרישת מופת
מנביא אמת

כ מִפָּנֶיךָ כַּאֲשֶׁר דִּבֶּר יְהוָה: כִּי־ ★
יִשְׁאָלְךָ בִנְךָ מָחָר לֵאמֹר מָה הָעֵדֹת וְהַחֻקִּים
וְהַמִּשְׁפָּטִים אֲשֶׁר צִוָּה יְהוָה אֱלֹהֵינוּ אֶתְכֶם:
כא וְאָמַרְתָּ לְבִנְךָ עֲבָדִים הָיִינוּ לְפַרְעֹה בְּמִצְרָיִם
כב וַיֹּצִיאֵנוּ יְהוָה מִמִּצְרַיִם בְּיָד חֲזָקָה: וַיִּתֵּן יְהוָה

י מְזוּזָן, וְתִקְבְּעִנּוּן בְּסִפֵּי בֵיתָךְ וּבִתְרָעָךְ: וִיהֵי, אֲרֵי יַעֲלִנָּךְ יי אֱלָהָךְ, לְאַרְעָא, דְּקַיֵּים
יא לַאֲבָהָתָךְ, לְאַבְרָהָם, לְיִצְחָק וּלְיַעֲקֹב לְמִתַּן לָךְ, קִרְוִין, רַבְרְבָן וְטָבָן דְּלָא בְנֵיתָא: וּבָתִּין,
מְלַן כָּל טוּב דְּלָא מְלֵיתָא, וְגֻבִּין פְּסִילָן דְּלָא פְסַלְתָּא, כַּרְמִין וְזֵיתִין דְּלָא נְצַבְתָּא, וְתֵיכוֹל
יב וְתִסְבַּע: אִסְתְּמַר לָךְ, דִּלְמָא תִתְנְשֵׁי יָת דַּחַלְתָּא דַּיי, דְּאַפְּקָךְ, מֵאַרְעָא דְמִצְרַיִם מִבֵּית
יג יד עַבְדוּתָא: יָת יי אֱלָהָךְ, תִּדְחַל וּקְדָמוֹהִי תִפְלַח, וּבִשְׁמֵיהּ תְּקַיֵּים: לָא תְהָכוּן, בָּתַר טָעֲוַת
טו עַמְמַיָּא, מִטָּעֲוַת עַמְמַיָּא, דִּבְסַחְרָנֵיכוֹן: אֲרֵי אֵל קַנָּא, יי אֱלָהָךְ שְׁכִינְתֵיהּ בֵּינָךְ, דִּלְמָא
טז יִתְקַף, רֻגְזָא דַּיי אֱלָהָךְ בָּךְ, וִישֵׁיצִינָךְ, מֵעַל אַפֵּי אַרְעָא: לָא תְנַסּוֹן, קֳדָם יי אֱלָהֲכוֹן,
יז כְּמָא דְנַסֵּיתוֹן בְּנִסֵּיתָא: מִטַּר תִּטְּרוּן, יָת פִּקּוֹדַיָּא דַּיי אֱלָהֲכוֹן, וְסָהֲדְוָתֵיהּ וּקְיָמוֹהִי
יח דִּפַקְדָךְ: וְתַעֲבֵיד, דְּכָשַׁר וּדְתַקִּין קֳדָם יי, בְּדִיל דְּיֵיטַב לָךְ, וְתֵיעוֹל, וְתֵירַת יָת אַרְעָא
יט כ טָבְתָא, דְּקַיֵּים יי לַאֲבָהָתָךְ: לְמִתְבַּר יָת כָּל בַּעֲלֵי דְבָבָךְ מִן קֳדָמָךְ, כְּמָא דְמַלֵּיל יי: אֲרֵי
יִשְׁאֲלִנָּךְ בְּרָךְ, מְחַר לְמֵימַר, מָא סָהֲדְוָתָא, וּקְיָמַיָּא וְדִינַיָּא, דְּפַקֵּיד, יי אֱלָהַנָא יָתְכוֹן:
כא כב וְתֵימַר לִבְרָךְ, עַבְדִּין, הֲוֵינָא לְפַרְעֹה בְּמִצְרָיִם, וְאַפְּקַנָא יי, מִמִּצְרַיִם בְּיַד תַּקִּיפָא: וִיהַב יי,

ט | מְזֻזוֹת בֵּיתֶךָ. 'מְזוּזֹת' כְּתִיב, שֶׁאֵין צָרִיךְ אֶלָּא אַחַת: וּבִשְׁעָרֶיךָ. לְרַבּוֹת שַׁעֲרֵי חֲצֵרוֹת וְשַׁעֲרֵי מְדִינוֹת וְשַׁעֲרֵי עֲיָרוֹת:

יא | חֲצוּבִים. לְפִי שֶׁהָיוּ מְקוֹם טְרָשִׁין וּסְלָעִים נוֹפֵל בּוֹ לְשׁוֹן חֲצִיבָה:

יב | מִבֵּית עֲבָדִים. כְּתַרְגּוּמוֹ: "מִבֵּית עַבְדוּתָא", מִמָּקוֹם שֶׁהֱיִיתֶם שָׁם עֲבָדִים:

יג | וּבִשְׁמוֹ תִּשָּׁבֵעַ. אִם יֵשׁ בְּךָ כָּל הַמִּדּוֹת הַלָּלוּ, שֶׁאַתָּה יָרֵא אֶת שְׁמוֹ וְעוֹבֵד אוֹתוֹ, אָז "בִּשְׁמוֹ תִּשָּׁבֵעַ", שֶׁמִּתּוֹךְ שֶׁאַתָּה יָרֵא אֶת שְׁמוֹ תְּהֵא זָהִיר בִּשְׁבוּעָתְךָ, וְאִם לָאו לֹא תִּשָּׁבֵעַ:

יד | מֵאֱלֹהֵי הָעַמִּים אֲשֶׁר סְבִיבוֹתֵיכֶם. הוּא הַדִּין לִרְחוֹקִים, אֶלָּא לְפִי שֶׁאַתָּה רוֹאֶה אֶת סְבִיבוֹתֶיךָ תּוֹעִים אַחֲרֵיהֶם הֻצְרַךְ לְהַזְהִיר עֲלֵיהֶם בְּיוֹתֵר:

טז | בַּמַּסָּה. כְּשֶׁיָּצְאוּ מִמִּצְרַיִם שֶׁנִּסּוּהוּ בַּמַּיִם, שֶׁנֶּאֱמַר: "הֲיֵשׁ ה' בְּקִרְבֵּנוּ" (שמות יז, ז):

יח | הַיָּשָׁר וְהַטּוֹב. זוֹ פְּשָׁרָה לִפְנִים מִשּׁוּרַת הַדִּין:

יט | כַּאֲשֶׁר דִּבֶּר. וְהֵיכָן דִּבֶּר? "וְהַמֹּתִי אֶת כָּל הָעָם" וְגוֹ' (שמות כג, כז):

כ | כִּי יִשְׁאָלְךָ בִנְךָ מָחָר. יֵשׁ מָחָר שֶׁהוּא אַחַר זְמַן:

אֹתֹת וּמֹפְתִים גְּדֹלִים וְרָעִים ׀ בְּמִצְרַיִם בְּפַרְעֹה
וּבְכָל־בֵּיתוֹ לְעֵינֵינוּ׃ וְאוֹתָנוּ הוֹצִיא מִשָּׁם כג
לְמַעַן הָבִיא אֹתָנוּ לָתֶת לָנוּ אֶת־הָאָרֶץ אֲשֶׁר
נִשְׁבַּע לַאֲבֹתֵינוּ׃ וַיְצַוֵּנוּ יְהוָה לַעֲשׂוֹת אֶת־ כד
כָּל־הַחֻקִּים הָאֵלֶּה לְיִרְאָה אֶת־יְהוָה אֱלֹהֵינוּ
לְטוֹב לָנוּ כָּל־הַיָּמִים לְחַיֹּתֵנוּ כְּהַיּוֹם הַזֶּה׃
וּצְדָקָה תִּהְיֶה־לָּנוּ כִּי־נִשְׁמֹר לַעֲשׂוֹת אֶת־ כה
כָּל־הַמִּצְוָה הַזֹּאת לִפְנֵי יְהוָה אֱלֹהֵינוּ כַּאֲשֶׁר
שביעי צִוָּנוּ׃ כִּי יְבִיאֲךָ יְהוָה אֱלֹהֶיךָ אֶל־ ז א
הָאָרֶץ אֲשֶׁר־אַתָּה בָא־שָׁמָּה לְרִשְׁתָּהּ וְנָשַׁל
גּוֹיִם־רַבִּים ׀ מִפָּנֶיךָ הַחִתִּי וְהַגִּרְגָּשִׁי וְהָאֱמֹרִי
וְהַכְּנַעֲנִי וְהַפְּרִזִּי וְהַחִוִּי וְהַיְבוּסִי שִׁבְעָה גוֹיִם
רַבִּים וַעֲצוּמִים מִמֶּךָּ׃ וּנְתָנָם יְהוָה אֱלֹהֶיךָ ב
לְפָנֶיךָ וְהִכִּיתָם הַחֲרֵם תַּחֲרִים אֹתָם לֹא־
תִכְרֹת לָהֶם בְּרִית וְלֹא תְחָנֵּם׃ וְלֹא תִתְחַתֵּן בָּם ג
בִּתְּךָ לֹא־תִתֵּן לִבְנוֹ וּבִתּוֹ לֹא־תִקַּח לִבְנֶךָ׃ כִּי־ ד
יָסִיר אֶת־בִּנְךָ מֵאַחֲרַי וְעָבְדוּ אֱלֹהִים אֲחֵרִים
וְחָרָה אַף־יְהוָה בָּכֶם וְהִשְׁמִידְךָ מַהֵר׃ כִּי־אִם־ ה
כֹּה תַעֲשׂוּ לָהֶם מִזְבְּחֹתֵיהֶם תִּתֹּצוּ וּמַצֵּבֹתָם
תְּשַׁבֵּרוּ וַאֲשֵׁירֵהֶם תְּגַדֵּעוּן וּפְסִילֵיהֶם תִּשְׂרְפוּן
בָּאֵשׁ׃ כִּי עַם קָדוֹשׁ אַתָּה לַיהוָה אֱלֹהֶיךָ בְּךָ ו

**מצווה תכה-תכו**
מצוות החרמת שבעת עמי כנען

איסור לחון עובדי עבודה זרה ולרחם עליהם

**מצווה תכז**
איסור חיתון עם גויים

בָּחַר ׀ יְהוָה אֱלֹהֶיךָ לִהְיוֹת לוֹ לְעַם סְגֻלָּה מִכֹּל
ז הָעַמִּים אֲשֶׁר עַל־פְּנֵי הָאֲדָמָה: לֹא מֵרֻבְּכֶם
מִכָּל־הָעַמִּים חָשַׁק יְהוָה בָּכֶם וַיִּבְחַר בָּכֶם כִּי־
ח אַתֶּם הַמְעַט מִכָּל־הָעַמִּים: כִּי מֵאַהֲבַת יְהוָה
אֶתְכֶם וּמִשָּׁמְרוֹ אֶת־הַשְּׁבֻעָה אֲשֶׁר נִשְׁבַּע

כג אָתִין וּמוֹפְתִין, רַבְרְבִין וּבִישִׁין בְּמִצְרַיִם, בְּפַרְעֹה וּבְכָל אֱנָשׁ בֵּיתֵיהּ לְעֵינַנָא: וְיָתַנָא אַפֵּיק
כד מִתַּמָּן, בְּדִיל לְאַעָלָא יָתַנָא, לְמִתַּן לַנָא יָת אַרְעָא, דְקַיֵּים לַאֲבָהָתַנָא: וּפַקְדַנָא יי, לְמֶעְבַּד יָת
כָּל קְיָמַיָּא הָאִלֵּין, לְמִדְחַל קֳדָם יי אֱלָהַנָא, דְיֵיטַב לַנָא כָּל יוֹמַיָּא, לְקַיָּמוּתַנָא כְּיוֹמָא
כה הָדֵין: וְזָכוּתָא תְּהֵי לַנָא, אֲרֵי נִטַּר לְמֶעְבַּד יָת כָּל תַּפְקֵידְתָּא הָדָא, קֳדָם, יי אֱלָהַנָא כְּמָא
ז א דְּפַקְדַנָא: אֲרֵי יַעֲלִנָּךְ יי אֱלָהָךְ, לְאַרְעָא, דְּאַתְּ עָלֵיל לְתַמָּן לְמֵירְתַהּ, וִיתָרֵיךְ עַמְמִין סַגִּיאִין מִן
קֳדָמָךְ, חִתָּאֵי וְגִרְגָּשָׁאֵי וֶאֱמוֹרָאֵי וּכְנַעֲנָאֵי וּפְרִזָּאֵי, וְחִוָּאֵי וִיבוּסָאֵי, שִׁבְעָא עַמְמִין, סַגִּיאִין
ב וְתַקִּיפִין מִנָּךְ: וְיִמְסְרִנּוּן, יי אֱלָהָךְ, קֳדָמָךְ וְתִמְחֵינוּן, גַּמָּרָא תְּגַמַּר יָתְהוֹן, לָא תִגְזַר לְהוֹן, קְיָם
ג ד וְלָא תְרַחֵים עֲלֵיהוֹן: וְלָא תִתְחַתַּן בְּהוֹן, בְּרַתָּךְ לָא תִתֵּין לִבְרֵיהּ, וּבְרַתֵּיהּ לָא תִסַּב לִבְרָךְ: אֲרֵי
יַטְעֵין יָת בְּרָךְ מִבָּתַר פֻּלְחָנִי, וְיִפְלְחוּן לְטָעֲוַת עַמְמַיָּא, וְיִתְקַף רֻגְזָא דַיי בְּכוֹן, וִישֵׁיצִנָּךְ בִּפְרִיעַ:
ה אֲרֵי אִם כְּדֵין תַּעְבְּדוּן לְהוֹן, אֵיגוֹרֵיהוֹן תְּתָרְעוּן, וְקָמָתְהוֹן תְּתַבְּרוּן, וַאֲשֵׁירֵיהוֹן תְּקַצְּצוּן,
ו וְצַלְמֵיהוֹן תּוֹקְדוּן בְּנוּרָא: אֲרֵי עַם קַדִּישׁ אַתְּ, קֳדָם יי אֱלָהָךְ, בָּךְ, אִתְרְעִי יי אֱלָהָךְ, לְמִהְוֵי לֵיהּ
ז לְעַם חַבִּיב, מִכָּל עַמְמַיָּא, דְּעַל אַפֵּי אַרְעָא: לָא מִדְּסַגִּיאִין אַתּוּן מִכָּל עַמְמַיָּא, צְבִי יי, בְּכוֹן
ח וְאִתְרְעִי בְּכוֹן, אֲרֵי אַתּוּן זְעֵירִין מִכָּל עַמְמַיָּא: אֲרֵי מִדְּרָחֵים יי יָתְכוֹן, וּמִדְּנָטַר יָת קְיָמָא דְקַיֵּים

פרק ז

א| **וְנָשַׁל.** לְשׁוֹן הַשְׁלָכָה וְהַתָּזָה, וְכֵן: "וְנָשַׁל הַבַּרְזֶל" (להלן יט, ה):

ב| **וְלֹא תְחָנֵּם.** לֹא תִתֵּן לָהֶם חֵן, אָסוּר לוֹ לָאָדָם לוֹמַר: כַּמָּה נָאֶה גּוֹי זֶה. דָּבָר אַחֵר, לֹא תִתֵּן לָהֶם חֲנִיָּה בָּאָרֶץ:

ד| **כִּי יָסִיר אֶת בִּנְךָ מֵאַחֲרַי.** בְּנוֹ שֶׁל גּוֹי כְּשֶׁיִּשָּׂא אֶת בִּתְּךָ, יָסִיר אֶת בִּנְךָ אֲשֶׁר תֵּלֵד לוֹ בִּתְּךָ מֵאַחֲרַי. לָמַדְנוּ שֶׁבֶּן בִּתְּךָ הַבָּא מִן הַגּוֹי קָרוּי בִּנְךָ, אֲבָל בֶּן בִּנְךָ הַבָּא מִן הַגּוֹיָה אֵינוֹ קָרוּי בִּנְךָ, שֶׁהֲרֵי לֹא נֶאֱמַר עַל בִּנוֹ: לֹא תִקַּח, כִּי יָסִיר אֶת בִּנְךָ מֵאַחֲרַי:

ה| **מִזְבְּחֹתֵיהֶם.** שֶׁל בִּנְיָן: **וּמַצֵּבֹתָם.** אֶבֶן אַחַת: **וַאֲשֵׁירֵהֶם.** אִילָנוֹת שֶׁעוֹבְדִין אוֹתָן: **וּפְסִילֵיהֶם.** צְלָמִים:

ז| **לֹא מֵרֻבְּכֶם.** כִּפְשׁוּטוֹ. וּמִדְרָשׁוֹ, לְפִי שֶׁאֵין אַתֶּם מַגְדִּילִים עַצְמְכֶם כְּשֶׁאֲנִי מַשְׁפִּיעַ לָכֶם טוֹבָה, לְפִיכָךְ חָשַׁק בָּכֶם: **כִּי אַתֶּם הַמְעַט.** הַמְמַעֲטִים עַצְמְכֶם, כְּמוֹ: "וְאָנֹכִי עָפָר וָאֵפֶר" (בראשית יח, כז), "וְנַחְנוּ מָה" (שמות טז, ז); לֹא כִּנְבוּכַדְנֶצַּר שֶׁאָמַר: "אֶדַּמֶּה לְעֶלְיוֹן" (ישעיה יד, יד), וְסַנְחֵרִיב שֶׁאָמַר: "מִי בְּכָל אֱלֹהֵי הָאֲרָצוֹת" (שם לו, כ), וְחִירָם שֶׁאָמַר: "אֵל אָנִי מוֹשַׁב אֱלֹהִים יָשַׁבְתִּי" (יחזקאל כח, ב): **כִּי אַתֶּם הַמְעַט.** הֲרֵי "כִּי" מְשַׁמֵּשׁ בִּלְשׁוֹן "דְּהָא":

ח| **כִּי מֵאַהֲבַת ה'.** הֲרֵי 'כִּי' מְשַׁמֵּשׁ בִּלְשׁוֹן 'אֶלָּא',

לַאֲבֹתֵיכֶם הוֹצִיא יְהוָה אֶתְכֶם בְּיָד חֲזָקָה וַיִּפְדְּךָ
מפטיר מִבֵּית עֲבָדִים מִיַּד פַּרְעֹה מֶלֶךְ־מִצְרָיִם׃ וְיָדַעְתָּ ט
כִּי־יְהוָה אֱלֹהֶיךָ הוּא הָאֱלֹהִים הָאֵל הַנֶּאֱמָן
שֹׁמֵר הַבְּרִית וְהַחֶסֶד לְאֹהֲבָיו וּלְשֹׁמְרֵי מִצְוֹתָו
לְאֶלֶף דּוֹר׃ וּמְשַׁלֵּם לְשֹׂנְאָיו אֶל־פָּנָיו לְהַאֲבִידוֹ י
לֹא יְאַחֵר לְשֹׂנְאוֹ אֶל־פָּנָיו יְשַׁלֶּם־לוֹ׃ וְשָׁמַרְתָּ יא
אֶת־הַמִּצְוָה וְאֶת־הַחֻקִּים וְאֶת־הַמִּשְׁפָּטִים אֲשֶׁר
אָנֹכִי מְצַוְּךָ הַיּוֹם לַעֲשׂוֹתָם׃

# הפטרת ואתחנן

הרעיון המרכזי בהפטרה הוא אפסות האדם לעומת נצחיות ה׳ ודברו. ניסיונות העמים להעמיד חלופה אלילית לאמת האלהית לא יצלחו. האדם ויצירותיו הם בני חלוף. ה׳, בורא העולם ומנהיגו, הוא שקובע את מהלך ההיסטוריה, כלומר, עם ישראל בגלות לא רק מפני שמעצמות בעלות אידאולוגיה אלילית הכניעו אותו, כביכול.

קריאת ה׳ לנחמת עמו וגאולתו היא אמת מוצקה, ואיש לא יוכל למנוע את מימושה. קריאת הנחמה הראשונה שהשמיע ישעיהו, אפשר שכוונתה הייתה לאירועי חורבן מלכות ישראל על ידי המעצמה האשורית, בשנה השישית לחזקיהו. אולם מקריאה זו עוברת כחוט השני בכל הגלויות תחושת הוודאות בגאולה, והיא מהדהדת בכל בתי הכנסת בקריאת ההפטרה בשבת שלאחר ט׳ באב.

ישעיה נַחֲמוּ נַחֲמוּ עַמִּי יֹאמַר אֱלֹהֵיכֶם׃ דַּבְּרוּ עַל־לֵב יְרוּשָׁלַםִ וְקִרְאוּ אֵלֶיהָ מ א ב
כִּי מָלְאָה צְבָאָהּ כִּי נִרְצָה עֲוֺנָהּ כִּי לָקְחָה מִיַּד יְהוָה כִּפְלַיִם בְּכָל־
חַטֹּאתֶיהָ׃ קוֹל קוֹרֵא בַּמִּדְבָּר פַּנּוּ דֶּרֶךְ יְהוָה יַשְּׁרוּ בָּעֲרָבָה ג
מְסִלָּה לֵאלֹהֵינוּ׃ כָּל־גֶּיא יִנָּשֵׂא וְכָל־הַר וְגִבְעָה יִשְׁפָּלוּ וְהָיָה הֶעָקֹב לְמִישׁוֹר ד
וְהָרְכָסִים לְבִקְעָה׃ וְנִגְלָה כְּבוֹד יְהוָה וְרָאוּ כָל־בָּשָׂר יַחְדָּו כִּי פִּי יְהוָה ה
דִּבֵּר׃ קוֹל אֹמֵר קְרָא וְאָמַר מָה אֶקְרָא כָּל־הַבָּשָׂר חָצִיר וְכָל־ ו
חַסְדּוֹ כְּצִיץ הַשָּׂדֶה׃ יָבֵשׁ חָצִיר נָבֵל צִיץ כִּי רוּחַ יְהוָה נָשְׁבָה בּוֹ אָכֵן חָצִיר ז
הָעָם׃ יָבֵשׁ חָצִיר נָבֵל צִיץ וּדְבַר אֱלֹהֵינוּ יָקוּם לְעוֹלָם׃ עַל הַר־ ח ט
גָּבֹהַּ עֲלִי־לָךְ מְבַשֶּׂרֶת צִיּוֹן הָרִימִי בַכֹּחַ קוֹלֵךְ מְבַשֶּׂרֶת יְרוּשָׁלָםִ הָרִימִי אַל־
תִּירָאִי אִמְרִי לְעָרֵי יְהוּדָה הִנֵּה אֱלֹהֵיכֶם׃ הִנֵּה אֲדֹנָי יֱהֹוִה בְּחָזָק יָבוֹא וּזְרֹעוֹ י

לַאֲבָהָתְכוֹן, אַפֵּיק יְיָ יָתְכוֹן בִּיַד תַּקִּיפָא, וּפַרְקָךְ מִבֵּית עַבְדוּתָא, מִיְּדָא דְּפַרְעֹה מַלְכָּא
ט דְּמִצְרָיִם: וְתִדַּע, אֲרֵי יְיָ אֱלָהָךְ הוּא אֱלֹהִים, אֱלָהָא מְהֵימְנָא, נָטַר קְיָמָא וְחִסְדָּא, לְרָחֲמוֹהִי,
י וּלְנָטְרֵי פִּקּוֹדוֹהִי לְאַלְפָא דָּרִין: וּמְשַׁלֵּים לְסָנְאוֹהִי, טָבְוָן דְּאִנּוּן עָבְדִין קֳדָמוֹהִי בְּחַיֵּיהוֹן
לְאוֹבָדֵיהוֹן, לָא מְאַחַר עוֹבַד טָב לְסָנְאוֹהִי, טָבְוָן דְּאִנּוּן עָבְדִין קֳדָמוֹהִי בְּחַיֵּיהוֹן
יא מְשַׁלֵּים לְהוֹן: וְתִטַּר יָת תַּפְקֵידְתָּא וְיָת קְיָמַיָּא וְיָת דִּינַיָּא, דַּאֲנָא מְפַקֵּיד לָךְ, יוֹמָא דֵּין
לְמֶעְבַּדְהוֹן:

לֹא מֵרֻבְּכֶם חָשַׁק ה׳ בָּכֶם אֶלָּא מֵאַהֲבַת ה׳ אֶתְכֶם: וּמִשָּׁמְרוֹ אֶת הַשְּׁבֻעָה. מֵחֲמַת שָׁמְרוֹ אֶת הַשְּׁבוּעָה:

ט] לְאֶלֶף דּוֹר. וּלְהַלָּן הוּא אוֹמֵר: ״לַאֲלָפִים״ (לעיל ה, י), כָּאן שֶׁהוּא סָמוּךְ אֵצֶל ״לְשֹׁמְרֵי מִצְוֹתָיו״ הוּא אוֹמֵר ״לְאֶלֶף״, וּלְהַלָּן שֶׁהוּא סָמוּךְ אֵצֶל ״לְאֹהֲבַי״ הוּא אוֹמֵר ״לַאֲלָפִים״: לְאֹהֲבָיו. אֵלּוּ הָעוֹשִׂין מֵאַהֲבָה: וּלְשֹׁמְרֵי מִצְוֹתָיו. אֵלּוּ הָעוֹשִׂין מִיִּרְאָה:

י] וּמְשַׁלֵּם לְשֹׂנְאָיו אֶל פָּנָיו. בְּחַיָּיו מְשַׁלֵּם לוֹ גְּמוּלוֹ הַטּוֹב, כְּדֵי לְהַאֲבִידוֹ מִן הָעוֹלָם הַבָּא:

יא] הַיּוֹם לַעֲשׂוֹתָם. וּלְמָחָר, לָעוֹלָם הַבָּא, לִטֹּל שְׂכָרָם:

יא מְשַׁלָה לוֹ הִנֵּה שְׂכָרוֹ אִתּוֹ וּפְעֻלָּתוֹ לְפָנָיו: כְּרֹעֶה עֶדְרוֹ יִרְעֶה בִּזְרֹעוֹ יְקַבֵּץ
יב טְלָאִים וּבְחֵיקוֹ יִשָּׂא עָלוֹת יְנַהֵל: מִי־מָדַד בְּשָׁעֳלוֹ מַיִם וְשָׁמַיִם
בַּזֶּרֶת תִּכֵּן וְכָל בַּשָּׁלִשׁ עֲפַר הָאָרֶץ וְשָׁקַל בַּפֶּלֶס הָרִים וּגְבָעוֹת בְּמֹאזְנָיִם:
יג יד מִי־תִכֵּן אֶת־רוּחַ יהוה וְאִישׁ עֲצָתוֹ יוֹדִיעֶנּוּ: אֶת־מִי נוֹעָץ וַיְבִינֵהוּ וַיְלַמְּדֵהוּ
טו בְּאֹרַח מִשְׁפָּט וַיְלַמְּדֵהוּ דַעַת וְדֶרֶךְ תְּבוּנוֹת יוֹדִיעֶנּוּ: הֵן גּוֹיִם כְּמַר מִדְּלִי
טז וּכְשַׁחַק מֹאזְנַיִם נֶחְשָׁבוּ הֵן אִיִּים כַּדַּק יִטּוֹל: וּלְבָנוֹן אֵין דֵּי בָּעֵר וְחַיָּתוֹ אֵין
יז דֵּי עוֹלָה: כָּל־הַגּוֹיִם כְּאַיִן נֶגְדּוֹ מֵאֶפֶס וָתֹהוּ נֶחְשְׁבוּ־לוֹ:
יח יט וְאֶל־מִי תְּדַמְּיוּן אֵל וּמַה־דְּמוּת תַּעַרְכוּ־לוֹ: הַפֶּסֶל נָסַךְ חָרָשׁ וְצֹרֵף בַּזָּהָב
כ יְרַקְּעֶנּוּ וּרְתֻקוֹת כֶּסֶף צוֹרֵף: הַמְסֻכָּן תְּרוּמָה עֵץ לֹא־יִרְקַב יִבְחָר חָרָשׁ
כא חָכָם יְבַקֶּשׁ־לוֹ לְהָכִין פֶּסֶל לֹא יִמּוֹט: הֲלוֹא תֵדְעוּ הֲלוֹא תִשְׁמָעוּ הֲלוֹא
כב הֻגַּד מֵרֹאשׁ לָכֶם הֲלוֹא הֲבִינֹתֶם מוֹסְדוֹת הָאָרֶץ: הַיֹּשֵׁב עַל־חוּג הָאָרֶץ
כג וְיֹשְׁבֶיהָ כַּחֲגָבִים הַנּוֹטֶה כַדֹּק שָׁמַיִם וַיִּמְתָּחֵם כָּאֹהֶל לָשָׁבֶת: הַנּוֹתֵן רוֹזְנִים
כד לְאָיִן שֹׁפְטֵי אֶרֶץ כַּתֹּהוּ עָשָׂה: אַף בַּל־נִטָּעוּ אַף בַּל־זֹרָעוּ אַף בַּל־שֹׁרֵשׁ
כה בָּאָרֶץ גִּזְעָם וְגַם נָשַׁף בָּהֶם וַיִּבָשׁוּ וּסְעָרָה כַּקַּשׁ תִּשָּׂאֵם: וְאֶל־
כו מִי תְדַמְּיוּנִי וְאֶשְׁוֶה יֹאמַר קָדוֹשׁ: שְׂאוּ־מָרוֹם עֵינֵיכֶם וּרְאוּ מִי־בָרָא אֵלֶּה

הַמּוֹצִיא בְמִסְפָּר צְבָאָם לְכֻלָּם בְּשֵׁם יִקְרָא מֵרֹב אוֹנִים וְאַמִּיץ כֹּחַ אִישׁ
כז לֹא נֶעְדָּר׃* לָמָּה תֹאמַר יַעֲקֹב וּתְדַבֵּר יִשְׂרָאֵל נִסְתְּרָה דַרְכִּי
מֵיהוָֹה וּמֵאֱלֹהַי מִשְׁפָּטִי יַעֲבוֹר׃

האשכנזים והספרדים מסיימים כאן

יז הָעֲנִיִּים וְהָאֶבְיוֹנִים מְבַקְשִׁים מַיִם וָאַיִן לְשׁוֹנָם בַּצָּמָא נָשָׁתָּה אֲנִי יהוה
אֶעֱנֵם אֱלֹהֵי יִשְׂרָאֵל לֹא אֶעֶזְבֵם׃

# פרשת
# עקב

| נושאים לפי סדרים | ז | ח | ט | י(א) |
|---|---|---|---|---|
| | דברי חיזוק לקראת הכניסה לארץ | חטא העגל | לוחות שניים המסע מסיני | שבחי הארץ שכר ועונש בארץ |

# עקב

ז וְהָיָ֣ה ׀ עֵ֣קֶב תִּשְׁמְע֗וּן אֵ֤ת הַמִּשְׁפָּטִים֙ הָאֵ֔לֶּה ז יב
וּשְׁמַרְתֶּ֥ם וַעֲשִׂיתֶ֖ם אֹתָ֑ם וְשָׁמַר֩ יְהוָ֨ה אֱלֹהֶ֜יךָ
לְךָ֗ אֶֽת־הַבְּרִית֙ וְאֶת־הַחֶ֔סֶד אֲשֶׁ֥ר נִשְׁבַּ֖ע
לַאֲבֹתֶֽיךָ׃ וַאֲהֵ֣בְךָ֔ וּבֵרַכְךָ֖ וְהִרְבֶּ֑ךָ וּבֵרַ֣ךְ פְּרִֽי־ יג
בִטְנְךָ֣ וּפְרִֽי־אַ֠דְמָתֶ֠ךָ דְּגָנְךָ֨ וְתִירֹשְׁךָ֜ וְיִצְהָרֶ֗ךָ
שְׁגַר־אֲלָפֶ֙יךָ֙ וְעַשְׁתְּרֹ֣ת צֹאנֶ֔ךָ עַ֚ל הָֽאֲדָמָ֔ה
אֲשֶׁר־נִשְׁבַּ֥ע לַאֲבֹתֶ֖יךָ לָ֥תֶת לָֽךְ׃ בָּר֥וּךְ תִּֽהְיֶ֖ה יד
מִכָּל־הָֽעַמִּ֑ים לֹא־יִהְיֶ֥ה בְךָ֛ עָקָ֥ר וַעֲקָרָ֖ה
וּבִבְהֶמְתֶּֽךָ׃ וְהֵסִ֧יר יְהוָ֛ה מִמְּךָ֖ כָּל־חֹ֑לִי וְכָל־ טו
מַדְוֵ֨י מִצְרַ֜יִם הָֽרָעִ֗ים אֲשֶׁ֣ר יָדַ֘עְתָּ֒ לֹ֤א יְשִׂימָם֙ בָּ֔ךְ
וּנְתָנָ֖ם בְּכָל־שֹׂנְאֶֽיךָ׃ וְאָכַלְתָּ֣ אֶת־כָּל־הָֽעַמִּ֗ים טז
אֲשֶׁ֨ר יְהוָ֤ה אֱלֹהֶ֙יךָ֙ נֹתֵ֣ן לָ֔ךְ לֹא־תָח֥וֹס עֵינְךָ֖
עֲלֵיהֶ֑ם וְלֹ֤א תַעֲבֹד֙ אֶת־אֱלֹ֣הֵיהֶ֔ם כִּֽי־מוֹקֵ֥שׁ
ה֖וּא לָֽךְ׃ כִּ֤י תֹאמַר֙ בִּלְבָ֣בְךָ֔ רַבִּ֛ים יז
הַגּוֹיִ֥ם הָאֵ֖לֶּה מִמֶּ֑נִּי אֵיכָ֥ה אוּכַ֖ל לְהֽוֹרִישָֽׁם׃ לֹ֥א יח
תִירָ֖א מֵהֶ֑ם זָכֹ֣ר תִּזְכֹּ֗ר אֵ֤ת אֲשֶׁר־עָשָׂה֙ יְהוָ֣ה
אֱלֹהֶ֔יךָ לְפַרְעֹ֖ה וּלְכָל־מִצְרָֽיִם׃ הַמַּסֹּ֨ת הַגְּדֹלֹ֜ת יט
אֲשֶׁר־רָא֣וּ עֵינֶ֗יךָ וְהָאֹתֹ֤ת וְהַמֹּֽפְתִים֙ וְהַיָּ֣ד

הַחֲזָקָה֙ וְהַזְּרֹ֣עַ הַנְּטוּיָ֔ה אֲשֶׁ֥ר הוֹצִֽאֲךָ֖ יְהוָ֣ה
אֱלֹהֶ֑יךָ כֵּֽן־יַעֲשֶׂ֞ה יְהוָ֤ה אֱלֹהֶ֙יךָ֙ לְכָל־הָ֣עַמִּ֔ים
כ אֲשֶׁר־אַתָּ֥ה יָרֵ֖א מִפְּנֵיהֶֽם׃ וְגַם֙ אֶת־הַצִּרְעָ֔ה
יְשַׁלַּ֛ח יְהוָ֥ה אֱלֹהֶ֖יךָ בָּ֑ם עַד־אֲבֹ֗ד הַנִּשְׁאָרִ֛ים

יב וִיהֵי חֲלָף דִּתְקַבְּלוּן, יָת דִּינַיָּא הָאִלֵּין, וְתִטְּרוּן וְתַעְבְּדוּן יָתְהוֹן, וְיִטַּר יְיָ אֱלָהָךְ לָךְ, יָת קְיָמָא
יג וְיָת חִסְדָּא, דְּקַיֵּים לַאֲבָהָתָךְ: וְיִרְחֲמִנָּךְ, וִיבָרְכִנָּךְ וְיַסְגֵּינָךְ, וִיבָרֵיךְ וַלְדָּא דִּמְעָךְ וְאִבָּא
דְּאַרְעָךְ, עֲבוּרָךְ וְחַמְרָךְ וּמִשְׁחָךְ, בַּקְרֵי תוֹרָךְ וְעֶדְרֵי עָנָךְ, עַל אַרְעָא, דְּקַיֵּים לַאֲבָהָתָךְ לְמִתַּן
יד טו לָךְ: בְּרִיךְ תְּהֵי מִכָּל עַמְמַיָּא, לָא יְהֵי בָךְ, עֲקַר וְעַקְרָא וּבִבְעִירָךְ: וְיַעְדֵּי יְיָ, מִנָּךְ כָּל מַרְעִין, וְכָל
טז מַכְתָּשֵׁי מִצְרַיִם בִּישַׁיָּא דִּידַעְתָּא, לָא יְשַׁוֵּינוּן בָּךְ, וְיִתְּנִנּוּן בְּכָל סָנְאָךְ: וּתְגַמַּר יָת כָּל עַמְמַיָּא,
דַּייָ אֱלָהָךְ יָהֵיב לָךְ, לָא תְחוּס עֵינָךְ עֲלֵיהוֹן, וְלָא תִפְלַח יָת טָעֲוָתְהוֹן, אֲרֵי לְתַקְלָא יְהוֹן לָךְ:
יז יח אֲרֵי תֵימַר בְּלִבָּךְ, סַגִּיאִין, עַמְמַיָּא הָאִלֵּין מִנִּי, אֵיכְדֵין אִכּוּל לְתָרָכוּתְהוֹן: לָא תִדְחַל מִנְּהוֹן,
יט אִדְּכָרָא תִדְכַּר, יָת דַּעֲבַד יְיָ אֱלָהָךְ, לְפַרְעֹה וּלְכָל מִצְרָאֵי: נִסִּין רַבְרְבָן דַּחֲזָאָה עֵינָךְ, וְאָתַיָּא
וּמוֹפְתַיָּא וִידָא תַקִּיפְתָּא וּדְרָעָא מְרָמְמָא, דְּאַפְּקָךְ יְיָ אֱלָהָךְ, כֵּן יַעֲבֵיד, יְיָ אֱלָהָךְ לְכָל עַמְמַיָּא,
כ דְּאַתְּ דָּחֵיל מִן קֳדָמֵיהוֹן: וְאַף יָת עֲרָעִיתָא, יְגָרֵי, יְיָ אֱלָהָךְ בְּהוֹן, עַד דְּיֵיבְדוּן, דְּאִשְׁתְּאָרוּ,

יב | **וְהָיָה עֵקֶב תִּשְׁמְעוּן.** אִם הַמִּצְוֹת הַקַּלּוֹת שֶׁאָדָם דָּשׁ בַּעֲקֵבָיו תִּשְׁמְעוּן: **וְשָׁמַר ה' וְגוֹ'.** יִשְׁמֹר לְךָ הַבְטָחָתוֹ:

יג | **שְׁגַר אֲלָפֶיךָ.** וַלְדֵי בְּקָרְךָ שֶׁהַנְּקֵבָה מְשַׁגֶּרֶת מִמֵּעֶיהָ: **וְעַשְׁתְּרֹת צֹאנֶךָ.** מְנַחֵם פֵּרֵשׁ: "אַבִּירֵי בָשָׁן" (תהלים כב, יג) מִבְחַר הַצֹּאן, כְּמוֹ: 'עַשְׁתְּרוֹת קַרְנַיִם', לְשׁוֹן חֹזֶק, וְאוּנְקְלוֹס תִּרְגֵּם: "וְעֶדְרֵי עָנָךְ", וְרַבּוֹתֵינוּ אָמְרוּ: לָמָּה נִקְרָא שְׁמָם 'עַשְׁתָּרוֹת'? שֶׁמַּעֲשִׁירוֹת אֶת בַּעֲלֵיהֶן:

יד | **עָקָר.** שֶׁאֵינוֹ מוֹלִיד:

יז-יח | **כִּי תֹאמַר בִּלְבָבְךָ.** עַל כָּרְחֲךָ לְשׁוֹן 'דִּלְמָא' הוּא, שֶׁמָּא תֹאמַר בִּלְבָבְךָ מִפְּנֵי שֶׁהֵם רַבִּים לֹא אוּכַל לְהוֹרִישָׁם, אַל תֹּאמַר כֵּן, "לֹא תִירָא מֵהֶם"! וְלֹא יִתָּכֵן לְפָרְשׁוֹ בְּאֶחָד מִשְּׁאָר לְשׁוֹנוֹת שֶׁל 'כִּי', שֶׁיִּפֹּל עָלָיו שׁוּב "לֹא תִירָא מֵהֶם":

יט | **הַמַּסֹּת.** נִסְיוֹנוֹת: **וְהָאֹתֹת.** כְּגוֹן: "וַיְהִי לְנָחָשׁ" (שמות ז, ג), "וְהָיוּ לְדָם בַּיַּבָּשֶׁת" (שם פסוק ט): **וְהַמֹּפְתִים.** הַמַּכּוֹת הַמֻּפְלָאוֹת: **וְהַיָּד הַחֲזָקָה.** זֶה הַדֶּבֶר: **וְהַזְּרֹעַ הַנְּטוּיָה.** זוֹ הַחֶרֶב שֶׁל מַכַּת בְּכוֹרוֹת:

כ | **הַצִּרְעָה.** מִין שֶׁרֶץ הָעוֹף, שֶׁהָיְתָה זוֹרֶקֶת בָּהֶם מָרָה וּמְסָרַסְתָּן וּמְסַמְּאָה אֶת עֵינֵיהֶם בְּכָל מָקוֹם שֶׁהָיוּ נִסְתָּרִים שָׁם:

וְהַנִּסְתָּרִ֖ים מִפָּנֶֽיךָ׃ לֹ֥א תַעֲרֹ֖ץ מִפְּנֵיהֶ֑ם כִּֽי־ כא
יְהוָ֤ה אֱלֹהֶ֙יךָ֙ בְּקִרְבֶּ֔ךָ אֵ֥ל גָּד֖וֹל וְנוֹרָֽא׃ וְנָשַׁ֡ל כב
יְהוָ֨ה אֱלֹהֶ֜יךָ אֶת־הַגּוֹיִ֥ם הָאֵ֛ל מִפָּנֶ֖יךָ מְעַ֣ט
מְעָ֑ט לֹ֤א תוּכַל֙ כַּלֹּתָ֣ם מַהֵ֔ר פֶּן־תִּרְבֶּ֥ה עָלֶ֖יךָ
חַיַּ֥ת הַשָּׂדֶֽה׃ וּנְתָנָ֛ם יְהוָ֥ה אֱלֹהֶ֖יךָ לְפָנֶ֑יךָ וְהָמָם֙ כג
מְהוּמָ֣ה גְדֹלָ֔ה עַ֖ד הִשָּׁמְדָֽם׃ וְנָתַ֤ן מַלְכֵיהֶם֙ כד
בְּיָדֶ֔ךָ וְהַאֲבַדְתָּ֣ אֶת־שְׁמָ֔ם מִתַּ֖חַת הַשָּׁמָ֑יִם
לֹא־יִתְיַצֵּ֥ב אִישׁ֙ בְּפָנֶ֔יךָ עַ֥ד הִשְׁמִדְךָ֖ אֹתָֽם׃
פְּסִילֵ֥י אֱלֹהֵיהֶ֖ם תִּשְׂרְפ֣וּן בָּאֵ֑שׁ לֹֽא־תַחְמֹד֩ כה
כֶּ֨סֶף וְזָהָ֤ב עֲלֵיהֶם֙ וְלָקַחְתָּ֣ לָ֔ךְ פֶּ֚ן תִּוָּקֵ֣שׁ בּ֔וֹ כִּ֧י
תוֹעֲבַ֛ת יְהוָ֥ה אֱלֹהֶ֖יךָ הֽוּא׃ וְלֹא־תָבִ֤יא תוֹעֵבָה֙ כו
אֶל־בֵּיתֶ֔ךָ וְהָיִ֥יתָ חֵ֖רֶם כָּמֹ֑הוּ שַׁקֵּ֧ץ ׀ תְּשַׁקְּצֶ֛נּוּ
וְתַעֵ֥ב ׀ תְּֽתַעֲבֶ֖נּוּ כִּי־חֵ֥רֶם הֽוּא׃

מצווה תכח
איסור הנאה מקישוטי עבודה זרה

מצווה שסב
מצוות שילוח טמאים מחוץ למחנה השכינה

כָּל־הַמִּצְוָ֗ה אֲשֶׁ֨ר אָנֹכִ֧י מְצַוְּךָ֛ הַיּ֖וֹם תִּשְׁמְר֣וּן א ח
לַעֲשׂ֑וֹת לְמַ֨עַן תִּֽחְי֜וּן וּרְבִיתֶ֗ם וּבָאתֶם֙ וִירִשְׁתֶּ֣ם
אֶת־הָאָ֔רֶץ אֲשֶׁר־נִשְׁבַּ֥ע יְהוָ֖ה לַאֲבֹתֵיכֶֽם׃
וְזָכַרְתָּ֣ אֶת־כָּל־הַדֶּ֗רֶךְ אֲשֶׁ֨ר הוֹלִֽיכְךָ֜ יְהוָ֧ה ב
אֱלֹהֶ֛יךָ זֶ֛ה אַרְבָּעִ֥ים שָׁנָ֖ה בַּמִּדְבָּ֑ר לְמַ֨עַן עַנֹּֽתְךָ֜
לְנַסֹּֽתְךָ֗ לָדַ֜עַת אֶת־אֲשֶׁ֧ר בִּֽלְבָבְךָ֛ הֲתִשְׁמֹ֥ר
מִצְוֺתָ֖ו אִם־לֹֽא׃ וַיְעַנְּךָ֮ וַיַּרְעִבֶךָ֒ וַיַּאֲכִֽלְךָ֤ אֶת־ ג

הַמָּן אֲשֶׁר לֹא־יָדַעְתָּ וְלֹא יָדְעוּן אֲבֹתֶיךָ
לְמַעַן הוֹדִיעֲךָ כִּי לֹא עַל־הַלֶּחֶם לְבַדּוֹ
יִחְיֶה הָאָדָם כִּי עַל־כָּל־מוֹצָא פִי־יְהוָה יִחְיֶה
ד הָאָדָם׃ ◂ שִׂמְלָתְךָ לֹא בָלְתָה מֵעָלֶיךָ וְרַגְלְךָ

כא וּדְאִטְּמַרוּ מִן קֳדָמָךְ: לָא תִתְּבַר מִן קֳדָמֵיהוֹן, אֲרֵי יי אֱלָהָךְ שְׁכִינְתֵיהּ בֵּינָךְ, אֱלָהָא רַבָּא
כב וּדְחִילָא: וִיתָרֵיךְ יי אֱלָהָךְ, יָת עַמְמַיָּא הָאִלֵּין, מִן קֳדָמָךְ זְעֵיר זְעֵיר, לָא תִכּוּל לְשֵׁיצָיוּתְהוֹן
כג בִּפְרִיעַ, דִּלְמָא תִסְגֵּי עֲלָךְ חֵיוַת בָּרָא: וְיִמְסְרִנּוּן, יי אֱלָהָךְ קֳדָמָךְ, וִישַׁגֵּישִׁנּוּן שִׁגּוּשׁ רַב, עַד
כד דְּיִשְׁתֵּיצוּן: וְיִמְסַר מַלְכֵיהוֹן בִּידָךְ, וְתוֹבֵיד יָת שׁוּמְהוֹן, מִתְּחוֹת שְׁמַיָּא, לָא יִתְעַתַּד אֱנָשׁ קֳדָמָךְ,
כה עַד דְּתְשֵׁיצֵי יָתְהוֹן: צַלְמֵי טָעֲוָתְהוֹן תּוֹקְדוּן בְּנוּרָא, לָא תַחְמֵיד כַּסְפָּא וְדַהְבָּא דַּעֲלֵיהוֹן וְתִסַּב
כו לָךְ, דִּלְמָא תִתְּקֵיל בֵּיהּ, אֲרֵי מְרַחַק, קֳדָם יי אֱלָהָךְ הוּא: וְלָא תַעֵיל דִּמְרַחַק לְבֵיתָךְ, וּתְהֵי
ח א חֶרְמָא כְּוָתֵיהּ, שַׁקָּצָא תְשַׁקְצִנֵּיהּ, וְרַחָקָא תְרַחֲקִנֵּיהּ אֲרֵי חֶרְמָא הוּא: כָּל תַּפְקֵידְתָּא, דַּאֲנָא
מְפַקֵּיד לָךְ, יוֹמָא דֵין תִּטְּרוּן לְמֶעֱבַד, בְּדִיל דְּתֵיחוֹן וְתִסְגּוֹן, וְתֵיעֲלוּן וְתֵירְתוּן יָת אַרְעָא, דְּקַיֵּים
ב יי לַאֲבָהָתְכוֹן: וְתִדְכַּר יָת כָּל אוֹרְחָא, דְּדַבְּרָךְ, יי אֱלָהָךְ, דְּנָן, אַרְבְּעִין שְׁנִין בְּמַדְבְּרָא, בְּדִיל
ג לְעַנָּיוּתָךְ לְנַסָּיוּתָךְ, לְמִדַּע, יָת דִּבְלִבָּךְ, הֲתִטַּר פִּקּוֹדוֹהִי אִם לָא: וְעַנְּיָךְ וְאַכְפְּנָךְ, וְאוֹכְלָךְ יָת מַנָּא
דְּלָא יְדַעְתָּא, וְלָא יְדַעוּ אֲבָהָתָךְ, בְּדִיל לְהוֹדָעוּתָךְ, אֲרֵי, לָא עַל לַחְמָא בִּלְחוֹדוֹהִי מִתְקַיַּם
ד אֱנָשָׁא, אֲרֵי, עַל כָּל אַפָּקוּת מֵימַר מִן קֳדָם יי חָיֵי אֱנָשָׁא: כְּסוּתָךְ, לָא בְלִיאַת מִנָּךְ, וּמְסָנָךְ

כב] **פֶּן תִּרְבֶּה עָלֶיךָ חַיַּת הַשָּׂדֶה.** וַהֲלֹא אִם עוֹשִׂין רְצוֹנוֹ שֶׁל מָקוֹם אֵין מִתְיָרְאִין מִן הַחַיָּה, שֶׁנֶּאֱמַר: "וְחַיַּת הַשָּׂדֶה הָשְׁלְמָה לָךְ" (איוב ה, כג)? אֶלָּא גָּלוּי הָיָה לְפָנָיו שֶׁעֲתִידִין לַחְטֹא:

כג] **וְהָמָם.** נָקוּד קָמַץ כֻּלּוֹ, לְפִי שֶׁאֵין מֵ"ם אַחֲרוֹנָה מִן הַיְסוֹד, וַהֲרֵי הוּא כְּמוֹ: 'וְהָם אוֹתָם', אֲבָל "וְהָמַם גִּלְגַּל עֶגְלָתוֹ" (ישעיה כח, כח) כֻּלּוֹ יְסוֹד, לְפִיכָךְ חֶצְיוֹ קָמַץ וְחֶצְיוֹ פַּתָּח, כִּשְׁאָר פֹּעַל שֶׁל שָׁלֹשׁ אוֹתִיּוֹת:

פרק ח

א] **כָּל הַמִּצְוָה.** כִּפְשׁוּטוֹ. וּמִדְרַשׁ אַגָּדָה, אִם הִתְחַלְתָּ בְּמִצְוָה, גְּמֹר אוֹתָהּ, שֶׁאֵינָהּ נִקְרֵאת אֶלָּא עַל שֵׁם הַגּוֹמְרָהּ, שֶׁנֶּאֱמַר: "וְאֶת עַצְמוֹת יוֹסֵף אֲשֶׁר הֶעֱלוּ בְנֵי יִשְׂרָאֵל מִמִּצְרַיִם קָבְרוּ בִשְׁכֶם" (יהושע כד, לב), וַהֲלֹא מֹשֶׁה לְבַדּוֹ נִתְעַסֵּק בָּהֶם לְהַעֲלוֹתָם (שמות יג, יט)? אֶלָּא לְפִי שֶׁלֹּא הִסְפִּיק לְגָמְרָהּ וּגְמָרוּהָ יִשְׂרָאֵל, נִקְרֵאת עַל שְׁמָם:

ב] **הֲתִשְׁמֹר מִצְוֹתָו.** שֶׁלֹּא תְנַסֵּהוּ וְלֹא תְהַרְהֵר אַחֲרָיו:

ד] **שִׂמְלָתְךָ לֹא בָלְתָה.** עַנְנֵי כָבוֹד הָיוּ שָׁפִים בִּכְסוּתָם וּמְגַהֲצִים אוֹתָם כְּמִין כֵּלִים מְגֹהָצִים, וְאַף קְטַנֵּיהֶם כְּמוֹ שֶׁהָיוּ גְּדֵלִים, הָיָה גָּדֵל לְבוּשָׁן עִמָּהֶם, כַּלְּבוּשׁ הַזֶּה שֶׁל חֹמֶט שֶׁגָּדֵל עִמּוֹ: לֹא בָצֵקָה. לֹא נָפְחָה כְּבָצֵק, כְּדֶרֶךְ הוֹלְכֵי יָחֵף שֶׁרַגְלֵיהֶם נְפוּחוֹת:

לֹ֥א בָצֵ֖קָה זֶ֖ה אַרְבָּעִ֥ים שָׁנָֽה׃ וְיָדַעְתָּ֖ עִם־לְבָבֶ֑ךָ ה
כִּ֗י כַּאֲשֶׁ֨ר יְיַסֵּ֥ר אִישׁ֙ אֶת־בְּנ֔וֹ יְהוָ֥ה אֱלֹהֶ֖יךָ
מְיַסְּרֶֽךָּ׃ וְשָׁ֣מַרְתָּ֔ אֶת־מִצְוֺ֖ת יְהוָ֣ה אֱלֹהֶ֑יךָ לָלֶ֥כֶת ו
בִּדְרָכָ֖יו וּלְיִרְאָ֥ה אֹתֽוֹ׃ כִּ֚י יְהוָ֣ה אֱלֹהֶ֔יךָ מְבִֽיאֲךָ֖ ז
אֶל־אֶ֣רֶץ טוֹבָ֑ה אֶ֚רֶץ נַ֣חֲלֵי מָ֔יִם עֲיָנֹת֙ וּתְהֹמֹ֔ת
יֹצְאִ֥ים בַּבִּקְעָ֖ה וּבָהָֽר׃ אֶ֤רֶץ חִטָּה֙ וּשְׂעֹרָ֔ה וְגֶ֥פֶן ח
וּתְאֵנָ֖ה וְרִמּ֑וֹן אֶֽרֶץ־זֵ֥ית שֶׁ֖מֶן וּדְבָֽשׁ׃ אֶ֗רֶץ אֲשֶׁ֨ר ט
לֹ֤א בְמִסְכֵּנֻת֙ תֹּֽאכַל־בָּ֣הּ לֶ֔חֶם לֹֽא־תֶחְסַ֥ר כֹּ֖ל
בָּ֑הּ אֶ֚רֶץ אֲשֶׁ֣ר אֲבָנֶ֣יהָ בַרְזֶ֔ל וּמֵהֲרָרֶ֖יהָ תַּחְצֹ֥ב
נְחֹֽשֶׁת׃ וְאָכַלְתָּ֖ וְשָׂבָ֑עְתָּ וּבֵֽרַכְתָּ֙ אֶת־יְהוָ֣ה י
אֱלֹהֶ֔יךָ עַל־הָאָ֥רֶץ הַטֹּבָ֖ה אֲשֶׁ֥ר נָֽתַן־לָֽךְ׃ ▸
הִשָּׁ֣מֶר לְךָ֔ פֶּן־תִּשְׁכַּ֖ח אֶת־יְהוָ֣ה אֱלֹהֶ֑יךָ לְבִלְתִּ֨י יא
שְׁמֹ֤ר מִצְוֺתָיו֙ וּמִשְׁפָּטָ֣יו וְחֻקֹּתָ֔יו אֲשֶׁ֛ר אָנֹכִ֥י
מְצַוְּךָ֖ הַיּֽוֹם׃ פֶּן־תֹּאכַ֖ל וְשָׂבָ֑עְתָּ וּבָתִּ֥ים טֹבִ֛ים יב
תִּבְנֶ֖ה וְיָשָֽׁבְתָּ׃ וּבְקָרְךָ֤ וְצֹֽאנְךָ֙ יִרְבְּיֻ֔ן וְכֶ֥סֶף וְזָהָ֖ב יג
יִרְבֶּה־לָּ֑ךְ וְכֹ֥ל אֲשֶׁר־לְךָ֖ יִרְבֶּֽה׃ וְרָ֖ם לְבָבֶ֑ךָ יד
וְשָֽׁכַחְתָּ֙ אֶת־יְהוָ֣ה אֱלֹהֶ֔יךָ הַמּוֹצִיאֲךָ֛ מֵאֶ֥רֶץ
מִצְרַ֖יִם מִבֵּ֥ית עֲבָדִֽים׃ הַמּוֹלִ֨יכְךָ֜ בַּמִּדְבָּ֣ר ׀ טו
הַגָּדֹ֣ל וְהַנּוֹרָ֗א נָחָ֤שׁ ׀ שָׂרָף֙ וְעַקְרָ֔ב וְצִמָּא֖וֹן אֲשֶׁ֣ר
אֵֽין־מָ֑יִם הַמּוֹצִ֤יא לְךָ֙ מַ֔יִם מִצּ֖וּר הַחַלָּמִֽישׁ׃

מצווה תל
מצוות ברכת המזון

שני

טז הַמַּאֲכִלְךָ מָן בַּמִּדְבָּר אֲשֶׁר לֹא־יָדְעוּן אֲבֹתֶיךָ
לְמַעַן עַנֹּתְךָ וּלְמַעַן נַסֹּתֶךָ לְהֵיטִבְךָ בְּאַחֲרִיתֶךָ׃
יז וְאָמַרְתָּ בִּלְבָבֶךָ כֹּחִי וְעֹצֶם יָדִי עָשָׂה לִי אֶת־הַחַיִל
יח הַזֶּה׃ וְזָכַרְתָּ אֶת־יְהוָה אֱלֹהֶיךָ כִּי הוּא הַנֹּתֵן לְךָ
כֹּחַ לַעֲשׂוֹת חָיִל לְמַעַן הָקִים אֶת־בְּרִיתוֹ אֲשֶׁר־
נִשְׁבַּע לַאֲבֹתֶיךָ כַּיּוֹם הַזֶּה׃
יט וְהָיָה אִם־שָׁכֹחַ תִּשְׁכַּח אֶת־יְהוָה אֱלֹהֶיךָ וְהָלַכְתָּ
אַחֲרֵי אֱלֹהִים אֲחֵרִים וַעֲבַדְתָּם וְהִשְׁתַּחֲוִיתָ לָהֶם

ה לָא יְחִיפוּ, דְּנַן אַרְבְּעִין שְׁנִין: וְתִדַּע עִם לִבָּךְ, אֲרֵי, כְּמָא דִּמַלֵּיף גִּבְרָא יָת בְּרֵיהּ, יי אֱלָהָךְ
ו מַלֵּיף לָךְ: וְתִטַּר, יָת פִּקּוֹדַיָּא דַּיי אֱלָהָךְ, לִמְהָךְ בְּאוֹרְחָן דְּתַקְנָן קֳדָמוֹהִי וּלְמִדְחַל יָתֵיהּ:
ז אֲרֵי יי אֱלָהָךְ, מַעֵיל לָךְ לְאַרְעָא טָבְתָא, אֲרַע נָגְדָא נַחְלִין דְּמַיִן, מַבּוּעֵי עֵינָן וּתְהוֹמִין,
ח נָפְקִין בְּבִקְעָן וּבְטוּרִין: אֲרַע חִטִּין וְסָעֲרִין, וְגֻפְנִין וְתֵינִין וְרִמּוֹנִין, אַרְעָא דְּזֵיתַהָא עָבְדִין
ט מִשְׁחָא וְהִיא עָבְדָא דְּבַשׁ: אַרְעָא, דְּלָא בְמִסְכֵּינוּ תֵּיכוֹל בַּהּ לַחְמָא, לָא תֶחְסַר כָּל
י מִדַּעַם בַּהּ, אַרְעָא דְּאַבְנַהָא בַּרְזְלָא, וּמִטּוּרַהָא תִּפְסוֹל נְחָשָׁא: וְתֵיכוֹל וְתִסְבַּע, וּתְבָרֵיךְ
יא יָת יי אֱלָהָךְ, עַל אַרְעָא טָבְתָא דִּיהַב לָךְ: אִסְתְּמַר לָךְ, דִּלְמָא תִתְנְשֵׁי יָת דַּחְלְתָא דַּיי
יב אֱלָהָךְ, בְּדִיל דְּלָא לְמִטַּר פִּקּוֹדוֹהִי וְדִינוֹהִי וּקְיָמוֹהִי, דַּאֲנָא מְפַקֵּיד לָךְ יוֹמָא דֵין: דִּלְמָא
יג תֵּיכוֹל וְתִסְבַּע, וּבָתִּין שַׁפִּירִין, תִּבְנֵי וְתִתֵּיב: וְתוֹרָךְ וְעָנָךְ יִסְגּוֹן, וְכַסְפָּא וְדַהְבָא יִסְגֵּי לָךְ,
יד וְכֹל דְּלָךְ יִסְגֵּי: וְיִרִים לִבָּךְ, וְתִתְנְשֵׁי יָת דַּחְלְתָא דַּיי אֱלָהָךְ, דְּאַפְּקָךְ, מֵאַרְעָא דְּמִצְרַיִם
טו מִבֵּית עַבְדּוּתָא: דְּדַבְּרָךְ, בְּמַדְבְּרָא רַבָּא וּדְחִילָא, אֲתַר דְּחִיוָן קָלַן וְעַקְרַבִּין, וּבֵית צַהֲוָנָא
טז אֲתַר דְּלֵית מַיָּא, דְּאַפֵּיק לָךְ מַיָּא, מִטִּנָּרָא תַקִּיפָא: דְּאוֹכְלָךְ מַנָּא בְּמַדְבְּרָא, דְּלָא יְדַעוּ
יז אֲבָהָתָךְ, בְּדִיל לְעַנָּיוּתָךְ, וּבְדִיל לְנַסָּיוּתָךְ, לְאוֹטָבָא לָךְ בְּסוֹפָךְ: וְתֵימַר בְּלִבָּךְ, חֵילִי
יח וּתְקוֹף יְדִי, קְנָא לִי יָת נִכְסַיָּא הָאִלֵּין: וְתִדְכַּר יָת יי אֱלָהָךְ, אֲרֵי הוּא, יָהֵיב לָךְ, עֵיצָא
יט לְמִקְנֵי נִכְסִין, בְּדִיל לְקַיָּמָא יָת קְיָמֵיהּ, דְּקַיֵּים לַאֲבָהָתָךְ כְּיוֹמָא הָדֵין: וִיהֵי, אִם אִתְנְשָׁאָה
תִתְנְשֵׁי יָת דַּחְלְתָא דַּיי אֱלָהָךְ, וּתְהָךְ, בָּתַר טָעֲוַת עַמְמַיָּא, וְתִפְלְחִנּוּן וְתִסְגּוֹד לְהוֹן,

ח) זֵית שֶׁמֶן. זֵיתִים הָעוֹשִׂים שֶׁמֶן:

הֶעִדֹתִי בָכֶם הַיּוֹם כִּי אָבֹד תֹּאבֵדוּן׃ כַּגּוֹיִם כ
אֲשֶׁר יְהוָה מַאֲבִיד מִפְּנֵיכֶם כֵּן תֹּאבֵדוּן עֵקֶב
לֹא תִשְׁמְעוּן בְּקוֹל יְהוָה אֱלֹהֵיכֶם׃
ח שְׁמַע יִשְׂרָאֵל אַתָּה עֹבֵר הַיּוֹם אֶת־הַיַּרְדֵּן לָבֹא א ט
לָרֶשֶׁת גּוֹיִם גְּדֹלִים וַעֲצֻמִים מִמֶּךָּ עָרִים גְּדֹלֹת
וּבְצֻרֹת בַּשָּׁמָיִם׃ עַם־גָּדוֹל וָרָם בְּנֵי עֲנָקִים ב
אֲשֶׁר אַתָּה יָדַעְתָּ וְאַתָּה שָׁמַעְתָּ מִי יִתְיַצֵּב
לִפְנֵי בְּנֵי עֲנָק׃ וְיָדַעְתָּ הַיּוֹם כִּי יְהוָה אֱלֹהֶיךָ ג
הוּא־הָעֹבֵר לְפָנֶיךָ אֵשׁ אֹכְלָה הוּא יַשְׁמִידֵם
וְהוּא יַכְנִיעֵם לְפָנֶיךָ וְהוֹרַשְׁתָּם וְהַאֲבַדְתָּם מַהֵר
שלישי כַּאֲשֶׁר דִּבֶּר יְהוָה לָךְ׃ אַל־תֹּאמַר בִּלְבָבְךָ ד
בַּהֲדֹף יְהוָה אֱלֹהֶיךָ אֹתָם ׀ מִלְּפָנֶיךָ לֵאמֹר
בְּצִדְקָתִי הֱבִיאַנִי יְהוָה לָרֶשֶׁת אֶת־הָאָרֶץ
הַזֹּאת וּבְרִשְׁעַת הַגּוֹיִם הָאֵלֶּה יְהוָה מוֹרִישָׁם
מִפָּנֶיךָ׃ לֹא בְצִדְקָתְךָ וּבְיֹשֶׁר לְבָבְךָ אַתָּה בָא ה
לָרֶשֶׁת אֶת־אַרְצָם כִּי בְּרִשְׁעַת ׀ הַגּוֹיִם הָאֵלֶּה
יְהוָה אֱלֹהֶיךָ מוֹרִישָׁם מִפָּנֶיךָ וּלְמַעַן הָקִים אֶת־
הַדָּבָר אֲשֶׁר נִשְׁבַּע יְהוָה לַאֲבֹתֶיךָ לְאַבְרָהָם
לְיִצְחָק וּלְיַעֲקֹב׃ וְיָדַעְתָּ כִּי לֹא בְצִדְקָתְךָ יְהוָה ו
אֱלֹהֶיךָ נֹתֵן לְךָ אֶת־הָאָרֶץ הַטּוֹבָה הַזֹּאת
לְרִשְׁתָּהּ כִּי עַם־קְשֵׁה־עֹרֶף אָתָּה׃ זְכֹר אַל־

תִּשְׁכַּח אֵת אֲשֶׁר־הִקְצַפְתָּ אֶת־יְהוָה אֱלֹהֶיךָ
בַּמִּדְבָּר לְמִן־הַיּוֹם אֲשֶׁר־יָצָאתָ ׀ מֵאֶרֶץ
מִצְרַיִם עַד־בֹּאֲכֶם עַד־הַמָּקוֹם הַזֶּה מַמְרִים
ח הֱיִיתֶם עִם־יְהוָה: וּבְחֹרֵב הִקְצַפְתֶּם אֶת־יְהוָה
ט וַיִּתְאַנַּף יְהוָה בָּכֶם לְהַשְׁמִיד אֶתְכֶם: בַּעֲלֹתִי
הָהָרָה לָקַחַת לוּחֹת הָאֲבָנִים לוּחֹת הַבְּרִית
אֲשֶׁר־כָּרַת יְהוָה עִמָּכֶם וָאֵשֵׁב בָּהָר אַרְבָּעִים
יוֹם וְאַרְבָּעִים לַיְלָה לֶחֶם לֹא אָכַלְתִּי וּמַיִם

כ אַסְהֵידִית בְּכוֹן יוֹמָא דֵין, אֲרֵי מֵיבַד תֵּיבְדוּן: כְּעַמְמַיָּא, דַּיְיָ מוֹבֵיד מִן קֳדָמֵיכוֹן, כֵּן תֵּיבְדוּן, חֲלָף
ט א דְּלָא קַבֵּילְתּוּן, לְמֵימְרָא דַּיְיָ אֱלָהֲכוֹן: שְׁמַע יִשְׂרָאֵל, אַתְּ עָבַר יוֹמָא דֵין יָת יַרְדְּנָא, לְמֵיעַל לְמֵירַת
ב עַמְמִין, רַבְרְבִין וְתַקִּיפִין מִנָּךְ, קִרְוִין, רַבְרְבָן וּכְרִיכָן עַד צֵית שְׁמַיָּא: עַם רַב וְתַקִּיף בְּנֵי גִבָּרַיָּא, דְּאַתְּ
ג יְדַעְתָּא וְאַתְּ שְׁמַעְתָּא, מַאן יָכוֹל לְמֵקַם, קֳדָם בְּנֵי גִבָּרָא: וְתִדַּע יוֹמָא דֵין, אֲרֵי יְיָ אֱלָהָךְ, הוּא
עָבַר קֳדָמָךְ מֵימְרֵיהּ אִישָׁא אָכְלָא, הוּא יְשֵׁיצִינּוּן, וְהוּא יְתַבְּרִנּוּן קֳדָמָךְ, וּתְתָרֵיכִנּוּן וּתְהוֹבֵידִנּוּן
ד בִּפְרִיעַ, כְּמָא דְּמַלֵּיל יְיָ לָךְ: לָא תֵימַר בְּלִבָּךְ, בְּדִיתְבַּר יְיָ אֱלָהָךְ יָתְהוֹן מִן קֳדָמָךְ לְמֵימַר, בְּזָכוּתִי
ה אַעֲלַנִי יְיָ, לְמֵירַת יָת אַרְעָא הָדָא, וּבְחוֹבֵי עַמְמַיָּא הָאִלֵּין, יְיָ מְתָרֵיךְ לְהוֹן מִן קֳדָמָךְ: לָא בְזָכוּתָךְ,
וּבְקַשִּׁיטוּת לִבָּךְ, אַתְּ עָלֵיל לְמֵירַת יָת אַרְעֲהוֹן, אֲרֵי, בְּחוֹבֵי עַמְמַיָּא הָאִלֵּין, יְיָ אֱלָהָךְ מְתָרֵיךְ
לְהוֹן מִן קֳדָמָךְ, וּבְדִיל לְקַיָּמָא יָת פִּתְגָמָא, דְּקַיֵּים יְיָ לַאֲבָהָתָךְ, לְאַבְרָהָם לְיִצְחָק וּלְיַעֲקֹב:
ו וְתִדַּע, אֲרֵי, לָא בְזָכוּתָךְ יְיָ אֱלָהָךְ, יָהֵיב לָךְ, יָת אַרְעָא טָבְתָא, הָדָא לְמֵירְתַהּ, אֲרֵי עַם קְשֵׁי
ז קְדָל אַתְּ: הֱוֵי דְּכִיר לָא תִתְנְשֵׁי, יָת דְּאַרְגֵּיזְתָּא, קֳדָם יְיָ אֱלָהָךְ בְּמַדְבְּרָא, לְמִן יוֹמָא, דִּנְפַקְתָּא
ח מֵאַרְעָא דְּמִצְרַיִם, עַד מֵיתֵיכוֹן עַד אַתְרָא הָדֵין, מְסָרְבִין הֲוֵיתוּן קֳדָם יְיָ: וּבְחוֹרֵב אַרְגֵּיזְתּוּן קֳדָם
ט יְיָ, וּתְקֵיף רָגְזָא דַּיְיָ, בְּכוֹן לְשֵׁיצָאָה יָתְכוֹן: בְּמִסְּקִי לְטוּרָא, לְמִסַּב, לוּחֵי אַבְנַיָּא לוּחֵי קְיָמָא,
דִּגְזַר יְיָ עִמְּכוֹן, וִיתֵיבִית בְּטוּרָא, אַרְבְּעִין יְמָמִין וְאַרְבְּעִין לֵילָוָן, לַחְמָא לָא אֲכַלִית, וּמַיָּא

פרק ט

א) גְּדֹלִים וַעֲצֻמִים מִמֶּךָּ. אַתָּה עָצוּם וְהֵם עֲצוּמִים מִמְּךָ:

ד) אַל תֹּאמַר בִּלְבָבְךָ. צִדְקָתִי וְרִשְׁעַת הַגּוֹיִם גָּרְמוּ:

ה) לֹא בְצִדְקָתְךָ וְגוֹ׳ אַתָּה בָא לָרֶשֶׁת וְגוֹ׳ כִּי בְּרִשְׁעַת הַגּוֹיִם. הֲרֵי 'כִּי' מְשַׁמֵּשׁ בִּלְשׁוֹן 'אֶלָּא':

ט) וָאֵשֵׁב בָּהָר. אֵין יְשִׁיבָה אֶלָּא לְשׁוֹן עַכָּבָה:

י לֹא שָׁתִיתִי׃ וַיִּתֵּן יְהֹוָה אֵלַי אֶת־שְׁנֵי לוּחֹת
הָאֲבָנִים כְּתֻבִים בְּאֶצְבַּע אֱלֹהִים וַעֲלֵיהֶם
כְּכָל־הַדְּבָרִים אֲשֶׁר דִּבֶּר יְהֹוָה עִמָּכֶם בָּהָר
יא מִתּוֹךְ הָאֵשׁ בְּיוֹם הַקָּהָל׃ וַיְהִי מִקֵּץ אַרְבָּעִים
יוֹם וְאַרְבָּעִים לָיְלָה נָתַן יְהֹוָה אֵלַי אֶת־שְׁנֵי
יב לֻחֹת הָאֲבָנִים לֻחוֹת הַבְּרִית׃ וַיֹּאמֶר יְהֹוָה
אֵלַי קוּם רֵד מַהֵר מִזֶּה כִּי שִׁחֵת עַמְּךָ אֲשֶׁר
הוֹצֵאתָ מִמִּצְרָיִם סָרוּ מַהֵר מִן־הַדֶּרֶךְ אֲשֶׁר
יג צִוִּיתִם עָשׂוּ לָהֶם מַסֵּכָה׃ וַיֹּאמֶר יְהֹוָה אֵלַי
לֵאמֹר רָאִיתִי אֶת־הָעָם הַזֶּה וְהִנֵּה עַם־קְשֵׁה־
יד עֹרֶף הוּא׃ הֶרֶף מִמֶּנִּי וְאַשְׁמִידֵם וְאֶמְחֶה אֶת־
שְׁמָם מִתַּחַת הַשָּׁמָיִם וְאֶעֱשֶׂה אוֹתְךָ לְגוֹי־
טו עָצוּם וָרָב מִמֶּנּוּ׃ וָאֵפֶן וָאֵרֵד מִן־הָהָר וְהָהָר
בֹּעֵר בָּאֵשׁ וּשְׁנֵי לוּחֹת הַבְּרִית עַל שְׁתֵּי יָדָי׃
טז וָאֵרֶא וְהִנֵּה חֲטָאתֶם לַיהֹוָה אֱלֹהֵיכֶם עֲשִׂיתֶם
לָכֶם עֵגֶל מַסֵּכָה סַרְתֶּם מַהֵר מִן־הַדֶּרֶךְ אֲשֶׁר־
יז צִוָּה יְהֹוָה אֶתְכֶם׃ וָאֶתְפֹּשׂ בִּשְׁנֵי הַלֻּחֹת
וָאַשְׁלִכֵם מֵעַל שְׁתֵּי יָדָי וָאֲשַׁבְּרֵם לְעֵינֵיכֶם׃
יח וָאֶתְנַפַּל לִפְנֵי יְהֹוָה כָּרִאשֹׁנָה אַרְבָּעִים יוֹם
וְאַרְבָּעִים לַיְלָה לֶחֶם לֹא אָכַלְתִּי וּמַיִם לֹא

שָׁתִיתִי עַל כָּל־חַטַּאתְכֶם אֲשֶׁר חֲטָאתֶם
יט לַעֲשׂוֹת הָרַע בְּעֵינֵי יהוה לְהַכְעִיסוֹ: כִּי יָגֹרְתִּי
מִפְּנֵי הָאַף וְהַחֵמָה אֲשֶׁר קָצַף יהוה עֲלֵיכֶם
לְהַשְׁמִיד אֶתְכֶם וַיִּשְׁמַע יהוה אֵלַי גַּם בַּפַּעַם
כ הַהִוא: וּבְאַהֲרֹן הִתְאַנַּף יהוה מְאֹד לְהַשְׁמִידוֹ
כא וָאֶתְפַּלֵּל גַּם־בְּעַד אַהֲרֹן בָּעֵת הַהִוא: וְאֶת־

י לָא שְׁתֵיתִי: וִיהַב יי לִי, יָת תְּרֵין לוּחֵי אַבְנַיָּא, כְּתִיבִין בְּאֶצְבְּעָא דַיי, וַעֲלֵיהוֹן, כְּכָל פִּתְגָּמַיָּא,
יא דְּמַלֵּיל יי עִמְּכוֹן בְּטוּרָא, מִגּוֹ אִישָּׁתָא בְּיוֹמָא דִקְהָלָא: וַהֲוָה, מִסּוֹף אַרְבְּעִין יְמָמִין, וְאַרְבְּעִין
יב לֵילָוָן, יְהַב יי לִי, יָת תְּרֵין, לוּחֵי אַבְנַיָּא לוּחֵי קְיָמָא: וַאֲמַר יי לִי, קוּם חוּת בִּפְרִיעַ מִכָּא,
אֲרֵי חַבֵּיל עַמָּךְ, דְּאַפֵּיקְתָּא מִמִּצְרָיִם, סְטוֹ בִּפְרִיעַ, מִן אוֹרְחָא דְּפַקֵּידְתִּנּוּן, עֲבַדוּ לְהוֹן
יג יד מַתְּכָא: וַאֲמַר יי לִי לְמֵימַר, גְּלֵי קֳדָמַי עַמָּא הָדֵין, וְהָא עַם קְשֵׁי קְדָל הוּא: אֲנַח בָּעוּתָךְ
מִן קֳדָמַי וַאֲשֵׁיצֵינוּן, וְאֶמְחֵי יָת שׁוּמְהוֹן, מִתְּחוֹת שְׁמַיָּא, וְאֶעֱבֵיד יָתָךְ, לְעַם תַּקִּיף וְסַגִּי
טו מִנְּהוֹן: וְאִתְפְּנֵיתִי, וּנְחַתִית מִן טוּרָא, וְטוּרָא בָּעַר בְּאִישָּׁתָא, וּתְרֵין לוּחֵי קְיָמָא, עַל תַּרְתֵּין
טז יְדָי: וַחֲזֵית, וְהָא חַבְתּוּן קֳדָם יי אֱלָהֲכוֹן, עֲבַדְתּוּן לְכוֹן, עֵיגֶל מַתְּכָא, סְטֵיתוּן בִּפְרִיעַ, מִן
יז אוֹרְחָא, דְּפַקֵּיד יי יָתְכוֹן: וַאֲחַדִית בִּתְרֵין לוּחַיָּא, וּרְמֵיתִנּוּן, מֵעַל תַּרְתֵּין יְדָי, וְתַבַּרְתִּנּוּן לְעֵינֵיכוֹן:
יח וְאִשְׁתַּטַּחִית קֳדָם יי כַּד בְּקַדְמֵיתָא, אַרְבְּעִין יְמָמִין וְאַרְבְּעִין לֵילָוָן, לַחְמָא לָא אֲכַלִית, וּמַיָּא
יט לָא שְׁתֵיתִי, עַל כָּל חוֹבַתְכוֹן דְּחַבְתּוּן, לְמֶעְבַּד דְּבִישׁ, קֳדָם יי לְאַרְגָּזָא קֳדָמוֹהִי: אֲרֵי דְּחֵילִית,
מִן קֳדָם רֻגְזָא וְחִמְתָא, דִּרְגֵז יי, עֲלֵיכוֹן לְשֵׁיצָאָה יָתְכוֹן, וְקַבֵּיל יי צְלוֹתִי, אַף בְּזִמְנָא הַהוּא:
כ כא וְעַל אַהֲרֹן, הֲוָה רְגַז מִן קֳדָם יי, לְחַדָּא לְשֵׁיצָיוּתֵיהּ, וְצַלֵּיתִי, אַף עַל אַהֲרֹן בְּעִדָּנָא הַהוּא: וְיָת

י | **לוּחֹת.** 'לֻחֹת' כְּתִיב, שֶׁשְּׁתֵּיהֶן שָׁווֹת:

יח | **וָאֶתְנַפַּל לִפְנֵי ה' כָּרִאשֹׁנָה אַרְבָּעִים יוֹם.** שֶׁנֶּאֱמַר: "וְעַתָּה אֶעֱלֶה אֶל ה' אוּלַי אֲכַפְּרָה" (שמות לב, ל), בְּאוֹתָהּ עֲלִיָּה נִתְעַכַּבְתִּי אַרְבָּעִים יוֹם, נִמְנְאוּ כָּלִים בְּעֶשְׂרִים וְתִשְׁעָה בְּאָב, שֶׁהוּא עָלָה בִּשְׁמוֹנָה עָשָׂר בְּתַמּוּז. בּוֹ בַּיּוֹם נִתְרַצָּה הַקָּדוֹשׁ בָּרוּךְ הוּא לְיִשְׂרָאֵל וְאָמַר לְמֹשֶׁה: "פְּסָל לְךָ שְׁנֵי לֻחֹת" (שם לד, א), עָשָׂה עוֹד אַרְבָּעִים יוֹם, נִמְנְאוּ כָּלִים בְּיוֹם הַכִּפּוּרִים. בּוֹ בַּיּוֹם נִתְרַצָּה הַקָּדוֹשׁ בָּרוּךְ הוּא לְיִשְׂרָאֵל בְּשִׂמְחָה, וְאָמַר לוֹ לְמֹשֶׁה: "סָלַחְתִּי כִּדְבָרֶךָ" (במדבר יד, כ), לְכָךְ הֻקְבַּע לִמְחִילָה וְלִסְלִיחָה. וּמִנַּיִן שֶׁנִּתְרַצָּה בְּרָצוֹן שָׁלֵם? שֶׁנֶּאֱמַר בָּאַרְבָּעִים שֶׁל לוּחוֹת אַחֲרוֹנוֹת: "וְאָנֹכִי עָמַדְתִּי בָהָר כַּיָּמִים הָרִאשֹׁנִים" (להלן י, י), מָה הָרִאשׁוֹנִים בְּרָצוֹן אַף אַחֲרוֹנִים בְּרָצוֹן, אֱמֹר מֵעַתָּה אֶמְצָעִיִּים הָיוּ בְּכַעַס:

כ | **וּבְאַהֲרֹן הִתְאַנַּף ה'.** לְפִי שֶׁשָּׁמַע לָכֶם: **לְהַשְׁמִידוֹ.** זֶה כִּלּוּי בָּנִים, וְכֵן הוּא אוֹמֵר:

חַטַּאתְכֶם אֲשֶׁר־עֲשִׂיתֶם אֶת־הָעֵגֶל לָקַחְתִּי
וָאֶשְׂרֹף אֹתוֹ ׀ בָּאֵשׁ וָאֶכֹּת אֹתוֹ טָחוֹן הֵיטֵב עַד
אֲשֶׁר־דַּק לְעָפָר וָאַשְׁלִךְ אֶת־עֲפָרוֹ אֶל־הַנַּחַל
הַיֹּרֵד מִן־הָהָר׃ וּבְתַבְעֵרָה וּבְמַסָּה וּבְקִבְרֹת כב
הַתַּאֲוָה מַקְצִפִים הֱיִיתֶם אֶת־יְהוָה׃ וּבִשְׁלֹחַ כג
יְהוָה אֶתְכֶם מִקָּדֵשׁ בַּרְנֵעַ לֵאמֹר עֲלוּ וּרְשׁוּ
אֶת־הָאָרֶץ אֲשֶׁר נָתַתִּי לָכֶם וַתַּמְרוּ אֶת־פִּי
יְהוָה אֱלֹהֵיכֶם וְלֹא הֶאֱמַנְתֶּם לוֹ וְלֹא שְׁמַעְתֶּם
בְּקֹלוֹ׃ מַמְרִים הֱיִיתֶם עִם־יְהוָה מִיּוֹם דַּעְתִּי כד
אֶתְכֶם׃ וָאֶתְנַפַּל לִפְנֵי יְהוָה אֶת־אַרְבָּעִים הַיּוֹם כה
וְאֶת־אַרְבָּעִים הַלַּיְלָה אֲשֶׁר הִתְנַפָּלְתִּי כִּי־אָמַר
יְהוָה לְהַשְׁמִיד אֶתְכֶם׃ וָאֶתְפַּלֵּל אֶל־יְהוָה כו
וָאֹמַר אֲדֹנָי יֱהוִה אַל־תַּשְׁחֵת עַמְּךָ וְנַחֲלָתְךָ
אֲשֶׁר פָּדִיתָ בְּגָדְלֶךָ אֲשֶׁר־הוֹצֵאתָ מִמִּצְרַיִם בְּיָד
חֲזָקָה׃ זְכֹר לַעֲבָדֶיךָ לְאַבְרָהָם לְיִצְחָק וּלְיַעֲקֹב כז
אַל־תֵּפֶן אֶל־קְשִׁי הָעָם הַזֶּה וְאֶל־רִשְׁעוֹ וְאֶל־
חַטָּאתוֹ׃ פֶּן־יֹאמְרוּ הָאָרֶץ אֲשֶׁר הוֹצֵאתָנוּ כח
מִשָּׁם מִבְּלִי יְכֹלֶת יְהוָה לַהֲבִיאָם אֶל־הָאָרֶץ
אֲשֶׁר־דִּבֶּר לָהֶם וּמִשִּׂנְאָתוֹ אוֹתָם הוֹצִיאָם
לַהֲמִתָם בַּמִּדְבָּר׃ וְהֵם עַמְּךָ וְנַחֲלָתֶךָ אֲשֶׁר כט
הוֹצֵאתָ בְּכֹחֲךָ הַגָּדֹל וּבִזְרֹעֲךָ הַנְּטוּיָה׃

י א בָּעֵת הַהִוא אָמַר יְהוָה אֵלַי פְּסָל־לְךָ שְׁנֵי־ ט רביעי
לוּחֹת אֲבָנִים כָּרִאשֹׁנִים וַעֲלֵה אֵלַי הָהָרָה
ב וְעָשִׂיתָ לְּךָ אֲרוֹן עֵץ׃ וְאֶכְתֹּב עַל־הַלֻּחֹת אֶת־
הַדְּבָרִים אֲשֶׁר הָיוּ עַל־הַלֻּחֹת הָרִאשֹׁנִים אֲשֶׁר
ג שִׁבַּרְתָּ וְשַׂמְתָּם בָּאָרוֹן׃ וָאַעַשׂ אֲרוֹן עֲצֵי שִׁטִּים
וָאֶפְסֹל שְׁנֵי־לֻחֹת אֲבָנִים כָּרִאשֹׁנִים וָאַעַל



חוֹבַתְכוֹן דַּעֲבַדְתּוּן יָת עִגְלָא, נְסֵיבִית וְאוֹקֵידִית יָתֵיהּ בְּנוּרָא, וְשַׁפִּית יָתֵיהּ בְּשׁוֹפִינָא יָאוּת,
כב עַד דַּהֲוָה דַּקִּיק לְעַפְרָא, וּרְמֵית יָת עַפְרֵיהּ, לְנַחְלָא דְּנָחֵית מִן טוּרָא׃ וּבִדְלֵיקְתָא וּבְנִסֵּיתָא,
כג וּבְקִבְרֵי דִּמְשַׁאֲלֵי, מַרְגְּזִין הֲוֵיתוּן קֳדָם יי׃ וְכַד שְׁלַח יי יָתְכוֹן, מֵרְקַם גֵּיאָה לְמֵימַר, סַקוּ
וְאַחְסִינוּ יָת אַרְעָא, דִּיהַבִית לְכוֹן, וְסָרֵיבְתּוּן, עַל מֵימְרָא דַּיי אֱלָהֲכוֹן, וְלָא הֵימַנְתּוּן לֵיהּ,
כד כה וְלָא קַבֵּילְתּוּן לְמֵימְרֵיהּ׃ מְסָרְבִין הֲוֵיתוּן קֳדָם יי, מִיּוֹמָא דִּידַעִית יָתְכוֹן׃ וְאִשְׁתַּטַּחִית קֳדָם
כו יי, יָת אַרְבְּעִין יְמָמִין, וְיָת אַרְבְּעִין לֵילָוָן דְּאִשְׁתַּטַּחִית, אֲרֵי אֲמַר יי לְשֵׁיצָאָה יָתְכוֹן׃ וְצַלֵּיתִי
קֳדָם יי וַאֲמָרִית, יי אֱלֹהִים, לָא תְחַבֵּיל עַמָּךְ וְאַחְסָנְתָךְ, דִּפְרַקְתָּא בְּתָקְפָךְ, דְּאַפֵּיקְתָּא
כז מִמִּצְרַיִם בְּיַד תַּקִּיפָא׃ אִדְּכַר לְעַבְדָּךְ, לְאַבְרָהָם לְיִצְחָק וּלְיַעֲקֹב, לָא תִתְפְּנֵי, לְקַשְׁיוּת
כח עַמָּא הָדֵין, וּלְחוֹבֵיהוֹן וְלְחֶטָאֵיהוֹן׃ דִּלְמָא יֵימְרוּן, דָּיְרֵי אַרְעָא דְּאַפֵּיקְתָּנָא מִתַּמָּן, מִדְּלֵית
יְכֹלָא קֳדָם יי, לְאַעָלוּתְהוֹן, לְאַרְעָא דְּמַלֵּיל לְהוֹן, וּמִדְּסָנֵי יָתְהוֹן, אַפֵּיקִנּוּן לְקַטָּלוּתְהוֹן
כט י א בְּמַדְבְּרָא׃ וְאִנּוּן עַמָּךְ וְאַחְסָנְתָךְ, דְּאַפֵּיקְתָּא בְּחֵילָךְ רַבָּא, וּבִדְרָעָךְ מְרָמְמָא׃ בְּעִדָּנָא הַהוּא
אֲמַר יי לִי, פְּסַל לָךְ, תְּרֵין לוּחֵי אַבְנַיָּא כְּקַדְמָאֵי, וְסַק לִקְדָמַי לְטוּרָא, וְתַעֲבֵיד לָךְ אֲרוֹנָא
ב דְּאָעָא׃ וְאֶכְתּוֹב עַל לוּחַיָּא, יָת פִּתְגָּמַיָּא, דַּהֲווֹ, עַל לוּחַיָּא קַדְמָאֵי דְּתַבַּרְתָּא, וּתְשַׁוֵּינוּן
ג בַּאֲרוֹנָא׃ וַעֲבַדִית אֲרוֹנָא דְּאָעֵי שִׁטִּין, וּפְסַלִית, תְּרֵין לוּחֵי אַבְנַיָּא כְּקַדְמָאֵי, וּסְלֵיקִית

"וָאַשְׁמִיד פִּרְיוֹ מִמַּעַל" (עמוס ב, ט): וָאֶתְפַּלֵּל גַּם בְּעַד אַהֲרֹן. וְהוֹעִילָה תְּפִלָּתִי לְכַפֵּר מֶחֱצָה, וּמֵתוּ שְׁנַיִם וְנִשְׁאֲרוּ הַשְּׁנַיִם:

כא| טָחוֹן. לְשׁוֹן הֹוֶה, כְּמוֹ "הָלוֹךְ וְגָדוֹל" (שמואל ב' ה, י; דברי הימים א' יא, ט). מוֹלָא"נְט בְּלַעַז:

כה| וָאֶתְנַפַּל וְגוֹ'. אֵלּוּ הֵן עַצְמָן הָאֲמוּרִים לְמַעְלָה, וּכְפָלָן כָּאן לְפִי שֶׁכָּתוּב כָּאן סֵדֶר תְּפִלָּתוֹ, שֶׁנֶּאֱמַר: "ה' אֱלֹהִים אַל תַּשְׁחֵת עַמְּךָ" וְגוֹ' (להלן פסוק כו):

פרק י

א| בָּעֵת הַהִוא. לְסוֹף אַרְבָּעִים יוֹם נִתְרַצָּה לִי וְאָמַר לִי: "פְּסָל לְךָ" וְאַחַר כָּךְ: "וְעָשִׂיתָ לְּךָ אֲרוֹן", וַאֲנִי עָשִׂיתִי אָרוֹן תְּחִלָּה, שֶׁכְּשֶׁאָבֹא וְהַלּוּחוֹת בְּיָדִי הֵיכָן אֶתְּנֵם. וְלֹא זֶה הוּא הָאָרוֹן שֶׁעָשָׂה בְּצַלְאֵל, שֶׁהֲרֵי מִשְׁכָּן לֹא נִתְעַסְּקוּ בוֹ עַד לְאַחַר יוֹם הַכִּפּוּרִים, כִּי בְּרִדְתּוֹ מִן הָהָר צִוָּה לָהֶם עַל מְלֶאכֶת הַמִּשְׁכָּן, וּבְצַלְאֵל עָשָׂה מִשְׁכָּן תְּחִלָּה וְאַחַר כָּךְ אָרוֹן וְכֵלִים, נִמְצָא זֶה אָרוֹן אַחֵר הָיָה, וְזֶהוּ שֶׁהָיָה יוֹצֵא עִמָּהֶם לַמִּלְחָמָה,

ד הָהָרָה וּשְׁנֵי הַלֻּחֹת בְּיָדִי: וַיִּכְתֹּב עַל־הַלֻּחֹת
כַּמִּכְתָּב הָרִאשׁוֹן אֵת עֲשֶׂרֶת הַדְּבָרִים אֲשֶׁר
דִּבֶּר יְהוָה אֲלֵיכֶם בָּהָר מִתּוֹךְ הָאֵשׁ בְּיוֹם הַקָּהָל
ה וַיִּתְּנֵם יְהוָה אֵלָי: וָאֵפֶן וָאֵרֵד מִן־הָהָר וָאָשִׂם
אֶת־הַלֻּחֹת בָּאָרוֹן אֲשֶׁר עָשִׂיתִי וַיִּהְיוּ שָׁם
ו כַּאֲשֶׁר צִוַּנִי יְהוָה: וּבְנֵי יִשְׂרָאֵל נָסְעוּ מִבְּאֵרֹת
בְּנֵי־יַעֲקָן מוֹסֵרָה שָׁם מֵת אַהֲרֹן וַיִּקָּבֵר שָׁם
ז וַיְכַהֵן אֶלְעָזָר בְּנוֹ תַּחְתָּיו: מִשָּׁם נָסְעוּ הַגֻּדְגֹּדָה
ח ★ וּמִן־הַגֻּדְגֹּדָה יָטְבָתָה אֶרֶץ נַחֲלֵי־מָיִם: בָּעֵת
הַהִוא הִבְדִּיל יְהוָה אֶת־שֵׁבֶט הַלֵּוִי לָשֵׂאת
אֶת־אֲרוֹן בְּרִית־יְהוָה לַעֲמֹד לִפְנֵי יְהוָה לְשָׁרְתוֹ
ט וּלְבָרֵךְ בִּשְׁמוֹ עַד הַיּוֹם הַזֶּה: עַל־כֵּן לֹא־הָיָה
לְלֵוִי חֵלֶק וְנַחֲלָה עִם־אֶחָיו יְהוָה הוּא נַחֲלָתוֹ
י כַּאֲשֶׁר דִּבֶּר יְהוָה אֱלֹהֶיךָ לוֹ: וְאָנֹכִי עָמַדְתִּי
בָהָר כַּיָּמִים הָרִאשֹׁנִים אַרְבָּעִים יוֹם וְאַרְבָּעִים
לָיְלָה וַיִּשְׁמַע יְהוָה אֵלַי גַּם בַּפַּעַם הַהִוא לֹא־
יא אָבָה יְהוָה הַשְׁחִיתֶךָ: וַיֹּאמֶר יְהוָה אֵלַי קוּם
לֵךְ לְמַסַּע לִפְנֵי הָעָם וְיָבֹאוּ וְיִירְשׁוּ אֶת־הָאָרֶץ
אֲשֶׁר־נִשְׁבַּעְתִּי לַאֲבֹתָם לָתֵת לָהֶם:
יב וְעַתָּה יִשְׂרָאֵל מָה יְהוָה אֱלֹהֶיךָ שֹׁאֵל מֵעִמָּךְ חמישי

ד לְטוּרָא, וּתְרֵין לוּחַיָּא בִּידִי: וּכְתַב עַל לוּחַיָּא כִּכְתָבָא קַדְמָאָה, יָת עַסְרָא פִּתְגָּמִין, דְּמַלֵּיל
ה יי עִמְּכוֹן בְּטוּרָא, מִגּוֹ אִישָּׁתָא בְּיוֹמָא דִּקְהָלָא, וִיהַבִנּוּן יי לִי: וְאִתְפְּנֵיתִי, וּנְחַתִית מִן
ו טוּרָא, וְשַׁוִּיתִי יָת לוּחַיָּא, בַּאֲרוֹנָא דַּעֲבַדִית, וַהֲווֹ תַמָּן, כְּמָא דְּפַקְדַנִי יי: וּבְנֵי יִשְׂרָאֵל,
נְטַלוּ, מִבְּאֵרוֹת בְּנֵי יַעֲקָן לְמוֹסֵרָה, תַּמָּן מִית אַהֲרֹן וְאִתְקְבַר תַּמָּן, וְשַׁמֵּישׁ, אֶלְעָזָר בְּרֵיהּ
ז ח תְּחוֹתוֹהִי: מִתַּמָּן נְטַלוּ לְגֻדְגּוֹד, וּמִן גֻּדְגּוֹד לְיָטְבָת, אֲרַע נָגְדָא נַחְלִין דְּמַיִין: בְּעִדָּנָא
הַהוּא, אַפְרֵישׁ יי יָת שִׁבְטָא דְּלֵוִי, לְמִטַּל יָת אֲרוֹן קְיָמָא דַּיי, לְמְקָם קֳדָם יי לְשַׁמָּשׁוּתֵיהּ
ט וּלְבָרָכָא בִּשְׁמֵיהּ, עַד יוֹמָא הָדֵין: עַל כֵּן, לָא הֲוָה לְלֵוִי, חוּלָק וְאַחְסָנָא עִם אֲחוֹהִי, מַתְּנָן
י דִּיהַב לֵיהּ יי אִנּוּן אַחְסָנְתֵיהּ, כְּמָא דְּמַלֵּיל, יי אֱלָהָךְ לֵיהּ: וַאֲנָא הֲוֵיתִי קָאֵים בְּטוּרָא,
כְּיוֹמַיָּא קַדְמָאֵי, אַרְבְּעִין יְמָמִין, וְאַרְבְּעִין לֵילָוָן, וְקַבֵּיל יי צְלוֹתִי, אַף בְּזִמְנָא הַהוּא,
יא לָא אֲבָא יי לְחַבָּלוּתָךְ: וַאֲמַר יי לִי, קוּם, אִיזֵיל לְמַטּוּל קֳדָם עַמָּא, וְיֵיעֲלוּן וְיֵירְתוּן
יב יָת אַרְעָא, דְּקַיֵּימִית לַאֲבָהָתְהוֹן לְמִתַּן לְהוֹן: וּכְעַן יִשְׂרָאֵל, מָא יי אֱלָהָךְ, תָּבַע מִנָּךְ,

וְאוֹתוֹ שֶׁעָשָׂה כְּנַלְאֵל לֹא יָצָא לַמִּלְחָמָה אֶלָּא בִּימֵי עֵלִי, וְנֶעֶנְשׁוּ עָלָיו וְנִשְׁבָּה:

ו-ז] **וּבְנֵי יִשְׂרָאֵל נָסְעוּ מִבְּאֵרֹת בְּנֵי יַעֲקָן מוֹסֵרָה.** מָה עִנְיָן זֶה לְכָאן? וְעוֹד, וְכִי מִבְּאֵרוֹת בְּנֵי יַעֲקָן נָסְעוּ לְמוֹסֵרָה? וַהֲלֹא מִמּוֹסֵרָה בָּאוּ לִבְנֵי יַעֲקָן, שֶׁנֶּאֱמַר: "וַיִּסְעוּ מִמֹּסֵרוֹת" וְגוֹ' (במדבר לג, לא)! וְעוֹד, "שָׁם מֵת אַהֲרֹן" – וַהֲלֹא בְּהֹר הָהָר מֵת! צֵא וַחֲשֹׁב וְתִמְצָא שְׁמוֹנָה מַסָּעוֹת מִמּוֹסֵרוֹת לְהֹר הָהָר! אֶלָּא אַף זוֹ מִן הַתּוֹכָחָה: וְעוֹד עֲשִׂיתֶם זֹאת, כְּשֶׁמֵּת אַהֲרֹן בְּהֹר הָהָר לְסוֹף אַרְבָּעִים שָׁנָה וְנִסְתַּלְּקוּ עַנְנֵי כָבוֹד, יְרֵאתֶם לָכֶם מִמִּלְחֶמֶת מֶלֶךְ עֲרָד וּנְתַתֶּם רֹאשׁ לַחְזֹר לְמִצְרַיִם, וַחֲזַרְתֶּם לַאֲחוֹרֵיכֶם שְׁמוֹנָה מַסָּעוֹת עַד בְּנֵי יַעֲקָן וּמִשָּׁם לְמוֹסֵרָה, שָׁם נִלְחֲמוּ בָּכֶם בְּנֵי לֵוִי וְהָרְגוּ מִכֶּם וְאַתֶּם מֵהֶם, עַד שֶׁהֶחֱזִירוּ אֶתְכֶם בְּדֶרֶךְ חֲזָרַתְכֶם, וּמִשָּׁם חֲזַרְתֶּם "הַגֻּדְגֹּדָה" הוּא חֹר הַגִּדְגָּד, "וּמִן הַגֻּדְגֹּדָה יָטְבָתָה". וּבְמוֹסֵרָה עֲשִׂיתֶם אֵבֶל כָּבֵד עַל מִיתָתוֹ שֶׁל אַהֲרֹן שֶׁגָּרְמָה לָכֶם זֹאת, וְנִדְמָה לָכֶם כְּאִלּוּ מֵת שָׁם. וְסָמַךְ מֹשֶׁה תּוֹכָחָה זוֹ לִשְׁבִירַת הַלּוּחוֹת, לוֹמַר שֶׁקָּשָׁה מִיתָתָן שֶׁל צַדִּיקִים לִפְנֵי הַקָּדוֹשׁ בָּרוּךְ הוּא כְּיוֹם שֶׁנִּשְׁתַּבְּרוּ בּוֹ הַלּוּחוֹת, וּלְהוֹדִיעֲךָ שֶׁהֻקְשָׁה לוֹ מַה שֶּׁנָּתְנוּ רֹאשׁ לִפְרֹשׁ מִמֶּנּוּ, כְּיוֹם שֶׁעָשׂוּ בּוֹ חֵטְא הָעֵגֶל:

ח] **בָּעֵת הַהִוא הִבְדִּיל ה' וְגוֹ'.** מוּסָב לָעִנְיָן הָרִאשׁוֹן, "בָּעֵת הַהִוא" בַּשָּׁנָה הָרִאשׁוֹנָה לְצֵאתְכֶם מִמִּצְרַיִם וּטְעִיתֶם בָּעֵגֶל וּבְנֵי לֵוִי לֹא טָעוּ, הִבְדִּילָם הַמָּקוֹם מִכֶּם. וְסָמַךְ מִקְרָא זֶה לַחֲזָרַת בְּנֵי יַעֲקָן, לוֹמַר שֶׁאַף בְּזוֹ לֹא טָעוּ בָּהּ בְּנֵי לֵוִי אֶלָּא עָמְדוּ בֶּאֱמוּנָתָם: **לָשֵׂאת אֶת אֲרוֹן.** הַלְוִיִּם: **לַעֲמֹד... לְשָׁרְתוֹ וּלְבָרֵךְ בִּשְׁמוֹ.** הַכֹּהֲנִים, וְהוּא נְשִׂיאוּת כַּפַּיִם:

ט] **עַל כֵּן לֹא הָיָה לְלֵוִי חֵלֶק.** לְפִי שֶׁהֻבְדְּלוּ לַעֲבוֹדַת מִזְבֵּחַ וְאֵינָן פְּנוּיִין לַחֲרֹשׁ וְלִזְרֹעַ: **ה' הוּא נַחֲלָתוֹ.** נוֹטֵל פְּרָס מְזֻמָּן מִבֵּית הַמֶּלֶךְ:

י] **וְאָנֹכִי עָמַדְתִּי בָהָר.** לְקַבֵּל לוּחוֹת הָאַחֲרוֹנוֹת, וּלְפִי שֶׁלֹּא פֵּרֵשׁ לְמַעְלָה כַּמָּה עָמַד בָּהָר בַּעֲלִיָּה אַחֲרוֹנָה זוֹ, חָזַר וְהִתְחִיל בָּהּ: **כַּיָּמִים הָרִאשֹׁנִים.** שֶׁל לוּחוֹת הָרִאשׁוֹנוֹת, מָה הֵם בְּרָצוֹן, אַף אֵלּוּ בְּרָצוֹן, אֲבָל הָאֶמְצָעִיִּים שֶׁעָמַדְתִּי שָׁם לְהִתְפַּלֵּל עֲלֵיכֶם הָיוּ בְּכַעַס:

יא] **וַיֹּאמֶר ה' אֵלַי וְגוֹ'.** אַף עַל פִּי שֶׁסַּרְתֶּם מֵאַחֲרָיו וּטְעִיתֶם בָּעֵגֶל, אָמַר לִי: "לֵךְ נְחֵה אֶת הָעָם" (שמות לב, לד):

יב] **וְעַתָּה יִשְׂרָאֵל.** אַף עַל פִּי שֶׁעֲשִׂיתֶם כָּל זֹאת, עוֹדֶנּוּ רַחֲמָיו וְחִבָּתוֹ עֲלֵיכֶם, וּמִכָּל מַה שֶּׁחֲטָאתֶם לְפָנָיו אֵינוֹ שׁוֹאֵל מִכֶּם "כִּי אִם לְיִרְאָה" וְגוֹ'. וְרַבּוֹתֵינוּ דָּרְשׁוּ מִכָּאן: הַכֹּל בִּידֵי שָׁמַיִם חוּץ מִיִּרְאַת שָׁמַיִם:

כִּי אִם־לְיִרְאָה אֶת־יְהוָה אֱלֹהֶיךָ לָלֶכֶת בְּכׇל־
דְּרָכָיו וּלְאַהֲבָה אֹתוֹ וְלַעֲבֹד אֶת־יְהוָה אֱלֹהֶיךָ
בְּכׇל־לְבָבְךָ וּבְכׇל־נַפְשֶׁךָ׃ לִשְׁמֹר אֶת־מִצְוֺת יג
יְהוָה וְאֶת־חֻקֹּתָיו אֲשֶׁר אָנֹכִי מְצַוְּךָ הַיּוֹם לְטוֹב
לָךְ׃ הֵן לַיהוָה אֱלֹהֶיךָ הַשָּׁמַיִם וּשְׁמֵי הַשָּׁמָיִם יד
הָאָרֶץ וְכׇל־אֲשֶׁר־בָּהּ׃ רַק בַּאֲבֹתֶיךָ חָשַׁק יְהוָה טו
לְאַהֲבָה אוֹתָם וַיִּבְחַר בְּזַרְעָם אַחֲרֵיהֶם בָּכֶם
מִכׇּל־הָעַמִּים כַּיּוֹם הַזֶּה׃ וּמַלְתֶּם אֵת עׇרְלַת טז
לְבַבְכֶם וְעׇרְפְּכֶם לֹא תַקְשׁוּ עוֹד׃ כִּי יְהוָה יז
אֱלֹהֵיכֶם הוּא אֱלֹהֵי הָאֱלֹהִים וַאֲדֹנֵי הָאֲדֹנִים
הָאֵל הַגָּדֹל הַגִּבֹּר וְהַנּוֹרָא אֲשֶׁר לֹא־יִשָּׂא פָנִים
וְלֹא יִקַּח שֹׁחַד׃ עֹשֶׂה מִשְׁפַּט יָתוֹם וְאַלְמָנָה יח
וְאֹהֵב גֵּר לָתֶת לוֹ לֶחֶם וְשִׂמְלָה׃ וַאֲהַבְתֶּם אֶת־ יט
הַגֵּר כִּי־גֵרִים הֱיִיתֶם בְּאֶרֶץ מִצְרָיִם׃ אֶת־יְהוָה כ
אֱלֹהֶיךָ תִּירָא אֹתוֹ תַעֲבֹד וּבוֹ תִדְבָּק וּבִשְׁמוֹ
תִּשָּׁבֵעַ׃ הוּא תְהִלָּתְךָ וְהוּא אֱלֹהֶיךָ אֲשֶׁר־עָשָׂה כא
אִתְּךָ אֶת־הַגְּדֹלֹת וְאֶת־הַנּוֹרָאֹת הָאֵלֶּה אֲשֶׁר
רָאוּ עֵינֶיךָ׃ בְּשִׁבְעִים נֶפֶשׁ יָרְדוּ אֲבֹתֶיךָ מִצְרָיְמָה כב
וְעַתָּה שָׂמְךָ יְהוָה אֱלֹהֶיךָ כְּכוֹכְבֵי הַשָּׁמַיִם לָרֹב׃
וְאָהַבְתָּ אֵת יְהוָה אֱלֹהֶיךָ וְשָׁמַרְתָּ מִשְׁמַרְתּוֹ א יא

**מצווה תלא**
מצוות אהבת הגרים

**מצווה תלב-תלה**
מצוות יראת ה'

מצוות עבודת ה' בתפילה בכל יום

מצווה להידבק ביודעי התורה

מצוות שבועה בשם ה' בעת שיש צורך להישבע

ב וְחֻקֹּתָיו וּמִשְׁפָּטָיו וּמִצְוֹתָיו כָּל־הַיָּמִים׃ וִידַעְתֶּם
הַיּוֹם כִּי ׀ לֹא אֶת־בְּנֵיכֶם אֲשֶׁר לֹא־יָדְעוּ וַאֲשֶׁר
לֹא־רָאוּ אֶת־מוּסַר יְהוָה אֱלֹהֵיכֶם אֶת־גָּדְלוֹ
ג אֶת־יָדוֹ הַחֲזָקָה וּזְרֹעוֹ הַנְּטוּיָה׃ וְאֶת־אֹתֹתָיו

אֱלָהֵין לְמִדְחַל, קֳדָם יי אֱלָהָךְ, לִמְהַךְ בְּכָל אוֹרְחָן דְּתָקְנָן קֳדָמוֹהִי וּלְמִרְחַם יָתֵיהּ, וּלְמִפְלַח
יג קֳדָם יי אֱלָהָךְ, בְּכָל לִבָּךְ וּבְכָל נַפְשָׁךְ: לְמִטַּר, יָת פִּקּוֹדַיָּא דַּיי וְיָת קְיָמוֹהִי, דַּאֲנָא מְפַקֵּיד
יד טו לָךְ יוֹמָא דֵין, דְּיֵיטַב לָךְ: הָא דַּיי אֱלָהָךְ, שְׁמַיָּא וּשְׁמֵי שְׁמַיָּא, אַרְעָא וְכָל דְּבַהּ: לְחוֹד
בַּאֲבָהָתָךְ, צְבִי יי לְמִרְחַם יָתְהוֹן, וְאִתְרְעִי בִּבְנֵיהוֹן בָּתְרֵיהוֹן, בְּכוֹן, מִכָּל עַמְמַיָּא כְּיוֹמָא
טז יז הָדֵין: וְתַעְדּוֹן, יָת טַפְשׁוּת לִבְּכוֹן, וּקְדָלְכוֹן, לָא תַקְשׁוֹן עוֹד: אֲרֵי יי אֱלָהֲכוֹן, הוּא אֱלָהּ
דַּיָּנִין, וּמָרֵי מַלְכִין, אֱלָהָא רַבָּא גִּבָּרָא וּדְחִילָא, דְּלֵית קֳדָמוֹהִי מִסַּב אַפִּין, וְאַף לָא לְקַבָּלָא
יח יט שֻׁחֲדָא: עָבֵיד, דִּין יְיתַם וְאַרְמְלָא, וְרָחֵים גִּיּוֹרָא, לְמִתַּן לֵיהּ מְזוֹן וּכְסוּ: וְתִרְחֲמוּן יָת גִּיּוֹרָא,
כ אֲרֵי דַּיָּרִין הֲוֵיתוֹן בְּאַרְעָא דְמִצְרָיִם: יָת יי אֱלָהָךְ, תִּדְחַל וּקְדָמוֹהִי תִּפְלַח, וּלְדַחְלְתֵיהּ
כא תִּתְקָרַב, וּבִשְׁמֵיהּ תְּקַיֵּים: הוּא תֻשְׁבַּחְתָּךְ וְהוּא אֱלָהָךְ, דַּעֲבַד עִמָּךְ, יָת רַבְרְבָתָא וְיָת
כב חֲסִינָתָא הָאִלֵּין, דַּחֲזָאָה עֵינָךְ: בְּשִׁבְעִין נַפְשָׁן, נְחַתוּ אֲבָהָתָךְ לְמִצְרָיִם, וּכְעַן, שַׁוְיָךְ יי
יא א אֱלָהָךְ, כְּכוֹכְבֵי שְׁמַיָּא לְסֹגֵי: וְתִרְחַם, יָת יי אֱלָהָךְ, וְתִטַּר מַטְּרַת מֵימְרֵיהּ, וּקְיָמוֹהִי
ב וְדִינוֹהִי, וּפִקּוֹדוֹהִי כָּל יוֹמַיָּא: וְתִדְּעוּן יוֹמָא דֵין, אֲרֵי לָא יָת בְּנֵיכוֹן, דְּלָא יְדַעוּ וּדְלָא חֲזוֹ,
ג יָת אֻלְפָנָא דַּיי אֱלָהֲכוֹן, יָת רְבוּתֵיהּ, יָת יְדֵיהּ תַּקִּיפְתָּא, וּדְרָעֵיהּ מְרָמְמָא: וְיָת אָתְוָתֵיהּ

יג) **לִשְׁמֹר אֶת מִצְוֹת ה'.** וְאַף הִיא לֹא לְחִנָּם, אֶלָּא "לְטוֹב לָךְ", שֶׁתְּקַבְּלוּ שָׂכָר:

יד-טו) **הֵן לַה' אֱלֹהֶיךָ.** הַכֹּל, וְאַף עַל פִּי כֵן, "רַק בַּאֲבֹתֶיךָ חָשַׁק ה'" מִן הַכֹּל: **בָּכֶם.** כְּמוֹ שֶׁאַתֶּם רוֹאִים אֶתְכֶם חֲשׁוּקִים מִכָּל הָעַמִּים הַיּוֹם הַזֶּה:

טז) **עָרְלַת לְבַבְכֶם.** אֹטֶם לְבַבְכֶם וְכִסּוּיוֹ:

יז) **וַאֲדֹנֵי הָאֲדֹנִים.** לֹא יוּכַל שׁוּם אָדוֹן לְהַצִּיל אֶתְכֶם מִיָּדוֹ: **לֹא יִשָּׂא פָנִים.** אִם תִּפְרְקוּ עֻלּוֹ: **וְלֹא יִקַּח שֹׁחַד.** לְפַיְּסוֹ בְּמָמוֹן:

יח) **עֹשֶׂה מִשְׁפַּט יָתוֹם וְאַלְמָנָה.** הֲרֵי גְּבוּרָה, וְאֵצֶל גְּבוּרָתוֹ אַתָּה מוֹצֵא עַנְוְתָנוּתוֹ: **וְאֹהֵב גֵּר** לָתֶת לוֹ לֶחֶם וְשִׂמְלָה. וְדָבָר חָשׁוּב הוּא זֶה, שֶׁכָּל עַצְמוֹ שֶׁל יַעֲקֹב אָבִינוּ עַל זֶה נִתְפַּלֵּל: "וְנָתַן לִי לֶחֶם לֶאֱכֹל וּבֶגֶד לִלְבֹּשׁ" (בראשית כח, כ):

יט) **כִּי גֵרִים הֱיִיתֶם.** מוּם שֶׁבְּךָ אַל תֹּאמַר לַחֲבֵרְךָ:

כ) **אֶת ה' אֱלֹהֶיךָ תִּירָא.** וְתַעַבְדוֹ וְתִדְבַּק בּוֹ, וּלְאַחַר שֶׁיִּהְיוּ בְּךָ כָּל הַמִּדּוֹת הַלָּלוּ, אָז "בִּשְׁמוֹ תִּשָּׁבֵעַ":

פרק יא

ב) **וִידַעְתֶּם הַיּוֹם.** תְּנוּ לֵב לָדַעַת וּלְהָבִין וּלְקַבֵּל תּוֹכַחְתִּי: **כִּי לֹא אֶת בְּנֵיכֶם.** אֲנִי מְדַבֵּר עַכְשָׁיו, שֶׁיּוּכְלוּ לוֹמַר: אָנוּ לֹא יָדַעְנוּ וְלֹא רָאִינוּ בְּכָל זֶה:

וְאֶת־מַעֲשָׂיו אֲשֶׁר עָשָׂה בְּתוֹךְ מִצְרָיִם
לְפַרְעֹה מֶלֶךְ־מִצְרַיִם וּלְכָל־אַרְצוֹ׃ וַאֲשֶׁר ד
עָשָׂה לְחֵיל מִצְרַיִם לְסוּסָיו וּלְרִכְבּוֹ אֲשֶׁר
הֵצִיף אֶת־מֵי יַם־סוּף עַל־פְּנֵיהֶם בְּרָדְפָם
אַחֲרֵיכֶם וַיְאַבְּדֵם יְהוָה עַד הַיּוֹם הַזֶּה׃ וַאֲשֶׁר ה
עָשָׂה לָכֶם בַּמִּדְבָּר עַד־בֹּאֲכֶם עַד־הַמָּקוֹם
הַזֶּה׃ וַאֲשֶׁר עָשָׂה לְדָתָן וְלַאֲבִירָם בְּנֵי ו
אֱלִיאָב בֶּן־רְאוּבֵן אֲשֶׁר פָּצְתָה הָאָרֶץ אֶת־
פִּיהָ וַתִּבְלָעֵם וְאֶת־בָּתֵּיהֶם וְאֶת־אָהֳלֵיהֶם
וְאֵת כָּל־הַיְקוּם אֲשֶׁר בְּרַגְלֵיהֶם בְּקֶרֶב
כָּל־יִשְׂרָאֵל׃ כִּי עֵינֵיכֶם הָרֹאֹת אֶת כָּל־ ז
מַעֲשֵׂה יְהוָה הַגָּדֹל אֲשֶׁר עָשָׂה׃ וּשְׁמַרְתֶּם ח
אֶת־כָּל־הַמִּצְוָה אֲשֶׁר אָנֹכִי מְצַוְּךָ הַיּוֹם
לְמַעַן תֶּחֶזְקוּ וּבָאתֶם וִירִשְׁתֶּם אֶת־הָאָרֶץ
אֲשֶׁר אַתֶּם עֹבְרִים שָׁמָּה לְרִשְׁתָּהּ׃ וּלְמַעַן ט
תַּאֲרִיכוּ יָמִים עַל־הָאֲדָמָה אֲשֶׁר נִשְׁבַּע
יְהוָה לַאֲבֹתֵיכֶם לָתֵת לָהֶם וּלְזַרְעָם אֶרֶץ
ששי זָבַת חָלָב וּדְבָשׁ׃ כִּי הָאָרֶץ אֲשֶׁר י
אַתָּה בָא־שָׁמָּה לְרִשְׁתָּהּ לֹא כְאֶרֶץ מִצְרַיִם
הִוא אֲשֶׁר יְצָאתֶם מִשָּׁם אֲשֶׁר תִּזְרַע אֶת־
זַרְעֲךָ וְהִשְׁקִיתָ בְרַגְלְךָ כְּגַן הַיָּרָק׃ וְהָאָרֶץ יא

אֲשֶׁ֨ר אַתֶּ֜ם עֹבְרִ֥ים שָׁ֙מָּה֙ לְרִשְׁתָּ֔הּ אֶ֥רֶץ
הָרִ֖ים וּבְקָעֹ֑ת לִמְטַ֥ר הַשָּׁמַ֖יִם תִּשְׁתֶּה־מָּֽיִם׃

ד וְיָת עוֹבָדוֹהִי, דַּעֲבַד בְּגוֹ מִצְרַיִם, לְפַרְעֹה מַלְכָּא דְמִצְרַיִם וּלְכָל אַרְעֵיהּ: וְדַעֲבַד לְמַשְׁרִית מִצְרָאֵי
לְסוּסָוָתְהוֹן וְלִרְתִכֵּיהוֹן, דְּאַטֵּיף, יָת מֵי יַמָּא דְסוּף עַל אַפֵּיהוֹן, בְּמִרְדַּפְהוֹן בָּתְרֵיכוֹן, וְאַבֵּידִנּוּן
ה יְיָ, עַד יוֹמָא הָדֵין: וְדַעֲבַד לְכוֹן בְּמַדְבְּרָא, עַד מֵיתֵיכוֹן עַד אַתְרָא הָדֵין: וְדַעֲבַד לְדָתָן וְלַאֲבִירָם,
בְּנֵי אֱלִיאָב בַּר רְאוּבֵן, דִּפְתַחַת אַרְעָא יָת פֻּמַּהּ, וּבְלַעַתְנוּן וְיָת אֱנָשׁ בָּתֵּיהוֹן וְיָת מַשְׁכְּנֵיהוֹן,
ז וְיָת כָּל יְקוּמָא דְעִמְּהוֹן, בְּגוֹ כָּל יִשְׂרָאֵל: אֲרֵי עֵינֵיכוֹן חֲזָאָה, יָת כָּל עוֹבָדָא דַיְיָ רַבָּא, דַּעֲבַד:
ח וְתִטְּרוּן יָת כָּל תַּפְקֵידְתָּא, דַּאֲנָא מְפַקֵּיד לָךְ יוֹמָא דֵין, בְּדִיל דְּתִתַּקְּפוּן, וְתֵיעֲלוּן וְתֵירְתוּן יָת
ט אַרְעָא, דְּאַתּוּן, עָבְרִין לְתַמָּן לְמֵירְתַהּ: וּבְדִיל דְּתֵירְכוּן יוֹמִין עַל אַרְעָא, דְּקַיֵּים יְיָ לַאֲבָהָתְכוֹן,
י לְמִתַּן לְהוֹן וְלִבְנֵיהוֹן, אֲרַע, עָבְדָא חֲלַב וּדְבָשׁ: אֲרֵי אַרְעָא, דְּאַתְּ עָלֵיל לְתַמָּן לְמֵירְתַהּ,
לָא כְּאַרְעָא דְמִצְרַיִם הִיא, דִּנְפַקְתּוּן מִתַּמָּן, דְּתִזְרַע יָת זַרְעָךְ, וּמַשְׁקֵית לֵיהּ בְּרַגְלָךְ כְּגִנַּת
יא יַרְקָא: וְאַרְעָא, דְּאַתּוּן, עָבְרִין לְתַמָּן לְמֵירְתַהּ, אֲרַע טוּרִין וּבִקְעָן, לִמְטַר שְׁמַיָּא שָׁתְיָא מַיָּא:

ו **בְּקֶרֶב כָּל יִשְׂרָאֵל.** כָּל מָקוֹם שֶׁהָיָה אֶחָד מֵהֶם בּוֹרֵחַ, הָאָרֶץ נִבְקַעַת מִתַּחְתָּיו וּבוֹלַעְתּוֹ, אֵלּוּ דִּבְרֵי רַבִּי יְהוּדָה. אָמַר לוֹ רַבִּי נְחֶמְיָה: וַהֲלֹא כְּבָר נֶאֱמַר: "וַתִּפְתַּח הָאָרֶץ אֶת פִּיהָ" (במדבר טז, לב) וְלֹא 'פִּיּוֹתֶיהָ'? אָמַר לוֹ: וּמָה אֲנִי מְקַיֵּם "בְּקֶרֶב כָּל יִשְׂרָאֵל"? אָמַר לוֹ: שֶׁנַּעֲשֵׂית הָאָרֶץ מִדְרוֹן כְּמַשְׁפֵּךְ, וְכָל מָקוֹם שֶׁהָיָה אֶחָד מֵהֶם, הָיָה מִתְגַּלְגֵּל וּבָא עַד מְקוֹם הַבְּקִיעָה: **וְאֵת כָּל הַיְקוּם אֲשֶׁר בְּרַגְלֵיהֶם.** זֶה מָמוֹנוֹ שֶׁל אָדָם שֶׁמַּעֲמִידוֹ עַל רַגְלָיו:

ז **כִּי עֵינֵיכֶם הָרֹאֹת.** מוּסָב עַל הַמִּקְרָא הָאָמוּר לְמַעְלָה (לעיל פסוק ב): "כִּי לֹא אֶת בְּנֵיכֶם אֲשֶׁר לֹא יָדְעוּ" וְגוֹ', כִּי אִם עִמָּכֶם, אֲשֶׁר "עֵינֵיכֶם הָרֹאֹת" וְגוֹ':

י **לֹא כְאֶרֶץ מִצְרַיִם הִוא.** אֶלָּא טוֹבָה הֵימֶנָּה. וְנֶאֶמְרָה הַבְטָחָה זוֹ לְיִשְׂרָאֵל בִּיצִיאָתָם מִמִּצְרַיִם, שֶׁהָיוּ אוֹמְרִים, שֶׁמָּא לֹא נָבוֹא אֶל אֶרֶץ טוֹבָה וְיָפָה כָּזוֹ. יָכוֹל בִּגְנוּתָהּ הַכָּתוּב מְדַבֵּר, וְכָךְ אָמַר לָהֶם: לֹא כְּאֶרֶץ מִצְרַיִם הִיא אֶלָּא רָעָה הֵימֶנָּה? תַּלְמוּד לוֹמַר: "וְחֶבְרוֹן שֶׁבַע שָׁנִים נִבְנְתָה לִפְנֵי צֹעַן מִצְרָיִם" (במדבר יג, כב), אָדָם אֶחָד בְּנָאָן, חָם בָּנָה צֹעַן לְמִצְרַיִם בְּנוֹ וְחֶבְרוֹן לִכְנַעַן; דֶּרֶךְ אֶרֶץ אָדָם בּוֹנֶה אֶת הַנָּאֶה וְאַחַר כָּךְ בּוֹנֶה אֶת הַכָּעוּר, שֶׁפְּסָלְתּוֹ שֶׁל רִאשׁוֹן הוּא נוֹתֵן בַּשֵּׁנִי, וּבְכָל מָקוֹם הֶחָבִיב קוֹדֵם, הָא לָמַדְתָּ שֶׁחֶבְרוֹן יָפָה מִצֹּעַן. וּמִצְרַיִם מְשֻׁבַּחַת מִכָּל הָאֲרָצוֹת, שֶׁנֶּאֱמַר: "כְּגַן ה' כְּאֶרֶץ מִצְרַיִם" (בראשית יג, י), וְצֹעַן שֶׁבַח מִצְרַיִם הָיְתָה, שֶׁהָיְתָה מְקוֹם מַלְכוּת, שֶׁכֵּן הוּא אוֹמֵר: "כִּי הָיוּ בְצֹעַן שָׂרָיו" (ישעיה ל, ד), וְחֶבְרוֹן פְּסָלְתָּהּ שֶׁל אֶרֶץ יִשְׂרָאֵל, לְכָךְ הִקְצוּהָ לִקְבוּרַת מֵתִים, וְאַף עַל פִּי כֵן הִיא יָפָה מִצֹּעַן. וּבִכְתֻבּוֹת (דף קיב ע"א) דָּרְשׁוּ בְּעִנְיָן אַחֵר: אֶפְשָׁר אָדָם בּוֹנֶה בַּיִת לִבְנוֹ הַקָּטָן וְאַחַר כָּךְ לִבְנוֹ הַגָּדוֹל? אֶלָּא שֶׁמְּבֻנָּה עַל אֶחָד מִשִּׁבְעָה בְּצֹעַן: **אֲשֶׁר יְצָאתֶם מִשָּׁם.** אֲפִלּוּ אֶרֶץ רַעְמְסֵס אֲשֶׁר יְשַׁבְתֶּם בָּהּ וְהִיא בְּמֵיטַב אֶרֶץ מִצְרַיִם, שֶׁנֶּאֱמַר: "בְּמֵיטַב הָאָרֶץ" וְגוֹ' (בראשית מז, יא), אַף הִיא אֵינָהּ כְּאֶרֶץ יִשְׂרָאֵל: **וְהִשְׁקִיתָ בְרַגְלְךָ.** אֶרֶץ מִצְרַיִם – הָיִיתָ צָרִיךְ לְהָבִיא מַיִם מִנִּילוּס בְּרַגְלְךָ וּלְהַשְׁקוֹתָהּ, וְצָרִיךְ אַתָּה לִנְדֹּד אֶת שְׁנָתְךָ וְלַעֲמֹל, וְהַנָּמוּךְ שׁוֹתֶה וְלֹא הַגָּבוֹהַּ, וְאַתָּה מַעֲלֶה הַמַּיִם מִן הַנָּמוּךְ לַגָּבוֹהַּ. אֲבָל זוֹ – "לִמְטַר הַשָּׁמַיִם תִּשְׁתֶּה מָּיִם" (להלן פסוק יא), אַתָּה יָשֵׁן עַל מִטָּתְךָ וְהַקָּדוֹשׁ בָּרוּךְ הוּא מַשְׁקֶה נָמוּךְ וְגָבוֹהַּ, גָּלוּי וְשֶׁאֵינוֹ גָּלוּי כְּאַחַת: **כְּגַן הַיָּרָק.** שֶׁאֵין דַּי לוֹ בִּגְשָׁמִים וּמַשְׁקִים אוֹתוֹ בָּרֶגֶל וּבַכָּתֵף:

יא **אֶרֶץ הָרִים וּבְקָעֹת.** מְשֻׁבָּח הָהָר מִן הַמִּישׁוֹר,

אֶרֶץ אֲשֶׁר־יְהוָה אֱלֹהֶיךָ דֹּרֵשׁ אֹתָהּ תָּמִיד יב
עֵינֵי יְהוָה אֱלֹהֶיךָ בָּהּ מֵרֵשִׁית הַשָּׁנָה וְעַד
★ אַחֲרִית שָׁנָה׃ וְהָיָה אִם־שָׁמֹעַ יג
תִּשְׁמְעוּ אֶל־מִצְוֺתַי אֲשֶׁר אָנֹכִי מְצַוֶּה אֶתְכֶם
הַיּוֹם לְאַהֲבָה אֶת־יְהוָה אֱלֹהֵיכֶם וּלְעָבְדוֹ
בְּכָל־לְבַבְכֶם וּבְכָל־נַפְשְׁכֶם׃ וְנָתַתִּי מְטַר־ יד
אַרְצְכֶם בְּעִתּוֹ יוֹרֶה וּמַלְקוֹשׁ וְאָסַפְתָּ דְגָנֶךָ
וְתִירֹשְׁךָ וְיִצְהָרֶךָ׃ וְנָתַתִּי עֵשֶׂב בְּשָׂדְךָ טו
לִבְהֶמְתֶּךָ וְאָכַלְתָּ וְשָׂבָעְתָּ׃ הִשָּׁמְרוּ לָכֶם טז
פֶּן־יִפְתֶּה לְבַבְכֶם וְסַרְתֶּם וַעֲבַדְתֶּם אֱלֹהִים
אֲחֵרִים וְהִשְׁתַּחֲוִיתֶם לָהֶם׃ וְחָרָה אַף־יְהוָה יז
בָּכֶם וְעָצַר אֶת־הַשָּׁמַיִם וְלֹא־יִהְיֶה מָטָר
וְהָאֲדָמָה לֹא תִתֵּן אֶת־יְבוּלָהּ וַאֲבַדְתֶּם
מְהֵרָה מֵעַל הָאָרֶץ הַטֹּבָה אֲשֶׁר יְהוָה נֹתֵן
לָכֶם׃ וְשַׂמְתֶּם אֶת־דְּבָרַי אֵלֶּה עַל־לְבַבְכֶם יח

שֶׁהַמִּישׁוֹר בְּבֵית כּוֹר חִטָּה זוֹרֵעַ כּוֹר, אֲבָל הָהָר בֵּית כּוֹר מִמֶּנּוּ חֲמֵשֶׁת כּוֹרִין, אַרְבָּעָה מֵאַרְבָּעָה שִׁפּוּעָיו וְאֶחָד בְּרֹאשׁוֹ: וּבְקָעֹת. הֵן מִישׁוֹר:

יב| אֲשֶׁר ה׳ אֱלֹהֶיךָ דֹּרֵשׁ אֹתָהּ. וַהֲלֹא כָּל הָאֲרָצוֹת הוּא דּוֹרֵשׁ, שֶׁנֶּאֱמַר: ״לְהַמְטִיר עַל אֶרֶץ לֹא אִישׁ״ (איוב לח, כו)! אֶלָּא כִּבְיָכוֹל אֵינוֹ דּוֹרֵשׁ אֶלָּא אוֹתָהּ, וְעַל יְדֵי אוֹתָהּ דְּרִישָׁה שֶׁדּוֹרְשָׁהּ דּוֹרֵשׁ אֶת כָּל הָאֲרָצוֹת עִמָּהּ: תָּמִיד עֵינֵי ה׳ אֱלֹהֶיךָ בָּהּ. לִרְאוֹת מַה הִיא צְרִיכָה וּלְחַדֵּשׁ בָּהּ גְּזֵרוֹת, עִתִּים לְטוֹבָה וְעִתִּים לְרָעָה וְכוּ׳, כִּדְאִיתָא בְּרֹאשׁ הַשָּׁנָה (דף יז ע״ב): מֵרֵשִׁית הַשָּׁנָה. מֵרֹאשׁ הַשָּׁנָה נִדּוֹן מַה יְּהֵא בְּסוֹפָהּ:

יג| וְהָיָה אִם שָׁמֹעַ תִּשְׁמְעוּ. אִם תִּשְׁמַע בַּיָּשָׁן, תִּשְׁמַע בֶּחָדָשׁ, וְכֵן: ״וְהָיָה אִם שָׁכֹחַ תִּשְׁכַּח״ (לעיל ח, יט), אִם הִתְחַלְתָּ לִשְׁכֹּחַ סוֹפְךָ שֶׁתִּשְׁכַּח כֻּלָּהּ, כְּתִיב בִּמְגִלָּה: אִם תַּעַזְבֵנִי יוֹם, יוֹמַיִם אֶעֶזְבֶךָּ (ראה ספרי מח): מְצַוֶּה אֶתְכֶם הַיּוֹם. שֶׁיִּהְיוּ עֲלֵיכֶם חֲדָשִׁים כְּאִלּוּ שְׁמַעְתֶּם בּוֹ בַּיּוֹם: לְאַהֲבָה אֶת

יב אַרְעָא, דַּיְיָ אֱלָהָךְ תָּבַע יָתַהּ, תְּדִירָא, עֵינֵי יְיָ אֱלָהָךְ בַּהּ, מֵרֵישָׁא דְּשַׁתָּא, וְעַד סוֹפַהּ
יג דְּשַׁתָּא: וִיהֵי, אִם קַבָּלָא תְקַבְּלוּן לְפִקּוֹדַי, דַּאֲנָא, מְפַקֵּיד יָתְכוֹן יוֹמָא דֵין, לְמִרְחַם, יָת יְיָ
יד אֱלָהֲכוֹן וּלְמִפְלַח קֳדָמוֹהִי, בְּכָל לִבְּכוֹן וּבְכָל נַפְשְׁכוֹן: וְאֶתֵּין מְטַר אַרְעֲכוֹן, בְּעִדָּנֵיהּ בַּכִּיר
טו וְלַקִּישׁ, וְתִכְנוֹשׁ עֲבוּרָךְ, וְחַמְרָךְ וּמִשְׁחָךְ: וְאֶתֵּין, עִסְבָּא בְּחַקְלָךְ לִבְעִירָךְ, וְתֵיכוֹל וְתִסְבַּע:
טז אִסְתַּמַּרוּ לְכוֹן, דִּלְמָא יִטְעֵי לִבְּכוֹן, וְתִסְטוֹן, וְתִפְלְחוּן לְטָעֲוַת עַמְמַיָּא, וְתִסְגְּדוּן לְהוֹן:
יז וְיִתְקַף רֻגְזָא דַּיְיָ בְּכוֹן, וְיֵיחוֹד יָת שְׁמַיָּא וְלָא יְהֵי מִטְרָא, וְאַרְעָא, לָא תִתֵּין יָת עֲלַלְתַּהּ,
יח וְתֵיבְדוּן בִּפְרִיעַ, מֵעַל אַרְעָא טָבְתָא, דַּיְיָ יָהֵיב לְכוֹן: וּתְשַׁוּוֹן יָת פִּתְגָמַי אִלֵּין, עַל לִבְּכוֹן

ה'. שֶׁלֹּא תֹאמַר: הֲרֵי אֲנִי לָמֵד בִּשְׁבִיל שֶׁאֶהְיֶה עָשִׁיר, בִּשְׁבִיל שֶׁאֶקָּרֵא רַב, בִּשְׁבִיל שֶׁאֲקַבֵּל שָׂכָר, אֶלָּא כָּל מַה שֶּׁתַּעֲשׂוּ עֲשׂוּ מֵאַהֲבָה, וְסוֹף הַכָּבוֹד לָבֹא: **וּלְעָבְדוֹ בְּכָל לְבַבְכֶם.** עֲבוֹדָה שֶׁהִיא בַּלֵּב, וְזוֹ הִיא תְּפִלָּה, שֶׁהַתְּפִלָּה קְרוּיָה עֲבוֹדָה, שֶׁנֶּאֱמַר: "אֱלָהָךְ דִּי אַנְתְּ פָּלַח לֵהּ בִּתְדִירָא" (דניאל ו, יז), וְכִי יֵשׁ פֻּלְחָן בְּבָבֶל? אֶלָּא עַל שֶׁהָיָה מִתְפַּלֵּל, שֶׁנֶּאֱמַר: "וְכַוִּין פְּתִיחָן לֵהּ" וְגוֹ' (שם פסוק יא), וְכֵן בְּדָוִד הוּא אוֹמֵר: "תִּכּוֹן תְּפִלָּתִי קְטֹרֶת לְפָנֶיךָ" (תהלים קמא, ב): **בְּכָל לְבַבְכֶם וּבְכָל נַפְשְׁכֶם.** וַהֲלֹא כְּבָר הִזְהִיר: "בְּכָל לְבָבְךָ וּבְכָל נַפְשְׁךָ" (דברים ו, ה)? אֶלָּא, אַזְהָרָה לַיָּחִיד, אַזְהָרָה לַצִּבּוּר:

יד| **וְנָתַתִּי מְטַר אַרְצְכֶם.** עֲשִׂיתֶם מַה שֶּׁעֲלֵיכֶם, אַף אֲנִי אֶעֱשֶׂה מַה שֶּׁעָלַי: **בְּעִתּוֹ.** בַּלֵּילוֹת, שֶׁלֹּא יַטְרִיחוּ אֶתְכֶם. דָּבָר אַחֵר, "בְּעִתּוֹ", בְּלֵילֵי שַׁבָּתוֹת, שֶׁהַכֹּל מְצוּיִין בְּבָתֵּיהֶם: **יוֹרֶה.** הִיא רְבִיעָה הַנּוֹפֶלֶת לְאַחַר הַזְּרִיעָה, שֶׁמַּרְוָה אֶת הָאָרֶץ וְאֶת הַזְּרָעִים: **וּמַלְקוֹשׁ.** רְבִיעָה הַיּוֹרֶדֶת סָמוּךְ לַקָּצִיר לְמַלְּאֹת הַתְּבוּאָה בְּקַשֶּׁיהָ. וּלְשׁוֹן "מַלְקוֹשׁ" דָּבָר הַמְאֻחָר, כִּדְמְתַרְגְּמִינַן: "וְהָיָה הָעֲטֻפִים לְלָבָן" – "לַקִּישַׁיָּא" (בראשית ל, מב). דָּבָר אַחֵר, לְכָךְ נִקְרֵאת "מַלְקוֹשׁ", שֶׁיּוֹרֶדֶת עַל הַמְּלִילוֹת וְעַל הַקַּשִּׁין: **וְאָסַפְתָּ דְגָנֶךָ.** אַתָּה תַּאַסְפֶנּוּ אֶל הַבַּיִת וְלֹא אוֹיְבֶיךָ, כְּעִנְיָן שֶׁנֶּאֱמַר: "אִם אֶתֵּן אֶת דְּגָנֵךְ עוֹד מַאֲכָל לְאֹיְבַיִךְ וְגוֹ' כִּי מְאַסְפָיו יֹאכְלֻהוּ" (ישעיה סב, ח-ט), וְלֹא כְּעִנְיָן שֶׁנֶּאֱמַר: "וְהָיָה אִם זָרַע יִשְׂרָאֵל וְעָלָה מִדְיָן וַעֲמָלֵק וּבְנֵי קֶדֶם" וְגוֹ' (שופטים ו, ג):

טו| **וְנָתַתִּי עֵשֶׂב בְּשָׂדְךָ.** שֶׁלֹּא תִצְטָרֵךְ לְהוֹלִיכָהּ לַמִּדְבָּרוֹת. דָּבָר אַחֵר, שֶׁתְּהֵא גּוֹזֵז תְּבוּאָתְךָ כָּל יְמוֹת הַגְּשָׁמִים וּמַשְׁלִיךְ לִפְנֵי בְהֶמְתְּךָ, וְאַתָּה מוֹנֵעַ יָדְךָ מִמֶּנָּה שְׁלֹשִׁים יוֹם קֹדֶם לַקָּצִיר וְאֵינָהּ פּוֹחֶתֶת מִדְּגָנָהּ: **וְאָכַלְתָּ וְשָׂבָעְתָּ.** הֲרֵי זוֹ בְּרָכָה אַחֶרֶת, שֶׁתְּהֵא בְּרָכָה מְצוּיָה בַּפַּת בְּתוֹךְ הַמֵּעַיִם:

טו-טז| **וְאָכַלְתָּ וְשָׂבָעְתָּ, הִשָּׁמְרוּ לָכֶם.** כֵּיוָן שֶׁתִּהְיוּ אוֹכְלִים וּשְׂבֵעִים, הִשָּׁמְרוּ לָכֶם שֶׁלֹּא תִבְעֲטוּ, שֶׁאֵין אָדָם מוֹרֵד בְּהַקָּדוֹשׁ בָּרוּךְ הוּא אֶלָּא מִתּוֹךְ שְׂבִיעָה, שֶׁנֶּאֱמַר: "פֶּן תֹּאכַל וְשָׂבָעְתָּ... וּבְקָרְךָ וְצֹאנְךָ יִרְבְּיֻן" (לעיל ח, יב-יג), מַה הוּא אוֹמֵר אַחֲרָיו? "וְרָם לְבָבֶךָ וְשָׁכַחְתָּ" (שם פסוק יד): **וְסַרְתֶּם.** לִפְרֹשׁ מִן הַתּוֹרָה, וּמִתּוֹךְ כָּךְ: "וַעֲבַדְתֶּם אֱלֹהִים אֲחֵרִים", שֶׁכֵּיוָן שֶׁאָדָם פּוֹרֵשׁ מִן הַתּוֹרָה, הוֹלֵךְ וּמִדַּבֵּק בַּעֲבוֹדָה זָרָה. וְכֵן דָּוִד אוֹמֵר: "כִּי גֵרְשׁוּנִי הַיּוֹם מֵהִסְתַּפֵּחַ בְּנַחֲלַת ה' לֵאמֹר לֵךְ עֲבֹד אֱלֹהִים אֲחֵרִים" (שמואל א' כו, יט), וּמִי אָמַר לוֹ כֵּן? אֶלָּא כֵּיוָן שֶׁאֲנִי מְגֹרָשׁ מִלַּעֲסֹק בַּתּוֹרָה, הֲרֵינִי קָרוֹב לַעֲבֹד אֱלֹהִים אֲחֵרִים: **אֱלֹהִים אֲחֵרִים.** שֶׁהֵם אֲחֵרִים לְעוֹבְדֵיהֶם, צוֹעֵק אֵלָיו וְאֵינוֹ עוֹנֵהוּ, נִמְצָא עָשׂוּי לוֹ כְּנָכְרִי:

יז| **אֶת יְבוּלָהּ.** אַף מַה שֶּׁאַתָּה מוֹבִיל לָהּ, כְּעִנְיָן שֶׁנֶּאֱמַר: "זְרַעְתֶּם הַרְבֵּה וְהָבֵא מְעָט" (חגי א, ו): **וַאֲבַדְתֶּם מְהֵרָה.** עַל כָּל שְׁאָר הַיִּסּוּרִין, אַגְלֶה אֶתְכֶם מִן הָאֲדָמָה שֶׁגָּרְמָה לָכֶם לַחְטֹא. מָשָׁל לְמֶלֶךְ שֶׁשָּׁלַח בְּנוֹ לְבֵית הַמִּשְׁתֶּה וְהָיָה יוֹשֵׁב וּמְפַקְּדוֹ: אַל תֹּאכַל יוֹתֵר מִצָּרְכְּךָ שֶׁתָּבוֹא נָקִי לְבֵיתְךָ, וְלֹא הִשְׁגִּיחַ הַבֵּן הַהוּא, אָכַל וְשָׁתָה יוֹתֵר מִצָּרְכּוֹ וְהֵקִיא וְטִנֵּף אֶת כָּל בְּנֵי הַמְּסִבָּה, נְטָלוּהוּ בְּיָדָיו וּבְרַגְלָיו וּזְרָקוּהוּ אֲחוֹרֵי פַּלְטֵרִין: **מְהֵרָה.** אֵינִי נוֹתֵן לָכֶם אַרְכָּה. וְאִם תֹּאמְרוּ, וַהֲלֹא נִתְּנָה אַרְכָּה לְדוֹר הַמַּבּוּל, שֶׁנֶּאֱמַר: "וְהָיוּ יָמָיו מֵאָה וְעֶשְׂרִים שָׁנָה" (בראשית ו, ג)? דּוֹר הַמַּבּוּל לֹא הָיָה לָהֶם מִמִּי לִלְמֹד, וְאַתֶּם יֵשׁ לָכֶם מִמִּי לִלְמֹד:

יח| **וְשַׂמְתֶּם אֶת דְּבָרַי.** אַף לְאַחַר שֶׁתִּגְלוּ הֱיוּ מְצֻיָּנִים בַּמִּצְוֹת, הָנִיחוּ תְּפִלִּין עֲשׂוּ מְזוּזוֹת, כְּדֵי

וְעַל־נַפְשְׁכֶם וּקְשַׁרְתֶּם אֹתָם לְאוֹת עַל־
יֶדְכֶם וְהָיוּ לְטוֹטָפֹת בֵּין עֵינֵיכֶם: וְלִמַּדְתֶּם יט
אֹתָם אֶת־בְּנֵיכֶם לְדַבֵּר בָּם בְּשִׁבְתְּךָ בְּבֵיתֶךָ
וּבְלֶכְתְּךָ בַדֶּרֶךְ וּבְשָׁכְבְּךָ וּבְקוּמֶךָ: וּכְתַבְתָּם כ
עַל־מְזוּזוֹת בֵּיתֶךָ וּבִשְׁעָרֶיךָ: לְמַעַן יִרְבּוּ כא
יְמֵיכֶם וִימֵי בְנֵיכֶם עַל הָאֲדָמָה אֲשֶׁר נִשְׁבַּע
יְהוָה לַאֲבֹתֵיכֶם לָתֵת לָהֶם כִּימֵי הַשָּׁמַיִם
שביעי מפטיר עַל־הָאָרֶץ: כִּי אִם־ כב
שָׁמֹר תִּשְׁמְרוּן אֶת־כָּל־הַמִּצְוָה הַזֹּאת אֲשֶׁר
אָנֹכִי מְצַוֶּה אֶתְכֶם לַעֲשֹׂתָהּ לְאַהֲבָה אֶת־
יְהוָה אֱלֹהֵיכֶם לָלֶכֶת בְּכָל־דְּרָכָיו וּלְדָבְקָה־
בוֹ: וְהוֹרִישׁ יְהוָה אֶת־כָּל־הַגּוֹיִם הָאֵלֶּה כג
מִלִּפְנֵיכֶם וִירִשְׁתֶּם גּוֹיִם גְּדֹלִים וַעֲצֻמִים
מִכֶּם: כָּל־הַמָּקוֹם אֲשֶׁר תִּדְרֹךְ כַּף־רַגְלְכֶם כד
בּוֹ לָכֶם יִהְיֶה מִן־הַמִּדְבָּר וְהַלְּבָנוֹן מִן־
הַנָּהָר נְהַר־פְּרָת וְעַד הַיָּם הָאַחֲרוֹן יִהְיֶה
גְּבֻלְכֶם: לֹא־יִתְיַצֵּב אִישׁ בִּפְנֵיכֶם פַּחְדְּכֶם כה
וּמוֹרַאֲכֶם יִתֵּן ׀ יְהוָה אֱלֹהֵיכֶם עַל־פְּנֵי

# כָּל־הָאָרֶץ אֲשֶׁר תִּדְרְכוּ־בָהּ כַּאֲשֶׁר דִּבֶּר לָכֶם׃

יט וְעַל נַפְשְׁכוֹן, וְתִקְטְרוּן יָתְהוֹן לְאָת עַל יַדְכוֹן, וִיהוֹן לִתְפִלִּין בֵּין עֵינֵיכוֹן: וְתַלְּפוּן יָתְהוֹן, יָת
כ בְּנֵיכוֹן לְמַלָּלָא בְהוֹן, בְּמִתְּבָךְ בְּבֵיתָךְ וּבְמֵהָכָךְ בְּאוֹרְחָא, וּבְמִשְׁכְּבָךְ וּבִמְקִימָךְ: וְתִכְתּוֹבִנּוּן
כא עַל מְזוּזְיָן, וְתִקְבְּעִנּוּן בְּסִפֵּי בֵיתָךְ וּבְתַרְעָךְ: בְּדִיל דְּיִסְגּוֹן יוֹמֵיכוֹן וְיוֹמֵי בְנֵיכוֹן, עַל אַרְעָא,
כב דְּקַיֵּים יְיָ, לַאֲבָהָתְכוֹן לְמִתַּן לְהוֹן, כְּיוֹמֵי שְׁמַיָּא עַל אַרְעָא: אֲרֵי אִם מִטַּר תִּטְּרוּן יָת כָּל
תַּפְקֵידְתָּא הָדָא, דַּאֲנָא, מְפַקֵּיד יָתְכוֹן לְמֶעְבְּדַהּ, לְמִרְחַם, יָת יְיָ אֱלָהֲכוֹן, לִמְהָךְ בְּכָל אוֹרְחָן
כג דְּתַקְנָן קֳדָמוֹהִי וּלְאִתְקָרָבָא לְדַחְלְתֵיהּ: וִיתָרֵיךְ יְיָ, יָת כָּל עַמְמַיָּא הָאִלֵּין מִן קֳדָמֵיכוֹן, וְתֵירְתוּן
כד עַמְמִין, רַבְרְבִין וְתַקִּיפִין מִנְּכוֹן: כָּל אַתְרָא, דְּתִדְרוֹךְ פַּרְסַת רַגְלְכוֹן, בֵּיהּ דִּילְכוֹן יְהֵי, מִן מַדְבְּרָא
כה וְלִבְנָן מִן נַהֲרָא נַהֲרָא פְרָת, וְעַד יַמָּא בָתְרָאָה, יְהֵי תְּחוּמְכוֹן: לָא יִתְעַתַּד אֱנָשׁ קֳדָמֵיכוֹן,
דַּחַלְתְּכוֹן וְאֵימַתְכוֹן, יִתֵּין יְיָ אֱלָהֲכוֹן, עַל אַפֵּי כָל אַרְעָא דְּתִדְרְכוּן בַּהּ, כְּמָא דְּמַלֵּיל לְכוֹן:

שֶׁלֹּא יִהְיוּ לָכֶם חֲדָשִׁים כְּשֶׁתַּחְזְרוּ, וְכֵן הוּא אוֹמֵר: "הַצִּיבִי לָךְ צִיֻּנִים" (ירמיה לא, כ):

יט-כא| **לְדַבֵּר בָּם.** מִשָּׁעָה שֶׁהַבֵּן יוֹדֵעַ לְדַבֵּר, לַמְּדֵהוּ "תּוֹרָה צִוָּה לָנוּ מֹשֶׁה" (להלן לג, ד), שֶׁיְּהֵא זֶה לִמּוּד דִּבּוּרוֹ. מִכָּאן אָמְרוּ: כְּשֶׁהַתִּינוֹק מַתְחִיל לְדַבֵּר, אָבִיו מֵשִׂיחַ עִמּוֹ בִּלְשׁוֹן הַקֹּדֶשׁ וּמְלַמְּדוֹ תּוֹרָה, וְאִם לֹא עָשָׂה כֵן הֲרֵי הוּא כְּאִלּוּ קוֹבְרוֹ, שֶׁנֶּאֱמַר: "וְלִמַּדְתֶּם אֹתָם אֶת בְּנֵיכֶם לְדַבֵּר בָּם וְגוֹ' לְמַעַן יִרְבּוּ יְמֵיכֶם וִימֵי בְנֵיכֶם" – אִם עֲשִׂיתֶם כֵּן יִרְבּוּ, וְאִם לָאו לֹא יִרְבּוּ, שֶׁדִּבְרֵי תוֹרָה נִדְרָשִׁין מִכְּלַל לָאו הֵן וּמִכְּלַל הֵן לָאו: **לָתֵת לָהֶם.** 'לָתֵת לָכֶם' אֵין כְּתִיב כָּאן, אֶלָּא "לָתֵת לָהֶם", מִכָּאן מָצִינוּ לְמֵדִים תְּחִיַּת הַמֵּתִים מִן הַתּוֹרָה:

כב| **שָׁמֹר תִּשְׁמְרוּן.** אַזְהָרַת שְׁמִירוֹת הַרְבֵּה, לְהִזָּהֵר בְּתַלְמוּדוֹ שֶׁלֹּא יִשְׁתַּכַּח: **לָלֶכֶת בְּכָל דְּרָכָיו.** הוּא רַחוּם וְאַתָּה תְּהֵא רַחוּם, הוּא גּוֹמֵל חֲסָדִים וְאַתָּה גּוֹמֵל חֲסָדִים: **וּלְדָבְקָה בוֹ.** אֶפְשָׁר לוֹמַר כֵּן, וַהֲלֹא "אֵשׁ אֹכְלָה הוּא" (לעיל ד, כד)? אֶלָּא הִדָּבֵק בַּתַּלְמִידִים וּבַחֲכָמִים, וּמַעֲלֶה אֲנִי עָלֶיךָ כְּאִלּוּ נִדְבַּקְתָּ בוֹ:

כג| **וְהוֹרִישׁ ה'.** עֲשִׂיתֶם מַה שֶּׁעֲלֵיכֶם, אַף אֲנִי אֶעֱשֶׂה מַה שֶּׁעָלַי: **וַעֲצֻמִים מִכֶּם.** אַתֶּם גִּבּוֹרִים וְהֵם גִּבּוֹרִים מִכֶּם, שֶׁאִם לֹא שֶׁיִּשְׂרָאֵל גִּבּוֹרִים, מַה הַשֶּׁבַח הַהוּא שֶׁמְּשַׁבֵּחַ אֶת הָאֱמוֹרִיִּים לוֹמַר: "וַעֲצֻמִים מִכֶּם"? אֶלָּא אַתֶּם גִּבּוֹרִים מִשְּׁאָר הָאֻמּוֹת, וְהֵם גִּבּוֹרִים מִכֶּם:

כה| **לֹא יִתְיַצֵּב אִישׁ וְגוֹ'.** אֵין לִי אֶלָּא אִישׁ, אֻמָּה וּמִשְׁפָּחָה וְאִשָּׁה בִּכְשָׁפֶיהָ מִנַּיִן? תַּלְמוּד לוֹמַר: "לֹא יִתְיַצֵּב", מִכָּל מָקוֹם. אִם כֵּן, מַה תַּלְמוּד לוֹמַר: "אִישׁ"? אֲפִלּוּ כְּעוֹג מֶלֶךְ הַבָּשָׁן: **פַּחְדְּכֶם וּמוֹרַאֲכֶם.** וַהֲלֹא פַּחַד הוּא מוֹרָא? אֶלָּא "פַּחְדְּכֶם" עַל הַקְּרוֹבִים "וּמוֹרַאֲכֶם" עַל הָרְחוֹקִים. 'פַּחַד' לְשׁוֹן בְּעִיתַת פִּתְאֹם, 'מוֹרָא' לְשׁוֹן דְּאָגָה מִיָּמִים רַבִּים: **כַּאֲשֶׁר דִּבֶּר לָכֶם.** וְהֵיכָן דִּבֶּר? "אֶת אֵימָתִי אֲשַׁלַּח לְפָנֶיךָ" וְגוֹ' (שמות כג, כז):

# הפטרת עקב

שני נושאים עיקריים מובאים בהפטרה: קיבוץ הגלויות ובניין הארץ. בלי שיבת העם לארצו ובלי בניית התשתית בארץ שאליה ישובו הבנים, לא יוכלו מאפייני הגאולה האחרים להתפתח ולהתגלות. בימי ישעיהו גלו עשרת השבטים ומלכות שומרון חרבה. לאלה הייתה משמעות אקטואלית בשעת השמעת הנבואות. ביסוד תהליך הגאולה עומד הקשר המיוחד בין ה' לעמו, ולהמחשתו ישעיהו השתמש בהשוואה לקשרים שבין אישה לפרי בטנה ובין איש לאישה. קשרים אנושיים אלה טבעיים ועמוקים הם. הנביא מבטיח בשם ה', כי הקשר בינו לבין עם ישראל עמוק ויסודי יותר מקשרים בסיסיים אלה, והוא שיביא לקיבוץ הגלויות ובניין הארץ, למרות הגלות והחורבן שהיו בעת השמעת נבואות הנחמה.

ישעיה

וַתֹּאמֶר צִיּוֹן עֲזָבַנִי יהוה וַאדֹנָי שְׁכֵחָנִי: הֲתִשְׁכַּח אִשָּׁה עוּלָהּ מֵרַחֵם יד טו מט
בֶּן־בִּטְנָהּ גַּם־אֵלֶּה תִשְׁכַּחְנָה וְאָנֹכִי לֹא אֶשְׁכָּחֵךְ: הֵן עַל־כַּפַּיִם חַקֹּתִיךְ טז
חוֹמֹתַיִךְ נֶגְדִּי תָּמִיד: מִהֲרוּ בָּנָיִךְ מְהָרְסַיִךְ וּמַחֲרִבַיִךְ מִמֵּךְ יֵצֵאוּ: יז
שְׂאִי־סָבִיב עֵינַיִךְ וּרְאִי כֻּלָּם נִקְבְּצוּ בָאוּ־לָךְ חַי־אָנִי נְאֻם־יהוה כִּי יח
כֻלָּם כַּעֲדִי תִלְבָּשִׁי וּתְקַשְּׁרִים כַּכַּלָּה: כִּי חָרְבֹתַיִךְ וְשֹׁמְמֹתַיִךְ וְאֶרֶץ יט
הֲרִסֻתֵךְ כִּי עַתָּה תֵּצְרִי מִיּוֹשֵׁב וְרָחֲקוּ מְבַלְּעָיִךְ: עוֹד יֹאמְרוּ בְאָזְנַיִךְ כ
בְּנֵי שִׁכֻּלָיִךְ צַר־לִי הַמָּקוֹם גְּשָׁה־לִּי וְאֵשֵׁבָה: וְאָמַרְתְּ בִּלְבָבֵךְ מִי כא
יָלַד־לִי אֶת־אֵלֶּה וַאֲנִי שְׁכוּלָה וְגַלְמוּדָה גֹּלָה | וְסוּרָה וְאֵלֶּה מִי גִדֵּל
הֵן אֲנִי נִשְׁאַרְתִּי לְבַדִּי אֵלֶּה אֵיפֹה הֵם: כֹּה־אָמַר אֲדֹנָי כב
יֱהוִה הִנֵּה אֶשָּׂא אֶל־גּוֹיִם יָדִי וְאֶל־עַמִּים אָרִים נִסִּי וְהֵבִיאוּ בָנַיִךְ
בְּחֹצֶן וּבְנֹתַיִךְ עַל־כָּתֵף תִּנָּשֶׂאנָה: וְהָיוּ מְלָכִים אֹמְנַיִךְ וְשָׂרוֹתֵיהֶם כג
מֵינִיקֹתַיִךְ אַפַּיִם אֶרֶץ יִשְׁתַּחֲווּ־לָךְ וַעֲפַר רַגְלַיִךְ יְלַחֵכוּ וְיָדַעַתְּ כִּי־אֲנִי
יהוה אֲשֶׁר לֹא־יֵבֹשׁוּ קֹוָי: הֲיֻקַּח מִגִּבּוֹר מַלְקוֹחַ וְאִם־שְׁבִי כד
צַדִּיק יִמָּלֵט: כִּי־כֹה | אָמַר יהוה גַּם־שְׁבִי גִבּוֹר יֻקָּח וּמַלְקוֹחַ עָרִיץ כה
יִמָּלֵט וְאֶת־יְרִיבֵךְ אָנֹכִי אָרִיב וְאֶת־בָּנַיִךְ אָנֹכִי אוֹשִׁיעַ: וְהַאֲכַלְתִּי כו
אֶת־מוֹנַיִךְ אֶת־בְּשָׂרָם וְכֶעָסִיס דָּמָם יִשְׁכָּרוּן וְיָדְעוּ כָל־בָּשָׂר כִּי אֲנִי
יהוה מוֹשִׁיעֵךְ וְגֹאֲלֵךְ אֲבִיר יַעֲקֹב: כֹּה | אָמַר יהוה אֵי א נ
זֶה סֵפֶר כְּרִיתוּת אִמְּכֶם אֲשֶׁר שִׁלַּחְתִּיהָ אוֹ מִי מִנּוֹשַׁי אֲשֶׁר־מָכַרְתִּי
אֶתְכֶם לוֹ הֵן בַּעֲוֺנֹתֵיכֶם נִמְכַּרְתֶּם וּבְפִשְׁעֵיכֶם שֻׁלְּחָה אִמְּכֶם: מַדּוּעַ ב
בָּאתִי וְאֵין אִישׁ קָרָאתִי וְאֵין עוֹנֶה הֲקָצוֹר קָצְרָה יָדִי מִפְּדוּת וְאִם־
אֵין־בִּי כֹחַ לְהַצִּיל הֵן בְּגַעֲרָתִי אַחֲרִיב יָם אָשִׂים נְהָרוֹת מִדְבָּר תִּבְאַשׁ
דְּגָתָם מֵאֵין מַיִם וְתָמֹת בַּצָּמָא: אַלְבִּישׁ שָׁמַיִם קַדְרוּת וְשַׂק אָשִׂים ג
כְּסוּתָם: אֲדֹנָי יֱהוִה נָתַן לִי לְשׁוֹן לִמּוּדִים לָדַעַת לָעוּת ד

אֶת־יָעֵף דָּבָר יָעִיר ׀ בַּבֹּקֶר בַּבֹּקֶר יָעִיר לִי אֹזֶן לִשְׁמֹעַ כַּלִּמּוּדִים׃
ה ו אֲדֹנָי יֱהֹוִה פָּתַח־לִי אֹזֶן וְאָנֹכִי לֹא מָרִיתִי אָחוֹר לֹא נְסוּגֹתִי׃ גֵּוִי נָתַתִּי
ז לְמַכִּים וּלְחָיַי לְמֹרְטִים פָּנַי לֹא הִסְתַּרְתִּי מִכְּלִמּוֹת וָרֹק׃ וַאדֹנָי יֱהֹוִה
יַעֲזָר־לִי עַל־כֵּן לֹא נִכְלָמְתִּי עַל־כֵּן שַׂמְתִּי פָנַי כַּחַלָּמִישׁ וָאֵדַע כִּי־לֹא
ח אֵבוֹשׁ׃ קָרוֹב מַצְדִּיקִי מִי־יָרִיב אִתִּי נַעַמְדָה יָּחַד מִי־בַעַל מִשְׁפָּטִי
ט יִגַּשׁ אֵלָי׃ הֵן אֲדֹנָי יֱהֹוִה יַעֲזָר־לִי מִי־הוּא יַרְשִׁיעֵנִי הֵן כֻּלָּם כַּבֶּגֶד יִבְלוּ
י עָשׁ יֹאכְלֵם׃ מִי בָכֶם יְרֵא יְהוָה שֹׁמֵעַ בְּקוֹל עַבְדּוֹ אֲשֶׁר ׀
יא הָלַךְ חֲשֵׁכִים וְאֵין נֹגַהּ לוֹ יִבְטַח בְּשֵׁם יְהוָה וְיִשָּׁעֵן בֵּאלֹהָיו׃ הֵן כֻּלְּכֶם
קֹדְחֵי אֵשׁ מְאַזְּרֵי זִיקוֹת לְכוּ ׀ בְּאוּר אֶשְׁכֶם וּבְזִיקוֹת בִּעַרְתֶּם מִיָּדִי
נא א הָיְתָה־זֹּאת לָכֶם לְמַעֲצֵבָה תִּשְׁכָּבוּן׃ שִׁמְעוּ אֵלַי רֹדְפֵי
צֶדֶק מְבַקְשֵׁי יְהוָה הַבִּיטוּ אֶל־צוּר חֻצַּבְתֶּם וְאֶל־מַקֶּבֶת בּוֹר נֻקַּרְתֶּם׃
ב הַבִּיטוּ אֶל־אַבְרָהָם אֲבִיכֶם וְאֶל־שָׂרָה תְּחוֹלֶלְכֶם כִּי־אֶחָד קְרָאתִיו
ג וַאֲבָרְכֵהוּ וְאַרְבֵּהוּ׃ כִּי־נִחַם יְהוָה צִיּוֹן נִחַם כָּל־חָרְבֹתֶיהָ וַיָּשֶׂם מִדְבָּרָהּ
כְּעֵדֶן וְעַרְבָתָהּ כְּגַן־יְהוָה שָׂשׂוֹן וְשִׂמְחָה יִמָּצֵא בָהּ תּוֹדָה וְקוֹל זִמְרָה׃

# פרשת ראה

| | י(ב) | יא | יב | יג |
|---|---|---|---|---|
| נושאים<br>פי סדרים | הברכה והקללה<br>המקום<br>אשר יבחר ה׳ | שחיטת חולין<br>איסור דם<br>המסיתים לעבודה זרה:<br>נביא שקר, אדם קרוב<br>ועיר הנידחת | בעלי החיים המותרים<br>באכילה<br>מעשר שני<br>מעשר עני ושמיטת כספים | צדקה והלוואה לעני<br>הענקה לעבד<br>בכור בהמה<br>שלוש רגלים |

# ראה

רְאֵה אָנֹכִי נֹתֵן לִפְנֵיכֶם הַיּוֹם בְּרָכָה וּקְלָלָה׃ כו יא
אֶת־הַבְּרָכָה אֲשֶׁר תִּשְׁמְעוּ אֶל־מִצְוֺת יְהוָה כז
אֱלֹהֵיכֶם אֲשֶׁר אָנֹכִי מְצַוֶּה אֶתְכֶם הַיּוֹם׃
וְהַקְּלָלָה אִם־לֹא תִשְׁמְעוּ אֶל־מִצְוֺת יְהוָה כח
אֱלֹהֵיכֶם וְסַרְתֶּם מִן־הַדֶּרֶךְ אֲשֶׁר אָנֹכִי מְצַוֶּה
אֶתְכֶם הַיּוֹם לָלֶכֶת אַחֲרֵי אֱלֹהִים אֲחֵרִים
אֲשֶׁר לֹא־יְדַעְתֶּם׃     וְהָיָה כִּי יְבִיאֲךָ כט
יְהוָה אֱלֹהֶיךָ אֶל־הָאָרֶץ אֲשֶׁר־אַתָּה בָא־שָׁמָּה
לְרִשְׁתָּהּ וְנָתַתָּה אֶת־הַבְּרָכָה עַל־הַר גְּרִזִים
וְאֶת־הַקְּלָלָה עַל־הַר עֵיבָל׃ הֲלֹא־הֵמָּה בְּעֵבֶר ל
הַיַּרְדֵּן אַחֲרֵי דֶּרֶךְ מְבוֹא הַשֶּׁמֶשׁ בְּאֶרֶץ הַכְּנַעֲנִי
הַיֹּשֵׁב בָּעֲרָבָה מוּל הַגִּלְגָּל אֵצֶל אֵלוֹנֵי מֹרֶה׃
כִּי אַתֶּם עֹבְרִים אֶת־הַיַּרְדֵּן לָבֹא לָרֶשֶׁת אֶת־ לא
הָאָרֶץ אֲשֶׁר־יְהוָה אֱלֹהֵיכֶם נֹתֵן לָכֶם וִירִשְׁתֶּם
אֹתָהּ וִישַׁבְתֶּם־בָּהּ׃ · וּשְׁמַרְתֶּם לַעֲשׂוֹת אֵת לב
כָּל־הַחֻקִּים וְאֶת־הַמִּשְׁפָּטִים אֲשֶׁר אָנֹכִי נֹתֵן
לִפְנֵיכֶם הַיּוֹם׃ אֵלֶּה הַחֻקִּים וְהַמִּשְׁפָּטִים אֲשֶׁר א יב
תִּשְׁמְרוּן לַעֲשׂוֹת בָּאָרֶץ אֲשֶׁר נָתַן יְהוָה אֱלֹהֵי

אֲבֹתֶיךָ לְךָ לְרִשְׁתָּהּ כָּל־הַיָּמִים אֲשֶׁר־אַתֶּם
ב חַיִּים עַל־הָאֲדָמָה׃ אַבֵּד תְּאַבְּדוּן אֶת־כָּל־

מצווה תלו
חובת השמדת
עבודה זרה

כו כז חֲזוּ, דַּאֲנָא, יָהֵיב קֳדָמֵיכוֹן יוֹמָא דֵין, בִּרְכָן וּלְוָטִין: יָת בִּרְכָן, אִם תְּקַבְּלוּן, לְפִקּוֹדַיָּא
כח דַּייָ אֱלָהֲכוֹן, דַּאֲנָא, מְפַקֵּיד יָתְכוֹן יוֹמָא דֵין: וּלְוָטִין, אִם לָא תְקַבְּלוּן לְפִקּוֹדַיָּא דַּייָ
אֱלָהֲכוֹן, וְתִסְטוֹן מִן אוֹרְחָא, דַּאֲנָא, מְפַקֵּיד יָתְכוֹן יוֹמָא דֵין, לִמְהָךְ, בָּתַר, טָעֲוָת עַמְמַיָּא
כט דְּלָא יְדַעְתּוּן: וִיהֵי, אֲרֵי יַעֲלִנָּךְ יְיָ אֱלָהָךְ, לְאַרְעָא, דְּאַתְּ עָלֵיל לְתַמָּן לְמֵירְתַהּ, וְתִתֵּין יָת
ל מְבָרְכַיָּא עַל טוּרָא דִגְרִיזִין, וְיָת מְלַטְטַיָּא עַל טוּרָא דְעֵיבָל: הֲלָא אִנּוּן בְּעִבְרָא דְיַרְדְּנָא,
אֲחוֹרֵי אוֹרַח מַעֲלָנֵי שִׁמְשָׁא, בַּאֲרַע כְּנַעֲנָאָה, דְּיָתֵיב בְּמֵישְׁרָא, לָקֳבֵיל גִּלְגְּלָא, בִּסְטַר
לא מֵישְׁרֵי מוֹרֶה: אֲרֵי אַתּוּן עָבְרִין יָת יַרְדְּנָא, לְמֵיעַל לְמֵירַת יָת אַרְעָא, דַּייָ אֱלָהֲכוֹן יָהֵיב
לב לְכוֹן, וְתֵירְתוּן יָתַהּ וְתִתְּבוּן בַּהּ: וְתִטְּרוּן לְמֶעְבַּד, יָת כָּל קְיָמַיָּא וְיָת דִּינַיָּא, דַּאֲנָא, יָהֵיב
יב א קֳדָמֵיכוֹן יוֹמָא דֵין: אִלֵּין, קְיָמַיָּא וְדִינַיָּא דְּתִטְּרוּן לְמֶעְבַּד, בְּאַרְעָא, דִּיהַב יְיָ, אֱלָהָא
ב דַּאֲבָהָתָךְ, לָךְ לְמֵירְתַהּ, כָּל יוֹמַיָּא, דְּאַתּוּן קַיָּמִין עַל אַרְעָא: אַבָּדָא תְּאַבְּדוּן, יָת כָּל

כו| **רְאֵה אָנֹכִי. בְּרָכָה וּקְלָלָה.** הָאֲמוּרוֹת בְּהַר גְּרִזִים וּבְהַר עֵיבָל (להלן כז, טו-כו):

כז| **אֶת הַבְּרָכָה.** עַל מְנָת "אֲשֶׁר תִּשְׁמְעוּ":

כח| **מִן הַדֶּרֶךְ אֲשֶׁר אָנֹכִי מְצַוֶּה אֶתְכֶם הַיּוֹם לָלֶכֶת וְגוֹ'.** הָא לָמַדְתָּ שֶׁכָּל הָעוֹבֵד עֲבוֹדָה זָרָה הֲרֵי הוּא סָר מִכָּל הַדֶּרֶךְ שֶׁנִּצְטַוּוּ יִשְׂרָאֵל. מִכָּאן אָמְרוּ: כָּל הַמּוֹדֶה בַּעֲבוֹדָה זָרָה כְּכוֹפֵר בְּכָל הַתּוֹרָה כֻּלָּהּ:

כט| **וְנָתַתָּה אֶת הַבְּרָכָה.** כְּתַרְגּוּמוֹ: "יָת מְבָרְכַיָּא", אֶת הַמְבָרְכִים: **עַל הַר גְּרִזִים.** כְּלַפֵּי הַר גְּרִזִים הוֹפְכִים פְּנֵיהֶם וּפָתְחוּ בִּבְרָכָה: 'בָּרוּךְ הָאִישׁ אֲשֶׁר לֹא יַעֲשֶׂה פֶסֶל וּמַסֵּכָה' וְגוֹ', כָּל הָאֲרוּרִים שֶׁבַּפָּרָשָׁה אָמְרוּ תְּחִלָּה בִּלְשׁוֹן 'בָּרוּךְ', וְאַחַר כָּךְ הָפְכוּ פְּנֵיהֶם כְּלַפֵּי הַר עֵיבָל וּפָתְחוּ בִּקְלָלָה:

ל| **הֲלֹא הֵמָּה.** נָתַן בָּהֶם סִימָן: **אַחֲרֵי.** אַחַר הַעֲבָרַת הַיַּרְדֵּן הַרְבֵּה וְהָלְאָה לְמֵרָחוֹק, וְזֶהוּ לְשׁוֹן 'אַחֲרֵי'. כָּל מָקוֹם שֶׁנֶּאֱמַר 'אַחֲרֵי' מֻפְלָג הוּא: **דֶּרֶךְ מְבוֹא הַשֶּׁמֶשׁ.** לְהַלָּן מִן הַיַּרְדֵּן לְצַד מַעֲרָב. וְטַעַם הַמִּקְרָא מוֹכִיחַ שֶׁהֵם שְׁנֵי דְבָרִים, שֶׁנֶּנְקְדוּ בִּשְׁנֵי טְעָמִים, 'אַחֲרֵי' נָקוּד בְּפַשְׁטָא, וְ'דֶרֶךְ' נָקוּד בְּמַשְׁפֵּל וְהוּא דָּגוּשׁ, וְאִם הָיָה 'אַחֲרֵי דֶרֶךְ' דִּבּוּר אֶחָד, הָיָה נָקוּד 'אַחֲרֵי' בִּמְשָׁרֵת, בְּשׁוֹפָר הָפוּךְ, וְ'דֶרֶךְ' בְּפַשְׁטָא וְרָפֶה: **מוּל הַגִּלְגָּל.** רָחוֹק מִן הַגִּלְגָּל: **אֵלוֹנֵי מֹרֶה.** שְׁכֶם הוּא, שֶׁנֶּאֱמַר: "עַד מְקוֹם שְׁכֶם עַד אֵלוֹן מוֹרֶה" (בראשית יב, ו):

לא| **כִּי אַתֶּם עֹבְרִים אֶת הַיַּרְדֵּן וְגוֹ'.** נִסִּים שֶׁל יַרְדֵּן יִהְיוּ סִימָן בְּיֶדְכֶם שֶׁתָּבֹאוּ וְתִירְשׁוּ אֶת הָאָרֶץ:

פרק יב

ב| **אַבֵּד תְּאַבְּדוּן.** "אַבֵּד" וְאַחַר כָּךְ "תְּאַבְּדוּן",

הַמְּקֹמוֹת אֲשֶׁר עָבְדוּ־שָׁם הַגּוֹיִם אֲשֶׁר אַתֶּם
יֹרְשִׁים אֹתָם אֶת־אֱלֹהֵיהֶם עַל־הֶהָרִים הָרָמִים
וְעַל־הַגְּבָעוֹת וְתַחַת כָּל־עֵץ רַעֲנָן׃ וְנִתַּצְתֶּם ג
אֶת־מִזְבְּחֹתָם וְשִׁבַּרְתֶּם אֶת־מַצֵּבֹתָם וַאֲשֵׁרֵיהֶם
תִּשְׂרְפוּן בָּאֵשׁ וּפְסִילֵי אֱלֹהֵיהֶם תְּגַדֵּעוּן

מצווה תלז
איסור השחתת דברים שנקרא עליהם שם ה׳

ראה

וְאִבַּדְתֶּם אֶת־שְׁמָם מִן־הַמָּקוֹם הַהוּא׃ לֹא־ ד
תַעֲשׂוּן כֵּן לַיהוָה אֱלֹהֵיכֶם׃ כִּי אִם־אֶל־הַמָּקוֹם ה
אֲשֶׁר־יִבְחַר יְהוָה אֱלֹהֵיכֶם מִכָּל־שִׁבְטֵיכֶם
לָשׂוּם אֶת־שְׁמוֹ שָׁם לְשִׁכְנוֹ תִדְרְשׁוּ וּבָאתָ

מצווה תלח
מצוות הבאת נדרים ברגל הראשון

שָׁמָּה׃ · וַהֲבֵאתֶם שָׁמָּה עֹלֹתֵיכֶם וְזִבְחֵיכֶם ו
וְאֵת מַעְשְׂרֹתֵיכֶם וְאֵת תְּרוּמַת יֶדְכֶם וְנִדְרֵיכֶם
וְנִדְבֹתֵיכֶם וּבְכֹרֹת בְּקַרְכֶם וְצֹאנְכֶם׃ וַאֲכַלְתֶּם־ ז
שָׁם לִפְנֵי יְהוָה אֱלֹהֵיכֶם וּשְׂמַחְתֶּם בְּכֹל מִשְׁלַח
יֶדְכֶם אַתֶּם וּבָתֵּיכֶם אֲשֶׁר בֵּרַכְךָ יְהוָה אֱלֹהֶיךָ׃
לֹא תַעֲשׂוּן כְּכֹל אֲשֶׁר אֲנַחְנוּ עֹשִׂים פֹּה הַיּוֹם ח
אִישׁ כָּל־הַיָּשָׁר בְּעֵינָיו׃ כִּי לֹא־בָאתֶם עַד־עָתָּה ט
אֶל־הַמְּנוּחָה וְאֶל־הַנַּחֲלָה אֲשֶׁר־יְהוָה אֱלֹהֶיךָ
נֹתֵן לָךְ׃ וַעֲבַרְתֶּם אֶת־הַיַּרְדֵּן וִישַׁבְתֶּם בָּאָרֶץ י
אֲשֶׁר־יְהוָה אֱלֹהֵיכֶם מַנְחִיל אֶתְכֶם וְהֵנִיחַ לָכֶם
שני מִכָּל־אֹיְבֵיכֶם מִסָּבִיב וִישַׁבְתֶּם־בֶּטַח׃ · וְהָיָה יא

אַתְרַיָּא דִּפְלַחוּ תַמָּן עַמְמַיָּא, דְּאַתּוּן, יָרְתִין יָתְהוֹן יָת טָעֲוָתְהוֹן, עַל טוּרַיָּא רָמַיָּא וְעַל רָמָתָא,
ג וּתְחוֹת כָּל אִילָן עַבּוֹף: וּתְתָרְעוּן יָת אֱיגוֹרֵיהוֹן, וּתְתַבְּרוּן יָת קָמָתְהוֹן, וַאֲשֵׁירֵיהוֹן תּוֹקְדוּן
ד בְּנוּרָא, וְצַלְמֵי טָעֲוָתְהוֹן תְּקַצְּצוּן, וְתַבְדּוּן יָת שׁוּמְהוֹן, מִן אַתְרָא הַהוּא: לָא תַעְבְּדוּן כֵּן, קֳדָם
ה יי אֱלָהֲכוֹן: אֱלָהֵין, לְאַתְרָא, דְּיִתְרְעֵי יי אֱלָהֲכוֹן מִכָּל שִׁבְטֵיכוֹן, לְאַשְׁרָאָה שְׁכִינְתֵיהּ תַּמָּן,
ו לְבֵית שְׁכִינְתֵיהּ תִּתְבְּעוּן וְתֵיתוּן לְתַמָּן: וְתַיְתוּן לְתַמָּן, עֲלָוָתְכוֹן וְנִכְסַת קֻדְשֵׁיכוֹן, וְיָת
ז מַעְסְרֵיכוֹן, וְיָת אַפְרָשׁוּת יַדְכוֹן, וְנִדְרֵיכוֹן וְנִדְבָתְכוֹן, וּבְכוֹרֵי תוֹרֵיכוֹן וְעָנְכוֹן: וְתֵיכְלוּן תַּמָּן, קֳדָם
ח יי אֱלָהֲכוֹן, וְתִחְדּוֹן, בְּכָל אוֹשָׁטוּת יַדְכוֹן, אַתּוּן וֶאֱנָשׁ בָּתֵּיכוֹן, דְּבָרְכָךְ יי אֱלָהָךְ: לָא תַעְבְּדוּן,
ט כְּכֹל, דַּאֲנַחְנָא עָבְדִין, כָּא יוֹמָא דֵין, גְּבַר כָּל דְּכָשַׁר בְּעֵינוֹהִי: אֲרֵי לָא אֲתֵיתוּן עַד כְּעַן,
י לְבֵית נְיָחָא וּלְאַחְסָנְתָא, דַּיי אֱלָהָךְ יָהֵיב לָךְ: וְתַעְבְּרוּן יָת יַרְדְּנָא, וְתִתְּבוּן בְּאַרְעָא, דַּיי
יא אֱלָהֲכוֹן מַחְסֵין יָתְכוֹן, וִינִיחַ לְכוֹן מִכָּל בַּעֲלֵי דְבָבֵיכוֹן, מִסְּחוֹר סְחוֹר וְתִתְּבוּן לְרֻחְצָן: וִיהֵי

מִכָּאן לְעוֹקֵר עֲבוֹדָה זָרָה שֶׁצָּרִיךְ לְשָׁרֵשׁ אַחֲרֶיהָ: **אֵת כָּל הַמְּקֹמוֹת אֲשֶׁר עָבְדוּ שָׁם וְגוֹ'.** וּמַה תְּאַבְּדוּן מֵהֶם? "אֶת אֱלֹהֵיהֶם" אֲשֶׁר "עַל הֶהָרִים":

ג] **מִזְבֵּחַ.** שֶׁל אֲבָנִים הַרְבֵּה: **מַצֵּבָה.** שֶׁל אֶבֶן אַחַת, וְהִיא 'בִּימוֹס' שֶׁשָּׁנִינוּ בַּמִּשְׁנָה: "אֶבֶן שֶׁאֲפָרָהּ מִתְּחִלָּתָהּ לְבִימוֹס" (עבודה זרה מז ע"ב): **אֲשֵׁרָה.** אִילָן הַנֶּעֱבָד: **וְאִבַּדְתֶּם אֶת שְׁמָם.** לְכַנּוֹת לָהֶם שֵׁם לִגְנַאי, בֵּית גַּלְיָא קוֹרִין לָהּ בֵּית כַּרְיָא, עֵין כֹּל – עֵין קוֹץ:

ד] **לֹא תַעֲשׂוּן כֵּן.** לְהַקְטִיר לַשָּׁמַיִם בְּכָל מָקוֹם, כִּי אִם בַּמָּקוֹם אֲשֶׁר יִבְחַר (להלן פסוק ה). דָּבָר אַחֵר, "וְנִתַּצְתֶּם אֶת מִזְבְּחֹתָם... וְאִבַּדְתֶּם אֶת שְׁמָם – לֹא תַעֲשׂוּן כֵּן", אַזְהָרָה לַמּוֹחֵק אֶת הַשֵּׁם וְלַנּוֹתֵץ אֶבֶן מִן הַמִּזְבֵּחַ אוֹ מִן הָעֲזָרָה. אָמַר רַבִּי יִשְׁמָעֵאל: וְכִי תַעֲלֶה עַל דַּעְתְּךָ שֶׁיִּשְׂרָאֵל נוֹתְצִין אֶת הַמִּזְבְּחוֹת? אֶלָּא שֶׁלֹּא תַעֲשׂוּ כְּמַעֲשֵׂיהֶם, וְיִגְרְמוּ עֲוֹנוֹתֵיכֶם לְמִקְדַּשׁ אֲבוֹתֵיכֶם שֶׁיֵּחָרֵב:

ה] **לְשִׁכְנוֹ תִדְרְשׁוּ.** זֶה מִשְׁכַּן שִׁילֹה:

ו] **וְזִבְחֵיכֶם.** שְׁלָמִים שֶׁל חוֹבָה: **מַעְשְׂרֹתֵיכֶם.** מַעְשַׂר בְּהֵמָה וּמַעֲשֵׂר שֵׁנִי, לֶאֱכֹל לִפְנִים מִן הַחוֹמָה: **תְּרוּמַת יֶדְכֶם.** אֵלּוּ הַבִּכּוּרִים, שֶׁנֶּאֱמַר בָּהֶם: "וְלָקַח הַכֹּהֵן הַטֶּנֶא מִיָּדֶךָ" (להלן כו, ד): **וּבְכֹרֹת בְּקַרְכֶם.** לְתִתָּם לַכֹּהֵן וְיַקְרִיבֵם שָׁם:

ז] **אֲשֶׁר בֵּרַכְךָ ה'.** לְפִי הַבְּרָכָה הָבֵא:

ח] **לֹא תַעֲשׂוּן כְּכֹל אֲשֶׁר אֲנַחְנוּ עֹשִׂים וְגוֹ'.** מוּסָב לְמַעְלָה, עַל "כִּי אַתֶּם עֹבְרִים אֶת הַיַּרְדֵּן" וְגוֹ' (לעיל יא, לא), כְּשֶׁתַּעַבְרוּ אֶת הַיַּרְדֵּן מִיָּד מֻתָּרִים אַתֶּם לְהַקְרִיב בַּבָּמָה כָּל אַרְבַּע עֶשְׂרֵה שָׁנָה שֶׁל כִּבּוּשׁ וְחִלּוּק, וּבַבָּמָה לֹא תַקְרִיבוּ כָּל מַה שֶּׁאַתֶּם מַקְרִיבִים פֹּה הַיּוֹם בַּמִּשְׁכָּן שֶׁהוּא עִמָּכֶם וְנִמְשַׁח, וְהוּא כָּשֵׁר לְהַקְרִיב בּוֹ חַטָּאוֹת וַאֲשָׁמוֹת נְדָרִים וּנְדָבוֹת, אֲבָל בַּבָּמָה אֵין קָרֵב אֶלָּא הַנֶּדֶר וְהַנְּדָבָה, וְזֶהוּ "אִישׁ כָּל הַיָּשָׁר בְּעֵינָיו", נְדָרִים וּנְדָבוֹת שֶׁאַתֶּם מִתְנַדְּבִים עַל יְדֵי שֶׁיָּשָׁר בְּעֵינֵיכֶם לַהֲבִיאָם וְלֹא עַל יְדֵי חוֹבָה, אוֹתָם תַּקְרִיבוּ בַּבָּמָה:

ט] **כִּי לֹא בָאתֶם.** כָּל אוֹתָן אַרְבַּע עֶשְׂרֵה שָׁנָה: **עַד עָתָּה.** כְּמוֹ עֲדַיִן: **אֶל הַמְּנוּחָה.** זוֹ שִׁילֹה: **הַנַּחֲלָה.** זוֹ יְרוּשָׁלַיִם:

י-יא] **וַעֲבַרְתֶּם אֶת הַיַּרְדֵּן וִישַׁבְתֶּם בָּאָרֶץ.** שֶׁתִּתְחַלְּקוּהָ וִיהֵא כָּל אֶחָד מַכִּיר אֶת חֶלְקוֹ וְאֶת שִׁבְטוֹ: **וְהֵנִיחַ לָכֶם.** לְאַחַר כִּבּוּשׁ וְחִלּוּק, וּמְנוּחָה מִן "הַגּוֹיִם אֲשֶׁר הִנִּיחַ ה' לְנַסּוֹת בָּם אֶת יִשְׂרָאֵל" (שופטים ג, א), וְאֵין זוֹ אֶלָּא בִּימֵי דָוִד, אָז "וְהָיָה הַמָּקוֹם" וְגוֹ' - בְּנוּ לָכֶם בֵּית הַבְּחִירָה בִּירוּשָׁלַיִם. וְכֵן הוּא אוֹמֵר בְּדָוִד: "וַיְהִי כִּי יָשַׁב הַמֶּלֶךְ בְּבֵיתוֹ וַה' הֵנִיחַ לוֹ מִסָּבִיב מִכָּל אֹיְבָיו, וַיֹּאמֶר הַמֶּלֶךְ אֶל נָתָן הַנָּבִיא, רְאֵה נָא אָנֹכִי יוֹשֵׁב בְּבֵית אֲרָזִים וַאֲרוֹן הָאֱלֹהִים יֹשֵׁב בְּתוֹךְ הַיְרִיעָה" (שמואל ב' ז, א-ב):

הַמָּקוֹם אֲשֶׁר־יִבְחַר יְהוָה אֱלֹהֵיכֶם בּוֹ לְשַׁכֵּן
שְׁמוֹ שָׁם שָׁמָּה תָבִיאוּ אֵת כָּל־אֲשֶׁר אָנֹכִי
מְצַוֶּה אֶתְכֶם עוֹלֹתֵיכֶם וְזִבְחֵיכֶם מַעְשְׂרֹתֵיכֶם
וּתְרֻמַת יֶדְכֶם וְכֹל מִבְחַר נִדְרֵיכֶם אֲשֶׁר תִּדְּרוּ
לַיהוָה׃ וּשְׂמַחְתֶּם לִפְנֵי יְהוָה אֱלֹהֵיכֶם אַתֶּם יב
וּבְנֵיכֶם וּבְנֹתֵיכֶם וְעַבְדֵיכֶם וְאַמְהֹתֵיכֶם וְהַלֵּוִי
אֲשֶׁר בְּשַׁעֲרֵיכֶם כִּי אֵין לוֹ חֵלֶק וְנַחֲלָה אִתְּכֶם׃
הִשָּׁמֶר לְךָ פֶּן־תַּעֲלֶה עֹלֹתֶיךָ בְּכָל־מָקוֹם אֲשֶׁר יג
תִּרְאֶה׃ כִּי אִם־בַּמָּקוֹם אֲשֶׁר־יִבְחַר יְהוָה יד
בְּאַחַד שְׁבָטֶיךָ שָׁם תַּעֲלֶה עֹלֹתֶיךָ וְשָׁם תַּעֲשֶׂה
כֹּל אֲשֶׁר אָנֹכִי מְצַוֶּךָּ׃ רַק בְּכָל־אַוַּת נַפְשְׁךָ טו
תִּזְבַּח ׀ וְאָכַלְתָּ בָשָׂר כְּבִרְכַּת יְהוָה אֱלֹהֶיךָ
אֲשֶׁר נָתַן־לְךָ בְּכָל־שְׁעָרֶיךָ הַטָּמֵא וְהַטָּהוֹר
יֹאכְלֶנּוּ כַּצְּבִי וְכָאַיָּל׃ רַק הַדָּם לֹא תֹאכֵלוּ טז
עַל־הָאָרֶץ תִּשְׁפְּכֶנּוּ כַּמָּיִם׃ לֹא־תוּכַל לֶאֱכֹל יז
בִּשְׁעָרֶיךָ מַעְשַׂר דְּגָנְךָ וְתִירֹשְׁךָ וְיִצְהָרֶךָ וּבְכֹרֹת
בְּקָרְךָ וְצֹאנֶךָ וְכָל־נְדָרֶיךָ אֲשֶׁר תִּדֹּר וְנִדְבֹתֶיךָ
וּתְרוּמַת יָדֶךָ׃ כִּי אִם־לִפְנֵי יְהוָה אֱלֹהֶיךָ יח
תֹּאכְלֶנּוּ בַּמָּקוֹם אֲשֶׁר יִבְחַר יְהוָה אֱלֹהֶיךָ בּוֹ
אַתָּה וּבִנְךָ וּבִתֶּךָ וְעַבְדֶּךָ וַאֲמָתֶךָ וְהַלֵּוִי אֲשֶׁר

ראה

**מצווה תלט**
איסור הקרבה מחוץ לעזרה

**מצווה תמ**
מצוות הקרבת קרבנות בעזרה

**מצווה תמא**
מצוות פדיון קודשים בעלי מום

**מצווה תמב-תמט**
איסור אכילת מעשר שני של דגן מחוץ לירושלים

איסור אכילת מעשר שני של תירוש מחוץ לירושלים

איסור אכילת מעשר שני של יצהר מחוץ לירושלים

איסור אכילת בכור תמים מחוץ לירושלים

איסור אכילת קודשי קודשים מחוץ לעזרה

איסור אכילת בשר עולה

איסור אכילת קודשים קלים לפני זריקת הדם

איסור לכוהן לאכול מהביכורים לפני הנחתם בעזרה

אַתְרָא, דְּיִתְרְעֵי יי אֱלָהֲכוֹן בֵּיהּ לְאַשְׁרָאָה שְׁכִינְתֵיהּ תַּמָּן, לְתַמָּן תַּיְתוֹן, יָת, כָּל דַּאֲנָא מְפַקֵּיד
יָתְכוֹן, עֲלָוָתְכוֹן וְנִכְסַת קֻדְשֵׁיכוֹן, מַעְסְרֵיכוֹן וְאַפְרָשׁוּת יֶדְכוֹן, וְכָל שְׁפַר נִדְרֵיכוֹן, דְּתִדְּרוּן
יב קֳדָם יי: וְתִחְדּוּן, קֳדָם יי אֱלָהֲכוֹן, אַתּוּן, וּבְנֵיכוֹן וּבְנָתְכוֹן, וְעַבְדֵיכוֹן וְאַמְהָתְכוֹן, וְלֵיוָאָה
יג דִּבְקִרְוֵיכוֹן, אֲרֵי לֵית לֵיהּ, חוּלָק וְאַחְסָנָא עִמְּכוֹן: אִסְתְּמַר לָךְ, דִּלְמָא תַּסֵּיק עֲלָוָתָךְ, בְּכָל
יד אַתְרָא דְּתִחְזֵי: אֱלָהֵין בְּאַתְרָא, דְּיִתְרְעֵי יי בַּחֲדָא מִן שִׁבְטָךְ, תַּמָּן תַּסֵּיק עֲלָוָתָךְ, וְתַמָּן
טו תַּעֲבֵיד, כֹּל, דַּאֲנָא מְפַקֵּיד לָךְ: לְחוּד בְּכָל רְעוּת נַפְשָׁךְ, תִּכּוֹס וְתֵיכוֹל בִּסְרָא, כְּבִרְכְּתָא דַּיי
טז אֱלָהָךְ, דִּיהַב לָךְ בְּכָל קִרְוָךְ, מְסָאֲבָא וְדָכְיָא יֵיכְלִנֵּיהּ, כִּבְסַר טַבְיָא וְאַיְלָא: לְחוּד דְּמָא לָא
יז תֵיכְלוּן, עַל אַרְעָא תֵּישְׁדְּנֵיהּ כְּמַיָּא: לֵית לָךְ רְשׁוּ לְמֵיכַל בְּקִרְוָךְ, מַעְסַר עֲבוּרָךְ וְחַמְרָךְ
יח וּמִשְׁחָךְ, וּבְכוֹרֵי תוֹרָךְ וְעָנָךְ, וְכָל נִדְרָךְ דְּתִדַּר, וְנִדְבָתָךְ וְאַפְרָשׁוּת יְדָךְ: אֱלָהֵין, קֳדָם יי אֱלָהָךְ
תֵּיכְלִנֵּיהּ, בְּאַתְרָא דְּיִתְרְעֵי, יי אֱלָהָךְ בֵּיהּ, אַתְּ וּבְרָךְ וּבְרַתָּךְ וְעַבְדָּךְ וְאַמְתָךְ, וְלֵיוָאָה

שָׁמָּה תָבִיאוּ וְגוֹ׳. לְמַעְלָה אָמוּר לְעִנְיַן שִׁילֹה, וְכָאן אָמוּר לְעִנְיַן יְרוּשָׁלַיִם, וּלְכָךְ חִלְּקָם הַכָּתוּב, לִתֵּן הֶיתֵּר בֵּין זוֹ לָזוֹ, מִשֶּׁחָרְבָה שִׁילֹה וּבָאוּ לְנוֹב וְחָרְבָה נוֹב וּבָאוּ לְגִבְעוֹן, הָיוּ הַבָּמוֹת מֻתָּרוֹת, עַד שֶׁבָּאוּ לִירוּשָׁלַיִם: מִבְחַר נִדְרֵיכֶם. מְלַמֵּד שֶׁיָּבִיא מִן הַמֻּבְחָר:

יג] הִשָּׁמֶר לְךָ. לִתֵּן לֹא תַעֲשֶׂה עַל הַדָּבָר: בְּכָל מָקוֹם אֲשֶׁר תִּרְאֶה. אֲשֶׁר יַעֲלֶה בְּלִבְּךָ, אֲבָל אַתָּה מַקְרִיב עַל פִּי נָבִיא, כְּגוֹן אֵלִיָּהוּ בְּהַר הַכַּרְמֶל:

יד] בְּאַחַד שְׁבָטֶיךָ. בְּחֶלְקוֹ שֶׁל בִּנְיָמִין, וּלְמַעְלָה (לעיל פסוק ה) הוּא אוֹמֵר: "מִכָּל שִׁבְטֵיכֶם", הָא כֵּיצַד? כְּשֶׁקָּנָה דָוִד אֶת הַגֹּרֶן מֵאֲרַוְנָה הַיְבוּסִי גָּבָה הַזָּהָב מִכָּל הַשְּׁבָטִים, וּמִכָּל מָקוֹם הַגֹּרֶן בְּחֶלְקוֹ שֶׁל בִּנְיָמִין הָיָה:

טו] רַק בְּכָל אַוַּת נַפְשְׁךָ. בַּמֶּה הַכָּתוּב מְדַבֵּר? אִם בְּבַשַׂר תַּאֲוָה לְהַתִּירָהּ לָהֶם בְּלֹא הַקְרָבַת אֵמוּרִים, הֲרֵי אָמוּר בְּמָקוֹם אַחֵר: "כִּי יַרְחִיב ה׳... אֶת גְּבֻלְךָ וְגוֹ׳ וְאָמַרְתָּ אֹכְלָה בָשָׂר" וְגוֹ׳ (להלן פסוק כ); בַּמֶּה זֶה מְדַבֵּר? בְּקָדָשִׁים שֶׁנָּפַל בָּהֶם מוּם שֶׁיִּפָּדוּ וְיֵאָכְלוּ בְּכָל מָקוֹם. יָכוֹל יִפָּדוּ עַל מוּם עוֹבֵר? תַּלְמוּד לוֹמַר: "רַק": תִּזְבַּח וְאָכַלְתָּ. אֵין לָךְ בָּהֶם הֶיתֵּר גִּזָּה וְחָלָב, אֶלָּא אֲכִילָה עַל יְדֵי זְבִיחָה: הַטָּמֵא וְהַטָּהוֹר. לְפִי שֶׁבָּא מִכֹּחַ קָדָשִׁים שֶׁנֶּאֱמַר בָּהֶם "וְהַבָּשָׂר אֲשֶׁר יִגַּע בְּכָל טָמֵא לֹא יֵאָכֵל" (ויקרא ז, יט), הֻצְרַךְ לְהַתִּיר כָּאן שֶׁטָּמֵא וְטָהוֹר אוֹכְלִים בִּקְעָרָה אַחַת: כַּצְּבִי וְכָאַיָּל. שֶׁאֵין קָרְבָּן בָּא מֵהֶם: כַּצְּבִי וְכָאַיָּל. לְפָטְרָן מִן הַזְּרוֹעַ וְהַלְּחָיַיִם וְהַקֵּבָה:

טז] רַק הַדָּם לֹא תֹאכֵלוּ. אַף עַל פִּי שֶׁאָמַרְתִּי שֶׁאֵין לְךָ בּוֹ זְרִיקַת דָּם בַּמִּזְבֵּחַ, לֹא תֹאכְלֶנּוּ: תִּשְׁפְּכֶנּוּ כַּמָּיִם. לוֹמַר לְךָ שֶׁאֵין צָרִיךְ כִּסּוּי. דָּבָר אַחֵר, הֲרֵי הוּא כַּמַּיִם לְהַכְשִׁיר אֶת הַזְּרָעִים:

יז] לֹא תוּכַל. בָּא הַכָּתוּב לִתֵּן לֹא תַעֲשֶׂה עַל הַדָּבָר: לֹא תוּכַל. רַבִּי יְהוֹשֻׁעַ בֶּן קָרְחָה אוֹמֵר: יָכוֹל אַתָּה אֲבָל אֵינְךָ רַשַּׁאי. כַּיּוֹצֵא בוֹ: "וְאֶת הַיְבוּסִי יוֹשְׁבֵי יְרוּשָׁלַיִם לֹא יָכְלוּ בְנֵי יְהוּדָה לְהוֹרִישָׁם" (יהושע טו, סג), יְכוֹלִים הָיוּ אֶלָּא שֶׁאֵינָן רַשָּׁאִין, לְפִי שֶׁכָּרַת לָהֶם אַבְרָהָם בְּרִית כְּשֶׁלָּקַח מֵהֶם מְעָרַת הַמַּכְפֵּלָה, וְלֹא יְבוּסִים הָיוּ אֶלָּא חִתִּיִּים הָיוּ, אֶלָּא עַל שֵׁם הָעִיר שֶׁשְּׁמָהּ 'יְבוּס'. כָּךְ מְפֹרָשׁ בְּפִרְקֵי דְּרַבִּי אֱלִיעֶזֶר (פ׳ לו). וְהוּא שֶׁנֶּאֱמַר: "כִּי אִם הֱסִירְךָ הַעִוְרִים וְהַפִּסְחִים" (שמואל ב׳ ה, ו), צְלָמִים שֶׁכָּתְבוּ עֲלֵיהֶם אֶת הַשְּׁבוּעָה: וּבְכֹרֹת בְּקָרְךָ. אַזְהָרָה לַכֹּהֲנִים: וּתְרוּמַת יָדֶךָ. אֵלּוּ הַבִּכּוּרִים:

יח] לִפְנֵי ה׳. לִפְנִים מִן הַחוֹמָה: וְהַלֵּוִי אֲשֶׁר בִּשְׁעָרֶיךָ. אִם אֵין לְךָ לָתֵת לוֹ מֵחֶלְקוֹ כְּגוֹן מַעֲשֵׂר רִאשׁוֹן, תֵּן לוֹ מַעֲשֵׂר עָנִי, אֵין לְךָ מַעֲשֵׂר עָנִי, הַזְמִינֵהוּ עַל שְׁלָמֶיךָ:

בִּשְׁעָרֶיךָ וְשָׂמַחְתָּ לִפְנֵי יְהוָה אֱלֹהֶיךָ בְּכֹל
מִשְׁלַח יָדֶךָ׃ הִשָּׁמֶר לְךָ פֶּן־תַּעֲזֹב אֶת־הַלֵּוִי יט
יא כָּל־יָמֶיךָ עַל־אַדְמָתֶךָ׃ כִּי־יַרְחִיב כ
יְהוָה אֱלֹהֶיךָ אֶת־גְּבֻלְךָ כַּאֲשֶׁר דִּבֶּר־לָךְ
וְאָמַרְתָּ אֹכְלָה בָשָׂר כִּי־תְאַוֶּה נַפְשְׁךָ לֶאֱכֹל
בָּשָׂר בְּכָל־אַוַּת נַפְשְׁךָ תֹּאכַל בָּשָׂר׃ כִּי־יִרְחַק כא
מִמְּךָ הַמָּקוֹם אֲשֶׁר יִבְחַר יְהוָה אֱלֹהֶיךָ לָשׂוּם
שְׁמוֹ שָׁם וְזָבַחְתָּ מִבְּקָרְךָ וּמִצֹּאנְךָ אֲשֶׁר נָתַן
יְהוָה לְךָ כַּאֲשֶׁר צִוִּיתִךָ וְאָכַלְתָּ בִּשְׁעָרֶיךָ
בְּכֹל אַוַּת נַפְשֶׁךָ׃ אַךְ כַּאֲשֶׁר יֵאָכֵל אֶת־הַצְּבִי כב
וְאֶת־הָאַיָּל כֵּן תֹּאכְלֶנּוּ הַטָּמֵא וְהַטָּהוֹר יַחְדָּו
יֹאכְלֶנּוּ׃ רַק חֲזַק לְבִלְתִּי אֲכֹל הַדָּם כִּי הַדָּם כג
הוּא הַנָּפֶשׁ וְלֹא־תֹאכַל הַנֶּפֶשׁ עִם־הַבָּשָׂר׃
לֹא תֹּאכְלֶנּוּ עַל־הָאָרֶץ תִּשְׁפְּכֶנּוּ כַּמָּיִם׃ לֹא כד כה
תֹּאכְלֶנּוּ לְמַעַן יִיטַב לְךָ וּלְבָנֶיךָ אַחֲרֶיךָ כִּי־
תַעֲשֶׂה הַיָּשָׁר בְּעֵינֵי יְהוָה׃ רַק קָדָשֶׁיךָ אֲשֶׁר־ כו
יִהְיוּ לְךָ וּנְדָרֶיךָ תִּשָּׂא וּבָאתָ אֶל־הַמָּקוֹם
אֲשֶׁר־יִבְחַר יְהוָה׃ וְעָשִׂיתָ עֹלֹתֶיךָ הַבָּשָׂר כז
וְהַדָּם עַל־מִזְבַּח יְהוָה אֱלֹהֶיךָ וְדַם־זְבָחֶיךָ
יִשָּׁפֵךְ עַל־מִזְבַּח יְהוָה אֱלֹהֶיךָ וְהַבָּשָׂר תֹּאכֵל׃
שְׁמֹר וְשָׁמַעְתָּ אֵת כָּל־הַדְּבָרִים הָאֵלֶּה אֲשֶׁר כח

**מצווה תנ**
איסור לעזוב את הלוי באמצעות מניעת מתנותיו

**מצווה תנא**
מצוות שחיטה

**מצווה תנב**
איסור אכילת אבר מן החי

**מצווה תנג**
מצוות הבאת קודשים למקדש

# אָנֹכִי מְצַוֶּךָּ לְמַעַן יִיטַב לְךָ וּלְבָנֶיךָ אַחֲרֶיךָ עַד־עוֹלָם כִּי תַעֲשֶׂה הַטּוֹב וְהַיָּשָׁר בְּעֵינֵי

יט דבקרוך, ותחדי, קדם יי אלהך, בכל אושטות ידך: אסתמר לך, דלמא תרחיק ית ליואה,
כ כל יומך על ארעך: ארי יפתי יי אלהך ית תחומך כמא דמליל לך, ותימר איכול בסרא, ארי
כא תתרעי נפשך למיכל בסרא, בכל רעות נפשך תיכול בסרא: ארי יתרחק מנך אתרא, דיתרעי,
יי אלהך לאשראה שכינתיה תמן, ותכוס מתורך ומענך, דיהב יי לך, כמא דפקידתך, ותיכול
כב בקרוך, בכל רעות נפשך: ברם, כמא דמתאכיל בסר טביא ואילא, כן תיכלניה, מסאבא
כג ודכיא, כחדא ייכלניה: לחוד תקף, בדיל דלא למיכל דמא, ארי דמא הוא נפשא, ולא תיכול
כד כה נפשא עם בסרא: לא תיכלניה, על ארעא תישדניה כמיא: לא תיכלניה, בדיל דייטב לך
כו ולבנך בתרך, ארי תעביד דכשר קדם יי: לחוד מעסר קדשך, דיהון לך ונדרך, תטול ותיתי,
כז לאתרא דיתרעי יי: ותעביד עלותך בסרא ודמא, על מדבחא דיי אלהך, ודם נכסת קדשך,
כח ישתפיך על מדבחא דיי אלהך, ובסרא תיכול: טר ותקביל, ית כל פתגמיא האלין, דאנא
מפקיד לך, בדיל דייטב לך, ולבנך בתרך עד עלמא, ארי תעביד דתקין ודכשר, קדם

יט| **השמר לך.** לתן לא תעשה על הדבר: **על אדמתך.** אבל בגולה אינך מזהר עליו יותר מעניי ישראל:

כ| **כי ירחיב וגו'.** למדה תורה דרך ארץ, שלא יתאוה אדם לאכל בשר אלא מתוך רחבת ידים ועשר: **בכל אות נפשך וגו'.** אבל במדבר נאסר להם בשר חלין, אלא אם כן מקדישה ומקריבה שלמים:

כא| **כי ירחק ממך המקום.** ולא תוכל לבוא ולעשות שלמים בכל יום, כמו עכשיו שהמשכן הולך עמכם: **וזבחת... כאשר צויתך.** למדנו שיש צווי בזביחה היאך ישחט, והן הלכות שחיטה שנאמרו למשה בסיני:

כב| **אך כאשר יאכל את הצבי וגו'.** אינך מזהר לאכלן בטהרה. אי מה צבי ואיל חלבן מתר אף חלין חלבן מתר? תלמוד לומר: "אך":

כג| **רק חזק לבלתי אכל הדם.** ממה שנאמר "חזק" אתה למד שהיו שטופים בדם לאכלו, לפיכך הצרך לומר "חזק", דברי רבי יהודה. רבי שמעון בן עזאי אומר: לא בא הכתוב אלא להזהירך וללמדך עד כמה אתה צריך להתחזק במצות, אם הדם שהוא קל להשמר ממנו, שאין אדם מתאוה לו, הצרך לחזקך באזהרתו, קל וחמר לשאר מצות: **ולא תאכל הנפש עם הבשר.** אזהרה לאבר מן החי:

כד| **לא תאכלנו.** אזהרה לדם התמצית:

כה| **לא תאכלנו.** אזהרה לדם האברים: **למען ייטב לך וגו'.** צא ולמד מתן שכרן של מצות, אם הדם שנפשו של אדם קצה ממנו, הפורש ממנו זוכה לו ולבניו אחריו, קל וחמר לגזל ועריות שנפשו של אדם מתאוה להם:

כו| **רק קדשיך.** אף על פי ששחיטה מתר לשחט חלין, לא התרתי לך לשחט את הקדשים ולאכלן בשעריך בלא הקרבה, אלא הביאם לבית הבחירה:

כז| **ועשית עלתיך.** אם עולות הן, תן "הבשר והדם" על גבי המזבח, ואם זבחי שלמים הם, "דם זבחיך ישפך" על המזבח תחלה, ואחר כך "והבשר תאכל". ועוד דרשו רבותינו, "רק קדשיך", שבא ללמד על הקדשים שבחוצה לארץ, וללמד על התמורות ועל ולדות קדשים שיקרבו:

כח| **שמר.** זו משנה, שאתה צריך לשמרה בבטנך

שלישי

יְהוָה אֱלֹהֶיךָ׃ כִּֽי־יַכְרִית יְהוָה כט
אֱלֹהֶיךָ אֶת־הַגּוֹיִם אֲשֶׁר אַתָּה בָא־שָׁמָּה
לָרֶשֶׁת אוֹתָם מִפָּנֶיךָ וְיָרַשְׁתָּ אֹתָם וְיָשַׁבְתָּ
בְּאַרְצָם׃ הִשָּׁמֶר לְךָ פֶּן־תִּנָּקֵשׁ אַחֲרֵיהֶם ל
אַחֲרֵי הִשָּׁמְדָם מִפָּנֶיךָ וּפֶן־תִּדְרֹשׁ לֵאלֹהֵיהֶם
לֵאמֹר אֵיכָה יַעַבְדוּ הַגּוֹיִם הָאֵלֶּה אֶת־
אֱלֹהֵיהֶם וְאֶעֱשֶׂה־כֵּן גַּם־אָנִי׃ לֹא־תַעֲשֶׂה לא
כֵן לַיהוָה אֱלֹהֶיךָ כִּי כָל־תּוֹעֲבַת יְהוָה אֲשֶׁר
שָׂנֵא עָשׂוּ לֵאלֹהֵיהֶם כִּי גַם אֶת־בְּנֵיהֶם
וְאֶת־בְּנֹתֵיהֶם יִשְׂרְפוּ בָאֵשׁ לֵאלֹהֵיהֶם׃ אֵת א יג
כָּל־הַדָּבָר אֲשֶׁר אָנֹכִי מְצַוֶּה אֶתְכֶם אֹתוֹ
תִשְׁמְרוּ לַעֲשׂוֹת לֹא־תֹסֵף עָלָיו וְלֹא תִגְרַע
מִמֶּנּוּ׃

מצווה תנד-תנה
איסור הוספה על המצוות ועל פירושן
איסור גריעה מן המצוות ומפירושן

כִּי־יָקוּם בְּקִרְבְּךָ נָבִיא אוֹ חֹלֵם חֲלוֹם וְנָתַן ב
אֵלֶיךָ אוֹת אוֹ מוֹפֵת׃ וּבָא הָאוֹת וְהַמּוֹפֵת ג
אֲשֶׁר־דִּבֶּר אֵלֶיךָ לֵאמֹר נֵלְכָה אַחֲרֵי אֱלֹהִים
אֲחֵרִים אֲשֶׁר לֹא־יְדַעְתָּם וְנָעָבְדֵם׃ לֹא ד
תִשְׁמַע אֶל־דִּבְרֵי הַנָּבִיא הַהוּא אוֹ אֶל־
חוֹלֵם הַחֲלוֹם הַהוּא כִּי מְנַסֶּה יְהוָה אֱלֹהֵיכֶם
אֶתְכֶם לָדַעַת הֲיִשְׁכֶם אֹהֲבִים אֶת־יְהוָה
אֱלֹהֵיכֶם בְּכָל־לְבַבְכֶם וּבְכָל־נַפְשְׁכֶם׃ אַחֲרֵי ה

מצווה תנו
איסור לשמוע למתנבא בשם עבודה זרה

# יְהוָה אֱלֹהֵיכֶם תֵּלֵכוּ וְאֹתוֹ תִירָאוּ וְאֶת־מִצְוֺתָיו תִּשְׁמֹרוּ וּבְקֹלוֹ תִשְׁמָעוּ וְאֹתוֹ תַעֲבֹדוּ

כט יי אֱלָהָךְ: אֲרֵי יְשֵׁיצֵי יי אֱלָהָךְ יָת עַמְמַיָּא, דְּאַתְּ עָלֵיל לְתַמָּן, לְמֵירַת יָתְהוֹן מִן קֳדָמָךְ, וְתֵירַת
ל יָתְהוֹן, וְתִתֵּיב בְּאַרְעֲהוֹן: אִסְתְּמַר לָךְ, דִּלְמָא תִּתְקִיל בָּתְרֵיהוֹן, בָּתַר דְּיִשְׁתֵּיצוֹן מִן קֳדָמָךְ,
וְדִלְמָא תִּתְבַּע לְטַעֲוָתְהוֹן לְמֵימַר, אֵיכְדֵין פָּלְחִין, עַמְמַיָּא הָאִלֵּין יָת טַעֲוָתְהוֹן, וְאַעְבֵּיד כֵּן אַף
לא אֲנָא: לָא תַעְבֵּיד כֵּן, קֳדָם יי אֱלָהָךְ, אֲרֵי כָּל דִּמְרַחַק קֳדָם יי דְּסָנֵי, עֲבַדִין לְטַעֲוָתְהוֹן, אֲרֵי אַף
יג א יָת בְּנֵיהוֹן וְיָת בְּנָתְהוֹן, מוֹקְדִין בְּנוּרָא לְטַעֲוָתְהוֹן: יָת כָּל פִּתְגָּמָא, דַּאֲנָא מְפַקֵּיד יָתְכוֹן, יָתֵיהּ
ב תִּטְּרוּן לְמֶעְבַּד, לָא תֵיסְפוּן עֲלוֹהִי, וְלָא תִמְנְעוּן מִנֵּיהּ: אֲרֵי יְקוּם בֵּינָךְ נְבִיָּא, אוֹ חָלֵים חֶלְמָא,
ג וְיִתֵּין לָךְ, אָת אוֹ מוֹפֵת: וְיֵיתֵי אָתָא וּמוֹפְתָא, דְּמַלֵּיל עִמָּךְ לְמֵימַר, נְהָךְ, בָּתַר טַעֲוַת עַמְמַיָּא,
ד דְּלָא יְדַעְתָּנִין וְנִפְלְחִנִּין: לָא תְקַבֵּיל, לְפִתְגָּמֵי נְבִיָּא הַהוּא, אוֹ, מִן חָלֵים חֶלְמָא הַהוּא, אֲרֵי
ה מְנַסֵּי, יי אֱלָהֲכוֹן יָתְכוֹן, לְמִדַּע, הַאִיתֵיכוֹן רָחֲמִין יָת יי אֱלָהֲכוֹן, בְּכָל לִבְּכוֹן וּבְכָל נַפְשְׁכוֹן: בָּתַר
פֻּלְחָנָא דַּיי אֱלָהֲכוֹן, תְּהָכוּן וְיָתֵיהּ תִּדְחֲלוּן, וְיָת פִּקּוֹדוֹהִי תִּטְּרוּן וּלְמֵימְרֵיהּ תְּקַבְּלוּן, וּקְדָמוֹהִי

שֶׁלֹּא תִּשְׁכַּח, כְּעִנְיָן שֶׁנֶּאֱמַר: "כִּי נָעִים כִּי תִשְׁמְרֵם בְּבִטְנֶךָ" (משלי כב, יח). וְאִם שָׁנִית, הָאֶפְשָׁר שֶׁתִּשְׁמַע וּתְקַיֵּם. הָא כָּל שֶׁאֵינוֹ בִּכְלַל מִשְׁנָה אֵינוֹ בִּכְלַל מַעֲשֶׂה: **אֵת כָּל הַדְּבָרִים.** שֶׁתְּהֵא חֲבִיבָה עָלֶיךָ מִצְוָה קַלָּה כְּמִצְוָה חֲמוּרָה: **הַטּוֹב.** בְּעֵינֵי הַשָּׁמַיִם: **וְהַיָּשָׁר.** בְּעֵינֵי אָדָם:

ל) **פֶּן תִּנָּקֵשׁ.** אוּנְקְלוֹס תִּרְגֵּם לְשׁוֹן מוֹקֵשׁ. וַאֲנִי אוֹמֵר שֶׁלֹּא חָשׁ לְדַקְדֵּק בַּלָּשׁוֹן, שֶׁלֹּא מָצִינוּ נוּ"ן בִּלְשׁוֹן יוֹקֵשׁ, וַאֲפִלּוּ לִיסוֹד הַנּוֹפֵל מִמֶּנּוּ. אֲבָל בִּלְשׁוֹן טֵרוּף וְהַקָּשָׁה מָצִינוּ נוּ"ן: "וְאַרְכֻבָּתֵהּ דָּא לְדָא נָקְשָׁן" (דניאל ה, ו). וְאַף זֶה אֲנִי אוֹמֵר, "פֶּן תִּנָּקֵשׁ אַחֲרֵיהֶם", פֶּן תִּטָּרֵף אַחֲרֵיהֶם לִהְיוֹת כָּרוּךְ אַחַר מַעֲשֵׂיהֶם. וְכֵן: "יְנַקֵּשׁ נוֹשֶׁה לְכָל אֲשֶׁר לוֹ" (תהלים קט, יא), מְקַלֵּל אֶת הָרָשָׁע לִהְיוֹת עָלָיו נוֹשִׁים רַבִּים, וְיִהְיוּ מַחֲזִירִין וּמִתְנַקְּשִׁין אַחַר מָמוֹנוֹ: **אַחֲרֵי הִשָּׁמְדָם מִפָּנֶיךָ.** אַחַר שֶׁתִּרְאֶה שֶׁאֲשְׁמִידֵם מִפָּנֶיךָ, יֵשׁ לְךָ לָתֵת לֵב מִפְּנֵי מָה נִשְׁמְדוּ אֵלּוּ? מִפְּנֵי מַעֲשִׂים מְקֻלְקָלִים שֶׁבִּידֵיהֶם. אַף אַתָּה לֹא תַעֲשֶׂה כָּךְ, שֶׁלֹּא יָבוֹאוּ אֲחֵרִים וְיַשְׁמִידוּךְ: **אֵיכָה יַעַבְדוּ.** לְפִי שֶׁלֹּא עָנַשׁ עַל עֲבוֹדָה זָרָה אֶלָּא עַל זִבּוּחַ וְקִטּוּר וְנִסּוּךְ וְהִשְׁתַּחֲוָאָה, כְּמוֹ שֶׁכָּתוּב: "בִּלְתִּי לַה' לְבַדּוֹ" (שמות כב, יט) – דְּבָרִים הַנַּעֲשִׂים לַגָּבוֹהַּ, בָּא וְלִמֶּדְךָ כָּאן שֶׁאִם דַּרְכָּהּ שֶׁל עֲבוֹדָה

זָרָה לְעָבְדָהּ בְּדָבָר אַחֵר, כְּגוֹן פּוֹעֵר לִפְעוֹר וְזוֹרֵק אֶבֶן לְמַרְקוּלִיס, זוֹ הִיא עֲבוֹדָתוֹ וְחַיָּב, אֲבָל זִבּוּחַ וְקִטּוּר וְנִסּוּךְ וְהִשְׁתַּחֲוָאָה אֲפִלּוּ שֶׁלֹּא כְּדַרְכָּהּ חַיָּב:

לא) **כִּי גַם אֶת בְּנֵיהֶם.** "גַּם" לְרַבּוֹת אֶת אֲבוֹתֵיהֶם וְאִמּוֹתֵיהֶם. אָמַר רַבִּי עֲקִיבָא: אֲנִי רָאִיתִי גּוֹי שֶׁכְּפָתוֹ לְאָבִיו לִפְנֵי כַּלְבּוֹ וַאֲכָלוֹ:

פרק יג

א) **אֵת כָּל הַדָּבָר.** קַלָּה כַּחֲמוּרָה: **תִּשְׁמְרוּ לַעֲשׂוֹת.** לִתֵּן לֹא תַעֲשֶׂה עַל עֲשֵׂה הָאֲמוּרִים בַּפָּרָשָׁה, שֶׁכָּל 'הִשָּׁמֶר' לְשׁוֹן לֹא תַעֲשֶׂה הוּא, אֶלָּא שֶׁאֵין לוֹקִין עַל 'הִשָּׁמֶר' שֶׁל עֲשֵׂה: **לֹא תֹסֵף עָלָיו.** חָמֵשׁ טוֹטָפוֹת, חֲמִשָּׁה מִינִין בַּלּוּלָב, אַרְבַּע בְּרָכוֹת בְּבִרְכַּת כֹּהֲנִים:

ב) **וְנָתַן אֵלֶיךָ אוֹת.** בַּשָּׁמַיִם, כְּעִנְיָן שֶׁנֶּאֱמַר בְּגִדְעוֹן: "וְעָשִׂיתָ לִּי אוֹת" (שופטים ו, יז), וְאוֹמֵר: "יְהִי נָא חֹרֶב אֶל הַגִּזָּה" וְגוֹ' (שם פסוק לט): **אוֹ מוֹפֵת.** בָּאָרֶץ. אַף עַל פִּי כֵן לֹא תִּשְׁמַע לוֹ. וְאִם תֹּאמַר: מִפְּנֵי מָה נוֹתֵן לוֹ הַקָּדוֹשׁ בָּרוּךְ הוּא מֶמְשָׁלָה לַעֲשׂוֹת אוֹת? "כִּי מְנַסֶּה ה' אֱלֹהֵיכֶם אֶתְכֶם" (להלן פסוק ד):

ה) **וְאֶת מִצְוֹתָיו תִּשְׁמֹרוּ.** תּוֹרַת מֹשֶׁה: **וּבְקֹלוֹ תִשְׁמָעוּ.** בְּקוֹל הַנְּבִיאִים: **וְאֹתוֹ תַעֲבֹדוּ.** בְּמִקְדָּשׁוֹ:

וּבוֹ תִדְבָּקוּן׃ וְהַנָּבִיא הַהוּא אוֹ חֹלֵם הַחֲלוֹם ו
הַהוּא יוּמָת כִּי דִבֶּר־סָרָה עַל־יְהוָה אֱלֹהֵיכֶם
הַמּוֹצִיא אֶתְכֶם ׀ מֵאֶרֶץ מִצְרַיִם וְהַפֹּדְךָ
מִבֵּית עֲבָדִים לְהַדִּיחֲךָ מִן־הַדֶּרֶךְ אֲשֶׁר
צִוְּךָ יְהוָה אֱלֹהֶיךָ לָלֶכֶת בָּהּ וּבִעַרְתָּ הָרָע
מִקִּרְבֶּךָ׃ כִּי יְסִיתְךָ אָחִיךָ בֶן־אִמֶּךָ ז
אוֹ־בִנְךָ אוֹ־בִתְּךָ אוֹ ׀ אֵשֶׁת חֵיקֶךָ אוֹ רֵעֲךָ
אֲשֶׁר כְּנַפְשְׁךָ בַּסֵּתֶר לֵאמֹר נֵלְכָה וְנַעַבְדָה
אֱלֹהִים אֲחֵרִים אֲשֶׁר לֹא יָדַעְתָּ אַתָּה
וַאֲבֹתֶיךָ׃ מֵאֱלֹהֵי הָעַמִּים אֲשֶׁר סְבִיבֹתֵיכֶם ח
הַקְּרֹבִים אֵלֶיךָ אוֹ הָרְחֹקִים מִמֶּךָּ מִקְצֵה
הָאָרֶץ וְעַד־קְצֵה הָאָרֶץ׃ לֹא־תֹאבֶה לוֹ וְלֹא ט
תִשְׁמַע אֵלָיו וְלֹא־תָחוֹס עֵינְךָ עָלָיו וְלֹא־
תַחְמֹל וְלֹא־תְכַסֶּה עָלָיו׃ כִּי הָרֹג תַּהַרְגֶנּוּ י
יָדְךָ תִּהְיֶה־בּוֹ בָרִאשׁוֹנָה לַהֲמִיתוֹ וְיַד כָּל־
הָעָם בָּאַחֲרֹנָה׃ וּסְקַלְתּוֹ בָאֲבָנִים וָמֵת כִּי יא
בִקֵּשׁ לְהַדִּיחֲךָ מֵעַל יְהוָה אֱלֹהֶיךָ הַמּוֹצִיאֲךָ
מֵאֶרֶץ מִצְרַיִם מִבֵּית עֲבָדִים׃ וְכָל־יִשְׂרָאֵל יב
יִשְׁמְעוּ וְיִרָאוּן וְלֹא־יוֹסִפוּ לַעֲשׂוֹת כַּדָּבָר
הָרָע הַזֶּה בְּקִרְבֶּךָ׃ כִּי־תִשְׁמַע יג
בְּאַחַת עָרֶיךָ אֲשֶׁר יְהוָה אֱלֹהֶיךָ נֹתֵן לְךָ

**מצווה תנו-תסא**
איסור לאהוב את המסית

האיסור לוותר על השנאה למסית

איסור להציל את המסית

איסור ללמד זכות על המסית

איסור למנוע לימוד חובה על המסית

**מצווה תסב**
איסור הסתה לעבודה זרה

יד לְשֶׁבֶת שָׁם לֵאמֹר: יָצְאוּ אֲנָשִׁים בְּנֵי־בְלִיַּעַל
מִקִּרְבֶּךָ וַיַּדִּיחוּ אֶת־יֹשְׁבֵי עִירָם לֵאמֹר נֵלְכָה

ו תפלחון ולדחלתיה תתקרבון: ונביא ההוא, או חלים חלמא ההוא יתקטיל, ארי מליל סטיא,
על יי אלהכון, דאפיק יתכון מארעא דמצרים, ודפרקך מבית עבדותא, לאטעיותך מן
ז אורחא, דפקדך, יי אלהך למהך בה, ותפלי עביד דביש מבינך: ארי ימלכנך, אחוך בר אמך,
או ברך או ברתך, או אתת קימך, או חברך, דכנפשך בסתרא למימר, נהך, ונפלח לטעות
ח עממיא, דלא ידעתא, את ואבהתך: מטעות עממיא, דבסחרניכון, דקריבין לך, או דרחיקין
ט מנך, מסיפי ארעא ועד סיפי ארעא: לא תיבי ליה, ולא תקביל מניה, ולא תחוס עינך עלוהי,
י ולא תרחים ולא תכסי עלוהי: ארי מקטל תקטלניה, ידך, תהי ביה בקדמיתא למקטליה,
יא וידא דכל עמא בבתריתא: ותרגמניה באבניא וימות, ארי בעא, לאטעיותך מדחלתא דיי
יב אלהך, דאפקך, מארעא דמצרים מבית עבדותא: וכל ישראל, ישמעון וידחלון, ולא ייספון
יג למעבד, כפתגמא בישא, הדין בינך: ארי תשמע בחדא מן קרוך, דיי אלהך, יהיב לך, למתב
יד תמן למימר: נפקו, גברין בני רשעא מבינך, ואטעיאו, ית יתבי קרתהון למימר, נהך,

ובו תדבקון. הדבק בדרכיו: גמול חסדים, קבור מתים, בקר חולים, כמו שעשה הקדוש ברוך הוא:

ו| סרה. דבר המוסר מן העולם, שלא היה ולא נברא ולא צויתיו לדבר כן, דישטולו״ט בלעז: והפדך מבית עבדים. אפילו אין לו עליך אלא שפדאך, דיו:

ז| כי יסיתך. אין הסתה אלא גרוי, שנאמר: ״אם ה׳ הסיתך בי״ (שמואל א׳ כו, יט), אמיטר״א בלעז, שמשיאו לעשות כן: אחיך. מאב, או ״בן אמך״, מאם: חיקך. השוכבת בחיקך ומחקה בך, אפיקייד״א בלעז, וכן: ״ומחיק הארץ״ (יחזקאל מג, יד), מיסוד התקוע בארץ: אשר כנפשך. זה אביך. פרש לך הכתוב את החביבין לך, קל וחומר לאחרים: בסתר. דבר הכתוב בהוה, שאין דברי מסית אלא בסתר, וכן שלמה הוא אומר: ״בנשף בערב יום באישון לילה ואפלה״ (משלי ז, ט): אשר לא ידעת אתה ואבתיך. דבר זה גנאי גדול הוא לך, שאף האמות אין מניחין מה שמסרו להם אבותיהם, וזה אומר לך: עזב מה שמסרו לך אבותיך:

ח| הקרבים אליך או הרחקים. למה פרט קרובים ורחוקים? אלא כך אמר הכתוב: מטיבן של קרובים אתה למד טיבן של רחוקים, כשם שאין ממש בקרובים כך אין ממש ברחוקים: מקצה הארץ. זו חמה ולבנה וצבא השמים, שהן מהלכין מסוף העולם ועד סופו:

ט| לא תאבה לו. לא תהא תאב לו, לא תאהבנו, לפי שנאמר: ״ואהבת לרעך כמוך״ (ויקרא יט, יח), את זה לא תאהב: ולא תשמע אליו. בהתחננו על נפשו למחול לו, לפי שנאמר: ״עזב תעזב עמו״ (שמות כג, ה), לזה לא תעזב: ולא תחוס עינך עליו. לפי שנאמר: ״לא תעמד על דם רעך״ (ויקרא יט, טז), על זה לא תחוס: ולא תחמל. לא תהפך בזכותו: ולא תכסה עליו. אם אתה יודע לו חובה, אינך רשאי לשתק:

י| כי הרג תהרגנו. אם יצא מבית דין זכאי החזירהו לחובה, יצא מבית דין חיב אל תחזירהו לזכות: ידך תהיה בו בראשונה. מצוה ביד הנסת להמיתו. לא מת בידו – ימות ביד אחרים, שנאמר: ״ויד כל העם״ וגו׳:

יג-יד| לשבת שם. פרט לירושלים שלא נתנה לדירה: בני בליעל. בלי על, שפרקו עלו של מקום: אנשים. ולא נשים: ישבי עירם. ולא יושבי

וְנַעַבְדָה אֱלֹהִים אֲחֵרִים אֲשֶׁר לֹא־יְדַעְתֶּם׃
וְדָרַשְׁתָּ וְחָקַרְתָּ וְשָׁאַלְתָּ הֵיטֵב וְהִנֵּה אֱמֶת טו

מצווה תסג
מצווה לחקור את העדים

נָכוֹן הַדָּבָר נֶעֶשְׂתָה הַתּוֹעֵבָה הַזֹּאת בְּקִרְבֶּךָ׃
הַכֵּה תַכֶּה אֶת־יֹשְׁבֵי הָעִיר הַהִוא לְפִי־חָרֶב טז
הַחֲרֵם אֹתָהּ וְאֶת־כָּל־אֲשֶׁר־בָּהּ וְאֶת־בְּהֶמְתָּהּ
לְפִי־חָרֶב׃ וְאֶת־כָּל־שְׁלָלָהּ תִּקְבֹּץ אֶל־תּוֹךְ יז
רְחֹבָהּ וְשָׂרַפְתָּ בָאֵשׁ אֶת־הָעִיר וְאֶת־כָּל־

מצווה תסד-תסה
מצווה לשרוף את העיר הנידחת ולהרוג את אנשיה
איסור בניית עיר הנידחת

שְׁלָלָהּ כָּלִיל לַיהוָה אֱלֹהֶיךָ וְהָיְתָה תֵּל עוֹלָם
לֹא תִבָּנֶה עוֹד׃ וְלֹא־יִדְבַּק בְּיָדְךָ מְאוּמָה מִן־ יח

מצווה תסו
איסור הנאה מממון עיר הנידחת

הַחֵרֶם לְמַעַן יָשׁוּב יְהוָה מֵחֲרוֹן אַפּוֹ וְנָתַן־לְךָ
רַחֲמִים וְרִחַמְךָ וְהִרְבֶּךָ כַּאֲשֶׁר נִשְׁבַּע לַאֲבֹתֶיךָ׃
כִּי תִשְׁמַע בְּקוֹל יְהוָה אֱלֹהֶיךָ לִשְׁמֹר אֶת־ יט
כָּל־מִצְוֺתָיו אֲשֶׁר אָנֹכִי מְצַוְּךָ הַיּוֹם לַעֲשׂוֹת
רביעי יב הַיָּשָׁר בְּעֵינֵי יְהוָה אֱלֹהֶיךָ׃ בָּנִים א יד
אַתֶּם לַיהוָה אֱלֹהֵיכֶם לֹא תִתְגֹּדְדוּ וְלֹא־

מצווה תסז-תסח
איסור התגודדות
איסור עשיית קרחת על המת

תָשִׂימוּ קָרְחָה בֵּין עֵינֵיכֶם לָמֵת׃ כִּי עַם קָדוֹשׁ ב
אַתָּה לַיהוָה אֱלֹהֶיךָ וּבְךָ בָּחַר יְהוָה לִהְיוֹת
לוֹ לְעַם סְגֻלָּה מִכֹּל הָעַמִּים אֲשֶׁר עַל־פְּנֵי
הָאֲדָמָה׃ לֹא תֹאכַל כָּל־תּוֹעֵבָה׃ ג

מצווה תסט
איסור אכילת קודשים שנפסלו

זֹאת הַבְּהֵמָה אֲשֶׁר תֹּאכֵלוּ שׁוֹר שֵׂה כְשָׂבִים ד
וְשֵׂה עִזִּים׃ אַיָּל וּצְבִי וְיַחְמוּר וְאַקּוֹ וְדִישֹׁן וּתְאוֹ ה

ו וזמר: וכל־בהמה מפרסת פרסה ושסעת
שסע שתי פרסות מעלת גרה בבהמה

טו ונפלת, לטעות עממיא דלא ידעתון: ותתבע ותבדוק, ותשאל יאות, והא קשטא כיון
טז פתגמא, אתעבידת, תועיבתא הדא בינך: ממחא תמחי, ית יתבי, קרתא ההיא לפתגם
יז דחרב, גמר יתה וית כל דבה, וית בעירה לפתגם דחרב: וית כל עדאה, תכנוש לגו פתאה,
ותוקיד בנורא, ית קרתא וית כל עדאה גמיר, קדם יי אלהך, ותהי תל חרוב לעלם, לא תתבני
יח עוד: ולא ידבק בידך, מדעם מן חרמא, בדיל דיתוב יי מתקוף רגזיה, ויתין לך רחמין וירחים
יט עלך ויסגינך, כמא דקיים לאבהתך: ארי תקביל, למימרא דיי אלהך, למטר ית כל פקודוהי,
יד א דאנא מפקיד לך יומא דין, למעבד דכשר, קדם יי אלהך: בנין אתון, קדם יי אלהכון, לא
ב תתהממון, ולא תשוון מרט, בין עיניכון על מית: ארי עם קדיש את, קדם יי אלהך, ובך אתרעי
ג ד יי, למהוי ליה לעם חביב, מכל עממיא, דעל אפי ארעא: לא תיכול כל דמרחק: דין בעירא
ה דתיכלון, תורין, אמרין דרחלין וגדין דעזין: אילא וטביא ויחמורא, ויעלא ורימא ותרבלא
ו ודיצא: וכל בעירא דסדיקא פרסתה, ומטלפן טלפין תרתין פרסתה, מסקא פשרא בבעירא,

עיר אחרת, מכאן אמרו: אין נעשית עיר הנדחת עד שידיחוה אנשים, ועד שיהיו מדיחיה מתוכה:

טו] ודרשת וחקרת ושאלת היטב. מכאן למדו שבע חקירות מרבוי המקרא. כאן יש שלש: דרישה וחקירה ו"היטב". "ושאלת" אינו מן המנין, וממנו למדו בדיקות. ובמקום אחר הוא אומר: "ודרשו השפטים היטב" (להלן יט, יח), ובמקום אחר הוא אומר: "ודרשת היטב" (להלן יז, ד), ולמדו "היטב" "היטב" לגזרה שוה, לתן האמור של זה בזה:

טז] הכה תכה. אם אינך יכול להמיתם במיתה הכתובה בהם, המיתם באחרת:

יז] לה' אלהיך. לשמו ובשבילו:

יח] למען ישוב ה' מחרון אפו. שכל זמן שעבודה זרה בעולם, חרון אף בעולם:

פרק יד

א] לא תתגדדו. לא תתנו גדידה ושרט בבשרכם על מת כדרך שהאמוריים עושין, לפי שאתם בניו של מקום, ואתם ראויין להיות נאים ולא גדודים ומקרחים: בין עיניכם. אצל הפדחת, ובמקום אחר הוא אומר: "לא יקרחו קרחה בראשם" (ויקרא כא, ה), לעשות כל הראש כבין העינים:

ב] כי עם קדוש אתה. קדשת עצמך מאבותיך, ועוד: "ובך בחר ה'":

ג] כל תועבה. כל שתעבתי לך, כגון צרם אזן בכור כדי לשחטו במדינה, הרי דבר שתעבתי לך: "כל מום לא יהיה בו" (ויקרא כב, כא), בא ולמד כאן שלא ישחט ויאכל על אותו המום. בשל בשר בחלב, הרי דבר שתעבתי לך, הזהיר כאן על אכילתו:

ד-ה] זאת הבהמה... איל וצבי ויחמור. למדנו שהחיה בכלל בהמה, ולמדנו שהבהמה וחיה טמאה מרבה מן הטהורה, שבכל מקום פורט את המועט: ואקו. מתרגם: "יעלא", "יעלי סלע" הוא אשטנבו"ק: ותאו. "תורבלא", שור היער, 'בבלא' - יער בלשון ארמי:

ו] מפרסת. סדוקה, כתרגומו: פרסה. פלנט"א: ושסעת. חלוקה בשתי צפרנים, שיש סדוקה ואינה חלוקה בצפרנים והיא טמאה: בבהמה.

ראה

אֹתָהּ תֹּאכֵלוּ׃ אַךְ אֶת־זֶה לֹא תֹאכְלוּ מִמַּעֲלֵי ז
הַגֵּרָה וּמִמַּפְרִיסֵי הַפַּרְסָה הַשְּׁסוּעָה אֶת־הַגָּמָל
וְאֶת־הָאַרְנֶבֶת וְאֶת־הַשָּׁפָן כִּי־מַעֲלֵה גֵרָה
הֵמָּה וּפַרְסָה לֹא הִפְרִיסוּ טְמֵאִים הֵם לָכֶם׃
וְאֶת־הַחֲזִיר כִּי־מַפְרִיס פַּרְסָה הוּא וְלֹא גֵרָה ח
טָמֵא הוּא לָכֶם מִבְּשָׂרָם לֹא תֹאכֵלוּ וּבְנִבְלָתָם
לֹא תִגָּעוּ׃ אֶת־זֶה תֹּאכְלוּ מִכֹּל ט
אֲשֶׁר בַּמָּיִם כֹּל אֲשֶׁר־לוֹ סְנַפִּיר וְקַשְׂקֶשֶׂת
תֹּאכֵלוּ׃ וְכֹל אֲשֶׁר אֵין־לוֹ סְנַפִּיר וְקַשְׂקֶשֶׂת לֹא י
תֹאכֵלוּ טָמֵא הוּא לָכֶם׃ כָּל־צִפּוֹר יא

מצווה תע
מצוות בדיקת סימני העוף

טְהֹרָה תֹּאכֵלוּ׃ וְזֶה אֲשֶׁר לֹא־תֹאכְלוּ מֵהֶם יב
הַנֶּשֶׁר וְהַפֶּרֶס וְהָעָזְנִיָּה׃ וְהָרָאָה וְאֶת־הָאַיָּה יג
וְהַדַּיָּה לְמִינָהּ׃ וְאֵת כָּל־עֹרֵב לְמִינוֹ׃ וְאֵת בַּת יד טו
הַיַּעֲנָה וְאֶת־הַתַּחְמָס וְאֶת־הַשָּׁחַף וְאֶת־הַנֵּץ
לְמִינֵהוּ׃ אֶת־הַכּוֹס וְאֶת־הַיַּנְשׁוּף וְהַתִּנְשָׁמֶת׃ טז
וְהַקָּאָת וְאֶת־הָרָחָמָה וְאֶת־הַשָּׁלָךְ׃ וְהַחֲסִידָה יז יח
וְהָאֲנָפָה לְמִינָהּ וְהַדּוּכִיפַת וְהָעֲטַלֵּף׃ וְכֹל יט

מצווה תעא
איסור אכילת שרץ העוף

שֶׁרֶץ הָעוֹף טָמֵא הוּא לָכֶם לֹא יֵאָכֵלוּ׃ כָּל־ כ
עוֹף טָהוֹר תֹּאכֵלוּ׃ לֹא־תֹאכְלוּ כָל־נְבֵלָה לַגֵּר כא

מצווה תעב
איסור אכילת נבלה

אֲשֶׁר־בִּשְׁעָרֶיךָ תִּתְּנֶנָּה וַאֲכָלָהּ אוֹ מָכֹר לְנָכְרִי

# כִּי עַם קָדוֹשׁ אַתָּה לַיהוָה אֱלֹהֶיךָ לֹא־תְבַשֵּׁל גְּדִי בַּחֲלֵב אִמּוֹ:

ז יָתֵהּ תֵּיכְלוּן: בְּרַם יָת דֵּין, לָא תֵיכְלוּן מִמַּסְּקֵי פִשְׁרָא, וּמִסְּדִיקֵי פַּרְסְתָא מְטַלְפֵי טִלְפַיָּא, יָת
גַּמְלָא, וְיָת אַרְנְבָא וְיָת טַבְזָא אֲרֵי מַסְּקֵי פִשְׁרָא אִנּוּן, וּפַרְסַתְהוֹן לָא סְדִיקָא, מְסָאֲבִין אִנּוּן
ח לְכוֹן: וְיָת חֲזִירָא, אֲרֵי סְדִיק פַּרְסְתָא הוּא וְלָא פָשַׁר, מְסָאַב הוּא לְכוֹן, מִבִּסְרְהוֹן לָא תֵיכְלוּן,
ט י וּבִנְבִילַתְהוֹן לָא תִקְרְבוּן: יָת דֵּין תֵּיכְלוּן, מִכֹּל דִּבְמַיָּא, כֹּל דְּלֵיהּ, צִיצִין וְקַלְפִין תֵּיכְלוּן: וְכֹל
יא יב דְּלֵית לֵיהּ, צִיצִין וְקַלְפִין לָא תֵיכְלוּן, מְסָאַב הוּא לְכוֹן: כָּל צִפַּר דְּכֵי תֵּיכְלוּן: וְדֵין, דְּלָא תֵיכְלוּן
יג יד טו מִנְּהוֹן, נִשְׁרָא וְעַר וְעַזְיָא: וּבַת כַּנְפָא וְטָרְפִיתָא, וְדַיְתָא לִזְנַהּ: וְיָת כָּל עוֹרְבָא לִזְנֵיהּ: וְיָת בַּת
טז יז נַעֲמִיתָא, וְצִיצָא וְצִפַּר שַׁחְפָא, וְנַצָּא לִזְנוֹהִי: וְקַדְיָא וְקִפּוּפָא וּבַוְתָא: וְקָתָא וִירַקְרֵיקָא
יח יט וְשָׁלֵינוּנָא: וְחַוָּרִיתָא, וְאִבּוּ לִזְנַהּ, וְנַגַּר טוּרָא וַעֲטַלֵּיפָא: וְכֹל רִחְשָׁא דְעוֹפָא, מְסָאַב הוּא לְכוֹן,
כ כא לָא יִתְאַכְלוּן: כָּל עוֹף דְּכֵי תֵּיכְלוּן: לָא תֵיכְלוּן כָּל נְבִילָא, לְתוֹתַב עֲרַל דִּבְקִרְוָךְ תִּתְּנִנַּהּ
וְיֵיכְלִנַּהּ, אוֹ תְזַבְּנִנַּהּ לְבַר עַמְמִין, אֲרֵי עַם קַדִּישׁ אַתְּ, קֳדָם יי אֱלָהָךְ, לָא תֵיכְלוּן בְּסַר בַּחֲלָב:

מַשְׁמַע מַה שֶּׁנִּמְצָא בַּבְּהֵמָה אֱכֹל, מִכָּאן אָמְרוּ שֶׁהַשְּׁלִיל מֻתָּר בִּשְׁחִיטַת אִמּוֹ:

ז| **הַשְּׁסוּעָה.** בְּרִיָּה הִיא שֶׁיֵּשׁ לָהּ שְׁנֵי גַּבִּין וּשְׁתֵּי שִׁדְרָאוֹת. אָמְרוּ רַבּוֹתֵינוּ: לָמָּה נִשְׁנוּ? בַּבְּהֵמָה מִפְּנֵי הַשְּׁסוּעָה וּבָעוֹפוֹת מִפְּנֵי הָרָאָה (להלן פסוק יג), שֶׁלֹּא נֶאֶמְרוּ בְּתוֹרַת כֹּהֲנִים:

ח| **וּבְנִבְלָתָם לֹא תִגָּעוּ.** רַבּוֹתֵינוּ פֵּרְשׁוּ: בָּרֶגֶל, שֶׁאָדָם חַיָּב לְטַהֵר אֶת עַצְמוֹ בָּרֶגֶל. יָכוֹל יִהְיוּ מֻזְהָרִים בְּכָל הַשָּׁנָה? תַּלְמוּד לוֹמַר: "אֱמֹר אֶל הַכֹּהֲנִים" וְגוֹ' (ויקרא כא, א), וּמַה טֻּמְאַת הַמֵּת חֲמוּרָה, כֹּהֲנִים מֻזְהָרִים וְאֵין יִשְׂרָאֵל מֻזְהָרִים, טֻמְאַת נְבֵלָה קַלָּה לֹא כָּל שֶׁכֵּן?:

יא| **כָּל צִפּוֹר טְהֹרָה תֹּאכֵלוּ.** לְהַתִּיר מְשֻׁלַּחַת שֶׁבִּמְצֹרָע:

יב| **וְזֶה אֲשֶׁר לֹא תֹאכְלוּ.** לֶאֱסֹר אֶת הַשְּׁחוּטָה:

יג| **וְהָרָאָה וְאֶת הָאַיָּה וְגוֹ'.** הִיא רָאָה, הִיא אַיָּה, הִיא דַּיָּה, וְלָמָּה נִקְרָא שְׁמָהּ 'רָאָה'? שֶׁרוֹאָה בְּיוֹתֵר. וְלָמָּה הִזְהִירְךָ בְּכָל שְׁמוֹתֶיהָ? שֶׁלֹּא לִתֵּן פִּתְחוֹן פֶּה לְבַעַל דִּין לַחְלֹק, שֶׁלֹּא יְהֵא הָאוֹסְרָהּ קוֹרֵא אוֹתָהּ 'רָאָה' וְהַבָּא לְהַתִּיר אוֹמֵר זוֹ 'דַּיָּה' שְׁמָהּ אוֹ 'אַיָּה' שְׁמָהּ, וְזוֹ לֹא אָסַר הַכָּתוּב. וּבָעוֹפוֹת פֵּרַט לְךָ הַטְּמֵאִים, לְלַמֶּדְךָ שֶׁעוֹפוֹת טְהוֹרִים מְרֻבִּים עַל הַטְּמֵאִים, לְפִיכָךְ פֵּרַט אֶת הַמּוּעָט:

טז| **הַתִּנְשָׁמֶת.** קלב"א סורי"ץ:

יז| **שָׁלָךְ.** הַשּׁוֹלֶה דָּגִים מִן הַיָּם:

יח| **דּוּכִיפַת.** הוּא תַּרְנְגוֹל הַבָּר, וּבְלַעַז הרופ"א וְכַרְבָּלְתּוֹ כְּפוּלָה:

יט| **שֶׁרֶץ הָעוֹף.** הֵם הַנְּמוּכִים הָרוֹחֲשִׁים עַל הָאָרֶץ, כְּגוֹן זְבוּבִים וּצְרָעִים וַחֲגָבִים טְמֵאִים, הֵם קְרוּיִים 'שֶׁרֶץ':

כ| **כָּל עוֹף טָהוֹר תֹּאכֵלוּ.** וְלֹא אֶת הַטָּמֵא, בָּא לִתֵּן עֲשֵׂה עַל לֹא תַעֲשֶׂה; וְכֵן בַּבְּהֵמָה: "אֹתָהּ תֹּאכֵלוּ" (לעיל פסוק ו) וְלֹא בְּהֵמָה טְמֵאָה; לָאו הַבָּא מִכְּלַל עֲשֵׂה עֲשֵׂה, לַעֲבֹר עֲלֵיהֶם בַּעֲשֵׂה וְלֹא תַעֲשֶׂה:

כא| **לַגֵּר אֲשֶׁר בִּשְׁעָרֶיךָ.** גֵּר תּוֹשָׁב שֶׁקִּבֵּל עָלָיו שֶׁלֹּא לַעֲבֹד עֲבוֹדָה זָרָה וְאוֹכֵל נְבֵלוֹת: **כִּי עַם קָדוֹשׁ אַתָּה לַה'.** קַדֵּשׁ אֶת עַצְמְךָ בַּמֻּתָּר לְךָ, דְּבָרִים הַמֻּתָּרִים וַאֲחֵרִים נוֹהֲגִים בָּהֶם אִסּוּר אַל תַּתִּירֵם בִּפְנֵיהֶם: **לֹא תְבַשֵּׁל גְּדִי.** שָׁלֹשׁ פְּעָמִים

חמישי

**מצווה תעג**
מצוות הפרשת מעשר שני

כב עַשֵּׂר תְּעַשֵּׂר אֵת כָּל־תְּבוּאַת זַרְעֶךָ הַיֹּצֵא
כג הַשָּׂדֶה שָׁנָה שָׁנָה׃ וְאָכַלְתָּ לִפְנֵי ׀ יְהוָה אֱלֹהֶיךָ
בַּמָּקוֹם אֲשֶׁר־יִבְחַר לְשַׁכֵּן שְׁמוֹ שָׁם מַעְשַׂר
דְּגָנְךָ תִּירֹשְׁךָ וְיִצְהָרֶךָ וּבְכֹרֹת בְּקָרְךָ וְצֹאנֶךָ
לְמַעַן תִּלְמַד לְיִרְאָה אֶת־יְהוָה אֱלֹהֶיךָ כָּל־
כד הַיָּמִים׃ וְכִי־יִרְבֶּה מִמְּךָ הַדֶּרֶךְ כִּי לֹא תוּכַל
שְׂאֵתוֹ כִּי־יִרְחַק מִמְּךָ הַמָּקוֹם אֲשֶׁר יִבְחַר
יְהוָה אֱלֹהֶיךָ לָשׂוּם שְׁמוֹ שָׁם כִּי יְבָרֶכְךָ
כה יְהוָה אֱלֹהֶיךָ׃ וְנָתַתָּה בַּכָּסֶף וְצַרְתָּ הַכֶּסֶף
בְּיָדְךָ וְהָלַכְתָּ אֶל־הַמָּקוֹם אֲשֶׁר יִבְחַר יְהוָה
כו אֱלֹהֶיךָ בּוֹ׃ וְנָתַתָּה הַכֶּסֶף בְּכֹל אֲשֶׁר־תְּאַוֶּה
נַפְשְׁךָ בַּבָּקָר וּבַצֹּאן וּבַיַּיִן וּבַשֵּׁכָר וּבְכֹל
אֲשֶׁר תִּשְׁאָלְךָ נַפְשֶׁךָ וְאָכַלְתָּ שָּׁם לִפְנֵי יְהוָה
כז אֱלֹהֶיךָ וְשָׂמַחְתָּ אַתָּה וּבֵיתֶךָ׃ וְהַלֵּוִי אֲשֶׁר־
בִּשְׁעָרֶיךָ לֹא תַעַזְבֶנּוּ כִּי אֵין לוֹ חֵלֶק וְנַחֲלָה
כח עִמָּךְ׃ מִקְצֵה ׀ שָׁלֹשׁ שָׁנִים תּוֹצִיא

**מצווה תעד**
מצוות הפרשת מעשר עני

אֶת־כָּל־מַעְשַׂר תְּבוּאָתְךָ בַּשָּׁנָה הַהִוא וְהִנַּחְתָּ
כט בִּשְׁעָרֶיךָ׃ וּבָא הַלֵּוִי כִּי אֵין־לוֹ חֵלֶק וְנַחֲלָה
עִמָּךְ וְהַגֵּר וְהַיָּתוֹם וְהָאַלְמָנָה אֲשֶׁר בִּשְׁעָרֶיךָ
וְאָכְלוּ וְשָׂבֵעוּ לְמַעַן יְבָרֶכְךָ יְהוָה אֱלֹהֶיךָ בְּכָל־

טו א מִקֵּץ ששי
מַעֲשֵׂה יָדְךָ אֲשֶׁר תַּעֲשֶׂה:
ב שֶׁבַע־שָׁנִים תַּעֲשֶׂה שְׁמִטָּה: וְזֶה דְּבַר הַשְּׁמִטָּה

כב כג עסרא תעסר, ית כל עללת זרעך, דיפיק חקלא שנא שנא: ותיכול, קדם יי אלהך, באתרא
דיתרעי לאשראה שכינתיה תמן, מעסר עבורך חמרך ומשחך, ובכורי תורך וענך, בדיל
כד דתילף, למדחל, קדם יי אלהך כל יומיא: וארי יסגי מנך אורחא, ארי לא תכול למטליה, ארי
כה יתרחק מנך אתרא, דיתרעי יי אלהך, לאשראה שכינתיה תמן, ארי יברכנך יי אלהך: ותתין
כו בכספא, ותצור כספא בידך, ותהך לאתרא, דיתרעי, יי אלהך ביה: ותתין כספא, בכל
דתתרעי נפשך בתורי ובענא, ובחמר חדת ועתיק, ובכל, דתשאלנך נפשך, ותיכול תמן, קדם
כז יי אלהך, ותחדי את ואנש ביתך: ולליואה דבקרוך לא תרחקניה, ארי לית ליה, חולק ואחסנא
כח כט עמך: מסוף תלת שנין, תפיק ית כל מעסר עללתך, בשתא ההיא, ותצנע בקרוך: וייתי ליואה,
ארי לית ליה חולק ואחסנא עמך, וגיורא, ויתמא וארמלתא דבקרוך, וייכלון ויסבעון, בדיל
טו א ב דיברכנך יי אלהך, בכל עובדי ידך דתעביד: מסוף שבע שנין תעביד שמטתא: ודין פתגם

(שמות כג, יט; שם לד, כו), פרט לחיה ולעופות ולבהמה טמאה:

כא-כב| **לא תבשל גדי. עשר תעשר.** מה ענין זה אצל זה? אמר להם הקדוש ברוך הוא לישראל: אל תגרמו לי לבשל גדיים של תבואה עד שהן במעי אמותיהן, שאם אין אתם מעשרים מעשרות כראוי, כשהוא סמוך להתבשל אני מוציא רוח קדים והיא משדפתן, שנאמר: "ושדפה לפני קמה" (מלכים ב' יט, כו), וכן לענין בכורים: **שנה שנה.** מכאן שאין מעשרין מן החדש על הישן:

כג| **ואכלת וגו'.** זה מעשר שני, שכבר למדנו לתן מעשר אחד ללוים, שנאמר: "כי תקחו מאת בני ישראל" וגו' (במדבר יח, כו), ונתן להם רשות לאכלו בכל מקום, שנאמר: "ואכלתם אתו בכל מקום" (שם פסוק לא), על כרחך זה מעשר אחר הוא:

כד| **כי יברכך.** שתהא התבואה מרבה לשאת:

כו| **בכל אשר תאוה נפשך.** כלל: **בבקר ובצאן וביין ובשכר.** פרט: **ובכל אשר תשאלך נפשך.** חזר וכלל, מה הפרט מפרש ולד ולדות הארץ וראוי למאכל אדם וכו':

כז| **והלוי... לא תעזבנו.** מלתן לו מעשר ראשון: **כי אין לו חלק ונחלה עמך.** יצאו לקט שכחה ופאה והפקר, שאף הוא יש לו חלק עמך בהן כמוך, ואינן חיבין במעשר:

כח| **מקצה שלש שנים.** בא ולמד שאם השהה מעשרותיו של שנה ראשונה ושניה לשמטה, שיבערם מן הבית בשלישית:

כט| **ובא הלוי.** ויטל מעשר ראשון: **והגר והיתום.** ויטלו מעשר שני, שהוא של עני של שנה זו, ולא תאכלנו אתה בירושלים כדרך שנזקקת לאכל מעשר שני של שתי שנים: **ואכלו ושבעו.** תן להם כדי שבען, מכאן אמרו: "אין פוחתין לעני בגרן" וכו' (ספרי קי). ואתה הולך לירושלים במעשר של שנה ראשונה ושניה שהשהית, ומתודה: "בערתי הקדש מן הבית" (להלן כו, יג) כמו שמפרש ב'כי תכלה לעשר' (שם פסוק יב):

פרק טו

א| **מקץ שבע שנים.** יכול שבע שנים לכל מלוה ומלוה? תלמוד לומר: "קרבה שנת השבע" (להלן פסוק ט), ואם אתה אומר שבע שנים לכל מלוה

שָׁמוֹט כָּל־בַּעַל מַשֵּׁה יָדוֹ אֲשֶׁר יַשֶּׁה בְּרֵעֵהוּ
לֹא־יִגֹּשׂ אֶת־רֵעֵהוּ וְאֶת־אָחִיו כִּי־קָרָא

**מצוה תעה**
איסור לתבוע חוב שעברה עליו שביעית

שְׁמִטָּה לַיהוָה׃ אֶת־הַנָּכְרִי תִּגֹּשׂ וַאֲשֶׁר ג

**מצוה תעו-תעז**
לנגוש את הנכרי
מצוה להימנע מתביעת חוב שעברה עליו שביעית

יִהְיֶה לְךָ אֶת־אָחִיךָ תַּשְׁמֵט יָדֶךָ׃ אֶפֶס כִּי לֹא ד
יִהְיֶה־בְּךָ אֶבְיוֹן כִּי־בָרֵךְ יְבָרֶכְךָ יְהוָה בָּאָרֶץ
אֲשֶׁר יְהוָה אֱלֹהֶיךָ נֹתֵן־לְךָ נַחֲלָה לְרִשְׁתָּהּ׃
רַק אִם־שָׁמוֹעַ תִּשְׁמַע בְּקוֹל יְהוָה אֱלֹהֶיךָ ה
לִשְׁמֹר לַעֲשׂוֹת אֶת־כָּל־הַמִּצְוָה הַזֹּאת אֲשֶׁר
אָנֹכִי מְצַוְּךָ הַיּוֹם׃ כִּי־יְהוָה אֱלֹהֶיךָ בֵּרַכְךָ ו
כַּאֲשֶׁר דִּבֶּר־לָךְ וְהַעֲבַטְתָּ גּוֹיִם רַבִּים וְאַתָּה
לֹא תַעֲבֹט וּמָשַׁלְתָּ בְּגוֹיִם רַבִּים וּבְךָ לֹא
יג יִמְשֹׁלוּ׃ כִּי־יִהְיֶה בְךָ אֶבְיוֹן ז
מֵאַחַד אַחֶיךָ בְּאַחַד שְׁעָרֶיךָ בְּאַרְצְךָ אֲשֶׁר־
יְהוָה אֱלֹהֶיךָ נֹתֵן לָךְ לֹא תְאַמֵּץ אֶת־לְבָבְךָ

**מצוה תעח**
איסור להימנע מנתינת צדקה לעני

וְלֹא תִקְפֹּץ אֶת־יָדְךָ מֵאָחִיךָ הָאֶבְיוֹן׃ כִּי־ ח
פָתֹחַ תִּפְתַּח אֶת־יָדְךָ לוֹ וְהַעֲבֵט תַּעֲבִיטֶנּוּ

**מצוה תעט**
מצוות נתינת צדקה לפי היכולת

דֵּי מַחְסֹרוֹ אֲשֶׁר יֶחְסַר לוֹ׃ הִשָּׁמֶר לְךָ פֶּן־ ט

**מצוה תפ**
איסור להימנע מלהלוות לעני מפני השמיטה

יִהְיֶה דָבָר עִם־לְבָבְךָ בְלִיַּעַל לֵאמֹר קָרְבָה
שְׁנַת־הַשֶּׁבַע שְׁנַת הַשְּׁמִטָּה וְרָעָה עֵינְךָ
בְּאָחִיךָ הָאֶבְיוֹן וְלֹא תִתֵּן לוֹ וְקָרָא עָלֶיךָ
אֶל־יְהוָה וְהָיָה בְךָ חֵטְא׃ נָתוֹן תִּתֵּן לוֹ י

# וְלֹא־יֵרַע לְבָבְךָ בְּתִתְּךָ לוֹ כִּי בִּגְלַל ׀ הַדָּבָר הַזֶּה יְבָרֶכְךָ יְהוָה אֱלֹהֶיךָ בְּכָל־מַעֲשֶׂךָ וּבְכֹל



שְׁמִטְּתָא, דִּישַׁמֵּיט, כָּל גְּבַר מָרֵי רְשׁוּ, דְּיִרְשֵׁי בְּחַבְרֵיהּ, לָא יִתְבַּע מִן חַבְרֵיהּ וּמִן אֲחוּהִי, אֲרֵי
ג ד קְרָא שְׁמִטְּתָא קֳדָם יְיָ: מִן בַּר עַמְמִין תִּתְבַּע, וְדִיהֵי לָךְ, עִם אֲחוּךְ תַּשְׁמֵיט יְדָךְ: לְחוֹד, אֲרֵי,
לָא יְהֵי בָךְ מִסְכֵּינָא, אֲרֵי בָרָכָא יְבָרְכִנָּךְ יְיָ, בְּאַרְעָא, דַּיְיָ אֱלָהָךְ, יָהֵיב לָךְ אַחְסָנָא לְמֵירְתַהּ:
ה לְחוֹד אִם קַבָּלָא תְקַבֵּיל, לְמֵימְרָא דַּיְיָ אֱלָהָךְ, לְמִטַּר לְמֶעְבַּד יָת כָּל תַּפְקֵידְתָּא הָדָא, דַּאֲנָא
ו מְפַקֵּיד לָךְ יוֹמָא דֵין: אֲרֵי יְיָ אֱלָהָךְ בָּרְכָךְ, כְּמָא דְּמַלֵּיל לָךְ, וְתוֹזֵיף לְעַמְמִין סַגִּיאִין, וְאַתְּ לָא
ז תְזִיף, וְתִשְׁלוֹט בְּעַמְמִין סַגִּיאִין, וּבָךְ לָא יִשְׁלְטוּן: אֲרֵי יְהֵי בָךְ מִסְכֵּינָא, חַד מֵאַחָךְ בַּחֲדָא מִן
קִרְוָךְ, בְּאַרְעָךְ, דַּיְיָ אֱלָהָךְ יָהֵיב לָךְ, לָא תְתַקֵּיף יָת לִבָּךְ, וְלָא תִקְפּוֹץ יָת יְדָךְ, מֵאֲחוּךְ מִסְכֵּינָא:
ח ט אֲרֵי מִפְתַּח תִּפְתַּח, יָת יְדָךְ לֵיהּ, וְאוֹזָפָא תוֹזְפִנֵּיהּ, כְּמִסַּת חֶסְרָנֵיהּ, דְּחָסִיר לֵיהּ: אִסְתְּמַר לָךְ,
דִּלְמָא יְהֵי פִתְגָם עִם לִבָּךְ בְּרַשַׁע לְמֵימַר, קְרֵיבַת שַׁתָּא דִשְׁבִיעֵיתָא שַׁתָּא דִשְׁמִטְּתָא, וְתִבְאַשׁ
י עֵינָךְ, בַּאֲחוּךְ מִסְכֵּינָא, וְלָא תִתֵּין לֵיהּ, וְיִקְרֵי עֲלָךְ קֳדָם יְיָ, וִיהֵי בָךְ חוֹבָא: מִתָּן תִּתֵּין לֵיהּ,
וְלָא יִבְאַשׁ לִבָּךְ בְּמִתְּנָךְ לֵיהּ, אֲרֵי, בְּדִיל פִּתְגָמָא הָדֵין, יְבָרְכִנָּךְ יְיָ אֱלָהָךְ, בְּכָל עוֹבָדָךְ, וּבְכֹל

וּמַלְוֶה, לְהַלְוֹאת כָּל אֶחָד וְאֶחָד, הֵיאַךְ הִיא קְרֵבָה? הָא לָמַדְתָּ שֶׁבַע שָׁנִים לְמִנְיַן הַשְּׁמִטִּים:

ב| **שָׁמוֹט כָּל בַּעַל מַשֵּׁה יָדוֹ.** שָׁמוֹט אֶת יָדוֹ שֶׁל כָּל בַּעַל מַשֶּׁה:

ד| **אֶפֶס כִּי לֹא יִהְיֶה בְּךָ אֶבְיוֹן.** וּלְהַלָּן הוּא אוֹמֵר: "כִּי לֹא יֶחְדַּל אֶבְיוֹן" (להלן פסוק יא)! אֶלָּא בִּזְמַן שֶׁאַתֶּם עוֹשִׂים רְצוֹנוֹ שֶׁל מָקוֹם, אֶבְיוֹנִים בַּאֲחֵרִים וְלֹא בָּכֶם, וּכְשֶׁאֵין אַתֶּם עוֹשִׂים רְצוֹנוֹ שֶׁל מָקוֹם אֶבְיוֹנִים בָּכֶם: **אֶבְיוֹן.** דַּל מֵעָנִי, וּלְשׁוֹן 'אֶבְיוֹן' שֶׁהוּא תָּאֵב לְכָל דָּבָר:

ה| **רַק אִם שָׁמוֹעַ תִּשְׁמַע.** אָז לֹא יִהְיֶה בְּךָ אֶבְיוֹן: **שָׁמוֹעַ תִּשְׁמַע.** שָׁמַע קִמְעָא, מַשְׁמִיעִין אוֹתוֹ הַרְבֵּה:

ו| **כַּאֲשֶׁר דִּבֶּר לָךְ.** וְהֵיכָן דִּבֶּר? "בָּרוּךְ אַתָּה בָּעִיר" (להלן כח, ג): **וְהַעֲבַטְתָּ גּוֹיִם.** יָכוֹל שֶׁתְּהֵא לֹוֶה מִזֶּה וּמַלְוֶה לָזֶה? תַּלְמוּד לוֹמַר: "וְאַתָּה לֹא תַעֲבֹט": **וּמָשַׁלְתָּ בְּגוֹיִם רַבִּים.** יָכוֹל גּוֹיִם אֲחֵרִים מוֹשְׁלִים עָלֶיךָ? תַּלְמוּד לוֹמַר: "וּבְךָ לֹא יִמְשֹׁלוּ":

ז| **כִּי יִהְיֶה בְךָ אֶבְיוֹן.** הַתָּאֵב תָּאֵב קוֹדֵם: **מֵאַחַד אַחֶיךָ.** אָחִיךָ מֵאָבִיךָ קוֹדֵם לְאָחִיךָ מֵאִמְּךָ:

**שְׁעָרֶיךָ.** עֲנִיֵּי עִירְךָ קוֹדְמִים: **לֹא תְאַמֵּץ.** יֵשׁ לְךָ אָדָם שֶׁמִּצְטַעֵר אִם יִתֵּן אִם לֹא יִתֵּן, לְכָךְ נֶאֱמַר: "לֹא תְאַמֵּץ". יֵשׁ לְךָ אָדָם שֶׁפּוֹשֵׁט אֶת יָדוֹ וְקוֹפְצָהּ, לְכָךְ נֶאֱמַר: "וְלֹא תִקְפֹּץ": **מֵאָחִיךָ הָאֶבְיוֹן.** אִם לֹא תִתֵּן לוֹ, סוֹפְךָ לִהְיוֹת אָחִיו שֶׁל אֶבְיוֹן:

ח| **פָּתֹחַ תִּפְתַּח.** אֲפִלּוּ כַּמָּה פְּעָמִים: **כִּי פָתֹחַ תִּפְתַּח.** הֲרֵי 'כִּי' מְשַׁמֵּשׁ בִּלְשׁוֹן 'אֶלָּא': **וְהַעֲבֵט תַּעֲבִיטֶנּוּ.** אִם לֹא רָצָה בְּמַתָּנָה, תֵּן לוֹ בְּהַלְוָאָה: **דֵּי מַחְסֹרוֹ.** וְאִי אַתָּה מְצֻוֶּה לְעַשְּׁרוֹ: **אֲשֶׁר יֶחְסַר לוֹ.** אֲפִלּוּ סוּס לִרְכֹּב עָלָיו וְעֶבֶד לָרוּץ לְפָנָיו: **לוֹ.** זוֹ אִשָּׁה, וְכֵן הוּא אוֹמֵר: "אֶעֱשֶׂה לּוֹ עֵזֶר כְּנֶגְדּוֹ" (בראשית ב, יח):

ט| **וְקָרָא עָלֶיךָ.** יָכוֹל מִצְוָה? תַּלְמוּד לוֹמַר: "וְלֹא יִקְרָא" (להלן כד, טו): **וְהָיָה בְךָ חֵטְא.** מִכָּל מָקוֹם, אֲפִלּוּ לֹא יִקְרָא. אִם כֵּן לָמָּה נֶאֱמַר: "וְקָרָא עָלֶיךָ"? מְמַהֵר אֲנִי לִפָּרַע עַל יְדֵי הַקּוֹרֵא יוֹתֵר מִמִּי שֶׁאֵינוֹ קוֹרֵא:

י| **נָתוֹן תִּתֵּן לוֹ.** אֲפִלּוּ מֵאָה פְּעָמִים: **לוֹ.** בֵּינוֹ וּבֵינְךָ: **כִּי בִּגְלַל הַדָּבָר.** אֲפִלּוּ אָמַרְתָּ לִתֵּן, אַתָּה נוֹטֵל שְׂכַר הָאֲמִירָה עִם שְׂכַר הַמַּעֲשֶׂה:

יא מִשְׁלַח יָדֶךָ: כִּי לֹא־יֶחְדַּל אֶבְיוֹן מִקֶּרֶב הָאָרֶץ
עַל־כֵּן אָנֹכִי מְצַוְּךָ לֵאמֹר פָּתֹחַ תִּפְתַּח אֶת־יָדְךָ
יב לְאָחִיךָ לַעֲנִיֶּךָ וּלְאֶבְיֹנְךָ בְּאַרְצֶךָ: כִּי־
יִמָּכֵר לְךָ אָחִיךָ הָעִבְרִי אוֹ הָעִבְרִיָּה וַעֲבָדְךָ שֵׁשׁ
שָׁנִים וּבַשָּׁנָה הַשְּׁבִיעִת תְּשַׁלְּחֶנּוּ חָפְשִׁי מֵעִמָּךְ:
יג וְכִי־תְשַׁלְּחֶנּוּ חָפְשִׁי מֵעִמָּךְ לֹא תְשַׁלְּחֶנּוּ רֵיקָם:
יד הַעֲנֵיק תַּעֲנִיק לוֹ מִצֹּאנְךָ וּמִגָּרְנְךָ וּמִיִּקְבֶךָ אֲשֶׁר
טו בֵּרַכְךָ יְהוָה אֱלֹהֶיךָ תִּתֶּן־לוֹ: וְזָכַרְתָּ כִּי עֶבֶד
הָיִיתָ בְּאֶרֶץ מִצְרַיִם וַיִּפְדְּךָ יְהוָה אֱלֹהֶיךָ עַל־
טז כֵּן אָנֹכִי מְצַוְּךָ אֶת־הַדָּבָר הַזֶּה הַיּוֹם: וְהָיָה כִּי־
יֹאמַר אֵלֶיךָ לֹא אֵצֵא מֵעִמָּךְ כִּי אֲהֵבְךָ וְאֶת־
יז בֵּיתֶךָ כִּי־טוֹב לוֹ עִמָּךְ: וְלָקַחְתָּ אֶת־הַמַּרְצֵעַ
וְנָתַתָּה בְאָזְנוֹ וּבַדֶּלֶת וְהָיָה לְךָ עֶבֶד עוֹלָם וְאַף
יח לַאֲמָתְךָ תַּעֲשֶׂה־כֵּן: לֹא־יִקְשֶׁה בְעֵינֶךָ בְּשַׁלֵּחֲךָ
אֹתוֹ חָפְשִׁי מֵעִמָּךְ כִּי מִשְׁנֶה שְׂכַר שָׂכִיר עֲבָדְךָ
שֵׁשׁ שָׁנִים וּבֵרַכְךָ יְהוָה אֱלֹהֶיךָ בְּכֹל אֲשֶׁר
תַּעֲשֶׂה:
יט כָּל־הַבְּכוֹר אֲשֶׁר יִוָּלֵד בִּבְקָרְךָ וּבְצֹאנְךָ הַזָּכָר
תַּקְדִּישׁ לַיהוָה אֱלֹהֶיךָ לֹא תַעֲבֹד בִּבְכֹר שׁוֹרֶךָ
כ וְלֹא תָגֹז בְּכוֹר צֹאנֶךָ: לִפְנֵי יְהוָה אֱלֹהֶיךָ תֹאכְלֶנּוּ

**מצווה תפא**
איסור לשחרר עבד
עברי בלי מתנות

**מצווה תפב**
מצווה להעניק
מתנות לעבד עברי
המשתחרר

ראה

שביעי

**מצווה תפג-תפד**
איסור עבודה
בקודשים

איסור גזיזת קודשים

יא אושטות ידך: ארי, לא יפסוק מסכינא מגו ארעא, על כן, אנא מפקיד לך למימר,
יב מפתח, תפתח ית ידך, לאחוך לענך, ולמסכינך בארעך: ארי יזדבן לך אחוך בר
ישראל, או בת ישראל, ויפלחנך שית שנין, ובשתא שביעיתא, תפטרניה בר חורין
יג יד מעמך: וארי תפטרניה בר חורין מעמך, לא תפטרניה ריקן: אפרשא תפריש ליה, מענך,
טו ומאדרך וממעצרתך, דברכך, יי אלהך תתין ליה: ותדכר, ארי עבדא הויתא בארעא
טז דמצרים, ופרקך יי אלהך, על כן, אנא מפקיד לך, ית פתגמא הדין יומא דין: ויהי ארי
יז יימר לך, לא אפוק מעמך, ארי ריחמך ולאנש ביתך, ארי טב ליה עמך: ותסב ית
יח מרצעא, ותתין באדניה ובדשא, ויהי לך עבד פלח לעלם, ואף לאמתך תעביד כן: לא
יקשי בעינך, במפטרך יתיה בר חורין מעמך, ארי, על חד תרין כאגר אגירא, פלחך שית
יט שנין, ויברכנך יי אלהך, בכל דתעביד: כל בכרא, דיתיליד בתורך ובענך דכרין, תקדיש
כ קדם יי אלהך, לא תפלח בבכרא דתורך, ולא תגוז בכרא דענך: קדם יי אלהך תיכלניה

יא| **על כן.** מפני כן: **לאמר.** עצה לטובתך אני משיאך: **לאחיך לעניך.** לאי זה אח? לעני: **לעניך.** ביו"ד אחד – לשון עני אחד הוא, אבל 'עניך' בשני יודי"ן – שני עניים:

יב| **כי ימכר לך.** על ידי אחרים, במכרוהו בית דין בגנבתו הכתוב מדבר. והרי כבר נאמר: "כי תקנה עבד עברי" (שמות כא, ב), ובמכרוהו בית דין הכתוב מדבר? אלא מפני שני דברים שנתחדשו כאן: אחד, שכתוב "או העבריה" – אף היא תצא בשש, ולא שמכרוה בית דין, שאין האשה נמכרת בגנבתה, שנאמר "בגנבתו" (שם כב, ב) ולא 'בגנבתה', אלא בקטנה שמכרה אביה, ולמד כאן שאם יצאו שש שנים קודם שתביא סימנין – תצא. ועוד חידש כאן: "הענק תעניק":

יד| **הענק תעניק.** לשון עדי, בגבה ובמראית העין, דבר שיהא נכר שהטיבות לו. ויש מפרשים לשון הטענה על צוארו: **מצאנך ומגרנך ומיקבך.** יכול אין לי אלא אלו בלבד? תלמוד לומר: "אשר ברכך", מכל מה שברכך בוראך. ולמה נאמרו אלו? מה אלו מיוחדים שהם בכלל ברכה, אף כל שהוא בכלל ברכה, יצאו פרדות. ולמדו רבותינו במסכת קדושין (דף יז ע"א) בגזרה שוה, כמה נותן לו מכל מין ומין:

טו| **וזכרת כי עבד היית.** והענקתי ושניתי לך מבזת מצרים ובזת הים, אף אתה הענק ושנה לו:

יז| **עבד עולם.** יכול כמשמעו? תלמוד לומר: "ושבתם איש אל אחזתו ואיש אל משפחתו תשבו" (ויקרא כה, י), הא למדת שאין זה אלא עולמו של יובל: **ואף לאמתך תעשה כן.** הענק לה. יכול אף לרציעה השוה הכתוב אותה? תלמוד לומר: "ואם אמר יאמר העבד" (שמות כא, ה), עבד נרצע ואין אמה נרצעת:

יח| **כי משנה שכר שכיר.** מכאן אמרו: עבד עברי עובד בין ביום ובין בלילה, וזהו כפלים שבעבודת שכירי יום. ומהו עבודתו בלילה? רבו מוסר לו שפחה כנענית והולדות לאדון:

יט| **כל הבכור... תקדיש.** ובמקום אחר הוא אומר: "לא יקדיש איש אתו" (ויקרא כז, כו)! אינו מקדישו לקרבן אחר, וכאן למד שמצוה לומר: 'הרי אתה קדוש לבכורה'. דבר אחר, אי אפשר לומר "תקדיש" שכבר נאמר "לא יקדיש", ואי אפשר לומר "לא יקדיש" שהרי כבר נאמר "תקדיש", הא כיצד? מקדישו אתה הקדש עלוי ונותן להקדש כפי טובת הנאה שבו: **לא תעבד בבכר שורך ולא תגז וגו'.** אף החלוף למדו רבותינו שאסור, אלא שדבר הכתוב בהוה:

כ| **לפני ה' אלהיך תאכלנו.** לכהן הוא אומר, שכבר מצינו שהוא ממתנות כהנה, אחד תם ואחד בעל מום, שנאמר: "ובשרם יהיה לך"

שָׁנָה בְשָׁנָה בַּמָּקוֹם אֲשֶׁר־יִבְחַר יְהוָה אַתָּה
וּבֵיתֶךָ׃ וְכִי־יִהְיֶה בוֹ מוּם פִּסֵּחַ אוֹ עִוֵּר כֹּל כא
מוּם רָע לֹא תִזְבָּחֶנּוּ לַיהוָה אֱלֹהֶיךָ׃ בִּשְׁעָרֶיךָ כב
תֹּאכְלֶנּוּ הַטָּמֵא וְהַטָּהוֹר יַחְדָּו כַּצְּבִי וְכָאַיָּל׃
רַק אֶת־דָּמוֹ לֹא תֹאכֵל עַל־הָאָרֶץ תִּשְׁפְּכֶנּוּ כג
כַּמָּיִם׃

* שָׁמוֹר אֶת־חֹדֶשׁ הָאָבִיב וְעָשִׂיתָ פֶּסַח לַיהוָה א טז
אֱלֹהֶיךָ כִּי בְּחֹדֶשׁ הָאָבִיב הוֹצִיאֲךָ יְהוָה
אֱלֹהֶיךָ מִמִּצְרַיִם לָיְלָה׃ וְזָבַחְתָּ פֶּסַח לַיהוָה ב
אֱלֹהֶיךָ צֹאן וּבָקָר בַּמָּקוֹם אֲשֶׁר יִבְחַר יְהוָה
לְשַׁכֵּן שְׁמוֹ שָׁם׃ לֹא־תֹאכַל עָלָיו חָמֵץ ג
שִׁבְעַת יָמִים תֹּאכַל־עָלָיו מַצּוֹת לֶחֶם עֹנִי
כִּי בְחִפָּזוֹן יָצָאתָ מֵאֶרֶץ מִצְרַיִם לְמַעַן תִּזְכֹּר
אֶת־יוֹם צֵאתְךָ מֵאֶרֶץ מִצְרַיִם כֹּל יְמֵי חַיֶּיךָ׃
וְלֹא־יֵרָאֶה לְךָ שְׂאֹר בְּכָל־גְּבֻלְךָ שִׁבְעַת יָמִים ד
וְלֹא־יָלִין מִן־הַבָּשָׂר אֲשֶׁר תִּזְבַּח בָּעֶרֶב בַּיּוֹם
הָרִאשׁוֹן לַבֹּקֶר׃ לֹא תוּכַל לִזְבֹּחַ אֶת־הַפָּסַח ה

**מצווה תפה**
איסור אכילת חמץ
בערב פסח אחר חצות

**מצווה תפו**
איסור להותיר קרבן חגיגה
עד היום השלישי

**מצווה תפז**
איסור הקרבת הפסח
בבמת יחיד



וְגוֹ' (במדבר יח, יח): **שָׁנָה בְשָׁנָה.** מִכָּאן שֶׁאֵין מְאַחֲרִין אוֹתוֹ יוֹתֵר עַל שְׁנָתוֹ. יָכוֹל יְהֵא פָּסוּל מִשֶּׁעָבְרָה שְׁנָתוֹ? כְּבָר הֻקַּשׁ לְמַעֲשֵׂר, שֶׁנֶּאֱמַר: "וְאָכַלְתָּ לִפְנֵי ה' אֱלֹהֶיךָ... מַעְשַׂר דְּגָנְךָ תִּירֹשְׁךָ וְיִצְהָרֶךָ וּבְכֹרֹת

כא שְׁנָא בִשְׁנָא, בְּאַתְרָא דִיתְרְעֵי יְיָ, אַתְּ וֶאֱנָשׁ בֵּיתָךְ: וַאֲרֵי יְהֵי בֵיהּ מוּמָא, חֲגִיר אוֹ עֲוִיר, כָּל
כב מוּם בִּישׁ, לָא תִכְּסִנֵּיהּ, קֳדָם יְיָ אֱלָהָךְ: בְּקִרְוָךְ תֵּיכְלִנֵּיהּ, מְסָאֲבָא וְדָכְיָא כַּחְדָא, כִּבְסַר
טז כג א טַבְיָא וְאַיְלָא: לְחוֹד יָת דְּמֵיהּ לָא תֵיכוֹל, עַל אַרְעָא תֵּישְׁדְנֵיהּ כְּמַיָּא: טַר יָת יַרְחָא דַאֲבִיבָא,
וְתַעֲבֵיד פִּסְחָא, קֳדָם יְיָ אֱלָהָךְ, אֲרֵי בְּיַרְחָא דַאֲבִיבָא, אַפְּקָךְ, יְיָ אֱלָהָךְ, מִמִּצְרַיִם וַעֲבַד לָךְ
ב נִסִּין בְּלֵילְיָא: וְתִכּוֹס פִּסְחָא, קֳדָם יְיָ אֱלָהָךְ מִן בְּנֵי עָנָא וְנִכְסַת קֻדְשַׁיָּא מִן תּוֹרֵי, בְּאַתְרָא
ג דִיתְרְעֵי יְיָ, לְאַשְׁרָאָה שְׁכִינְתֵּיהּ תַּמָּן: לָא תֵיכוֹל עֲלוֹהִי חֲמִיעַ, שִׁבְעָא יוֹמִין, תֵּיכוֹל עֲלוֹהִי
פַּטִּירָא לְחֵים עַנְיֵי, אֲרֵי בִבְהִילוּ, נְפַקְתָּא מֵאַרְעָא דְמִצְרַיִם, בְּדִיל דְּתִדְכַּר, יָת יוֹם מִפְּקָךְ
ד מֵאַרְעָא דְמִצְרַיִם, כָּל יוֹמֵי חַיָּךְ: וְלָא יִתַּחְזֵי לָךְ חֲמִיר, בְּכָל תְּחוּמָךְ שִׁבְעָא יוֹמִין, וְלָא
ה יְבִית מִן בִּסְרָא, דְּתִכּוֹס בְּרַמְשָׁא, בְּיוֹמָא קַדְמָאָה לְצַפְרָא: לֵית לָךְ רְשׁוּ לְמִכַּס יָת פִּסְחָא,

בְּקָרְךָ וְצֹאנֶךָ" (לעיל יד, כג), מַה מַּעֲשֵׂר שֵׁנִי אֵינוֹ נִפְסָל מִשָּׁנָה לַחֲבֶרְתָּהּ, אַף בְּכוֹר אֵינוֹ נִפְסָל, אֶלָּא שֶׁמִּצְוָה בְּתוֹךְ שְׁנָתוֹ: **שָׁנָה בְשָׁנָה.** אִם שְׁחָטוֹ בְּסוֹף שְׁנָתוֹ, אוֹכְלוֹ אוֹתוֹ הַיּוֹם וְיוֹם אֶחָד מִשָּׁנָה אַחֶרֶת, לָמֵד שֶׁנֶּאֱכָל לִשְׁנֵי יָמִים וְלַיְלָה אֶחָד:

כא) **מוּם.** כְּלָל: **פִּסֵּחַ אוֹ עִוֵּר.** פְּרָט: **כֹּל מוּם רָע.** חָזַר וְכָלַל, מַה הַפְּרָט מְפֹרָשׁ מוּם הַגָּלוּי וְאֵינוֹ חוֹזֵר, אַף כָּל מוּם שֶׁבַּגָּלוּי וְאֵינוֹ חוֹזֵר:

כג) **רַק אֶת דָּמוֹ לֹא תֹאכֵל.** שֶׁלֹּא תֹּאמַר: הוֹאִיל וְכֻלּוֹ הֶתֵּר הַבָּא מִכְּלַל אִסּוּר הוּא, שֶׁהֲרֵי קָדוֹשׁ וְנִשְׁחָט בַּחוּץ בְּלֹא פִדְיוֹן וְנֶאֱכָל, יָכוֹל יְהֵא אַף הַדָּם מֻתָּר? תַּלְמוּד לוֹמַר: "רַק אֶת דָּמוֹ לֹא תֹאכֵל":

פרק טז

א) **שָׁמוֹר אֶת חֹדֶשׁ הָאָבִיב.** מִקֹּדֶם בּוֹאוֹ שְׁמֹר שֶׁיְּהֵא רָאוּי לְאָבִיב, לְהַקְרִיב בּוֹ אֶת מִנְחַת הָעֹמֶר, וְאִם לָאו – עַבֵּר אֶת הַשָּׁנָה: **מִמִּצְרַיִם לָיְלָה.** וַהֲלֹא בַּיּוֹם יָצְאוּ, שֶׁנֶּאֱמַר: "מִמָּחֳרַת הַפֶּסַח יָצְאוּ בְנֵי יִשְׂרָאֵל" וְגוֹ' (במדבר לג, ג)? אֶלָּא לְפִי שֶׁבַּלַּיְלָה נָתַן לָהֶם פַּרְעֹה רְשׁוּת לָצֵאת, שֶׁנֶּאֱמַר: "וַיִּקְרָא לְמֹשֶׁה וּלְאַהֲרֹן לַיְלָה" וְגוֹ' (שמות יב, לא):

ב) **וְזָבַחְתָּ פֶּסַח לַה' אֱלֹהֶיךָ צֹאן.** שֶׁנֶּאֱמַר: "מִן הַכְּבָשִׂים וּמִן הָעִזִּים תִּקָּחוּ" (שמות יב, ה): **וּבָקָר.** תִּזְבַּח לַחֲגִיגָה, שֶׁאִם נִמְנוּ עַל הַפֶּסַח חֲבוּרָה מְרֻבָּה, מְבִיאִים עִמּוֹ חֲגִיגָה כְּדֵי שֶׁיְּהֵא נֶאֱכָל עַל הַשֹּׂבַע. וְעוֹד לָמְדוּ רַבּוֹתֵינוּ דְּבָרִים הַרְבֵּה מִפָּסוּק זֶה:

ג) **לֶחֶם עֹנִי.** לֶחֶם שֶׁמַּזְכִּיר אֶת הָעֹנִי שֶׁנִּתְעַנּוּ בְּמִצְרַיִם: **כִּי בְחִפָּזוֹן יָצָאתָ.** וְלֹא הִסְפִּיק בָּצֵק לְהַחֲמִיץ, וְזֶה יִהְיֶה לְךָ לְזִכָּרוֹן. וְחִפָּזוֹן לֹא שֶׁלְּךָ הָיָה אֶלָּא שֶׁל מִצְרַיִם, שֶׁכֵּן הוּא אוֹמֵר: "וַתֶּחֱזַק מִצְרַיִם עַל הָעָם" וְגוֹ' (שמות יב, לג): **לְמַעַן תִּזְכֹּר.** עַל יְדֵי אֲכִילַת הַפֶּסַח וְהַמַּצָּה "אֶת יוֹם צֵאתְךָ":

ד) **וְלֹא יָלִין מִן הַבָּשָׂר אֲשֶׁר תִּזְבַּח בָּעֶרֶב בַּיּוֹם הָרִאשׁוֹן לַבֹּקֶר.** אַזְהָרָה לַמּוֹתִיר בְּפֶסַח דּוֹרוֹת, לְפִי שֶׁלֹּא נֶאֱמַר אֶלָּא בְּפֶסַח מִצְרַיִם, וְיוֹם רִאשׁוֹן הָאָמוּר כָּאן הוּא אַרְבָּעָה עָשָׂר בְּנִיסָן, כְּמָה דְאַתְּ אָמַר: "אַךְ בַּיּוֹם הָרִאשׁוֹן תַּשְׁבִּיתוּ שְּׂאֹר מִבָּתֵּיכֶם" (שמות יב, טו). וּלְפִי שֶׁנִּסְתַּלֵּק הַכָּתוּב מֵעִנְיָנוֹ שֶׁל פֶּסַח וְהִתְחִיל לְדַבֵּר בְּחֻקּוֹת שִׁבְעַת יָמִים, כְּגוֹן: "שִׁבְעַת יָמִים תֹּאכַל עָלָיו מַצּוֹת", "וְלֹא יֵרָאֶה לְךָ שְׂאֹר בְּכָל גְּבֻלְךָ", הֻצְרַךְ לְפָרֵשׁ בְּאֵיזוֹ זְבִיחָה הוּא מַזְהִיר, שֶׁאִם כָּתַב: 'וְלֹא יָלִין מִן הַבָּשָׂר אֲשֶׁר תִּזְבַּח בָּעֶרֶב לַבֹּקֶר', הָיִיתִי אוֹמֵר, שְׁלָמִים הַנִּשְׁחָטִים כָּל שִׁבְעָה כֻּלָּן בְּבַל תּוֹתִירוּ וְאֵינָן נֶאֱכָלִין אֶלָּא לְיוֹם וָלַיְלָה, לְכָךְ כָּתַב: "בָּעֶרֶב בַּיּוֹם הָרִאשׁוֹן". דָּבָר אַחֵר, בַּחֲגִיגַת אַרְבָּעָה עָשָׂר הַכָּתוּב מְדַבֵּר, וְלִמֵּד עָלֶיהָ שֶׁנֶּאֱכֶלֶת לִשְׁנֵי יָמִים, וְ"הָרִאשׁוֹן" הָאָמוּר כָּאן – בְּיוֹם טוֹב הָרִאשׁוֹן הַכָּתוּב מְדַבֵּר, וְכֵן מַשְׁמָעוּת הַמִּקְרָא: בְּשַׂר חֲגִיגָה אֲשֶׁר תִּזְבַּח בָּעֶרֶב לֹא יָלִין בְּיוֹם טוֹב הָרִאשׁוֹן עַד בָּקְרוֹ שֶׁל שֵׁנִי, אֲבָל נֶאֱכֶלֶת הִיא בְּאַרְבָּעָה עָשָׂר וּבַחֲמִשָּׁה עָשָׂר. וְכָךְ הִיא שְׁנוּיָה בְּמַסֶּכֶת פְּסָחִים (דף עא ע"א – עא ע"ב):

בְּאַחַד שְׁעָרֶיךָ אֲשֶׁר־יְהוָה אֱלֹהֶיךָ נֹתֵן לָךְ׃
ו כִּי אִם־אֶל־הַמָּקוֹם אֲשֶׁר־יִבְחַר יְהוָה אֱלֹהֶיךָ
לְשַׁכֵּן שְׁמוֹ שָׁם תִּזְבַּח אֶת־הַפֶּסַח בָּעָרֶב כְּבוֹא
ז הַשֶּׁמֶשׁ מוֹעֵד צֵאתְךָ מִמִּצְרָיִם׃ וּבִשַּׁלְתָּ וְאָכַלְתָּ
בַּמָּקוֹם אֲשֶׁר יִבְחַר יְהוָה אֱלֹהֶיךָ בּוֹ וּפָנִיתָ
ח בַבֹּקֶר וְהָלַכְתָּ לְאֹהָלֶיךָ׃ שֵׁשֶׁת יָמִים תֹּאכַל
מַצּוֹת וּבַיּוֹם הַשְּׁבִיעִי עֲצֶרֶת לַיהוָה אֱלֹהֶיךָ לֹא
ט תַעֲשֶׂה מְלָאכָה׃ שִׁבְעָה ★
שָׁבֻעֹת תִּסְפָּר־לָךְ מֵהָחֵל חֶרְמֵשׁ בַּקָּמָה תָּחֵל
י לִסְפֹּר שִׁבְעָה שָׁבֻעוֹת׃ וְעָשִׂיתָ חַג שָׁבֻעוֹת לַיהוָה
אֱלֹהֶיךָ מִסַּת נִדְבַת יָדְךָ אֲשֶׁר תִּתֵּן כַּאֲשֶׁר יְבָרֶכְךָ
יא יְהוָה אֱלֹהֶיךָ׃ וְשָׂמַחְתָּ לִפְנֵי ׀ יְהוָה אֱלֹהֶיךָ אַתָּה
וּבִנְךָ וּבִתֶּךָ וְעַבְדְּךָ וַאֲמָתֶךָ וְהַלֵּוִי אֲשֶׁר בִּשְׁעָרֶיךָ
וְהַגֵּר וְהַיָּתוֹם וְהָאַלְמָנָה אֲשֶׁר בְּקִרְבֶּךָ בַּמָּקוֹם
יב אֲשֶׁר יִבְחַר יְהוָה אֱלֹהֶיךָ לְשַׁכֵּן שְׁמוֹ שָׁם׃ וְזָכַרְתָּ
כִּי־עֶבֶד הָיִיתָ בְּמִצְרָיִם וְשָׁמַרְתָּ וְעָשִׂיתָ אֶת־
הַחֻקִּים הָאֵלֶּה׃
יג חַג הַסֻּכֹּת תַּעֲשֶׂה לְךָ שִׁבְעַת יָמִים בְּאָסְפְּךָ מפטיר
יד מִגָּרְנְךָ וּמִיִּקְבֶךָ׃ וְשָׂמַחְתָּ בְּחַגֶּךָ אַתָּה וּבִנְךָ וּבִתֶּךָ מצווה תפח מצוות שמחה ברגלים
וְעַבְדְּךָ וַאֲמָתֶךָ וְהַלֵּוִי וְהַגֵּר וְהַיָּתוֹם וְהָאַלְמָנָה

טו אֲשֶׁ֥ר בִּשְׁעָרֶֽיךָ׃ שִׁבְעַ֣ת יָמִ֗ים תָּחֹג֙ לַיהוָ֣ה
אֱלֹהֶ֔יךָ בַּמָּק֖וֹם אֲשֶׁר־יִבְחַ֣ר יְהוָ֑ה כִּ֣י יְבָרֶכְךָ֞

ו בַּחֲדָא מִן קִרְוָךְ, דַּיי אֱלָהָךְ יָהֵיב לָךְ: אֱלָהֵין, בְּאַתְרָא, דְּיִתְרְעֵי יי אֱלָהָךְ לְאַשְׁרָאָה שְׁכִינְתֵּיהּ,
ז תַּמָּן, תִּכּוֹס יָת פִּסְחָא בְּרַמְשָׁא, כְּמֵיעַל שִׁמְשָׁא, זְמַן מִפְּקָךְ מִמִּצְרָיִם: וּתְבַשֵּׁיל וְתֵיכוּל,
ח בְּאַתְרָא, דְּיִתְרְעֵי, יי אֱלָהָךְ בֵּיהּ, וְתִתְפְּנֵי בְּצַפְרָא, וּתְהָךְ לְמַשְׁכְּנָךְ: שִׁתָּא יוֹמִין תֵּיכוּל פַּטִּירָא,
ט וּבְיוֹמָא שְׁבִיעָאָה, כְּנִישׁ קֳדָם יי אֱלָהָךְ, לָא תַעֲבֵיד עֲבִידָא: שִׁבְעָא שָׁבוּעִין תִּמְנֵי לָךְ,
י מִשֵּׁירָיוּת מַגְּלָא בַּחֲצַד עֻמְרָא דַּאֲרָמוּתָא, תִּשְׁרֵי לְמִמְנֵי, שִׁבְעָא שָׁבוּעִין: וְתַעֲבֵיד, חַגָּא
יא דְּשָׁבוּעַיָּא קֳדָם יי אֱלָהָךְ, מִסַּת, נִדְבַת יְדָךְ דְּתִתֵּין, כְּמָא דִּיבָרְכִנָּךְ יי אֱלָהָךְ: וְתִחְדֵּי, קֳדָם יי
אֱלָהָךְ, אַתְּ וּבְרָךְ וּבְרַתָּךְ וְעַבְדָּךְ וְאַמְתָךְ, וְלֵיוָאָה דִּבְקִרְוָךְ, וְגִיּוֹרָא, וְיַתְמָא וְאַרְמַלְתָּא דְּבֵינָךְ,
יב בְּאַתְרָא, דְּיִתְרְעֵי יי אֱלָהָךְ, לְאַשְׁרָאָה שְׁכִינְתֵּיהּ תַּמָּן: וְתִדְכַּר, אֲרֵי עַבְדָּא הֲוֵיתָא בְּמִצְרָיִם,
יג וְתִטַּר וְתַעֲבֵיד, יָת קְיָמַיָּא הָאִלֵּין: חַגָּא דִּמְטַלַּיָּא, תַּעֲבֵיד לָךְ שִׁבְעָא יוֹמִין, בְּמִכְנְשָׁךְ, מֵאִדְּרָךְ
יד וּמִמַּעֲצַרְתָּךְ: וְתִחְדֵּי בְּחַגָּךְ, אַתְּ וּבְרָךְ וּבְרַתָּךְ וְעַבְדָּךְ וְאַמְתָךְ, וְלֵיוָאָה, וְגִיּוֹרָא, וְיַתְמָא
טו וְאַרְמַלְתָּא דִּבְקִרְוָךְ: שִׁבְעָא יוֹמִין, תֵּיחוֹג קֳדָם יי אֱלָהָךְ, בְּאַתְרָא דְּיִתְרְעֵי יי, אֲרֵי יְבָרְכִנָּךְ

ו| **בָּעֶרֶב כְּבוֹא הַשֶּׁמֶשׁ מוֹעֵד צֵאתְךָ מִמִּצְרָיִם.** הֲרֵי שְׁלֹשָׁה זְמַנִּים חֲלוּקִים: 'בָּעֶרֶב' מִשֵּׁשׁ שָׁעוֹת וּלְמַעְלָה זָבְחֵהוּ, וּ'כְבוֹא הַשֶּׁמֶשׁ' תֹּאכְלֵהוּ, וּ'מוֹעֵד צֵאתְךָ' אַתָּה שׂוֹרְפֵהוּ, כְּלוֹמַר נַעֲשָׂה נוֹתָר וְיֵצֵא לְבֵית הַשְּׂרֵפָה:

ז| **וּבִשַּׁלְתָּ.** זֶהוּ צְלִי אֵשׁ, שֶׁאַף הוּא קָרוּי בִּשּׁוּל: **וּפָנִיתָ בַבֹּקֶר.** לְבָקְרוֹ שֶׁל שֵׁנִי, מְלַמֵּד שֶׁטָּעוּן לִינָה לֵיל שֶׁל מוֹצָאֵי יוֹם טוֹב:

ח| **שֵׁשֶׁת יָמִים תֹּאכַל מַצּוֹת.** וּבְמָקוֹם אַחֵר הוּא אוֹמֵר: "שִׁבְעַת יָמִים" (שמות יב, טו)! שִׁבְעָה מִן הַיָּשָׁן וְשִׁשָּׁה מִן הֶחָדָשׁ. דָּבָר אַחֵר, לִמֵּד עַל אֲכִילַת מַצָּה בַּשְּׁבִיעִי שֶׁאֵינָהּ חוֹבָה, וּמִכָּאן אַתָּה לָמֵד לְשֵׁשֶׁת יָמִים, שֶׁהֲרֵי שְׁבִיעִי בִּכְלָל הָיָה וְיָצָא מִן הַכְּלָל לְלַמֵּד שֶׁאֵין אֲכִילַת מַצָּה בּוֹ חוֹבָה אֶלָּא רְשׁוּת, וְלֹא לְלַמֵּד עַל עַצְמוֹ יָצָא אֶלָּא לְלַמֵּד עַל הַכְּלָל כֻּלּוֹ יָצָא, מַה שְּׁבִיעִי רְשׁוּת אַף כֻּלָּם רְשׁוּת, חוּץ מִלַּיְלָה הָרִאשׁוֹן שֶׁהַכָּתוּב קְבָעוֹ חוֹבָה, שֶׁנֶּאֱמַר: "בָּעֶרֶב תֹּאכְלוּ מַצֹּת" (שמות יב, יח):

**עֲצֶרֶת לַה' אֱלֹהֶיךָ.** עֲצֹר עַצְמְךָ מִן הַמְּלָאכָה. דָּבָר אַחֵר, כְּנוּפְיָא שֶׁל מַאֲכָל וּמִשְׁתֶּה, לְשׁוֹן: "נַעְצְרָה נָּא אוֹתָךְ" (שופטים יג, טו):

ט| **מֵהָחֵל חֶרְמֵשׁ בַּקָּמָה.** מִשֶּׁנִּקְצַר הָעֹמֶר שֶׁהוּא רֵאשִׁית הַקָּצִיר:

י| **מִסַּת נִדְבַת יָדְךָ.** דֵּי נִדְבַת יָדְךָ, הַכֹּל לְפִי הַבְּרָכָה הָבֵא שַׁלְמֵי שִׂמְחָה וְקַדֵּשׁ קְרוּאִים לֶאֱכֹל:

יא| **וְהַלֵּוִי וְהַגֵּר וְהַיָּתוֹם וְהָאַלְמָנָה.** אַרְבָּעָה שֶׁלִּי כְּנֶגֶד אַרְבָּעָה שֶׁלְּךָ: "בִּנְךָ וּבִתֶּךָ וְעַבְדְּךָ וַאֲמָתֶךָ", אִם אַתָּה מְשַׂמֵּחַ אֶת שֶׁלִּי אֲנִי מְשַׂמֵּחַ אֶת שֶׁלְּךָ:

יב| **וְזָכַרְתָּ כִּי עֶבֶד הָיִיתָ וְגוֹ'.** עַל מְנָת כֵּן פְּדִיתִיךָ, שֶׁתִּשְׁמֹר וְתַעֲשֶׂה אֶת הַחֻקִּים הָאֵלֶּה:

יג| **בְּאָסְפְּךָ.** בִּזְמַן הָאָסִיף, שֶׁאַתָּה מַכְנִיס לַבַּיִת פֵּרוֹת הַקַּיִץ. דָּבָר אַחֵר, "בְּאָסְפְּךָ מִגָּרְנְךָ וּמִיִּקְבֶךָ", לִמֵּד שֶׁמְּסַכְּכִין אֶת הַסֻּכָּה בִּפְסֹלֶת גֹּרֶן וָיֶקֶב:

יְהוָה אֱלֹהֶיךָ בְּכֹל תְּבוּאָתְךָ וּבְכֹל מַעֲשֵׂה יָדֶיךָ
וְהָיִיתָ אַךְ שָׂמֵחַ: שָׁלוֹשׁ פְּעָמִים ׀ בַּשָּׁנָה יֵרָאֶה טז
כָל־זְכוּרְךָ אֶת־פְּנֵי ׀ יְהוָה אֱלֹהֶיךָ בַּמָּקוֹם אֲשֶׁר
יִבְחָר בְּחַג הַמַּצּוֹת וּבְחַג הַשָּׁבֻעוֹת וּבְחַג הַסֻּכּוֹת
וְלֹא יֵרָאֶה אֶת־פְּנֵי יְהוָה רֵיקָם: אִישׁ כְּמַתְּנַת יז
יָדוֹ כְּבִרְכַּת יְהוָה אֱלֹהֶיךָ אֲשֶׁר נָתַן־לָךְ:

**מצווה תפט**
מצווה להיראות בבית המקדש ברגלים

**מצווה תצ**
איסור עלייה לרגל בלא קרבן

ראה

# הפטרת ראה

למנהג הספרדים קוראים הפטרה זו גם כשבשבת חל ערב ראש חודש אלול וגם כשחל בה ראש חודש אלול. ומוסיפים את הפסוק הראשון והאחרון של ההפטרות המיוחדות לימים אלה.
למנהג האשכנזים קוראים הפטרה זו גם כשבשבת חל ערב ראש חודש אלול, אך אם חל בה ראש חודש אלול קוראים את ההפטרה בעמ׳ רלז.
ולמנהג התימנים אם חל ראש חודש אלול בשבת זו קוראים את ההפטרה בעמ׳ רלז, ואם חל ערב ראש חודש אלול בשבת זו יש הקוראים הפטרה זו ויש הקוראים את ההפטרה בעמ׳ רלט.

לקשר בין עם ישראל לאומות העולם חלק נכבד בתנ״ך ובהיסטוריה. ייעודו של עם ישראל להביא את דבר ה׳ לאנושות, מעמיד אותו בחיכוכים מתמידים עם תרבויות שונות. אם עם ישראל יהיה נאמן לתורת ה׳ ויהיה דוגמה לעם החי חיים מתוקנים, מובטח לו שלא ייפגע בעימות הרוחני המתמשך עם תרבויות העולם. הצלחת עם ישראל בשליחותו לתקן עולם ולגלות את מלכות ה׳ לאנושות היא שלב עיקרי בבניין הגאולה.

ישעיה

עֲנִיָּה סֹעֲרָה לֹא נֻחָמָה הִנֵּה אָנֹכִי מַרְבִּיץ בַּפּוּךְ אֲבָנַיִךְ וִיסַדְתִּיךְ בַּסַּפִּירִים: יא נד
וְשַׂמְתִּי כַּדְכֹד שִׁמְשֹׁתַיִךְ וּשְׁעָרַיִךְ לְאַבְנֵי אֶקְדָּח וְכָל־גְּבוּלֵךְ לְאַבְנֵי־חֵפֶץ: יב
וְכָל־בָּנַיִךְ לִמּוּדֵי יְהוָה וְרַב שְׁלוֹם בָּנָיִךְ: בִּצְדָקָה תִּכּוֹנָנִי רַחֲקִי מֵעֹשֶׁק יג יד
כִּי־לֹא תִירָאִי וּמִמְּחִתָּה כִּי לֹא־תִקְרַב אֵלָיִךְ: הֵן גּוֹר יָגוּר אֶפֶס מֵאוֹתִי טו
מִי־גָר אִתָּךְ עָלַיִךְ יִפּוֹל: הֵן אָנֹכִי בָּרָאתִי חָרָשׁ נֹפֵחַ בְּאֵשׁ פֶּחָם וּמוֹצִיא טז
כְלִי לְמַעֲשֵׂהוּ וְאָנֹכִי בָּרָאתִי מַשְׁחִית לְחַבֵּל: כָּל־כְּלִי יוּצַר עָלַיִךְ לֹא יִצְלָח יז
וְכָל־לָשׁוֹן תָּקוּם־אִתָּךְ לַמִּשְׁפָּט תַּרְשִׁיעִי זֹאת נַחֲלַת עַבְדֵי יְהוָה וְצִדְקָתָם
מֵאִתִּי נְאֻם־יְהוָה: הוֹי כָּל־צָמֵא לְכוּ לַמַּיִם וַאֲשֶׁר אֵין־לוֹ א נה
כָּסֶף לְכוּ שִׁבְרוּ וֶאֱכֹלוּ וּלְכוּ שִׁבְרוּ בְּלוֹא־כֶסֶף וּבְלוֹא מְחִיר יַיִן וְחָלָב: לָמָּה ב
תִשְׁקְלוּ־כֶסֶף בְּלוֹא־לֶחֶם וִיגִיעֲכֶם בְּלוֹא לְשָׂבְעָה שִׁמְעוּ שָׁמוֹעַ אֵלַי וְאִכְלוּ־

הִנֵּה

טז יי אֱלָהָךְ, בְּכָל עֲלָלְתָךְ וּבְכָל עוֹבָדֵי יְדָךְ, וּתְהֵי בְּרַם חָדֵי: תְּלָת זִמְנִין בְּשַׁתָּא, יִתַּחְזוֹן כָּל
דְּכוּרָךְ, קֳדָם יי אֱלָהָךְ, בְּאַתְרָא דְּיִתְרְעֵי, בְּחַגָּא דְּפַטִּירַיָּא, וּבְחַגָּא דְּשָׁבוּעַיָּא וּבְחַגָּא
יז דִּמְטַלַּיָּא, וְלָא יִתַּחְזוֹן, קֳדָם יי רֵיקָנִין: גְּבַר כְּמַתְּנַת יְדֵיהּ, כְּבִרְכְתָא, דַּיי אֱלָהָךְ דִּיהַב לָךְ:

טו **וְהָיִיתָ אַךְ שָׂמֵחַ.** לְפִי פְשׁוּטוֹ אֵין זֶה לְשׁוֹן צִוּוּי אֶלָּא לְשׁוֹן הַבְטָחָה. וּלְפִי תַלְמוּדוֹ לָמְדוּ מִכָּאן לְרַבּוֹת לֵילֵי יוֹם טוֹב הָאַחֲרוֹן לְשִׂמְחָה:

טז **וְלֹא יֵרָאֶה אֶת פְּנֵי ה׳ רֵיקָם.** אֶלָּא הָבֵא עוֹלוֹת רְאִיָּה וְשַׁלְמֵי חֲגִיגָה:

יז **אִישׁ כְּמַתְּנַת יָדוֹ.** מִי שֶׁיֵּשׁ לוֹ אוֹכְלִין הַרְבֵּה וּנְכָסִים מְרֻבִּים יָבִיא עוֹלוֹת מְרֻבּוֹת וּשְׁלָמִים מְרֻבִּים:



ג טוֹב וְתִתְעַנַּג בַּדֶּשֶׁן נַפְשְׁכֶם: הַטּוּ אָזְנְכֶם וּלְכוּ אֵלַי שִׁמְעוּ וּתְחִי נַפְשְׁכֶם
ד וְאֶכְרְתָה לָכֶם בְּרִית עוֹלָם חַסְדֵי דָוִד הַנֶּאֱמָנִים: הֵן עֵד לְאוּמִּים נְתַתִּיו
ה נָגִיד וּמְצַוֵּה לְאֻמִּים: הֵן גּוֹי לֹא־תֵדַע תִּקְרָא וְגוֹי לֹא־יְדָעוּךָ אֵלֶיךָ יָרוּצוּ
לְמַעַן יְהוָה אֱלֹהֶיךָ וְלִקְדוֹשׁ יִשְׂרָאֵל כִּי פֵאֲרָךְ:

# פרשת
# שפטים

| נושאים לפי סדרים | יד | טו | טז (א) |
|---|---|---|---|
| | העמדת שופטים ומעמדם | העמדת מלך, משפט הכוהנים, איסור כישוף וניחוש, נביא אמת ונביא שקר, ערי מקלט הסגת גבול, עדים זוממים, דיני מלחמה | קריאה לשלום במלחמה איסור השחתה עגלה ערופה |

# שֹׁפְטִים

יד שֹׁפְטִים וְשֹׁטְרִים תִּתֶּן־לְךָ בְּכָל־שְׁעָרֶיךָ אֲשֶׁר טז יח<br>
יְהוָה אֱלֹהֶיךָ נֹתֵן לְךָ לִשְׁבָטֶיךָ וְשָׁפְטוּ אֶת־הָעָם<br>
מִשְׁפַּט־צֶדֶק׃ לֹא־תַטֶּה מִשְׁפָּט לֹא תַכִּיר פָּנִים יט<br>
וְלֹא־תִקַּח שֹׁחַד כִּי הַשֹּׁחַד יְעַוֵּר עֵינֵי חֲכָמִים<br>
וִיסַלֵּף דִּבְרֵי צַדִּיקִם׃ צֶדֶק צֶדֶק תִּרְדֹּף לְמַעַן כ<br>
תִּחְיֶה וְיָרַשְׁתָּ אֶת־הָאָרֶץ אֲשֶׁר־יְהוָה אֱלֹהֶיךָ<br>
נֹתֵן לָךְ׃ לֹא־תִטַּע לְךָ אֲשֵׁרָה כָּל־ כא<br>
עֵץ אֵצֶל מִזְבַּח יְהוָה אֱלֹהֶיךָ אֲשֶׁר תַּעֲשֶׂה־<br>
לָּךְ׃ וְלֹא־תָקִים לְךָ מַצֵּבָה אֲשֶׁר שָׂנֵא יְהוָה כב<br>
אֱלֹהֶיךָ׃ לֹא־תִזְבַּח לַיהוָה אֱלֹהֶיךָ יז א<br>
שׁוֹר וָשֶׂה אֲשֶׁר יִהְיֶה בוֹ מוּם כֹּל דָּבָר רָע כִּי<br>
תוֹעֲבַת יְהוָה אֱלֹהֶיךָ הוּא׃ כִּי־יִמָּצֵא ב<br>
בְקִרְבְּךָ בְּאַחַד שְׁעָרֶיךָ אֲשֶׁר־יְהוָה אֱלֹהֶיךָ נֹתֵן<br>
לָךְ אִישׁ אוֹ־אִשָּׁה אֲשֶׁר יַעֲשֶׂה אֶת־הָרַע בְּעֵינֵי<br>
יְהוָה־אֱלֹהֶיךָ לַעֲבֹר בְּרִיתוֹ׃ וַיֵּלֶךְ וַיַּעֲבֹד אֱלֹהִים ג<br>
אֲחֵרִים וַיִּשְׁתַּחוּ לָהֶם וְלַשֶּׁמֶשׁ ׀ אוֹ לַיָּרֵחַ אוֹ

**מצווה תצא**
מצווה למנות שופטים ושוטרים

**מצווה תצב**
איסור לנטוע אילנות במקדש ואצל המזבח

**מצווה תצג**
איסור הקמת מצבה

**מצווה תצד**
איסור הקרבת קרבן בעל מום ואפילו מום עובר

יח דַּיָּנִין וּפִרְעֲנִין, תְּמַנֵּי לָךְ בְּכָל קִרְוָךְ, דַּיְיָ אֱלָהָךְ, יָהֵיב לָךְ לְשִׁבְטָךְ, וִידִינוּן יָת עַמָּא דִּין
יט דִּקְשׁוֹט: לָא תַצְלֵי דִּין, לָא תִשְׁתְּמוֹדַע אַפִּין, וְלָא תְקַבֵּיל שֻׁחְדָּא, אֲרֵי שֻׁחְדָּא, מְעַוַּר
כ עֵינֵי חַכִּימִין, וּמְקַלְקֵיל פִּתְגָּמִין תְּרִיצִין: קֻשְׁטָא קֻשְׁטָא תִּרְדּוֹף, בְּדִיל דְּתֵיחֵי וְתֵירַת יָת
כא אַרְעָא, דַּיְיָ אֱלָהָךְ יָהֵיב לָךְ: לָא תִצּוֹב לָךְ, אֲשֵׁירַת כָּל אִילָן, בִּסְטַר, מַדְבְּחָא, דַּיְיָ אֱלָהָךְ
כב דְּתַעֲבֵיד לָךְ: וְלָא תְקִים לָךְ קָמָא, דְּרַחֵיק יְיָ אֱלָהָךְ: לָא תִכּוֹס קֳדָם יְיָ אֱלָהָךְ תּוֹר וְאִמַּר,
יז א
ב דִּיהֵי בֵיהּ מוּמָא, כָּל מִדַּעַם בִּישׁ, אֲרֵי מְרַחַק, קֳדָם יְיָ אֱלָהָךְ הוּא: אֲרֵי יִשְׁתְּכַח בֵּינָךְ
בַּחֲדָא מִן קִרְוָךְ, דַּיְיָ אֱלָהָךְ יָהֵיב לָךְ, גְּבַר אוֹ אִתְּתָא, דְּיַעֲבֵיד יָת דְּבִישׁ, קֳדָם יְיָ אֱלָהָךְ
ג לְמִעְבַּר עַל קְיָמֵיהּ: וַאֲזַל, וּפְלַח לְטָעֲוַת עַמְמַיָּא, וּסְגֵיד לְהוֹן, וּלְשִׁמְשָׁא אוֹ לְסִיהֲרָא, אוֹ,

יח| **שֹׁפְטִים וְשֹׁטְרִים.** "שֹׁפְטִים" דַּיָּנִים הַפּוֹסְקִים אֶת הַדִּין, "וְשֹׁטְרִים" הָרוֹדִין אֶת הָעָם אַחַר מִצְוָתָם, שֶׁמַּכִּין וְכוֹפְתִין בְּמַקֵּל וּבִרְצוּעָה עַד שֶׁיְּקַבֵּל עָלָיו אֶת דִּין הַשּׁוֹפֵט: **בְּכָל שְׁעָרֶיךָ.** בְּכָל עִיר וָעִיר: **לִשְׁבָטֶיךָ.** מוּסָב עַל "תִּתֶּן לְךָ": שֹׁפְטִים וְשֹׁטְרִים תִּתֶּן לְךָ לִשְׁבָטֶיךָ בְּכָל שְׁעָרֶיךָ אֲשֶׁר ה' אֱלֹהֶיךָ נֹתֵן לְךָ: **לִשְׁבָטֶיךָ.** מְלַמֵּד שֶׁמּוֹשִׁיבִין דַּיָּנִין לְכָל שֵׁבֶט וָשֵׁבֶט וּבְכָל עִיר וָעִיר: **וְשָׁפְטוּ אֶת הָעָם וגו'.** מַנֵּה דַּיָּנִין מֻמְחִים וְצַדִּיקִים לִשְׁפֹּט צֶדֶק:

יט| **לֹא תַטֶּה מִשְׁפָּט.** כְּמַשְׁמָעוֹ: **לֹא תַכִּיר פָּנִים.** אַף בִּשְׁעַת הַטְּעָנוֹת, שֶׁלֹּא יְהֵא רַךְ לָזֶה וְקָשֶׁה לָזֶה, אֶחָד עוֹמֵד וְאֶחָד יוֹשֵׁב, לְפִי שֶׁכְּשֶׁרוֹאֶה זֶה שֶׁהַדַּיָּן מְכַבֵּד אֶת חֲבֵרוֹ מִסְתַּתְּמִין טַעֲנוֹתָיו: **וְלֹא תִקַּח שֹׁחַד.** אֲפִלּוּ לִשְׁפֹּט צֶדֶק: **כִּי הַשֹּׁחַד יְעַוֵּר.** מִשֶּׁקִּבֵּל שֹׁחַד מִמֶּנּוּ, אִי אֶפְשָׁר שֶׁלֹּא יַטֶּה אֶת לִבּוֹ אֶצְלוֹ לַהֲפֹךְ בִּזְכוּתוֹ: **דִּבְרֵי צַדִּיקִם.** דְּבָרִים הַמְדֻקָּקִים, מִשְׁפְּטֵי אֱמֶת:

כ| **צֶדֶק צֶדֶק תִּרְדֹּף.** הֵלֵךְ אַחַר בֵּית דִּין יָפֶה: **לְמַעַן תִּחְיֶה וְיָרַשְׁתָּ.** כְּדַאי הוּא מִנּוּי הַדַּיָּנִין הַכְּשֵׁרִים לְהַחֲיוֹת אֶת יִשְׂרָאֵל וּלְהוֹשִׁיבָן עַל אַדְמָתָן:

כא| **לֹא תִטַּע לְךָ אֲשֵׁרָה.** לְחַיְּבוֹ עָלֶיהָ מִשְּׁעַת נְטִיעָתָהּ, וַאֲפִלּוּ לֹא עֲבָדָהּ עוֹבֵר בְּלֹא תַעֲשֶׂה עַל נְטִיעָתָהּ. וְ"לֹא תִטַּע לְךָ... כָּל עֵץ אֵצֶל מִזְבַּח" – אַזְהָרָה לְנוֹטֵעַ אִילָן וּלְבוֹנֶה בַּיִת בְּהַר הַבַּיִת:

כב| **וְלֹא תָקִים לְךָ מַצֵּבָה.** מַצֵּבָה, אֶבֶן אַחַת לְהַקְרִיב עָלֶיהָ, אֲפִלּוּ לַשָּׁמַיִם: **אֲשֶׁר שָׂנֵא.** מִזְבַּח אֲבָנִים וּמִזְבַּח אֲדָמָה צִוָּה לַעֲשׂוֹת, וְאֶת זוֹ שָׂנֵא, כִּי חֹק הָיְתָה לַכְּנַעֲנִים. וְאַף עַל פִּי שֶׁהָיְתָה אֲהוּבָה לוֹ בִּימֵי הָאָבוֹת, עַכְשָׁיו שְׂנֵאָהּ, מֵאַחַר שֶׁעֲשָׂאוּהָ אֵלּוּ חֹק לַעֲבוֹדָה זָרָה:

פרק יז

א| **לֹא תִזְבַּח וגו' כָּל דָּבָר רָע.** אַזְהָרָה לִמְפַגֵּל בַּקֳּדָשִׁים עַל יְדֵי דִּבּוּר רָע. וְעוֹד נִדְרְשׁוּ בוֹ אֵחָר דְּרָשׁוֹת בִּשְׁחִיטַת קָדָשִׁים:

ב| **לַעֲבֹר בְּרִיתוֹ.** אֲשֶׁר כָּרַת ה' אִתְּכֶם שֶׁלֹּא לַעֲבֹד עֲבוֹדָה זָרָה:

לְכָל־צְבָא הַשָּׁמַיִם אֲשֶׁר לֹא־צִוִּיתִי׃ וְהֻגַּד־לְךָ ד
וְשָׁמָעְתָּ וְדָרַשְׁתָּ הֵיטֵב וְהִנֵּה אֱמֶת נָכוֹן הַדָּבָר
נֶעֶשְׂתָה הַתּוֹעֵבָה הַזֹּאת בְּיִשְׂרָאֵל׃ וְהוֹצֵאתָ ה
אֶת־הָאִישׁ הַהוּא אוֹ אֶת־הָאִשָּׁה הַהִוא אֲשֶׁר
עָשׂוּ אֶת־הַדָּבָר הָרָע הַזֶּה אֶל־שְׁעָרֶיךָ אֶת־
הָאִישׁ אוֹ אֶת־הָאִשָּׁה וּסְקַלְתָּם בָּאֲבָנִים וָמֵתוּ׃
עַל־פִּי ׀ שְׁנַיִם עֵדִים אוֹ שְׁלֹשָׁה עֵדִים יוּמַת ו
הַמֵּת לֹא יוּמַת עַל־פִּי עֵד אֶחָד׃ יַד הָעֵדִים ז
תִּהְיֶה־בּוֹ בָרִאשֹׁנָה לַהֲמִיתוֹ וְיַד כָּל־הָעָם
בָּאַחֲרֹנָה וּבִעַרְתָּ הָרָע מִקִּרְבֶּךָ׃
כִּי יִפָּלֵא מִמְּךָ דָבָר לַמִּשְׁפָּט בֵּין־דָּם ׀ לְדָם בֵּין־ ח
דִּין לְדִין וּבֵין נֶגַע לָנֶגַע דִּבְרֵי רִיבֹת בִּשְׁעָרֶיךָ
וְקַמְתָּ וְעָלִיתָ אֶל־הַמָּקוֹם אֲשֶׁר יִבְחַר יְהוָה
אֱלֹהֶיךָ בּוֹ׃ וּבָאתָ אֶל־הַכֹּהֲנִים הַלְוִיִּם וְאֶל־ ט
הַשֹּׁפֵט אֲשֶׁר יִהְיֶה בַּיָּמִים הָהֵם וְדָרַשְׁתָּ וְהִגִּידוּ
לְךָ אֵת דְּבַר הַמִּשְׁפָּט׃ וְעָשִׂיתָ עַל־פִּי הַדָּבָר י

**מצווה תצה**
מצווה לשמוע בקול בית הדין

אֲשֶׁר יַגִּידוּ לְךָ מִן־הַמָּקוֹם הַהוּא אֲשֶׁר יִבְחַר
יְהוָה וְשָׁמַרְתָּ לַעֲשׂוֹת כְּכֹל אֲשֶׁר יוֹרוּךָ׃ עַל־פִּי יא
הַתּוֹרָה אֲשֶׁר יוֹרוּךָ וְעַל־הַמִּשְׁפָּט אֲשֶׁר־יֹאמְרוּ
לְךָ תַּעֲשֶׂה לֹא תָסוּר מִן־הַדָּבָר אֲשֶׁר־יַגִּידוּ

**מצווה תצו**
איסור לחלוק על בעלי הקבלה

יב לְךָ יָמִין וּשְׂמֹאל: וְהָאִישׁ אֲשֶׁר־יַעֲשֶׂה בְזָדוֹן
לְבִלְתִּי שְׁמֹעַ אֶל־הַכֹּהֵן הָעֹמֵד לְשָׁרֶת שָׁם
אֶת־יְהוָה אֱלֹהֶיךָ אוֹ אֶל־הַשֹּׁפֵט וּמֵת הָאִישׁ

ד לְכָל חֵילֵי שְׁמַיָּא דְּלָא פַקֵּידִית: וְיִתְחַוָּא לָךְ וְתִשְׁמַע, וְתִתְבַּע יָאוּת, וְהָא קֻשְׁטָא כֵּיוָן
ה פִּתְגָמָא, אִתְעֲבֵידַת, תּוֹעֵיבְתָא הָדָא בְּיִשְׂרָאֵל: וְתַפֵּיק יָת גַּבְרָא הַהוּא, אוֹ יָת אִתְּתָא
הַהִיא, דַּעֲבַדוּ, יָת פִּתְגָמָא בִּישָׁא הָדֵין לְקִרְוָךְ, יָת גַּבְרָא, אוֹ יָת אִתְּתָא, וְתִרְגְּמִנּוּן בְּאַבְנַיָּא
ו וִימוּתוּן: עַל מֵימַר תְּרֵין סָהֲדִין, אוֹ, תְּלָתָא סָהֲדִין יִתְקְטֵיל דְּחַיָּב קְטוֹל, לָא יִתְקְטֵיל, עַל
ז מֵימַר סָהִיד חַד: יְדָא דְסָהֲדַיָּא, תְּהֵי בֵיהּ בְּקַדְמֵיתָא לְמִקְטְלֵיהּ, וִידָא דְכָל עַמָּא בְּבָתְרֵיתָא,
ח וּתְפַלֵּי עָבֵיד דְּבִישׁ מִבֵּינָךְ: אֲרֵי יִתְפָּרַשׁ מִנָּךְ פִּתְגָמָא לְדִינָא, בֵּין דַּם לְדַם בֵּין דִּין לְדִין, וּבֵין
מַכְתָּשׁ סְגִירוּ לְמַכְתָּשׁ סְגִירוּ, פִּתְגָמֵי פְלֻגַּת דִּינָא בְּקִרְוָךְ, וּתְקוּם וְתִסַּק, לְאַתְרָא, דְּיִתְרְעֵי,
ט יי אֱלָהָךְ בֵּיהּ: וְתֵיתֵי, לְוָת כָּהֲנַיָּא לֵיוָאֵי, וּלְוָת דַּיָּנָא, דִּיהֵי בְּיוֹמַיָּא הָאִנּוּן, וְתִתְבַּע וִיחַוּוֹן
י לָךְ, יָת פִּתְגָמָא דְדִינָא: וְתַעֲבֵיד, עַל מֵימַר פִּתְגָמָא דִיחַוּוֹן לָךְ, מִן אַתְרָא הַהוּא, דְּיִתְרְעֵי
יא יי, וְתִטַּר לְמֶעְבַּד, כְּכָל דְּיַלְּפֻנָּךְ: עַל מֵימַר אוֹרָיְתָא דְּיַלְּפֻנָּךְ, וְעַל דִּינָא, דְּיֵימְרוּן לָךְ תַּעֲבֵיד,
יב לָא תִסְטֵי, מִן פִּתְגָמָא, דִּיחַוּוֹן לָךְ לְיַמִּינָא וְלִסְמָאלָא: וְגַבְרָא דְּיַעֲבֵיד בְּרֶשַׁע, בְּדִיל דְּלָא
לְקַבָּלָא מִן כָּהֲנָא דְּקָאֵים, לְשַׁמָּשָׁא תַּמָּן קֳדָם יי אֱלָהָךְ, אוֹ מִן דַּיָּנָא, וְיִתְקְטֵיל גַּבְרָא

ג) **אֲשֶׁר לֹא צִוִּיתִי.** לַעֲבֹד:

ד) **נָכוֹן.** מְכֻוָּן הָעֵדוּת:

ה) **וְהוֹצֵאתָ אֶת הָאִישׁ הַהוּא וְגוֹ' אֶל שְׁעָרֶיךָ.** הַמְתַרְגֵּם "אֶל שְׁעָרֶיךָ" – 'לִתְרַע בֵּית דִּינָךְ' טוֹעֶה, שֶׁכֵּן שָׁנִינוּ: "אֶל שְׁעָרֶיךָ" זֶה שַׁעַר שֶׁעָבַד בּוֹ, אוֹ אֵינוֹ אֶלָּא שַׁעַר שֶׁנִּדּוֹן בּוֹ? נֶאֱמַר "שְׁעָרֶיךָ" לְמַטָּה וְנֶאֱמַר "שְׁעָרֶיךָ" לְמַעְלָה (לעיל פסוק ב), מַה "שְׁעָרֶיךָ" הָאָמוּר לְמַעְלָה שַׁעַר שֶׁעָבַד בּוֹ, אַף "שְׁעָרֶיךָ" הָאָמוּר לְמַטָּה שַׁעַר שֶׁעָבַד בּוֹ. וְתַרְגּוּמוֹ: "לְקִרְוָךְ":

ו) **שְׁנַיִם עֵדִים אוֹ שְׁלֹשָׁה.** אִם מִתְקַיֶּמֶת עֵדוּת בִּשְׁנַיִם, לָמָּה פֵּרַט לְךָ שְׁלֹשָׁה? לְהַקִּישׁ שְׁלֹשָׁה לִשְׁנַיִם, מַה שְּׁנַיִם עֵדוּת אַחַת, אַף שְׁלֹשָׁה עֵדוּת אַחַת, וְאֵין נַעֲשִׂין זוֹמְמִין עַד שֶׁיִּזּוֹמּוּ כֻּלָּם:

ח) **כִּי יִפָּלֵא.** כָּל הַפְלָאָה לְשׁוֹן הַבְדָּלָה וּפְרִישָׁה, שֶׁהַדָּבָר נִבְדָּל וּמְכֻסֶּה מִמְּךָ: **בֵּין דָּם לְדָם.** בֵּין דָּם טָמֵא לְדָם טָהוֹר: **בֵּין דִּין לְדִין.** בֵּין דִּין זַכַּאי לְדִין חַיָּב: **וּבֵין נֶגַע לָנֶגַע.** בֵּין נֶגַע טָמֵא לְנֶגַע טָהוֹר: **דִּבְרֵי רִיבֹת.** שֶׁיִּהְיוּ חַכְמֵי הָעִיר חוֹלְקִים בַּדָּבָר, זֶה מְטַמֵּא וְזֶה מְטַהֵר, זֶה מְחַיֵּב וְזֶה מְזַכֶּה: **וְקַמְתָּ וְעָלִיתָ.** מְלַמֵּד שֶׁבֵּית הַמִּקְדָּשׁ גָּבוֹהַּ מִכָּל הַמְּקוֹמוֹת:

ט) **הַכֹּהֲנִים הַלְוִיִּם.** הַכֹּהֲנִים שֶׁיָּצְאוּ מִשֵּׁבֶט לֵוִי: **וְאֶל הַשֹּׁפֵט אֲשֶׁר יִהְיֶה בַּיָּמִים הָהֵם.** אֲפִלּוּ אֵינוֹ כִּשְׁאָר שׁוֹפְטִים שֶׁהָיוּ לְפָנָיו, אַתָּה צָרִיךְ לִשְׁמֹעַ לוֹ, אֵין לְךָ אֶלָּא שׁוֹפֵט שֶׁבְּיָמֶיךָ:

יא) **יָמִין וּשְׂמֹאל.** אֲפִלּוּ אוֹמֵר לְךָ עַל יָמִין שֶׁהוּא שְׂמֹאל וְעַל שְׂמֹאל שֶׁהוּא יָמִין, וְכָל שֶׁכֵּן שֶׁאוֹמֵר לְךָ עַל יָמִין יָמִין וְעַל שְׂמֹאל שְׂמֹאל:

הַהוּא וּבִעַרְתָּ הָרָע מִיִּשְׂרָאֵל׃ וְכָל־הָעָם יִשְׁמְעוּ יג
שני טו וְיִרָאוּ וְלֹא יְזִידוּן עוֹד׃ ס כִּי־תָבֹא יד
אֶל־הָאָרֶץ אֲשֶׁר יְהוָה אֱלֹהֶיךָ נֹתֵן לָךְ וִירִשְׁתָּהּ
וְיָשַׁבְתָּה בָּהּ וְאָמַרְתָּ אָשִׂימָה עָלַי מֶלֶךְ כְּכָל־
הַגּוֹיִם אֲשֶׁר סְבִיבֹתָי׃ שׂוֹם תָּשִׂים עָלֶיךָ מֶלֶךְ טו
אֲשֶׁר יִבְחַר יְהוָה אֱלֹהֶיךָ בּוֹ מִקֶּרֶב אַחֶיךָ תָּשִׂים
עָלֶיךָ מֶלֶךְ לֹא תוּכַל לָתֵת עָלֶיךָ אִישׁ נָכְרִי
אֲשֶׁר לֹא־אָחִיךָ הוּא׃ רַק לֹא־יַרְבֶּה־לּוֹ סוּסִים טז
וְלֹא־יָשִׁיב אֶת־הָעָם מִצְרַיְמָה לְמַעַן הַרְבּוֹת
סוּס וַיהוָה אָמַר לָכֶם לֹא תֹסִפוּן לָשׁוּב בַּדֶּרֶךְ
הַזֶּה עוֹד׃ וְלֹא יַרְבֶּה־לּוֹ נָשִׁים וְלֹא יָסוּר לְבָבוֹ יז
וְכֶסֶף וְזָהָב לֹא יַרְבֶּה־לּוֹ מְאֹד׃ וְהָיָה כְשִׁבְתּוֹ יח
עַל כִּסֵּא מַמְלַכְתּוֹ וְכָתַב לוֹ אֶת־מִשְׁנֵה הַתּוֹרָה
הַזֹּאת עַל־סֵפֶר מִלִּפְנֵי הַכֹּהֲנִים הַלְוִיִּם׃ וְהָיְתָה יט
עִמּוֹ וְקָרָא בוֹ כָּל־יְמֵי חַיָּיו לְמַעַן יִלְמַד לְיִרְאָה
אֶת־יְהוָה אֱלֹהָיו לִשְׁמֹר אֶת־כָּל־דִּבְרֵי הַתּוֹרָה
הַזֹּאת וְאֶת־הַחֻקִּים הָאֵלֶּה לַעֲשֹׂתָם׃ לְבִלְתִּי כ
רוּם־לְבָבוֹ מֵאֶחָיו וּלְבִלְתִּי סוּר מִן־הַמִּצְוָה
יָמִין וּשְׂמֹאול לְמַעַן יַאֲרִיךְ יָמִים עַל־מַמְלַכְתּוֹ
שלישי הוּא וּבָנָיו בְּקֶרֶב יִשְׂרָאֵל׃ ס לֹא־יִהְיֶה א יח

**מצווה תצז**
מצוות מינוי מלך

**מצווה תצח**
איסור מינוי מלך נכרי

**מצווה תצט**
איסור למלך להרבות לו סוסים

**מצווה תק**
איסור לשבת בארץ מצרים

**מצווה תקא-תקב**
איסור למלך להרבות לו נשים
איסור למלך להרבות לו כסף וזהב

**מצווה תקג**
מצווה על המלך לכתוב ספר תורה שני לעצמו

לַכֹּהֲנִים הַלְוִיִּם כָּל־שֵׁבֶט לֵוִי חֵלֶק וְנַחֲלָה עִם־
ב יִשְׂרָאֵל אִשֵּׁי יְהוָה וְנַחֲלָתוֹ יֹאכֵלוּן: וְנַחֲלָה לֹא־

מצווה תקד-תקה
איסור להעניק נחלה לשבט לוי
איסור להעניק ללוי משלל מלחמת הכיבוש

יג יד הַהוּא, וּתְפַלֵּי עָבֵיד דְּבִישׁ מִיִּשְׂרָאֵל: וְכָל עַמָּא יִשְׁמְעוּן וְיִדְחֲלוּן, וְלָא יַרְשְׁעוּן עוֹד: אֲרֵי
תֵיעוֹל לְאַרְעָא, דַּיְיָ אֱלָהָךְ יָהֵיב לָךְ, וְתֵירְתַהּ וְתֵתֵּיב בַּהּ, וְתֵימַר, אֲמַנֵּי עֲלַי מַלְכָּא, כְּכָל
טו עַמְמַיָּא דִּבְסַחְרָנָי: מַנָּאָה תְמַנֵּי עֲלָךְ מַלְכָּא, דְּיִתְרְעֵי, יְיָ אֱלָהָךְ בֵּיהּ, מִגּוֹ אֲחָךְ, תְּמַנֵּי עֲלָךְ
טז מַלְכָּא, לֵית לָךְ רְשׁוּ, לְמַנָּאָה עֲלָךְ גְּבַר נֻכְרַאי, דְּלָא אֲחוּךְ הוּא: לְחוֹד לָא יַסְגֵּי לֵיהּ סוּסָוָן,
וְלָא יָתִיב יָת עַמָּא לְמִצְרַיִם, בְּדִיל לְאַסְגָּאָה סוּסָוָן, וַיְיָ אֲמַר לְכוֹן, לָא תֵיסְפוּן, לְמִתָּב,
יז בְּאוֹרְחָא הָדָא עוֹד: וְלָא יַסְגֵּי לֵיהּ נְשִׁין, וְלָא יִטְעֵי לִבֵּיהּ, וְכַסְפָּא וְדַהְבָא, לָא יַסְגֵּי לֵיהּ
יח לַחְדָּא: וִיהֵי כְּמִתְּבֵיהּ, עַל כֻּרְסֵי מַלְכוּתֵיהּ, וְיִכְתּוֹב לֵיהּ, יָת פַּתְשֶׁגֶן אוֹרָיְתָא הָדָא עַל סִפְרָא,
יט מִן קֳדָם כָּהֲנַיָּא לֵיוָאֵי: וּתְהֵי עִמֵּיהּ, וִיהֵי קָרֵי בֵיהּ כָּל יוֹמֵי חַיּוֹהִי, בְּדִיל דְּיֵילַף, לְמִדְחַל
קֳדָם יְיָ אֱלָהֵיהּ, לְמִטַּר, יָת כָּל פִּתְגָּמֵי, אוֹרָיְתָא הָדָא, וְיָת קְיָמַיָּא הָאִלֵּין לְמֶעְבַּדְהוֹן:
כ בְּדִיל דְּלָא יִירַם לִבֵּיהּ מֵאֲחוֹהִי, וּבְדִיל, דְּלָא יִסְטֵי מִן תַּפְקֵידְתָּא לְיַמִּינָא וְלִסְמָאלָא,
יח א בְּדִיל דְּיוֹרִיךְ יוֹמִין עַל מַלְכוּתֵיהּ, הוּא וּבְנוֹהִי בְּגוֹ יִשְׂרָאֵל: לָא יְהֵי לְכָהֲנַיָּא לֵיוָאֵי, כָּל
ב שִׁבְטָא דְלֵוִי, חוּלָק וְאַחְסָנָא עִם יִשְׂרָאֵל, קֻרְבָּנַיָּא דַּיְיָ, וְאַחְסָנְתֵיהּ יֵיכְלוּן: וְאַחְסָנָא לָא

יג] **וְכָל הָעָם יִשְׁמְעוּ.** מִכָּאן שֶׁמַּמְתִּינִין לוֹ עַד הָרֶגֶל וּמְמִיתִין אוֹתוֹ בָּרֶגֶל:

טז] **לֹא יַרְבֶּה לוֹ סוּסִים.** אֶלָּא כְּדֵי מֶרְכַּבְתּוֹ, שֶׁלֹּא יָשִׁיב אֶת הָעָם מִצְרַיְמָה, שֶׁהַסּוּסִים בָּאִים מִשָּׁם, כְּמָה שֶׁנֶּאֱמַר בִּשְׁלֹמֹה: "וַתַּעֲלֶה וַתֵּצֵא מֶרְכָּבָה מִמִּצְרַיִם בְּשֵׁשׁ מֵאוֹת כֶּסֶף וְסוּס בַּחֲמִשִּׁים וּמֵאָה" (מלכים א' י, כט):

יז] **וְלֹא יַרְבֶּה לוֹ נָשִׁים.** אֶלָּא שְׁמוֹנֶה עֶשְׂרֵה, שֶׁמָּצִינוּ שֶׁהָיוּ לוֹ לְדָוִד שֵׁשׁ נָשִׁים (שמואל ב' ג, ב-ה) וְנֶאֱמַר לוֹ: "וְאִם מְעָט וְאֹסִפָה לְּךָ כָּהֵנָּה וְכָהֵנָּה" (שם יב, ח): **וְכֶסֶף וְזָהָב לֹא יַרְבֶּה לּוֹ מְאֹד.** אֶלָּא כְּדֵי לִתֵּן לְאַפְסַנְיָא:

יח] **וְהָיָה כְשִׁבְתּוֹ.** אִם עָשָׂה כֵן, כְּדַאי הוּא שֶׁתִּתְקַיֵּם מַלְכוּתוֹ: **אֶת מִשְׁנֵה הַתּוֹרָה.** שְׁתֵּי סִפְרֵי תוֹרוֹת, אַחַת שֶׁהִיא מֻנַּחַת בְּבֵית גְּנָזָיו וְאַחַת שֶׁנִּכְנֶסֶת וְיוֹצְאָה עִמּוֹ:

כ] **וּלְבִלְתִּי סוּר מִן הַמִּצְוָה.** אֲפִלּוּ מִצְוָה קַלָּה שֶׁל נָבִיא: **לְמַעַן יַאֲרִיךְ יָמִים.** מִכְּלַל הֵן אַתָּה שׁוֹמֵעַ לָאו, וְכֵן מָצִינוּ בְּשָׁאוּל שֶׁאָמַר לוֹ שְׁמוּאֵל: "שִׁבְעַת יָמִים תּוֹחֵל עַד בּוֹאִי אֵלֶיךָ" לְהַעֲלוֹת הָעֹלָה (שמואל א' י, ח), וּכְתִיב: "וַיּוֹחֶל שִׁבְעַת יָמִים" (שם יג, ח), וְלֹא שָׁמַר הַבְטָחָתוֹ לִשְׁמֹר כָּל הַיּוֹם, וְלֹא הִסְפִּיק לְהַעֲלוֹת הָעוֹלָה עַד שֶׁבָּא שְׁמוּאֵל וְאָמַר לוֹ: "נִסְכָּלְתָּ לֹא שָׁמַרְתָּ וְגוֹ' וְעַתָּה מַמְלַכְתְּךָ לֹא תָקוּם" (שם פסוקים יג-יד), הָא לָמַדְתָּ שֶׁבִּשְׁבִיל מִצְוָה קַלָּה שֶׁל נָבִיא נֶעֱנַשׁ: **הוּא וּבָנָיו.** מַגִּיד שֶׁאִם בְּנוֹ הָגוּן לְמַלְכוּת הוּא קוֹדֵם לְכָל אָדָם:

פרק יח

א-ב] **כָּל שֵׁבֶט לֵוִי.** בֵּין תְּמִימִין בֵּין בַּעֲלֵי מוּמִין: **חֵלֶק.** בַּבִּזָּה: **וְנַחֲלָה.** בָּאָרֶץ: **אִשֵּׁי ה'.** קָדְשֵׁי הַמִּקְדָּשׁ: **וְנַחֲלָתוֹ.** אֵלּוּ קָדְשֵׁי הַגְּבוּל, תְּרוּמוֹת וּמַעַשְׂרוֹת, אֲבָל "נַחֲלָה" גְּמוּרָה "לֹא יִהְיֶה לּוֹ בְּקֶרֶב אֶחָיו". וּבְסִפְרֵי דָּרְשׁוּ: "וְנַחֲלָה לֹא יִהְיֶה לּוֹ, זוֹ נַחֲלַת אֶחָד. בְּקֶרֶב אֶחָיו, זוֹ נַחֲלַת חֲמִשָּׁה".

שפטים

יִהְיֶה־לּוֹ בְּקֶרֶב אֶחָיו יְהוָה הוּא נַחֲלָתוֹ כַּאֲשֶׁר
ג דִּבֶּר־לוֹ׃ וְזֶה יִהְיֶה מִשְׁפַּט
הַכֹּהֲנִים מֵאֵת הָעָם מֵאֵת זֹבְחֵי הַזֶּבַח אִם־שׁוֹר
אִם־שֶׂה וְנָתַן לַכֹּהֵן הַזְּרֹעַ וְהַלְּחָיַיִם וְהַקֵּבָה׃
ד רֵאשִׁית דְּגָנְךָ תִּירֹשְׁךָ וְיִצְהָרֶךָ וְרֵאשִׁית גֵּז
ה צֹאנְךָ תִּתֶּן־לּוֹ׃ כִּי בוֹ בָּחַר יְהוָה אֱלֹהֶיךָ מִכָּל־
שְׁבָטֶיךָ לַעֲמֹד לְשָׁרֵת בְּשֵׁם־יְהוָה הוּא וּבָנָיו
ו כָּל־הַיָּמִים׃ וְכִי־יָבֹא הַלֵּוִי מֵאַחַד
שְׁעָרֶיךָ מִכָּל־יִשְׂרָאֵל אֲשֶׁר־הוּא גָּר שָׁם וּבָא
בְּכָל־אַוַּת נַפְשׁוֹ אֶל־הַמָּקוֹם אֲשֶׁר־יִבְחַר יְהוָה׃
ז וְשֵׁרֵת בְּשֵׁם יְהוָה אֱלֹהָיו כְּכָל־אֶחָיו הַלְוִיִּם
ח הָעֹמְדִים שָׁם לִפְנֵי יְהוָה׃ חֵלֶק כְּחֵלֶק יֹאכֵלוּ
ט לְבַד מִמְכָּרָיו עַל־הָאָבוֹת׃ כִּי אַתָּה
בָּא אֶל־הָאָרֶץ אֲשֶׁר־יְהוָה אֱלֹהֶיךָ נֹתֵן לָךְ
י לֹא־תִלְמַד לַעֲשׂוֹת כְּתוֹעֲבֹת הַגּוֹיִם הָהֵם׃ לֹא־
יִמָּצֵא בְךָ מַעֲבִיר בְּנוֹ־וּבִתּוֹ בָּאֵשׁ קֹסֵם קְסָמִים
יא מְעוֹנֵן וּמְנַחֵשׁ וּמְכַשֵּׁף׃ וְחֹבֵר חָבֶר וְשֹׁאֵל אוֹב

**מצווה תקו**
מצווה לתת זרוע, לחיים וקיבה לכהן

**מצווה תקז-תקח**
מצוות הפרשת תרומה גדולה ונתינתה לכהן
מצוות נתינת ראשית הגז לכהן

רביעי

**מצווה תקט**
מצווה על הכהנים לעבוד במשמרות במקדש

★

**מצווה תקי-תקיא**
איסור לעשות מעשה קוסם
איסור כישוף

**מצווה תקיב-תקיג**
איסור לחבור חבר
איסור לשאול בעל אוב

שפטים

וְאֵינִי יוֹדֵעַ מַה הִיא. וְנִרְאֶה לִי שֶׁאֶרֶץ כְּנַעַן שֶׁמֵּעֵבֶר הַיַּרְדֵּן וְאֵילָךְ נִקְרֵאת אֶרֶץ חֲמִשָּׁה עֲמָמִים, וְשֶׁל סִיחוֹן וְעוֹג שְׁנֵי עֲמָמִים, אֱמוֹרִי וּכְנַעֲנִי, וְנַחֲלַת שְׁאָר לְרַבּוֹת קֵינִי וּקְנִזִּי וְקַדְמוֹנִי. וְכֵן דּוֹרֵשׁ בְּפָרָשַׁת מַתְּנוֹת שֶׁנֶּאֶמְרוּ לְאַהֲרֹן: "עַל כֵּן לֹא הָיָה לְלֵוִי" וְגוֹ' (לעיל י, ט), לְהַזְהִיר עַל קֵינִי וּקְנִזִּי וְקַדְמוֹנִי: כַּאֲשֶׁר דִּבֶּר לוֹ. "בְּאַרְצָם לֹא תִנְחָל וְגוֹ' אֲנִי חֶלְקְךָ" (במדבר יח, כ).

ג יהי ליה בגו אחוהי, מתנן דיהב ליה יי אנין אחסנתיה, כמא דמליל ליה: ודין, יהי דחזי
לכהניא מן עמא, מן נכסי נכסתא אם תור אם אמר, ויתין לכהנא, דרעא ולועא
ד ה וקיבתא: ריש עבורך חמרך ומשחך, וריש, גזת ענך תפריש ליה: ארי ביה, אתרעי, יי
ו אלהך מכל שבטך, למקם לשמשא בשמא דיי, הוא ובנוהי כל יומיא: וארי ייתי ליואה,
מחדא מקרוך מכל ישראל, דהוא דר תמן, וייתי בכל רעות נפשיה, לאתרא דיתרעי יי:
ז ח וישמיש, בשמא דיי אלהיה, ככל אחוהי ליואי, דמשמשין תמן קדם יי: חולק כחולק
ט ייכלון, בר ממטרתא דיתה שבתא דכין אתקינו אבהתא: ארי את עליל לארעא, דיי
י אלהך יהיב לך, לא תילף למעבד, כתועבת עממיא האנון: לא ישתכח בך, מעבר בריה
יא וברתיה בנורא, קסים קסמין, מענין ומנחיש וחרש: ורטין רטן, ושאיל בבדין

ג) **מאת העם.** ולא מאת הכהנים: **אם שור אם שה.** פרט לחיה: **הזרע.** מן הפרק של ארכבה עד כף של יד שקורין אשפלדו"ן: **והלחיים.** עם הלשון. דורשי רשומות היו אומרים: 'זרוע' תחת יד, שנאמר: "ויקח רמח בידו" (במדבר כה, ז). 'לחיים' תחת תפלה, שנאמר: "ויעמד פינחס ויפלל" (תהלים קו, ל). 'והקבה' תחת "האשה אל קבתה" (במדבר כה, ח):

ד) **ראשית דגנך.** זו תרומה, ולא פרש בה שעור, אבל רבותינו נתנו בה שעור: עין יפה אחד מארבעים, עין רעה אחד מששים, בינונית אחד מחמשים. וסמכו על המקרא שלא לפחות מאחד מששים, שנאמר: "וששיתם האיפה מחמר השערים" (יחזקאל מה, יג), ששית האיפה חצי סאה, כשאתה נותן חצי סאה לכור, הרי אחד מששים, שהכור שלשים סאין: **וראשית גז צאנך.** כשאתה גוזז צאנך בכל שנה תן ממנה ראשית לכהן, ולא פרש בה שעור. ורבותינו נתנו בה שעור – אחד מששים. וכמה צאן חיבות בראשית הגז? חמש רחלות, שנאמר: "וחמש צאן עשויות" (שמואל א' כה, יח):

ה) **לעמד לשרת.** מכאן שאין שרות אלא מעומד:

ו-ז) **וכי יבא הלוי.** יכול בבן לוי ודאי הכתוב מדבר? תלמוד לומר: "ושרת", יצאו לוים שאין ראויין לשרות: **ובא בכל אות נפשו... ושרת.** למד על הכהן שבא ומקריב קרבנות נדבתו או חובתו, ואפלו במשמר שאינו שלו. דבר אחר, עוד למד על הכהנים הבאים לרגל שמקריבין במשמר ועובדין בקרבנות הבאות מחמת הרגל, כגון מוספי הרגל, ואף על פי שאין המשמר שלהם:

ח) **חלק כחלק יאכלו.** מלמד שחולקין בעורות ובבשר שעירי חטאות. יכול אף בדברים הבאים שלא מחמת הרגל, כגון תמידים ומוספי שבת ונדרים ונדבות? תלמוד לומר: "לבד ממכריו על האבות", חוץ ממה שמכרו האבות, בימי דוד ושמואל שנקבעו המשמרות ומכרו זה לזה, טול אתה שבתך ואני אטול שבתי:

ט) **לא תלמד לעשות.** אבל אתה למד להבין ולהורות, כלומר להבין מעשיהם כמה הם מקלקלין ולהורות לבנך לא תעשה כך וכך, שזה הוא חק הגוים:

י) **מעביר בנו ובתו באש.** היא עבודת המלך, עושה מדורות אש מכאן ומכאן ומעבירו בין שתיהם: **קסם קסמים.** איזהו קוסם? האוחז את מקלו ואומר: אם אלך אם לא אלך. וכן הוא אומר: "עמי בעצו ישאל ומקלו יגיד לו" (הושע ד, יב): **מעונן.** רבי עקיבא אומר: אלו נותני עונות שאומרים: עונה פלונית יפה להתחיל, וחכמים אומרים: אלו אוחזי העינים: **מנחש.** פתו נפלה מפיו, צבי הפסיקו בדרך, מקלו נפל מידו:

יא) **וחבר חבר.** שמצרף נחשים ועקרבים או שאר חיות למקום אחד: **ושאל אוב.** זה מכשפות ששמו פיתום ומדבר משחיו ומעלה את המת

מצוה תקיד-תקטו
איסור לשאול ידעוני

איסור לדרוש אל המתים

וְיִדְּעֹנִ֔י וְדֹרֵ֖שׁ אֶל־הַמֵּתִֽים׃ כִּֽי־תוֹעֲבַ֥ת יְהוָ֖ה יב
כָּל־עֹ֣שֵׂה אֵ֑לֶּה וּבִגְלַל֙ הַתּוֹעֵבֹ֣ת הָאֵ֔לֶּה יְהוָ֣ה
אֱלֹהֶ֔יךָ מוֹרִ֥ישׁ אוֹתָ֖ם מִפָּנֶֽיךָ׃ תָּמִ֣ים תִּֽהְיֶ֔ה עִ֖ם יג

חמישי

יְהוָ֥ה אֱלֹהֶֽיךָ׃ כִּ֣י ׀ הַגּוֹיִ֣ם הָאֵ֗לֶּה אֲשֶׁ֤ר אַתָּה֙ יד
יוֹרֵ֣שׁ אוֹתָ֔ם אֶל־מְעֹנְנִ֥ים וְאֶל־קֹסְמִ֖ים יִשְׁמָ֑עוּ
וְאַתָּ֕ה לֹ֣א כֵ֔ן נָ֥תַן לְךָ֖ יְהוָ֥ה אֱלֹהֶֽיךָ׃ נָבִ֨יא טו
מִקִּרְבְּךָ֤ מֵאַחֶ֙יךָ֙ כָּמֹ֔נִי יָקִ֥ים לְךָ֖ יְהוָ֣ה אֱלֹהֶ֑יךָ

מצוה תקטז
מצוה לשמוע לנביא אמת

אֵלָ֖יו תִּשְׁמָעֽוּן׃ כְּכֹ֨ל אֲשֶׁר־שָׁאַ֜לְתָּ מֵעִ֨ם יְהוָ֤ה טז
אֱלֹהֶ֙יךָ֙ בְּחֹרֵ֔ב בְּי֥וֹם הַקָּהָ֖ל לֵאמֹ֑ר לֹ֣א אֹסֵ֗ף
לִשְׁמֹ֙עַ֙ אֶת־קוֹל֙ יְהוָ֣ה אֱלֹהָ֔י וְאֶת־הָאֵ֨שׁ הַגְּדֹלָ֥ה
הַזֹּ֛את לֹֽא־אֶרְאֶ֥ה ע֖וֹד וְלֹ֥א אָמֽוּת׃ וַיֹּ֥אמֶר יְהוָ֖ה יז
אֵלָ֑י הֵיטִ֖יבוּ אֲשֶׁ֥ר דִּבֵּֽרוּ׃ נָבִ֨יא אָקִ֥ים לָהֶ֛ם יח
מִקֶּ֥רֶב אֲחֵיהֶ֖ם כָּמ֑וֹךָ וְנָתַתִּ֤י דְבָרַי֙ בְּפִ֔יו וְדִבֶּ֣ר
אֲלֵיהֶ֔ם אֵ֖ת כָּל־אֲשֶׁ֥ר אֲצַוֶּֽנּוּ׃ וְהָיָ֗ה הָאִישׁ֙ אֲשֶׁ֤ר יט
לֹֽא־יִשְׁמַע֙ אֶל־דְּבָרַ֔י אֲשֶׁ֥ר יְדַבֵּ֖ר בִּשְׁמִ֑י אָנֹכִ֖י

מצוה תקיז
איסור להתנבא בשקר

מצוה תקיח
איסור להתנבא בשם עבודה זרה

אֶדְרֹ֥שׁ מֵעִמּֽוֹ׃ אַ֣ךְ הַנָּבִ֡יא אֲשֶׁ֣ר יָזִיד֩ לְדַבֵּ֨ר כ
דָּבָ֜ר בִּשְׁמִ֗י אֵ֣ת אֲשֶׁ֤ר לֹֽא־צִוִּיתִיו֙ לְדַבֵּ֔ר וַאֲשֶׁ֣ר
יְדַבֵּ֔ר בְּשֵׁ֖ם אֱלֹהִ֣ים אֲחֵרִ֑ים וּמֵ֖ת הַנָּבִ֥יא הַהֽוּא׃
וְכִ֥י תֹאמַ֖ר בִּלְבָבֶ֑ךָ אֵיכָה֙ נֵדַ֣ע אֶת־הַדָּבָ֔ר כא
אֲשֶׁ֥ר לֹא־דִבְּר֖וֹ יְהוָֽה׃ אֲשֶׁר֩ יְדַבֵּ֨ר הַנָּבִ֜יא כב
בְּשֵׁ֣ם יְהוָ֗ה וְלֹא־יִהְיֶ֤ה הַדָּבָר֙ וְלֹ֣א יָבֹ֔א ה֣וּא

הַדָּבָר אֲשֶׁר לֹא־דִבְּרוֹ יְהוָה בְּזָדוֹן דִּבְּרוֹ
יט א הַנָּבִיא לֹא תָגוּר מִמֶּנּוּ: כִּי־יַכְרִית

מצווה תקיט
איסור לפחד מהריגת
נביא השקר

יב וּבִזְכוּרוּ, וְתָבַע מִן מִיתַיָּא: אֲרֵי מְרַחַק קֳדָם יְיָ כָּל עָבֵיד אִלֵּין, וּבְדִיל תּוֹעֵיבָתָא הָאִלֵּין, יְיָ אֱלָהָךְ,
יג יד מְתָרֵיךְ יָתְהוֹן מִן קֳדָמָךְ: שְׁלִים תְּהֵי, בְּדַחְלְתָא דַּייָ אֱלָהָךְ: אֲרֵי עַמְמַיָּא הָאִלֵּין, דְּאַתְּ יָרֵית
טו יָתְהוֹן, מִן מְעָנְנַיָּא וּמִן קַסָּמַיָּא שָׁמְעִין, וְאַתְּ, לָא כֵן, יְהַב לָךְ יְיָ אֱלָהָךְ: נְבִיָּא מִבֵּינָךְ מֵאַחָךְ
טז כְּוָתִי, יְקִים לָךְ יְיָ אֱלָהָךְ, מִנֵּיהּ תְּקַבְּלוּן: כְּכֹל דִּשְׁאֵילְתָּא, מִן קֳדָם יְיָ אֱלָהָךְ בְּחוֹרֵב, בְּיוֹמָא
דִקְהָלָא לְמֵימַר, לָא אוֹסֵיף, לְמִשְׁמַע יָת קָל מֵימְרָא דַּייָ אֱלָהִי, וְיָת אִישָׁתָא רַבְּתָא הָדָא, לָא
יז יח אֶחֱזֵי עוֹד וְלָא אֵמוּת: וַאֲמַר יְיָ לִי, אַתְקִינוּ דְּמַלִּילוּ: נְבִיָּא אֲקִים לְהוֹן, מִגּוֹ אֲחֵיהוֹן כְּוָתָךְ, וְאֶתֵּין
יט פִּתְגָמֵי נְבוּאֲתִי בְּפֻמֵּיהּ, וִימַלֵּיל עִמְּהוֹן, יָת כָּל דַּאֲפַקְּדִנֵּיהּ: וִיהֵי, גֻּבְרָא דְּלָא יְקַבֵּיל לְפִתְגָמַי,
כ דִּימַלֵּיל בִּשְׁמִי, מֵימְרִי יִתְבַּע מִנֵּיהּ: בְּרַם נְבִיָּא, דִּירַשַּׁע לְמַלָּלָא פִּתְגָמָא בִּשְׁמִי, יָת דְּלָא
כא פַקֵּידְתֵּיהּ לְמַלָּלָא, וְדִימַלֵּיל, בְּשׁוּם טָעֲוָת עַמְמַיָּא, וְיִתְקְטֵיל נְבִיָּא הַהוּא: וַאֲרֵי תֵימַר בְּלִבָּךְ,
כב אֵיכְדֵין נֵדַע יָת פִּתְגָמָא, דְּלָא מַלְּלֵיהּ יְיָ: דִּימַלֵּיל נְבִיָּא בִּשְׁמָא דַּייָ, וְלָא יְהֵי פִּתְגָמָא וְלָא
יט א יִתְקַיַּם, הוּא פִּתְגָמָא, דְּלָא מַלְּלֵיהּ יְיָ, בְּרַשַּׁע מַלְּלֵיהּ נְבִיָּא, לָא תִדְחֲלוּן מִנֵּיהּ: אֲרֵי יְשֵׁיצֵי,

בְּבֵית הַשֶּׁחִי שֶׁלּוֹ: וְיִדְּעֹנִי. מַכְנִיס עֶצֶם חַיָּה שֶׁשְּׁמָהּ יַדּוּעַ לְתוֹךְ פִּיו, וּמְדַבֵּר הָעֶצֶם עַל יְדֵי מְכַשְּׁפוּת: וְדֹרֵשׁ אֶל הַמֵּתִים. כְּגוֹן הַמַּעֲלֶה בִּזְכוּרוֹ וְהַנִּשְׁאָל בְּגֻלְגֹּלֶת:

יב] כָּל עֹשֵׂה אֵלֶּה. 'עוֹשֵׂה כָל אֵלֶּה' לֹא נֶאֱמַר, אֶלָּא "כָּל עֹשֵׂה אֵלֶּה", אֲפִלּוּ אַחַת מֵהֶן:

יג] תָּמִים תִּהְיֶה עִם ה' אֱלֹהֶיךָ. הִתְהַלֵּךְ עִמּוֹ בִּתְמִימוּת וּתְצַפֶּה לוֹ וְלֹא תַחְקֹר אַחַר הָעֲתִידוֹת, אֶלָּא כָּל מַה שֶּׁיָּבֹא עָלֶיךָ קַבֵּל בִּתְמִימוּת, וְאָז תִּהְיֶה עִמּוֹ וּלְחֶלְקוֹ:

יד] לֹא כֵן נָתַן לְךָ ה' אֱלֹהֶיךָ. לִשְׁמֹעַ אֶל מְעוֹנְנִים וְאֶל קוֹסְמִים, שֶׁהֲרֵי הִשְׁרָה שְׁכִינָה עַל הַנְּבִיאִים וְאוּרִים וְתֻמִּים:

טו] מִקִּרְבְּךָ מֵאַחֶיךָ כָּמֹנִי. כְּמוֹ שֶׁאֲנִי מִקִּרְבְּךָ מֵאַחֶיךָ יָקִים לְךָ תַּחְתַּי, וְכֵן מִנָּבִיא לְנָבִיא:

כ] אֲשֶׁר לֹא צִוִּיתִיו לְדַבֵּר. אֲבָל צִוִּיתִי לַחֲבֵרוֹ: וַאֲשֶׁר יְדַבֵּר בְּשֵׁם אֱלֹהִים אֲחֵרִים. אֲפִלּוּ כִּוֵּן אֶת הַהֲלָכָה לֶאֱסֹר אֶת הָאָסוּר וּלְהַתִּיר אֶת הַמֻּתָּר: וּמֵת. בְּחֶנֶק. שְׁלֹשָׁה מִיתָתָן בִּידֵי אָדָם: הַמִּתְנַבֵּא מַה שֶּׁלֹּא שָׁמַע, וּמַה שֶּׁלֹּא נֶאֱמַר לוֹ וְנֶאֱמַר לַחֲבֵרוֹ, וְהַמִּתְנַבֵּא בְּשֵׁם עֲבוֹדָה זָרָה. אֲבָל הַכּוֹבֵשׁ אֶת נְבוּאָתוֹ וְהָעוֹבֵר עַל דִּבְרֵי נָבִיא וְהָעוֹבֵר עַל דִּבְרֵי עַצְמוֹ, מִיתָתָן בִּידֵי שָׁמַיִם, שֶׁנֶּאֱמַר: "אָנֹכִי אֶדְרֹשׁ מֵעִמּוֹ" (לעיל פסוק יט):

כא] וְכִי תֹאמַר בִּלְבָבְךָ. עֲתִידִין אַתֶּם לוֹמַר, כְּשֶׁיָּבֹא חֲנַנְיָה בֶּן עַזּוּר וּמִתְנַבֵּא: "הִנֵּה כְלֵי בֵית ה' מוּשָׁבִים מִבָּבֶלָה עַתָּה מְהֵרָה" (ירמיה כז, טז), וְיִרְמְיָהוּ עוֹמֵד וְצוֹוֵחַ עַל הָעַמּוּדִים וְעַל הַיָּם וְעַל יֶתֶר הַכֵּלִים שֶׁלֹּא גָלוּ עִם יְכָנְיָה: "בָּבֶלָה יוּבָאוּ" (שם פסוק כב) עִם גָּלוּת צִדְקִיָּהוּ:

כב] אֲשֶׁר יְדַבֵּר הַנָּבִיא. וְיֹאמַר: דָּבָר זֶה עָתִיד לָבוֹא עֲלֵיכֶם, וְתִרְאוּ שֶׁלֹּא יָבוֹא, "הוּא הַדָּבָר אֲשֶׁר לֹא דִבְּרוֹ ה'" וַהֲרֹג אוֹתוֹ. וְאִם תֹּאמַר: זֶה בְּמִתְנַבֵּא עַל הָעֲתִידוֹת, הֲרֵי שֶׁבָּא וְאָמַר עֲשׂוּ כָּךְ וְכָךְ וּמִפִּי הַקָּדוֹשׁ בָּרוּךְ הוּא אֲנִי אוֹמֵר – כְּבָר נִצְטַוּוּ שֶׁאִם בָּא לְהַדִּיחֲךָ מֵאַחַת מִכָּל הַמִּצְוֹת לֹא תִשְׁמַע לוֹ (דברים יג, ד), אֶלָּא אִם כֵּן מֻמְחֶה הוּא לְךָ שֶׁהוּא צַדִּיק גָּמוּר, כְּגוֹן אֵלִיָּהוּ בְּהַר הַכַּרְמֶל שֶׁהִקְרִיב בְּבָמָה בִּשְׁעַת אִסּוּר הַבָּמוֹת כְּדֵי לִגְדֹּר אֶת יִשְׂרָאֵל, הַכֹּל לְפִי צֹרֶךְ שָׁעָה וּסְיָג הַפִּרְצָה, לְכָךְ נֶאֱמַר: "אֵלָיו תִּשְׁמָעוּן" (לעיל פסוק טו): לֹא תָגוּר מִמֶּנּוּ. לֹא תִמְנַע עַצְמְךָ מִלְּלַמֵּד עָלָיו חוֹבָה, וְלֹא תִירָא לֵעָנֵשׁ עָלָיו:

יְהוָה אֱלֹהֶיךָ אֶת־הַגּוֹיִם אֲשֶׁר יְהוָה אֱלֹהֶיךָ
נֹתֵן לְךָ אֶת־אַרְצָם וִירִשְׁתָּם וְיָשַׁבְתָּ בְעָרֵיהֶם
ב וּבְבָתֵּיהֶם׃ שָׁלוֹשׁ עָרִים תַּבְדִּיל לָךְ בְּתוֹךְ
אַרְצְךָ אֲשֶׁר יְהוָה אֱלֹהֶיךָ נֹתֵן לְךָ לְרִשְׁתָּהּ׃
ג תָּכִין לְךָ הַדֶּרֶךְ וְשִׁלַּשְׁתָּ אֶת־גְּבוּל אַרְצְךָ
אֲשֶׁר יַנְחִילְךָ יְהוָה אֱלֹהֶיךָ וְהָיָה לָנוּס שָׁמָּה
ד כָּל־רֹצֵחַ׃ וְזֶה דְּבַר הָרֹצֵחַ אֲשֶׁר־יָנוּס שָׁמָּה
וָחָי אֲשֶׁר יַכֶּה אֶת־רֵעֵהוּ בִּבְלִי־דַעַת וְהוּא
ה לֹא־שֹׂנֵא לוֹ מִתְּמֹל שִׁלְשֹׁם׃ וַאֲשֶׁר יָבֹא אֶת־
רֵעֵהוּ בַיַּעַר לַחְטֹב עֵצִים וְנִדְּחָה יָדוֹ בַגַּרְזֶן
לִכְרֹת הָעֵץ וְנָשַׁל הַבַּרְזֶל מִן־הָעֵץ וּמָצָא
אֶת־רֵעֵהוּ וָמֵת הוּא יָנוּס אֶל־אַחַת הֶעָרִים־
ו הָאֵלֶּה וָחָי׃ פֶּן־יִרְדֹּף גֹּאֵל הַדָּם אַחֲרֵי הָרֹצֵחַ
כִּי יֵחַם לְבָבוֹ וְהִשִּׂיגוֹ כִּי־יִרְבֶּה הַדֶּרֶךְ וְהִכָּהוּ
נָפֶשׁ וְלוֹ אֵין מִשְׁפַּט־מָוֶת כִּי לֹא־שֹׂנֵא הוּא לוֹ
ז מִתְּמוֹל שִׁלְשׁוֹם׃ עַל־כֵּן אָנֹכִי מְצַוְּךָ לֵאמֹר
ח שָׁלֹשׁ עָרִים תַּבְדִּיל לָךְ׃ וְאִם־יַרְחִיב יְהוָה
אֱלֹהֶיךָ אֶת־גְּבֻלְךָ כַּאֲשֶׁר נִשְׁבַּע לַאֲבֹתֶיךָ
וְנָתַן לְךָ אֶת־כָּל־הָאָרֶץ אֲשֶׁר דִּבֶּר לָתֵת
ט לַאֲבֹתֶיךָ׃ כִּי־תִשְׁמֹר אֶת־כָּל־הַמִּצְוָה הַזֹּאת

מצווה תקכ
מצווה להפריש
ערי מקלט

לַעֲשֹׂתָהּ אֲשֶׁר אָנֹכִי מְצַוְּךָ הַיּוֹם לְאַהֲבָה אֶת־
יְהוָה אֱלֹהֶיךָ וְלָלֶכֶת בִּדְרָכָיו כָּל־הַיָּמִים וְיָסַפְתָּ
י לְךָ עוֹד שָׁלֹשׁ עָרִים עַל הַשָּׁלֹשׁ הָאֵלֶּה: וְלֹא
יִשָּׁפֵךְ דָּם נָקִי בְּקֶרֶב אַרְצְךָ אֲשֶׁר יְהוָה אֱלֹהֶיךָ
נֹתֵן לְךָ נַחֲלָה וְהָיָה עָלֶיךָ דָּמִים:

יי אֱלָהָךְ יָת עַמְמַיָּא, דַּיי אֱלָהָךְ, יָהֵיב לָךְ יָת אַרְעֲהוֹן, וְתֵירְתִנּוּן, וְתֵיתֵיב בְּקִרְוֵיהוֹן וּבְבָתֵּיהוֹן:
ב ג תְּלָת קִרְוִין תַּפְרֵישׁ לָךְ, בְּגוֹ אַרְעָךְ, דַּיי אֱלָהָךְ, יָהֵיב לָךְ לְמֵירְתַהּ: תַּתְקֵין לָךְ אוֹרְחָא,
ד וּתְתַלֵּית יָת תְּחוּם אַרְעָךְ, דְּיַחְסְנִנָּךְ יי אֱלָהָךְ, וִיהֵי, לְמִעְרַק לְתַמָּן כָּל קָטוֹל: וְדֵין פִּתְגָם
קָטוֹלָא, דְּיִעְרוֹק לְתַמָּן וְיִתְקַיַּם, דְּיִקְטוֹל יָת חַבְרֵיהּ בְּלָא מַדְּעֵיהּ, וְהוּא, לָא סָנֵי לֵיהּ מֵאֶתְמָלֵי
ה וּמִדְּקַמּוֹהִי: וּדְיֵיעוֹל עִם חַבְרֵיהּ בְּחֻרְשָׁא לְמִקַּץ אָעִין, וְתִתְמְרֵיג יְדֵיהּ בְּבַרְזְלָא לְמִקְצֵיהּ
אָעָא, וְיִשְׁתְּלֵיף בַּרְזְלָא מִן אָעָא, וְיַשְׁכַּח יָת חַבְרֵיהּ וִימוּת, הוּא, יִעְרוֹק, לַחֲדָא מִן קִרְוַיָּא
ו הָאִלֵּין וְיִתְקַיַּם: דִּלְמָא יִרְדּוֹף גָּאֵיל דְּמָא בָּתַר קָטוֹלָא, אֲרֵי יֵיחַם לִבֵּיהּ, וְיִדְבְּקִנֵּיהּ, אֲרֵי יִסְגֵּי
אוֹרְחָא וְיִקְטְלִנֵּיהּ נְפַשׁ, וְלֵיהּ לֵית חוֹבַת דִּין דִּקְטוֹל, אֲרֵי, לָא סָנֵי הוּא, לֵיהּ מֵאֶתְמָלֵי
ז ח וּמִדְּקַמּוֹהִי: עַל כֵּן, אֲנָא מְפַקֵּיד לָךְ לְמֵימַר, תְּלָת קִרְוִין תַּפְרֵישׁ לָךְ: וְאִם יַפְתֵּי, יי אֱלָהָךְ
ט יָת תְּחוּמָךְ, כְּמָא דְּקַיֵּים לַאֲבָהָתָךְ, וְיִתֵּין לָךְ יָת כָּל אַרְעָא, דְּמַלֵּיל לְמִתַּן לַאֲבָהָתָךְ: אֲרֵי
תִּטַּר יָת כָּל תַּפְקֵידְתָּא הָדָא לְמֶעְבְּדַהּ, דַּאֲנָא מְפַקֵּיד לָךְ יוֹמָא דֵין, לְמִרְחַם, יָת יי אֱלָהָךְ,
י וּלְמְהָךְ בְּאוֹרְחָן דְּתַקְנָן קֳדָמוֹהִי כָּל יוֹמַיָּא, וְתוֹסֵיף לָךְ עוֹד תְּלָת קִרְוִין, עַל תְּלָת אִלֵּין: וְלָא
יִשְׁתְּפֵיךְ דַּם זַכַּאי, בְּגוֹ אַרְעָךְ, דַּיי אֱלָהָךְ, יָהֵיב לָךְ אַחְסָנָא, וִיהֵי עֲלָךְ חוֹבַת דִּין דִּקְטוֹל:

פרק יט

ג| תָּכִין לְךָ הַדֶּרֶךְ. 'מִקְלָט' 'מִקְלָט' הָיָה כָּתוּב עַל פָּרָשַׁת דְּרָכִים: וְשִׁלַּשְׁתָּ אֶת גְּבוּל אַרְצְךָ. שֶׁיְּהֵא מִתְּחִלַּת הַגְּבוּל עַד הָעִיר הָרִאשׁוֹנָה שֶׁל עִיר מִקְלָט כְּשִׁעוּר מַהֲלָךְ שֶׁיֵּשׁ מִמֶּנָּה עַד הַשְּׁנִיָּה, וְכֵן מִשְּׁנִיָּה לַשְּׁלִישִׁית, וְכֵן מִן הַשְּׁלִישִׁית עַד הַגְּבוּל הַשֵּׁנִי שֶׁל אֶרֶץ יִשְׂרָאֵל:

ה| וְנִדְּחָה יָדוֹ. כְּשֶׁבָּא לְהַפִּיל הַגַּרְזֶן עַל הָעֵץ, וְתַרְגּוּמוֹ: "וְתִתְמְרֵיג יְדֵיהּ", לְשׁוֹן וְנִשְׁמְטָה יָדוֹ לְהַפִּיל מַכַּת הַגַּרְזֶן עַל הָעֵץ. "כִּי שָׁמְטוּ הַבָּקָר" (שמואל ב' ו, ו) תִּרְגֵּם יוֹנָתָן: "אֲרֵי מַרְגּוּהִי תּוֹרַיָּא": וְנָשַׁל הַבַּרְזֶל מִן הָעֵץ. יֵשׁ מֵרַבּוֹתֵינוּ אוֹמְרִים: נִשְׁמַט הַבַּרְזֶל מִקַּתּוֹ, וְיֵשׁ מֵהֶם אוֹמְרִים: שֶׁיִּשַּׁל הַבַּרְזֶל לַחֲתִיכָה מִן הָעֵץ הַמִּתְבַּקֵּעַ וְהִיא נִתְּזָה וְהָרְגָה:

ו| פֶּן יִרְדֹּף גֹּאֵל הַדָּם. לְכָךְ אֲנִי אוֹמֵר לְהָכִין לְךָ דֶּרֶךְ וְעָרֵי מִקְלָט רַבִּים:

ח| וְאִם יַרְחִיב. כַּאֲשֶׁר נִשְׁבַּע לָתֵת לְךָ אֶרֶץ קֵינִי וּקְנִזִּי וְקַדְמֹנִי (בראשית טו, יט):

ט| וְיָסַפְתָּ לְךָ עוֹד שָׁלֹשׁ. הֲרֵי תֵּשַׁע: שָׁלֹשׁ שֶׁבְּעֵבֶר הַיַּרְדֵּן וְשָׁלֹשׁ שֶׁבְּאֶרֶץ כְּנַעַן וְשָׁלֹשׁ לֶעָתִיד לָבוֹא:

יא וְכִי־יִהְיֶה אִישׁ שֹׂנֵא לְרֵעֵהוּ וְאָרַב לוֹ וְקָם עָלָיו
וְהִכָּהוּ נֶפֶשׁ וָמֵת וְנָס אֶל־אַחַת הֶעָרִים הָאֵל׃
יב וְשָׁלְחוּ זִקְנֵי עִירוֹ וְלָקְחוּ אֹתוֹ מִשָּׁם וְנָתְנוּ אֹתוֹ
יג בְּיַד גֹּאֵל הַדָּם וָמֵת׃ לֹא־תָחוֹס עֵינְךָ עָלָיו וּבִעַרְתָּ
יד דַם־הַנָּקִי מִיִּשְׂרָאֵל וְטוֹב לָךְ׃ לֹא ששי
תַסִּיג גְּבוּל רֵעֲךָ אֲשֶׁר גָּבְלוּ רִאשֹׁנִים בְּנַחֲלָתְךָ
אֲשֶׁר תִּנְחַל בָּאָרֶץ אֲשֶׁר יְהוָה אֱלֹהֶיךָ נֹתֵן לְךָ
טו לְרִשְׁתָּהּ׃ לֹא־יָקוּם עֵד אֶחָד בְּאִישׁ
לְכָל־עָוֺן וּלְכָל־חַטָּאת בְּכָל־חֵטְא אֲשֶׁר יֶחֱטָא
עַל־פִּי ׀ שְׁנֵי עֵדִים אוֹ עַל־פִּי שְׁלֹשָׁה־עֵדִים יָקוּם
טז דָּבָר׃ כִּי־יָקוּם עֵד־חָמָס בְּאִישׁ לַעֲנוֹת בּוֹ סָרָה׃
יז וְעָמְדוּ שְׁנֵי־הָאֲנָשִׁים אֲשֶׁר־לָהֶם הָרִיב לִפְנֵי
יְהוָה לִפְנֵי הַכֹּהֲנִים וְהַשֹּׁפְטִים אֲשֶׁר יִהְיוּ בַּיָּמִים
יח הָהֵם׃ וְדָרְשׁוּ הַשֹּׁפְטִים הֵיטֵב וְהִנֵּה עֵד־שֶׁקֶר
יט הָעֵד שֶׁקֶר עָנָה בְאָחִיו׃ וַעֲשִׂיתֶם לוֹ כַּאֲשֶׁר זָמַם
כ לַעֲשׂוֹת לְאָחִיו וּבִעַרְתָּ הָרָע מִקִּרְבֶּךָ׃ וְהַנִּשְׁאָרִים
יִשְׁמְעוּ וְיִרָאוּ וְלֹא־יֹסִפוּ לַעֲשׂוֹת עוֹד כַּדָּבָר
כא הָרָע הַזֶּה בְּקִרְבֶּךָ׃ וְלֹא תָחוֹס עֵינֶךָ נֶפֶשׁ בְּנֶפֶשׁ

**מצווה תקכא**
איסור לחוס על רוצח וחובל

**מצווה תקכב**
איסור הסגת גבול

**מצווה תקכג**
איסור הכרעת דין על פי עד אחד

**מצווה תקכד**
מצווה לעשות לעד זומם כאשר זמם

שפטים

יא] **וְכִי יִהְיֶה אִישׁ שֹׂנֵא לְרֵעֵהוּ.** עַל יְדֵי שִׂנְאָתוֹ הוּא בָא לִידֵי "וְאָרַב לוֹ", מִכָּאן אָמְרוּ: עָבַר אָדָם עַל מִצְוָה קַלָּה סוֹפוֹ לַעֲבֹר עַל מִצְוָה חֲמוּרָה; לְפִי שֶׁעָבַר עַל "לֹא תִשְׂנָא" (ויקרא יט, יז) סוֹפוֹ לָבֹא

יא וַאֲרֵי יְהֵי גְּבַר סָנֵי לְחַבְרֵיהּ, וְיִכְמוֹן לֵיהּ וִיקוּם עֲלוֹהִי, וְיִקְטְלִנֵּיהּ נְפַשׁ וִימוּת, וְיִעְרוֹק, לַחֲדָא
יב מִן קִרְוַיָּא הָאִלֵּין: וְיִשְׁלְחוּן סָבֵי קַרְתֵּיהּ, וְיִדְבְּרוּן יָתֵיהּ מִתַּמָּן, וְיִמְסְרוּן יָתֵיהּ, בְּיַד, גָּאֵיל דְּמָא
יג יד וִימוּת: לָא תְחוּס עֵינָךְ עֲלוֹהִי, וּתְפַלֵּי אָשְׁדֵי דַּם זַכַּאי, מִיִּשְׂרָאֵל וְיֵיטַב לָךְ: לָא תְשַׁנֵּי תְּחוּמָא
טו דְּחַבְרָךְ, דְּתַחִימוּ קַדְמָאֵי, בְּאַחְסָנְתָךְ דְּתַחְסֵין, בְּאַרְעָא, דַּייָ אֱלָהָךְ, יָהֵיב לָךְ לְמֵירְתַהּ: לָא
יְקוּם סָהִיד חַד בִּגְבַר, לְכָל עֲוָיָן וּלְכָל חוֹבִין, בְּכָל חֵטְא דְּיֶחְטֵי, עַל מֵימַר תְּרֵין סָהֲדִין, אוֹ,
טז עַל מֵימַר תְּלָתָא סָהֲדִין יִתְקַיַּם פִּתְגָּמָא: אֲרֵי יְקוּם סָהִיד שְׁקַר בִּגְבַר, לְאַסְהָדָא בֵיהּ סָטְיָא:
יז וִיקוּמוּן תְּרֵין גֻּבְרַיָּא, דִּילְהוֹן דִּינָא קֳדָם יְיָ, קֳדָם כָּהֲנַיָּא וְדַיָּנַיָּא, דִּיהוֹן בְּיוֹמַיָּא הָאִנּוּן:
יח יט וְיִתְבְּעוּן דַּיָּנַיָּא יָאוּת, וְהָא סָהִיד שִׁקְרָא סָהֲדָא, שִׁקְרָא אַסְהֵיד בַּאֲחוּהִי: וְתַעְבְּדוּן לֵיהּ,
כ כְּמָא דְּחַשֵּׁיב לְמֶעְבַּד לַאֲחוּהִי, וּתְפַלֵּי עָבֵיד דְּבִישׁ מִבֵּינָךְ: וּדְיִשְׁתַּאֲרוּן יִשְׁמְעוּן וְיִדְחֲלוּן,
כא וְלָא יֵיסְפוּן לְמֶעְבַּד עוֹד, כְּפִתְגָּמָא בִישָׁא, הָדֵין בֵּינָךְ: וְלָא תְחוּס עֵינָךְ, נַפְשָׁא חֲלָף נַפְשָׁא,

לִידֵי שְׁפִיכוּת דָּמִים, לְכָךְ נֶאֱמַר: "כִּי יִהְיֶה אִישׁ שֹׂנֵא לְרֵעֵהוּ" וְגוֹ', שֶׁהָיָה לוֹ לִכְתֹּב: 'וְכִי יָקוּם אִישׁ וְאָרַב לְרֵעֵהוּ וְהִכָּהוּ נָפֶשׁ':

יג| **לֹא תָחוֹס עֵינְךָ.** שֶׁלֹּא תֹאמַר: הָרִאשׁוֹן כְּבָר נֶהֱרַג, מָה אָנוּ הוֹרְגִים אֶת זֶה וְנִמְצְאוּ שְׁנֵי יִשְׂרְאֵלִים הֲרוּגִים?:

יד| **לֹא תַסִּיג גְּבוּל.** לְשׁוֹן: "נָסֹגוּ אָחוֹר" (ישעיה מב, יז; ירמיה לח, כב) כְּשֶׁמַּחֲזִיר סִימַן חֶלְקַת הַקַּרְקַע לְאָחוֹר לְתוֹךְ שְׂדֵה חֲבֵרוֹ לְמַעַן הַרְחִיב אֶת שֶׁלּוֹ. וַהֲלֹא כְּבָר נֶאֱמַר: "וְלֹא תִגְזֹל" (ויקרא יט, יג), מַה תַּלְמוּד לוֹמַר: "לֹא תַסִּיג"? לִמֵּד עַל הָעוֹקֵר תְּחוּם חֲבֵרוֹ שֶׁעוֹבֵר בִּשְׁנֵי לָאוִין. יָכוֹל אַף בְּחוּצָה לָאָרֶץ? תַּלְמוּד לוֹמַר: "בְּנַחֲלָתְךָ אֲשֶׁר תִּנְחַל" וְגוֹ', בְּאֶרֶץ יִשְׂרָאֵל עוֹבֵר בִּשְׁנֵי לָאוִין, בְּחוּצָה לָאָרֶץ אֵינוֹ עוֹבֵר אֶלָּא מִשּׁוּם "לֹא תִגְזֹל":

טו| **עֵד אֶחָד.** זֶה בָּנָה אָב, כָּל 'עֵד' שֶׁבַּתּוֹרָה שְׁנַיִם, אֶלָּא אִם כֵּן פֵּרַט לְךָ בּוֹ 'אֶחָד': **לְכָל עָוֹן וּלְכָל חַטָּאת.** לִהְיוֹת חֲבֵרוֹ נֶעֱנָשׁ עַל עֵדוּתוֹ, לֹא עֹנֶשׁ גּוּף וְלֹא עֹנֶשׁ מָמוֹן, אֲבָל קָם הוּא לִשְׁבוּעָה. אָמַר לַחֲבֵרוֹ: תֵּן לִי מָנֶה שֶׁהִלְוִיתִיךָ, אָמַר לוֹ: אֵין לְךָ בְּיָדִי כְּלוּם, וְעֵד אֶחָד מְעִידוֹ שֶׁיֵּשׁ לוֹ, חַיָּב לִשָּׁבַע לוֹ: **עַל פִּי שְׁנֵי עֵדִים.** וְלֹא שֶׁיִּכְתְּבוּ עֵדוּתָם בְּאִגֶּרֶת וְיִשְׁלְחוּ לְבֵית דִּין, וְלֹא שֶׁיַּעֲמֹד תֻּרְגְּמָן בֵּין הָעֵדִים וּבֵין הַדַּיָּנִים:

טז| **לַעֲנוֹת בּוֹ סָרָה.** דָּבָר שֶׁאֵינוֹ, שֶׁהוּסַר הָעֵד הַזֶּה מִכָּל הָעֵדוּת הַזֹּאת. כֵּיצַד? שֶׁאָמְרוּ לָהֶם: וַהֲלֹא עִמָּנוּ הֱיִיתֶם בְּאוֹתוֹ הַיּוֹם בְּמָקוֹם פְּלוֹנִי:

יז| **וְעָמְדוּ שְׁנֵי הָאֲנָשִׁים.** בְּעֵדִים הַכָּתוּב מְדַבֵּר, וְלִמֵּד שֶׁאֵין עֵדוּת בְּנָשִׁים, וְלִמֵּד שֶׁצְּרִיכִין לְהָעִיד עֵדוּתָן מְעוּמָּד: **אֲשֶׁר לָהֶם הָרִיב.** אֵלּוּ בַּעֲלֵי הַדִּין: **לִפְנֵי ה'.** יִהְיֶה דּוֹמֶה לָהֶם כְּאִלּוּ עוֹמְדִין לִפְנֵי הַמָּקוֹם, שֶׁנֶּאֱמַר: "בְּקֶרֶב אֱלֹהִים יִשְׁפֹּט" (תהלים פב, א): **אֲשֶׁר יִהְיוּ בַּיָּמִים הָהֵם.** יִפְתָּח בְּדוֹרוֹ כִּשְׁמוּאֵל בְּדוֹרוֹ, צָרִיךְ אַתָּה לִנְהֹג בּוֹ כָּבוֹד:

יח| **וְהִנֵּה עֵד שֶׁקֶר.** כָּל מָקוֹם שֶׁנֶּאֱמַר 'עֵד' בִּשְׁנַיִם הַכָּתוּב מְדַבֵּר: **וְדָרְשׁוּ הַשֹּׁפְטִים הֵיטֵב.** עַל פִּי הַמְּזִמִּים אוֹתָם וּבוֹדְקִים וְחוֹקְרִים אֶת הַבָּאִים לַהֲזִמָּם בִּדְרִישָׁה וּבַחֲקִירָה:

יט| **כַּאֲשֶׁר זָמַם.** וְלֹא כַּאֲשֶׁר עָשָׂה, מִכָּאן אָמְרוּ: הָרְגוּ – אֵין נֶהֱרָגִין: **לַעֲשׂוֹת לְאָחִיו.** מַה תַּלְמוּד לוֹמַר: "לְאָחִיו"? לִמֵּד עַל זוֹמְמֵי בַת כֹּהֵן נְשׂוּאָה שֶׁאֵינָם בִּשְׂרֵפָה אֶלָּא כְּמִיתַת הַבּוֹעֵל שֶׁהוּא בְּחֶנֶק, שֶׁנֶּאֱמַר: "בָּאֵשׁ תִּשָּׂרֵף" (ויקרא כא, ט), הִיא וְלֹא בּוֹעֲלָהּ, לְכָךְ נֶאֱמַר כָּאן: "לְאָחִיו", כַּאֲשֶׁר זָמַם לַעֲשׂוֹת לְאָחִיו וְלֹא כַּאֲשֶׁר זָמַם לַעֲשׂוֹת לַאֲחוֹתוֹ. אֲבָל בְּכָל שְׁאָר מִיתוֹת הִשְׁוָה הַכָּתוּב אִשָּׁה לְאִישׁ, וְזוֹמְמֵי אִשָּׁה נֶהֱרָגִין כְּזוֹמְמֵי אִישׁ, כְּגוֹן שֶׁהֱעִידוּהָ שֶׁהָרְגָה אֶת הַנֶּפֶשׁ, שֶׁחִלְּלָה אֶת הַשַּׁבָּת – נֶהֱרָגִין בְּמִיתָתָהּ, שֶׁלֹּא מִעֵט כָּאן אֲחוֹתוֹ אֶלָּא בְּמָקוֹם שֶׁיֵּשׁ לְקַיֵּם בָּהֶן הֲזָמָה בְּמִיתַת הַבּוֹעֵל:

כ| **יִשְׁמְעוּ וְיִרָאוּ.** מִכָּאן שֶׁצְּרִיכִין הַכְרָזָה: אִישׁ פְּלוֹנִי וּפְלוֹנִי נֶהֱרָגִין עַל שֶׁהוּזַמּוּ בְּבֵית דִּין:

כ א עַיִן בְּעַיִן שֵׁן בְּשֵׁן יָד בְּיָד רֶגֶל בְּרָגֶל׃ כִּֽי־
תֵצֵא לַמִּלְחָמָה עַל־אֹיְבֶךָ וְרָאִיתָ סוּס וָרֶכֶב
עַם רַב מִמְּךָ לֹא תִירָא מֵהֶם כִּי־יְהוָה אֱלֹהֶיךָ
ב עִמָּךְ הַמַּעַלְךָ מֵאֶרֶץ מִצְרָיִם׃ וְהָיָה כְּקָרָבְכֶם
אֶל־הַמִּלְחָמָה וְנִגַּשׁ הַכֹּהֵן וְדִבֶּר אֶל־הָעָם׃
ג וְאָמַר אֲלֵהֶם שְׁמַע יִשְׂרָאֵל אַתֶּם קְרֵבִים הַיּוֹם
לַמִּלְחָמָה עַל־אֹיְבֵיכֶם אַל־יֵרַךְ לְבַבְכֶם אַל־
ד תִּירְאוּ וְאַל־תַּחְפְּזוּ וְאַל־תַּעַרְצוּ מִפְּנֵיהֶם׃ כִּי
יְהוָה אֱלֹהֵיכֶם הַהֹלֵךְ עִמָּכֶם לְהִלָּחֵם לָכֶם עִם־
ה ★ אֹיְבֵיכֶם לְהוֹשִׁיעַ אֶתְכֶם׃ וְדִבְּרוּ הַשֹּׁטְרִים אֶל־
הָעָם לֵאמֹר מִי־הָאִישׁ אֲשֶׁר בָּנָה בַיִת־חָדָשׁ
וְלֹא חֲנָכוֹ יֵלֵךְ וְיָשֹׁב לְבֵיתוֹ פֶּן־יָמוּת בַּמִּלְחָמָה
ו וְאִישׁ אַחֵר יַחְנְכֶנּוּ׃ וּמִי־הָאִישׁ אֲשֶׁר נָטַע כֶּרֶם
וְלֹא חִלְּלוֹ יֵלֵךְ וְיָשֹׁב לְבֵיתוֹ פֶּן־יָמוּת בַּמִּלְחָמָה
ז וְאִישׁ אַחֵר יְחַלְּלֶנּוּ׃ וּמִי־הָאִישׁ אֲשֶׁר אֵרַשׂ אִשָּׁה
וְלֹא לְקָחָהּ יֵלֵךְ וְיָשֹׁב לְבֵיתוֹ פֶּן־יָמוּת בַּמִּלְחָמָה
ח וְאִישׁ אַחֵר יִקָּחֶנָּה׃ וְיָסְפוּ הַשֹּׁטְרִים לְדַבֵּר אֶל־
הָעָם וְאָמְרוּ מִי־הָאִישׁ הַיָּרֵא וְרַךְ הַלֵּבָב יֵלֵךְ

**מצווה תקכו**
מצווה למשוח כוהן ולמנותו לדבר אל העם במלחמה

**מצווה תקכה**
איסור לפחד במלחמה

שפטים

כא| עַיִן בְּעַיִן. מָמוֹן. וְכֵן: "שֵׁן בְּשֵׁן" וְגוֹ׳:

פרק כ

א| כִּי תֵצֵא לַמִּלְחָמָה. סָמַךְ הַכָּתוּב יְצִיאַת מִלְחָמָה לְכָאן, לוֹמַר לְךָ שֶׁאֵין מְחֻסַּר אֵבֶר יוֹצֵא לַמִּלְחָמָה. דָּבָר אַחֵר, לוֹמַר לְךָ, אִם עָשִׂיתָ מִשְׁפַּט צֶדֶק אַתָּה מֻבְטָח שֶׁאִם תֵּצֵא לַמִּלְחָמָה

כ א עֵינָא חֲלָף עֵינָא שִׁנָּא חֲלָף שִׁנָּא, יְדָא חֲלָף יְדָא רִגְלָא חֲלָף רִגְלָא: אֲרֵי תִפּוֹק לְאָגָחָא
קְרָבָא עַל בַּעֲלֵי דְבָבָךְ, וְתִחְזֵי, סוּסָוָן וּרְתִכִּין עַם סַגִּי מִנָּךְ, לָא תִדְחַל מִנְּהוֹן, אֲרֵי יְיָ אֱלָהָךְ
ב מֵימְרֵיהּ בְּסַעְדָּךְ, דְּאַסְּקָךְ מֵאַרְעָא דְמִצְרָיִם: וִיהֵי, כְּמִקְרַבְכוֹן לְאָגָחָא קְרָבָא, וְיִתְקָרַב
ג כָּהֲנָא וִימַלֵּיל עִם עַמָּא: וְיֵימַר לְהוֹן שְׁמַע יִשְׂרָאֵל, אַתּוּן מִתְקָרְבִין יוֹמָא דֵין, לְאָגָחָא
קְרָבָא עַל בַּעֲלֵי דְבָבֵיכוֹן, לָא יְזוּעַ לִבְּכוֹן, לָא תִדְחֲלוּן וְלָא תִתְבַּעֲתוּן, וְלָא תִתַּבְרוּן מִן
ד קֳדָמֵיהוֹן: אֲרֵי יְיָ אֱלָהֲכוֹן, דִּמְדַבַּר קֳדָמֵיכוֹן, לְאָגָחָא לְכוֹן קְרָב, עִם בַּעֲלֵי דְבָבֵיכוֹן לְמִפְרַק
ה יָתְכוֹן: וִימַלְּלוּן סָרְכַיָּא עִם עַמָּא לְמֵימַר, מַאן גֻּבְרָא, דִּבְנָא בֵיתָא חֲדַתָּא וְלָא חַנְכֵיהּ,
ו יְהָךְ וִיתוּב לְבֵיתֵיהּ, דִּלְמָא יִתְקְטִיל בִּקְרָבָא, וּגְבַר אָחֳרָן יַחְנְכִנֵּיהּ: וּמַאן גֻּבְרָא, דִּנְצַב
ז כַּרְמָא וְלָא אַחֲלֵיהּ, יְהָךְ וִיתוּב לְבֵיתֵיהּ, דִּלְמָא יִתְקְטִיל בִּקְרָבָא, וּגְבַר אָחֳרָן יַחֲלִנֵּיהּ: וּמַאן
גֻּבְרָא, דַּאֲרַס אִתְּתָא וְלָא נַסְבַהּ, יְהָךְ וִיתוּב לְבֵיתֵיהּ, דִּלְמָא יִתְקְטִיל בִּקְרָבָא, וּגְבַר אָחֳרָן
ח יִסְּבִנַּהּ: וְיֵיסְפוּן סָרְכַיָּא לְמַלָּלָא עִם עַמָּא, וְיֵימְרוּן, מַאן גֻּבְרָא דִּדְחֵיל וּתְבִיר לִבָּא, יְהָךְ

אַתָּה נוֹטֵל, וְכֵן דָּוִד הוּא אוֹמֵר: "עָשִׂיתִי מִשְׁפָּט וָצֶדֶק בַּל תַּנִּיחֵנִי לְעֹשְׁקָי" (תהלים קיט, קכא): **עַל אֹיְבֶךָ.** יִהְיוּ בְּעֵינֶיךָ כְּאוֹיְבִים, אַל תְּרַחֵם עֲלֵיהֶם כִּי לֹא יְרַחֲמוּ עָלֶיךָ: **סוּס וָרֶכֶב.** בְּעֵינַי כֻּלָּם כְּסוּס אֶחָד, וְכֵן הוּא אוֹמֵר: "וְהִכִּיתָ אֶת מִדְיָן כְּאִישׁ אֶחָד" (שופטים ו, טז), וְכֵן הוּא אוֹמֵר: "כִּי בָא סוּס פַּרְעֹה" (שמות טו, יט): **עַם רַב מִמְּךָ.** בְּעֵינֶיךָ הוּא רַב אֲבָל בְּעֵינַי אֵינוֹ רַב:

ב **כְּקָרָבְכֶם אֶל הַמִּלְחָמָה.** סָמוּךְ לְצֵאתְכֶם מִן הַסְּפָר, מִגְּבוּל אַרְצְכֶם: **וְנִגַּשׁ הַכֹּהֵן.** הַמָּשׁוּחַ לְכָךְ, וְהוּא הַנִּקְרָא 'מְשׁוּחַ מִלְחָמָה': **וְדִבֶּר אֶל הָעָם.** בִּלְשׁוֹן הַקֹּדֶשׁ:

ג **שְׁמַע יִשְׂרָאֵל.** אֲפִלּוּ אֵין בָּכֶם זְכוּת אֶלָּא קְרִיאַת שְׁמַע בִּלְבַד, כְּדַאי אַתֶּם שֶׁיּוֹשִׁיעַ אֶתְכֶם: **עַל אֹיְבֵיכֶם.** אֵין אֵלּוּ אֲחֵיכֶם, שֶׁאִם תִּפְּלוּ בְּיָדָם אֵינָם מְרַחֲמִים עֲלֵיכֶם, אֵין זוֹ כְּמִלְחֶמֶת יְהוּדָה עִם יִשְׂרָאֵל, שֶׁנֶּאֱמַר: "וַיָּקֻמוּ הָאֲנָשִׁים אֲשֶׁר נִקְּבוּ בְשֵׁמוֹת וַיַּחֲזִיקוּ בַשִּׁבְיָה וְכָל מַעֲרֻמֵּיהֶם הִלְבִּישׁוּ מִן הַשָּׁלָל וַיַּלְבִּשׁוּם וַיַּנְעִלוּם וַיַּאֲכִלוּם וַיַּשְׁקוּם וַיְסֻכוּם וַיְנַהֲלוּם בַּחֲמֹרִים לְכָל כּוֹשֵׁל וַיְבִיאוּם יְרֵחוֹ עִיר הַתְּמָרִים אֵצֶל אֲחֵיהֶם וַיָּשׁוּבוּ שֹׁמְרוֹן" (דברי הימים ב' כח, טו), אֶלָּא "עַל אוֹיְבֵיכֶם" אַתֶּם הוֹלְכִים, לְפִיכָךְ הִתְחַזְּקוּ לַמִּלְחָמָה: **אַל יֵרַךְ לְבַבְכֶם אַל תִּירְאוּ וְאַל תַּחְפְּזוּ וְאַל תַּעַרְצוּ.** אַרְבַּע אַזְהָרוֹת, כְּנֶגֶד אַרְבָּעָה דְבָרִים שֶׁמַּלְכֵי הָאֻמּוֹת עוֹשִׂין: מְגִיפִין בְּתְרִיסֵיהֶם כְּדֵי לְהַקִּישָׁן זֶה לָזֶה כְּדֵי לְהַשְׁמִיעַ קוֹל שֶׁיַּחְפְּזוּ אֵלּוּ שֶׁכְּנֶגְדָּן וְיָנוּסוּ, וְרוֹמְסִים בְּסוּסֵיהֶם וּמַצְהִילִין אוֹתָם לְהַשְׁמִיעַ קוֹל שַׁעֲטַת פַּרְסוֹת סוּסֵיהֶם, וְצוֹוְחִין בְּקוֹלָם, וְתוֹקְעִין בַּשּׁוֹפָרוֹת וּמִינֵי מַשְׁמִיעֵי קוֹל. "אַל יֵרַךְ לְבַבְכֶם", מִצַּהֲלַת סוּסִים. "אַל תִּירְאוּ", מֵהֲגָפַת הַתְּרִיסִין. "וְאַל תַּחְפְּזוּ", מִקּוֹל הַקְּרָנוֹת. "וְאַל תַּעַרְצוּ", מִקּוֹל הַצְּוָחָה:

ד **כִּי ה' אֱלֹהֵיכֶם וְגוֹ'.** הֵם בָּאִים בְּנִצְחוֹנוֹ שֶׁל בָּשָׂר וָדָם וְאַתֶּם בָּאִים בְּנִצְחוֹנוֹ שֶׁל מָקוֹם. פְּלִשְׁתִּים בָּאוּ בְּנִצְחוֹנוֹ שֶׁל גָּלְיָת, מֶה הָיָה סוֹפוֹ? נָפַל וְנָפְלוּ עִמּוֹ: **הַהֹלֵךְ עִמָּכֶם.** זֶה מַחֲנֵה הָאָרוֹן:

ה **וְלֹא חֲנָכוֹ.** וְלֹא דָר בּוֹ. 'חִנּוּךְ' לְשׁוֹן הַתְחָלָה: **וְאִישׁ אַחֵר יַחְנְכֶנּוּ.** וְדָבָר שֶׁל עָגְמַת נֶפֶשׁ הוּא זֶה:

ו **וְלֹא חִלְּלוֹ.** לֹא פְּדָאוֹ בַּשָּׁנָה הָרְבִיעִית, שֶׁהַפֵּרוֹת טְעוּנִין לְאָכְלָן בִּירוּשָׁלַיִם, אוֹ לְחַלְּלָן בְּדָמִים וְלֶאֱכֹל הַדָּמִים בִּירוּשָׁלַיִם:

ז-ח **וְיָסְפוּ הַשֹּׁטְרִים.** לָמָּה נֶאֱמַר כָּאן "וְיָסְפוּ"? מוֹסִיפִין זֶה עַל דִּבְרֵי הַכֹּהֵן, כֹּהֵן מְדַבֵּר וּמַשְׁמִיעַ מִן "שְׁמַע יִשְׂרָאֵל" עַד "לְהוֹשִׁיעַ אֶתְכֶם", וּ"מִי הָאִישׁ" וְשֵׁנִי וּשְׁלִישִׁי כֹּהֵן מְדַבֵּר וְשׁוֹטֵר מַשְׁמִיעַ, וְזֶה שׁוֹטֵר מְדַבֵּר וְשׁוֹטֵר מַשְׁמִיעַ: **הַיָּרֵא וְרַךְ הַלֵּבָב.** רַבִּי עֲקִיבָא אוֹמֵר: כְּמַשְׁמָעוֹ, שֶׁאֵינוֹ יָכוֹל לַעֲמֹד בְּקִשְׁרֵי הַמִּלְחָמָה וְלִרְאוֹת חֶרֶב שְׁלוּפָה. רַבִּי יוֹסֵי הַגְּלִילִי אוֹמֵר: הַיָּרֵא מֵעֲבֵרוֹת שֶׁבְּיָדוֹ, וּלְכָךְ תָּלְתָה לוֹ תּוֹרָה לַחֲזֹר עַל בַּיִת וְכֶרֶם וְאִשָּׁה, לְכַסּוֹת עַל הַחוֹזְרִים בִּשְׁבִיל עֲבֵרוֹת שֶׁבְּיָדָם, שֶׁלֹּא יָבִינוּ שֶׁהֵם בַּעֲלֵי עֲבֵרָה, וְהָרוֹאֵהוּ חוֹזֵר, אוֹמֵר: שֶׁמָּא בָּנָה בַּיִת אוֹ נָטַע כֶּרֶם אוֹ

וְיָשֹׁב לְבֵיתוֹ וְלֹא יִמַּס אֶת־לְבַב אֶחָיו כִּלְבָבוֹ׃
וְהָיָה כְּכַלֹּת הַשֹּׁטְרִים לְדַבֵּר אֶל־הָעָם וּפָקְדוּ ט
שָׂרֵי צְבָאוֹת בְּרֹאשׁ הָעָם׃ כִּי־ י
תִקְרַב אֶל־עִיר לְהִלָּחֵם עָלֶיהָ וְקָרָאתָ אֵלֶיהָ
לְשָׁלוֹם׃ וְהָיָה אִם־שָׁלוֹם תַּעַנְךָ וּפָתְחָה לָךְ יא
וְהָיָה כָּל־הָעָם הַנִּמְצָא־בָהּ יִהְיוּ לְךָ לָמַס
וַעֲבָדוּךָ׃ וְאִם־לֹא תַשְׁלִים עִמָּךְ וְעָשְׂתָה עִמְּךָ יב
מִלְחָמָה וְצַרְתָּ עָלֶיהָ׃ וּנְתָנָהּ יְהוָה אֱלֹהֶיךָ יג
בְּיָדֶךָ וְהִכִּיתָ אֶת־כָּל־זְכוּרָהּ לְפִי־חָרֶב׃ רַק יד
הַנָּשִׁים וְהַטַּף וְהַבְּהֵמָה וְכֹל אֲשֶׁר יִהְיֶה בָעִיר
כָּל־שְׁלָלָהּ תָּבֹז לָךְ וְאָכַלְתָּ אֶת־שְׁלַל אֹיְבֶיךָ
אֲשֶׁר נָתַן יְהוָה אֱלֹהֶיךָ לָךְ׃ כֵּן תַּעֲשֶׂה לְכָל־ טו
הֶעָרִים הָרְחֹקֹת מִמְּךָ מְאֹד אֲשֶׁר לֹא־מֵעָרֵי
הַגּוֹיִם־הָאֵלֶּה הֵנָּה׃ רַק מֵעָרֵי הָעַמִּים הָאֵלֶּה טז
אֲשֶׁר יְהוָה אֱלֹהֶיךָ נֹתֵן לְךָ נַחֲלָה לֹא תְחַיֶּה
כָּל־נְשָׁמָה׃ כִּי־הַחֲרֵם תַּחֲרִימֵם הַחִתִּי וְהָאֱמֹרִי יז
הַכְּנַעֲנִי וְהַפְּרִזִּי הַחִוִּי וְהַיְבוּסִי כַּאֲשֶׁר צִוְּךָ יְהוָה
אֱלֹהֶיךָ׃ לְמַעַן אֲשֶׁר לֹא־יְלַמְּדוּ אֶתְכֶם לַעֲשׂוֹת יח
כְּכֹל תּוֹעֲבֹתָם אֲשֶׁר עָשׂוּ לֵאלֹהֵיהֶם וַחֲטָאתֶם
לַיהוָה אֱלֹהֵיכֶם׃ כִּי־תָצוּר יט
אֶל־עִיר יָמִים רַבִּים לְהִלָּחֵם עָלֶיהָ לְתָפְשָׂהּ

שביעי טז

**מצווה תקכז**
מצוות קריאה
לשלום במלחמה

**מצווה תקכח**
איסור להחיות נשמה
משבעת העממים

מצווה תקכט
איסור השחתת
עצי מאכל

לֹא־תַשְׁחִית אֶת־עֵצָהּ לִנְדֹּחַ עָלָיו גַּרְזֶן כִּי מִמֶּנּוּ
תֹאכֵל וְאֹתוֹ לֹא תִכְרֹת כִּי הָאָדָם עֵץ הַשָּׂדֶה

ט וִיתוּב לְבֵיתֵיהּ, וְלָא יִתְּבַר, יָת לִבָּא דַאֲחוֹהִי כְּלִבֵּיהּ: וִיהֵי, כַּד יְשֵׁיצוֹן סָרְכַיָּא לְמַלָּלָא עִם
י עַמָּא, וִימַנּוֹן, רַבָּנֵי חֵילָא בְּרֵישׁ עַמָּא: אֲרֵי תִקְרַב לְקַרְתָּא, לְאָגָחָא קְרָבָא עֲלַהּ, וְתִקְרֵי
יא לַהּ מִלִּין דִּשְׁלָם: וִיהֵי אִם שְׁלָם תַּעֲנֵינָךְ, וְתִפְתַּח לָךְ, וִיהֵי כָּל עַמָּא דְּיִשְׁתְּכַח בַּהּ, יְהוֹן
יב לָךְ, מַסְּקֵי מִסִּין וְיִפְלְחֻנָּךְ: וְאִם לָא תַשְׁלֵים עִמָּךְ, וְתַעֲבֵיד עִמָּךְ קְרָב, וּתְצוּר עֲלַהּ:
יג יד וְיִמְסְרִנַּהּ, יְיָ אֱלָהָךְ בִּידָךְ, וְתִמְחֵי יָת כָּל דְּכוּרַהּ לְפִתְגָם דְּחָרֶב: לְחוֹד נְשַׁיָּא, וְטַפְלָא
וּבְעִירָא, וְכָל דִּיהֵי בְקַרְתָּא, כָּל עֲדָאַהּ תִּבּוֹז לָךְ, וְתֵיכוֹל יָת עֲדֵי סָנְאָךְ, דִּיהַב, יְיָ אֱלָהָךְ
טו טז לָךְ: כֵּן תַּעֲבֵיד לְכָל קִרְוַיָּא, דְּרַחִיקִין מִנָּךְ לַחְדָּא, דְּלָא מִקִּרְוֵי עַמְמַיָּא הָאִלֵּין אִנּוּן: לְחוֹד,
יז מִקִּרְוֵי עַמְמַיָּא הָאִלֵּין, דַּייָ אֱלָהָךְ, יָהֵיב לָךְ אַחְסָנָא, לָא תְקַיֵּים כָּל נִשְׁמָא: אֲרֵי גַמָּרָא
יח תְגַמְּרִנּוּן, חִתָּאֵי וֶאֱמוֹרָאֵי כְּנַעֲנָאֵי וּפְרִזָּאֵי, חִוָּאֵי וִיבוּסָאֵי, כְּמָא דְּפַקְדָךְ יְיָ אֱלָהָךְ: בְּדִיל,
דְּלָא יַלְּפוּן יָתְכוֹן לְמֶעְבַּד, כְּכָל תּוֹעֵיבָתְהוֹן, דְּעָבְדִין לְטָעֲוָתְהוֹן, וּתְחוּבוּן קֳדָם יְיָ אֱלָהֲכוֹן:
יט אֲרֵי תְצוּר עַל קַרְתָּא יוֹמִין סַגִּיאִין לְאָגָחָא קְרָבָא עֲלַהּ לְמִכְבְּשַׁהּ, לָא תְחַבֵּיל יָת אִילָנַהּ
לְאַרְמָא עֲלוֹהִי בַּרְזְלָא, אֲרֵי מִנֵּיהּ תֵּיכוֹל, וְיָתֵיהּ לָא תְקוּץ, אֲרֵי לָא כַאֲנָשָׁא אִילָן חַקְלָא,

אֶרֶשׂ אִשָּׁה: פֶּן יָמוּת בַּמִּלְחָמָה. יָשׁוּב פֶּן יָמוּת, שֶׁאִם לֹא יִשְׁמַע לְדִבְרֵי הַכֹּהֵן כְּדַאי הוּא שֶׁיָּמוּת:

ט | שָׂרֵי צְבָאוֹת. שֶׁמַּעֲמִידִין זַקָּפִין מִלִּפְנֵיהֶם וּמִלְּאַחֲרֵיהֶם וְכַשִּׁילִים שֶׁל בַּרְזֶל בִּידֵיהֶם, וְכָל מִי שֶׁרוֹצֶה לַחֲזֹר הָרְשׁוּת בְּיָדוֹ לְקַפֵּחַ אֶת שׁוֹקָיו. 'זַקָּפִין' – בְּנֵי אָדָם עוֹמְדִין בִּקְצֵה הַמַּעֲרָכָה לִזְקֹף אֶת הַנּוֹפְלִים וּלְחַזְּקָם בִּדְבָרִים, שׁוּבוּ אֶל הַמִּלְחָמָה וְלֹא תָנוּסוּ, שֶׁתְּחִלַּת נְפִילָה נִיסָה:

י | כִּי תִקְרַב אֶל עִיר. בְּמִלְחֶמֶת הָרְשׁוּת הַכָּתוּב מְדַבֵּר, כְּמוֹ שֶׁמְּפֹרָשׁ בָּעִנְיָן: "כֵּן תַּעֲשֶׂה לְכָל הֶעָרִים הָרְחֹקֹת" וְגוֹ' (להלן פסוק טו):

יא | כָּל הָעָם הַנִּמְצָא בָהּ. אֲפִלּוּ אַתָּה מוֹצֵא בָהּ מִשִּׁבְעָה עֲמָמִין שֶׁנִּצְטַוִּיתָ לְהַחֲרִימָם, אַתָּה רַשַּׁאי לְקַיְּמָם: לָמַס וַעֲבָדוּךָ. עַד שֶׁיְּקַבְּלוּ עֲלֵיהֶם מִסִּים וְשִׁעְבּוּד:

יב | וְאִם לֹא תַשְׁלִים עִמָּךְ וְעָשְׂתָה עִמְּךָ מִלְחָמָה. הַכָּתוּב מְבַשֶּׂרְךָ שֶׁאִם לֹא תַשְׁלִים עִמָּךְ, סוֹפָהּ לְהִלָּחֵם בְּךָ אִם תַּנִּיחֶנָּה וְתֵלֵךְ: וְצַרְתָּ עָלֶיהָ. אַף לְהַרְעִיבָהּ וּלְהַצְמִיאָהּ וְלַהֲמִיתָהּ מִיתַת תַּחֲלוּאִים:

יג | וּנְתָנָהּ ה' אֱלֹהֶיךָ בְּיָדֶךָ. אִם עָשִׂיתָ כָּל הָאָמוּר בָּעִנְיָן, סוֹף שֶׁה' נוֹתְנָהּ בְּיָדֶךָ:

יד | וְהַטַּף. אַף טַף שֶׁל זְכָרִים, וּמָה אֲנִי מְקַיֵּם: "וְהִכִּיתָ אֶת כָּל זְכוּרָהּ"? בַּגְּדוֹלִים:

יז | כַּאֲשֶׁר צִוְּךָ. לְרַבּוֹת אֶת הַגִּרְגָּשִׁי:

יח | לְמַעַן אֲשֶׁר לֹא יְלַמְּדוּ. הָא אִם עָשׂוּ תְשׁוּבָה וּמִתְגַּיְּרִין, אַתָּה רַשַּׁאי לְקַבְּלָם:

יט | יָמִים. שְׁנַיִם: רַבִּים. שְׁלֹשָׁה. מִכָּאן אָמְרוּ: אֵין צָרִין עַל עֲיָרוֹת שֶׁל גּוֹיִם פָּחוֹת מִשְּׁלֹשָׁה יָמִים קֹדֶם לַשַּׁבָּת. וְלִמֵּד שֶׁפּוֹתֵחַ בְּשָׁלוֹם שְׁנַיִם אוֹ שְׁלֹשָׁה יָמִים, וְכֵן הוּא אוֹמֵר: "וַיֵּשֶׁב דָּוִד בְּצִקְלָג יָמִים שְׁנָיִם" (שמואל ב' א, א), וּבְמִלְחֶמֶת הָרְשׁוּת הַכָּתוּב מְדַבֵּר: כִּי הָאָדָם עֵץ הַשָּׂדֶה. הֲרֵי "כִּי" מְשַׁמֵּשׁ בִּלְשׁוֹן 'דִּלְמָא', שֶׁמָּא הָאָדָם עֵץ הַשָּׂדֶה לְהִכָּנֵס בְּתוֹךְ הַמָּצוֹר מִפָּנֶיךָ לְהִתְיַסֵּר בְּיִסּוּרֵי רָעָב וְצָמָא כְּאַנְשֵׁי הָעִיר? לָמָּה תַשְׁחִיתֶנּוּ?:

לָבֹא מִפָּנֶיךָ בַּמָּצוֹר׃ רַק עֵץ אֲשֶׁר־תֵּדַע כִּי כ
לֹא־עֵץ מַאֲכָל הוּא אֹתוֹ תַשְׁחִית וְכָרָתָּ
וּבָנִיתָ מָצוֹר עַל־הָעִיר אֲשֶׁר־הִוא עֹשָׂה עִמְּךָ
מִלְחָמָה עַד רִדְתָּהּ׃
כִּי־יִמָּצֵא חָלָל בָּאֲדָמָה אֲשֶׁר יְהוָה אֱלֹהֶיךָ א כא
נֹתֵן לְךָ לְרִשְׁתָּהּ נֹפֵל בַּשָּׂדֶה לֹא נוֹדַע מִי
הִכָּהוּ׃ וְיָצְאוּ זְקֵנֶיךָ וְשֹׁפְטֶיךָ וּמָדְדוּ אֶל־ ב
הֶעָרִים אֲשֶׁר סְבִיבֹת הֶחָלָל׃ וְהָיָה הָעִיר ג
הַקְּרֹבָה אֶל־הֶחָלָל וְלָקְחוּ זִקְנֵי הָעִיר הַהִוא
עֶגְלַת בָּקָר אֲשֶׁר לֹא־עֻבַּד בָּהּ אֲשֶׁר לֹא־
מָשְׁכָה בְּעֹל׃ וְהוֹרִדוּ זִקְנֵי הָעִיר הַהִוא אֶת־ ד
הָעֶגְלָה אֶל־נַחַל אֵיתָן אֲשֶׁר לֹא־יֵעָבֵד בּוֹ
וְלֹא יִזָּרֵעַ וְעָרְפוּ־שָׁם אֶת־הָעֶגְלָה בַּנָּחַל׃
וְנִגְּשׁוּ הַכֹּהֲנִים בְּנֵי לֵוִי כִּי בָם בָּחַר יְהוָה ה
אֱלֹהֶיךָ לְשָׁרְתוֹ וּלְבָרֵךְ בְּשֵׁם יְהוָה וְעַל־
פִּיהֶם יִהְיֶה כָּל־רִיב וְכָל־נָגַע׃ וְכֹל זִקְנֵי הָעִיר ו
הַהִוא הַקְּרֹבִים אֶל־הֶחָלָל יִרְחֲצוּ אֶת־יְדֵיהֶם
עַל־הָעֶגְלָה הָעֲרוּפָה בַנָּחַל׃ וְעָנוּ וְאָמְרוּ ז
יָדֵינוּ לֹא שפכה אֶת־הַדָּם הַזֶּה וְעֵינֵינוּ לֹא

מצווה תקל
מצוות עגלה ערופה

מצווה תקלא
איסור לעבוד
ולזרוע בקרקע שבה
נערפה העגלה

מפטיר

שְׁפָכוּ

שפטים

ח רָאוּ׃ כַּפֵּר לְעַמְּךָ יִשְׂרָאֵל אֲשֶׁר־פָּדִיתָ יְהוָה
וְאַל־תִּתֵּן דָּם נָקִי בְּקֶרֶב עַמְּךָ יִשְׂרָאֵל וְנִכַּפֵּר
ט לָהֶם הַדָּם׃ וְאַתָּה תְּבַעֵר הַדָּם הַנָּקִי מִקִּרְבֶּךָ
כִּי־תַעֲשֶׂה הַיָּשָׁר בְּעֵינֵי יְהוָה׃

כ לְמֵיעַל מִן קֳדָמָךְ בִּצְיָרָא׃ לְחוֹד אִילָן דְּתִדַּע, אֲרֵי לָא אִילָן דְּמֵיכַל הוּא, יָתֵיהּ תְּחַבֵּיל וּתְקוּץ,
כא א וְתִבְנֵי כַּרְקוֹמִין, עַל קַרְתָּא דְּהִיא עָבְדָא עִמָּךְ קְרָב, עַד דְּתִכְבְּשַׁהּ׃ אֲרֵי יִשְׁתְּכַח קְטִילָא,
ב בְּאַרְעָא דַּייָ אֱלָהָךְ, יָהֵיב לָךְ לְמֵירְתַהּ, רְמֵי בְּחַקְלָא, לָא יְדִיעַ מַאן קַטְלֵיהּ׃ וְיִפְּקוּן סָבָךְ
ג וְדַיָּנָךְ, וְיִמְשְׁחוּן לְקִרְוַיָּא, דִּבְסַחְרָנוּת קְטִילָא׃ וּתְהֵי קַרְתָּא, דְּקָרִיבָא לִקְטִילָא, וְיִסְּבוּן, סָבֵי
ד קַרְתָּא הַהִיא עֶגְלַת תּוֹרִין, דְּלָא אִתְפְּלַח בַּהּ, דְּלָא נְגַדַת בְּנִיר׃ וְיַחֲתוּן, סָבֵי קַרְתָּא הַהִיא
יָת עֶגְלְתָא לְנַחַל בְּיָר, דְּלָא יִתְפְּלַח בֵּיהּ וְלָא יִזְדְּרַע, וְיִקְפוּן תַּמָּן יָת עֶגְלְתָא בְּנַחְלָא׃
ה וְיִתְקָרְבוּן כָּהֲנַיָּא בְּנֵי לֵוִי, אֲרֵי בְהוֹן, אִתְרְעִי, יְיָ אֱלָהָךְ לְשַׁמָּשׁוּתֵיהּ, וּלְבָרָכָא בִּשְׁמָא דַּייָ,
ו וְעַל מֵימְרְהוֹן יְהֵי כָּל דִּין וְכָל מַכְתַּשׁ סְגִירוּ׃ וְכֹל, סָבֵי קַרְתָּא הַהִיא, דְּקָרִיבִין לִקְטִילָא, יַסְחוּן
ז יָת יְדֵיהוֹן, עַל עֶגְלְתָא דִּנְקִיפָא בְּנַחְלָא׃ וְיָתִיבוּן וְיֵימְרוּן, יְדַנָא, לָא אֲשַׁדָא יָת דְּמָא הָדֵין,
ח וְעֵינַנָא לָא חֲזָאָה׃ כָּהֲנַיָּא יֵימְרוּן כַּפַּר לְעַמָּךְ יִשְׂרָאֵל דִּפְרַקְתָּא יְיָ, וְלָא תִתֵּין חוֹבַת דַּם זַכַּאי,
ט בְּגוֹ עַמָּךְ יִשְׂרָאֵל, וְיִתְכַּפַּר לְהוֹן עַל דְּמָא׃ וְאַתְּ, תְּפַלֵּי, אָשְׁדֵי דַּם זַכַּאי מִבֵּינָךְ, אֲרֵי תַעֲבֵיד
דְּכָשַׁר קֳדָם יְיָ׃

כ) עַד רִדְתָּהּ. לְשׁוֹן רִדּוּי, שֶׁתְּהֵא כְּפוּפָה לְךָ׃

פרק כא

ב) וְיָצְאוּ זְקֵנֶיךָ. סַנְהֶדְרֵי גְּדוֹלָה׃ וּמָדְדוּ. מִמָּקוֹם שֶׁהֶחָלָל שׁוֹכֵב׃ אֶל הֶעָרִים אֲשֶׁר סְבִיבֹת הֶחָלָל. לְכָל צַד, לֵידַע אֵיזוֹ קְרוֹבָה׃

ד) אֶל נַחַל אֵיתָן. קָשֶׁה, שֶׁלֹּא נֶעֱבַד׃ וְעָרְפוּ. קוֹצֵץ עָרְפָּהּ בְּקוֹפִיץ. אָמַר הַקָּדוֹשׁ בָּרוּךְ הוּא: תָּבֹא עֶגְלָה בַּת שְׁנָתָהּ שֶׁלֹּא עָשְׂתָה פֵּרוֹת, וְתֵעָרֵף בְּמָקוֹם שֶׁאֵינוֹ עוֹשֶׂה פֵּרוֹת, לְכַפֵּר עַל הֲרִיגָתוֹ שֶׁל זֶה שֶׁלֹּא הִנִּיחוּהוּ לַעֲשׂוֹת פֵּרוֹת׃

ז) יָדֵינוּ לֹא שָׁפְכוּ. וְכִי עָלְתָה עַל לֵב שֶׁזִּקְנֵי בֵּית דִּין שׁוֹפְכֵי דָמִים הֵם? אֶלָּא לֹא רְאִינוּהוּ וּפְטַרְנוּהוּ בְּלֹא מְזוֹנוֹת וּבְלֹא לְוָיָה׃

ח) הַכֹּהֲנִים אוֹמְרִים: כַּפֵּר לְעַמְּךָ יִשְׂרָאֵל׃ וְנִכַּפֵּר לָהֶם הַדָּם. הַכָּתוּב מְבַשְּׂרָם, שֶׁמִּשֶּׁעָשׂוּ כֵּן יְכֻפַּר לָהֶם הֶעָוֹן׃

ט) וְאַתָּה תְּבַעֵר. מַגִּיד שֶׁאִם נִמְצָא הַהוֹרֵג אַחַר שֶׁנִּתְעָרְפָה הָעֶגְלָה, הֲרֵי זֶה יֵהָרֵג, וְהוּא "הַיָּשָׁר בְּעֵינֵי ה'"׃

# הפטרת שפטים

בהפטרתנו חוזרת תופעת המילים הכפולות ארבע פעמים: "אנכי אנכי", "התעוררי התעוררי", "עורי עורי" ו"סורו סורו". ביטויים אלה באים להעצים את מעורבותו של העם בתהליך הגאולה. החורבן והגלות יצרו שבר עמוק. כדי לצאת ממנו יש צורך באמירה נחרצת של ה': "אנכי, אנכי הוא מנחמכם" – בעל היכולות הבלתי מוגבלות קורא לצאת מן הגלות. תחושת חוסר האונים מתחלפת בתחושה של שמחת הגאולה.

ישעיה

נא יב אָנֹכִי אָנֹכִי הוּא מְנַחֶמְכֶם מִי־אַתְּ וַתִּירְאִי מֵאֱנוֹשׁ יָמוּת וּמִבֶּן־אָדָם חָצִיר
יג יִנָּתֵן: וַתִּשְׁכַּח יהוה עֹשֶׂךָ נוֹטֶה שָׁמַיִם וְיֹסֵד אָרֶץ וַתְּפַחֵד תָּמִיד כָּל־הַיּוֹם
יד מִפְּנֵי חֲמַת הַמֵּצִיק כַּאֲשֶׁר כּוֹנֵן לְהַשְׁחִית וְאַיֵּה חֲמַת הַמֵּצִיק: מִהַר צֹעֶה
טו לְהִפָּתֵחַ וְלֹא־יָמוּת לַשַּׁחַת וְלֹא יֶחְסַר לַחְמוֹ: וְאָנֹכִי יהוה אֱלֹהֶיךָ רֹגַע
טז הַיָּם וַיֶּהֱמוּ גַּלָּיו יהוה צְבָאוֹת שְׁמוֹ: וָאָשִׂם דְּבָרַי בְּפִיךָ וּבְצֵל יָדִי כִּסִּיתִיךָ
יז לִנְטֹעַ שָׁמַיִם וְלִיסֹד אָרֶץ וְלֵאמֹר לְצִיּוֹן עַמִּי־אָתָּה: הִתְעוֹרְרִי
הִתְעוֹרְרִי קוּמִי יְרוּשָׁלַםִ אֲשֶׁר שָׁתִית מִיַּד יהוה אֶת־כּוֹס חֲמָתוֹ אֶת־
יח קֻבַּעַת כּוֹס הַתַּרְעֵלָה שָׁתִית מָצִית: אֵין־מְנַהֵל לָהּ מִכָּל־בָּנִים יָלָדָה
יט וְאֵין מַחֲזִיק בְּיָדָהּ מִכָּל־בָּנִים גִּדֵּלָה: שְׁתַּיִם הֵנָּה קֹרְאֹתַיִךְ מִי יָנוּד לָךְ
כ הַשֹּׁד וְהַשֶּׁבֶר וְהָרָעָב וְהַחֶרֶב מִי אֲנַחֲמֵךְ: בָּנַיִךְ עֻלְּפוּ שָׁכְבוּ בְּרֹאשׁ כָּל־
כא חוּצוֹת כְּתוֹא מִכְמָר הַמְלֵאִים חֲמַת־יהוה גַּעֲרַת אֱלֹהָיִךְ: לָכֵן שִׁמְעִי־נָא
כב זֹאת עֲנִיָּה וּשְׁכֻרַת וְלֹא מִיָּיִן: כֹּה־אָמַר אֲדֹנַיִךְ יהוה וֵאלֹהַיִךְ
יָרִיב עַמּוֹ הִנֵּה לָקַחְתִּי מִיָּדֵךְ אֶת־כּוֹס הַתַּרְעֵלָה אֶת־קֻבַּעַת כּוֹס חֲמָתִי
כג לֹא־תוֹסִיפִי לִשְׁתּוֹתָהּ עוֹד: וְשַׂמְתִּיהָ בְּיַד־מוֹגַיִךְ אֲשֶׁר־אָמְרוּ לְנַפְשֵׁךְ
נב א שְׁחִי וְנַעֲבֹרָה וַתָּשִׂימִי כָאָרֶץ גֵּוֵךְ וְכַחוּץ לַעֹבְרִים: עוּרִי
עוּרִי לִבְשִׁי עֻזֵּךְ צִיּוֹן לִבְשִׁי ׀ בִּגְדֵי תִפְאַרְתֵּךְ יְרוּשָׁלַםִ עִיר הַקֹּדֶשׁ כִּי
ב לֹא יוֹסִיף יָבֹא־בָךְ עוֹד עָרֵל וְטָמֵא: הִתְנַעֲרִי מֵעָפָר קוּמִי שְּׁבִי יְרוּשָׁלָםִ
ג התפתחו מוֹסְרֵי צַוָּארֵךְ שְׁבִיָּה בַּת־צִיּוֹן: כִּי־כֹה אָמַר יהוה (הִתְפַּתְּחִי)
ד חִנָּם נִמְכַּרְתֶּם וְלֹא בְכֶסֶף תִּגָּאֵלוּ: כִּי כֹה אָמַר אֲדֹנָי יֱהֹוִה
ה מִצְרַיִם יָרַד־עַמִּי בָרִאשֹׁנָה לָגוּר שָׁם וְאַשּׁוּר בְּאֶפֶס עֲשָׁקוֹ: וְעַתָּה מַה־
לִי־פֹה נְאֻם־יהוה כִּי־לֻקַּח עַמִּי חִנָּם מֹשְׁלָו יְהֵילִילוּ נְאֻם־יהוה וְתָמִיד
ו כָּל־הַיּוֹם שְׁמִי מִנֹּאָץ: לָכֵן יֵדַע עַמִּי שְׁמִי לָכֵן בַּיּוֹם הַהוּא כִּי־אֲנִי־הוּא
ז הַמְדַבֵּר הִנֵּנִי: מַה־נָּאווּ עַל־הֶהָרִים רַגְלֵי מְבַשֵּׂר מַשְׁמִיעַ
ח שָׁלוֹם מְבַשֵּׂר טוֹב מַשְׁמִיעַ יְשׁוּעָה אֹמֵר לְצִיּוֹן מָלַךְ אֱלֹהָיִךְ: קוֹל צֹפַיִךְ
ט נָשְׂאוּ קוֹל יַחְדָּו יְרַנֵּנוּ כִּי עַיִן בְּעַיִן יִרְאוּ בְּשׁוּב יהוה צִיּוֹן: פִּצְחוּ רַנְּנוּ
י יַחְדָּו חָרְבוֹת יְרוּשָׁלָםִ כִּי־נִחַם יהוה עַמּוֹ גָּאַל יְרוּשָׁלָםִ: חָשַׂף יהוה

אֶת־זְרוֹעַ קָדְשׁוֹ לְעֵינֵי כָּל־הַגּוֹיִם וְרָאוּ כָּל־אַפְסֵי־אָרֶץ אֵת יְשׁוּעַת
יא אֱלֹהֵינוּ׃ סוּרוּ סוּרוּ צְאוּ מִשָּׁם טָמֵא אַל־תִּגָּעוּ צְאוּ מִתּוֹכָהּ
יב הִבָּרוּ נֹשְׂאֵי כְּלֵי יְהוָה׃ כִּי לֹא בְחִפָּזוֹן תֵּצֵאוּ וּבִמְנוּסָה לֹא תֵלֵכוּן כִּי־הֹלֵךְ
לִפְנֵיכֶם יְהוָה וּמְאַסִּפְכֶם אֱלֹהֵי יִשְׂרָאֵל׃

# פרשת כי תצא

| | טז (ב) | יז | יח | יט | כ |
|---|---|---|---|---|---|
| נושאים לפי סדרים | אשת יפת תואר<br>ירושת בכור<br>בן סורר ומורה<br>איסור הלנת מת<br>השבת אבדה | שילוח הקן, מעקה<br>כלאיים, ציצית,<br>מוציא שם רע, אשת<br>איש אונס ומפתה<br>פסולי חיתון | דיני קדושת המחנה<br>איסור הסגרת עבד<br>איסור קדֵשה וקדש | קיום נדרים<br>גירושין<br>דיני מלווה ולווה<br>איסור הלנת שכר | שכחה, עוללות<br>מלקות ארבעים<br>ייבום וחליצה<br>מידות ומשקלות<br>מחיית עמלק |

# כי תצא

כִּֽי־תֵצֵא לַמִּלְחָמָה עַל־אֹיְבֶיךָ וּנְתָנוֹ יְהוָה י כא
אֱלֹהֶיךָ בְּיָדֶךָ וְשָׁבִיתָ שִׁבְיוֹ׃ וְרָאִיתָ בַּשִּׁבְיָה יא

מצווה תקלב
דין יפת תואר

אֵשֶׁת יְפַת־תֹּאַר וְחָשַׁקְתָּ בָהּ וְלָקַחְתָּ לְךָ
לְאִשָּׁה׃ וַהֲבֵאתָהּ אֶל־תּוֹךְ בֵּיתֶךָ וְגִלְּחָה אֶת־ יב
רֹאשָׁהּ וְעָשְׂתָה אֶת־צִפָּרְנֶיהָ׃ וְהֵסִירָה אֶת־ יג
שִׂמְלַת שִׁבְיָהּ מֵעָלֶיהָ וְיָשְׁבָה בְּבֵיתֶךָ וּבָכְתָה
אֶת־אָבִיהָ וְאֶת־אִמָּהּ יֶרַח יָמִים וְאַחַר כֵּן
תָּבוֹא אֵלֶיהָ וּבְעַלְתָּהּ וְהָיְתָה לְךָ לְאִשָּׁה׃
וְהָיָה אִם־לֹא חָפַצְתָּ בָּהּ וְשִׁלַּחְתָּהּ לְנַפְשָׁהּ יד

מצווה תקלג-תקלד
איסור למכור אשת יפת תואר
איסור להעביד אשת יפת תואר

וּמָכֹר לֹא־תִמְכְּרֶנָּה בַּכָּסֶף לֹא־תִתְעַמֵּר בָּהּ
תַּחַת אֲשֶׁר עִנִּיתָהּ׃ כִּֽי־תִהְיֶיןָ טו
לְאִישׁ שְׁתֵּי נָשִׁים הָאַחַת אֲהוּבָה וְהָאַחַת
שְׂנוּאָה וְיָלְדוּ־לוֹ בָנִים הָאֲהוּבָה וְהַשְּׂנוּאָה
וְהָיָה הַבֵּן הַבְּכֹר לַשְּׂנִיאָה׃ וְהָיָה בְּיוֹם הַנְחִילוֹ טז
אֶת־בָּנָיו אֵת אֲשֶׁר־יִהְיֶה לוֹ לֹא יוּכַל לְבַכֵּר
אֶת־בֶּן־הָאֲהוּבָה עַל־פְּנֵי בֶן־הַשְּׂנוּאָה הַבְּכֹר׃
כִּי אֶת־הַבְּכֹר בֶּן־הַשְּׂנוּאָה יַכִּיר לָתֶת לוֹ פִּי יז
שְׁנַיִם בְּכֹל אֲשֶׁר־יִמָּצֵא לוֹ כִּי־הוּא רֵאשִׁית

יח אֹתוֹ לוֹ מִשְׁפַּט הַבְּכֹרָה׃ ס כִּי־יִהְיֶה
לְאִישׁ בֵּן סוֹרֵר וּמוֹרֶה אֵינֶנּוּ שֹׁמֵעַ בְּקוֹל אָבִיו

י אֲרֵי תִפּוֹק לְאַגָּחָא קְרָבָא עַל בַּעֲלֵי דְבָבָךְ, וְיִמְסְרִנּוּן, יי אֱלָהָךְ, בִּידָךְ וְתִשְׁבֵּי שִׁבְיְהוֹן׃
יא יב וְתִחְזֵי בְּשִׁבְיָא, אִתְּתָא שַׁפִּירַת רֵיו, וְתִתְרְעֵי בַהּ, וְתִסְּבַהּ לָךְ לְאִתּוּ׃ וְתַעֲלִנַּהּ לְגוֹ בֵיתָךְ,
יג וּתְגַלַּח יָת רֵישַׁהּ, וּתְרַבֵּי יָת טְפַרְהָא׃ וְתַעְדֵּי יָת כְּסוּת שִׁבְיַהּ מִנַּהּ, וְתֵתֵיב בְּבֵיתָךְ, וְתִבְכֵּי,
יד יָת אֲבוּהָא וְיָת אִמַּהּ יְרַח יוֹמִין, וּבָתַר כֵּן, תֵּיעוֹל לְוָתַהּ וְתִבְעֲלִנַּהּ, וּתְהֵי לָךְ לְאִתּוּ׃ וִיהֵי
אִם לָא תִתְרְעֵי בַהּ, וְתִפְטְרִנַּהּ לְנַפְשַׁהּ, וְזַבָּנָא לָא תְזַבְּנִנַּהּ בְּכַסְפָּא, לָא תִתַּגַּר בַּהּ, חֲלָף
טו דְּעַנֵּיתַהּ׃ אֲרֵי יְהֶוְיָן לִגְבַר תַּרְתֵּין נְשִׁין, חֲדָא רְחִימְתָא וַחֲדָא סְנִיאֲתָא, וִילִידָן לֵיהּ בְּנִין,
טז רְחִימְתָא וּסְנִיאֲתָא, וִיהֵי, בְּרָא בֻכְרָא לִסְנִיאֲתָא׃ וִיהֵי, בְּיוֹמָא דְיַחְסֵין לִבְנוֹהִי, יָת דִּיהֵי
יז לֵיהּ, לֵית לֵיהּ רְשׁוּ, לְבַכָּרָא יָת בַּר רְחִימְתָא, עַל אַפֵּי בַר סְנִיאֲתָא בֻּכְרָא׃ אֲרֵי יָת בֻּכְרָא
בַּר סְנִיאֲתָא יַפְרֵישׁ, לְמִתַּן לֵיהּ תְּרֵין חוּלָקִין, בְּכֹל דְּיִשְׁתְּכַח לֵיהּ, אֲרֵי הוּא רֵישׁ
יח תָּקְפֵּיהּ, לֵיהּ חֲזֵיָא בְּכֵירוּתָא׃ אֲרֵי יְהֵי לִגְבַר, בַּר סָטֵי וּמָרוֹד, לֵיתוֹהִי מְקַבֵּיל, לְמֵימַר אֲבוּהִי

י) **כִּי תֵצֵא לַמִּלְחָמָה.** בְּמִלְחֶמֶת הָרְשׁוּת הַכָּתוּב מְדַבֵּר, שֶׁבְּמִלְחֶמֶת אֶרֶץ יִשְׂרָאֵל אֵין לוֹמַר "וְשָׁבִיתָ שִׁבְיוֹ", שֶׁהֲרֵי כְּבָר נֶאֱמַר: "לֹא תְחַיֶּה כָּל נְשָׁמָה" (לעיל כ, טז): **וְשָׁבִיתָ שִׁבְיוֹ.** לְרַבּוֹת כְּנַעֲנִים שֶׁבְּתוֹכָהּ, וְאַף עַל פִּי שֶׁהֵן מִשִּׁבְעָה אֻמּוֹת:

יא) **וְלָקַחְתָּ לְךָ לְאִשָּׁה.** לֹא דִבְּרָה תוֹרָה אֶלָּא כְּנֶגֶד יֵצֶר הָרָע, שֶׁאִם אֵין הַקָּדוֹשׁ בָּרוּךְ הוּא מַתִּירָהּ יִשָּׂאֶנָּה בְּאִסּוּר, אֲבָל אִם נְשָׂאָהּ סוֹפוֹ לִהְיוֹת שׂוֹנְאָהּ, שֶׁנֶּאֱמַר אַחֲרָיו: "כִּי תִהְיֶיןָ לְאִישׁ" וְגוֹ' (להלן פסוק טו), וְסוֹפוֹ לְהוֹלִיד מִמֶּנָּה בֵּן סוֹרֵר וּמוֹרֶה (להלן פסוק יח), לְכָךְ נִסְמְכוּ פָּרָשִׁיּוֹת הַלָּלוּ: **אֵשֶׁת.** אֲפִלּוּ אֵשֶׁת אִישׁ:

יב) **וְעָשְׂתָה אֶת צִפָּרְנֶיהָ.** תְּגַדֵּל כְּדֵי שֶׁתִּתְנַוֵּל:

יג) **וְהֵסִירָה אֶת שִׂמְלַת שִׁבְיָהּ.** לְפִי שֶׁהֵם נָאִים, שֶׁהַגּוֹיִם הָאֲרוּרִים בְּנוֹתֵיהֶם מִתְקַשְּׁטוֹת בַּמִּלְחָמָה בִּשְׁבִיל לְהַזְנוֹת אֲחֵרִים עִמָּהֶם: **וְיָשְׁבָה בְּבֵיתֶךָ.** בַּבַּיִת שֶׁמִּשְׁתַּמֵּשׁ בּוֹ. נִכְנָס וְנִתְקָל בָּהּ, יוֹצֵא וְנִתְקָל בָּהּ, רוֹאֶה בִּבְכִיָּתָהּ רוֹאֶה בְּנִוּוּלָהּ, כְּדֵי שֶׁתִּתְגַּנֶּה עָלָיו: **וּבָכְתָה אֶת אָבִיהָ.** כָּל כָּךְ לָמָּה? כְּדֵי שֶׁתְּהֵא בַּת יִשְׂרָאֵל שְׂמֵחָה וְזוֹ עֲצֵבָה, בַּת יִשְׂרָאֵל מִתְקַשֶּׁטֶת וְזוֹ מִתְנַוֶּלֶת:

יד) **וְהָיָה אִם לֹא חָפַצְתָּ בָּהּ.** הַכָּתוּב מְבַשֶּׂרְךָ שֶׁסּוֹפְךָ לִשְׂנֹאתָהּ: **לֹא תִתְעַמֵּר בָּהּ.** לֹא תִשְׁתַּמֵּשׁ בָּהּ, בִּלְשׁוֹן פַּרְסִי קוֹרִין לַעֲבְדוּת וְשִׁמּוּשׁ 'עִימְרָאָה'. מִיסוֹדוֹ שֶׁל רַבִּי מֹשֶׁה הַדַּרְשָׁן לָמַדְתִּי כֵּן:

יז) **פִּי שְׁנַיִם.** כְּנֶגֶד שְׁנֵי אַחִים: **בְּכֹל אֲשֶׁר יִמָּצֵא לוֹ.** מִכָּאן שֶׁאֵין הַבְּכוֹר נוֹטֵל פִּי שְׁנַיִם בָּרָאוּי לָבֹא לְאַחַר מִיתַת הָאָב כְּבַמֻּחְזָק:

יח) **סוֹרֵר.** סָר מִן הַדֶּרֶךְ: **וּמוֹרֶה.** מְסָרֵב בְּדִבְרֵי אָבִיו, לְשׁוֹן "מַמְרִים" (לעיל ט, ז): **וְיִסְּרוּ אֹתוֹ.** מַתְרִין בּוֹ בִּפְנֵי שְׁלֹשָׁה וּמַלְקִין אוֹתוֹ. בֵּן סוֹרֵר וּמוֹרֶה אֵינוֹ חַיָּב עַד שֶׁיִּגְנֹב וְיֹאכַל תַּרְטֵימַר בָּשָׂר וְיִשְׁתֶּה חֲצִי לֹג יַיִן, שֶׁנֶּאֱמַר: "זוֹלֵל וְסֹבֵא" (להלן פסוק כ), וְנֶאֱמַר: "אַל תְּהִי בְסֹבְאֵי יָיִן בְּזֹלְלֵי בָשָׂר לָמוֹ"

וּבְקוֹל אִמּוֹ וְיִסְּרוּ אֹתוֹ וְלֹא יִשְׁמַע אֲלֵיהֶם׃
וְתָפְשׂוּ בוֹ אָבִיו וְאִמּוֹ וְהוֹצִיאוּ אֹתוֹ אֶל־זִקְנֵי יט
עִירוֹ וְאֶל־שַׁעַר מְקֹמוֹ׃ וְאָמְרוּ אֶל־זִקְנֵי עִירוֹ כ
בְּנֵנוּ זֶה סוֹרֵר וּמֹרֶה אֵינֶנּוּ שֹׁמֵעַ בְּקֹלֵנוּ זוֹלֵל
וְסֹבֵא׃ וּרְגָמֻהוּ כָּל־אַנְשֵׁי עִירוֹ בָאֲבָנִים וָמֵת כא
וּבִעַרְתָּ הָרָע מִקִּרְבֶּךָ וְכָל־יִשְׂרָאֵל יִשְׁמְעוּ
שני וְיִרָאוּ׃ ● וְכִי־יִהְיֶה בְאִישׁ חֵטְא כב

מצווה תקלה
דין תליית המתחייב בתלייה

מִשְׁפַּט־מָוֶת וְהוּמָת וְתָלִיתָ אֹתוֹ עַל־עֵץ׃

מצווה תקלו-תקלז
איסור הלנת גופת התלוי
קבורת המת ביום מיתתו

לֹא־תָלִין נִבְלָתוֹ עַל־הָעֵץ כִּי־קָבוֹר תִּקְבְּרֶנּוּ כג
בַּיּוֹם הַהוּא כִּי־קִלְלַת אֱלֹהִים תָּלוּי וְלֹא
תְטַמֵּא אֶת־אַדְמָתְךָ אֲשֶׁר יְהוָה אֱלֹהֶיךָ
נֹתֵן לְךָ נַחֲלָה׃ לֹא־ א כב
תִרְאֶה אֶת־שׁוֹר אָחִיךָ אוֹ אֶת־שֵׂיוֹ נִדָּחִים

מצווה תקלח
מצוות השבת אבדה

וְהִתְעַלַּמְתָּ מֵהֶם הָשֵׁב תְּשִׁיבֵם לְאָחִיךָ׃ וְאִם־ ב
לֹא קָרוֹב אָחִיךָ אֵלֶיךָ וְלֹא יְדַעְתּוֹ וַאֲסַפְתּוֹ
אֶל־תּוֹךְ בֵּיתֶךָ וְהָיָה עִמְּךָ עַד דְּרֹשׁ אָחִיךָ
אֹתוֹ וַהֲשֵׁבֹתוֹ לוֹ׃ וְכֵן תַּעֲשֶׂה לַחֲמֹרוֹ וְכֵן ג
תַּעֲשֶׂה לְשִׂמְלָתוֹ וְכֵן תַּעֲשֶׂה לְכָל־אֲבֵדַת

מצווה תקלט
איסור העלמת עין מן האבדה

אָחִיךָ אֲשֶׁר־תֹּאבַד מִמֶּנּוּ וּמְצָאתָהּ לֹא תוּכַל

מצווה תקמ
איסור להניח לבהמה ליפול תחת משאה

לְהִתְעַלֵּם׃ לֹא־תִרְאֶה אֶת־חֲמוֹר ד

אחיך או שורו נפלים בדרך והתעלמת מהם
ה הקם תקים עמו: לא־יהיה כלי־גבר

מצווה תקמא
מצוות טעינת משא

מצווה תקמב
איסור על אישה
ללבוש בגדי איש

יט ולמימר אמיה, ומלפין יתיה, ולא מקביל מנהון: ויחדון ביה אבוהי ואמיה, ויפקון יתיה,
כ לקדם סבי קרתיה ולתרע בית דין אתריה: ויימרון לסבי קרתיה, ברנא דין סטי ומרוד,
כא ליתוהי מקביל למימרנא, זליל בסר וסבי חמר: ויתרגמניה, כל אנשי קרתיה באבניא וימות,
כב ותפלי עביד דביש מבינך, וכל ישראל ישמעון וידחלון: וארי יהי בגבר, חובת, דין דקטול
כג ויתקטיל, ותצלוב יתיה על צליבא: לא תבית נבילתיה על צליבא, ארי מקבר תקברניה
ביומא ההוא, ארי על דחב קדם יי אצטליב, ולא תסאיב ית ארעך, דיי אלהך, יהיב לך
כב א אחסנא: לא תחזי ית תורא דאחוך, או ית אמריה דטען, ותכבוש מנהון, אתבא תתיבנון
ב לאחוך: ואם לא קריב אחוך, לותך ולא ידעת ליה, ותכנשניה לגו ביתך, ויהי עמך, עד
ג דיתבע אחוך יתיה, ותתיבניה ליה: וכן תעביד לחמריה, וכן תעביד לכסותיה, וכן תעביד,
ד לכל אבידתא דאחוך, דתיבד מניה ותשכחנה, לית לך רשו לכסיותה: לא תחזי ית חמרא
ה דאחוך, או תוריה רמן באורחא, ותכבוש מנהון, אקמא תקים עמיה: לא יהי תקון זין דגבר

(משלי כג, כ). ובן סורר ומורה נהרג על שם סופו, הגיעה תורה לסוף דעתו, סוף שמכלה ממון אביו ומבקש למודו ואינו מוצא, ועומד בפרשת דרכים ומלסטם את הבריות; אמרה תורה, ימות זכאי ואל ימות חייב:

כא| וכל ישראל ישמעו ויראו. מכאן שצריך הכרזה בבית דין: פלוני נסקל על שהיה בן סורר ומורה:

כב| וכי יהיה באיש חטא משפט מות. סמיכות הפרשיות מגיד שאם חסים עליו אביו ואמו, סוף שיצא לתרבות רעה ויעבר עברות ויתחייב מיתה בבית דין: ותלית אתו על עץ. רבותינו אמרו: כל הנסקלין נתלין, שנאמר: "כי קללת אלהים תלוי", והמברך ה' בסקילה:

כג| כי קללת אלהים תלוי. זלזולו של מלך הוא, שאדם עשוי בדמות דיוקנו וישראל הם בניו. משל לשני אחים תאומים שהיו דומים זה לזה, אחד נעשה מלך ואחד נתפס ללסטיות ונתלה, כל הרואה אותו אומר: המלך תלוי. כל 'קללה'

שבמקרא לשון הקל וזלזול, כמו: "והוא קללני קללה נמרצת" (מלכים א' ב, ח):

פרק כב

א| והתעלמת. כובש עין כאלו אינו רואהו: לא תראה... והתעלמת. לא תראה אותו שתתעלם ממנו, זהו פשוטו. ורבותינו דרשו: פעמים שאתה מתעלם וכו':

ב| עד דרש אחיך. וכי תעלה על דעתך שיתנהו לו קודם שידרשהו? אלא דרשהו שלא יהא רמאי: והשבתו לו. שתהא בו השבה, שלא יאכל בביתך כדי דמיו ותתבעם ממנו. מכאן אמרו: כל דבר שעושה ואוכל יעשה ויאכל, ושאינו עושה ואוכל ימכר:

ג| לא תוכל להתעלם. לכבוש עינך כאלו אינך רואה אותו:

ד| הקם תקים. זו טעינה, להטעין משאוי שנפל מעליו: עמו. עם בעליו, אבל אם הלך וישב לו ואמר לו: הואיל ועליך מצוה, אם רצית לטעון טען, פטור:

ה| לא יהיה כלי גבר על אשה. שתהא דומה

כי תצא

מצווה תקמג
האיסור על איש
ללבוש בגדי אישה

עַל־אִשָּׁה וְלֹא־יִלְבַּשׁ גֶּבֶר שִׂמְלַת אִשָּׁה כִּי
תוֹעֲבַת יְהוָה אֱלֹהֶיךָ כׇּל־עֹשֵׂה אֵלֶּה׃
יז כִּי יִקָּרֵא קַן־צִפּוֹר ׀ לְפָנֶיךָ בַּדֶּרֶךְ בְּכׇל־עֵץ ׀ אוֹ ו
עַל־הָאָרֶץ אֶפְרֹחִים אוֹ בֵיצִים וְהָאֵם רֹבֶצֶת

מצווה תקמד
איסור לקחת
אם על הבנים

עַל־הָאֶפְרֹחִים אוֹ עַל־הַבֵּיצִים לֹא־תִקַּח הָאֵם

מצווה תקמה
מצוות שילוח הקן

עַל־הַבָּנִים׃ שַׁלֵּחַ תְּשַׁלַּח אֶת־הָאֵם וְאֶת־ ז
הַבָּנִים תִּקַּח־לָךְ לְמַעַן יִיטַב לָךְ וְהַאֲרַכְתָּ

שלישי

מצווה תקמו
מצוות לעשות מעקה לגג

יָמִים׃ כִּי תִבְנֶה בַּיִת חָדָשׁ וְעָשִׂיתָ ח

מצווה תקמז
איסור להניח מכשול

מַעֲקֶה לְגַגֶּךָ וְלֹא־תָשִׂים דָּמִים בְּבֵיתֶךָ כִּי־יִפֹּל

מצווה תקמח-תקמט
איסור זריעת
כלאיים בכרם
איסור לאכול
את כלאי הכרם

הַנֹּפֵל מִמֶּנּוּ׃ לֹא־תִזְרַע כַּרְמְךָ כִּלְאָיִם פֶּן־ ט
תִּקְדַּשׁ הַמְלֵאָה הַזֶּרַע אֲשֶׁר תִּזְרָע וּתְבוּאַת

מצווה תקנ
איסור עשיית מלאכה בבהמה
טהורה ובבהמה טמאה

הַכָּרֶם׃ לֹא־תַחֲרֹשׁ בְּשׁוֹר־ י

מצווה תקנא
איסור לבישת שעטנז

וּבַחֲמֹר יַחְדָּו׃ לֹא תִלְבַּשׁ שַׁעַטְנֵז צֶמֶר וּפִשְׁתִּים יא
יַחְדָּו׃ גְּדִלִים תַּעֲשֶׂה־לָּךְ עַל־אַרְבַּע יב

מצווה תקנב
מצוות נישואין
בכתובה וקידושין

כַּנְפוֹת כְּסוּתְךָ אֲשֶׁר תְּכַסֶּה־בָּהּ׃ כִּי־ יג
יִקַּח אִישׁ אִשָּׁה וּבָא אֵלֶיהָ וּשְׂנֵאָהּ׃ וְשָׂם לָהּ יד
עֲלִילֹת דְּבָרִים וְהוֹצִא עָלֶיהָ שֵׁם רָע וְאָמַר
אֶת־הָאִשָּׁה הַזֹּאת לָקַחְתִּי וָאֶקְרַב אֵלֶיהָ וְלֹא־
מָצָאתִי לָהּ בְּתוּלִים׃ וְלָקַח אֲבִי הַנַּעֲרָ וְאִמָּהּ טו
וְהוֹצִיאוּ אֶת־בְּתוּלֵי הַנַּעֲרָ אֶל־זִקְנֵי הָעִיר
הַשָּׁעְרָה׃ וְאָמַר אֲבִי הַנַּעֲרָ אֶל־הַזְּקֵנִים אֶת־ טז

יז בִּתִּי נָתַתִּי לָאִישׁ הַזֶּה לְאִשָּׁה וַיִּשְׂנָאֶהָ׃ וְהִנֵּה־
הוּא שָׂם עֲלִילֹת דְּבָרִים לֵאמֹר לֹא־מָצָאתִי

ו עַל אִתָּא, וְלָא יִתַּקַּן גְּבַר בְּתִקּוּנֵי אִתָּא, אֲרֵי מְרַחַק, קֳדָם יי אֱלָהָךְ כָּל עָבֵיד אִלֵּין: אֲרֵי תְעָרַע
קִנָּא דְצִפְּרָא קֳדָמָךְ, בְּאוֹרְחָא, בְּכָל אִילָן אוֹ עַל אַרְעָא, אֶפְרוֹחִין אוֹ בֵיעִין, וְאִמָּא רְבִיעָא עַל
ז אֶפְרוֹחִין, אוֹ עַל בֵּיעִין, לָא תִסַּב אִמָּא עַל בְּנַיָּא: שַׁלָּחָא תְשַׁלַּח יָת אִמָּא, וְיָת בְּנַיָּא תִּסַּב לָךְ,
ח בְּדִיל דְּיִיטַב לָךְ, וְתוֹרִיךְ יוֹמִין: אֲרֵי תִבְנֵי בֵיתָא חֲדַתָּא, וְתַעֲבֵיד תִּיקָא לְאִגָּרָךְ, וְלָא תְשַׁוֵּי חוֹבַת
ט קְטוֹל בְּבֵיתָךְ, אֲרֵי יִפּוֹל דְּנָפֵיל מִנֵּיהּ: לָא תִזְרַע כַּרְמָךְ עֵירוּבִין, דִּלְמָא תִסְתָּאַב, דִּמְעַת זַרְעָךְ
יא דְּתִזְרַע, וַעֲלַלַת כַּרְמָא: לָא תִרְדֵּי בְּתוֹרָא וּבִחְמָרָא כַּחְדָא: לָא תִלְבַּשׁ שַׁעַטְנֵיזָא, עֲמַר וְכִתָּן
יב יג מְחָבַּר כַּחְדָא: כְּרוּסְפְּדִין תַּעֲבֵיד לָךְ, עַל אַרְבַּע, כַּנְפֵי כְסוּתָךְ דְּתִתְכַּסֵּי בַהּ: אֲרֵי יִסַּב גְּבַר אִתְּתָא,
יד וְיֵיעוֹל לְוָתַהּ וְיִסְנֵינַהּ: וִישַׁוֵּי לַהּ תַּסְקֻפֵי מִלִּין, וְיַפֵּיק עֲלַהּ שׁוּם בִּישׁ, וְיֵימַר, יָת אִתְּתָא הָדָא
טו נְסֵיבִית, וְעָאלִית לְוָתַהּ, וְלָא אַשְׁכַּחִית לַהּ בְּתוּלִין: וְיִסַּב, אֲבוּהָא דְעוּלֵימְתָא וְאִמַּהּ, וְיַפְּקוּן,
טז יָת בְּתוּלֵי עוּלֵימְתָא, לִקֳדָם סָבֵי קַרְתָּא וְלִתְרַע בֵּית דִּין אַתְרָא: וְיֵימַר, אֲבוּהָא דְעוּלֵימְתָא
יז לְסָבַיָּא, יָת בְּרַתִּי, יְהַבִית, לְגַבְרָא הָדֵין, לְאִתּוּ וּסְנַהּ: וְהָא הוּא, שַׁוִּי תַּסְקֻפֵי מִלִּין לְמֵימַר, לָא

לְאִישׁ כְּדֵי שֶׁתֵּלֵךְ בֵּין הָאֲנָשִׁים, שֶׁאֵין זוֹ אֶלָּא לְשֵׁם נִאוּף: וְלֹא יִלְבַּשׁ גֶּבֶר שִׂמְלַת אִשָּׁה. לֵילֵךְ לֵישֵׁב בֵּין הַנָּשִׁים. דָּבָר אַחֵר, שֶׁלֹּא יָסִיר שְׂעַר הָעֶרְוָה וְשֵׂעָר שֶׁל בֵּית הַשֶּׁחִי: כִּי תוֹעֲבַת. לֹא אָסְרָה תּוֹרָה אֶלָּא לְבוּשׁ הַמֵּבִיא לִידֵי תוֹעֵבָה:

ו| כִּי יִקָּרֵא. פְּרָט לִמְזֻמָּן: לֹא תִקַּח הָאֵם. בְּעוֹדָהּ עַל בָּנֶיהָ:

ז| לְמַעַן יִיטַב לָךְ וְגוֹ׳. אִם מִצְוָה קַלָּה שֶׁאֵין בָּהּ חֶסְרוֹן כִּיס אָמְרָה תוֹרָה: "לְמַעַן יִיטַב לָךְ וְהַאֲרַכְתָּ יָמִים", קַל וָחֹמֶר לְמַתַּן שְׂכָרָן שֶׁל מִצְוֹת חֲמוּרוֹת:

ח| כִּי תִבְנֶה בַּיִת חָדָשׁ. אִם קִיַּמְתָּ מִצְוַת שִׁלּוּחַ הַקֵּן, סוֹפְךָ לִבְנוֹת בַּיִת חָדָשׁ וּתְקַיֵּם מִצְוַת מַעֲקֶה, שֶׁמִּצְוָה גוֹרֶרֶת מִצְוָה (אבות ד, ב), וְתַגִּיעַ לְכֶרֶם וְשָׂדֶה וְלִבְגָדִים נָאִים; לְכָךְ נִסְמְכוּ פָּרָשִׁיּוֹת הַלָּלוּ: מַעֲקֶה. גָּדֵר סָבִיב. וְאוּנְקְלוֹס תִּרְגֵּם: "תִּיקָא", כְּגוֹן תִּיק שֶׁמִּשְׁתַּמֵּר מַה שֶּׁבְּתוֹכוֹ: כִּי יִפֹּל הַנֹּפֵל. רָאוּי זֶה לִפֹּל, וְאַף עַל פִּי כֵן לֹא תִתְגַּלְגֵּל מִיתָתוֹ עַל יָדְךָ, שֶׁמְּגַלְגְּלִין חוֹבָה עַל יְדֵי חַיָּב:

ט| כִּלְאָיִם. חִטָּה וּשְׂעוֹרָה וְחַרְצָן בְּמַפֹּלֶת יָד: פֶּן תִּקְדַּשׁ. כְּתַרְגּוּמוֹ: "תִּסְתָּאַב", כָּל דָּבָר הַנִּתְעָב עַל הָאָדָם, בֵּין לְשֶׁבַח כְּגוֹן הֶקְדֵּשׁ, בֵּין לִגְנַאי כְּגוֹן אִסּוּר, נוֹפֵל בּוֹ לְשׁוֹן קִדּוּשׁ, כְּמוֹ: "אַל תִּגַּשׁ בִּי כִּי קְדַשְׁתִּיךָ" (ישעיה סה, ה):

י| לֹא תַחֲרֹשׁ בְּשׁוֹר וּבַחֲמֹר. הוּא הַדִּין לְכָל שְׁנֵי מִינִים שֶׁבָּעוֹלָם, וְהוּא הַדִּין לְהַנְהִיגָם יַחַד קְשׁוּרִים זוּגִים בְּהוֹלָכַת שׁוּם מַשָּׂא:

יא| שַׁעַטְנֵז. לְשׁוֹן עֵרוּב, וְרַבּוֹתֵינוּ דָּרְשׁוּ: שׁוּעַ טָווּי וְנוּז:

יב| גְּדִלִים תַּעֲשֶׂה לָּךְ. אַף מִן הַכִּלְאַיִם, לְכָךְ סְמָכָן הַכָּתוּב:

יג-יד| וּבָא אֵלֶיהָ וּשְׂנֵאָהּ. סוֹפוֹ: "וְשָׂם לָהּ עֲלִילֹת דְּבָרִים", עֲבֵרָה גוֹרֶרֶת עֲבֵרָה (אבות ד, ב), עָבַר עַל "לֹא תִשְׂנָא" (ויקרא יט, יז), סוֹפוֹ לָבֹא לִידֵי לָשׁוֹן הָרָע: אֶת הָאִשָּׁה הַזֹּאת. מִכָּאן שֶׁאֵין אוֹמֵר דָּבָר אֶלָּא בִּפְנֵי בַּעַל דִּין:

טו| אֲבִי הַנַּעֲרָ וְאִמָּהּ. מִי שֶׁגִּדְּלוּ גִּדּוּלִים הָרָעִים יִתְבַּזּוּ עָלֶיהָ:

טז| וְאָמַר אֲבִי הַנַּעֲרָ. מְלַמֵּד שֶׁאֵין רְשׁוּת לָאִשָּׁה לְדַבֵּר בִּפְנֵי הָאִישׁ:

לְבִתְּךָ בְּתוּלִים וְאֵלֶּה בְּתוּלֵי בִתִּי וּפָרְשׂוּ הַשִּׂמְלָה
לִפְנֵי זִקְנֵי הָעִיר׃ וְלָקְחוּ זִקְנֵי הָעִיר־הַהִוא אֶת־ יח
הָאִישׁ וְיִסְּרוּ אֹתוֹ׃ וְעָנְשׁוּ אֹתוֹ מֵאָה כֶסֶף וְנָתְנוּ יט
לַאֲבִי הַנַּעֲרָה כִּי הוֹצִיא שֵׁם רָע עַל בְּתוּלַת
יִשְׂרָאֵל וְלוֹ־תִהְיֶה לְאִשָּׁה לֹא־יוּכַל לְשַׁלְּחָהּ כָּל־
יָמָיו׃ וְאִם־אֱמֶת הָיָה הַדָּבָר הַזֶּה לֹא־ כ
נִמְצְאוּ בְתוּלִים לַנַּעֲרָ׃ וְהוֹצִיאוּ אֶת־הַנַּעֲרָ אֶל־ כא
פֶּתַח בֵּית־אָבִיהָ וּסְקָלוּהָ אַנְשֵׁי עִירָהּ בָּאֲבָנִים
וָמֵתָה כִּי־עָשְׂתָה נְבָלָה בְּיִשְׂרָאֵל לִזְנוֹת בֵּית
אָבִיהָ וּבִעַרְתָּ הָרָע מִקִּרְבֶּךָ׃ כִּי־יִמָּצֵא כב
אִישׁ שֹׁכֵב ׀ עִם־אִשָּׁה בְעֻלַת־בַּעַל וּמֵתוּ גַּם־
שְׁנֵיהֶם הָאִישׁ הַשֹּׁכֵב עִם־הָאִשָּׁה וְהָאִשָּׁה וּבִעַרְתָּ
הָרָע מִיִּשְׂרָאֵל׃ כִּי יִהְיֶה נַעֲרָ כג
בְתוּלָה מְאֹרָשָׂה לְאִישׁ וּמְצָאָהּ אִישׁ בָּעִיר וְשָׁכַב
עִמָּהּ׃ וְהוֹצֵאתֶם אֶת־שְׁנֵיהֶם אֶל־שַׁעַר ׀ הָעִיר כד
הַהִוא וּסְקַלְתֶּם אֹתָם בָּאֲבָנִים וָמֵתוּ אֶת־הַנַּעֲרָ
עַל־דְּבַר אֲשֶׁר לֹא־צָעֲקָה בָעִיר וְאֶת־הָאִישׁ עַל־
דְּבַר אֲשֶׁר־עִנָּה אֶת־אֵשֶׁת רֵעֵהוּ וּבִעַרְתָּ הָרָע
מִקִּרְבֶּךָ׃ וְאִם־בַּשָּׂדֶה יִמְצָא הָאִישׁ כה
אֶת־הַנַּעֲרָ הַמְאֹרָשָׂה וְהֶחֱזִיק־בָּהּ הָאִישׁ וְשָׁכַב
עִמָּהּ וּמֵת הָאִישׁ אֲשֶׁר־שָׁכַב עִמָּהּ לְבַדּוֹ׃ וְלַנַּעֲרָ כו

**מצווה תקנג-תקנד**
מצווה למוציא שם רע להשאיר אשתו עמו
איסור למוציא שם רע לגרש אשתו

**מצווה תקנה**
דין סקילת המתחייב סקילה בבית דין

**מצווה תקנו**
איסור להעניש אנוס

לֹא־תַעֲשֶׂה דָבָר אֵין לַנַּעֲרָ חֵטְא מָוֶת כִּי כַּאֲשֶׁר
יָקוּם אִישׁ עַל־רֵעֵהוּ וּרְצָחוֹ נֶפֶשׁ כֵּן הַדָּבָר הַזֶּה:
כז כִּי בַשָּׂדֶה מְצָאָהּ צָעֲקָה הַנַּעֲרָ הַמְאֹרָשָׂה וְאֵין
כח מוֹשִׁיעַ לָהּ: כִּי־יִמְצָא אִישׁ נַעֲרָ

יח אַשְׁכַּחִית לִבְרַתָּךְ בְּתוּלִין, וְאִלֵּין בְּתוּלֵי בְרַתִּי, וְיִפְרְסוּן שׁוֹשִׁפָא, קֳדָם סָבֵי קַרְתָּא: וְיִדְבְּרוּן,
יט סָבֵי קַרְתָּא הַהִיא יָת גַּבְרָא, וְיַלְקוּן יָתֵיהּ: וְיִגְבּוּן מִנֵּיהּ מְאָה סִלְעִין דִּכְסַף, וְיִתְּנוּן לַאֲבוּהָא
דְעוּלֵימְתָא, אֲרֵי אַפֵּיק שׁוּם בִּישׁ, עַל בְּתוּלְתָא בַּת יִשְׂרָאֵל, וְלֵיהּ תְּהֵי לְאִתּוּ, לֵית לֵיהּ רְשׁוּ
כ כא לְמִפְטְרַהּ כָּל יוֹמוֹהִי: וְאִם קֻשְׁטָא הֲוָה, פִּתְגָּמָא הָדֵין, לָא אִשְׁתְּכַחוּ בְּתוּלִין לְעוּלֵימְתָא: וְיַפְּקוּן
יָת עוּלֵימְתָא לִתְרַע בֵּית אֲבוּהָא, וְיִרְגְּמֻנַּהּ אֱנָשֵׁי קַרְתַּהּ בְּאַבְנַיָּא וּתְמוּת, אֲרֵי עֲבַדַת קְלָנָא
כב בְּיִשְׂרָאֵל, לְזַנָּאָה בֵּית אֲבוּהָא, וּתְפַלֵּי עָבֵיד דְּבִישׁ מִבֵּינָךְ: אֲרֵי יִשְׁתְּכַח גְּבַר, שָׁכֵיב עִם אִתְּתָא
אִתַּת גְּבַר, וְיִתְקַטְלוּן אַף תַּרְוֵיהוֹן, גַּבְרָא, דְּשָׁכֵיב עִם אִתְּתָא וְאִתְּתָא, וּתְפַלֵּי עָבֵיד דְּבִישׁ
כג מִיִּשְׂרָאֵל: אֲרֵי תְהֵי עוּלֵימְתָא בְתוּלְתָא, דִּמְאָרְסָא לִגְבַר, וְיַשְׁכְּחִנַּהּ גְּבַר, בְּקַרְתָּא וְיִשְׁכּוּב
כד עִמַּהּ: וְתַפְּקוּן יָת תַּרְוֵיהוֹן, לִתְרַע קַרְתָּא הַהִיא, וְתִרְגְּמוּן יָתְהוֹן בְּאַבְנַיָּא וִימוּתוּן, יָת עוּלֵימְתָא,
עַל עֵיסַק דְּלָא צְוַחַת בְּקַרְתָּא, וְיָת גַּבְרָא, עַל עֵיסַק דְּעַנִּי יָת אִתַּת חַבְרֵיהּ, וּתְפַלֵּי עָבֵיד דְּבִישׁ
כה מִבֵּינָךְ: וְאִם בְּחַקְלָא יַשְׁכַּח גַּבְרָא, יָת עוּלֵימְתָא דִּמְאָרְסָא, וְיִתְקֵיף בַּהּ גַּבְרָא וְיִשְׁכּוּב עִמַּהּ,
כו וְיִתְקְטִיל, גַּבְרָא, דְּשָׁכֵיב עִמַּהּ בִּלְחוֹדוֹהִי: וּלְעוּלֵימְתָא לָא תַעֲבֵיד מִדָּעַם, לֵית לְעוּלֵימְתָא
כז חוֹבַת דִּין דִּקְטוֹל, אֲרֵי, כְּמָא דִיקוּם גַּבְרָא עַל חַבְרֵיהּ וְיִקְטְלִנֵּיהּ נְפַשׁ, כֵּן פִּתְגָּמָא הָדֵין: אֲרֵי
כח בְחַקְלָא אַשְׁכְּחַהּ, צְוַחַת, עוּלֵימְתָא דִּמְאָרְסָא, וְלֵית דְּפָרִיק לַהּ: אֲרֵי יַשְׁכַּח גְּבַר, עוּלֵימְתָא

יז| **וּפָרְשׂוּ הַשִּׂמְלָה.** הֲרֵי זֶה מָשָׁל, מְחַוְּרִין הַדְּבָרִים כַּשִּׂמְלָה:

יח| **וְיִסְּרוּ אֹתוֹ.** מַלְקוּת:

כ| **וְאִם אֱמֶת הָיָה הַדָּבָר.** בְּעֵדִים וְהַתְרָאָה שֶׁזִּנְּתָה לְאַחַר אֵרוּסִין:

כא| **אֶל פֶּתַח בֵּית אָבִיהָ.** רְאוּ גִּדּוּלִים שֶׁגִּדַּלְתֶּם לִזְנוּת בֵּית אָבִיהָ. כְּמוֹ בְּבֵית אָבִיהָ: אַנְשֵׁי עִירָהּ. בְּמַעֲמַד כָּל אַנְשֵׁי עִירָהּ:

כב| **וּמֵתוּ גַּם שְׁנֵיהֶם.** לְהוֹצִיא מַעֲשֵׂה חִדּוּדִים שֶׁאֵין הָאִשָּׁה נֶהֱנֵית מֵהֶם: גַּם. לְרַבּוֹת הַבָּאִים מֵאַחֲרֵיהֶם. דָּבָר אַחֵר, "גַּם שְׁנֵיהֶם", לְרַבּוֹת אֶת הַוָּלָד, שֶׁאִם הָיְתָה מְעֻבֶּרֶת אֵין מַמְתִּינִין לָהּ עַד שֶׁתֵּלֵד:

כג| **וּמְצָאָהּ אִישׁ בָּעִיר.** לְפִיכָךְ "שָׁכַב עִמָּהּ", פִּרְצָה קוֹרְאָה לַגַּנָּב, הָא אִלּוּ יָשְׁבָה בְּבֵיתָהּ לֹא אֵרַע לָהּ:

כו| **כִּי כַּאֲשֶׁר יָקוּם וְגוֹ'.** לְפִי פְּשׁוּטוֹ זֶהוּ מַשְׁמָעוֹ: כִּי אֲנוּסָה הִיא וּבַחֲזָקָה עָמַד עָלֶיהָ, כְּאָדָם הָעוֹמֵד עַל חֲבֵרוֹ לְהָרְגוֹ. וְרַבּוֹתֵינוּ דָּרְשׁוּ בּוֹ (פסחים כה ע"ב ועוד): הֲרֵי זֶה בָּא לְלַמֵּד וְנִמְצָא לָמֵד וְכוּ':

בְּתוּלָה֙ אֲשֶׁ֣ר לֹא־אֹרָ֔שָׂה וּתְפָשָׂ֖הּ וְשָׁכַ֣ב עִמָּ֑הּ

מצווה תקנז
מצווה על האונס לשאת אנוסתו ולתת קנס לאביה

וְנִמְצָֽאוּ׃ וְנָתַן֩ הָאִ֨ישׁ הַשֹּׁכֵ֥ב עִמָּ֛הּ לַאֲבִ֥י הַֽנַּעֲרָ֖ כט
חֲמִשִּׁ֣ים כָּ֑סֶף וְלֽוֹ־תִהְיֶ֣ה לְאִשָּׁ֗ה תַּ֚חַת אֲשֶׁ֣ר

מצווה תקנח
איסור לאונס לגרש אנוסתו

עִנָּ֔הּ לֹא־יוּכַ֥ל שַׁלְּחָ֖הּ כָּל־יָמָֽיו׃ לֹא־ א כג
יִקַּ֥ח אִ֖ישׁ אֶת־אֵ֣שֶׁת אָבִ֑יו וְלֹ֥א יְגַלֶּ֖ה כְּנַ֥ף

מצווה תקנט
איסור נישואי סריס ובת ישראל

אָבִֽיו׃ לֹא־יָבֹ֧א פְצֽוּעַ־דַּכָּ֛א וּכְר֥וּת ב

מצווה תקס
איסור נישואי ממזר ובת ישראל

שָׁפְכָ֖ה בִּקְהַ֥ל יְהוָֽה׃ לֹא־יָבֹ֥א מַמְזֵ֖ר ג
בִּקְהַ֣ל יְהוָ֑ה גַּ֚ם דּ֣וֹר עֲשִׂירִ֔י לֹא־יָ֥בֹא ל֖וֹ בִּקְהַ֥ל

מצווה תקסא
איסור נישואי עמוני ומואבי לבת ישראל

יְהוָֽה׃ לֹא־יָבֹ֧א עַמּוֹנִ֛י וּמוֹאָבִ֖י ד
בִּקְהַ֣ל יְהוָ֑ה גַּ֚ם דּ֣וֹר עֲשִׂירִ֔י לֹא־יָבֹ֥א לָהֶ֛ם
בִּקְהַ֥ל יְהוָ֖ה עַד־עוֹלָֽם׃ עַל־דְּבַ֞ר אֲשֶׁ֨ר לֹא־ ה
קִדְּמ֤וּ אֶתְכֶם֙ בַּלֶּ֣חֶם וּבַמַּ֔יִם בַּדֶּ֖רֶךְ בְּצֵאתְכֶ֣ם
מִמִּצְרָ֑יִם וַאֲשֶׁ֨ר שָׂכַ֜ר עָלֶ֗יךָ אֶת־בִּלְעָ֤ם בֶּן־
בְּעוֹר֙ מִפְּת֔וֹר אֲרַ֥ם נַהֲרַ֖יִם לְקַֽלְלֶֽךָּ׃ וְלֹֽא־אָבָ֞ה ו
יְהוָ֤ה אֱלֹהֶ֙יךָ֙ לִשְׁמֹ֣עַ אֶל־בִּלְעָ֔ם וַיַּהֲפֹ֨ךְ יְהוָ֜ה
אֱלֹהֶ֧יךָ לְּךָ֛ אֶת־הַקְּלָלָ֖ה לִבְרָכָ֑ה כִּ֥י אֲהֵבְךָ֖

מצווה תקסב
איסור דרישת שלום עמוני ומואבי במלחמה

יְהוָ֥ה אֱלֹהֶֽיךָ׃ לֹא־תִדְרֹ֥שׁ שְׁלֹמָ֖ם וְטֹבָתָ֑ם כָּל־ ז

רביעי

מצווה תקסג-תקסד
איסור להרחיק אדומי החל מדור שלישי
איסור להרחיק מצרי החל מדור שלישי

יָמֶ֖יךָ לְעוֹלָֽם׃ לֹא־תְתַעֵ֣ב אֲדֹמִ֔י ח
כִּ֥י אָחִ֖יךָ ה֑וּא לֹא־תְתַעֵ֣ב מִצְרִ֔י כִּי־גֵ֖ר הָיִ֥יתָ
בְאַרְצֽוֹ׃ בָּנִ֛ים אֲשֶׁר־יִוָּלְד֥וּ לָהֶ֖ם דּ֣וֹר שְׁלִישִׁ֑י ט
יח יָבֹ֥א לָהֶ֖ם בִּקְהַ֥ל יְהוָֽה׃ כִּֽי־תֵצֵ֥א י

מַחֲנֶה עַל־אֹיְבֶיךָ וְנִשְׁמַרְתָּ מִכֹּל דָּבָר רָע׃
יא כִּֽי־יִהְיֶה בְךָ אִישׁ אֲשֶׁר לֹא־יִהְיֶה טָהוֹר

מצווה תקסה
איסור כניסת
טמא להר הבית

כט בְּתוּלְתָא דְּלָא מְאָרְסָא, וְיַחְדְּנַהּ וְיִשְׁכּוֹב עִמַּהּ, וְיִשְׁתַּכְחוּן: וְיִתֵּין, גַּבְרָא דִּשְׁכֵיב עִמַּהּ,
לַאֲבוּהָא דְעוּלֵימְתָא חַמְשִׁין סִלְעִין דִּכְסַף, וְלֵיהּ תְּהֵי לְאִתּוּ, חֳלָף דְּעַנְיַהּ, לֵית לֵיהּ רְשׁוּ
כג א ב לְמִפְטְרַהּ כָּל יוֹמוֹהִי: לָא יִסַּב גְּבַר יָת אִתַּת אֲבוּהִי, וְלָא יְגַלֵּי כַּנְפָא דַּאֲבוּהִי: לָא יִדְכֵּי
ג דִּפְסִיק וְדִמְחַבַּל, לְמֵיעַל בִּקְהָלָא דַּייָ: לָא יִדְכֵּי מַמְזֵירָא לְמֵיעַל בִּקְהָלָא דַּייָ, אַף דָּרָא
ד עֲסִירָאָה, לָא יִדְכֵּי לֵיהּ לְמֵיעַל בִּקְהָלָא דַּייָ: לָא יִדְכּוֹן עַמּוֹנָאֵי, וּמוֹאֲבָאֵי לְמֵיעַל בִּקְהָלָא
ה דַּייָ, אַף דָּרָא עֲסִירָאָה, לָא יִדְכֵּי לְהוֹן, לְמֵיעַל בִּקְהָלָא דַּייָ עַד עָלְמָא: עַל עֵיסָק, דְּלָא
עֲרַעוּ יָתְכוֹן בְּלַחְמָא וּבְמַיָּא, בְּאוֹרְחָא בְּמִפַּקְכוֹן מִמִּצְרָיִם, וְדַאֲגַר עֲלָךְ יָת בִּלְעָם בַּר
ו בְּעוֹר, מִפְּתוֹר, אֲרָם דְּעַל פְּרָת לְלָטָטוּתָךְ: וְלָא אֲבָא, יְיָ אֱלָהָךְ לְקַבָּלָא מִן בִּלְעָם, וַהֲפַךְ
ז יְיָ אֱלָהָךְ לָךְ, יָת לְוָטִין לְבִרְכָן, אֲרֵי רַחֲמָךְ יְיָ אֱלָהָךְ: לָא תִתְבַּע שְׁלָמְהוֹן וְטָבָתְהוֹן, כָּל
ח יוֹמָךְ לְעָלַם: לָא תְרַחֵיק אֱדוֹמָאָה, אֲרֵי אֲחוּךְ הוּא, לָא תְרַחֵיק מִצְרָאָה, אֲרֵי דַּיָּר הֲוֵיתָא
ט בְּאַרְעֵיהּ: בְּנִין, דְּיִתְיַלְדוּן לְהוֹן דָּרָא תְלִיתָאָה, יִדְכּוּן לְהוֹן לְמֵיעַל בִּקְהָלָא דַּייָ: אֲרֵי תִפּוֹק
יא מַשְׁרִיתָא עַל בַּעֲלֵי דְבָבָךְ, וְתִסְתְּמַר, מִכֹּל מִדַּעַם בִּישׁ: אֲרֵי יְהֵי בָךְ גְּבַר, דְּלָא יְהֵי דְכֵי

פרק כג

א| **לֹא יִקַּח.** אֵין לוֹ בָּהּ לִקּוּחִין, וְאֵין קִדּוּשִׁין תּוֹפְסִין בָּהּ: **וְלֹא יְגַלֶּה כְּנַף אָבִיו.** שׁוֹמֶרֶת יָבָם שֶׁל אָבִיו הָרְאוּיָה לְאָבִיו. וַהֲרֵי כְּבָר הֻזְהַר עָלֶיהָ מִשּׁוּם "עֶרְוַת אֲחִי אָבִיךָ" (ויקרא יח, יד)? אֶלָּא לַעֲבֹר עַל זוֹ בִּשְׁנֵי לָאוִין, וְלִסְמֹךְ לָהּ: "לֹא יָבֹא מַמְזֵר" (להלן פסוק ג), לְלַמֵּד שֶׁאֵין מַמְזֵר אֶלָּא מֵחַיָּבֵי כְרֵתוֹת, וְקַל וָחֹמֶר מֵחַיָּבֵי מִיתוֹת בֵּית דִּין, שֶׁאֵין בַּעֲרָיוֹת מִיתַת בֵּית דִּין שֶׁאֵין בָּהּ כָּרֵת:

ב| **פְּצוּעַ דַּכָּה.** שֶׁנִּפְצְעוּ אוֹ שֶׁנִּדְכְּאוּ בֵּיצִים שֶׁלּוֹ: **וּכְרוּת שָׁפְכָה.** שֶׁנִּכְרַת הַגִּיד וְשׁוּב אֵינוֹ יוֹרֶה קִלּוּחַ זֶרַע, אֶלָּא שׁוֹפֵךְ וְשׁוֹתֵת וְאֵינוֹ מוֹלִיד:

ג| **לֹא יָבֹא מַמְזֵר בִּקְהַל ה'.** לֹא יִשָּׂא יִשְׂרְאֵלִית:

ד| **לֹא יָבֹא עַמּוֹנִי.** לֹא יִשָּׂא יִשְׂרְאֵלִית:

ה| **עַל דְּבַר.** עַל הָעֵצָה שֶׁיְּעָצוּ אֶתְכֶם לְהַחֲטִיאֲכֶם כִּדְכְתִיב "בִּדְבַר בִּלְעָם" (במדבר לא, טז): **בַּדֶּרֶךְ.** כְּשֶׁהֱיִיתֶם בְּטֵרוּף:

ז| **לֹא תִדְרֹשׁ שְׁלֹמָם.** מִכְּלַל שֶׁנֶּאֱמַר: "עִמְּךָ יֵשֵׁב בְּקִרְבְּךָ" (להלן פסוק יז), יָכוֹל אַף זֶה כֵּן? תַּלְמוּד לוֹמַר: "לֹא תִדְרֹשׁ שְׁלֹמָם":

ח-ט| **לֹא תְתַעֵב אֲדֹמִי.** לְגַמְרֵי, וְאַף עַל פִּי שֶׁרָאוּי לְךָ לְתַעֲבוֹ, שֶׁיָּצָא בַּחֶרֶב לִקְרָאתְךָ: **לֹא תְתַעֵב מִצְרִי.** מִכֹּל וָכֹל, אַף עַל פִּי שֶׁזָּרְקוּ זְכוּרֵיכֶם לַיְאוֹר, מַה טַּעַם? שֶׁהָיוּ לָכֶם אַכְסַנְיָא בִּשְׁעַת הַדְּחָק, לְפִיכָךְ: **בָּנִים אֲשֶׁר יִוָּלְדוּ לָהֶם דּוֹר שְׁלִישִׁי וְגוֹ'.** וּשְׁאָר אֻמּוֹת מֻתָּרִין מִיָּד. הָא לָמַדְתָּ שֶׁהַמַּחֲטִיא לָאָדָם קָשֶׁה לוֹ מִן הַהוֹרְגוֹ, שֶׁהַהוֹרְגוֹ הוֹרְגוֹ בָּעוֹלָם הַזֶּה, וְהַמַּחֲטִיאוֹ מוֹצִיאוֹ מִן הָעוֹלָם הַזֶּה וּמִן הָעוֹלָם הַבָּא. לְפִיכָךְ אֱדוֹם שֶׁקִּדְּמָם בַּחֶרֶב לֹא נִתְעַב, וְכֵן מִצְרִיִּים שֶׁטִּבְּעוּם, וְאֵלּוּ שֶׁהֶחֱטִיאוּם נִתְעֲבוּ:

י| **כִּי תֵצֵא מַחֲנֶה וְגוֹ' וְנִשְׁמַרְתָּ.** שֶׁהַשָּׂטָן מְקַטְרֵג בִּשְׁעַת הַסַּכָּנָה:

מִקְּרֵה־לָיְלָה וְיָצָא אֶל־מִחוּץ לַמַּחֲנֶה לֹא
יָבֹא אֶל־תּוֹךְ הַמַּחֲנֶה׃ וְהָיָה לִפְנוֹת־עֶרֶב יב
יִרְחַץ בַּמָּיִם וּכְבֹא הַשֶּׁמֶשׁ יָבֹא אֶל־תּוֹךְ
הַמַּחֲנֶה׃ וְיָד תִּהְיֶה לְךָ מִחוּץ לַמַּחֲנֶה וְיָצָאתָ יג
שָׁמָּה חוּץ׃ וְיָתֵד תִּהְיֶה לְךָ עַל־אֲזֵנֶךָ וְהָיָה יד
בְּשִׁבְתְּךָ חוּץ וְחָפַרְתָּה בָהּ וְשַׁבְתָּ וְכִסִּיתָ אֶת־
צֵאָתֶךָ׃ כִּי יְהוָה אֱלֹהֶיךָ מִתְהַלֵּךְ ׀ בְּקֶרֶב טו
מַחֲנֶךָ לְהַצִּילְךָ וְלָתֵת אֹיְבֶיךָ לְפָנֶיךָ וְהָיָה
מַחֲנֶיךָ קָדוֹשׁ וְלֹא־יִרְאֶה בְךָ עֶרְוַת דָּבָר וְשָׁב
מֵאַחֲרֶיךָ׃ לֹא־תַסְגִּיר עֶבֶד אֶל־ טז
אֲדֹנָיו אֲשֶׁר־יִנָּצֵל אֵלֶיךָ מֵעִם אֲדֹנָיו׃ עִמְּךָ יז
יֵשֵׁב בְּקִרְבְּךָ בַּמָּקוֹם אֲשֶׁר־יִבְחַר בְּאַחַד
שְׁעָרֶיךָ בַּטּוֹב לוֹ לֹא תּוֹנֶנּוּ׃ לֹא־ יח
תִהְיֶה קְדֵשָׁה מִבְּנוֹת יִשְׂרָאֵל וְלֹא־יִהְיֶה קָדֵשׁ
מִבְּנֵי יִשְׂרָאֵל׃ לֹא־תָבִיא אֶתְנַן זוֹנָה וּמְחִיר יט
כֶּלֶב בֵּית יְהוָה אֱלֹהֶיךָ לְכָל־נֶדֶר כִּי תוֹעֲבַת
יְהוָה אֱלֹהֶיךָ גַּם־שְׁנֵיהֶם׃ לֹא־ כ
תַשִּׁיךְ לְאָחִיךָ נֶשֶׁךְ כֶּסֶף נֶשֶׁךְ אֹכֶל נֶשֶׁךְ כָּל־
דָּבָר אֲשֶׁר יִשָּׁךְ׃ לַנָּכְרִי תַשִּׁיךְ וּלְאָחִיךָ לֹא כא
תַשִּׁיךְ לְמַעַן יְבָרֶכְךָ יְהוָה אֱלֹהֶיךָ בְּכֹל מִשְׁלַח

**מצווה תקסו**
מצווה להתקין מקום להתפנות בו מחוץ למחנה

**מצווה תקסז**
מצווה לשאת יתד במחנה

**מצווה תקסח**
איסור הסגרת עבד

**מצווה תקסט**
איסור להונות עבד שברח מחוץ לארץ לישראל

**מצווה תקע**
איסור בעילת אישה ללא כתובה וקידושין

**מצווה תקעא**
איסור הקרבת אתנן זונה ומחיר כלב

**מצווה תקעב-תקעג**
איסור תשלום ריבית

מצוות הלוואה לנכרי בריבית

יָדְךָ עַל־הָאָ֗רֶץ אֲשֶׁר־אַתָּה בָא־שָׁ֖מָּה
כב לְרִשְׁתָּֽהּ׃ כִּֽי־תִדֹּ֥ר נֶ֙דֶר֙ יט ★

יב מִקְּרֵי לֵילְיָא, וְיִפּוֹק לְמִבָּרָא לְמַשְׁרִיתָא, לָא יֵיעוֹל לְגוֹ מַשְׁרִיתָא: וִיהֵי לְמִפְנֵי רַמְשָׁא יַסְחֵי
יג בְמַיָּא, וּכְמֵיעַל שִׁמְשָׁא, יֵיעוֹל לְגוֹ מַשְׁרִיתָא: וַאֲתַר מְתַקַּן יְהֵי לָךְ, מִבָּרָא לְמַשְׁרִיתָא, וְתִפּוֹק
יד תַּמָּן לְבָרָא: וְסִכְּתָא, תְּהֵי לָךְ עַל זֵינָךְ, וִיהֵי בְּמִתְּבָךְ בְּבָרָא, וְתַחְפַּר בַּהּ, וּתְתוּב וּתְכַסֵּי יָת
טו מַפַּקְתָּךְ: אֲרֵי יְיָ אֱלָהָךְ, שְׁכִינְתֵיהּ מְהַלְּכָא בְּגוֹ מַשְׁרִיתָךְ, לְשֵׁיזָבוּתָךְ וּלְמִמְסַר סָנְאָךְ קֳדָמָךְ,
טז וּתְהֵי מַשְׁרִיתָךְ קַדִּישָׁא, וְלָא יִתַּחְזֵי בָּךְ עֲבֵירַת פִּתְגָם, וִיתוּב מֵימְרֵיהּ מִלְּאֵיטָבָא לָךְ: לָא
יז תִמְסַר עֶבֶד עַמְמִין לְיַד רִבּוֹנֵיהּ, דְּיִשְׁתֵּיזַב לְוָתָךְ מִן קֳדָם רִבּוֹנֵיהּ: עִמָּךְ יְתֵיב בֵּינָךְ, בְּאַתְרָא
יח דְיִתְרְעֵי, בַּחֲדָא מִן קִרְוָךְ בִּדְיֵיטַב לֵיהּ, לָא תוֹנֵינֵיהּ: לָא תְהֵי אִתְּתָא מִבְּנָת יִשְׂרָאֵל לִגְבַר
יט עֶבֶד, וְלָא יִסַּב גְּבַר מִבְּנֵי יִשְׂרָאֵל אִתְּתָא אֲמָה: לָא תַעֵיל אֲגַר זָנִיתָא וְחֻלְּפַן כַּלְבָּא, לְבֵית
כ מַקְדְּשָׁא דַּיְיָ אֱלָהָךְ לְכָל נְדַר, אֲרֵי מְרַחַק, קֳדָם יְיָ אֱלָהָךְ אַף תַּרְוֵיהוֹן: לָא תְרַבֵּי לַאֲחוּךְ, רִבִּית
כא כְּסַף רִבִּית עֲבוּר, רִבִּית, כָּל מִדַּעַם דְּמִתְרַבֵּי: לְבַר עַמְמִין תְּרַבֵּי, וּלַאֲחוּךְ לָא תְרַבֵּי, בְּדִיל
כב דִּיבָרְכִנָּךְ יְיָ אֱלָהָךְ, בְּכָל אוֹשָׁטוּת יְדָךְ, עַל אַרְעָא, דְּאַתְּ עָלֵיל לְתַמָּן לְמֵירְתַהּ: אֲרֵי תִדַּר נְדַר

יא] **מִקְּרֵה לָיְלָה.** דִּבֵּר הַכָּתוּב בַּהֹוֶה: **וְיָצָא אֶל מִחוּץ לַמַּחֲנֶה.** זוֹ מִצְוַת עֲשֵׂה: **לֹא יָבֹא אֶל תּוֹךְ הַמַּחֲנֶה.** זוֹ מִצְוַת לֹא תַעֲשֶׂה. וְאָסוּר לִכָּנֵס לְמַחֲנֵה לְוִיָּה וְכָל שֶׁכֵּן לְמַחֲנֶה שְׁכִינָה:

יב] **וְהָיָה לִפְנוֹת עֶרֶב.** סָמוּךְ לְהַעֲרֵב שִׁמְשׁוֹ יִטְבֹּל, שֶׁאֵינוֹ טָהוֹר בְּלֹא הַעֲרֵב הַשֶּׁמֶשׁ:

יג] **וְיָד תִּהְיֶה לְךָ.** כְּתַרְגּוּמוֹ, כְּמוֹ: "אִישׁ עַל יָדוֹ" (במדבר ב, יז): **מִחוּץ לַמַּחֲנֶה.** חוּץ לֶעָנָן:

יד] **עַל אֲזֵנֶךָ.** לְבַד מִשְּׁאָר כְּלֵי תַּשְׁמִישְׁךָ: **אֲזֵנֶךָ.** כְּמוֹ כְּלֵי זַיִן:

טו] **וְלֹא יִרְאֶה בְךָ.** הַקָּדוֹשׁ בָּרוּךְ הוּא, "עֶרְוַת דָּבָר":

טז] **לֹא תַסְגִּיר עֶבֶד.** כְּתַרְגּוּמוֹ. דָּבָר אַחֵר, אֲפִלּוּ עֶבֶד כְּנַעֲנִי שֶׁל יִשְׂרָאֵל שֶׁבָּרַח מֵחוּצָה לָאָרֶץ לָאֶרֶץ יִשְׂרָאֵל:

יח] **לֹא תִהְיֶה קְדֵשָׁה.** מֻפְקֶרֶת, מְקֻדֶּשֶׁת וּמְזֻמֶּנֶת לִזְנוּת: **וְלֹא יִהְיֶה קָדֵשׁ.** מְזֻמָּן לְמִשְׁכַּב זָכוּר. וְאוּנְקְלוֹס תִּרְגֵּם: "לָא תְהֵי אִתְּתָא מִבְּנָת יִשְׂרָאֵל לִגְבַר עֶבֶד", שֶׁאַף זוֹ מֻפְקֶרֶת לִבְעִילַת זְנוּת הִיא, מֵאַחַר שֶׁאֵין קִדּוּשִׁין תּוֹפְסִין לוֹ בָּהּ, שֶׁהֲרֵי הֻקְּשׁוּ לַחֲמוֹר, שֶׁנֶּאֱמַר: "שְׁבוּ לָכֶם פֹּה עִם הַחֲמוֹר" (בראשית כב, ה), עַם הַדּוֹמֶה לַחֲמוֹר, "וְלָא יִסַּב גַּבְרָא מִבְּנֵי יִשְׂרָאֵל אִתְּתָא אֲמָא", שֶׁאַף הוּא נַעֲשָׂה קָדֵשׁ עַל יָדָהּ, שֶׁכָּל בְּעִילוֹתָיו בְּעִילוֹת זְנוּת שֶׁאֵין קִדּוּשִׁין תּוֹפְסִין לוֹ בָּהּ:

יט] **אֶתְנַן זוֹנָה.** נָתַן לָהּ טָלֶה בְּאֶתְנַנָּהּ, פָּסוּל לְהַקְרָבָה: **וּמְחִיר כֶּלֶב.** הֶחֱלִיף שֶׂה בְּכֶלֶב: **גַּם שְׁנֵיהֶם.** לְרַבּוֹת שִׁנּוּיֵיהֶם, כְּגוֹן חִטִּים וַעֲשָׂאָן סֹלֶת:

כ] **לֹא תַשִּׁיךְ.** אַזְהָרָה לַלֹּוֶה שֶׁלֹּא יִתֵּן רִבִּית לַמַּלְוֶה. וְאַזְהָרָה לַמַּלְוֶה – "אֶת כַּסְפְּךָ לֹא תִתֵּן לוֹ בְּנֶשֶׁךְ" (ויקרא כה, לז):

כא] **לַנָּכְרִי תַשִּׁיךְ.** וְלֹא לְאָחִיךָ, לָאו הַבָּא מִכְּלַל עֲשֵׂה – עֲשֵׂה, לַעֲבֹר עָלָיו בִּשְׁנֵי לָאוִין וַעֲשֵׂה:

לַיהוָה אֱלֹהֶיךָ לֹא תְאַחֵר לְשַׁלְּמוֹ כִּי־דָרֹשׁ

מצווה תקעד איסור לאחר בקיום נדרים ונדבות

יִדְרְשֶׁנּוּ יְהוָה אֱלֹהֶיךָ מֵעִמָּךְ וְהָיָה בְךָ חֵטְא׃

וְכִי תֶחְדַּל לִנְדֹּר לֹא־יִהְיֶה בְךָ חֵטְא׃ מוֹצָא כג כד

מצווה תקעה מצוות קיום נדר

שְׂפָתֶיךָ תִּשְׁמֹר וְעָשִׂיתָ כַּאֲשֶׁר נָדַרְתָּ לַיהוָה

אֱלֹהֶיךָ נְדָבָה אֲשֶׁר דִּבַּרְתָּ בְּפִיךָ׃ כִּי כה

חמישי

מצווה תקעו מצווה להניח לשכיר לאכול מהמחובר לקרקע

תָבֹא בְּכֶרֶם רֵעֶךָ וְאָכַלְתָּ עֲנָבִים כְּנַפְשְׁךָ

שָׂבְעֶךָ וְאֶל־כֶּלְיְךָ לֹא תִתֵּן׃ כִּי תָבֹא כו

מצווה תקעז איסור על פועל לקחת יותר מכדי אכילתו

בְּקָמַת רֵעֶךָ וְקָטַפְתָּ מְלִילֹת בְּיָדֶךָ וְחֶרְמֵשׁ לֹא

מצווה תקעח איסור על פועל לאכול בשעת מלאכה

תָנִיף עַל קָמַת רֵעֶךָ׃ כִּי־יִקַּח אִישׁ כד א

אִשָּׁה וּבְעָלָהּ וְהָיָה אִם־לֹא תִמְצָא־חֵן בְּעֵינָיו

כִּי־מָצָא בָהּ עֶרְוַת דָּבָר וְכָתַב לָהּ סֵפֶר כְּרִיתֻת

מצווה תקעט דין גירושין בגט

וְנָתַן בְּיָדָהּ וְשִׁלְּחָהּ מִבֵּיתוֹ׃ וְיָצְאָה מִבֵּיתוֹ ב

וְהָלְכָה וְהָיְתָה לְאִישׁ־אַחֵר׃ וּשְׂנֵאָהּ הָאִישׁ ג

הָאַחֲרוֹן וְכָתַב לָהּ סֵפֶר כְּרִיתֻת וְנָתַן בְּיָדָהּ

וְשִׁלְּחָהּ מִבֵּיתוֹ אוֹ כִי יָמוּת הָאִישׁ הָאַחֲרוֹן

אֲשֶׁר־לְקָחָהּ לוֹ לְאִשָּׁה׃ לֹא־יוּכַל בַּעְלָהּ ד

מצווה תקפ איסור החזרת גרושתו לאחר שנישאה

הָרִאשׁוֹן אֲשֶׁר־שִׁלְּחָהּ לָשׁוּב לְקַחְתָּהּ לִהְיוֹת

לוֹ לְאִשָּׁה אַחֲרֵי אֲשֶׁר הֻטַּמָּאָה כִּי־תוֹעֵבָה

הִוא לִפְנֵי יְהוָה וְלֹא תַחֲטִיא אֶת־הָאָרֶץ אֲשֶׁר

יְהוָה אֱלֹהֶיךָ נֹתֵן לְךָ נַחֲלָה׃ כִּי־ ה

ששי

יִקַּח אִישׁ אִשָּׁה חֲדָשָׁה לֹא יֵצֵא בַּצָּבָא וְלֹא־

מצווה תקפא איסור לחתן לצאת מביתו בשנה ראשונה

יַעֲבֹר עָלָיו לְכָל־דָּבָר נָקִי יִהְיֶה לְבֵיתוֹ שָׁנָה
ו אֶחָת וְשִׂמַּח אֶת־אִשְׁתּוֹ אֲשֶׁר־לָקָח: לֹא־יַחֲבֹל

**מצווה תקפב**
מצווה לחתן לשמח אשתו שנה ראשונה

**מצווה תקפג**
איסור לקחת כלי אוכל נפש כמשכון

קֳדָם יי אֱלָהָךְ, לָא תְאַחַר לְשַׁלָּמוּתֵיהּ, אֲרֵי מִתְבָּע יִתְבְּעִנֵּיהּ, יי אֱלָהָךְ מִנָּךְ, וִיהֵי בָךְ
כג כד חוֹבָא: וַאֲרֵי תִתְמְנַע מִלְּמִדַּר, לָא יְהֵי בָךְ חוֹבָא: אַפָּקוּת סִפְוָתָךְ תִּטַּר וְתַעֲבֵיד, כְּמָא
כה דִּנְדַרְתָּא, קֳדָם יי אֱלָהָךְ נְדַבְתָּא, דְּמַלֵּילְתָּא בְּפֻמָּךְ: אֲרֵי תִתַּגַּר בְּכַרְמָא דְחַבְרָךְ, וְתֵיכוּל
כו עִנְּבִין, כְּנַפְשָׁךְ סִבְעָךְ, וּלְמָנָךְ לָא תִתֵּין: אֲרֵי תִתַּגַּר בְּקָמְתָא דְחַבְרָךְ, וְתִקְטוֹף דְּמַלְיָן
כד א בִּידָךְ, וּמַגְּלָא לָא תְרִים, עַל קָמְתָא דְחַבְרָךְ: אֲרֵי יִסַּב גְּבַר, אִתְּתָא וְיִבְעֲלִנַּהּ, וִיהֵי אִם
לָא תַשְׁכַּח רַחֲמִין בְּעֵינוֹהִי, אֲרֵי אַשְׁכַּח בַּהּ עֲבֵירַת פִּתְגָם, וְיִכְתּוֹב לַהּ, גֵּט פִּטּוּרִין וְיִתֵּין
ב ג בִּידַהּ, וְיִפְטְרִנַּהּ מִבֵּיתֵיהּ: וְתִפּוֹק מִבֵּיתֵיהּ, וּתְהָךְ וּתְהֵי לִגְבַר אָחֳרָן: וְיִסְנְיִנַּהּ גֻּבְרָא
בָּתְרָאָה, וְיִכְתּוֹב לַהּ, גֵּט פִּטּוּרִין וְיִתֵּין בִּידַהּ, וְיִפְטְרִנַּהּ מִבֵּיתֵיהּ, אוֹ אֲרֵי יְמוּת גֻּבְרָא
ד בָּתְרָאָה, דְּנַסְבַהּ לֵיהּ לְאִתּוּ: לֵית לֵיהּ רְשׁוּ לְבַעְלַהּ קַדְמָאָה דְּפַטְרַהּ, לְמִתַּב לְמִסְּבַהּ
לְמִהְוֵי לֵיהּ לְאִתּוּ, בָּתַר דְּאִסְתָּאַבַת, אֲרֵי מְרַחֲקָא הִיא קֳדָם יי, וְלָא תְחַיֵּיב יָת אַרְעָא,
ה דַּיי אֱלָהָךְ, יָהֵיב לָךְ אַחְסָנָא: אֲרֵי יִסַּב גְּבַר אִתְּתָא חֲדַתָּא, לָא יִפּוֹק בְּחֵילָא, וְלָא יִעְבַּר
ו עֲלוֹהִי לְכָל פִּתְגָם, פְּנֵי, יְהֵי לְבֵיתֵיהּ שַׁתָּא חֲדָא, וִיחַדֵּי יָת אִתְּתֵיהּ דְּנַסֵיב: לָא יִסַּב

כב) **לֹא תְאַחֵר לְשַׁלְּמוֹ.** שְׁלֹשָׁה רְגָלִים, וּלְמָדוּהוּ רַבּוֹתֵינוּ מִן הַמִּקְרָא:

כד) **מוֹצָא שְׂפָתֶיךָ תִּשְׁמֹר.** לִתֵּן עֲשֵׂה עַל לֹא תַעֲשֶׂה:

כה) **כִּי תָבֹא בְּכֶרֶם רֵעֶךָ.** בְּפוֹעֵל הַכָּתוּב מְדַבֵּר: **וְאֶל כֶּלְיְךָ לֹא תִתֵּן.** מִכָּאן שֶׁלֹּא דִּבְּרָה תוֹרָה אֶלָּא בִּשְׁעַת הַבָּצִיר, בִּזְמַן שֶׁאַתָּה נוֹתֵן לְכֵלָיו שֶׁל בַּעַל הַבַּיִת, אֲבָל אִם בָּא לַעֲדֹר וּלְקַשְׁקֵשׁ אֵינוֹ אוֹכֵל: **כְּנַפְשְׁךָ.** כַּמָּה שֶׁתִּרְצֶה: **שָׂבְעֶךָ.** וְלֹא אֲכִילָה גַּסָּה:

כו) **כִּי תָבֹא בְּקָמַת רֵעֶךָ.** אַף זוֹ בְּפוֹעֵל הַכָּתוּב מְדַבֵּר:

פרק כד

א) **כִּי מָצָא בָהּ עֶרְוַת דָּבָר.** מִצְוָה עָלָיו לְגָרְשָׁהּ שֶׁלֹּא תִמְצָא חֵן בְּעֵינָיו:

ב) **לְאִישׁ אַחֵר.** אֵין זֶה בֶּן זוּגוֹ שֶׁל רִאשׁוֹן, הוּא הוֹצִיא רְשָׁעָה מִתּוֹךְ בֵּיתוֹ וְזֶה הִכְנִיסָהּ:

ג) **וּשְׂנֵאָהּ הָאִישׁ הָאַחֲרוֹן.** הַכָּתוּב מְבַשְּׂרוֹ שֶׁסּוֹפוֹ לִשְׂנֹאתָהּ, וְאִם לָאו – קוֹבַרְתּוֹ, שֶׁנֶּאֱמַר: "אוֹ כִי יָמוּת":

ד) **אַחֲרֵי אֲשֶׁר הֻטַּמָּאָה.** לְרַבּוֹת סוֹטָה שֶׁנִּסְתְּרָה:

ה) **אִשָּׁה חֲדָשָׁה.** שֶׁהִיא חֲדָשָׁה לוֹ, וַאֲפִלּוּ אַלְמָנָה, פְּרָט לְמַחֲזִיר גְּרוּשָׁתוֹ: **וְלֹא יַעֲבֹר עָלָיו.** דְּבַר הַצָּבָא: **לְכָל דָּבָר.** שֶׁהוּא צֹרֶךְ הַצָּבָא, לֹא לְסַפֵּק מַיִם וּמָזוֹן וְלֹא לְתַקֵּן דְּרָכִים. אֲבָל הַחוֹזְרִים מֵעוֹרְכֵי הַמִּלְחָמָה עַל פִּי כֹהֵן, כְּגוֹן בָּנָה בַיִת וְלֹא חֲנָכוֹ אוֹ אֵרַשׂ אִשָּׁה וְלֹא לְקָחָהּ, מַסְפִּיקִין מַיִם וּמָזוֹן וּמְתַקְּנִין אֶת הַדְּרָכִים: **יִהְיֶה לְבֵיתוֹ.** אַף בִּשְׁבִיל בֵּיתוֹ, אִם בָּנָה בַיִת וַחֲנָכוֹ וְאִם נָטַע כֶּרֶם וְחִלְּלוֹ, אֵינוֹ זָז מִבֵּיתוֹ בִּשְׁבִיל צָרְכֵי הַמִּלְחָמָה: **לְבֵיתוֹ.** זֶה בֵּיתוֹ: **יִהְיֶה.** לְרַבּוֹת אֶת כַּרְמוֹ: **וְשִׂמַּח.** יְשַׂמַּח אֶת אִשְׁתּוֹ, וְתַרְגּוּמוֹ: "וִיחַדֵּי יָת אִתְּתֵיהּ", וְהַמְתַרְגֵּם: 'וְיֶחְדֵּי עִם אִתְּתֵיהּ' טוֹעֶה הוּא, שֶׁאֵין זֶה תַּרְגּוּם שֶׁל 'וְשִׂמַּח' אֶלָּא שֶׁל 'וְשָׂמַח':

רֵחַ֖יִם וָרָ֑כֶב כִּֽי־נֶ֖פֶשׁ ה֥וּא חֹבֵֽל׃ כִּֽי־ ז
יִמָּצֵ֣א אִ֗ישׁ גֹּנֵ֨ב נֶ֤פֶשׁ מֵאֶחָיו֙ מִבְּנֵ֣י יִשְׂרָאֵ֔ל
וְהִתְעַמֶּר־בּ֖וֹ וּמְכָר֑וֹ וּמֵת֙ הַגַּנָּ֣ב הַה֔וּא וּבִֽעַרְתָּ֥

מצווה תקפד
איסור תלישת סימני צרעת

הָרָ֖ע מִקִּרְבֶּֽךָ׃ הִשָּׁ֧מֶר בְּנֶֽגַע־הַצָּרַ֛עַת ח
לִשְׁמֹ֥ר מְאֹ֖ד וְלַעֲשׂ֑וֹת כְּכֹל֩ אֲשֶׁר־יוֹר֨וּ אֶתְכֶ֜ם
הַכֹּהֲנִ֤ים הַלְוִיִּם֙ כַּאֲשֶׁ֣ר צִוִּיתִ֔ם תִּשְׁמְר֖וּ לַעֲשֽׂוֹת׃
זָכ֕וֹר אֵ֧ת אֲשֶׁר־עָשָׂ֛ה יְהוָ֥ה אֱלֹהֶ֖יךָ לְמִרְיָ֑ם ט
בַּדֶּ֖רֶךְ בְּצֵאתְכֶ֥ם מִמִּצְרָֽיִם׃ כִּֽי־ י

מצווה תקפה
איסור למשכן בעל חוב שלא בבית דין

תַשֶּׁ֥ה בְרֵֽעֲךָ֖ מַשַּׁ֣את מְא֑וּמָה לֹא־תָבֹ֥א אֶל־
בֵּית֖וֹ לַעֲבֹ֥ט עֲבֹטֽוֹ׃ בַּח֖וּץ תַּעֲמֹ֑ד וְהָאִ֗ישׁ אֲשֶׁ֤ר יא
אַתָּה֙ נֹשֶׁ֣ה ב֔וֹ יוֹצִ֥יא אֵלֶ֛יךָ אֶת־הַעֲב֖וֹט הַחֽוּצָה׃

מצווה תקפו-תקפז
איסור להימנע מלהשיב משכון לבעליו העני
מצוות השבת המשכון לבעליו כשצריך לו

וְאִם־אִ֥ישׁ עָנִ֖י ה֑וּא לֹ֥א תִשְׁכַּ֖ב בַּעֲבֹטֽוֹ׃ הָשֵׁב֩ יב יג
תָּשִׁ֨יב ל֤וֹ אֶֽת־הַעֲבוֹט֙ כְּב֣וֹא הַשֶּׁ֔מֶשׁ וְשָׁכַ֥ב
בְּשַׂלְמָת֖וֹ וּבֵֽרֲכֶ֑ךָּ וּלְךָ֙ תִּהְיֶ֣ה צְדָקָ֔ה לִפְנֵ֖י יְהוָ֥ה

שביעי

אֱלֹהֶֽיךָ׃ לֹא־תַעֲשֹׁ֥ק שָׂכִ֖יר עָנִ֣י יד
וְאֶבְי֑וֹן מֵאַחֶ֕יךָ א֧וֹ מִגֵּרְךָ֛ אֲשֶׁ֥ר בְּאַרְצְךָ֖ בִּשְׁעָרֶֽיךָ׃

מצווה תקפח
מצוות תשלום שכר שכיר ביומו

בְּיוֹמוֹ֩ תִתֵּ֨ן שְׂכָר֜וֹ וְֽלֹא־תָב֧וֹא עָלָ֣יו הַשֶּׁ֗מֶשׁ כִּ֤י טו
עָנִי֙ ה֔וּא וְאֵלָ֕יו ה֥וּא נֹשֵׂ֖א אֶת־נַפְשׁ֑וֹ וְלֹֽא־יִקְרָ֤א

מצווה תקפט
איסור עדות קרובים

עָלֶ֙יךָ֙ אֶל־יְהוָ֔ה וְהָיָ֥ה בְךָ֖ חֵֽטְא׃ לֹא־ טז
יוּמְת֤וּ אָבוֹת֙ עַל־בָּנִ֔ים וּבָנִ֖ים לֹא־יוּמְת֣וּ עַל־

יז אָבוֹת אִישׁ בְּחֶטְאוֹ יוּמָתוּ: לֹא תַטֶּה
מִשְׁפַּט גֵּר יָתוֹם וְלֹא תַחֲבֹל בֶּגֶד אַלְמָנָה:

מצווה תקצ
איסור להטות משפט גר ויתום

מצווה תקצא
איסור לקחת בגד אלמנה כמשכון

ז משכונא רחיא ורכביה, ארי בהון מתעביד מזון לכל נפש: ארי ישתכח גבר, גניב נפשא
מאחוהי מבני ישראל, ויתגר ביה ויזבניה, ויתקטיל גנבא ההוא, ותפלי עביד דביש מבינך:
ח אסתמר במכתש סגירו, למטר לחדא ולמעבד, ככל דילפון יתכון, כהניא ליואי, כמא
ט דפקידתנון תטרון למעבד: הוי דכיר, ית דעבד, יי אלהך למרים, באורחא במפקכון ממצרים:
י יא ארי תרשי בחברך רשות מדעם, לא תיעול לביתיה למסב משכוניה: בברא תקום, וגברא,
יב דאת רשי ביה, יפיק לך, ית משכונא לברא: ואם גבר מסכין הוא, לא תשכוב במשכוניה:
יג אתבא תתיב ליה ית משכונא כמיעל שמשא, וישכוב בכסותיה ויברכנך, ולך תהי זכו, קדם
יד טו יי אלהך: לא תעשוק אגירא עניא ומסכינא, מאחך, או מגיורך, דבארעך בקרוך: ביומיה
תתין אגריה ולא תיעול עלוהי שמשא, ארי עניא הוא, וליה, הוא מסר ית נפשיה, ולא יקרי
טז עלך קדם יי, ויהי בך חובא: לא ימותון אבהן על פום בנין, ובנין לא ימותון על פום אבהן,
יז אנש בחוביה ימותון: לא תצלי, דין גיור ייתם, ולא תסב משכונא, כסות ארמלא:

ו) **רחים.** היא התחתונה: **ורכב.** היא העליונה: **לא יחבל.** אם בא למשכנו על חובו בבית דין, לא ימשכננו בדברים שעושים בהן אוכל נפש:

ז) **כי ימצא.** בעדים והתראה, וכן כל "ימצא" שבתורה: **והתעמר בו.** אינו חייב עד שישתמש בו:

ח) **השמר בנגע הצרעת.** שלא תתלוש סימני טומאה ולא תקוץ את הבהרת: **ככל אשר יורו אתכם.** אם להסגיר, אם להחליט, אם לטהר:

ט) **זכור את אשר עשה ה' אלהיך למרים.** אם באת להזהר שלא תלקה בצרעת, אל תספר לשון הרע, זכור העשוי למרים שדברה באחיה ולקתה בנגעים:

י) **כי תשה ברעך.** תחוב בחברך: **משאת מאומה.** חוב של כלום:

יב) **לא תשכב בעבטו.** לא תשכב ועבוטו אצלך:

יג) **כבוא השמש.** אם כסות לילה הוא, ואם כסות יום החזירהו בבקר, וכבר כתוב ב"ואלה המשפטים": "עד בא השמש תשיבנו לו" (שמות כב, כה), כל היום תשיבנו לו ובבא השמש תקחנו: **וברכך.** ואם אינו מברכך, מכל מקום "ולך תהיה צדקה":

יד) **לא תעשק שכיר.** והלא כבר כתוב? אלא לעבור על האביון בשני לאוין: "לא תעשק שכר שכיר שהוא עני ואביון", ועל העשיר כבר הזהר: "לא תעשק את רעך" (ויקרא יט, יג): **אביון.** התאב לכל דבר: **מגרך.** זה גר צדק: **בשעריך.** זה גר תושב האוכל נבלות: **אשר בארצך.** לרבות שכר בהמה וכלים:

טו) **ואליו הוא נשא את נפשו.** אל השכר הזה הוא נושא את נפשו למות, עלה בכבש ונתלה באילן: **והיה בך חטא.** מכל מקום, אלא שממהרין לפרע על ידי הקורא:

טז) **לא יומתו אבות על בנים.** בעדות בנים. ואם תאמר בעון בנים, כבר אמור: "איש בחטאו יומתו". אבל מי שאינו איש מת בעון אביו, והקטנים מתים בעון אבותם בידי שמים:

יז) **לא תטה משפט גר יתום.** ועל העשיר כבר

וְזָכַרְתָּ כִּי עֶבֶד הָיִיתָ בְּמִצְרַיִם וַיִּפְדְּךָ יְהוָה יח
אֱלֹהֶיךָ מִשָּׁם עַל־כֵּן אָנֹכִי מְצַוְּךָ לַעֲשׂוֹת אֶת־
★ כ הַדָּבָר הַזֶּה׃ כִּי תִקְצֹר קְצִירְךָ יט
בְשָׂדֶךָ וְשָׁכַחְתָּ עֹמֶר בַּשָּׂדֶה לֹא תָשׁוּב לְקַחְתּוֹ

מצווה תקצב-תקצג
מצווה להניח שִׁכחה לעניים
איסור לשוב לקחת שִׁכחה

לַגֵּר לַיָּתוֹם וְלָאַלְמָנָה יִהְיֶה לְמַעַן יְבָרֶכְךָ יְהוָה
אֱלֹהֶיךָ בְּכֹל מַעֲשֵׂה יָדֶיךָ׃ כִּי כ
תַחְבֹּט זֵיתְךָ לֹא תְפַאֵר אַחֲרֶיךָ לַגֵּר לַיָּתוֹם
וְלָאַלְמָנָה יִהְיֶה׃ כִּי תִבְצֹר כַּרְמְךָ לֹא תְעוֹלֵל כא
אַחֲרֶיךָ לַגֵּר לַיָּתוֹם וְלָאַלְמָנָה יִהְיֶה׃ וְזָכַרְתָּ כב
כִּי־עֶבֶד הָיִיתָ בְּאֶרֶץ מִצְרָיִם עַל־כֵּן אָנֹכִי
מְצַוְּךָ לַעֲשׂוֹת אֶת־הַדָּבָר הַזֶּה׃ כִּי־ א כה
יִהְיֶה רִיב בֵּין אֲנָשִׁים וְנִגְּשׁוּ אֶל־הַמִּשְׁפָּט
וּשְׁפָטוּם וְהִצְדִּיקוּ אֶת־הַצַּדִּיק וְהִרְשִׁיעוּ אֶת־
הָרָשָׁע׃ וְהָיָה אִם־בִּן הַכּוֹת הָרָשָׁע וְהִפִּילוֹ ב

מצווה תקצד
מצווה לבית דין להלקות רשע

הַשֹּׁפֵט וְהִכָּהוּ לְפָנָיו כְּדֵי רִשְׁעָתוֹ בְּמִסְפָּר׃
אַרְבָּעִים יַכֶּנּוּ לֹא יֹסִיף פֶּן־יֹסִיף לְהַכֹּתוֹ עַל־ ג

מצווה תקצה
איסור להוסיף מלקות

אֵלֶּה מַכָּה רַבָּה וְנִקְלָה אָחִיךָ לְעֵינֶיךָ׃ לֹא־ ד

מצווה תקצו
איסור לחסום בהמה בשעת מלאכתה

תַחְסֹם שׁוֹר בְּדִישׁוֹ׃ כִּי־יֵשְׁבוּ אַחִים ה
יַחְדָּו וּמֵת אַחַד מֵהֶם וּבֵן אֵין־לוֹ לֹא־תִהְיֶה

מצווה תקצז
איסור ליבמה להינשא לאחֵר לפני החליצה



הֻזְהַר: "לֹא תַטֶּה מִשְׁפָּט" (לעיל טז, יט), וְשָׁנָה בֶּעָנִי לַעֲבֹר עָלָיו בִּשְׁנֵי לָאוִין, לְפִי שֶׁנָּקֵל לְהַטּוֹת מִשְׁפַּט עָנִי יוֹתֵר מִשֶּׁל עָשִׁיר, לְכָךְ הִזְהִיר וְשָׁנָה עָלָיו: וְלֹא תַחֲבֹל. שֶׁלֹּא בִּשְׁעַת הַלְוָאָה:

יח וְתִדְכַּר, אֲרֵי עַבְדָּא הֲוֵיתָא בְּמִצְרַיִם, וּפַרְקָךְ, יי אֱלָהָךְ מִתַּמָּן, עַל כֵּן, אֲנָא מְפַקֵּיד לָךְ
יט לְמֶעְבַּד, יָת פִּתְגָּמָא הָדֵין: אֲרֵי תִחְצוֹד חֲצָדָךְ בְּחַקְלָךְ וְתִתְנְשֵׁי עֻמְרָא בְּחַקְלָא, לָא תְתוּב
לְמִסְבֵיהּ, לְגִיּוֹרָא, לְיַתְמָא וּלְאַרְמַלְתָּא יְהֵי, בְּדִיל דִּיבָרְכִנָּךְ יי אֱלָהָךְ, בְּכָל עוֹבָדֵי יְדָךְ:
כ אֲרֵי תַחְבּוֹט זֵיתָךְ, לָא תְפַלֵּי בָּתְרָךְ, לְגִיּוֹרָא, לְיַתְמָא וּלְאַרְמַלְתָּא יְהֵי: כא אֲרֵי תִקְטוֹף כַּרְמָךְ,
כב לָא תְעַלֵּיל בָּתְרָךְ, לְגִיּוֹרָא, לְיַתְמָא וּלְאַרְמַלְתָּא יְהֵי: וְתִדְכַּר, אֲרֵי עַבְדָּא הֲוֵיתָא בְּאַרְעָא
כה א דְמִצְרָיִם, עַל כֵּן, אֲנָא מְפַקֵּיד לָךְ לְמֶעְבַּד, יָת פִּתְגָּמָא הָדֵין: אֲרֵי יְהֵי דִין בֵּין גֻּבְרַיָּא,
ב וְיִתְקָרְבוּן לְדִינָא וִידִינוּנוּן, וְיַזַכּוֹן יָת זַכָּאָה, וִיחַיְּבוּן יָת חַיָּבָא: וִיהֵי, אִם בַּר חַיָּב לְאַלְקָאָה
ג חַיָּבָא, וְיִרְמֵינֵיהּ דַּיָּנָא וְיַלְקֵינֵיהּ קֳדָמוֹהִי, כְּמִסַּת חוֹבְתֵיהּ בְּמִנְיָן: אַרְבְּעִין יַלְקֵינֵיהּ
ד לָא יוֹסֵיף, דִּלְמָא יוֹסֵיף לְאַלְקָיוּתֵיהּ עַל אִלֵּין מַחָא רַבָּא, וְיֵיקַל אֲחוּךְ לְעֵינָךְ: לָא תֵיחוֹד
ה פּוּם תּוֹרָא בְּדִיָשֵׁיהּ: אֲרֵי יִתְּבוּן אַחִין כַּחְדָּא, וִימוּת חַד מִנְּהוֹן וּבַר לֵית לֵיהּ, לָא תְהֵי

יח) **וְזָכַרְתָּ.** עַל מְנָת כֵּן פְּדִיתִיךָ, לִשְׁמֹר חֻקּוֹתַי אֲפִלּוּ יֵשׁ חֶסְרוֹן כִּיס בַּדָּבָר:

יט) **וְשָׁכַחְתָּ עֹמֶר.** וְלֹא גָּדִישׁ, מִכָּאן אָמְרוּ: עֹמֶר שֶׁיֵּשׁ בּוֹ סָאתַיִם וּשְׁכָחוֹ אֵינוֹ שִׁכְחָה (פאה ו, ו): **בַּשָּׂדֶה.** לְרַבּוֹת שִׁכְחַת קָמָה שֶׁשָּׁכַח מִקְצָתָהּ מִלִּקְצֹר: **לֹא תָשׁוּב לְקַחְתּוֹ.** מִכָּאן אָמְרוּ: שֶׁלְּאַחֲרָיו שִׁכְחָה, שֶׁלְּפָנָיו אֵינוֹ שִׁכְחָה, שֶׁאֵינוֹ בְּבַל תָּשׁוּב (פאה ו, ד): **לְמַעַן יְבָרֶכְךָ.** וְאַף עַל פִּי שֶׁבָּאת לְיָדוֹ שֶׁלֹּא בְּמִתְכַּוֵּן, קַל וָחֹמֶר לָעוֹשֶׂה בְּמִתְכַּוֵּן. אֱמֹר מֵעַתָּה, נָפְלָה סֶלַע מִיָּדוֹ וּמְצָאָהּ עָנִי וְנִתְפַּרְנֵס בָּהּ, הֲרֵי הוּא מִתְבָּרֵךְ עָלֶיהָ:

כ) **לֹא תְפַאֵר.** לֹא תִטֹּל תִּפְאַרְתּוֹ מִמֶּנּוּ, מִכָּאן שֶׁמַּנִּיחִין פֵּאָה בָּאִילָן: **אַחֲרֶיךָ.** זוֹ שִׁכְחָה:

כא) **לֹא תְעוֹלֵל.** מָצָאתָ בָּהּ עוֹלֶלֶת, לֹא תִקָּחֶנָּה. וְאֵיזוֹ הִיא עוֹלֶלֶת? כָּל שֶׁאֵין לָהּ לֹא כָתֵף וְלֹא נָטֵף. יֵשׁ לָהּ אֶחָד מֵהֶם, הֲרֵי הִיא לְבַעַל הַבַּיִת. וְרָאִיתִי בְּתַלְמוּד יְרוּשַׁלְמִי (פאה ז, ד): אֵי זוֹ הִיא כָתֵף? פְּסִיגִין זֶה עַל גַּב זֶה. נָטֵף – אֵלּוּ הַתְּלוּיוֹת בַּשִּׁדְרָה וְיוֹרְדוֹת:

פרק כה

א) **כִּי יִהְיֶה רִיב.** סוֹפָם לִהְיוֹת נִגָּשִׁים אֶל הַמִּשְׁפָּט. אֱמֹר מֵעַתָּה, אֵין שָׁלוֹם יוֹצֵא מִתּוֹךְ מְרִיבָה; מִי גָרַם לְלוֹט לִפְרֹשׁ מִן הַצַּדִּיק? הֱוֵי אוֹמֵר זוֹ מְרִיבָה: **וְהִרְשִׁיעוּ אֶת הָרָשָׁע.** יָכוֹל כָּל הַמִּתְחַיְּבִין בַּדִּין לוֹקִין? תַּלְמוּד לוֹמַר: "וְהָיָה אִם בִּן הַכּוֹת הָרָשָׁע" (להלן פסוק ב), פְּעָמִים לוֹקֶה וּפְעָמִים אֵינוֹ לוֹקֶה. וּמִי הוּא הַלּוֹקֶה? לְמֵד מִן הָעִנְיָן: "לֹא תַחְסֹם שׁוֹר בְּדִישׁוֹ" (להלן פסוק ד), לָאו שֶׁלֹּא נִתַּק לַעֲשֵׂה:

ב) **וְהִפִּילוֹ הַשֹּׁפֵט.** מְלַמֵּד שֶׁאֵין מַלְקִין אוֹתוֹ לֹא עוֹמֵד וְלֹא יוֹשֵׁב אֶלָּא מֻטֶּה: **לְפָנָיו כְּדֵי רִשְׁעָתוֹ.** וּלְאַחֲרָיו כְּדֵי שְׁתַּיִם, מִכָּאן אָמְרוּ: מַלְקִין אוֹתוֹ שְׁתֵּי יָדוֹת מִלְּאַחֲרָיו וּשְׁלִישׁ מִלְּפָנָיו: **בְּמִסְפָּר.** וְאֵינוֹ נָקוּד 'בַּמִּסְפָּר', לִמֵּד שֶׁהוּא דָבוּק, לוֹמַר בְּמִסְפַּר אַרְבָּעִים וְלֹא אַרְבָּעִים שְׁלֵמִים, אֶלָּא מִנְיָן שֶׁהוּא סוֹכֵם וּמַשְׁלִים לְאַרְבָּעִים, וְהֵן אַרְבָּעִים חָסֵר אַחַת:

ג) **לֹא יֹסִיף.** מִכָּאן אַזְהָרָה לַמַּכֶּה אֶת חֲבֵרוֹ: **וְנִקְלָה אָחִיךָ.** כָּל הַיּוֹם קוֹרֵהוּ 'רָשָׁע', וּמִשֶּׁלָּקָה קוֹרֵהוּ 'אָחִיךָ':

ד) **לֹא תַחְסֹם שׁוֹר.** דִּבֶּר הַכָּתוּב בַּהוֹוֶה, וְהוּא הַדִּין לְכָל בְּהֵמָה חַיָּה וָעוֹף וּלְכָל מְלָאכָה שֶׁהִיא בְּדָבָר מַאֲכָל. אִם כֵּן לָמָּה נֶאֱמַר "שׁוֹר"? לְהוֹצִיא אֶת הָאָדָם: **בְּדִישׁוֹ.** יָכוֹל יַחְסְמֶנּוּ מִבַּחוּץ? תַּלְמוּד לוֹמַר: "לֹא תַחְסֹם שׁוֹר", מִכָּל מָקוֹם. וְלָמָּה נֶאֱמַר 'דַּיִשׁ'? לוֹמַר לְךָ מַה 'דַּיִשׁ' מְיֻחָד, דָּבָר שֶׁלֹּא נִגְמְרָה מְלַאכְתּוֹ וְגִדּוּלוֹ מִן הָאָרֶץ, אַף כָּל כַּיּוֹצֵא בּוֹ, יָצָא הַחוֹלֵב וְהַמְגַבֵּן וְהַמְחַבֵּץ שֶׁאֵין גִּדּוּלוֹ מִן הָאָרֶץ, יָצָא הַלָּשׁ וְהַמְקַטֵּף שֶׁנִּגְמְרָה מְלַאכְתּוֹ לְחַלָּה, יָצָא הַבּוֹדֵל בִּתְמָרִים וּבִגְרוֹגָרוֹת שֶׁנִּגְמְרָה מְלַאכְתָּן לְמַעֲשֵׂר:

ה) **כִּי יֵשְׁבוּ אַחִים יַחְדָּו.** שֶׁהָיְתָה לָהֶם יְשִׁיבָה אַחַת בָּעוֹלָם, פְּרָט לְאֵשֶׁת אָחִיו שֶׁלֹּא הָיָה בְּעוֹלָמוֹ: **יַחְדָּו.** הַמְיֻחָדִים בְּנַחֲלָה, פְּרָט לְאָחִיו מִן הָאֵם: **וּבֵן אֵין לוֹ.** עַיֵּן עָלָיו, בֵּן אוֹ בַת אוֹ בֶּן הַבֵּן אוֹ בֶּן הַבַּת אוֹ בַּת הַבֵּן אוֹ בַּת הַבַּת:

אֵשֶׁת־הַמֵּת הַחוּצָה לְאִישׁ זָר יְבָמָהּ יָבֹא עָלֶיהָ
ו וּלְקָחָהּ לוֹ לְאִשָּׁה וְיִבְּמָהּ׃ וְהָיָה הַבְּכוֹר אֲשֶׁר
תֵּלֵד יָקוּם עַל־שֵׁם אָחִיו הַמֵּת וְלֹא־יִמָּחֶה
ז שְׁמוֹ מִיִּשְׂרָאֵל׃ וְאִם־לֹא יַחְפֹּץ הָאִישׁ לָקַחַת
אֶת־יְבִמְתּוֹ וְעָלְתָה יְבִמְתּוֹ הַשַּׁעְרָה אֶל־
הַזְּקֵנִים וְאָמְרָה מֵאֵן יְבָמִי לְהָקִים לְאָחִיו שֵׁם
ח בְּיִשְׂרָאֵל לֹא אָבָה יַבְּמִי׃ וְקָרְאוּ־לוֹ זִקְנֵי־עִירוֹ
וְדִבְּרוּ אֵלָיו וְעָמַד וְאָמַר לֹא חָפַצְתִּי לְקַחְתָּהּ׃
ט וְנִגְּשָׁה יְבִמְתּוֹ אֵלָיו לְעֵינֵי הַזְּקֵנִים וְחָלְצָה
נַעֲלוֹ מֵעַל רַגְלוֹ וְיָרְקָה בְּפָנָיו וְעָנְתָה וְאָמְרָה
כָּכָה יֵעָשֶׂה לָאִישׁ אֲשֶׁר לֹא־יִבְנֶה אֶת־בֵּית
י אָחִיו׃ וְנִקְרָא שְׁמוֹ בְּיִשְׂרָאֵל בֵּית חֲלוּץ
יא הַנָּעַל׃ כִּי־יִנָּצוּ אֲנָשִׁים יַחְדָּו אִישׁ
וְאָחִיו וְקָרְבָה אֵשֶׁת הָאֶחָד לְהַצִּיל אֶת־אִישָׁהּ
מִיַּד מַכֵּהוּ וְשָׁלְחָה יָדָהּ וְהֶחֱזִיקָה בִּמְבֻשָׁיו׃
יב יג וְקַצֹּתָה אֶת־כַּפָּהּ לֹא תָחוֹס עֵינֶךָ׃ לֹא־
יִהְיֶה לְךָ בְּכִיסְךָ אֶבֶן וָאָבֶן גְּדוֹלָה וּקְטַנָּה׃
יד לֹא־יִהְיֶה לְךָ בְּבֵיתְךָ אֵיפָה וְאֵיפָה גְּדוֹלָה
טו וּקְטַנָּה׃ אֶבֶן שְׁלֵמָה וָצֶדֶק יִהְיֶה־לָּךְ אֵיפָה
שְׁלֵמָה וָצֶדֶק יִהְיֶה־לָּךְ לְמַעַן יַאֲרִיכוּ יָמֶיךָ עַל

**מצווה תקצח**
מצוות ייבום

**מצווה תקצט**
מצוות חליצה

**מצווה תר-תרא**
מצווה להציל את הנרדף במחיר נפשו של הרודף
איסור לחוס על הרודף

**מצווה תרב**
איסור להשהות מידות ומשקלות חסרות ברשותנו

טז הָאֲדָמָה אֲשֶׁר־יְהֹוָה אֱלֹהֶיךָ נֹתֵן לָךְ: כִּי
תוֹעֲבַת יְהֹוָה אֱלֹהֶיךָ כָּל־עֹשֵׂה אֵלֶּה כֹּל
עֹשֵׂה עָוֶל:

ו אִתַּת מִיתָא, לְבָרָא לִגְבַר אָחֳרָן, יְבָמַהּ יֵיעוֹל עֲלַהּ, וְיִסְּבַהּ לֵיהּ, לְאִתּוּ וְיַבְּמִנַּהּ: וִיהֵי, בְּכְרָא
ז דִּתְלִיד, יְקוּם, עַל שְׁמָא דַּאֲחוּהִי מִיתָא, וְלָא יִתְמְחֵי שְׁמֵיהּ מִיִּשְׂרָאֵל: וְאִם לָא יִצְבֵּי גַּבְרָא,
לְמִסַּב יָת יְבִמְתֵּיהּ, וְתִסַּק יְבִמְתֵּיהּ לִתְרַע בֵּית דִּינָא לִקְדָם סָבַיָּא, וְתֵימַר סָרֵיב יְבָמִי, לַאֲקָמָא
ח לַאֲחוּהִי שְׁמָא בְּיִשְׂרָאֵל, לָא אֲבָא לְיַבָּמוּתִי: וְיִקְרוֹן לֵיהּ סָבֵי קַרְתֵּיהּ וִימַלְּלוּן עִמֵּיהּ, וִיקוּם
ט וְיֵימַר, לָא רָעֵינָא לְמִסְּבַהּ: וְתִתְקָרַב יְבִמְתֵּיהּ לְוָתֵיהּ לִקְדָם סָבַיָּא, וְתִשְׁרֵי סֵינֵיהּ מֵעַל רַגְלֵיהּ,
י וְתֵרוֹק בְּאַנְפּוֹהִי, וְתָתֵיב וְתֵימַר, כְּדֵין יִתְעֲבֵיד לְגַבְרָא, דְּלָא יִבְנֵי יָת בֵּיתָא דַּאֲחוּהִי: וְיִתְקְרֵי
יא שְׁמֵיהּ בְּיִשְׂרָאֵל, בֵּית שְׁרֵי סֵינָא: אֲרֵי יִנְצוֹן גֻּבְרִין כַּחְדָא גְּבַר וַאֲחוּהִי, וְתִתְקָרַב אִתַּת חַד,
יב לְשֵׁיזָבָא יָת בַּעְלַהּ מִיַּד מָחוֹהִי, וְתוֹשֵׁיט יְדַהּ, וְתַתְקֵיף בְּבֵית בַּהְתְּתֵיהּ: וּתְקוּץ יָת יְדַהּ, לָא
יג יד תְחוּס עֵינָךְ: לָא יְהֵי לָךְ, בְּכִיסָךְ מַתְקַל וּמַתְקַל, רַב וּזְעֵיר: לָא יְהֵי לָךְ, בְּבֵיתָךְ מְכִילָא וּמְכִילָא,
טו רַבְּתָא וּזְעֵירְתָא: מַתְקָלִין שַׁלְמִין דִּקְשׁוֹט יְהוֹן לָךְ, מְכִילָן שַׁלְמָן, דִּקְשׁוֹט יְהוֹן לָךְ, בְּדִיל דְּיֵירְכוּן
טז יוֹמָךְ, עַל אַרְעָא, דַּיְיָ אֱלָהָךְ יָהֵיב לָךְ: אֲרֵי מְרַחַק, קֳדָם יְיָ אֱלָהָךְ כָּל עָבֵיד אִלֵּין, כָּל עָבֵיד שְׁקַר:

ו **וְהָיָה הַבְּכוֹר.** גְּדוֹל הָאַחִים הוּא יְיַבֵּם אוֹתָהּ: **אֲשֶׁר תֵּלֵד.** פְּרָט לְאַיְלוֹנִית שֶׁאֵינָהּ יוֹלֶדֶת: **יָקוּם עַל שֵׁם אָחִיו.** זֶה שֶׁיְּיַבֵּם אֶת אִשְׁתּוֹ יִטֹּל נַחֲלַת הַמֵּת בְּנִכְסֵי אָבִיו: **וְלֹא יִמָּחֶה שְׁמוֹ.** פְּרָט לְאֵשֶׁת סָרִיס שֶׁשְּׁמוֹ מָחוּי:

ז **הַשַּׁעְרָה.** כְּתַרְגּוּמוֹ: "לִתְרַע בֵּית דִּינָא":

ח **וְעָמַד.** בַּעֲמִידָה: **וְאָמַר.** בִּלְשׁוֹן הַקֹּדֶשׁ, וְאַף הִיא דְּבָרֶיהָ בִּלְשׁוֹן הַקֹּדֶשׁ:

ט **וְיָרְקָה בְּפָנָיו.** עַל גַּבֵּי קַרְקַע: **אֲשֶׁר לֹא יִבְנֶה.** מִכָּאן לְמִי שֶׁחָלַץ שֶׁלֹּא יַחְזֹר וִייַבֵּם, דְּלָא כְּתִיב 'אֲשֶׁר לֹא בָנָה' אֶלָּא "אֲשֶׁר לֹא יִבְנֶה", כֵּיוָן שֶׁלֹּא בָּנָה שׁוּב לֹא יִבְנֶה:

י **וְנִקְרָא שְׁמוֹ וְגוֹ'.** מִצְוָה עַל כָּל הָעוֹמְדִים שָׁם לוֹמַר: "חֲלוּץ הַנָּעַל":

יא **כִּי יִנָּצוּ אֲנָשִׁים.** סוֹפָן לָבֹא לִידֵי מַכּוֹת, כְּמוֹ שֶׁנֶּאֱמַר: "מִיַּד מַכֵּהוּ", אֵין שָׁלוֹם יוֹצֵא מִתַּחַת יְדֵי מַצּוּת:

יב **וְקַצֹּתָה אֶת כַּפָּהּ.** מָמוֹן דְּמֵי בָּשְׁתּוֹ, הַכֹּל לְפִי הַמְבַיֵּשׁ וְהַמִּתְבַּיֵּשׁ. אוֹ אֵינוֹ אֶלָּא יָדָהּ מַמָּשׁ? נֶאֱמַר כָּאן "לֹא תָחוֹס", וְנֶאֱמַר לְהַלָּן בְּעֵדִים זוֹמְמִין "לֹא תָחוֹס" (לעיל יט, כא), מַה לְּהַלָּן מָמוֹן, אַף כָּאן מָמוֹן:

יג **גְּדוֹלָה וּקְטַנָּה.** גְּדוֹלָה שֶׁמַּכְחֶשֶׁת אֶת הַקְּטַנָּה, שֶׁלֹּא יְהֵא נוֹטֵל בַּגְּדוֹלָה וּמַחְזִיר בַּקְּטַנָּה: **לֹא יִהְיֶה לְךָ.** אִם עָשִׂיתָ כֵּן, לֹא יִהְיֶה לְךָ כְּלוּם: **אֶבֶן וָאָבֶן.** מִשְׁקָלוֹת:

טו **אֶבֶן שְׁלֵמָה וָצֶדֶק יִהְיֶה לָּךְ.** אִם עָשִׂיתָ כֵּן, יִהְיֶה לְךָ הַרְבֵּה:

כי תצא

מפטיר

**מצווה תרג**
מצוות זכירת עמלק

זָכוֹר אֵת אֲשֶׁר־עָשָׂה לְךָ עֲמָלֵק בַּדֶּרֶךְ יז
בְּצֵאתְכֶם מִמִּצְרָיִם׃ אֲשֶׁר קָרְךָ בַּדֶּרֶךְ יח
וַיְזַנֵּב בְּךָ כָּל־הַנֶּחֱשָׁלִים אַחֲרֶיךָ וְאַתָּה עָיֵף
וְיָגֵעַ וְלֹא יָרֵא אֱלֹהִים׃ וְהָיָה בְּהָנִיחַ יְהוָה יט
אֱלֹהֶיךָ ׀ לְךָ מִכָּל־אֹיְבֶיךָ מִסָּבִיב בָּאָרֶץ
אֲשֶׁר־יְהוָה אֱלֹהֶיךָ נֹתֵן לְךָ נַחֲלָה לְרִשְׁתָּהּ
תִּמְחֶה אֶת־זֵכֶר עֲמָלֵק מִתַּחַת הַשָּׁמָיִם לֹא
תִּשְׁכָּח׃

**מצווה תרד-תרה**
מצווה למחות את זרע עמלק
איסור לשכוח את מעשה עמלק

כי תצא

# הפטרת כי תצא

מנהג האשכנזים שאם לא קראו את ההפטרה לפרשת ראה (בגלל ראש חודש אלול), קוראים אותה אחרי ההפטרה הזאת.

המבול שהשיב את העולם לתוהו ובוהו בא בגלל עוולה ועושק. באופן דומה החורבן והגלות באו בגלל מאיסה בדבר ה'. אך השבר והסבל אינם השגרה הטבעית, גם אם הם נמשכים זמן רב. יש צורך לכונן את הברית עם ה' על אדני עשיית צדקה וחסד, ואז מובטחים אנו על ברכה וישועה שישכיחו את הימים הקשים. במקום עזובה ועצבות יבואו רחמים גדולים וחסד עולם, כי חסד גורר חסד.

ישעיה

רָנִּי עֲקָרָה לֹא יָלָדָה פִּצְחִי רִנָּה וְצַהֲלִי לֹא־חָלָה כִּי־רַבִּים בְּנֵי־ א נד
שׁוֹמֵמָה מִבְּנֵי בְעוּלָה אָמַר יְהוָה׃ הַרְחִיבִי ׀ מְקוֹם אָהֳלֵךְ וִירִיעוֹת ב
מִשְׁכְּנוֹתַיִךְ יַטּוּ אַל־תַּחְשֹׂכִי הַאֲרִיכִי מֵיתָרַיִךְ וִיתֵדֹתַיִךְ חַזֵּקִי׃
כִּי־יָמִין וּשְׂמֹאול תִּפְרֹצִי וְזַרְעֵךְ גּוֹיִם יִירָשׁ וְעָרִים נְשַׁמּוֹת יוֹשִׁיבוּ׃ ג
אַל־תִּירְאִי כִּי־לֹא תֵבוֹשִׁי וְאַל־תִּכָּלְמִי כִּי לֹא תַחְפִּירִי כִּי בֹשֶׁת ד
עֲלוּמַיִךְ תִּשְׁכָּחִי וְחֶרְפַּת אַלְמְנוּתַיִךְ לֹא תִזְכְּרִי־עוֹד׃ כִּי בֹעֲלַיִךְ ה
עֹשַׂיִךְ יְהוָה צְבָאוֹת שְׁמוֹ וְגֹאֲלֵךְ קְדוֹשׁ יִשְׂרָאֵל אֱלֹהֵי כָל־הָאָרֶץ
יִקָּרֵא׃ כִּי־כְאִשָּׁה עֲזוּבָה וַעֲצוּבַת רוּחַ קְרָאָךְ יְהוָה וְאֵשֶׁת נְעוּרִים כִּי ו
תִמָּאֵס אָמַר אֱלֹהָיִךְ׃ בְּרֶגַע קָטֹן עֲזַבְתִּיךְ וּבְרַחֲמִים גְּדֹלִים אֲקַבְּצֵךְ׃ ז
בְּשֶׁצֶף קֶצֶף הִסְתַּרְתִּי פָנַי רֶגַע מִמֵּךְ וּבְחֶסֶד עוֹלָם רִחַמְתִּיךְ אָמַר ח

יז יח הֱוֵי דְּכִיר, יָת דַּעֲבַד לָךְ עֲמָלֵק, בְּאוֹרְחָא בְּמִפַּקְכוֹן מִמִּצְרָיִם: דְּעָרְעָךְ בְּאוֹרְחָא, וְקַטִּיל בָּךְ
יט כָּל דַּהֲווֹ מִתְאַחֲרִין בָּתְרָךְ, וְאַתְּ מְשַׁלְהֵי וְלָאֵי, וְלָא דָּחֵיל מִן קֳדָם יְיָ: וִיהֵי, כַּד יְנִיחַ יְיָ אֱלָהָךְ
לָךְ, מִכָּל בַּעֲלֵי דְּבָבָךְ מִסְּחוֹר סְחוֹר, בְּאַרְעָא דַּייָ אֱלָהָךְ, יָהֵיב לָךְ אַחְסָנָא לְמֵירְתַהּ, תִּמְחֵי
יָת דָּכְרָנֵיהּ דַּעֲמָלֵק, מִתְּחוֹת שְׁמַיָּא, לָא תִּתְנְשֵׁי:

יז| **זָכוֹר אֵת אֲשֶׁר עָשָׂה לְךָ.** אִם שִׁקַּרְתָּ בְּמִדּוֹת וּבְמִשְׁקָלוֹת, הֱוֵי דּוֹאֵג מִגֵּרוּי הָאוֹיֵב, שֶׁנֶּאֱמַר: "מֹאזְנֵי מִרְמָה תּוֹעֲבַת ה'" וּכְתִיב בַּתְרֵיהּ: "בָּא זָדוֹן וַיָּבֹא קָלוֹן" (משלי יא, א-ב):

יח| **אֲשֶׁר קָרְךָ בַּדֶּרֶךְ.** לְשׁוֹן מִקְרֶה. דָּבָר אַחֵר, לְשׁוֹן קֶרִי וְטֻמְאָה, שֶׁהָיָה מְטַמְּאָן בְּמִשְׁכַּב זָכוּר. דָּבָר אַחֵר, לְשׁוֹן קֹר וָחֹם, צִנֶּנְךָ וְהִפְשִׁירְךָ מֵרְתִיחָתְךָ, שֶׁהָיוּ הָאֻמּוֹת יְרֵאִים לְהִלָּחֵם בָּכֶם, וּבָא זֶה וְהִתְחִיל וְהֶרְאָה מָקוֹם לַאֲחֵרִים. מָשָׁל לְאַמְבַּטִּי רוֹתַחַת שֶׁאֵין כָּל בְּרִיָּה יְכוֹלָה לֵירֵד בְּתוֹכָהּ, בָּא בֶּן בְּלִיַּעַל אֶחָד קָפַץ וְיָרַד לְתוֹכָהּ, אַף עַל פִּי שֶׁנִּכְוָה, הֵקֵרָהּ אוֹתָהּ בִּפְנֵי אֲחֵרִים: **וַיְזַנֵּב בְּךָ.** מַכַּת זָנָב, חוֹתֵךְ מִילוֹת וְזוֹרֵק כְּלַפֵּי מַעְלָה: **כָּל הַנֶּחֱשָׁלִים אַחֲרֶיךָ.** חַסְרֵי כֹחַ מֵחֲמַת חֶטְאָם, שֶׁהָיָה הֶעָנָן פּוֹלְטָן: **וְאַתָּה עָיֵף וְיָגֵעַ.** 'עָיֵף' בַּצָּמָא, דִּכְתִיב: "וַיִּצְמָא שָׁם הָעָם לַמַּיִם" (שמות יז, ג), וּכְתִיב אַחֲרָיו: "וַיָּבֹא עֲמָלֵק" (שם פסוק ח): **וְיָגֵעַ.** בַּדֶּרֶךְ: **וְלֹא יָרֵא.** עֲמָלֵק, "אֱלֹהִים" מִלְּהָרַע לְךָ:

יט| **תִּמְחֶה אֶת זֵכֶר עֲמָלֵק.** "מֵאִישׁ עַד אִשָּׁה מֵעוֹלֵל וְעַד יוֹנֵק מִשּׁוֹר וְעַד שֶׂה" (שמואל א' טו, ג), שֶׁלֹּא יְהֵא שֵׁם עֲמָלֵק נִזְכָּר אֲפִלּוּ עַל הַבְּהֵמָה, לוֹמַר, בְּהֵמָה זוֹ מִשֶּׁל עֲמָלֵק הָיְתָה:



ט גֹּאֲלֵךְ יְהוָה: כִּי־מֵי נֹחַ זֹאת לִי אֲשֶׁר נִשְׁבַּעְתִּי מֵעֲבֹר
י מֵי־נֹחַ עוֹד עַל־הָאָרֶץ כֵּן נִשְׁבַּעְתִּי מִקְּצֹף עָלַיִךְ וּמִגְּעָר־בָּךְ: כִּי
הֶהָרִים יָמוּשׁוּ וְהַגְּבָעוֹת תְּמוּטֶינָה וְחַסְדִּי מֵאִתֵּךְ לֹא־יָמוּשׁ וּבְרִית
שְׁלוֹמִי לֹא תָמוּט אָמַר מְרַחֲמֵךְ יְהוָה:

# פרשת
# כי תבוא

| נושאים לפי סדרים | כא | כב |
|---|---|---|
| | ביכורים, וידוי מעשרות, סגולת ישראל<br>מעמד הברכה והקללה בהר גריזים ובהר עיבל | ברכות וקללות<br>מבוא לברית |

# כי תבוא

כא וְהָיָה֙ כִּֽי־תָב֣וֹא אֶל־הָאָ֔רֶץ אֲשֶׁר֙ יְהוָ֣ה אֱלֹהֶ֔יךָ א כו
נֹתֵ֥ן לְךָ֖ נַחֲלָ֑ה וִֽירִשְׁתָּ֖הּ וְיָשַׁ֥בְתָּ בָּֽהּ׃ וְלָקַחְתָּ֞ ב
מֵרֵאשִׁ֣ית ׀ כָּל־פְּרִ֣י הָאֲדָמָ֗ה אֲשֶׁ֨ר תָּבִ֧יא
מֵֽאַרְצְךָ֛ אֲשֶׁ֨ר יְהוָ֧ה אֱלֹהֶ֛יךָ נֹתֵ֥ן לָ֖ךְ וְשַׂמְתָּ֣
בַטֶּ֑נֶא וְהָֽלַכְתָּ֙ אֶל־הַמָּק֔וֹם אֲשֶׁ֤ר יִבְחַר֙ יְהוָ֣ה
אֱלֹהֶ֔יךָ לְשַׁכֵּ֥ן שְׁמ֖וֹ שָֽׁם׃ וּבָאתָ֙ אֶל־הַכֹּהֵ֔ן ג
אֲשֶׁ֥ר יִהְיֶ֖ה בַּיָּמִ֣ים הָהֵ֑ם וְאָמַרְתָּ֣ אֵלָ֗יו הִגַּ֤דְתִּי
הַיּוֹם֙ לַיהוָ֣ה אֱלֹהֶ֔יךָ כִּי־בָ֙אתִי֙ אֶל־הָאָ֔רֶץ אֲשֶׁ֨ר
נִשְׁבַּ֧ע יְהוָ֛ה לַאֲבֹתֵ֖ינוּ לָ֥תֶת לָֽנוּ׃ וְלָקַ֥ח הַכֹּהֵ֛ן ד
הַטֶּ֖נֶא מִיָּדֶ֑ךָ וְהִ֨נִּיח֔וֹ לִפְנֵ֕י מִזְבַּ֖ח יְהוָ֥ה אֱלֹהֶֽיךָ׃
וְעָנִ֨יתָ וְאָמַרְתָּ֜ לִפְנֵ֣י ׀ יְהוָ֣ה אֱלֹהֶ֗יךָ אֲרַמִּי֙ אֹבֵ֣ד ה
אָבִ֔י וַיֵּ֣רֶד מִצְרַ֔יְמָה וַיָּ֥גָר שָׁ֖ם בִּמְתֵ֣י מְעָ֑ט וַֽיְהִי־
שָׁ֕ם לְג֥וֹי גָּד֖וֹל עָצ֥וּם וָרָֽב׃ וַיָּרֵ֧עוּ אֹתָ֛נוּ הַמִּצְרִ֖ים ו
וַיְעַנּ֑וּנוּ וַיִּתְּנ֥וּ עָלֵ֖ינוּ עֲבֹדָ֥ה קָשָֽׁה׃ וַנִּצְעַ֕ק אֶל־ ז
יְהוָ֖ה אֱלֹהֵ֣י אֲבֹתֵ֑ינוּ וַיִּשְׁמַ֤ע יְהוָה֙ אֶת־קֹלֵ֔נוּ
וַיַּ֧רְא אֶת־עָנְיֵ֛נוּ וְאֶת־עֲמָלֵ֖נוּ וְאֶת־לַחֲצֵֽנוּ׃
וַיּוֹצִאֵ֤נוּ יְהוָה֙ מִמִּצְרַ֔יִם בְּיָ֤ד חֲזָקָה֙ וּבִזְרֹ֣עַ ח
נְטוּיָ֔ה וּבְמֹרָ֖א גָּדֹ֑ל וּבְאֹת֖וֹת וּבְמֹפְתִֽים׃ וַיְבִאֵ֖נוּ ט

**מצווה תרו**
מצוות מקרא ביכורים

אֶל־הַמָּקוֹם הַזֶּה וַיִּתֶּן־לָנוּ אֶת־הָאָרֶץ הַזֹּאת
י אֶרֶץ זָבַת חָלָב וּדְבָשׁ׃ וְעַתָּה הִנֵּה הֵבֵאתִי אֶת־

כו א ב ויהי ארי תיעול לארעא, דיי אלהך, יהיב לך אחסנא, ותירתה ותיתיב בה: ותסב, מריש
כל אבא דארעא, דתעיל מארעך, דיי אלהך, יהיב לך ותשוי בסלא, ותהך לאתרא,
ג דיתרעי יי אלהך, לאשראה שכינתיה תמן: ותיתי לות כהנא, דיהי ביומיא האנון, ותימר
ליה, חויתי יומא דין קדם יי אלהך, ארי עאלית לארעא, דקיים יי, לאבהתנא למתן לנא:
ד ה ויסב כהנא, סלא מן ידך, ויחתניה, קדם, מדבחא דיי אלהך: ותתיב ותימר, קדם יי אלהך,
לבן ארמאה בעא לאבדא ית אבא, ונחת למצרים, ודר תמן בעם זעיר, והוה תמן, לעם
ו ז רב תקיף וסגי: ואבאישו לנא, מצראי וענונא, ויהבו עלנא פלחנא קשיא: וצלינא,
קדם יי אלהא דאבהתנא, וקביל יי צלותנא, וגלי קדמוהי עמלנא, ולאותנא ודחקנא:
ח ט ואפקנא יי ממצרים, ביד תקיפא ובדרע מרמם, ובחזונא רבא, ובאתין ובמופתין: ואיתינא
י לאתרא הדין, ויהב לנא ית ארעא הדא, ארע, עבדא חלב ודבש: וכען, הא איתיתי ית

פרק כו

א| והיה כי תבוא. וירשתה וישבת בה. מגיד שלא נתחייבו בבכורים עד שכבשו את הארץ וחלקוה:

ב| מראשית. ולא כל ראשית, שאין כל הפרות חייבין בבכורים אלא שבעת המינין בלבד, נאמר כאן "ארץ" ונאמר להלן "ארץ חטה ושערה" וגו' (לעיל ח, ח), מה להלן משבעת המינים שנשתבחה בהן ארץ ישראל, אף כאן שבח ארץ ישראל. "זית שמן", זית אגורי ששמנו אגור בתוכו. "ודבש", הוא דבש תמרים: מראשית. אדם יורד לתוך שדהו ורואה תאנה שבכרה, כורך עליה גמי לסימן, ואומר: 'הרי זו בכורים':

ג| אשר יהיה בימים ההם. אין לך אלא כהן שבימיך, כמו שהוא: ואמרת אליו. שאינך כפוי טובה: הגדתי היום. פעם אחת בשנה ולא שתי פעמים:

ד| ולקח הכהן הטנא מידך. להניף אותו, כהן מניח ידו תחת יד הבעלים ומניף:

ה| וענית. לשון הרמת קול: ארמי אבד אבי. מזכיר חסדי המקום: "ארמי אבד אבי", לבן בקש לעקור את הכל כשרדף אחר יעקב, ובשביל שחשב לעשות, חשב לו המקום כאלו עשה, שאמות העולם חושב להם הקדוש ברוך הוא מחשבה כמעשה: וירד מצרימה. ועוד אחרים באו לכלותנו, שאחרי זאת ירד יעקב למצרים: במתי מעט. בשבעים נפש:

ט| אל המקום הזה. זה בית המקדש: ויתן לנו את הארץ. כמשמעו:

רֵאשִׁית פְּרִי הָאֲדָמָה אֲשֶׁר־נָתַתָּה לִּי יְהוָה
וְהִנַּחְתּוֹ לִפְנֵי יְהוָה אֱלֹהֶיךָ וְהִשְׁתַּחֲוִיתָ לִפְנֵי
יא יְהוָה אֱלֹהֶיךָ: וְשָׂמַחְתָּ בְכָל־הַטּוֹב אֲשֶׁר נָתַן־
לְךָ יְהוָה אֱלֹהֶיךָ וּלְבֵיתֶךָ אַתָּה וְהַלֵּוִי וְהַגֵּר
יב אֲשֶׁר בְּקִרְבֶּךָ: ס כִּי תְכַלֶּה לַעְשֵׂר שני
אֶת־כָּל־מַעְשַׂר תְּבוּאָתְךָ בַּשָּׁנָה הַשְּׁלִישִׁת
שְׁנַת הַמַּעֲשֵׂר וְנָתַתָּה לַלֵּוִי לַגֵּר לַיָּתוֹם
יג וְלָאַלְמָנָה וְאָכְלוּ בִשְׁעָרֶיךָ וְשָׂבֵעוּ: וְאָמַרְתָּ
לִפְנֵי יְהוָה אֱלֹהֶיךָ בִּעַרְתִּי הַקֹּדֶשׁ מִן־הַבַּיִת
וְגַם נְתַתִּיו לַלֵּוִי וְלַגֵּר לַיָּתוֹם וְלָאַלְמָנָה כְּכָל־
מִצְוָתְךָ אֲשֶׁר צִוִּיתָנִי לֹא־עָבַרְתִּי מִמִּצְוֺתֶיךָ
יד וְלֹא שָׁכָחְתִּי: לֹא־אָכַלְתִּי בְאֹנִי מִמֶּנּוּ וְלֹא־
בִעַרְתִּי מִמֶּנּוּ בְּטָמֵא וְלֹא־נָתַתִּי מִמֶּנּוּ לְמֵת
שָׁמַעְתִּי בְּקוֹל יְהוָה אֱלֹהָי עָשִׂיתִי כְּכֹל אֲשֶׁר
טו צִוִּיתָנִי: הַשְׁקִיפָה מִמְּעוֹן קָדְשְׁךָ מִן־הַשָּׁמַיִם
וּבָרֵךְ אֶת־עַמְּךָ אֶת־יִשְׂרָאֵל וְאֵת הָאֲדָמָה
אֲשֶׁר נָתַתָּה לָנוּ כַּאֲשֶׁר נִשְׁבַּעְתָּ לַאֲבֹתֵינוּ

מצווה תרז
מצוות וידוי מעשר

מצווה תרח-תרי
איסור לאכול מעשר שני באנינות
איסור אכילת מעשר שני בטומאה
איסור להוציא דמי מעשר שני אלא באכילה ושתייה

כי תבוא

י **וְהִנַּחְתּוֹ.** מַגִּיד שֶׁנּוֹטְלוֹ אַחַר הֲנָפַת הַכֹּהֵן, וְאוֹחֲזוֹ בְּיָדוֹ כְּשֶׁהוּא קוֹרֵא, וְחוֹזֵר וּמֵנִיף:
יא **וְשָׂמַחְתָּ בְכָל הַטּוֹב.** מִכָּאן אָמְרוּ: אֵין קוֹרִין מִקְרָא בִּכּוּרִים אֶלָּא בִּזְמַן שִׂמְחָה, מֵעֲצֶרֶת וְעַד הֶחָג, שֶׁאָדָם מְלַקֵּט תְּבוּאָתוֹ וּפֵרוֹתָיו וְיֵינוֹ וְשַׁמְנוֹ; אֲבָל מִן הֶחָג וְאֵילָךְ מֵבִיא וְאֵינוֹ קוֹרֵא: **אַתָּה**

יא ריש אבא דארעא, דיהבת לי יי, ותחתניה, קדם יי אלהך, ותסגוד, קדם יי אלהך: ותחדי
יב בכל טבתא, דיהב לך, יי אלהך ולאנש ביתך, את וליואה, וגיורא דבינך: ארי תשיצי, לעסרא,
יָת כל מעסר עללתך, בשתא תליתיתא שנת מעסרא, ותתין לליואה, לגיורא ליתמא
יג ולארמלתא, וייכלון בקרוך ויסבעון: ותימר, קדם יי אלהך פליתי קודש מעסרא מן ביתא,
ואף יהבתיה לליואה ולגיורא ליתמא ולארמלתא, ככל תפקידתך דפקידתני, לא עברית
יד מפקודך ולא אתנשיתי: לא אכלית באבלי מניה, ולא חליפית מניה במסאב, ולא יהבית
טו מניה למית, קבילית, למימרא דיי אלהי, עבדית, ככל דפקידתני: אסתכי ממדור קודשך מן
שמיא, ובריך ית עמך ית ישראל, וית ארעא, דיהבת לנא, כמא דקיימתא לאבהתנא,

והלוי. אף הלוי חייב בבכורים אם נטעו בתוך עריהם: והגר אשר בקרבך. מביא ואינו קורא, שאינו יכול לומר "לאבותינו":

יב] כי תכלה לעשר את כל מעשר תבואתך בשנה השלישית. כשתגמור להפריש מעשר של שנה השלישית, קבע זמן הבעור והודוי בערב הפסח של שנה הרביעית, שנאמר: "מקצה שלש שנים תוציא" וגו' (לעיל יד, כח), נאמר כאן: "מקץ" ונאמר להלן: "מקץ שבע שנים" (להלן לא, י) לענין הקהל, מה להלן רגל, אף כאן רגל. אי מה להלן חג הסכות אף כאן חג הסכות? תלמוד לומר: "כי תכלה לעשר" מעשרות של שנה השלישית, רגל שהמעשרות כלין בו וזהו פסח, שהרבה אילנות יש שנלקטין אחר הסכות, נמצאו מעשרות של שלישית כלין בפסח של רביעית, וכל מי ששהה מעשרותיו הצריכו הכתוב לבערו מן הבית: שנת המעשר. שנה שאין נוהג בה אלא מעשר אחד משני מעשרות שנהגו בשתי שנים שלפניה, ששנה ראשונה של שמטה נוהג בה מעשר ראשון, כמו שנאמר: "כי תקחו מאת בני ישראל את המעשר" (במדבר יח, כו), ומעשר שני, שנאמר: "ואכלת לפני ה' אלהיך... מעשר דגנך תירשך ויצהרך" (לעיל יד, כג), הרי שתי מעשרות; ובא ולמדך כאן בשנה השלישית, שאין נוהג מאותן שתי מעשרות אלא האחד, ואי זה? זה מעשר ראשון, ותחת מעשר שני יתן מעשר עני, שנאמר כאן: "ונתתה ללוי" את אשר לו, הרי מעשר ראשון, "לגר ליתום ולאלמנה" זה מעשר עני: ואכלו בשעריך ושבעו. תן להם כדי שבען. מכאן אמרו: אין פוחתין לעני בגרן פחות מחצי קב חטים וכו':

יג] ואמרת לפני ה' אלהיך. התודה שנתת מעשרותיך: בערתי הקדש מן הבית. זה מעשר שני ונטע רבעי, ולמדך שאם שהה מעשרותיו של שתי שנים ולא העלם לירושלים, שצריך להעלותם עכשיו: וגם נתתיו ללוי. זה מעשר ראשון: וגם. לרבות תרומות ובכורים: ולגר ליתום ולאלמנה. זה מעשר עני: ככל מצותך. נתתים כסדרן, לא הקדמתי תרומה לבכורים ולא מעשר לתרומה ולא שני לראשון, שהתרומה קרויה "ראשית" (לעיל יח, ד), שהיא ראשונה משנעשה דגן, וכתיב: "מלאתך ודמעך לא תאחר" (שמות כב, כח), לא תשנה את הסדר: לא עברתי ממצותיך. לא הפרשתי ממין על שאינו מינו, ומן החדש על הישן: ולא שכחתי. מלברכך על הפרשת מעשרות:

יד] לא אכלתי באני ממנו. מכאן שאסור לאונן: ולא בערתי ממנו בטמא. בין שאני טמא והוא טהור בין שאני טהור והוא טמא. והיכן הזהר על כך? "לא תוכל לאכל בשעריך" (לעיל יב, יז) – זו אכילת טמאה, כמו שנאמר בפסולי המקדשין: "בשעריך תאכלנו הטמא והטהור" וגו' (לעיל טו, כב), אבל זה לא תוכל לאכל דרך אכילת שעריך האמור במקום אחר: ולא נתתי ממנו למת. לעשות לו ארון ותכריכין: שמעתי בקול ה' אלהי. הביאותיו לבית הבחירה: עשיתי ככל אשר צויתני. שמחתי ושמחתי בו:

טו] השקיפה ממעון קדשך. עשינו מה שגזרת עלינו, עשה אתה מה שעליך לעשות, שאמרת: "אם בחקתי תלכו... ונתתי גשמיכם בעתם" (ויקרא כו, ג-ד): אשר נתתה לנו כאשר נשבעת לאבתינו. לתת לנו וקימת, "ארץ זבת חלב ודבש":

שלישי אֶרֶץ זָבַת חָלָב וּדְבָשׁ׃ ◂ הַיּוֹם הַזֶּה טז
יְהוָה אֱלֹהֶיךָ מְצַוְּךָ לַעֲשׂוֹת אֶת־הַחֻקִּים
הָאֵלֶּה וְאֶת־הַמִּשְׁפָּטִים וְשָׁמַרְתָּ וְעָשִׂיתָ
אוֹתָם בְּכָל־לְבָבְךָ וּבְכָל־נַפְשֶׁךָ׃ אֶת־יְהוָה יז
הֶאֱמַרְתָּ הַיּוֹם לִהְיוֹת לְךָ לֵאלֹהִים וְלָלֶכֶת
בִּדְרָכָיו וְלִשְׁמֹר חֻקָּיו וּמִצְוֹתָיו וּמִשְׁפָּטָיו
וְלִשְׁמֹעַ בְּקֹלוֹ׃ וַיהוָה הֶאֱמִירְךָ הַיּוֹם לִהְיוֹת יח
לוֹ לְעַם סְגֻלָּה כַּאֲשֶׁר דִּבֶּר־לָךְ וְלִשְׁמֹר כָּל־
מִצְוֹתָיו׃ וּלְתִתְּךָ עֶלְיוֹן עַל כָּל־הַגּוֹיִם אֲשֶׁר יט
עָשָׂה לִתְהִלָּה וּלְשֵׁם וּלְתִפְאָרֶת וְלִהְיֹתְךָ עַם־
קָדֹשׁ לַיהוָה אֱלֹהֶיךָ כַּאֲשֶׁר דִּבֵּר׃

רביעי וַיְצַו מֹשֶׁה וְזִקְנֵי יִשְׂרָאֵל אֶת־הָעָם לֵאמֹר א כז
שָׁמֹר אֶת־כָּל־הַמִּצְוָה אֲשֶׁר אָנֹכִי מְצַוֶּה
אֶתְכֶם הַיּוֹם׃ וְהָיָה בַּיּוֹם אֲשֶׁר תַּעַבְרוּ אֶת־ ב
הַיַּרְדֵּן אֶל־הָאָרֶץ אֲשֶׁר־יְהוָה אֱלֹהֶיךָ נֹתֵן לָךְ
וַהֲקֵמֹתָ לְךָ אֲבָנִים גְּדֹלוֹת וְשַׂדְתָּ אֹתָם בַּשִּׂיד׃
וְכָתַבְתָּ עֲלֵיהֶן אֶת־כָּל־דִּבְרֵי הַתּוֹרָה הַזֹּאת ג
בְּעָבְרֶךָ לְמַעַן אֲשֶׁר תָּבֹא אֶל־הָאָרֶץ אֲשֶׁר־
יְהוָה אֱלֹהֶיךָ ׀ נֹתֵן לְךָ אֶרֶץ זָבַת חָלָב וּדְבַשׁ
כַּאֲשֶׁר דִּבֶּר יְהוָה אֱלֹהֵי־אֲבֹתֶיךָ לָךְ׃ וְהָיָה ד
בְּעָבְרְכֶם אֶת־הַיַּרְדֵּן תָּקִימוּ אֶת־הָאֲבָנִים

הָאֵ֫לֶּה אֲשֶׁר֩ אָנֹכִ֜י מְצַוֶּ֥ה אֶתְכֶ֛ם הַיּ֖וֹם בְּהַ֣ר
ה עֵיבָ֑ל וְשַׂדְתָּ֥ אוֹתָ֖ם בַּשִּֽׂיד׃ וּבָנִ֤יתָ שָּׁם֙ מִזְבֵּ֔חַ
לַיהוָ֖ה אֱלֹהֶ֑יךָ מִזְבַּ֣ח אֲבָנִ֔ים לֹא־תָנִ֥יף עֲלֵיהֶ֖ם
ו בַּרְזֶֽל׃ אֲבָנִ֤ים שְׁלֵמוֹת֙ תִּבְנֶ֔ה אֶת־מִזְבַּ֖ח יְהוָ֣ה
אֱלֹהֶ֑יךָ וְהַעֲלִ֤יתָ עָלָיו֙ עוֹלֹ֔ת לַיהוָ֖ה אֱלֹהֶֽיךָ׃
ז וְזָבַחְתָּ֥ שְׁלָמִ֖ים וְאָכַ֣לְתָּ שָּׁ֑ם וְשָׂ֣מַחְתָּ֔ לִפְנֵ֖י יְהוָ֥ה

טז אֲרַע, עָבְדָא חֲלַב וּדְבַשׁ: יוֹמָא הָדֵין, יי אֱלָהָךְ, מְפַקְּדָךְ לְמֶעְבַּד, יָת קְיָמַיָּא הָאִלֵּין וְיָת
יז דִּינַיָּא, וְתִטַּר וְתַעְבֵּיד יָתְהוֹן, בְּכָל לִבָּךְ וּבְכָל נַפְשָׁךְ: יָת יי חֲטַבְתְּ יוֹמָא דֵין, לְמֶהְוֵי לָךְ לֶאֱלָהּ
יח וּלְמֵהָךְ בְּאוֹרְחָן דְּתָקְנָן קֳדָמוֹהִי, וּלְמִטַּר קְיָמוֹהִי וּפִקּוֹדוֹהִי, וְדִינוֹהִי וּלְקַבָּלָא לְמֵימְרֵיהּ: וַיי
יט חַטְבָךְ יוֹמָא דֵין, לְמֶהְוֵי לֵיהּ לְעַם חֲבִיב, כְּמָא דְּמַלֵּיל לָךְ, וּלְמִטַּר כָּל פִּקּוֹדוֹהִי: וּלְמִתְּנָךְ
עִלַּאי, עַל כָּל עַמְמַיָּא דַּעֲבַד, לְתֻשְׁבְּחָא וּלְשׁוּם וְלִרְבוּ, וּלְמֶהֱוָךְ עַם קַדִּישׁ, קֳדָם יי אֱלָהָךְ
כז א כְּמָא דְּמַלֵּיל: וּפַקֵּיד מֹשֶׁה וְסָבֵי יִשְׂרָאֵל, יָת עַמָּא לְמֵימַר, טַרוּ יָת כָּל תַּפְקֵידְתָּא, דַּאֲנָא,
ב מְפַקֵּיד יָתְכוֹן יוֹמָא דֵין: וִיהֵי, בְּיוֹמָא דְּתִעְבְּרוּן יָת יַרְדְּנָא, לְאַרְעָא, דַּיי אֱלָהָךְ יָהֵיב לָךְ,
ג וּתְקִים לָךְ אַבְנִין רַבְרְבָן, וּתְסוּד יָתְהוֹן בְּסִידָא: וְתִכְתּוֹב עֲלֵיהוֹן, יָת כָּל פִּתְגָּמֵי, אוֹרָיְתָא
הָדָא בְּמִעְבְּרָךְ, בְּדִיל דְּתֵיעוֹל לְאַרְעָא, דַּיי אֱלָהָךְ יָהֵיב לָךְ, אֲרַע עָבְדָא חֲלַב וּדְבַשׁ, כְּמָא
ד דְּמַלֵּיל, יי אֱלָהָא דַּאֲבָהָתָךְ לָךְ: וִיהֵי בְּמִעְבַּרְכוֹן יָת יַרְדְּנָא, תְּקִימוּן יָת אַבְנַיָּא הָאִלֵּין,
ה דַּאֲנָא, מְפַקֵּיד יָתְכוֹן, יוֹמָא דֵין בְּטוּרָא דְּעֵיבָל, וּתְסוּד יָתְהוֹן בְּסִידָא: וְתִבְנֵי תַּמָּן מַדְבְּחָא,
ו קֳדָם יי אֱלָהָךְ, מַדְבַּח אַבְנִין, לָא תְרִים עֲלֵיהוֹן בַּרְזְלָא: אַבְנִין שַׁלְמָן תִּבְנֵי, יָת מַדְבְּחָא דַּיי
ז אֱלָהָךְ, וְתַסֵּיק עֲלוֹהִי עֲלָוָן, קֳדָם יי אֱלָהָךְ: וְתִכּוֹס נִכְסַת קֻדְשִׁין וְתֵיכוֹל תַּמָּן, וְתִחְדֵּי, קֳדָם יי

טז **הַיּוֹם הַזֶּה ה' אֱלֹהֶיךָ מְצַוְּךָ.** בְּכָל יוֹם יִהְיוּ בְעֵינֶיךָ חֲדָשִׁים כְּאִלּוּ בּוֹ בַּיּוֹם נִצְטַוֵּיתָ עֲלֵיהֶם: **וְשָׁמַרְתָּ וְעָשִׂיתָ אוֹתָם.** בַּת קוֹל מְבָרַכְתּוֹ: הֵבֵאתָ בִּכּוּרִים הַיּוֹם, תִּשְׁנֶה לַשָּׁנָה הַבָּאָה:

יז-יח **הֶאֱמַרְתָּ, הֶאֱמִירְךָ.** אֵין לָהֶם עֵד בַּמִּקְרָא, וְלִי נִרְאֶה שֶׁהֵם לְשׁוֹן הַפְרָשָׁה וְהַבְדָּלָה, הִבְדַּלְתּוֹ מֵאֱלֹהֵי הַנֵּכָר "לִהְיוֹת לְךָ לֵאלֹהִים", וְהוּא הִפְרִישְׁךָ אֵלָיו מֵעַמֵּי הָאָרֶץ "לִהְיוֹת לוֹ לְעַם סְגֻלָּה". לְשׁוֹן תִּפְאֶרֶת, כְּמוֹ: "יִתְאַמְּרוּ כָּל פֹּעֲלֵי אָוֶן" (תהלים צד, ד).

יח **כַּאֲשֶׁר דִּבֶּר לָךְ.** "וִהְיִיתֶם לִי סְגֻלָּה" (שמות יט, ה).

יט **וְלִהְיֹתְךָ עַם קָדֹשׁ וגו' כַּאֲשֶׁר דִּבֵּר.** "וִהְיִיתֶם לִי קְדֹשִׁים" (ויקרא כ, כו).

פרק כז

א **שָׁמֹר אֶת כָּל הַמִּצְוָה.** לְשׁוֹן הֹוֶה, גרדנ"ט בְּלַעַז.

ב **וַהֲקֵמֹתָ לְךָ.** בַּיַּרְדֵּן, וְאַחַר כָּךְ תּוֹצִיאוּ מִשָּׁם אֲחֵרוֹת וְתִבְנוּ מֵהֶן מִזְבֵּחַ בְּהַר עֵיבָל. נִמְצֵאתָ אַתָּה אוֹמֵר, שְׁלֹשָׁה מִינֵי אֲבָנִים הָיוּ: שְׁתֵּים עֶשְׂרֵה בַּיַּרְדֵּן, וּכְנֶגְדָּן בַּגִּלְגָּל, וּכְנֶגְדָּן בְּהַר עֵיבָל, כִּדְאִיתָא בְּמַסֶּכֶת סוֹטָה (דף לה ע"ב).

ח אֱלֹהֶֽיךָ׃ וְכָתַבְתָּ֣ עַל־הָאֲבָנִ֗ים אֶֽת־כָּל־דִּבְרֵ֛י
ט הַתּוֹרָ֥ה הַזֹּ֖את בַּאֵ֥ר הֵיטֵֽב׃ וַיְדַבֵּ֤ר
מֹשֶׁה֙ וְהַכֹּהֲנִ֣ים הַלְוִיִּ֔ם אֶ֥ל כָּל־יִשְׂרָאֵ֖ל לֵאמֹ֑ר
הַסְכֵּ֤ת ׀ וּשְׁמַע֙ יִשְׂרָאֵ֔ל הַיּ֤וֹם הַזֶּה֙ נִהְיֵ֣יתָ לְעָ֔ם
י לַיהוָ֖ה אֱלֹהֶֽיךָ׃ וְשָׁ֣מַעְתָּ֔ בְּק֖וֹל יְהוָ֣ה אֱלֹהֶ֑יךָ
וְעָשִׂ֤יתָ אֶת־מִצְוֺתָו֙ וְאֶת־חֻקָּ֔יו אֲשֶׁ֛ר אָנֹכִ֥י מְצַוְּךָ֖
יא הַיּֽוֹם׃ וַיְצַ֤ו מֹשֶׁה֙ אֶת־הָעָ֔ם בַּיּ֥וֹם חמישי
יב הַה֖וּא לֵאמֹֽר׃ אֵ֠לֶּה יַעַמְד֞וּ לְבָרֵ֤ךְ אֶת־הָעָם֙
עַל־הַ֣ר גְּרִזִּ֔ים בְּעָבְרְכֶ֖ם אֶת־הַיַּרְדֵּ֑ן שִׁמְעוֹן֙ וְלֵוִ֣י
יג וִֽיהוּדָ֔ה וְיִשָּׂשכָ֖ר וְיוֹסֵ֥ף וּבִנְיָמִֽן׃ וְאֵ֛לֶּה יַעַמְד֥וּ
עַל־הַקְּלָלָ֖ה בְּהַ֣ר עֵיבָ֑ל רְאוּבֵן֙ גָּ֣ד וְאָשֵׁ֔ר וּזְבוּלֻ֖ן
יד דָּ֥ן וְנַפְתָּלִֽי׃ וְעָנ֣וּ הַלְוִיִּ֗ם וְאָֽמְר֛וּ אֶל־כָּל־אִ֥ישׁ
טו יִשְׂרָאֵ֖ל ק֥וֹל רָֽם׃ אָר֣וּר הָאִ֡ישׁ
אֲשֶׁ֣ר יַעֲשֶׂה֩ פֶ֨סֶל וּמַסֵּכָ֜ה תּוֹעֲבַ֣ת יְהוָ֗ה מַעֲשֵׂ֛ה
יְדֵ֥י חָרָ֖שׁ וְשָׂ֣ם בַּסָּ֑תֶר וְעָנ֧וּ כָל־הָעָ֛ם וְאָמְר֖וּ
טז אָמֵֽן׃ אָר֕וּר מַקְלֶ֥ה אָבִ֖יו וְאִמּ֑וֹ וְאָמַ֥ר
יז כָּל־הָעָ֖ם אָמֵֽן׃ אָר֕וּר מַסִּ֖יג גְּב֣וּל רֵעֵ֑הוּ
יח וְאָמַ֥ר כָּל־הָעָ֖ם אָמֵֽן׃ אָר֕וּר מַשְׁגֶּ֥ה
יט עִוֵּ֖ר בַּדָּ֑רֶךְ וְאָמַ֥ר כָּל־הָעָ֖ם אָמֵֽן׃ אָר֗וּר
מַטֶּ֛ה מִשְׁפַּ֥ט גֵּר־יָת֖וֹם וְאַלְמָנָ֑ה וְאָמַ֥ר כָּל־הָעָ֖ם

כ אָמֵֽן׃ אָר֗וּר שֹׁכֵב֙ עִם־אֵ֣שֶׁת אָבִ֔יו כִּ֥י גִלָּ֖ה כְּנַ֣ף
כא אָבִ֑יו וְאָמַ֥ר כָּל־הָעָ֖ם אָמֵֽן׃ אָר֕וּר שֹׁכֵ֖ב
כב עִם־כָּל־בְּהֵמָ֑ה וְאָמַ֥ר כָּל־הָעָ֖ם אָמֵֽן׃ אָר֗וּר
שֹׁכֵב֙ עִם־אֲחֹת֔וֹ בַּת־אָבִ֖יו א֣וֹ בַת־אִמּ֑וֹ וְאָמַ֥ר כָּל־
כג הָעָ֖ם אָמֵֽן׃ אָר֕וּר שֹׁכֵ֖ב עִם־חֹתַנְתּ֑וֹ

ח ט אֱלָהָךְ: וְתִכְתּוֹב עַל אַבְנַיָּא, יָת כָּל פִּתְגָּמֵי, אוֹרָיְתָא הָדָא פָּרֵישׁ יָאוּת: וּמַלֵּיל מֹשֶׁה וְכָהֲנַיָּא
לֵיוָאֵי, עִם כָּל יִשְׂרָאֵל לְמֵימַר, אַצֵּית וּשְׁמַע יִשְׂרָאֵל, יוֹמָא הָדֵין הֲוֵיתָא לְעַם, קֳדָם יְיָ אֱלָהָךְ:
י וּתְקַבֵּיל, לְמֵימְרָא דַּייָ אֱלָהָךְ, וְתַעֲבֵיד יָת פִּקּוֹדוֹהִי וְיָת קְיָמוֹהִי, דַּאֲנָא מְפַקֵּיד לָךְ יוֹמָא דֵין:
יא יב וּפַקֵּיד מֹשֶׁה יָת עַמָּא, בְּיוֹמָא הַהוּא לְמֵימַר: אִלֵּין, יְקוּמוּן, לְבָרָכָא יָת עַמָּא עַל טוּרָא דִּגְרִיזִין,
יג בְּמִעְבַּרְכוֹן יָת יַרְדְּנָא, שִׁמְעוֹן וְלֵוִי וִיהוּדָה, וְיִשָּׂשכָר וְיוֹסֵף וּבִנְיָמִין: וְאִלֵּין, יְקוּמוּן עַל לְוָטַיָּא
יד בְּטוּרָא דְּעֵיבָל, רְאוּבֵן גָּד וְאָשֵׁר, וּזְבוּלוּן דָּן וְנַפְתָּלִי: וְיָתִיבוּן לֵיוָאֵי, וְיֵימְרוּן, לְכָל אֱנָשׁ יִשְׂרָאֵל
טו קָל רָם: לִיט גֻּבְרָא, דְּיַעֲבֵיד צֵילַם וּמַתְּכָא מְרַחַק קֳדָם יְיָ, עוֹבָד, יְדֵי אֻמָּנָא וִישַׁוֵּי בְּסִתְרָא,
טז יז וְיָתִיבוּן כָּל עַמָּא, וְיֵימְרוּן אָמֵן: לִיט, דִּיקַלֵּי אֲבוּהִי וְאִמֵּיהּ, וְיֵימַר כָּל עַמָּא אָמֵן: לִיט, דִּישַׁנֵּי
יח יט תְּחוּמָא דְּחַבְרֵיהּ, וְיֵימַר כָּל עַמָּא אָמֵן: לִיט, דְּיַטְעֵי עֲוִירָא בְּאוֹרְחָא, וְיֵימַר כָּל עַמָּא אָמֵן: לִיט,
כ דְּיַצְלֵי, דִּין גִּיּוֹר יִיתַם וְאַרְמְלָא, וְיֵימַר כָּל עַמָּא אָמֵן: לִיט, דְּיִשְׁכּוּב עִם אִתַּת אֲבוּהִי, אֲרֵי גַלִּי
כא כב כַּנְפָא דַּאֲבוּהִי, וְיֵימַר כָּל עַמָּא אָמֵן: לִיט, דְּיִשְׁכּוּב עִם כָּל בְּעִירָא, וְיֵימַר כָּל עַמָּא אָמֵן: לִיט,
כג דְּיִשְׁכּוּב עִם אֲחָתֵיהּ, בַּת אֲבוּהִי אוֹ בַת אִמֵּיהּ, וְיֵימַר כָּל עַמָּא אָמֵן: לִיט, דְּיִשְׁכּוּב עִם חֲמָתֵיהּ,

ח| בַּאֵר הֵיטֵב. בְּשִׁבְעִים לָשׁוֹן:

ט| הַסְכֵּת. כְּתַרְגּוּמוֹ: הַיּוֹם הַזֶּה נִהְיֵיתָ לְעָם. בְּכָל יוֹם יִהְיוּ בְעֵינֶיךָ כְּאִלּוּ הַיּוֹם בָּאתָ עִמּוֹ בַּבְּרִית:

יב| לְבָרֵךְ אֶת הָעָם. כִּדְאִיתָא בְּמַסֶּכֶת סוֹטָה (לו ע״ב): שִׁשָּׁה שְׁבָטִים עָלוּ לְרֹאשׁ הַר גְּרִזִּים וְשִׁשָּׁה לְרֹאשׁ הַר עֵיבָל, וְהַכֹּהֲנִים וְהַלְוִיִּם וְהָאָרוֹן לְמַטָּה בָּאֶמְצַע. הָפְכוּ לְוִיִּם פְּנֵיהֶם כְּלַפֵּי הַר גְּרִזִּים וּפָתְחוּ בַּבְּרָכָה: ׳בָּרוּךְ הָאִישׁ אֲשֶׁר לֹא יַעֲשֶׂה פֶסֶל וּמַסֵּכָה׳ וְגוֹ׳, וְאֵלּוּ וָאֵלּוּ עוֹנִין אָמֵן. חָזְרוּ וְהָפְכוּ פְּנֵיהֶם לְהַר עֵיבָל וּפָתְחוּ בַּקְּלָלָה, וְאוֹמְרִים: ״אָרוּר הָאִישׁ אֲשֶׁר יַעֲשֶׂה פֶסֶל״ וְגוֹ׳, וְכֵן כֻּלָּם עַד ״אָרוּר אֲשֶׁר לֹא יָקִים״:

טז| מַקְלֶה אָבִיו. מְזַלְזֵל, לָשׁוֹן: ״וְנִקְלָה אָחִיךָ״ (לעיל כה, ג):

יז| מַסִּיג גְּבוּל. מַחֲזִירוֹ לַאֲחוֹרָיו וְגוֹנֵב אֶת הַקַּרְקַע, לָשׁוֹן: ״וְהֻסַּג אָחוֹר״ (ישעיה נט, יד):

יח| מַשְׁגֶּה עִוֵּר. הַסּוּמָא בְּדָבָר וּמַשִּׂיאוֹ עֵצָה רָעָה:

כי תבוא

וְאָמַר כָּל־הָעָם אָמֵן׃ אָרוּר מַכֵּה רֵעֵהוּ כד
בַּסָּתֶר וְאָמַר כָּל־הָעָם אָמֵן׃ אָרוּר כה
לֹקֵחַ שֹׁחַד לְהַכּוֹת נֶפֶשׁ דָּם נָקִי וְאָמַר כָּל־הָעָם
אָמֵן׃ אָרוּר אֲשֶׁר לֹא־יָקִים אֶת־דִּבְרֵי כו
הַתּוֹרָה־הַזֹּאת לַעֲשׂוֹת אוֹתָם וְאָמַר כָּל־הָעָם
אָמֵן׃

כב וְהָיָה אִם־שָׁמוֹעַ תִּשְׁמַע בְּקוֹל יְהוָה אֱלֹהֶיךָ א כח
לִשְׁמֹר לַעֲשׂוֹת אֶת־כָּל־מִצְוֹתָיו אֲשֶׁר אָנֹכִי
מְצַוְּךָ הַיּוֹם וּנְתָנְךָ יְהוָה אֱלֹהֶיךָ עֶלְיוֹן עַל כָּל־גּוֹיֵי
הָאָרֶץ׃ וּבָאוּ עָלֶיךָ כָּל־הַבְּרָכוֹת הָאֵלֶּה וְהִשִּׂיגֻךָ ב
כִּי תִשְׁמַע בְּקוֹל יְהוָה אֱלֹהֶיךָ׃ בָּרוּךְ אַתָּה בָּעִיר ג
וּבָרוּךְ אַתָּה בַּשָּׂדֶה׃ בָּרוּךְ פְּרִי־בִטְנְךָ וּפְרִי ד
אַדְמָתְךָ וּפְרִי בְהֶמְתֶּךָ שְׁגַר אֲלָפֶיךָ וְעַשְׁתְּרוֹת
צֹאנֶךָ׃ בָּרוּךְ טַנְאֲךָ וּמִשְׁאַרְתֶּךָ׃ בָּרוּךְ אַתָּה ה ו
ששי בְּבֹאֶךָ וּבָרוּךְ אַתָּה בְּצֵאתֶךָ׃ יִתֵּן יְהוָה אֶת־ ז
אֹיְבֶיךָ הַקָּמִים עָלֶיךָ נִגָּפִים לְפָנֶיךָ בְּדֶרֶךְ אֶחָד
יֵצְאוּ אֵלֶיךָ וּבְשִׁבְעָה דְרָכִים יָנוּסוּ לְפָנֶיךָ׃ יְצַו ח
יְהוָה אִתְּךָ אֶת־הַבְּרָכָה בַּאֲסָמֶיךָ וּבְכֹל מִשְׁלַח
יָדֶךָ וּבֵרַכְךָ בָּאָרֶץ אֲשֶׁר־יְהוָה אֱלֹהֶיךָ נֹתֵן לָךְ׃
יְקִימְךָ יְהוָה לוֹ לְעַם קָדוֹשׁ כַּאֲשֶׁר נִשְׁבַּע־לָךְ כִּי ט

תִּשְׁמֹר אֶת־מִצְוֹת יְהוָה אֱלֹהֶיךָ וְהָלַכְתָּ בִּדְרָכָיו׃

מצווה תריא
מצווה ללכת בדרכי ה'

י וְרָאוּ כָּל־עַמֵּי הָאָרֶץ כִּי שֵׁם יְהוָה נִקְרָא עָלֶיךָ
יא וְיָרְאוּ מִמֶּךָּ׃ וְהוֹתִרְךָ יְהוָה לְטוֹבָה בִּפְרִי בִטְנְךָ
וּבִפְרִי בְהֶמְתְּךָ וּבִפְרִי אַדְמָתֶךָ עַל הָאֲדָמָה
יב אֲשֶׁר נִשְׁבַּע יְהוָה לַאֲבֹתֶיךָ לָתֶת לָךְ׃ יִפְתַּח ★

כד כה וְיֵימַר כָּל עַמָּא אָמֵן: לִיט, דְּיִמְחֵי חַבְרֵיהּ בְּסִתְרָא, וְיֵימַר כָּל עַמָּא אָמֵן: לִיט דִּיקַבֵּיל שֹׁחְדָא,
כו לְמִקְטַל נְפַשׁ דַּם זַכַּאי, וְיֵימַר כָּל עַמָּא אָמֵן: לִיט, דְּלָא יְקַיֵּים, יָת פִּתְגָמֵי אוֹרָיְתָא הָדָא לְמֶעֱבַד
כח א יָתְהוֹן, וְיֵימַר כָּל עַמָּא אָמֵן: וִיהֵי, אִם קַבָּלָא תְקַבֵּיל לְמֵימְרָא דַּיְיָ אֱלָהָךְ, לְמִטַּר לְמֶעֱבַד יָת
ב כָּל פִּקּוֹדוֹהִי, דַּאֲנָא מְפַקֵּיד לָךְ יוֹמָא דֵין, וְיִתְּנִנָּךְ, יְיָ אֱלָהָךְ עִלַּאי, עַל כָּל עַמְמֵי אַרְעָא: וְיֵיתוֹן
ג עֲלָךְ, כָּל בִּרְכָתָא הָאִלֵּין וְיִדְבְּקֻנָּךְ, אֲרֵי תְקַבֵּיל, לְמֵימְרָא דַּיְיָ אֱלָהָךְ: בְּרִיךְ אַתְּ בְּקַרְתָּא, וּבְרִיךְ
ד ה אַתְּ בְּחַקְלָא: בְּרִיךְ וַלְדָּא דִמְעָךְ, וְאִבָּא דְאַרְעָךְ וּוַלְדָּא דִבְעִירָךְ, בַּקְרֵי תוֹרָךְ וְעֶדְרֵי עָנָךְ: בְּרִיךְ
ו ז סַלָּךְ וְאָצוּתָךְ: בְּרִיךְ אַתְּ בְּמֵיעֲלָךְ, וּבְרִיךְ אַתְּ בְּמִפְּקָךְ: יִתֵּין יְיָ יָת בַּעֲלֵי דְבָבָךְ דְּקָיְמִין עֲלָךְ,
ח תְּבִירִין קֳדָמָךְ, בְּאוֹרְחָא חֲדָא יִפְּקוּן לְוָתָךְ, וּבְשִׁבְעָא אוֹרְחָן יֶעֶרְקוּן מִן קֳדָמָךְ: יְפַקֵּיד יְיָ לָךְ יָת
ט בִּרְכָן, בְּאוֹצְרָךְ, וּבְכֹל אוֹשָׁטוּת יְדָךְ, וִיבָרְכִנָּךְ, בְּאַרְעָא, דַּיְיָ אֱלָהָךְ יָהֵיב לָךְ: יְקִימִנָּךְ יְיָ קֳדָמוֹהִי
לְעַם קַדִּישׁ, כְּמָא דְקַיֵּים לָךְ, אֲרֵי תִטַּר, יָת פִּקּוֹדַיָּא דַּיְיָ אֱלָהָךְ, וּתְהָךְ בְּאוֹרְחָן דְּתַקְנָן קֳדָמוֹהִי:
י יא וְיִחְזוֹן כָּל עַמְמֵי אַרְעָא, אֲרֵי שְׁמָא דַּיְיָ אִתְקְרִי עֲלָךְ, וְיִדְחֲלוּן מִנָּךְ: וְיוֹתְרִנָּךְ יְיָ לְטָבָא, בְּוַלְדָּא
יב דִמְעָךְ, וּבְוַלְדָּא דִבְעִירָךְ וּבְאִבָּא דְאַרְעָךְ, עַל אַרְעָא, דְּקַיֵּים יְיָ, לַאֲבָהָתָךְ לְמִתַּן לָךְ: יִפְתַּח

כד| מַכֵּה רֵעֵהוּ בַּסָּתֶר. עַל לָשׁוֹן הָרָע הוּא אוֹמֵר. רָאִיתִי בִּיסוֹדוֹ שֶׁל רַבִּי מֹשֶׁה הַדַּרְשָׁן: אַחַד עָשָׂר אֲרוּרִים יֵשׁ כָּאן, כְּנֶגֶד אַחַד עָשָׂר שְׁבָטִים, וּכְנֶגֶד שִׁמְעוֹן לֹא כָתַב אָרוּר, לְפִי שֶׁלֹּא הָיָה בְּלִבּוֹ לְבָרְכוֹ לִפְנֵי מוֹתוֹ כְּשֶׁבֵּרַךְ שְׁאָר הַשְּׁבָטִים, לְכָךְ לֹא רָצָה לְקַלְּלוֹ:

כו| אֲשֶׁר לֹא יָקִים. כָּאן כָּלַל אֶת כָּל הַתּוֹרָה כֻּלָּהּ, וְקִבְּלוּהָ עֲלֵיהֶם בְּאָלָה וּבִשְׁבוּעָה:

פרק כח

ד| שְׁגַר אֲלָפֶיךָ. וַלְדוֹת בְּקָרְךָ שֶׁהַבְּהֵמָה מְשַׁגֶּרֶת מִמֵּעֶיהָ: וְעַשְׁתְּרוֹת צֹאנֶךָ. כְּתַרְגּוּמוֹ. וְרַבּוֹתֵינוּ אָמְרוּ: לָמָּה נִקְרָא שְׁמָן 'עַשְׁתָּרוֹת'? שֶׁמְּעַשְּׁרוֹת אֶת בַּעֲלֵיהֶן וּמַחֲזִיקוֹת אוֹתָן, כְּעַשְׁתָּרוֹת הַלָּלוּ שֶׁהֵן סְלָעִים חֲזָקִים:

ה| בָּרוּךְ טַנְאֲךָ. פֵּרוֹתֶיךָ. דָּבָר אַחֵר, "טַנְאֲךָ", דָּבָר לַח שֶׁאַתָּה מְסַנֵּן בִּסְלִים: וּמִשְׁאַרְתֶּךָ. דָּבָר יָבֵשׁ שֶׁנִּשְׁאָר בִּכְלִי וְאֵינוֹ זָב:

ו| בָּרוּךְ אַתָּה בְּבֹאֶךָ וּבָרוּךְ אַתָּה בְּצֵאתֶךָ. שֶׁתְּהֵא יְצִיאָתְךָ מִן הָעוֹלָם בְּלֹא חֵטְא כְּבִיאָתְךָ לָעוֹלָם:

ז| וּבְשִׁבְעָה דְרָכִים יָנוּסוּ לְפָנֶיךָ. כֵּן דֶּרֶךְ הַנִּבְהָלִים לִבְרֹחַ לִהְיוֹת מִתְפַּזְּרִין לְכָל צַד:

יְהוָה ׀ לְךָ אֶת־אוֹצָרוֹ הַטּוֹב אֶת־הַשָּׁמַיִם לָתֵת
מְטַר־אַרְצְךָ בְּעִתּוֹ וּלְבָרֵךְ אֵת כָּל־מַעֲשֵׂה יָדֶךָ
וְהִלְוִיתָ גּוֹיִם רַבִּים וְאַתָּה לֹא תִלְוֶה׃ וּנְתָנְךָ יג
יְהוָה לְרֹאשׁ וְלֹא לְזָנָב וְהָיִיתָ רַק לְמַעְלָה
וְלֹא תִהְיֶה לְמָטָּה כִּי־תִשְׁמַע אֶל־מִצְוֹת ׀
יְהוָה אֱלֹהֶיךָ אֲשֶׁר אָנֹכִי מְצַוְּךָ הַיּוֹם לִשְׁמֹר
וְלַעֲשׂוֹת׃ וְלֹא תָסוּר מִכָּל־הַדְּבָרִים אֲשֶׁר אָנֹכִי יד
מְצַוֶּה אֶתְכֶם הַיּוֹם יָמִין וּשְׂמֹאול לָלֶכֶת אַחֲרֵי
אֱלֹהִים אֲחֵרִים לְעָבְדָם׃

וְהָיָה אִם־לֹא תִשְׁמַע בְּקוֹל יְהוָה אֱלֹהֶיךָ טו
לִשְׁמֹר לַעֲשׂוֹת אֶת־כָּל־מִצְוֹתָיו וְחֻקֹּתָיו אֲשֶׁר
אָנֹכִי מְצַוְּךָ הַיּוֹם וּבָאוּ עָלֶיךָ כָּל־הַקְּלָלוֹת
הָאֵלֶּה וְהִשִּׂיגוּךָ׃ אָרוּר אַתָּה בָּעִיר וְאָרוּר טז
אַתָּה בַּשָּׂדֶה׃ אָרוּר טַנְאֲךָ וּמִשְׁאַרְתֶּךָ׃ אָרוּר יז יח
פְּרִי־בִטְנְךָ וּפְרִי אַדְמָתֶךָ שְׁגַר אֲלָפֶיךָ וְעַשְׁתְּרֹת
צֹאנֶךָ׃ אָרוּר אַתָּה בְּבֹאֶךָ וְאָרוּר אַתָּה יט
בְּצֵאתֶךָ׃ יְשַׁלַּח יְהוָה ׀ בְּךָ אֶת־הַמְּאֵרָה אֶת־ כ
הַמְּהוּמָה וְאֶת־הַמִּגְעֶרֶת בְּכָל־מִשְׁלַח יָדְךָ
אֲשֶׁר תַּעֲשֶׂה עַד הִשָּׁמֶדְךָ וְעַד־אֲבָדְךָ מַהֵר
מִפְּנֵי רֹעַ מַעֲלָלֶיךָ אֲשֶׁר עֲזַבְתָּנִי׃ יַדְבֵּק יְהוָה כא

בְּךָ֖ אֶת־הַדָּ֑בֶר עַ֚ד כַּלֹּת֣וֹ אֹֽתְךָ֔ מֵעַל֙ הָֽאֲדָמָ֔ה
כב אֲשֶׁר־אַתָּ֥ה בָא־שָׁ֖מָּה לְרִשְׁתָּֽהּ׃ יַכְּכָ֣ה יְהֹוָ֡ה
בַּשַּׁחֶ֣פֶת וּבַקַּדַּ֩חַת֩ וּבַדַּלֶּ֨קֶת וּבַֽחַרְחֻ֜ר וּבַחֶ֗רֶב
כג וּבַשִּׁדָּפ֖וֹן וּבַיֵּרָק֑וֹן וּרְדָפ֖וּךָ עַ֥ד אָבְדֶֽךָ׃ וְהָי֥וּ
שָׁמֶ֛יךָ אֲשֶׁ֥ר עַל־רֹאשְׁךָ֖ נְחֹ֑שֶׁת וְהָאָ֥רֶץ אֲשֶׁר־

יי לָךְ, יָת אוֹצְרֵיהּ טָבָא יָת שְׁמַיָּא, לְמִתַּן מְטַר אַרְעָךְ בְּעִדָּנֵיהּ, וּלְבָרָכָא, יָת כָּל עוֹבָדֵי יְדָךְ,
יג וְתוֹזֵיף לְעַמְמִין סַגִּיאִין, וְאַתְּ לָא תְזִיף: וְיִתְּנִנָּךְ יי תַּקִּיף וְלָא חַלָּשׁ, וּתְהֵי בְּרַם לְעֵילָא, וְלָא תְהֵי
יד לְתַחְתָּא, אֲרֵי תְקַבֵּיל, לְפִקּוֹדַיָּא דַּיי אֱלָהָךְ, דַּאֲנָא מְפַקֵּיד לָךְ, יוֹמָא דֵין לְמִטַּר וּלְמֶעְבַּד: וְלָא
תִסְטוֹן, מִכָּל פִּתְגָּמַיָּא דַּאֲנָא מְפַקֵּיד יָתְכוֹן, יוֹמָא דֵין לְיַמִּינָא וְלִסְמָאלָא, לִמְהָךְ, בָּתַר, טָעֲוָת
טו עַמְמַיָּא לְמִפְלַחְהוֹן: וִיהֵי, אִם לָא תְקַבֵּיל לְמֵימְרָא דַּיי אֱלָהָךְ, לְמִטַּר לְמֶעְבַּד יָת כָּל פִּקּוֹדוֹהִי
טז וּקְיָמוֹהִי, דַּאֲנָא מְפַקֵּיד לָךְ יוֹמָא דֵין, וְיֵיתוֹן עֲלָךְ, כָּל לְוָטַיָּא הָאִלֵּין וְיִדְבְּקֻנָּךְ: לִיט אַתְּ בְּקַרְתָּא,
יז יח וְלִיט אַתְּ בְּחַקְלָא: לִיט סַלָּךְ וְאָצְוָתָךְ: לִיט וַלְדָּא דִמְעָךְ וְאִבָּא דְאַרְעָךְ, בַּקְרֵי תוֹרָךְ וְעֶדְרֵי עָנָךְ:
יט כ לִיט אַתְּ בְּמֵיעֲלָךְ, וְלִיט אַתְּ בְּמִפְּקָךְ: יְגָרֵי יי בָּךְ, יָת מְאֵירָתָא יָת שִׁגּוּשְׁיָא וְיָת מְזוּפִיתָא, בְּכָל
אוֹשָׁטוּת יְדָךְ דְּתַעְבֵּיד, עַד דְּתִשְׁתֵּיצֵי וְעַד דְּתֵיבַד בִּפְרִיעַ, מִן קֳדָם, בִּישׁוּת עוֹבָדָךְ דִּשְׁבַקְתָּא
כא דַחַלְתִּי: יַדְבֵּיק יי, בָּךְ יָת מוֹתָנָא, עַד דִּישֵׁיצֵי יָתָךְ, מֵעַל אַרְעָא, דְּאַתְּ עָלֵיל לְתַמָּן לְמֵירְתַהּ:
כב יִמְחֵינָךְ יי, בְּשַׁחְפְּתָא וּבְקַדַּחְתָּא וּבְדַלֵּיקְתָּא, וּבְחַרְחוּרָא וּבְחַרְבָּא, וּבְשִׁדָּפָנָא וּבְיֵרָקָנָא,
כג וְיִרְדְּפֻנָּךְ עַד דְּתֵיבַד: וִיהוֹן שְׁמַיָּא, דְּעִלָּוֵי רֵישָׁךְ חַסִּינִין כִּנְחָשָׁא מִלְּאַחָתָא מִטְרָא, וְאַרְעָא



כ) הַמְּאֵרָה. חִסָּרוֹן, כְּמוֹ "צָרַעַת מַמְאֶרֶת" (ויקרא יג, נא): הַמְּהוּמָה. שִׁגּוּשׁ, קוֹל בֶּהָלוֹת:

כב) בַּשַּׁחֶפֶת. שֶׁבְּשָׂרוֹ נִשְׁחָף וְנָפוּחַ: וּבַקַּדַּחַת. לְשׁוֹן: "כִּי אֵשׁ קָדְחָה בְאַפִּי" (להלן לב, כב), וְהוּא אֵשׁ שֶׁל חוֹלִים, מלוו"י בְּלַעַז, שֶׁהִיא חַמָּה מְאֹד: וּבַדַּלֶּקֶת. חַמָּה יוֹתֵר מִקַּדַּחַת, וּמִינֵי חֳלָאִים הֵם: וּבַחַרְחֻר. חֹלִי הַמְּחַמְּמוֹ תּוֹךְ הַגּוּף וְצָמֵא תָּמִיד לַמַּיִם, וּבְלַעַז אישטרדימנ"ט, לְשׁוֹן: "וְעַצְמִי חָרָה מִנִּי חֹרֶב" (איוב ל, ל), "נָחַר מַפֻּחַ מֵאֵשׁ" (ירמיה ו, כט): וּבַחֶרֶב. יָבִיא עָלֶיךָ גְּיָסוֹת: וּבַשִּׁדָּפוֹן וּבַיֵּרָקוֹן. מַכַּת תְּבוּאָה שֶׁבַּשָּׂדוֹת: שִׁדָּפוֹן. רוּחַ קָדִים, הַסלי"ד בְּלַעַז: יֵרָקוֹן. יֹבֶשׁ, וּפְנֵי הַתְּבוּאָה מַכְסִיפִין וְנֶהְפָּכִין לְיֵרָקוֹן, קרו"א בְּלַעַז: עַד אָבְדֶךָ. תַּרְגּוּם: "עַד דְּתֵיבַד", כְּלוֹמַר עַד אֲבֹד אוֹתְךָ, שֶׁתִּכְלֶה מֵאֵלֶיךָ:

כג) וְהָיוּ שָׁמֶיךָ אֲשֶׁר עַל רֹאשְׁךָ נְחֹשֶׁת. קְלָלוֹת הַלָּלוּ מֹשֶׁה מִפִּי עַצְמוֹ אֲמָרָן, וְשֶׁבְּתוֹרַת כֹּהֲנִים מִפִּי הַקָּדוֹשׁ בָּרוּךְ הוּא אֲמָרָן כְּמַשְׁמָעָן: "וְאִם לֹא תִשְׁמְעוּ לִי" (ויקרא כו, יד), "וְאִם תֵּלְכוּ עִמִּי קֶרִי" (שם פסוק כא), וְכָאן הוּא אוֹמֵר: "בְּקוֹל ה׳ אֱלֹהֶיךָ" (לעיל פסוק טו), "יַדְבֵּק ה׳ בְּךָ" (לעיל פסוק כא), "יַכְּכָה ה׳" (לעיל פסוק כב). הֵקֵל מֹשֶׁה בִּקְלָלוֹתָיו

תַּחְתֶּיךָ בַּרְזֶל: יִתֵּן יְהוָה אֶת־מְטַר אַרְצְךָ אָבָק כד
וְעָפָר מִן־הַשָּׁמַיִם יֵרֵד עָלֶיךָ עַד הִשָּׁמְדָךְ: יִתֶּנְךָ כה
יְהוָה ׀ נִגָּף לִפְנֵי אֹיְבֶיךָ בְּדֶרֶךְ אֶחָד תֵּצֵא אֵלָיו
וּבְשִׁבְעָה דְרָכִים תָּנוּס לְפָנָיו וְהָיִיתָ לְזַעֲוָה לְכֹל
מַמְלְכוֹת הָאָרֶץ: וְהָיְתָה נִבְלָתְךָ לְמַאֲכָל לְכָל־ כו
עוֹף הַשָּׁמַיִם וּלְבֶהֱמַת הָאָרֶץ וְאֵין מַחֲרִיד:
וּבַטְּחֹרִים יַכְּכָה יְהוָה בִּשְׁחִין מִצְרַיִם וּבעפלים וּבַגָּרָב כז
וּבֶחָרֶס אֲשֶׁר לֹא־תוּכַל לְהֵרָפֵא: יַכְּכָה יְהוָה כח
בְּשִׁגָּעוֹן וּבְעִוָּרוֹן וּבְתִמְהוֹן לֵבָב: וְהָיִיתָ מְמַשֵּׁשׁ כט
בַּצָּהֳרַיִם כַּאֲשֶׁר יְמַשֵּׁשׁ הָעִוֵּר בָּאֲפֵלָה וְלֹא
תַצְלִיחַ אֶת־דְּרָכֶיךָ וְהָיִיתָ אַךְ עָשׁוּק וְגָזוּל כָּל־
הַיָּמִים וְאֵין מוֹשִׁיעַ: אִשָּׁה תְאָרֵשׂ וְאִישׁ אַחֵר ל
יִשְׁכָּבֶנָּה ישגלנה בַּיִת תִּבְנֶה וְלֹא־תֵשֵׁב בּוֹ כֶּרֶם תִּטַּע
וְלֹא תְחַלְּלֶנּוּ: שׁוֹרְךָ טָבוּחַ לְעֵינֶיךָ וְלֹא תֹאכַל לא
מִמֶּנּוּ חֲמֹרְךָ גָּזוּל מִלְּפָנֶיךָ וְלֹא יָשׁוּב לָךְ צֹאנְךָ
נְתֻנוֹת לְאֹיְבֶיךָ וְאֵין לְךָ מוֹשִׁיעַ: בָּנֶיךָ וּבְנֹתֶיךָ לב
נְתֻנִים לְעַם אַחֵר וְעֵינֶיךָ רֹאוֹת וְכָלוֹת אֲלֵיהֶם
כָּל־הַיּוֹם וְאֵין לְאֵל יָדֶךָ: פְּרִי אַדְמָתְךָ וְכָל־ לג
יְגִיעֲךָ יֹאכַל עַם אֲשֶׁר לֹא־יָדָעְתָּ וְהָיִיתָ רַק
עָשׁוּק וְרָצוּץ כָּל־הַיָּמִים: וְהָיִיתָ מְשֻׁגָּע מִמַּרְאֵה לד

לה עֵינֶיךָ אֲשֶׁר תִּרְאֶה: יַכְּכָה יְהֹוָה בִּשְׁחִין רָע
עַל־הַבִּרְכַּיִם וְעַל־הַשֹּׁקַיִם אֲשֶׁר לֹא־תוּכַל

כד דִּתְחוֹתָךְ תַּקִּיפָא כְּבַרְזְלָא מִלְּמֶעְבַּד פֵּירִין: יִתֵּין יְיָ, יָת מְטַר אַרְעָךְ אַבְקָא וְעַפְרָא, מִן שְׁמַיָּא
כה יֵיחוֹת עֲלָךְ, עַד דְּתִשְׁתֵּיצֵי: יִתְנִנָּךְ יְיָ תְּבִיר קֳדָם סָנְאָךְ, בְּאוֹרְחָא חֲדָא תִּפּוֹק לְוָתֵיהּ, וּבְשִׁבְעָא
כו אוֹרְחָן תְּעִרוֹק מִן קֳדָמוֹהִי, וּתְהֵי לְזִיעַ, לְכֹל מַלְכְוָת אַרְעָא: וּתְהֵי נְבִילְתָךְ מְשַׁגְּרָא לְמֵיכַל,
כז לְכָל עוֹפָא דִשְׁמַיָּא וּלְבְעִירָא דְּאַרְעָא, וְלֵית דִּמְנִיד: יִמְחֵינָךְ יְיָ, בְּשִׁחְנָא דְמִצְרָאֵי וּבִטְחוֹרִין,
כח וּבְגַרְבָא וּבַחֲרַס יַבִּישׁ, דְּלָא תִכּוֹל לְאִתַּסָּאָה: יִמְחֵינָךְ יְיָ, בְּטַפְשׁוּתָא וּבְסַמְיוּתָא, וּבְשַׁעֲמִימוּת
כט לִבָּא: וּתְהֵי מְמַשֵּׁישׁ בְּטִיהֲרָא, כְּמָא דִימַשֵּׁישׁ עֲוִירָא בְּקַבְלָא, וְלָא תַצְלַח יָת אוֹרְחָתָךְ,
ל וּתְהֵי, בְּרַם עֲשִׁיק וַאֲנִיס, כָּל יוֹמַיָּא וְלֵית דְּפָרִיק: אִתְּתָא תֵירוֹס, וּגְבַר אָחֳרָן יִשְׁכְּבִנַּהּ, בֵּיתָא
לא תִבְנֵי וְלָא תֵתֵיב בֵּיהּ, כַּרְמָא תִצּוֹב וְלָא תַחֲלְנֵיהּ: תּוֹרָךְ יְהֵי נְכִיס לְעֵינָךְ, וְלָא תֵיכוֹל מִנֵּיהּ,
לב חֲמָרָךְ יְהֵי אֲנִיס מִן קֳדָמָךְ, וְלָא יְתוּב לָךְ, עָנָךְ מְסִירָן לְבַעֲלֵי דְבָבָךְ, וְלֵית לָךְ פָּרִיק: בְּנָךְ
לג וּבְנָתָךְ, מְסִירִין לְעַם אָחֳרָן וְעֵינָךְ חָזְיָן, וִיסוּפָן בְּגַלָּלְהוֹן כָּל יוֹמָא, וְלֵית חֵילָא בִּידָךְ: אִבָּא
לד דְּאַרְעָךְ וְכָל לֵיאוּתָךְ, יֵיכוֹל עַם דְּלָא יְדַעְתָּא, וּתְהֵי, בְּרַם, עֲשִׁיק וּרְעִיעַ כָּל יוֹמַיָּא: וּתְהֵי
לה מְשַׁתַּטֵי, מֵחֵיזוּ עֵינָךְ דִּתְהֵי חָזֵי: יִמְחֵינָךְ יְיָ בְּשִׁחְנָא בִישָׁא, עַל רְכֻבִּין וְעַל שָׁקִין, דְּלָא תִכּוֹל

לְאַמְרָן בִּלְשׁוֹן יָחִיד, וְגַם כֵּן בִּקְלָלָה זוֹ הֵיקֵל, שֶׁבָּרִאשׁוֹנוֹת הוּא אוֹמֵר: "אֶת שְׁמֵיכֶם כַּבַּרְזֶל וְאֶת אַרְצְכֶם כַּנְּחֻשָׁה" (ויקרא כו, יט), שֶׁלֹּא יִהְיוּ הַשָּׁמַיִם מְזִיעִין כְּדֶרֶךְ שֶׁאֵין הַבַּרְזֶל מֵזִיעַ, וּמִתּוֹךְ כָּךְ יְהֵא חֹרֶב בָּעוֹלָם, וְהָאָרֶץ תְּהֵא מְזִיעָה כְּדֶרֶךְ שֶׁהַנְּחֹשֶׁת מֵזִיעַ, וְהִיא מַרְקֶבֶת פֵּרוֹתֶיהָ. וְכָאן הוּא אוֹמֵר: שָׁמֶיךָ נְחֹשֶׁת וְאַרְצְךָ בַּרְזֶל, שֶׁיִּהְיוּ שָׁמַיִם מְזִיעִין, אַף עַל פִּי שֶׁלֹּא יָרִיקוּ מָטָר, מִכָּל מָקוֹם לֹא יִהְיֶה חֹרֶב שֶׁל אֲבַדּוֹן בָּעוֹלָם, וְהָאָרֶץ לֹא תִהְיֶה מְזִיעָה כְּדֶרֶךְ שֶׁאֵין הַבַּרְזֶל מֵזִיעַ, וְאֵין הַפֵּרוֹת מַרְקִיבִין. וּמִכָּל מָקוֹם קְלָלָה הִיא, בֵּין שֶׁהִיא כַּנְּחֹשֶׁת בֵּין שֶׁהִיא כַּבַּרְזֶל לֹא תוֹצִיא פֵּרוֹת, וְכֵן הַשָּׁמַיִם לֹא יָרִיקוּ מָטָר:

כד) **מְטַר אַרְצְךָ אָבָק וְעָפָר.** זִיקָא דְּבָתַר מִטְרָא, מָטָר יוֹרֵד וְלֹא כָּל צָרְכּוֹ וְאֵין בּוֹ כְּדֵי לְהַרְבִּיץ אֶת הֶעָפָר, וְהָרוּחַ בָּאָה וּמַעֲלָה אֶת הָאָבָק וּמְכַסֶּה אֶת עֵשֶׂב הַזְּרָעִים שֶׁהֵן לַחִים מִן הַמַּיִם וְנִדְבָּק בָּהֶם, וְנַעֲשֶׂה טִיט וּמִתְיַבֵּשׁ וּמַרְקִיבָן:

כה) **לְזַעֲוָה.** לְאֵימָה וּלְזִיעַ, שֶׁיָּזוּעוּ כָּל שׁוֹמְעֵי מַכּוֹתֶיךָ מִמְּךָ, וְיֹאמְרוּ: אוֹי לָנוּ שֶׁלֹּא יָבֹא עָלֵינוּ כְּדֶרֶךְ שֶׁבָּא עַל אֵלּוּ:

כז) **בִּשְׁחִין מִצְרַיִם.** רַע הָיָה מְאֹד, לַח מִבַּחוּץ וְיָבֵשׁ מִבִּפְנִים, כִּדְאִיתָא בִּבְכוֹרוֹת (דף מא ע"א): **גָּרָב.** שְׁחִין לַח: **חָרֶס.** שְׁחִין יָבֵשׁ כַּחֶרֶס:

כח) **וּבְתִמְהוֹן לֵבָב.** אֹטֶם הַלֵּב, אשטורדישו"ן בְּלַעַז:

כט) **עָשׁוּק.** בְּכָל מַעֲשֶׂיךָ יְהִי עִרְעֵר:

ל) **יִשְׁגָּלֶנָּה.** לְשׁוֹן שֵׁגַל, פִּילֶגֶשׁ, וְהַכָּתוּב כִּנָּהוּ לְשֶׁבַח "יִשְׁכָּבֶנָּה", וְתִקּוּן סוֹפְרִים הוּא זֶה: **תְּחַלְּלֶנּוּ.** בַּשָּׁנָה הָרְבִיעִית לֶאֱכֹל פִּרְיוֹ:

לב) **וְכָלוֹת אֲלֵיהֶם.** מְצַפּוֹת אֲלֵיהֶם שֶׁיָּשׁוּבוּ וְאֵינָם

לְהֵרָפֵא מִכַּף רַגְלְךָ וְעַד קָדְקֳדֶךָ׃ יוֹלֵךְ יְהוָה לו
אֹתְךָ וְאֶת־מַלְכְּךָ אֲשֶׁר תָּקִים עָלֶיךָ אֶל־גּוֹי
אֲשֶׁר לֹא־יָדַעְתָּ אַתָּה וַאֲבֹתֶיךָ וְעָבַדְתָּ שָּׁם
אֱלֹהִים אֲחֵרִים עֵץ וָאָבֶן׃ וְהָיִיתָ לְשַׁמָּה לְמָשָׁל לז
וְלִשְׁנִינָה בְּכֹל הָעַמִּים אֲשֶׁר־יְנַהֶגְךָ יְהוָה שָׁמָּה׃
זֶרַע רַב תּוֹצִיא הַשָּׂדֶה וּמְעַט תֶּאֱסֹף כִּי יַחְסְלֶנּוּ לח
הָאַרְבֶּה׃ כְּרָמִים תִּטַּע וְעָבָדְתָּ וְיַיִן לֹא־תִשְׁתֶּה לט
וְלֹא תֶאֱגֹר כִּי תֹאכְלֶנּוּ הַתֹּלָעַת׃ זֵיתִים יִהְיוּ לְךָ מ
בְּכָל־גְּבוּלֶךָ וְשֶׁמֶן לֹא תָסוּךְ כִּי יִשַּׁל זֵיתֶךָ׃ בָּנִים מא
וּבָנוֹת תּוֹלִיד וְלֹא־יִהְיוּ לָךְ כִּי יֵלְכוּ בַּשֶּׁבִי׃ כָּל־ מב
עֵצְךָ וּפְרִי אַדְמָתֶךָ יְיָרֵשׁ הַצְּלָצַל׃ הַגֵּר אֲשֶׁר מג
בְּקִרְבְּךָ יַעֲלֶה עָלֶיךָ מַעְלָה מָּעְלָה וְאַתָּה תֵרֵד
מַטָּה מָּטָּה׃ הוּא יַלְוְךָ וְאַתָּה לֹא תַלְוֶנּוּ הוּא מד
יִהְיֶה לְרֹאשׁ וְאַתָּה תִּהְיֶה לְזָנָב׃ וּבָאוּ עָלֶיךָ מה
כָּל־הַקְּלָלוֹת הָאֵלֶּה וּרְדָפוּךָ וְהִשִּׂיגוּךָ עַד
הִשָּׁמְדָךְ כִּי־לֹא שָׁמַעְתָּ בְּקוֹל יְהוָה אֱלֹהֶיךָ
לִשְׁמֹר מִצְוֹתָיו וְחֻקֹּתָיו אֲשֶׁר צִוָּךְ׃ וְהָיוּ בְךָ מו
לְאוֹת וּלְמוֹפֵת וּבְזַרְעֲךָ עַד־עוֹלָם׃ תַּחַת אֲשֶׁר מז
לֹא־עָבַדְתָּ אֶת־יְהוָה אֱלֹהֶיךָ בְּשִׂמְחָה וּבְטוּב
לֵבָב מֵרֹב כֹּל׃ וְעָבַדְתָּ אֶת־אֹיְבֶיךָ אֲשֶׁר מח

יְשַׁלְּחֶנּוּ יהוה בָּךְ בְּרָעָב וּבְצָמָא וּבְעֵירֹם וּבְחֹסֶר
כֹּל וְנָתַן עֹל בַּרְזֶל עַל־צַוָּארֶךָ עַד הִשְׁמִידוֹ
מט אֹתָךְ: יִשָּׂא יהוה עָלֶיךָ גּוֹי מֵרָחֹק מִקְצֵה הָאָרֶץ
כַּאֲשֶׁר יִדְאֶה הַנָּשֶׁר גּוֹי אֲשֶׁר לֹא־תִשְׁמַע לְשֹׁנוֹ:

לו לְאִתַּסָּאָה, מִפַּרְסַת רַגְלָךְ וְעַד מוֹחָךְ: יַגְלֵי יי יָתָךְ, וְיָת מַלְכָּךְ דִּתְקִים עֲלָךְ, לְעַם, דְּלָא
לז יְדַעְתָּא אַתְּ וַאֲבָהָתָךְ, וְתִפְלַח תַּמָּן, לְעַמְמַיָּא, פָּלְחֵי טַעֲוָתָא אָעָא וְאַבְנָא: וּתְהֵי לְצָדוּ,
לח לְמַתְלָא וּלְשׁוֹעִי, בְּכָל עַמְמַיָּא, דִּידַבְּרִנָּךְ יי לְתַמָּן: בַּר זְרַע סַגִּי תַּפֵּיק לְחַקְלָא, וּזְעֵיר תִּכְנוֹשׁ,
לט אֲרֵי יַחְסְלִנֵּיהּ גּוֹבָא: כַּרְמִין תִּצּוֹב וְתִפְלַח, וְחַמַר לָא תִשְׁתֵּי וְלָא תִכְנוֹשׁ, אֲרֵי תֵיכְלִנֵּיהּ
מ מא תּוֹלַעְתָּא: זֵיתִין, יְהוֹן לָךְ בְּכָל תְּחוּמָךְ, וּמִשְׁחָא לָא תְסוּךְ, אֲרֵי יִתְּרַן זֵיתָךְ: בְּנִין וּבְנָן תּוֹלִיד,
מב מג וְלָא יְהוֹן לָךְ, אֲרֵי יְהָכוּן בְּשִׁבְיָא: כָּל אִילָנָךְ וְאִבָּא דְאַרְעָךְ, יַחְסְנִנֵּיהּ סַקָּאָה: תּוֹתַב עֲרַל
מד דְּבֵינָךְ, יְהֵי סָלֵיק עֵיל מִנָּךְ לְעֵילָא לְעֵילָא, וְאַתְּ תְּהֵי נָחֵית לְתַחְתָּא לְתַחְתָּא: הוּא יוֹזְפִנָּךְ,
מה וְאַתְּ לָא תוֹזְפִנֵּיהּ, הוּא יְהֵי תַּקִּיף, וְאַתְּ תְּהֵי חֲלָשׁ: וְיֵיתוֹן עֲלָךְ כָּל לְוָטַיָּא הָאִלֵּין, וְיִרְדְּפֻנָּךְ
וְיַדְבְּקֻנָּךְ, עַד דְּתִשְׁתֵּיצֵי, אֲרֵי לָא קַבֵּילְתָּא, לְמֵימְרָא דַּיי אֱלָהָךְ, לְמִטַּר, פִּקּוֹדוֹהִי וּקְיָמוֹהִי
מו מז דְּפַקְּדָךְ: וִיהוֹן בָּךְ, לְאָתִין וּלְמוֹפְתִין, וּבִבְנָךְ עַד עָלְמָא: חֲלָף, דְּלָא פְלַחְתָּא קֳדָם יי אֱלָהָךְ,
מח בְּחֶדְוָא וּבְשַׁפִּירוּת לִבָּא, מִסְּגֵי כוֹלָא: וְתִפְלַח יָת בַּעֲלֵי דְבָבָךְ, דִּיגָרְנוּן יי בָּךְ, בְּכַפְנָא
מט וּבְצָהוּתָא, וּבְעַרְטִלָּיוּתָא וּבְחַסִּירוּת כּוֹלָא, וְיִתֵּין, נִיר דְּבַרְזֶל עַל צַוְּרָךְ, עַד דִּישֵׁיצֵי יָתָךְ: יַיְתֵי
יי עֲלָךְ עַם מֵרַחִיק מִסְּיָפֵי אַרְעָא, כְּמָא דְמִשְׁתְּדֵי נִשְׁרָא, עַמָּא, דְּלָא תִשְׁמַע לִישָּׁנֵיהּ:

שָׁבִים. כָּל תּוֹלַעַת שֶׁאֵינָהּ בָּאָה קְרוּיָה כִּלְיוֹן עֵינַיִם:

לז| לְשַׁמָּה. אשטורדישו"ן, כָּל הָרוֹאֶה אוֹתְךָ יִשֹּׁם עָלֶיךָ: לְמָשָׁל. כְּשֶׁתָּבֹא מַכָּה רָעָה עַל אָדָם יֹאמְרוּ: זוֹ דּוֹמָה לְמַכַּת פְּלוֹנִי: וְלִשְׁנִינָה. לְשׁוֹן "וְשִׁנַּנְתָּם" (לעיל ו, ז), יְדַבְּרוּ בְּךָ, וְכֵן תַּרְגּוּמוֹ: "וּלְשׁוֹעִי", לְשׁוֹן סִפּוּר, 'וְאִשְׁתָּעִי':

לח| יַחְסְלֶנּוּ. יְכַלֶּנּוּ, וְעַל שֵׁם כָּךְ נִקְרָא 'חָסִיל', שֶׁמְּכַלֶּה אֶת הַכֹּל:

מ| כִּי יִשַּׁל. יַשִּׁיר פֵּרוֹתָיו, לְשׁוֹן: "וְנָשַׁל הַבַּרְזֶל" (לעיל יט, ה):

מב| יְיָרֵשׁ הַצְּלָצַל. יַעֲשֶׂנּוּ הָאַרְבֶּה רָשׁ מִן הַפְּרִי: יְיָרֵשׁ. יַעֲנִי: הַצְּלָצַל. מִין אַרְבֶּה. וְאִי אֶפְשָׁר לְפָרֵשׁ 'יְיָרֵשׁ' לְשׁוֹן יְרֻשָּׁה, שֶׁאִם כֵּן הָיָה לוֹ לִכְתֹּב 'יִירַשׁ'; וְלֹא לְשׁוֹן הוֹרָשָׁה וְגֵרוּשִׁין, שֶׁאִם כֵּן הָיָה לוֹ לִכְתֹּב 'יוֹרִישׁ':

מז| מֵרֹב כֹּל. בְּעוֹד שֶׁהָיָה לְךָ כָּל טוּב:

מט| כַּאֲשֶׁר יִדְאֶה הַנָּשֶׁר. פִּתְאֹם, וְדֶרֶךְ מַצְלַחַת וְיֵקַלּוּ סוּסָיו: לֹא תִשְׁמַע לְשֹׁנוֹ. שֶׁלֹּא תַכִּיר לְשׁוֹנוֹ. וְכֵן: "תִּשְׁמַע חֲלוֹם לִפְתֹּר אֹתוֹ" (בראשית מא, טו), וְכֵן: "כִּי שֹׁמֵעַ יוֹסֵף" (שם מב, כג), אינטינדר"א בְּלַעַז:

נ גּ֚וֹי עַ֣ז פָּנִ֔ים אֲשֶׁ֨ר לֹא־יִשָּׂ֤א פָנִים֙ לְזָקֵ֔ן וְנַ֖עַר
נא לֹ֥א יָחֹֽן׃ וְ֠אָכַל פְּרִ֨י בְהֶמְתְּךָ֥ וּפְרִֽי־אַדְמָתְךָ֮
עַ֣ד הִשָּֽׁמְדָךְ֒ אֲשֶׁ֨ר לֹא־יַשְׁאִ֜יר לְךָ֗ דָּגָן֙ תִּיר֣וֹשׁ
וְיִצְהָ֔ר שְׁגַ֥ר אֲלָפֶ֖יךָ וְעַשְׁתְּרֹ֣ת צֹאנֶ֑ךָ עַ֥ד
נב הַאֲבִיד֖וֹ אֹתָֽךְ׃ וְהֵצַ֨ר לְךָ֜ בְּכָל־שְׁעָרֶ֗יךָ עַ֣ד
רֶ֤דֶת חֹמֹתֶ֙יךָ֙ הַגְּבֹהֹ֣ת וְהַבְּצֻר֔וֹת אֲשֶׁ֥ר אַתָּ֛ה
בֹּטֵ֥חַ בָּהֵ֖ן בְּכָל־אַרְצֶ֑ךָ וְהֵצַ֨ר לְךָ֜ בְּכָל־שְׁעָרֶ֗יךָ
בְּֽכָל־אַ֨רְצְךָ֔ אֲשֶׁ֥ר נָתַ֛ן יְהוָ֥ה אֱלֹהֶ֖יךָ לָֽךְ׃
נג וְאָכַלְתָּ֣ פְרִֽי־בִטְנְךָ֗ בְּשַׂ֤ר בָּנֶ֙יךָ֙ וּבְנֹתֶ֔יךָ אֲשֶׁ֥ר
נָֽתַן־לְךָ֖ יְהוָ֣ה אֱלֹהֶ֑יךָ בְּמָצוֹר֙ וּבְמָצ֔וֹק אֲשֶׁר־
נד יָצִ֥יק לְךָ֖ אֹיְבֶֽךָ׃ הָאִישׁ֙ הָרַ֣ךְ בְּךָ֔ וְהֶעָנֹ֖ג מְאֹ֑ד
תֵּרַ֨ע עֵינ֤וֹ בְאָחִיו֙ וּבְאֵ֣שֶׁת חֵיק֔וֹ וּבְיֶ֥תֶר בָּנָ֖יו
נה אֲשֶׁ֥ר יוֹתִֽיר׃ מִתֵּ֣ת ׀ לְאַחַ֣ד מֵהֶ֗ם מִבְּשַׂ֤ר בָּנָיו֙
אֲשֶׁ֣ר יֹאכֵ֔ל מִבְּלִ֥י הִשְׁאִֽיר־ל֖וֹ כֹּ֑ל בְּמָצוֹר֙
וּבְמָצ֔וֹק אֲשֶׁ֨ר יָצִ֥יק לְךָ֛ אֹיִבְךָ֖ בְּכָל־שְׁעָרֶֽיךָ׃
נו הָרַכָּ֨ה בְךָ֜ וְהָעֲנֻגָּ֗ה אֲשֶׁ֨ר לֹא־נִסְּתָ֤ה כַף־רַגְלָהּ֙
הַצֵּ֣ג עַל־הָאָ֔רֶץ מֵהִתְעַנֵּ֖ג וּמֵרֹ֑ךְ תֵּרַ֤ע עֵינָהּ֙
נז בְּאִ֣ישׁ חֵיקָ֔הּ וּבִבְנָ֖הּ וּבְבִתָּֽהּ׃ וּֽבְשִׁלְיָתָ֞הּ
הַיּוֹצֵ֣ת ׀ מִבֵּ֣ין רַגְלֶ֗יהָ וּבְבָנֶ֙יהָ֙ אֲשֶׁ֣ר תֵּלֵ֔ד כִּֽי־
תֹאכְלֵ֥ם בְּחֹֽסֶר־כֹּ֖ל בַּסָּ֑תֶר בְּמָצוֹר֙ וּבְמָצ֔וֹק
נח אֲשֶׁ֨ר יָצִ֥יק לְךָ֛ אֹֽיִבְךָ֖ בִּשְׁעָרֶֽיךָ׃ אִם־לֹ֨א

תִּשְׁמֹר לַעֲשׂוֹת אֶת־כָּל־דִּבְרֵי הַתּוֹרָה הַזֹּאת
הַכְּתֻבִים בַּסֵּפֶר הַזֶּה לְיִרְאָה אֶת־הַשֵּׁם הַנִּכְבָּד
נט וְהַנּוֹרָא הַזֶּה אֵת יְהוָה אֱלֹהֶיךָ׃ וְהִפְלָא יְהוָה
אֶת־מַכֹּתְךָ וְאֵת מַכּוֹת זַרְעֶךָ מַכּוֹת גְּדֹלֹת
ס וְנֶאֱמָנוֹת וָחֳלָיִם רָעִים וְנֶאֱמָנִים׃ וְהֵשִׁיב בְּךָ
אֵת כָּל־מַדְוֵה מִצְרַיִם אֲשֶׁר יָגֹרְתָּ מִפְּנֵיהֶם

נא עַם תַּקִּיף אַפִּין, דְּלָא נָסֵיב אַפֵּי סָבָא, וְעַל יָנְקָא לָא מְרַחֵים׃ וְיֵיכוֹל, וַלְדָא דִבְעִירָךְ וְאִבָּא
דְאַרְעָךְ עַד דְּתִשְׁתֵּיצֵי, דְּלָא יַשְׁאַר לָךְ, עֲבוּרָא חַמְרָא וּמִשְׁחָא, בַּקְרֵי תוֹרָךְ וְעֶדְרֵי עָנָךְ, עַד
נב דְּיוֹבֵיד יָתָךְ׃ וִיעִיק לָךְ בְּכָל קִרְוָךְ, עַד דְּיִכְבֵּישׁ שׁוּרָךְ רָמַיָּא וּכְרִיכַיָּא, דְּאַתְּ רָחֵיץ לְאִשְׁתֵּיזָבָא
נג בְּהוֹן בְּכָל אַרְעָךְ, וִיעִיק לָךְ בְּכָל קִרְוָךְ, בְּכָל אַרְעָךְ, דִּיהַב יי אֱלָהָךְ לָךְ׃ וְתֵיכוֹל וַלְדָא דִמְעָךְ,
נד בְּסַר בְּנָךְ וּבְנָתָךְ, דִּיהַב לָךְ יי אֱלָהָךְ, בְּצִיָרָא וּבְעָקְתָא, דִּיעִיק לָךְ סָנְאָךְ׃ גֻּבְרָא דְּרַכִּיךְ בָּךְ,
נה וְדִמְפַנַּק לַחֲדָא, תִּבְאַשׁ עֵינֵיהּ בַּאֲחוּהִי וּבְאִתַּת קְיָמֵיהּ, וּבִשְׁאָר בְּנוֹהִי דְּיַשְׁאַר׃ מִלְּמִתַּן לְחַד
מִנְּהוֹן, מִבְּסַר בְּנוֹהִי דְּיֵיכוֹל, מִדְּלָא אִשְׁתְּאַר לֵיהּ כּוֹלָא, בְּצִיָרָא וּבְעָקְתָא, דִּיעִיק לָךְ, סָנְאָךְ
נו בְּכָל קִרְוָךְ׃ דְּרַכִּיכָא בָךְ וְדִמְפַנְּקָא, דְּלָא נַסִּיאַת פַּרְסַת רַגְלַהּ לְאַחָתָא עַל אַרְעָא, מִמְּפַנְּקוּ
נז וּמֵרַכִּיכוּ, תִּבְאַשׁ עֵינַהּ בִּגְבַר קְיָמַהּ, וּבִבְרַהּ וּבִבְרַתַּהּ׃ וּבִזְעֵיר בְּנַהָא, דְּיִפְּקוּן מִבֵּין רַגְלַהָא,
וּבִבְנַהָא דְּתְלִיד, אֲרֵי תֵיכְלִנּוּן בַּחֲסִירוּת כּוֹלָא בְּסִתְרָא, בְּצִיָרָא וּבְעָקְתָא, דִּיעִיק לָךְ, סָנְאָךְ
נח בְּקִרְוָךְ׃ אִם לָא תִטַּר לְמֶעְבַּד, יָת כָּל פִּתְגָמֵי אוֹרָיְתָא הָדָא, דִּכְתִיבִין בְּסִפְרָא הָדֵין, לְמִדְחַל,
נט יָת שְׁמָא, יַקִּירָא וּדְחִילָא הָדֵין, יָת יי אֱלָהָךְ׃ וְיַפְרֵישׁ יי יָת מַחָתָךְ, וְיָת מַחַת בְּנָךְ, מַחָן רַבְרְבָן
ס וּמְהֵימְנָן, וּמַכְתָּשִׁין בִּישִׁין וּמְהֵימְנִין׃ וְיָתֵיב בָּךְ, יָת כָּל מַכְתָּשֵׁי מִצְרַיִם, דִּדְחֵילְתָּא מִן

נב) עַד רֶדֶת חֹמֹתֶיךָ. לְשׁוֹן רִדּוּי וְכִבּוּשׁ:

נג) וְאָכַלְתָּ... בְּשַׂר בָּנֶיךָ... בְּמָצוֹר. מֵחֲמַת שֶׁיִּהְיוּ צָרִים עַל הָעִיר וְיִהְיֶה שָׁם "מָצוֹק", עָקַת רַעֲבוֹן:

נד) הָרַךְ בְּךָ. הָרַחְמָנִי וְרַךְ הַלֵּבָב עַל בָּנָיו, תֵּרַע עֵינוֹ בָּהֶם לְהַעֲלִים עֵינוֹ מֵהֶם, מִתֵּת לְאַחַד מֵהֶם מִבְּשַׂר חַיֵּיהֶם חֲסַר יֹאכַל. וּבְיֶתֶר בָּנָיו אֲשֶׁר יוֹתִיר. מִן הַשְּׁחוּטִין שֶׁשָּׁחַט לְמַאֲכָלוֹ, תְּהֵא עֵינוֹ רָעָה וְצָרָה בָּהֶם מִלִּתֵּן לָהֶם מִבְּשַׂר הַנִּשְׁחָטִין:

נו) תֵּרַע עֵינָהּ בְּאִישׁ חֵיקָהּ וּבִבְנָהּ וּבְבִתָּהּ. הַגְּדוֹלִים:

נז) וּבְשִׁלְיָתָהּ. בָּנִים הַקְּטַנִּים, בְּכֻלָּן תְּהֵא עֵינָהּ צָרָה כְּשֶׁתֹּאכַל אֶת הָאֶחָד מִלָּתֵת לָאַחֵר חֶלְקָהּ מִן הַבָּשָׂר: וּבְבָנֶיהָ אֲשֶׁר תֵּלֵד. תֵּרַע עֵינָהּ לְשָׁחֲטָם וּלְאָכְלָם בְּחֹסֶר כֹּל בַּסָּתֶר:

נט) וְהִפְלָא ה' אֶת מַכֹּתְךָ. מֻפְלָאוֹת וּמֻבְדָּלוֹת מִשְּׁאָר מַכּוֹת: וְנֶאֱמָנוֹת. לְסֵרֶךְ לְקַיֵּם שְׁלִיחוּתָן:

ס) אֲשֶׁר יָגֹרְתָּ מִפְּנֵיהֶם. מִפְּנֵי הַמַּכּוֹת. כְּשֶׁהָיוּ יִשְׂרָאֵל רוֹאִים מַכּוֹת מְשֻׁנּוֹת הַבָּאוֹת עַל מִצְרַיִם, הָיוּ יְרֵאִים מֵהֶם שֶׁלֹּא יָבוֹאוּ גַּם עֲלֵיהֶם. תֵּדַע, שֶׁכֵּן כָּתוּב: "אִם שָׁמוֹעַ תִּשְׁמַע וְגוֹ' כָּל הַמַּחֲלָה

וְדָבְקוּ בָּךְ׃ גַּם כָּל־חֳלִי וְכָל־מַכָּה אֲשֶׁר לֹא סא
כָּתוּב בְּסֵפֶר הַתּוֹרָה הַזֹּאת יַעְלֵם יהוה עָלֶיךָ
עַד הִשָּׁמְדָךְ׃ וְנִשְׁאַרְתֶּם בִּמְתֵי מְעָט תַּחַת סב
אֲשֶׁר הֱיִיתֶם כְּכוֹכְבֵי הַשָּׁמַיִם לָרֹב כִּי־לֹא
שָׁמַעְתָּ בְּקוֹל יהוה אֱלֹהֶיךָ׃ וְהָיָה כַּאֲשֶׁר־ סג
שָׂשׂ יהוה עֲלֵיכֶם לְהֵיטִיב אֶתְכֶם וּלְהַרְבּוֹת
אֶתְכֶם כֵּן יָשִׂישׂ יהוה עֲלֵיכֶם לְהַאֲבִיד אֶתְכֶם
וּלְהַשְׁמִיד אֶתְכֶם וְנִסַּחְתֶּם מֵעַל הָאֲדָמָה
אֲשֶׁר־אַתָּה בָא־שָׁמָּה לְרִשְׁתָּהּ׃ וֶהֱפִיצְךָ סד
יהוה בְּכָל־הָעַמִּים מִקְצֵה הָאָרֶץ וְעַד־קְצֵה
הָאָרֶץ וְעָבַדְתָּ שָׁם אֱלֹהִים אֲחֵרִים אֲשֶׁר לֹא־
יָדַעְתָּ אַתָּה וַאֲבֹתֶיךָ עֵץ וָאָבֶן׃ וּבַגּוֹיִם הָהֵם סה
לֹא תַרְגִּיעַ וְלֹא־יִהְיֶה מָנוֹחַ לְכַף־רַגְלֶךָ וְנָתַן
יהוה לְךָ שָׁם לֵב רַגָּז וְכִלְיוֹן עֵינַיִם וְדַאֲבוֹן
נָפֶשׁ׃ וְהָיוּ חַיֶּיךָ תְּלֻאִים לְךָ מִנֶּגֶד וּפָחַדְתָּ סו
לַיְלָה וְיוֹמָם וְלֹא תַאֲמִין בְּחַיֶּיךָ׃ בַּבֹּקֶר סז
תֹּאמַר מִי־יִתֵּן עֶרֶב וּבָעֶרֶב תֹּאמַר מִי־יִתֵּן
בֹּקֶר מִפַּחַד לְבָבְךָ אֲשֶׁר תִּפְחָד וּמִמַּרְאֵה
עֵינֶיךָ אֲשֶׁר תִּרְאֶה׃ וֶהֱשִׁיבְךָ יהוה ׀ מִצְרַיִם סח
בָּאֳנִיּוֹת בַּדֶּרֶךְ אֲשֶׁר אָמַרְתִּי לְךָ לֹא־תֹסִיף

עוֹד לִרְאֹתָהּ וְהִתְמַכַּרְתֶּם שָׁם לְאֹיְבֶיךָ לַעֲבָדִים
סט וְלִשְׁפָחוֹת וְאֵין קֹנֶה: אֵלֶּה דִבְרֵי
הַבְּרִית אֲשֶׁר־צִוָּה יְהוָה אֶת־מֹשֶׁה לִכְרֹת אֶת־

סא קֳדָמֵיהוֹן, וְיִדְבְּקוּן בָּךְ: אַף כָּל מְרַע וְכָל מַחָא, דְּלָא כְתִיבִין, בִּסְפַר אוֹרָיְתָא הָדָא, יַיְתֵינוּן יי
סב עֲלָךְ, עַד דְּתִשְׁתֵּיצֵי: וְתִשְׁתַּאֲרוּן בְּעַם זְעֵיר, חֲלָף דַּהֲוֵיתוּן, כְּכוֹכְבֵי שְׁמַיָּא לִסְגֵי, אֲרֵי לָא
סג קַבֵּילְתָּא, לְמֵימְרָא דַּיי אֱלָהָךְ: וִיהֵי, כְּמָא דַּחְדִי יי עֲלֵיכוֹן, לְאֵיטָבָא לְכוֹן וּלְאַסְגָּאָה יָתְכוֹן,
כֵּן יֶחְדֵּי יי עֲלֵיכוֹן, לְאוֹבָדָא יָתְכוֹן וּלְשֵׁיצָאָה יָתְכוֹן, וְתִטַּלְטְלוּן מֵעַל אַרְעָא, דְּאַתְּ עָלֵיל לְתַמָּן
סד לְמֵירְתַהּ: וִיבַדְּרִנָּךְ יי בְּכָל עַמְמַיָּא, מִסְּיָפֵי אַרְעָא וְעַד סְיָפֵי אַרְעָא, וְתִפְלַח תַּמָּן לְעַמְמַיָּא
סה פָּלְחֵי טַעֲוָתָא, דְּלָא יְדַעְתָּא, אַתְּ וַאֲבָהָתָךְ אָעָא וְאַבְנָא: וּבְעַמְמַיָּא הָאִנּוּן לָא תְנוּחַ, וְלָא
סו יְהֵי מְנָח לְפַרְסַת רַגְלָךְ, וְיִתֵּין יי לָךְ תַּמָּן לֵב דָּחוֹל, וַחֲשָׁכוּת עַיְנִין וּמַפְחַן נְפַשׁ: וִיהוֹן חַיָּךְ, תְּלַן
סז לָךְ מִקֳּבֵיל, וּתְהֵי תָּוֵהּ בְּלֵילְיָא וּבִימָמָא, וְלָא תְהֵימִין בְּחַיָּךְ: בְּצַפְרָא תֵּימַר מַאן יִתֵּין רַמְשָׁא,
סח וּבְרַמְשָׁא תֵּימַר מַאן יִתֵּין צַפְרָא, מִתְּוָהַת לִבָּךְ דִּתְהֵי תָּוֵהּ, וּמֵחֵיזוּ עֵינָךְ דִּתְהֵי חָזֵי: וְיָתִיבִנָּךְ יי
לְמִצְרַיִם בִּסְפִינָן, בְּאוֹרְחָא דַּאֲמַרִית לָךְ, לָא תוֹסֵיף עוֹד לְמִחְזַהּ, וְתִזְדַּבְּנוּן תַּמָּן לְבַעֲלֵי
סט דְּבָבֵיכוֹן, לְעַבְדִּין וּלְאַמְהָן וְלֵית דְּקָנֵי: אִלֵּין פִּתְגָּמֵי קְיָמָא דְּפַקֵּיד יי יָת מֹשֶׁה, לְמִגְזַר, עִם

אֲשֶׁר שַׂמְתִּי בְמִצְרַיִם לֹא אָשִׂים עָלֶיךָ" (שמות טו, כו), אֵין מְיָרְאִין אֶת הָאָדָם אֶלָּא בְּדָבָר שֶׁהוּא יָגוֹר מִמֶּנּוּ:

סא| יַעְלֵם. לְשׁוֹן עֲלִיָּה:

סב| וְנִשְׁאַרְתֶּם בִּמְתֵי מְעָט תַּחַת וְגוֹ'. מוּעָטִין חִלּוּף מְרֻבִּין:

סג| כֵּן יָשִׂישׂ ה'. אֶת אוֹיְבֵיכֶם "עֲלֵיכֶם, לְהַאֲבִיד" וְגוֹ': וְנִסַּחְתֶּם. לְשׁוֹן עֲקִירָה, וְכֵן: "בֵּית גֵּאִים יִסַּח ה'" (משלי טו, כה):

סד| וְעָבַדְתָּ שָּׁם אֱלֹהִים אֲחֵרִים. כְּתַרְגּוּמוֹ, לֹא עֲבוֹדַת אֱלֹהוּת מַמָּשׁ, אֶלָּא מַעֲלִים מַס וְגֻלְגָּלִיּוֹת לְכֻמְרֵי עֲבוֹדָה זָרָה:

סה| לֹא תַרְגִּיעַ. לֹא תָנוּחַ, כְּמוֹ: "וְזֹאת הַמַּרְגֵּעָה" (ישעיה כח, יב): לֵב רַגָּז. לֵב חָרֵד, כְּתַרְגּוּמוֹ: "דָּחִיל", כְּמוֹ: "שְׁאוֹל מִתַּחַת רָגְזָה לְךָ" (שם יד, ט), "שָׁמְעוּ עַמִּים יִרְגָּזוּן" (שמות טו, יד), "מוֹסְדוֹת הַשָּׁמַיִם יִרְגָּזוּ" (שמואל ב' כב, ח): וְכִלְיוֹן עֵינַיִם. מְצַפֶּה לִישׁוּעָה וְלֹא תָבֹא:

סו| חַיֶּיךָ תְּלֻאִים לְךָ. עַל הַסָּפֵק. כָּל סָפֵק קָרוּי 'תָּלוּי', שֶׁמָּא אָמוּת הַיּוֹם בַּחֶרֶב הַבָּאָה עָלֵינוּ. וְרַבּוֹתֵינוּ דָּרְשׁוּ: זֶה הַלּוֹקֵחַ תְּבוּאָה מִן הַשּׁוּק: וְלֹא תַאֲמִין בְּחַיֶּיךָ. זֶה הַסּוֹמֵךְ עַל הַפַּלְטֵר:

סז| בַּבֹּקֶר תֹּאמַר מִי יִתֵּן. וְהָיָה עֶרֶב שֶׁל אֶמֶשׁ: וּבָעֶרֶב תֹּאמַר מִי יִתֵּן בֹּקֶר. שֶׁל שַׁחֲרִית, שֶׁהַצָּרוֹת מִתְחַזְּקוֹת תָּמִיד, וְכָל שָׁעָה מְרֻבָּה קִלְלָתָהּ מִשֶּׁלְּפָנֶיהָ:

סח| בָּאֳנִיּוֹת. בִּסְפִינוֹת בַּשִּׁבְיָה: וְהִתְמַכַּרְתֶּם שָׁם לְאֹיְבֶיךָ. אַתֶּם מְבַקְשִׁים לִהְיוֹת נִמְכָּרִים לָהֶם "לַעֲבָדִים": וְאֵין קֹנֶה. כִּי יִגְזְרוּ עָלֶיךָ הֶרֶג וְכִלָּיוֹן: וְהִתְמַכַּרְתֶּם. בְּלַעַז אישפורוונדרי"ן בו"ש. וְלֹא יִתָּכֵן לְפָרֵשׁ "וְהִתְמַכַּרְתֶּם" בִּלְשׁוֹן וְנִמְכַּרְתֶּם עַל יְדֵי מוֹכְרִים אֲחֵרִים:

סט| לִכְרֹת אֶת בְּנֵי יִשְׂרָאֵל. שֶׁיְּקַבְּלוּ עֲלֵיהֶם

בְּנֵ֥י יִשְׂרָאֵ֖ל בְּאֶ֣רֶץ מוֹאָ֑ב מִלְּבַ֣ד הַבְּרִ֔ית אֲשֶׁר־
כָּרַ֥ת אִתָּ֖ם בְּחֹרֵֽב׃
שביעי א כט וַיִּקְרָ֥א מֹשֶׁ֛ה אֶל־כָּל־יִשְׂרָאֵ֖ל וַיֹּ֣אמֶר אֲלֵהֶ֑ם
אַתֶּ֣ם רְאִיתֶ֗ם אֵ֣ת כָּל־אֲשֶׁר֩ עָשָׂ֨ה יְהוָ֤ה לְעֵינֵיכֶם֙
בְּאֶ֣רֶץ מִצְרַ֔יִם לְפַרְעֹ֥ה וּלְכָל־עֲבָדָ֖יו וּלְכָל־
ב אַרְצֽוֹ׃ הַמַּסּוֹת֙ הַגְּדֹלֹ֔ת אֲשֶׁ֥ר רָא֖וּ עֵינֶ֑יךָ הָאֹתֹ֧ת
ג וְהַמֹּפְתִ֛ים הַגְּדֹלִ֖ים הָהֵֽם׃ וְלֹֽא־נָתַן֩ יְהוָ֨ה לָכֶ֥ם לֵב֙
לָדַ֔עַת וְעֵינַ֥יִם לִרְא֖וֹת וְאָזְנַ֣יִם לִשְׁמֹ֑עַ עַ֖ד הַיּ֥וֹם
ד הַזֶּֽה׃ וָאוֹלֵ֥ךְ אֶתְכֶ֛ם אַרְבָּעִ֥ים שָׁנָ֖ה בַּמִּדְבָּ֑ר לֹֽא־
בָל֤וּ שַׂלְמֹֽתֵיכֶם֙ מֵעֲלֵיכֶ֔ם וְנַעַלְךָ֥ לֹא־בָלְתָ֖ה מֵעַ֥ל
ה רַגְלֶֽךָ׃ לֶ֚חֶם לֹ֣א אֲכַלְתֶּ֔ם וְיַ֥יִן וְשֵׁכָ֖ר לֹ֣א שְׁתִיתֶ֑ם
מפטיר ★ ו לְמַ֙עַן֙ תֵּֽדְע֔וּ כִּ֛י אֲנִ֥י יְהוָ֖ה אֱלֹהֵיכֶֽם׃ וַתָּבֹ֖אוּ אֶל־
הַמָּק֣וֹם הַזֶּ֑ה וַיֵּצֵ֣א סִיחֹ֣ן מֶֽלֶךְ־חֶ֠שְׁבּוֹן וְע֨וֹג מֶֽלֶךְ־
ז הַבָּשָׁ֧ן לִקְרָאתֵ֛נוּ לַמִּלְחָמָ֖ה וַנַּכֵּֽם׃ וַנִּקַּח֙ אֶת־
אַרְצָ֔ם וַנִּתְּנָ֣הּ לְנַחֲלָ֗ה לָרֽאוּבֵנִ֛י וְלַגָּדִ֖י וְלַחֲצִ֖י
ח שֵׁ֥בֶט הַֽמְנַשִּֽׁי׃ וּשְׁמַרְתֶּ֗ם אֶת־דִּבְרֵי֙ הַבְּרִ֣ית

# הַזֹּאת וַעֲשִׂיתֶם אֹתָם לְמַעַן תַּשְׂכִּילוּ אֵת כָּל־אֲשֶׁר תַּעֲשׂוּן׃

כט א בְּנֵי יִשְׂרָאֵל בְּאַרְעָא דְמוֹאָב, בַּר מִקְיָמָא, דִּגְזַר עִמְּהוֹן בְּחוֹרֵב׃ וּקְרָא מֹשֶׁה, לְכָל יִשְׂרָאֵל
וַאֲמַר לְהוֹן, אַתּוּן חֲזֵיתוּן, יָת כָּל דַּעֲבַד יְיָ לְעֵינֵיכוֹן בְּאַרְעָא דְמִצְרַיִם, לְפַרְעֹה וּלְכָל עַבְדוֹהִי
ב ג וּלְכָל אַרְעֵיהּ׃ נִסִּין רַבְרְבָן, דַּחֲזָאָה עֵינָךְ, אָתַיָּא וּמוֹפְתַיָּא, רַבְרְבַיָּא הָאִנּוּן׃ וְלָא יְהַב יְיָ לְכוֹן
ד לִבָּא לְמִדַּע, וְעַיְנִין לְמֶחֱזֵי וְאֻדְנִין לְמִשְׁמַע, עַד יוֹמָא הָדֵין׃ וְדַבָּרִית יָתְכוֹן, אַרְבְּעִין שְׁנִין
ה בְּמַדְבְּרָא, לָא בְלִיאַת כְּסוּתְכוֹן מִנְּכוֹן, וּמְסָנָךְ לָא עֲדוֹ מֵעַל רַגְלָךְ׃ לַחְמָא לָא אֲכַלְתּוּן, וַחֲמַר
ו חֲדַת וְעַתִּיק לָא שְׁתֵיתוּן, בְּדִיל דְּתִדְּעוּן, אֲרֵי, אֲנָא יְיָ אֱלָהֲכוֹן׃ וַאֲתֵיתוּן לְאַתְרָא הָדֵין, וּנְפַק
ז סִיחוֹן מַלְכָּא דְחֶשְׁבּוֹן, וְעוֹג מַלְכָּא דְמַתְנָן לְקַדָּמוּתַנָא, לְאַגָּחָא קְרָבָא וּמְחֵינָנוּן׃ וּנְסֵיבְנָא
ח יָת אַרְעֲהוֹן, וִיהַבְנַהּ לְאַחְסָנָא, לְשִׁבְטָא רְאוּבֵן וּלְשִׁבְטָא גָד, וּלְפַלְגוּת שִׁבְטָא דִמְנַשֶּׁה׃ וְתִטְּרוּן,
יָת פִּתְגָמֵי קְיָמָא הָדָא, וְתַעְבְּדוּן יָתְהוֹן, בְּדִיל דְּתַצְלְחוּן, יָת כָּל דְּתַעְבְּדוּן׃

הַתּוֹרָה בְּאָלָה וּבִשְׁבוּעָה׃ **מִלְּבַד הַבְּרִית.** קְלָלוֹת שֶׁבְּתוֹרַת כֹּהֲנִים שֶׁנֶּאֶמְרוּ בְּסִינַי׃

פרק כט

ג-ח| **וְלֹא נָתַן ה׳ לָכֶם לֵב לָדַעַת.** לְהַכִּיר אֶת חַסְדֵי הַקָּדוֹשׁ בָּרוּךְ הוּא וּלְדָבְקָה בּוֹ׃ **עַד הַיּוֹם הַזֶּה.** שָׁמַעְתִּי שֶׁאוֹתוֹ הַיּוֹם שֶׁנָּתַן מֹשֶׁה סֵפֶר הַתּוֹרָה לִבְנֵי לֵוִי, כְּמוֹ שֶׁכָּתוּב: "וַיִּתְּנָהּ אֶל הַכֹּהֲנִים בְּנֵי לֵוִי" (להלן לא, ט), בָּאוּ כָּל יִשְׂרָאֵל לִפְנֵי מֹשֶׁה וְאָמְרוּ לוֹ: מֹשֶׁה רַבֵּנוּ, אַף אָנוּ עָמַדְנוּ בְּסִינַי וְנִתְּנָה לָנוּ, וּמָה אַתָּה מַשְׁלִיט אֶת בְּנֵי שִׁבְטְךָ עָלֶיהָ, וְיֹאמְרוּ לָנוּ יוֹם מָחָר, לֹא לָכֶם נִתְּנָה! וְשָׂמַח מֹשֶׁה עַל הַדָּבָר, וְעַל זֹאת אָמַר לָהֶם: "הַיּוֹם הַזֶּה נִהְיֵיתָ לְעָם" וְגוֹ׳ (לעיל כז, ט), הַיּוֹם הַזֶּה הֵבַנְתִּי שֶׁאַתֶּם דְּבֵקִים וַחֲפֵצִים בַּמָּקוֹם׃ **וַתָּבֹאוּ אֶל הַמָּקוֹם הַזֶּה.** עַתָּה אַתֶּם רוֹאִים עַצְמְכֶם בִּגְדֻלָּה וְכָבוֹד, אַל תִּבְעֲטוּ בַּמָּקוֹם וְאַל יָרוּם לְבַבְכֶם, "וּשְׁמַרְתֶּם אֶת דִּבְרֵי הַבְּרִית הַזֹּאת" וְגוֹ׳ (להלן פסוק ח). דָּבָר אַחֵר, "וְלֹא נָתַן ה׳ לָכֶם לֵב לָדַעַת", שֶׁאֵין אָדָם עוֹמֵד עַל סוֹף דַּעְתּוֹ שֶׁל רַבּוֹ וְחָכְמַת מִשְׁנָתוֹ עַד אַרְבָּעִים שָׁנָה, וּלְפִיכָךְ לֹא הִקְפִּיד עֲלֵיכֶם הַמָּקוֹם "עַד הַיּוֹם הַזֶּה", אֲבָל מִכָּאן וְאֵילָךְ יַקְפִּיד, וּלְפִיכָךְ: "וּשְׁמַרְתֶּם אֶת דִּבְרֵי הַבְּרִית הַזֹּאת" וְגוֹ׳:

# הפטרת כי תבוא

שתי המילים החותמות את ההפטרה "בעִתה אחישנה" מבטאות שני סגנונות בגאולה: האחת "אחישנה" – נעלית יותר, ולפיה, ה' יחיש את התהליך. והאחרת "בעִתה" – ולפיה, הכול יתנהל בקצב טבעי. שני הסגנונות קשורים גם לגאולת העולם. האם נזכה להיות מרוממים, כדי שאור ה' שיתגלה בנו יקרין דרכנו לאומות כולן, או שהשפעתנו תהיה נמוכה, וממילא תהליך התיקון יימשך זמן רב יותר? הדגש במערכת היחסים עם האומות הוא בעשיית צדק. אומות העולם יכירו בעוול שגרמו לעם ישראל ויפצוהו. בעקבות הכרה זו, ייווצרו באומות אמות מידה של התעהלות מתוקנת, והן יכירו בייחודו של עם ישראל כעם ה'.

ישעיה

קוּמִי אוֹרִי כִּי בָא אוֹרֵךְ וּכְבוֹד יְהוָה עָלַיִךְ זָרָח׃ כִּי־הִנֵּה הַחֹשֶׁךְ א ב ס
יְכַסֶּה־אֶרֶץ וַעֲרָפֶל לְאֻמִּים וְעָלַיִךְ יִזְרַח יְהוָה וּכְבוֹדוֹ עָלַיִךְ
יֵרָאֶה׃ וְהָלְכוּ גוֹיִם לְאוֹרֵךְ וּמְלָכִים לְנֹגַהּ זַרְחֵךְ׃ שְׂאִי־סָבִיב ג ד
עֵינַיִךְ וּרְאִי כֻּלָּם נִקְבְּצוּ בָאוּ־לָךְ בָּנַיִךְ מֵרָחוֹק יָבֹאוּ וּבְנֹתַיִךְ
עַל־צַד תֵּאָמַנָה׃ אָז תִּרְאִי וְנָהַרְתְּ וּפָחַד וְרָחַב לְבָבֵךְ כִּי־יֵהָפֵךְ ה
עָלַיִךְ הֲמוֹן יָם חֵיל גּוֹיִם יָבֹאוּ לָךְ׃ שִׁפְעַת גְּמַלִּים תְּכַסֵּךְ בִּכְרֵי ו
מִדְיָן וְעֵיפָה כֻּלָּם מִשְּׁבָא יָבֹאוּ זָהָב וּלְבוֹנָה יִשָּׂאוּ וּתְהִלֹּת יְהוָה
יְבַשֵּׂרוּ׃ כָּל־צֹאן קֵדָר יִקָּבְצוּ לָךְ אֵילֵי נְבָיוֹת יְשָׁרְתוּנֶךְ יַעֲלוּ ז
עַל־רָצוֹן מִזְבְּחִי וּבֵית תִּפְאַרְתִּי אֲפָאֵר׃ מִי־אֵלֶּה כָּעָב תְּעוּפֶינָה ח
וְכַיּוֹנִים אֶל־אֲרֻבֹּתֵיהֶם׃ כִּי־לִי ׀ אִיִּים יְקַוּוּ וָאֳנִיּוֹת תַּרְשִׁישׁ ט
בָּרִאשֹׁנָה לְהָבִיא בָנַיִךְ מֵרָחוֹק כַּסְפָּם וּזְהָבָם אִתָּם לְשֵׁם יְהוָה
אֱלֹהַיִךְ וְלִקְדוֹשׁ יִשְׂרָאֵל כִּי פֵאֲרָךְ׃ וּבָנוּ בְנֵי־נֵכָר חֹמֹתַיִךְ י
וּמַלְכֵיהֶם יְשָׁרְתוּנֶךְ כִּי בְקִצְפִּי הִכִּיתִיךְ וּבִרְצוֹנִי רִחַמְתִּיךְ׃
וּפִתְּחוּ שְׁעָרַיִךְ תָּמִיד יוֹמָם וָלַיְלָה לֹא יִסָּגֵרוּ לְהָבִיא אֵלַיִךְ חֵיל יא
גּוֹיִם וּמַלְכֵיהֶם נְהוּגִים׃ כִּי־הַגּוֹי וְהַמַּמְלָכָה אֲשֶׁר לֹא־יַעַבְדוּךְ יב
יֹאבֵדוּ וְהַגּוֹיִם חָרֹב יֶחֱרָבוּ׃ כְּבוֹד הַלְּבָנוֹן אֵלַיִךְ יָבוֹא בְּרוֹשׁ יג
תִּדְהָר וּתְאַשּׁוּר יַחְדָּו לְפָאֵר מְקוֹם מִקְדָּשִׁי וּמְקוֹם רַגְלַי אֲכַבֵּד׃
וְהָלְכוּ אֵלַיִךְ שְׁחוֹחַ בְּנֵי מְעַנַּיִךְ וְהִשְׁתַּחֲווּ עַל־כַּפּוֹת רַגְלַיִךְ כָּל־ יד
מְנַאֲצָיִךְ וְקָרְאוּ לָךְ עִיר יְהוָה צִיּוֹן קְדוֹשׁ יִשְׂרָאֵל׃ תַּחַת הֱיוֹתֵךְ טו
עֲזוּבָה וּשְׂנוּאָה וְאֵין עוֹבֵר וְשַׂמְתִּיךְ לִגְאוֹן עוֹלָם מְשׂוֹשׂ דּוֹר
וָדוֹר׃ וְיָנַקְתְּ חֲלֵב גּוֹיִם וְשֹׁד מְלָכִים תִּינָקִי וְיָדַעַתְּ כִּי אֲנִי יְהוָה טז
מוֹשִׁיעֵךְ וְגֹאֲלֵךְ אֲבִיר יַעֲקֹב׃ תַּחַת הַנְּחֹשֶׁת אָבִיא זָהָב וְתַחַת יז
הַבַּרְזֶל אָבִיא כֶסֶף וְתַחַת הָעֵצִים נְחֹשֶׁת וְתַחַת הָאֲבָנִים בַּרְזֶל

יח וְשַׂמְתִּי פְקֻדָּתֵךְ שָׁלוֹם וְנֹגְשַׂיִךְ צְדָקָה׃ לֹא־יִשָּׁמַע עוֹד חָמָס
בְּאַרְצֵךְ שֹׁד וָשֶׁבֶר בִּגְבוּלָיִךְ וְקָרָאת יְשׁוּעָה חוֹמֹתַיִךְ וּשְׁעָרַיִךְ
יט תְּהִלָּה׃ לֹא־יִהְיֶה־לָּךְ עוֹד הַשֶּׁמֶשׁ לְאוֹר יוֹמָם וּלְנֹגַהּ הַיָּרֵחַ
לֹא־יָאִיר לָךְ וְהָיָה־לָךְ יהוה לְאוֹר עוֹלָם וֵאלֹהַיִךְ לְתִפְאַרְתֵּךְ׃
כ לֹא־יָבוֹא עוֹד שִׁמְשֵׁךְ וִירֵחֵךְ לֹא יֵאָסֵף כִּי יהוה יִהְיֶה־לָּךְ לְאוֹר
כא עוֹלָם וְשָׁלְמוּ יְמֵי אֶבְלֵךְ׃ וְעַמֵּךְ כֻּלָּם צַדִּיקִים לְעוֹלָם יִירְשׁוּ
כב אָרֶץ נֵצֶר מטעו מַעֲשֵׂה יָדַי לְהִתְפָּאֵר׃ הַקָּטֹן יִהְיֶה לָאֶלֶף מַטָּעַי
וְהַצָּעִיר לְגוֹי עָצוּם אֲנִי יהוה בְּעִתָּהּ אֲחִישֶׁנָּה׃

# פרשת נצבים

| | כג | כד (א) |
|---|---|---|
| נושאים לפי ס־רים | כריתת הברית בערבות מואב<br>תשובת ישראל לעתיד לבוא | הבחירה החופשית |

# נִצָּבִים

כג אַתֶּם נִצָּבִים הַיּוֹם כֻּלְּכֶם לִפְנֵי יְהוָה אֱלֹהֵיכֶם ט כט
רָאשֵׁיכֶם שִׁבְטֵיכֶם זִקְנֵיכֶם וְשֹׁטְרֵיכֶם כֹּל אִישׁ
יִשְׂרָאֵל: טַפְּכֶם נְשֵׁיכֶם וְגֵרְךָ אֲשֶׁר בְּקֶרֶב י
מַחֲנֶיךָ מֵחֹטֵב עֵצֶיךָ עַד שֹׁאֵב מֵימֶיךָ: לְעָבְרְךָ יא
בִּבְרִית יְהוָה אֱלֹהֶיךָ וּבְאָלָתוֹ אֲשֶׁר יְהוָה
שני אֱלֹהֶיךָ כֹּרֵת עִמְּךָ הַיּוֹם: לְמַעַן הָקִים־אֹתְךָ יב
הַיּוֹם ׀ לוֹ לְעָם וְהוּא יִהְיֶה־לְּךָ לֵאלֹהִים כַּאֲשֶׁר
דִּבֶּר־לָךְ וְכַאֲשֶׁר נִשְׁבַּע לַאֲבֹתֶיךָ לְאַבְרָהָם
לְיִצְחָק וּלְיַעֲקֹב: וְלֹא אִתְּכֶם לְבַדְּכֶם אָנֹכִי יג
כֹּרֵת אֶת־הַבְּרִית הַזֹּאת וְאֶת־הָאָלָה הַזֹּאת:
כִּי אֶת־אֲשֶׁר יֶשְׁנוֹ פֹּה עִמָּנוּ עֹמֵד הַיּוֹם לִפְנֵי יד
יְהוָה אֱלֹהֵינוּ וְאֵת אֲשֶׁר אֵינֶנּוּ פֹּה עִמָּנוּ הַיּוֹם:
שלישי כִּי־אַתֶּם יְדַעְתֶּם אֵת אֲשֶׁר־יָשַׁבְנוּ בְּאֶרֶץ טו
מִצְרָיִם וְאֵת אֲשֶׁר־עָבַרְנוּ בְּקֶרֶב הַגּוֹיִם אֲשֶׁר
עֲבַרְתֶּם: וַתִּרְאוּ אֶת־שִׁקּוּצֵיהֶם וְאֵת גִּלֻּלֵיהֶם טז
עֵץ וָאֶבֶן כֶּסֶף וְזָהָב אֲשֶׁר עִמָּהֶם: פֶּן־יֵשׁ בָּכֶם יז



ט אַתֶּם נִצָּבִים הַיּוֹם. מְלַמֵּד שֶׁכִּנְּסָם מֹשֶׁה לִפְנֵי הַקָּדוֹשׁ בָּרוּךְ הוּא בְּיוֹם מוֹתוֹ לְהַכְנִיסָם בַּבְּרִית: רָאשֵׁיכֶם שִׁבְטֵיכֶם. רָאשֵׁיכֶם לְשִׁבְטֵיכֶם: זִקְנֵיכֶם וְשֹׁטְרֵיכֶם. הֶחָשׁוּב חָשׁוּב קוֹדֵם, וְאַחַר כָּךְ "כֹּל אִישׁ יִשְׂרָאֵל":

י מֵחֹטֵב עֵצֶיךָ. מְלַמֵּד שֶׁבָּאוּ כְּנַעֲנִיִּים לְהִתְגַּיֵּר

ט אתון קימין יומא דין כלכון, קדם יי אלהכון, רישיכון שבטיכון, סביכון וסרכיכון, כל אנש
יא ישראל: טפלכון נשיכון, וגיורך, דבגו משריתך, מלקיט אעך, עד מלי מיך: לאעלותך, בקימא,
יב דיי אלהך ובמומתיה, דיי אלהך, גזר עמך יומא דין: בדיל לקימא יתך יומא דין קדמוהי
לעם, והוא יהוי לך לאלה, כמא דמליל לך, וכמא דקיים לאבהתך, לאברהם ליצחק
יג יד וליעקב: ולא עמכון בלחודיכון, אנא, גזר ית קימא הדין, וית מומתא הדא: ארי ית מאן
דאיתוהי הכא, עמנא קאים יומא דין, קדם יי אלהנא, וית מאן דליתוהי, הכא עמנא יומא
טו דין: ארי אתון ידעתון, ית דיתיבנא בארעא דמצרים, וית דעברנא, ביני עממיא דעברתון:
טז יז וחזיתון ית שקוציהון, וית טעותהון, אעא ואבנא, כספא ודהבא דעמהון: דלמא אית בכון,

בימי משה כדרך שבאו גבעונים בימי יהושע, וזהו האמור בגבעונים: "ויעשו גם המה בערמה" (יהושע ט, ז), ונתנם משה חוטבי עצים ושואבי מים:

יא] **לעברך בברית.** דרך העברה; כך היו כורתים ברית: עושין מחיצה מכאן ומחיצה מכאן ועוברים בינתים, כמו שנאמר: "העגל אשר כרתו לשנים ויעברו בין בתריו" (ירמיה לד, יח): **לעברך.** להיותך עובר בברית, ולא יתכן לפרשו 'להעבירך', אלא כמו: "לעשתכם אתם" (לעיל ד, יד):

יב] **למען הקים אתך היום לו לעם.** כל כך הוא נכנס לטרח למען קים אותך לפניו לעם: **והוא יהיה לך לאלהים.** לפי ש"דבר לך ונשבע לאבתיך" שלא להחליף את זרעם באמה אחרת, לכך הוא אוסר אתכם בשבועות הללו שלא תקניטוהו, אחר שהוא אינו יכול להבדל מכם. עד כאן פרשתי לפי פשוטה של פרשה.

ומדרש אגדה: למה נסמכה פרשת "אתם נצבים" לקללות? לפי ששמעו ישראל מאה קללות חסר שתים, חוץ מארבעים ותשע שבתורת כהנים, הוריקו פניהם ואמרו: מי יוכל לעמד באלו? התחיל משה לפיסם: "אתם נצבים היום", הרבה הכעסתם למקום ולא עשה אתכם כליה, והרי אתם קימים לפניו "היום", כיום הזה שהוא קים והוא מאפיל ומאיר, כך האיר לכם וכך עתיד להאיר לכם, והקללות והיסורין מקימין אתכם ומעמידין אתכם לפניו. ואף הפרשה שלמעלה מזו פיוסין הם: "אתם ראיתם את כל אשר עשה" וגו' (לעיל פסוק א). דבר אחר, "אתם נצבים", לפי שהיו ישראל יוצאין מפרנס לפרנס, ממשה ליהושע, לפיכך עשה אותם מצבה לזרזם, וכן עשה יהושע (יהושע כד, א), וכן שמואל: "התיצבו ואשפטה אתכם" (שמואל א' יב, ז), כשיצאו מידו ונכנסו לידו של שאול:

יד] **ואת אשר איננו פה.** ואף עם דורות העתידים להיות:

טו-יז] **כי אתם ידעתם וגו' ותראו את שקוציהם.** לפי שראיתם האמות עובדי עבודה זרה, ושמא השיא לב אחד מכם אותו ללכת אחריהם: **פן יש בכם וגו'.** לפיכך אני צריך להשביעכם:

טז] **ותראו את שקוציהם.** על שם שהם מאוסים כשקצים: **גלליהם.** מסריחים ומאוסין כגלל: **עץ ואבן.** אותן של עצים ושל אבנים ראיתם בגלוי, לפי שאין הגוי ירא שמא יגנבו, אבל של כסף וזהב, "עמהם" בחדרי משכיתם הם, לפי שהם יראים שמא יגנבו:

יז] **פן יש בכם.** שמא יש בכם: **אשר לבבו פנה היום.** מלקבל עליו הברית: **שרש פרה ראש ולענה.** שרש מגדל עשב מר, כגידין שהם מרים, כלומר, מפרה ומרבה רשע בקרבכם:

נצבים

אִ֣ישׁ אוֹ־אִשָּׁ֞ה א֧וֹ מִשְׁפָּחָ֣ה אוֹ־שֵׁ֗בֶט אֲשֶׁר֩
לְבָב֨וֹ פֹנֶ֤ה הַיּוֹם֙ מֵעִם֙ יְהוָ֣ה אֱלֹהֵ֔ינוּ לָלֶ֣כֶת
לַעֲבֹ֔ד אֶת־אֱלֹהֵ֖י הַגּוֹיִ֣ם הָהֵ֑ם פֶּן־יֵ֣שׁ בָּכֶ֗ם
שֹׁ֛רֶשׁ פֹּרֶ֥ה רֹ֖אשׁ וְלַעֲנָֽה׃ וְהָיָ֡ה בְּשָׁמְעוֹ֩ יח
אֶת־דִּבְרֵ֨י הָאָלָ֜ה הַזֹּ֗את וְהִתְבָּרֵ֨ךְ בִּלְבָב֤וֹ
לֵאמֹר֙ שָׁל֣וֹם יִֽהְיֶה־לִּ֔י כִּ֛י בִּשְׁרִר֥וּת לִבִּ֖י
אֵלֵ֑ךְ לְמַ֛עַן סְפ֥וֹת הָרָוָ֖ה אֶת־הַצְּמֵאָֽה׃ לֹֽא־ יט
יֹאבֶ֣ה יְהוָה֮ סְלֹ֣חַ לוֹ֒ כִּ֣י אָז֩ יֶעְשַׁ֨ן אַף־יְהוָ֤ה
וְקִנְאָתוֹ֙ בָּאִ֣ישׁ הַה֔וּא וְרָ֤בְצָה בּוֹ֙ כָּל־הָ֣אָלָ֔ה
הַכְּתוּבָ֖ה בַּסֵּ֣פֶר הַזֶּ֑ה וּמָחָ֤ה יְהוָה֙ אֶת־שְׁמ֔וֹ
מִתַּ֖חַת הַשָּׁמָֽיִם׃ וְהִבְדִּיל֤וֹ יְהוָה֙ לְרָעָ֔ה מִכֹּ֖ל כ
שִׁבְטֵ֣י יִשְׂרָאֵ֑ל כְּכֹל֙ אָל֣וֹת הַבְּרִ֔ית הַכְּתוּבָ֕ה
בְּסֵ֥פֶר הַתּוֹרָ֖ה הַזֶּֽה׃ וְאָמַ֞ר הַדּ֣וֹר הָאַחֲר֗וֹן כא
בְּנֵיכֶם֙ אֲשֶׁ֤ר יָק֙וּמוּ֙ מֵאַ֣חֲרֵיכֶ֔ם וְהַ֨נָּכְרִ֔י אֲשֶׁ֥ר
יָבֹ֖א מֵאֶ֣רֶץ רְחוֹקָ֑ה וְ֠רָאוּ אֶת־מַכּ֞וֹת הָאָ֤רֶץ
הַהִוא֙ וְאֶת־תַּ֣חֲלֻאֶ֔יהָ אֲשֶׁר־חִלָּ֥ה יְהוָ֖ה בָּֽהּ׃
גָּפְרִ֣ית וָמֶלַח֮ שְׂרֵפָ֣ה כָל־אַרְצָהּ֒ לֹ֤א תִזָּרַע֙ וְלֹ֣א כב
תַצְמִ֔חַ וְלֹא־יַעֲלֶ֥ה בָ֖הּ כָּל־עֵ֑שֶׂב כְּמַהְפֵּכַ֞ת
וּצְבוֹיִם סְדֹ֤ם וַעֲמֹרָה֙ אַדְמָ֣ה וצביים֔ אֲשֶׁר֙ הָפַ֣ךְ יְהוָ֔ה
בְּאַפּ֖וֹ וּבַחֲמָתֽוֹ׃ וְאָֽמְרוּ֙ כָּל־הַגּוֹיִ֔ם עַל־מֶ֨ה כג

עָשָׂה יְהוָה כָּכָה לָאָרֶץ הַזֹּאת מֶה חֳרִי הָאַף
כד הַגָּדוֹל הַזֶּה: וְאָמְרוּ עַל אֲשֶׁר עָזְבוּ אֶת־בְּרִית

גבר או אתא או זרעי או שבטא, דלביה פני יומא דין מדחלתא דיי אלהנא, למהך למפלח,
יח ית טעות עממיא האנון, דלמא אית בכון, גבר, מהרהיר חטין או זדון: ויהי, במשמעיה
ית פתגמי מומתא הדא, ויחשיב בלביה למימר שלמא יהי לי, ארי, בהרהור לבי אנא
יט אזיל, בדיל, לאוספא ליה חטאי שלותא על זידנותא: לא ייבי יי למשבק ליה, ארי בכן,
יתקף רגזא דיי וחמתיה בגברא ההוא, וידבקון ביה כל לוטיא, דכתיבין בספרא הדין,
כ וימחי יי ית שמיה, מתחות שמיא: ויפרשניה יי לבישא, מכל שבטיא דישראל, ככל לוטי
כא קימא, דכתיבין, בספר אוריתא הדין: ויימר דרא בתראה, בניכון דיקומון מבתריכון, ובר
עממין, דייתי מארע רחיקא, ויחזון, ית מחתה, דארעא ההיא וית מרעהא, דאמרע יי
כב בה: גפריתא ומלחא תהי יקדא כל ארעה, לא תזדרע ולא תצמח, ולא יסק בה כל עיסב,
כג כהפיכתא, דסדום ועמורה אדמה וצבוים, דהפך יי, ברגזיה ובחמתיה: ויימרון כל עממיא,
כד על מא עבד יי, כדין לארעא הדא, מא תקוף, רגזא רבא הדין: ויימרון, על דשבקו, ית קימא

יח **וְהִתְבָּרֵךְ בִּלְבָבוֹ.** לְשׁוֹן בְּרָכָה, יַחְשֹׁב בְּלִבּוֹ בִּרְכַּת שָׁלוֹם לְעַצְמוֹ לֵאמֹר, לֹא יְבוֹאוּנִי קְלָלוֹת הַלָּלוּ, אַךְ "שָׁלוֹם יִהְיֶה לִי": **וְהִתְבָּרֵךְ.** בינדיר"א ס"י בְּלַעַז, כְּמוֹ: "וְהִתְגַּלָּח" (ויקרא יג, לג), "וְהִתְפַּלֵּל" (מלכים א' ח, מב): **בִּשְׁרִרוּת לִבִּי אֵלֵךְ.** בְּמַרְאִית לִבִּי, כְּמוֹ "אֲשׁוּרֶנּוּ וְלֹא קָרוֹב" (במדבר כד, יז), כְּלוֹמַר, מַה שֶּׁלִּבִּי רוֹאֶה לַעֲשׂוֹת: **לְמַעַן סְפוֹת הָרָוָה.** לְמַעַן שֶׁאוֹסִיף לוֹ פֻּרְעָנוּת עַל מַה שֶּׁעָשָׂה עַד הֵנָּה בְּשׁוֹגֵג וְהָיִיתִי מַעֲבִיר עֲלֵיהֶם, וְגוֹרֵם עַתָּה שֶׁאֲצָרְפֵם עִם הַמֵּזִיד וְאֶפָּרַע מִמֶּנּוּ הַכֹּל. וְכֵן תִּרְגֵּם אוּנְקְלוֹס: "בְּדִיל לְאוֹסָפָא לֵיהּ חֲטָאֵי שָׁלוּתָא עַל זְדָנוּתָא", שֶׁאוֹסִיף אֲנִי לוֹ הַשְּׁגָגוֹת עַל הַזְּדוֹנוֹת: **הָרָוָה.** שׁוֹגֵג, שֶׁהוּא עוֹשֶׂה כְּאָדָם שִׁכּוֹר, שֶׁלֹּא מִדַּעַת: **הַצְּמֵאָה.** שֶׁהוּא עוֹשֶׂה מִדַּעַת וּבְתַאֲוָה:

יט **יֶעְשַׁן אַף ה'.** עַל יְדֵי כַּעַס, הַגּוּף מִתְחַמֵּם וְהֶעָשָׁן יוֹצֵא מִן הָאַף, וְכֵן: "עָלָה עָשָׁן בְּאַפּוֹ" (שמואל ב' כב, ט), וְאַף עַל פִּי שֶׁאֵין זוֹ לִפְנֵי הַמָּקוֹם, הַכָּתוּב מַשְׁמִיעַ אֶת הָאֹזֶן כְּדֶרֶךְ שֶׁהִיא רְגִילָה וִיכוֹלָה לִשְׁמֹעַ, כְּפִי דֶּרֶךְ הָאָרֶץ: **וְקִנְאָתוֹ.** לְשׁוֹן חֵמָה, אנפרטמינ"ט, אֲחִיזַת לְבִישַׁת נְקָמָה, וְאֵינוֹ מַעֲבִיר עַל הַמִּדָּה:

כ **הַכְּתוּבָה בְּסֵפֶר הַתּוֹרָה הַזֶּה.** וּלְמַעְלָה הוּא אוֹמֵר: בְּסֵפֶר הַתּוֹרָה הַזֹּאת, גַּם כָּל חֳלִי וְכָל מַכָּה וְגוֹ' (לעיל כח, סא), "הַזֹּאת" לְשׁוֹן נְקֵבָה, מוּסָב עַל "הַתּוֹרָה", "הַזֶּה" לְשׁוֹן זָכָר, מוּסָב עַל הַסֵּפֶר, וְעַל יְדֵי פִּסּוּק הַטְּעָמִים הֵן נֶחְלָקִין לִשְׁתֵּי לְשׁוֹנוֹת. בְּפָרָשַׁת קְלָלוֹת הַטִּפְּחָא נְתוּנָה תַּחַת "בְּסֵפֶר", וְ"הַתּוֹרָה הַזֹּאת" דְּבוּקִים זֶה לָזֶה, לְכָךְ אָמַר "הַזֹּאת", וְכָאן הַטִּפְּחָא נְתוּנָה תַּחַת "הַתּוֹרָה", נִמְצָא "סֵפֶר הַתּוֹרָה" דְּבוּקִים זֶה לָזֶה, לְפִיכָךְ לְשׁוֹן זָכָר נוֹפֵל אַחֲרָיו, שֶׁהַלָּשׁוֹן נוֹפֵל עַל הַסֵּפֶר:

יְהוָה אֱלֹהֵי אֲבֹתָם אֲשֶׁר כָּרַת עִמָּם בְּהוֹצִיאוֹ
אֹתָם מֵאֶרֶץ מִצְרָיִם׃ וַיֵּלְכוּ וַיַּעַבְדוּ אֱלֹהִים כה
אֲחֵרִים וַיִּשְׁתַּחֲווּ לָהֶם אֱלֹהִים אֲשֶׁר לֹא־
יְדָעוּם וְלֹא חָלַק לָהֶם׃ וַיִּחַר־אַף יְהוָה בָּאָרֶץ כו
הַהִוא לְהָבִיא עָלֶיהָ אֶת־כָּל־הַקְּלָלָה הַכְּתוּבָה
בַּסֵּפֶר הַזֶּה׃ וַיִּתְּשֵׁם יְהוָה מֵעַל אַדְמָתָם בְּאַף כז
וּבְחֵמָה וּבְקֶצֶף גָּדוֹל וַיַּשְׁלִכֵם אֶל־אֶרֶץ אַחֶרֶת
כַּיּוֹם הַזֶּה׃ הַנִּסְתָּרֹת לַיהוָה אֱלֹהֵינוּ וְהַנִּגְלֹת כח
לָנוּ וּלְבָנֵינוּ עַד־עוֹלָם לַעֲשׂוֹת אֶת־כָּל־דִּבְרֵי
רביעי /שני/ הַתּוֹרָה הַזֹּאת׃ ▸ וְהָיָה כִי־יָבֹאוּ עָלֶיךָ א ל
כָל־הַדְּבָרִים הָאֵלֶּה הַבְּרָכָה וְהַקְּלָלָה אֲשֶׁר
נָתַתִּי לְפָנֶיךָ וַהֲשֵׁבֹתָ אֶל־לְבָבֶךָ בְּכָל־הַגּוֹיִם
אֲשֶׁר הִדִּיחֲךָ יְהוָה אֱלֹהֶיךָ שָׁמָּה׃ וְשַׁבְתָּ עַד־ ב
יְהוָה אֱלֹהֶיךָ וְשָׁמַעְתָּ בְקֹלוֹ כְּכֹל אֲשֶׁר־אָנֹכִי
מְצַוְּךָ הַיּוֹם אַתָּה וּבָנֶיךָ בְּכָל־לְבָבְךָ וּבְכָל־
נַפְשֶׁךָ׃ וְשָׁב יְהוָה אֱלֹהֶיךָ אֶת־שְׁבוּתְךָ וְרִחֲמֶךָ ג
וְשָׁב וְקִבֶּצְךָ מִכָּל־הָעַמִּים אֲשֶׁר הֱפִיצְךָ יְהוָה
★ אֱלֹהֶיךָ שָׁמָּה׃ אִם־יִהְיֶה נִדַּחֲךָ בִּקְצֵה הַשָּׁמָיִם ד
מִשָּׁם יְקַבֶּצְךָ יְהוָה אֱלֹהֶיךָ וּמִשָּׁם יִקָּחֶךָ׃
וֶהֱבִיאֲךָ יְהוָה אֱלֹהֶיךָ אֶל־הָאָרֶץ אֲשֶׁר־יָרְשׁוּ ה

אֲבֹתֶ֑יךָ וִֽירִשְׁתָּ֑הּ וְהֵיטִֽבְךָ֥ וְהִרְבְּךָ֖ מֵאֲבֹתֶֽיךָ׃
ו וּמָ֨ל יְהוָ֧ה אֱלֹהֶ֛יךָ אֶת־לְבָבְךָ֖ וְאֶת־לְבַ֣ב זַרְעֶ֑ךָ
לְאַהֲבָ֞ה אֶת־יְהוָ֧ה אֱלֹהֶ֛יךָ בְּכָל־לְבָבְךָ֥ וּבְכָל־

כה דַּיְיָ אֱלָהָא דַּאֲבָהָתְהוֹן, דִּגְזַר עִמְּהוֹן, בְּאַפָּקוּתֵיהּ יָתְהוֹן מֵאַרְעָא דְמִצְרָיִם: וַאֲזַלוּ, וּפְלַחוּ לְטָעֲוַת
כו עַמְמַיָּא, וּסְגִידוּ לְהוֹן, דַּחְלָן דְּלָא יָדְעוּנִין, וְלָא אוֹטִיבָא לְהוֹן: וּתְקֵיף רָגְזָא דַּיְיָ בְּאַרְעָא הַהִיא,
כז לְאֵיתָאָה עֲלַהּ יָת כָּל לְוָטַיָּא, דִּכְתִיבִין בְּסִפְרָא הָדֵין: וְטַלְטֵילִנּוּן יְיָ מֵעַל אַרְעֲהוֹן, בִּרְגַז וּבְחֵמָא
כח וּבִתְקוֹף רַב, וְאַגְלִינוּן, לַאֲרַע אָחֳרִי כְּיוֹמָא הָדֵין: דְּמִטַּמְּרָן, קֳדָם יְיָ אֱלָהַנָא, וּדְגַלְיָן, לַנָא וְלִבְנַנָא
לא עַד עָלְמָא, לְמֶעְבַּד, יָת כָּל פִּתְגָּמֵי אוֹרָיְתָא הָדָא: וִיהֵי אֲרֵי יֵיתוֹן עֲלָךְ כָּל פִּתְגָּמַיָּא הָאִלֵּין,
ב בִּרְכָן וּלְוָטִין, דִּיהַבִית קֳדָמָךְ, וְתָתִיב לְלִבָּךְ, בְּכָל עַמְמַיָּא, דְּאַגְלְיָךְ, יְיָ אֱלָהָךְ לְתַמָּן: וּתְתוּב,
לְדַחְלְתָא דַּיְיָ אֱלָהָךְ וּתְקַבֵּיל לְמֵימְרֵיהּ, כְּכֹל, דַּאֲנָא מְפַקֵּיד לָךְ יוֹמָא דֵין, אַתְּ וּבְנָךְ, בְּכָל
ג לִבָּךְ וּבְכָל נַפְשָׁךְ: וְיָתִיב יְיָ אֱלָהָךְ, יָת שְׁבֵי גָלְוָתָךְ וִירַחֵים עֲלָךְ, וִיתוּב, וִיכַנְשִׁנָּךְ מִכָּל עַמְמַיָּא,
ד דְּבַדְּרָךְ, יְיָ אֱלָהָךְ לְתַמָּן: אִם יְהוֹן גָּלְוָתָךְ בִּסְיָפֵי שְׁמַיָּא, מִתַּמָּן, יְכַנְשִׁנָּךְ יְיָ אֱלָהָךְ, וּמִתַּמָּן
ה יְקָרְבִנָּךְ: וְיַעֲלִנָּךְ יְיָ אֱלָהָךְ, לְאַרְעָא, דִּירִיתוּ אֲבָהָתָךְ וְתֵירְתַהּ, וְיוֹטֵיב לָךְ וְיַסְגֵּינָךְ מֵאֲבָהָתָךְ:
ו וְיַעְדֵּי יְיָ אֱלָהָךְ, יָת טַפְשׁוּת לִבָּךְ וְיָת טַפְשׁוּת לִבָּא דִבְנָךְ, לְמִרְחַם, יָת יְיָ אֱלָהָךְ, בְּכָל לִבָּךְ וּבְכָל

כה) **לֹא יְדָעוּם.** לֹא יָדְעוּ בָּהֶם גְּבוּרַת אֱלָהוּת: **וְלֹא חָלַק לָהֶם.** לֹא נְתָנָם לְחֶלְקָם. וְאוּנְקְלוֹס תִּרְגֵּם: "וְלָא אוֹטִיבָא לְהוֹן", לֹא הֵיטִיבוּ לָהֶם שׁוּם טוֹבָה, וּלְשׁוֹן "לֹא חָלַק", אוֹתוֹ אֱלוֹהַּ שֶׁבָּחֲרוּ לָהֶם לֹא חָלַק לָהֶם שׁוּם נַחֲלָה וְשׁוּם חֵלֶק:

כז) **וַיִּתְּשֵׁם ה׳.** כְּתַרְגּוּמוֹ "וְטַלְטֵילִנּוּן", וְכֵן: "הִנְנִי נֹתְשָׁם מֵעַל אַדְמָתָם" (ירמיה יב, יד):

כח) **הַנִּסְתָּרֹת לַה׳ אֱלֹהֵינוּ.** וְאִם תֹּאמְרוּ, מַה בְּיָדֵנוּ לַעֲשׂוֹת? אַתָּה מַעֲנִישׁ אֶת הָרַבִּים עַל הִרְהוּרֵי הַיָּחִיד, שֶׁנֶּאֱמַר: "פֶּן יֵשׁ בָּכֶם אִישׁ" וְגוֹ׳ (לעיל פסוק יז) וְאַחַר כָּךְ: "וְרָאוּ אֶת מַכּוֹת הָאָרֶץ הַהִוא" (לעיל פסוק כא), וַהֲלֹא אֵין אָדָם יוֹדֵעַ טְמוּנוֹתָיו שֶׁל חֲבֵרוֹ? אֵין אֲנִי מַעֲנִישׁ אֶתְכֶם עַל "הַנִּסְתָּרֹת", שֶׁהֵן "לַה׳ אֱלֹהֵינוּ" וְהוּא יִפָּרַע מֵאוֹתוֹ יָחִיד, אֲבָל "הַנִּגְלֹת לָנוּ וּלְבָנֵינוּ" לְבַעֵר הָרַע מִקִּרְבֵּנוּ, וְאִם לֹא נַעֲשֶׂה דִין בָּהֶם יֵעָנְשׁוּ הָרַבִּים. נָקוּד עַל "לָנוּ" וְעַל "לְבָנֵינוּ" וְעַל ע׳ שֶׁבְּ"עַד", לִדְרֹשׁ שֶׁאַף עַל הַנִּגְלוֹת לֹא עָנַשׁ אֶת הָרַבִּים עַד שֶׁעָבְרוּ אֶת הַיַּרְדֵּן, מִשֶּׁקִּבְּלוּ עֲלֵיהֶם אֶת הַשְּׁבוּעָה בְּהַר גְּרִזִּים וּבְהַר עֵיבָל וְנַעֲשׂוּ עֲרֵבִים זֶה לָזֶה:

פרק ל

ג) **וְשָׁב ה׳ אֱלֹהֶיךָ אֶת שְׁבוּתְךָ.** הָיָה לוֹ לִכְתֹּב: 'וְהֵשִׁיב אֶת שְׁבוּתְךָ', רַבּוֹתֵינוּ לָמְדוּ מִכָּאן כִּבְיָכוֹל שֶׁהַשְּׁכִינָה שְׁרוּיָה עִם יִשְׂרָאֵל בְּצָרַת גָּלוּתָם, וּכְשֶׁנִּגְאָלִין הִכְתִּיב גְּאֻלָּה לְעַצְמוֹ שֶׁהוּא יָשׁוּב עִמָּהֶם. וְעוֹד יֵשׁ לוֹמַר שֶׁגָּדוֹל יוֹם קִבּוּץ גָּלֻיּוֹת וּבְקֹשִׁי, כְּאִלּוּ הוּא עַצְמוֹ צָרִיךְ לִהְיוֹת אוֹחֵז בְּיָדָיו מַמָּשׁ אִישׁ אִישׁ מִמְּקוֹמוֹ, כְּעִנְיָן שֶׁנֶּאֱמַר: "וְאַתֶּם תְּלֻקְּטוּ לְאַחַד אֶחָד בְּנֵי יִשְׂרָאֵל" (ישעיה כז, יב), וְאַף

חמישי /שלישי/ נַפְשְׁךָ לְמַעַן חַיֶּיךָ׃ וְנָתַן יְהוָה אֱלֹהֶיךָ אֵת כָּל־ ז
הָאָלוֹת הָאֵלֶּה עַל־אֹיְבֶיךָ וְעַל־שֹׂנְאֶיךָ אֲשֶׁר
רְדָפוּךָ׃ וְאַתָּה תָשׁוּב וְשָׁמַעְתָּ בְּקוֹל יְהוָה ח
וְעָשִׂיתָ אֶת־כָּל־מִצְוֹתָיו אֲשֶׁר אָנֹכִי מְצַוְּךָ
הַיּוֹם׃ וְהוֹתִירְךָ יְהוָה אֱלֹהֶיךָ בְּכֹל ׀ מַעֲשֵׂה יָדֶךָ ט
בִּפְרִי בִטְנְךָ וּבִפְרִי בְהֶמְתְּךָ וּבִפְרִי אַדְמָתְךָ
לְטֹבָה כִּי ׀ יָשׁוּב יְהוָה לָשׂוּשׂ עָלֶיךָ לְטוֹב
כַּאֲשֶׁר־שָׂשׂ עַל־אֲבֹתֶיךָ׃ כִּי תִשְׁמַע בְּקוֹל יְהוָה י
אֱלֹהֶיךָ לִשְׁמֹר מִצְוֹתָיו וְחֻקֹּתָיו הַכְּתוּבָה בְּסֵפֶר
הַתּוֹרָה הַזֶּה כִּי תָשׁוּב אֶל־יְהוָה אֱלֹהֶיךָ בְּכָל־
ששי כד לְבָבְךָ וּבְכָל־נַפְשֶׁךָ׃ כִּי הַמִּצְוָה יא
הַזֹּאת אֲשֶׁר אָנֹכִי מְצַוְּךָ הַיּוֹם לֹא־נִפְלֵאת
הִוא מִמְּךָ וְלֹא־רְחֹקָה הִוא׃ לֹא בַשָּׁמַיִם הִוא יב
לֵאמֹר מִי יַעֲלֶה־לָּנוּ הַשָּׁמַיְמָה וְיִקָּחֶהָ לָּנוּ
וְיַשְׁמִעֵנוּ אֹתָהּ וְנַעֲשֶׂנָּה׃ וְלֹא־מֵעֵבֶר לַיָּם הִוא יג
לֵאמֹר מִי יַעֲבָר־לָנוּ אֶל־עֵבֶר הַיָּם וְיִקָּחֶהָ לָּנוּ
וְיַשְׁמִעֵנוּ אֹתָהּ וְנַעֲשֶׂנָּה׃ כִּי־קָרוֹב אֵלֶיךָ הַדָּבָר יד
שביעי ומפטיר /רביעי/ מְאֹד בְּפִיךָ וּבִלְבָבְךָ לַעֲשֹׂתוֹ׃ רְאֵה טו
נָתַתִּי לְפָנֶיךָ הַיּוֹם אֶת־הַחַיִּים וְאֶת־הַטּוֹב
וְאֶת־הַמָּוֶת וְאֶת־הָרָע׃ אֲשֶׁר אָנֹכִי מְצַוְּךָ הַיּוֹם טז

לְאַהֲבָה אֶת־יְהוָה אֱלֹהֶיךָ לָלֶכֶת בִּדְרָכָיו
וְלִשְׁמֹר מִצְוֺתָיו וְחֻקֹּתָיו וּמִשְׁפָּטָיו וְחָיִיתָ
וְרָבִיתָ וּבֵרַכְךָ יְהוָה אֱלֹהֶיךָ בָּאָרֶץ אֲשֶׁר־אַתָּה
יז בָא־שָׁמָּה לְרִשְׁתָּהּ׃ וְאִם־יִפְנֶה לְבָבְךָ וְלֹא
תִשְׁמָע וְנִדַּחְתָּ וְהִשְׁתַּחֲוִיתָ לֵאלֹהִים אֲחֵרִים

ז נַפְשָׁךְ בְּדִיל חַיָּךְ: וְיִתֵּין יְיָ אֱלָהָךְ, יָת כָּל לְוָטַיָּא הָאִלֵּין, עַל בַּעֲלֵי דְבָבָךְ וְעַל סָנְאָךְ דִּרְדַפוּךְ:
ח וְאַתְּ תְּתוּב, וּתְקַבֵּיל לְמֵימְרָא דַיְיָ, וְתַעֲבֵיד יָת כָּל פִּקּוֹדוֹהִי, דַּאֲנָא מְפַקֵּיד לָךְ יוֹמָא דֵין:
ט וְיוֹתְרִנָּךְ יְיָ אֱלָהָךְ, בְּכֹל עוֹבָדֵי יְדָךְ, בְּוַלְדָּא דִמְעָךְ, וּבְוַלְדָּא דִבְעִירָךְ, וּבְאִבָּא דְאַרְעָךְ
י לְטָבָא, אֲרֵי יְתוּב יְיָ, לְמֶחְדֵּי עֲלָךְ לְטָב, כְּמָא דַחֲדִי עַל אֲבָהָתָךְ: אֲרֵי תְקַבֵּיל, לְמֵימְרָא
דַּיְיָ אֱלָהָךְ, לְמִטַּר פִּקּוֹדוֹהִי וּקְיָמוֹהִי, דִּכְתִיבִין, בְּסִפַר אוֹרַיְתָא הָדֵין, אֲרֵי תְתוּב לְדַחְלְתָא
יא דַּיְיָ אֱלָהָךְ, בְּכָל לִבָּךְ וּבְכָל נַפְשָׁךְ: אֲרֵי תַפְקֵידְתָּא הָדָא, דַּאֲנָא מְפַקֵּיד לָךְ יוֹמָא דֵין, לָא
יב מְפָרְשָׁא הִיא מִנָּךְ, וְלָא רְחִיקָא הִיא: לָא בִשְׁמַיָּא הִיא, לְמֵימַר, מַאן יִסַּק לַנָא לִשְׁמַיָּא
יג וְיִסְּבַהּ לַנָא, וְיַשְׁמְעִנַּנָא יָתַהּ וְנַעְבְּדִנַּהּ: וְלָא מֵעִבְרָא לְיַמָּא הִיא, לְמֵימַר, מַאן יִעְבַּר לַנָא,
יד לְעִבַר יַמָּא וְיִסְּבַהּ לַנָא, וְיַשְׁמְעִנַּנָא יָתַהּ וְנַעְבְּדִנַּהּ: אֲרֵי קָרִיב לְוָתָךְ, פִּתְגָמָא לַחֲדָא,
טו בְּפֻמָּךְ וּבְלִבָּךְ לְמֶעְבְּדֵיהּ: חֲזִי דִּיהַבִית קֳדָמָךְ יוֹמָא דֵין, יָת חַיֵּי וְיָת טָבְתָא, וְיָת מוֹתָא וְיָת
טז בִּשְׁתָּא: דַּאֲנָא מְפַקֵּיד לָךְ יוֹמָא דֵין, לְמִרְחַם, יָת יְיָ אֱלָהָךְ לִמְהָךְ בְּאוֹרְחָן דְּתַקְנָן קֳדָמוֹהִי,
וּלְמִטַּר, פִּקּוֹדוֹהִי וּקְיָמוֹהִי וְדִינוֹהִי, וְתֵיחֵי וְתִסְגֵּי, וִיבָרְכִנָּךְ יְיָ אֱלָהָךְ, בְּאַרְעָא, דְּאַתְּ עָלֵיל
יז לְתַמָּן לְמֵירְתַהּ: וְאִם יִתְפְּנֵי לִבָּךְ וְלָא תְקַבֵּיל, וְתִטְעֵי, וְתִסְגּוֹד, לְטַעֲוַת עַמְמַיָּא וְתִפְלְחִנּוּן:

בְּגָלֻיּוֹת שֶׁל הָאֻמּוֹת מָצִינוּ כֵן: "וְשַׁבְתִּי אֶת שְׁבוּת מִצְרַיִם" (יחזקאל כט, יד):

יא) לֹא נִפְלֵאת הִוא מִמְּךָ. לֹא מְכֻסָּה הִיא מִמְּךָ, כְּמוֹ שֶׁנֶּאֱמַר: "כִּי יִפָּלֵא" (לעיל יז, ח) – "אֲרֵי יִתְכַּסֵּי", "וַתֵּרֶד פְּלָאִים" (איכה א, ט) וַתֵּרֶד בְּמַטְמוֹנִיּוֹת, מְכֻסָּה חֲבוּשָׁה בְּטָמוּן:

יב) לֹא בַשָּׁמַיִם הִוא. שֶׁאִלּוּ הָיְתָה בַּשָּׁמַיִם, הָיִיתָ צָרִיךְ לַעֲלוֹת אַחֲרֶיהָ וְלִלְמְדָהּ:

יד) כִּי קָרוֹב אֵלֶיךָ. הַתּוֹרָה נִתְּנָה לָכֶם בִּכְתָב וּבְעַל פֶּה:

טו) אֶת הַחַיִּים וְאֶת הַטּוֹב. זֶה תָּלוּי בָּזֶה, אִם תַּעֲשֶׂה טוֹב הֲרֵי לְךָ חַיִּים, וְאִם תַּעֲשֶׂה רָע הֲרֵי לְךָ הַמָּוֶת, וְהַכָּתוּב מְפָרֵשׁ וְהוֹלֵךְ הֵיאַךְ:

טז) אֲשֶׁר אָנֹכִי מְצַוְּךָ הַיּוֹם לְאַהֲבָה. הֲרֵי הַטּוֹב, וּבוֹ תָּלוּי "וְחָיִיתָ וְרָבִיתָ", הֲרֵי הַחַיִּים:

יז) וְאִם יִפְנֶה לְבָבְךָ. הֲרֵי הָרָע:

ועבדתם: הגדתי לכם היום כי אבד תאבדון יח
לא־תאריכן ימים על־האדמה אשר אתה
עבר את־הירדן לבוא שמה לרשתה: העדתי יט
בכם היום את־השמים ואת־הארץ החיים
והמות נתתי לפניך הברכה והקללה ובחרת
בחיים למען תחיה אתה וזרעך: לאהבה כ
את־יהוה אלהיך לשמע בקלו ולדבקה־בו
כי הוא חייך וארך ימיך לשבת על־האדמה
אשר נשבע יהוה לאבתיך לאברהם ליצחק
וליעקב לתת להם:

# הפטרת נצבים

הפטרה לפרשת נצבים גם כשנצבים וילך מחוברות.

מעת היותה של ירושלים בירת מלכות ישראל בימי דוד, הפכה ללב האומה ולמקום שאליו נושאים עיניים, כל העמים. היא הפכה גם למוקד מאבק על השליטה בה. תודעת החורבן החלה עם חורבן ירושלים. כל עוד הלב פועם – הגוף חי. עם דום לבה של ירושלים החלה הגלות הרשמית. בניינה מבטא את סיום הגלות, כי ירושלים איננה עוד מקום, אלא היא "המקום אשר יבחר ה'".

התימנים מתחילים כאן

ישעיה

האשכנזים והספרדים מתחילים כאן

ונודע בגוים זרעם וצאצאיהם בתוך העמים כל־ראיהם יכירום כי ט סא
הם זרע ברך יהוה: *שוש אשיש ביהוה תגל נפשי באלהי י
כי הלבישני בגדי־ישע מעיל צדקה יעטני כחתן יכהן פאר וככלה
תעדה כליה: כי כארץ תוציא צמחה וכגנה זרועיה תצמיח כן ׀ אדני יא
יהוה יצמיח צדקה ותהלה נגד כל־הגוים: למען ציון לא אחשה א סב
ולמען ירושלם לא אשקוט עד־יצא כנגה צדקה וישועתה כלפיד
יבער: וראו גוים צדקך וכל־מלכים כבודך וקרא לך שם חדש אשר ב
פי יהוה יקבנו: והיית עטרת תפארת ביד־יהוה וצנוף מלוכה בכף־ ג

וצניף

יח חַוֵּיתִי לְכוֹן יוֹמָא דֵין, אֲרֵי מֵיבַד תֵּיבְדוּן, לָא תֵירְכוּן יוֹמִין עַל אַרְעָא, דְּאַתְּ עָבַר יָת יַרְדְּנָא,
יט לְמֵיעַל לְתַמָּן לְמֵירְתַהּ: אַסְהֵידִית בְּכוֹן יוֹמָא דֵין יָת שְׁמַיָּא וְיָת אַרְעָא, חַיֵּי וּמוֹתָא יְהָבִית
כ קֳדָמָךְ, בִּרְכָן וּלְוָטִין, וְתִתְרְעֵי בְחַיֵּי, בְּדִיל דְּתֵיחֵי אַתְּ וּבְנָךְ: לְמִרְחַם יָת יְיָ אֱלָהָךְ, לְקַבָּלָא
לְמֵימְרֵיהּ וּלְאִתְקָרָבָא לְדַחַלְתֵיהּ, אֲרֵי הוּא חַיָּךְ וְאוֹרְכוּת יוֹמָךְ, לְמִתַּב עַל אַרְעָא, דְּקַיֵּים
יְיָ לַאֲבָהָתָךְ, לְאַבְרָהָם, לְיִצְחָק וּלְיַעֲקֹב לְמִתַּן לְהוֹן:

יח| כִּי אָבֹד תֹּאבֵדוּן. הֲרֵי הַמָּוֶת:

יט| הַעִדֹתִי בָכֶם הַיּוֹם אֶת הַשָּׁמַיִם וְאֶת הָאָרֶץ. שֶׁהֵם קַיָּמִים לְעוֹלָם, וְכַאֲשֶׁר תִּקְרֶה אֶתְכֶם הָרָעָה יִהְיוּ עֵדִים שֶׁאֲנִי הִתְרֵיתִי בָּכֶם בְּכָל זֹאת. דָּבָר אַחֵר, "הַעִדֹתִי בָכֶם הַיּוֹם אֶת הַשָּׁמַיִם" וְגוֹ', אָמַר לָהֶם הַקָּדוֹשׁ בָּרוּךְ הוּא לְיִשְׂרָאֵל: הִסְתַּכְּלוּ בַּשָּׁמַיִם שֶׁבָּרָאתִי לְשַׁמֵּשׁ אֶתְכֶם, שֶׁמָּא שִׁנּוּ אֶת מִדָּתָם? שֶׁמָּא לֹא עָלָה גַּלְגַּל חַמָּה מִן הַמִּזְרָח וְהֵאִיר לְכָל הָעוֹלָם, כְּעִנְיָן שֶׁנֶּאֱמַר: "וְזָרַח הַשֶּׁמֶשׁ וּבָא הַשָּׁמֶשׁ" (קהלת א, ה)? הִסְתַּכְּלוּ בָּאָרֶץ שֶׁבָּרָאתִי לְשַׁמֵּשׁ אֶתְכֶם, שֶׁמָּא שִׁנְּתָה מִדָּתָהּ? שֶׁמָּא זְרַעְתֶּם אוֹתָהּ וְלֹא צָמְחָה, אוֹ שֶׁמָּא זְרַעְתֶּם חִטִּים וְהֶעֶלְתָה שְׂעוֹרִים? וּמָה אֵלּוּ שֶׁנַּעֲשׂוּ לֹא לְשָׂכָר וְלֹא לְהֶפְסֵד, אִם זוֹכִין אֵין מְקַבְּלִין שָׂכָר וְאִם חוֹטְאִין אֵין מְקַבְּלִין פֻּרְעָנוּת – לֹא שִׁנּוּ אֶת מִדָּתָם, אַתֶּם שֶׁאִם זְכִיתֶם תְּקַבְּלוּ שָׂכָר וְאִם חֲטָאתֶם תְּקַבְּלוּ פֻּרְעָנוּת, עַל אַחַת כַּמָּה וְכַמָּה: וּבָחַרְתָּ בַּחַיִּים. אֲנִי מוֹרֶה לָכֶם שֶׁתִּבְחֲרוּ בְּחֵלֶק הַחַיִּים, כְּאָדָם הָאוֹמֵר לִבְנוֹ, בְּרֹר לְךָ חֵלֶק יָפֶה בְּנַחֲלָתִי, וּמַעֲמִידוֹ עַל חֵלֶק הַיָּפֶה וְאוֹמֵר לוֹ: אֶת זֶה בְּרֹר לְךָ. וְעַל זֶה נֶאֱמַר: "ה' מְנָת חֶלְקִי וְכוֹסִי אַתָּה תּוֹמִיךְ גּוֹרָלִי" (תהלים טז, ה), הִנַּחְתָּ יָדִי עַל גּוֹרָל הַטּוֹב, לוֹמַר, אֶת זֶה קַח לְךָ:

ד אֱלֹהָיִךְ: לֹא־יֵאָמֵר לָךְ עוֹד עֲזוּבָה וּלְאַרְצֵךְ לֹא־יֵאָמֵר עוֹד שְׁמָמָה כִּי
לָךְ יִקָּרֵא חֶפְצִי־בָהּ וּלְאַרְצֵךְ בְּעוּלָה כִּי־חָפֵץ יהוה בָּךְ וְאַרְצֵךְ תִּבָּעֵל:
ה כִּי־יִבְעַל בָּחוּר בְּתוּלָה יִבְעָלוּךְ בָּנָיִךְ וּמְשׂוֹשׂ חָתָן עַל־כַּלָּה יָשִׂישׂ עָלַיִךְ
ו אֱלֹהָיִךְ: עַל־חוֹמֹתַיִךְ יְרוּשָׁלַ͏ִם הִפְקַדְתִּי שֹׁמְרִים כָּל־הַיּוֹם וְכָל־הַלַּיְלָה
ז תָּמִיד לֹא יֶחֱשׁוּ הַמַּזְכִּרִים אֶת־יהוה אַל־דֳּמִי לָכֶם: וְאַל־תִּתְּנוּ דֳמִי לוֹ
ח עַד־יְכוֹנֵן וְעַד־יָשִׂים אֶת־יְרוּשָׁלַ͏ִם תְּהִלָּה בָּאָרֶץ: נִשְׁבַּע יהוה בִּימִינוֹ
וּבִזְרוֹעַ עֻזּוֹ אִם־אֶתֵּן אֶת־דְּגָנֵךְ עוֹד מַאֲכָל לְאֹיְבַיִךְ וְאִם־יִשְׁתּוּ בְנֵי־
ט נֵכָר תִּירוֹשֵׁךְ אֲשֶׁר יָגַעַתְּ בּוֹ: כִּי מְאַסְפָיו יֹאכְלֻהוּ וְהִלְלוּ אֶת־יהוה
י וּמְקַבְּצָיו יִשְׁתֻּהוּ בְּחַצְרוֹת קָדְשִׁי: עִבְרוּ עִבְרוּ בַּשְּׁעָרִים
פַּנּוּ דֶּרֶךְ הָעָם סֹלּוּ סֹלּוּ הַמְסִלָּה סַקְּלוּ מֵאֶבֶן הָרִימוּ נֵס עַל־הָעַמִּים:
יא הִנֵּה יהוה הִשְׁמִיעַ אֶל־קְצֵה הָאָרֶץ אִמְרוּ לְבַת־צִיּוֹן הִנֵּה יִשְׁעֵךְ בָּא
יב הִנֵּה שְׂכָרוֹ אִתּוֹ וּפְעֻלָּתוֹ לְפָנָיו: וְקָרְאוּ לָהֶם עַם־הַקֹּדֶשׁ גְּאוּלֵי יהוה

וְלָךְ יִקָּרֵא דְרוּשָׁה עִיר לֹא נֶעֱזָבָה׃ מִי־זֶה ׀ בָּא מֵאֱדוֹם סג א
חֲמוּץ בְּגָדִים מִבָּצְרָה זֶה הָדוּר בִּלְבוּשׁוֹ צֹעֶה בְּרֹב כֹּחוֹ אֲנִי מְדַבֵּר
בִּצְדָקָה רַב לְהוֹשִׁיעַ׃ מַדּוּעַ אָדֹם לִלְבוּשֶׁךָ וּבְגָדֶיךָ כְּדֹרֵךְ בְּגַת׃ פּוּרָה ׀ ב ג
דָּרַכְתִּי לְבַדִּי וּמֵעַמִּים אֵין־אִישׁ אִתִּי וְאֶדְרְכֵם בְּאַפִּי וְאֶרְמְסֵם בַּחֲמָתִי
וְיֵז נִצְחָם עַל־בְּגָדַי וְכָל־מַלְבּוּשַׁי אֶגְאָלְתִּי׃ כִּי יוֹם נָקָם בְּלִבִּי וּשְׁנַת גְּאוּלַי ד
בָּאָה׃ וְאַבִּיט וְאֵין עֹזֵר וְאֶשְׁתּוֹמֵם וְאֵין סוֹמֵךְ וַתּוֹשַׁע לִי זְרֹעִי וַחֲמָתִי ה
הִיא סְמָכָתְנִי׃ וְאָבוּס עַמִּים בְּאַפִּי וַאֲשַׁכְּרֵם בַּחֲמָתִי וְאוֹרִיד לָאָרֶץ ו
נִצְחָם׃ חַסְדֵי יהוה ׀ אַזְכִּיר תְּהִלֹּת יהוה כְּעַל כֹּל אֲשֶׁר־ ז
גְּמָלָנוּ יהוה וְרַב־טוּב לְבֵית יִשְׂרָאֵל אֲשֶׁר־גְּמָלָם כְּרַחֲמָיו וּכְרֹב חֲסָדָיו׃
וַיֹּאמֶר אַךְ־עַמִּי הֵמָּה בָּנִים לֹא יְשַׁקֵּרוּ וַיְהִי לָהֶם לְמוֹשִׁיעַ׃ בְּכָל־צָרָתָם ׀ ח ט
לוֹ לֹא צָר וּמַלְאַךְ פָּנָיו הוֹשִׁיעָם בְּאַהֲבָתוֹ וּבְחֶמְלָתוֹ הוּא גְאָלָם וַיְנַטְּלֵם
וַיְנַשְּׂאֵם כָּל־יְמֵי עוֹלָם׃

# פרשת וילך

| נושאים לפי סדרים | כד (ב) | כה |
| --- | --- | --- |
| | משה נפרד מעם ישראל | הכנת העם למות משה |
| | מינוי יהושע | כתיבת השירה |
| | מצוות הקהֵל | כתיבת ספר התורה |

# וילך

לא א וַיֵּלֶךְ מֹשֶׁה וַיְדַבֵּר אֶת־הַדְּבָרִים הָאֵלֶּה אֶל־
ב כָּל־יִשְׂרָאֵל׃ וַיֹּאמֶר אֲלֵהֶם בֶּן־מֵאָה וְעֶשְׂרִים
שָׁנָה אָנֹכִי הַיּוֹם לֹא־אוּכַל עוֹד לָצֵאת וְלָבוֹא
וַיהוה אָמַר אֵלַי לֹא תַעֲבֹר אֶת־הַיַּרְדֵּן הַזֶּה׃
ג יהוה אֱלֹהֶיךָ הוּא ׀ עֹבֵר לְפָנֶיךָ הוּא־יַשְׁמִיד
אֶת־הַגּוֹיִם הָאֵלֶּה מִלְּפָנֶיךָ וִירִשְׁתָּם יְהוֹשֻׁעַ
ד הוּא עֹבֵר לְפָנֶיךָ כַּאֲשֶׁר דִּבֶּר יהוה׃ ׀ וְעָשָׂה שני
יהוה לָהֶם כַּאֲשֶׁר עָשָׂה לְסִיחוֹן וּלְעוֹג מַלְכֵי
ה הָאֱמֹרִי וּלְאַרְצָם אֲשֶׁר הִשְׁמִיד אֹתָם׃ וּנְתָנָם
יהוה לִפְנֵיכֶם וַעֲשִׂיתֶם לָהֶם כְּכָל־הַמִּצְוָה אֲשֶׁר
ו צִוִּיתִי אֶתְכֶם׃ חִזְקוּ וְאִמְצוּ אַל־תִּירְאוּ וְאַל־
תַּעַרְצוּ מִפְּנֵיהֶם כִּי ׀ יהוה אֱלֹהֶיךָ הוּא הַהֹלֵךְ
ז עִמָּךְ לֹא יַרְפְּךָ וְלֹא יַעַזְבֶךָּ׃ ׀ וַיִּקְרָא שלישי /חמישי/
מֹשֶׁה לִיהוֹשֻׁעַ וַיֹּאמֶר אֵלָיו לְעֵינֵי כָל־יִשְׂרָאֵל
חֲזַק וֶאֱמָץ כִּי אַתָּה תָּבוֹא אֶת־הָעָם הַזֶּה אֶל־
הָאָרֶץ אֲשֶׁר נִשְׁבַּע יהוה לַאֲבֹתָם לָתֵת לָהֶם
ח וְאַתָּה תַּנְחִילֶנָּה אוֹתָם׃ וַיהוה הוּא ׀ הַהֹלֵךְ
לְפָנֶיךָ הוּא יִהְיֶה עִמָּךְ לֹא יַרְפְּךָ וְלֹא יַעַזְבֶךָּ

ט לֹ֥א תִירָ֖א וְלֹ֥א תֵחָֽת׃ וַיִּכְתֹּ֣ב מֹשֶׁה֮ אֶת־הַתּוֹרָ֣ה
הַזֹּאת֒ וַֽיִּתְּנָ֗הּ אֶל־הַכֹּהֲנִים֙ בְּנֵ֣י לֵוִ֔י הַנֹּ֣שְׂאִ֔ים
אֶת־אֲר֖וֹן בְּרִ֣ית יְהוָ֑ה וְאֶל־כָּל־זִקְנֵ֖י יִשְׂרָאֵֽל׃
י וַיְצַ֥ו מֹשֶׁ֖ה אוֹתָ֣ם לֵאמֹ֑ר מִקֵּ֣ץ ׀ שֶׁ֣בַע שָׁנִ֗ים רביעי

לא א ב וַאֲזַל מֹשֶׁה, וּמַלֵּיל, יָת פִּתְגָמַיָּא הָאִלֵּין עִם כָּל יִשְׂרָאֵל: וַאֲמַר לְהוֹן, בַּר מְאָה וְעֶסְרִין
שְׁנִין אֲנָא יוֹמָא דֵין, לֵית אֲנָא יָכֵיל עוֹד לְמִפַּק וּלְמֵיעַל, וַיְיָ אֲמַר לִי, לָא תִעְבַּר יָת יַרְדְּנָא
ג הָדֵין: יְיָ אֱלָהָךְ, הוּא עָבַר קֳדָמָךְ, הוּא יְשֵׁיצֵי, יָת עַמְמַיָּא הָאִלֵּין, מִן קֳדָמָךְ וְתֵירְתִנּוּן,
ד יְהוֹשֻׁעַ, הוּא עָבַר קֳדָמָךְ, כְּמָא דְּמַלֵּיל יְיָ: וְיַעֲבֵיד יְיָ לְהוֹן, כְּמָא דַעֲבַד, לְסִיחוֹן וּלְעוֹג, מַלְכֵי
ה אֱמוֹרָאָה וּלְאַרְעֲהוֹן, דְּשֵׁיצִי יָתְהוֹן: וְיִמְסְרִנּוּן יְיָ קֳדָמֵיכוֹן, וְתַעְבְּדוּן לְהוֹן, כְּכָל תַּפְקֵידְתָּא,
ו דְּפַקֵּידִית יָתְכוֹן: תְּקַפוּ וְאִילַמוּ, לָא תִדְחֲלוּן וְלָא תִתַּבְרוּן מִן קֳדָמֵיהוֹן, אֲרֵי יְיָ אֱלָהָךְ,
ז מֵימְרֵיהּ מְדַבַּר קֳדָמָךְ, לָא יִשְׁבְּקִנָּךְ וְלָא יְרַחֲקִנָּךְ: וּקְרָא מֹשֶׁה לִיהוֹשֻׁעַ, וַאֲמַר לֵיהּ, לְעֵינֵי
כָּל יִשְׂרָאֵל תְּקַף וְאִילַם, אֲרֵי אַתְּ, תֵּיעוֹל עִם עַמָּא הָדֵין, לְאַרְעָא, דְּקַיֵּים יְיָ, לַאֲבָהָתְהוֹן
ח לְמִתַּן לְהוֹן, וְאַתְּ תַּחְסְנִנַּהּ לְהוֹן: וַיְיָ, הוּא מְדַבַּר קֳדָמָךְ, מֵימְרֵיהּ יְהֵי בְסַעֲדָךְ, לָא יִשְׁבְּקִנָּךְ
ט וְלָא יְרַחֲקִנָּךְ, לָא תִדְחַל וְלָא תִתַּבַר: וּכְתַב מֹשֶׁה יָת אוֹרָיְתָא הָדָא, וִיהַבַהּ, לְכָהֲנַיָּא בְּנֵי לֵוִי,
י דְּנָטְלִין, יָת אֲרוֹן קְיָמָא דַיְיָ, וּלְכָל סָבֵי יִשְׂרָאֵל: וּפַקֵּיד מֹשֶׁה יָתְהוֹן לְמֵימַר, מִסּוֹף שְׁבַע שְׁנִין,

פרק לא

ב) לֹא אוּכַל עוֹד לָצֵאת וְלָבוֹא. יָכוֹל שֶׁתָּשַׁשׁ כֹּחוֹ? תַּלְמוּד לוֹמַר: "לֹא כָהֲתָה עֵינוֹ וְלֹא נָס לֵחֹה" (להלן לד, ז), אֶלָּא מַהוּ "לֹא אוּכַל"? אֵינִי רַשַּׁאי, שֶׁנִּטְּלָה מִמֶּנִּי הָרְשׁוּת וְנִתְּנָה לִיהוֹשֻׁעַ: וַה' אָמַר אֵלַי. זֶהוּ פֵּרוּשׁ "לֹא אוּכַל עוֹד לָצֵאת וְלָבוֹא", לְפִי שֶׁה' אָמַר אֵלַי: אָנֹכִי הַיּוֹם. הַיּוֹם מָלְאוּ יָמַי וּשְׁנוֹתַי, בְּיוֹם זֶה נוֹלַדְתִּי וּבְיוֹם זֶה אָמוּת. דָּבָר אַחֵר, "לָצֵאת וְלָבוֹא" בְּדִבְרֵי תוֹרָה, מְלַמֵּד שֶׁנִּסְתַּתְּמוּ מִמֶּנּוּ מָסוֹרוֹת וּמַעְיְנוֹת הַחָכְמָה:

ו) לֹא יַרְפְּךָ. לֹא יִתֵּן לְךָ רִפְיוֹן לִהְיוֹת נֶעֱזָב מִמֶּנּוּ:

ז) כִּי אַתָּה תָּבוֹא אֶת הָעָם הַזֶּה. כְּתַרְגּוּמוֹ: "אֲרֵי אַתְּ תֵּיעוֹל עִם עַמָּא הָדֵין". מֹשֶׁה אָמַר לוֹ לִיהוֹשֻׁעַ: זְקֵנִים שֶׁבַּדּוֹר עִמָּהֶם, הַכֹּל לְפִי דַּעְתָּן וַעֲצָתָן. אֲבָל הַקָּדוֹשׁ בָּרוּךְ הוּא אָמַר לִיהוֹשֻׁעַ: "כִּי אַתָּה תָּבִיא אֶת בְּנֵי יִשְׂרָאֵל אֶל הָאָרֶץ אֲשֶׁר נִשְׁבַּעְתִּי לָהֶם" (להלן פסוק כג), "תָּבִיא" עַל כָּרְחָם, הַכֹּל תָּלוּי בְּךָ, טֹל מַקֵּל וְהַךְ עַל קָדְקֳדָן, דַּבָּר אֶחָד לַדּוֹר וְלֹא שְׁנֵי דַבָּרִים לַדּוֹר:

י) מִקֵּץ שֶׁבַע שָׁנִים. בַּשָּׁנָה רִאשׁוֹנָה שֶׁל שְׁמִטָּה, הַשְּׁמִינִית. וְלָמָּה קוֹרֵא אוֹתָהּ "שְׁנַת הַשְּׁמִטָּה"? שֶׁעֲדַיִן שְׁבִיעִית נוֹהֶגֶת בָּהּ, בְּקָצִיר שֶׁל שְׁבִיעִית הַיּוֹצֵא לְמוֹצָאֵי שְׁבִיעִית:

בְּמֹעֵד שְׁנַת הַשְּׁמִטָּה בְּחַג הַסֻּכּוֹת׃ בְּבוֹא יא
כָל־יִשְׂרָאֵל לֵרָאוֹת אֶת־פְּנֵי יְהוָה אֱלֹהֶיךָ
בַּמָּקוֹם אֲשֶׁר יִבְחָר תִּקְרָא אֶת־הַתּוֹרָה
מצווה תריב מצוות הקהל הַזֹּאת נֶגֶד כָּל־יִשְׂרָאֵל בְּאָזְנֵיהֶם׃ הַקְהֵל יב
אֶת־הָעָם הָאֲנָשִׁים וְהַנָּשִׁים וְהַטַּף וְגֵרְךָ
אֲשֶׁר בִּשְׁעָרֶיךָ לְמַעַן יִשְׁמְעוּ וּלְמַעַן יִלְמְדוּ
וְיָרְאוּ אֶת־יְהוָה אֱלֹהֵיכֶם וְשָׁמְרוּ לַעֲשׂוֹת
אֶת־כָּל־דִּבְרֵי הַתּוֹרָה הַזֹּאת׃ וּבְנֵיהֶם אֲשֶׁר יג
לֹא־יָדְעוּ יִשְׁמְעוּ וְלָמְדוּ לְיִרְאָה אֶת־יְהוָה
אֱלֹהֵיכֶם כָּל־הַיָּמִים אֲשֶׁר אַתֶּם חַיִּים עַל־
הָאֲדָמָה אֲשֶׁר אַתֶּם עֹבְרִים אֶת־הַיַּרְדֵּן שָׁמָּה
לְרִשְׁתָּהּ׃ ◂

חמישי /ששי/ כה וַיֹּאמֶר יְהוָה אֶל־מֹשֶׁה הֵן קָרְבוּ יָמֶיךָ לָמוּת יד
קְרָא אֶת־יְהוֹשֻׁעַ וְהִתְיַצְּבוּ בְּאֹהֶל מוֹעֵד
וַאֲצַוֶּנּוּ וַיֵּלֶךְ מֹשֶׁה וִיהוֹשֻׁעַ וַיִּתְיַצְּבוּ בְּאֹהֶל
מוֹעֵד׃ וַיֵּרָא יְהוָה בָּאֹהֶל בְּעַמּוּד עָנָן וַיַּעֲמֹד טו
עַמּוּד הֶעָנָן עַל־פֶּתַח הָאֹהֶל׃ וַיֹּאמֶר יְהוָה טז
אֶל־מֹשֶׁה הִנְּךָ שֹׁכֵב עִם־אֲבֹתֶיךָ וְקָם הָעָם וילך
הַזֶּה וְזָנָה ׀ אַחֲרֵי ׀ אֱלֹהֵי נֵכַר־הָאָרֶץ אֲשֶׁר
הוּא בָא־שָׁמָּה בְּקִרְבּוֹ וַעֲזָבַנִי וְהֵפֵר אֶת־

יז בְּרִיתִי אֲשֶׁר כָּרַתִּי אִתּוֹ: וְחָרָה אַפִּי בוֹ בַיּוֹם־
הַהוּא וַעֲזַבְתִּים וְהִסְתַּרְתִּי פָנַי מֵהֶם וְהָיָה
לֶאֱכֹל וּמְצָאֻהוּ רָעוֹת רַבּוֹת וְצָרוֹת וְאָמַר
בַּיּוֹם הַהוּא הֲלֹא עַל כִּי־אֵין אֱלֹהַי בְּקִרְבִּי
יח מְצָאוּנִי הָרָעוֹת הָאֵלֶּה: וְאָנֹכִי הַסְתֵּר אַסְתִּיר
פָּנַי בַּיּוֹם הַהוּא עַל כָּל־הָרָעָה אֲשֶׁר עָשָׂה כִּי
יט פָנָה אֶל־אֱלֹהִים אֲחֵרִים: וְעַתָּה כִּתְבוּ לָכֶם
אֶת־הַשִּׁירָה הַזֹּאת וְלַמְּדָהּ אֶת־בְּנֵי־יִשְׂרָאֵל

מצווה תריג
מצווה לכתוב
ספר תורה

יא בזמן, שתא דשמטתא בחגא דמטליא: במיתי כל ישראל, לאתחזאה קדם יי אלהך, באתרא
יב דיתרעי, תקרי, ית אוריתא הדא, קדם כל ישראל ותשמענון: כנוש ית עמא, גבריא ונשיא
וטפלא, וגיורך דבקרוך, בדיל דישמעון ובדיל דיילפון, וידחלון קדם יי אלהכון, ויטרון
יג למעבד, ית כל פתגמי אוריתא הדא: ובניהון דלא ידעו, ישמעון ויילפון, למדחל קדם יי
יד אלהכון, כל יומיא, דאתון קימין על ארעא, דאתון, עברין ית ירדנא, לתמן למירתה: ואמר
יי למשה, הא קריבו יומך לממת, קרי ית יהושע, ואתעתדו, במשכן זמנא ואפקדניה, ואזל
טו משה ויהושע, ואתעתדו במשכן זמנא: ואתגלי יי, במשכנא בעמודא דעננא, וקם, עמודא
טז דעננא על תרע משכנא: ואמר יי למשה, הא את שכיב עם אבהתך, ויקום עמא הדין,
ויטעי בתר טעות עממי ארעא, דהוא עליל לתמן ביניהון, וישבקון דחלתי, וישנון ית קימי,
יז דגזרית עמהון: ויתקף רגזי בהון בעדנא ההוא, וארחיקנון, ואסליק שכינתי מנהון ויהון למבז,
ויערען יתהון, בישן סגיאן ועקן, ויימר בעדנא ההוא, הלא, מדלית שכינת אלהי ביני, ערעני
יח בישתא האלין: ואנא, סלקא אסליק שכינתי מנהון בעדנא ההוא, על כל בישתא דעבדו,
יט ארי אתפניאו, בתר טעות עממיא: וכען, כתובו לכון ית תשבחתא הדא, ואלפה לבני ישראל

יא| **תקרא את התורה הזאת.** המלך היה קורא מתחלת 'אלה הדברים', כדאיתא במסכת סוטה (דף מא ע"א), על בימה של עץ שהיו עושין בעזרה:

יב| **האנשים.** ללמד: **והנשים.** לשמע: **והטף.** למה באים? לתת שכר למביאיהם:

יד| **ואצונו.** ואזרזנו:

טז| **נכר הארץ.** גויי הארץ:

יז| **והסתרתי פני.** כמו שאיני רואה בצרתם:

יט| **את השירה הזאת.** "האזינו השמים" עד "וכפר אדמתו עמו" (להלן לב, א-מג):

שִׂימָהּ בְּפִיהֶם לְמַעַן תִּהְיֶה־לִּי הַשִּׁירָה הַזֹּאת
ששי /שביעי/ לְעֵד בִּבְנֵי יִשְׂרָאֵל׃ כִּי־אֲבִיאֶנּוּ אֶל־הָאֲדָמָה ׀ כ
אֲשֶׁר־נִשְׁבַּעְתִּי לַאֲבֹתָיו זָבַת חָלָב וּדְבַשׁ וְאָכַל
וְשָׂבַע וְדָשֵׁן וּפָנָה אֶל־אֱלֹהִים אֲחֵרִים וַעֲבָדוּם
וְנִאֲצוּנִי וְהֵפֵר אֶת־בְּרִיתִי׃ וְהָיָה כִּי־תִמְצֶאןָ כא
אֹתוֹ רָעוֹת רַבּוֹת וְצָרוֹת וְעָנְתָה הַשִּׁירָה הַזֹּאת
לְפָנָיו לְעֵד כִּי לֹא תִשָּׁכַח מִפִּי זַרְעוֹ כִּי יָדַעְתִּי
אֶת־יִצְרוֹ אֲשֶׁר הוּא עֹשֶׂה הַיּוֹם בְּטֶרֶם אֲבִיאֶנּוּ
אֶל־הָאָרֶץ אֲשֶׁר נִשְׁבָּעְתִּי׃ וַיִּכְתֹּב מֹשֶׁה אֶת־ כב
הַשִּׁירָה הַזֹּאת בַּיּוֹם הַהוּא וַיְלַמְּדָהּ אֶת־בְּנֵי
יִשְׂרָאֵל׃ וַיְצַו אֶת־יְהוֹשֻׁעַ בִּן־נוּן וַיֹּאמֶר חֲזַק כג
וֶאֱמָץ כִּי אַתָּה תָּבִיא אֶת־בְּנֵי יִשְׂרָאֵל אֶל־
הָאָרֶץ אֲשֶׁר־נִשְׁבַּעְתִּי לָהֶם וְאָנֹכִי אֶהְיֶה עִמָּךְ׃
וַיְהִי ׀ כְּכַלּוֹת מֹשֶׁה לִכְתֹּב אֶת־דִּבְרֵי הַתּוֹרָה־ כד
שביעי הַזֹּאת עַל־סֵפֶר עַד תֻּמָּם׃ וַיְצַו מֹשֶׁה אֶת־ כה
הַלְוִיִּם נֹשְׂאֵי אֲרוֹן בְּרִית־יְהוָה לֵאמֹר׃ לָקֹחַ כו
אֵת סֵפֶר הַתּוֹרָה הַזֶּה וְשַׂמְתֶּם אֹתוֹ מִצַּד אֲרוֹן
בְּרִית־יְהוָה אֱלֹהֵיכֶם וְהָיָה־שָׁם בְּךָ לְעֵד׃ כִּי כז
אָנֹכִי יָדַעְתִּי אֶת־מֶרְיְךָ וְאֶת־עָרְפְּךָ הַקָּשֶׁה
הֵן בְּעוֹדֶנִּי חַי עִמָּכֶם הַיּוֹם מַמְרִים הֱיִתֶם עִם־

כח יְהֹוָה וְאַף כִּי־אַחֲרֵי מוֹתִי: הַקְהִילוּ אֵלַי אֶת־ מפטיר
כָּל־זִקְנֵי שִׁבְטֵיכֶם וְשֹׁטְרֵיכֶם וַאֲדַבְּרָה בְאָזְנֵיהֶם
אֵת הַדְּבָרִים הָאֵלֶּה וְאָעִידָה בָּם אֶת־הַשָּׁמַיִם
כט וְאֶת־הָאָרֶץ: כִּי יָדַעְתִּי אַחֲרֵי מוֹתִי כִּי־הַשְׁחֵת

כ שַׁוְיַהּ בְּפֻמְּהוֹן, בְּדִיל דִּתְהֵי קֳדָמַי, תֻּשְׁבַּחְתָּא הָדָא, לְסָהִיד בִּבְנֵי יִשְׂרָאֵל: אֲרֵי אַעֵילִנּוּן,
לְאַרְעָא דְּקַיֵּימִית לַאֲבָהָתְהוֹן, עָבְדָא חֲלַב וּדְבַשׁ, וְיֵיכְלוּן וְיִסְבְּעוּן וְיִתְפַּנְּקוּן, וְיִתְפְּנוּן,
כא בָּתַר טָעֲוַת עַמְמַיָּא וְיִפְלְחוּן לְהוֹן, וְיַרְגְּזוּן קֳדָמַי, וִישַׁנּוּן יָת קְיָמִי: וִיהֵי, אֲרֵי יֶעֶרְעָן יָתְהוֹן,
בִּישָׁן סַגִּיאָן וְעָקָן, וְתָתִיב, תֻּשְׁבַּחְתָּא הָדָא קֳדָמוֹהִי לְסָהִיד, אֲרֵי, לָא תִתְנְשֵׁי מִפּוּם בְּנֵיהוֹן,
כב אֲרֵי גְּלֵי קֳדָמַי יִצְרְהוֹן, דְּאִנּוּן עָבְדִין יוֹמָא דֵין, עַד לָא אַעֵילִנּוּן, לְאַרְעָא דְּקַיֵּימִית: וּכְתַב
כג מֹשֶׁה, יָת תֻּשְׁבַּחְתָּא הָדָא בְּיוֹמָא הַהוּא, וְאַלְּפַהּ לִבְנֵי יִשְׂרָאֵל: וּפַקֵּיד יָת יְהוֹשֻׁעַ בַּר נוּן,
וַאֲמַר תְּקַף וְאִילַם, אֲרֵי אַתְּ, תַּעֵיל יָת בְּנֵי יִשְׂרָאֵל, לְאַרְעָא דְּקַיֵּימִית לְהוֹן, וּמֵימְרִי יְהֵי
כד בְּסַעְדָּךְ: וַהֲוָה כַּד שֵׁיצִי מֹשֶׁה, לְמִכְתַּב, יָת פִּתְגָּמֵי אוֹרָיְתָא הָדָא עַל סִפְרָא, עַד דִּשְׁלִימוּ:
כה כו וּפַקֵּיד מֹשֶׁה יָת לֵיוָאֵי, נָטְלֵי, אֲרוֹן קְיָמָא דַּיְיָ לְמֵימַר: סַבוּ, יָת סִפְרָא דְּאוֹרָיְתָא הָדֵין,
כז וּתְשַׁוּוּן יָתֵיהּ, מִסְּטַר, אֲרוֹן קְיָמָא דַּיְיָ אֱלָהֲכוֹן, וִיהֵי תַמָּן בָּךְ לְסָהִיד: אֲרֵי אֲנָא יְדַעְנָא יָת
סָרְבָנוּתָךְ, וְיָת קְדָלָךְ קַשְׁיָא, הָא עַד דַּאֲנָא קַיָּם עִמְּכוֹן יוֹמָא דֵין, מְסָרְבִין הֲוֵיתוֹן קֳדָם
כח יְיָ, וְאַף בָּתַר דְּאֵמוּת: כְּנוֹשׁוּ לְוָתִי, יָת כָּל סָבֵי שִׁבְטֵיכוֹן וְסָרְכֵיכוֹן, וַאֲמַלֵּיל קֳדָמֵיהוֹן, יָת
כט פִּתְגָּמַיָּא הָאִלֵּין, וְאַסְהֵיד בְּהוֹן, יָת שְׁמַיָּא וְיָת אַרְעָא: אֲרֵי יְדַעְנָא, בָּתַר דְּאֵמוּת אֲרֵי חַבָּלָא

כ) וְנִאֲצוּנִי. וְהִכְעִיסוּנִי, וְכֵן כָּל 'נִאוּץ' לְשׁוֹן כַּעַס:

כא) וְעָנְתָה הַשִּׁירָה הַזֹּאת לְפָנָיו לְעֵד. שֶׁהִתְרֵיתִי בּוֹ בְּתוֹכָהּ עַל כָּל הַמּוֹצְאוֹת אוֹתוֹ: כִּי לֹא תִשָּׁכַח מִפִּי זַרְעוֹ. הֲרֵי זוֹ הַבְטָחָה לְיִשְׂרָאֵל שֶׁאֵין תּוֹרָה מִשְׁתַּכַּחַת מִזַּרְעָם לְגַמְרֵי:

כג) וַיְצַו אֶת יְהוֹשֻׁעַ בִּן נוּן. מוּסָב לְמַעְלָה כְּלַפֵּי שְׁכִינָה, כְּמוֹ שֶׁמְּפֹרָשׁ: "אֶל הָאָרֶץ אֲשֶׁר נִשְׁבַּעְתִּי לָהֶם":

כו) לָקֹחַ. כְּמוֹ: זָכוֹר, שָׁמוֹר, הָלוֹךְ: מִצַּד אֲרוֹן בְּרִית ה'. נֶחְלְקוּ בוֹ חַכְמֵי יִשְׂרָאֵל בְּבָבָא בַתְרָא (דף יד ע"ב), יֵשׁ מֵהֶם אוֹמְרִים: דַּף הָיָה בּוֹלֵט מִן הָאָרוֹן מִבַּחוּץ וְשָׁם הָיָה מֻנָּח, וְיֵשׁ אוֹמְרִים: מִצַּד הַלּוּחוֹת הָיָה מֻנָּח בְּתוֹךְ הָאָרוֹן:

כח) הַקְהִילוּ אֵלַי. וְלֹא תָקְעוּ אוֹתוֹ הַיּוֹם בַּחֲצוֹצְרוֹת לְהַקְהִיל אֶת הַקָּהָל, לְפִי שֶׁנֶּאֱמַר: "עֲשֵׂה לְךָ" (במדבר י, ב), וְלֹא הִשְׁלִיט יְהוֹשֻׁעַ עֲלֵיהֶם. וְאַף בְּחַיָּיו נִגְנְזוּ קֹדֶם יוֹם מוֹתוֹ, לְקַיֵּם מַה שֶּׁנֶּאֱמַר: "וְאֵין שִׁלְטוֹן בְּיוֹם הַמָּוֶת" (קהלת ח, ח): וְאָעִידָה בָּם אֶת הַשָּׁמַיִם וְאֶת הָאָרֶץ. וְאִם תֹּאמַר, הֲרֵי כְּבָר הֵעִיד לְמַעְלָה: "הַעִדֹתִי בָכֶם הַיּוֹם" וְגוֹ' (לעיל ל, יט)? לְיִשְׂרָאֵל אָמַר חֲבָל לַשָּׁמַיִם וְלָאָרֶץ לֹא אָמַר, וְעַכְשָׁיו בָּא לוֹמַר: "הַאֲזִינוּ הַשָּׁמַיִם" וְגוֹ' (להלן לב, א):

תַּשְׁחִתוּן וְסַרְתֶּם מִן־הַדֶּרֶךְ אֲשֶׁר צִוִּיתִי אֶתְכֶם
וְקָרָאת אֶתְכֶם הָרָעָה בְּאַחֲרִית הַיָּמִים כִּי־
תַעֲשׂוּ אֶת־הָרַע בְּעֵינֵי יְהוָה לְהַכְעִיסוֹ בְּמַעֲשֵׂה
יְדֵיכֶם׃ וַיְדַבֵּר מֹשֶׁה בְּאָזְנֵי כָּל־קְהַל יִשְׂרָאֵל ל
אֶת־דִּבְרֵי הַשִּׁירָה הַזֹּאת עַד תֻּמָּם׃

# הפטרה לשבת שובה

הפטרה לשבת שבין ראש השנה ליום הכיפורים (וילך או האזינו).

הסוס במקרא מבטא עוצמה צבאית. האשורים, שהחזיקו בחיל רכב (הרתום לסוסים) ופרשים (הרוכבים על הסוסים), נחשבו לבעלי עוצמה צבאית גדולה. הנביא הושע קורא לישראל לא להשליך יהבם על אשור. המפתח להתנהגות נכונה הוא הבנת מקומו של האדם לעומת הבורא. שיבוש בהבנה זו והאלהת אדם בעל עוצמה צבאית, הם שורש העבודה הזרה, והיא הבסיס לכל השחתה מוסרית. העמדת האדם ויצריו במרכז, בתוספת כוחניות צבאית, היא מרשם בטוח לדריסת צלם א־לוהים שבאדם. הנביא מציע לשוב לה', ותשובה זו אמורה להביא את העם למציאות המתוקנת והראויה שאליה הוא שואף להגיע.

הושע
שׁוּבָה יִשְׂרָאֵל עַד יְהוָה אֱלֹהֶיךָ כִּי כָשַׁלְתָּ בַּעֲוֺנֶךָ׃ קְחוּ עִמָּכֶם דְּבָרִים יד ב
וְשׁוּבוּ אֶל־יְהוָה אִמְרוּ אֵלָיו כָּל־תִּשָּׂא עָוֺן וְקַח־טוֹב וּנְשַׁלְּמָה פָרִים
שְׂפָתֵינוּ׃ אַשּׁוּר ׀ לֹא יוֹשִׁיעֵנוּ עַל־סוּס לֹא נִרְכָּב וְלֹא־נֹאמַר עוֹד אֱלֹהֵינוּ ד
לְמַעֲשֵׂה יָדֵינוּ אֲשֶׁר־בְּךָ יְרֻחַם יָתוֹם׃ אֶרְפָּא מְשׁוּבָתָם אֹהֲבֵם נְדָבָה כִּי ה
שָׁב אַפִּי מִמֶּנּוּ׃ אֶהְיֶה כַטַּל לְיִשְׂרָאֵל יִפְרַח כַּשּׁוֹשַׁנָּה וְיַךְ שָׁרָשָׁיו כַּלְּבָנוֹן׃ ו
יֵלְכוּ יֹנְקוֹתָיו וִיהִי כַזַּיִת הוֹדוֹ וְרֵיחַ לוֹ כַּלְּבָנוֹן׃ יָשֻׁבוּ יֹשְׁבֵי בְצִלּוֹ יְחַיּוּ דָגָן ז ח
וְיִפְרְחוּ כַגָּפֶן זִכְרוֹ כְּיֵין לְבָנוֹן׃ אֶפְרַיִם מַה־לִּי עוֹד לָעֲצַבִּים אֲנִי עָנִיתִי ט
וַאֲשׁוּרֶנּוּ אֲנִי כִּבְרוֹשׁ רַעֲנָן מִמֶּנִּי פֶּרְיְךָ נִמְצָא׃ מִי חָכָם וְיָבֵן אֵלֶּה נָבוֹן י
התימנים מסיימים כאן
וְיֵדָעֵם כִּי־יְשָׁרִים דַּרְכֵי יְהוָה וְצַדִּקִים יֵלְכוּ בָם וּפֹשְׁעִים יִכָּשְׁלוּ בָם׃*

יואל
יש אשכנזים שמוסיפים מכאן
וַיהוָה נָתַן קוֹלוֹ לִפְנֵי חֵילוֹ כִּי רַב מְאֹד מַחֲנֵהוּ כִּי עָצוּם עֹשֵׂה דְבָרוֹ כִּי־ יא ב
גָדוֹל יוֹם־יְהוָה וְנוֹרָא מְאֹד וּמִי יְכִילֶנּוּ׃ וְגַם־עַתָּה נְאֻם־יְהוָה שֻׁבוּ עָדַי יב
בְּכָל־לְבַבְכֶם וּבְצוֹם וּבִבְכִי וּבְמִסְפֵּד׃ וְקִרְעוּ לְבַבְכֶם וְאַל־בִּגְדֵיכֶם וְשׁוּבוּ יג
אֶל־יְהוָה אֱלֹהֵיכֶם כִּי־חַנּוּן וְרַחוּם הוּא אֶרֶךְ אַפַּיִם וְרַב־חֶסֶד וְנִחָם עַל־
הָרָעָה׃ מִי יוֹדֵעַ יָשׁוּב וְנִחָם וְהִשְׁאִיר אַחֲרָיו בְּרָכָה מִנְחָה וָנֶסֶךְ לַיהוָה יד
רוב האשכנזים מוסיפים מכאן
אֱלֹהֵיכֶם׃ *תִּקְעוּ שׁוֹפָר בְּצִיּוֹן קַדְּשׁוּ־צוֹם קִרְאוּ עֲצָרָה׃ אִסְפוּ־ טו טז

תְּחַבְּלוּן, וְתִסְטוּן מִן אוֹרְחָא, דְּפַקֵּידִית יָתְכוֹן, וּתְעָרַע יָתְכוֹן בִּשְׁתָּא בְּסוֹף יוֹמַיָּא, אֲרֵי
ל תַעְבְּדוּן יָת דְּבִישׁ קֳדָם יי, לְאַרְגָּזָא קֳדָמוֹהִי בְּעוֹבָדֵי יְדֵיכוֹן: וּמַלֵּיל מֹשֶׁה, קֳדָם כָּל קְהָלָא
דְּיִשְׂרָאֵל, יָת פִּתְגָּמֵי תֻשְׁבַּחְתָּא הָדָא, עַד דִּשְׁלִימוּ:

כט] אַחֲרֵי מוֹתִי כִּי הַשְׁחֵת תַּשְׁחִתוּן. וַהֲרֵי כָּל יְמוֹת יְהוֹשֻׁעַ לֹא הִשְׁחִיתוּ, שֶׁנֶּאֱמַר: "וַיַּעַבְדוּ הָעָם אֶת ה' כֹּל יְמֵי יְהוֹשֻׁעַ" (שופטים ב, ז)? מִכָּאן שֶׁתַּלְמִידוֹ שֶׁל אָדָם חָבִיב עָלָיו כְּגוּפוֹ, כָּל זְמַן שֶׁיְּהוֹשֻׁעַ חַי הָיָה נִרְאֶה לְמֹשֶׁה כְּאִלּוּ הוּא חַי:

עָם קַדְּשׁוּ קָהָל קִבְצוּ זְקֵנִים אִסְפוּ עוֹלָלִים וְיֹנְקֵי שָׁדָיִם יֵצֵא חָתָן מֵחֶדְרוֹ
יז וְכַלָּה מֵחֻפָּתָהּ: בֵּין הָאוּלָם וְלַמִּזְבֵּחַ יִבְכּוּ הַכֹּהֲנִים מְשָׁרְתֵי יְהוָה וְיֹאמְרוּ
חוּסָה יְהוָה עַל־עַמֶּךָ וְאַל־תִּתֵּן נַחֲלָתְךָ לְחֶרְפָּה לִמְשָׁל־בָּם גּוֹיִם לָמָּה
יח יט יֹאמְרוּ בָעַמִּים אַיֵּה אֱלֹהֵיהֶם: וַיְקַנֵּא יְהוָה לְאַרְצוֹ וַיַּחְמֹל עַל־עַמּוֹ: וַיַּעַן
יְהוָה וַיֹּאמֶר לְעַמּוֹ הִנְנִי שֹׁלֵחַ לָכֶם אֶת־הַדָּגָן וְהַתִּירוֹשׁ וְהַיִּצְהָר וּשְׂבַעְתֶּם
כ אֹתוֹ וְלֹא־אֶתֵּן אֶתְכֶם עוֹד חֶרְפָּה בַּגּוֹיִם: וְאֶת־הַצְּפוֹנִי אַרְחִיק מֵעֲלֵיכֶם
וְהִדַּחְתִּיו אֶל־אֶרֶץ צִיָּה וּשְׁמָמָה אֶת־פָּנָיו אֶל־הַיָּם הַקַּדְמֹנִי וְסֹפוֹ אֶל־הַיָּם
כא הָאַחֲרוֹן וְעָלָה בָאְשׁוֹ וְתַעַל צַחֲנָתוֹ כִּי הִגְדִּיל לַעֲשׂוֹת: אַל־תִּירְאִי אֲדָמָה
כב גִּילִי וּשְׂמָחִי כִּי־הִגְדִּיל יְהוָה לַעֲשׂוֹת: אַל־תִּירְאוּ בַּהֲמוֹת שָׂדַי כִּי דָשְׁאוּ
כג נְאוֹת מִדְבָּר כִּי־עֵץ נָשָׂא פִרְיוֹ תְּאֵנָה וָגֶפֶן נָתְנוּ חֵילָם: וּבְנֵי צִיּוֹן גִּילוּ וְשִׂמְחוּ
בַּיהוָה אֱלֹהֵיכֶם כִּי־נָתַן לָכֶם אֶת־הַמּוֹרֶה לִצְדָקָה וַיּוֹרֶד לָכֶם גֶּשֶׁם מוֹרֶה
כד וּמַלְקוֹשׁ בָּרִאשׁוֹן: וּמָלְאוּ הַגֳּרָנוֹת בָּר וְהֵשִׁיקוּ הַיְקָבִים תִּירוֹשׁ וְיִצְהָר:
כה וְשִׁלַּמְתִּי לָכֶם אֶת־הַשָּׁנִים אֲשֶׁר אָכַל הָאַרְבֶּה הַיֶּלֶק וְהֶחָסִיל וְהַגָּזָם חֵילִי
כו הַגָּדוֹל אֲשֶׁר שִׁלַּחְתִּי בָּכֶם: וַאֲכַלְתֶּם אָכוֹל וְשָׂבוֹעַ וְהִלַּלְתֶּם אֶת־שֵׁם יְהוָה
כז אֱלֹהֵיכֶם אֲשֶׁר־עָשָׂה עִמָּכֶם לְהַפְלִיא וְלֹא־יֵבֹשׁוּ עַמִּי לְעוֹלָם: וִידַעְתֶּם כִּי
בְקֶרֶב יִשְׂרָאֵל אָנִי וַאֲנִי יְהוָה אֱלֹהֵיכֶם וְאֵין עוֹד וְלֹא־יֵבֹשׁוּ עַמִּי לְעוֹלָם:

מיכה הספרדים וחלק מהאשכנזים מוסיפים

ז יח מִי־אֵל כָּמוֹךָ נֹשֵׂא עָוֹן וְעֹבֵר עַל־פֶּשַׁע לִשְׁאֵרִית נַחֲלָתוֹ לֹא־הֶחֱזִיק
יט לָעַד אַפּוֹ כִּי־חָפֵץ חֶסֶד הוּא: יָשׁוּב יְרַחֲמֵנוּ יִכְבֹּשׁ עֲוֹנֹתֵינוּ וְתַשְׁלִיךְ
כ בִּמְצֻלוֹת יָם כָּל־חַטֹּאתָם: תִּתֵּן אֱמֶת לְיַעֲקֹב חֶסֶד לְאַבְרָהָם אֲשֶׁר־
נִשְׁבַּעְתָּ לַאֲבֹתֵינוּ מִימֵי קֶדֶם:

# פרשת האזינו

נושאים לפי סדרים

כו

נבואה על עתיד ישראל
משה מזהיר את ישראל על שמירת המצוות
משה מצטווה לעלות להר נבו

# האזינו

כו הַאֲזִינוּ הַשָּׁמַיִם וַאֲדַבֵּרָה וְתִשְׁמַע הָאָרֶץ אִמְרֵי־פִי׃ א לב
יַעֲרֹף כַּמָּטָר לִקְחִי תִּזַּל כַּטַּל אִמְרָתִי ב
כִּשְׂעִירִם עֲלֵי־דֶשֶׁא וְכִרְבִיבִים עֲלֵי־עֵשֶׂב׃
כִּי שֵׁם יְהוָה אֶקְרָא הָבוּ גֹדֶל לֵאלֹהֵינוּ׃ ג
· הַצּוּר תָּמִים פָּעֳלוֹ כִּי כָל־דְּרָכָיו מִשְׁפָּט ד
אֵל אֱמוּנָה וְאֵין עָוֶל צַדִּיק וְיָשָׁר הוּא׃
שִׁחֵת לוֹ לֹא בָּנָיו מוּמָם דּוֹר עִקֵּשׁ וּפְתַלְתֹּל׃ ה
הַ לַיהוָה תִּגְמְלוּ־זֹאת עַם נָבָל וְלֹא חָכָם ו
הֲלוֹא־הוּא אָבִיךָ קָּנֶךָ הוּא עָשְׂךָ וַיְכֹנְנֶךָ׃
שני · זְכֹר יְמוֹת עוֹלָם בִּינוּ שְׁנוֹת דֹּר־וָדֹר ז
שְׁאַל אָבִיךָ וְיַגֵּדְךָ זְקֵנֶיךָ וְיֹאמְרוּ לָךְ׃

פרק לב

א| **האזינו השמים.** שאני מתרה בהם בישראל, ותהיו עדים בדבר, שכך אמרתי להם שאתם תהיו עדים, וכן "ותשמע הארץ". ולמה העיד בהם שמים וארץ? אמר משה: אני בשר ודם, למחר אני מת, אם יאמרו ישראל לא קבלנו עלינו הברית, מי בא ומכחישם? לפיכך העיד בהם שמים וארץ, עדים שהם קיימים לעולם. ועוד, שאם יזכו יבואו העדים ויתנו שכרם, "הגפן תתן פריה והארץ תתן את יבולה והשמים יתנו טלם" (זכריה ח, יב), ואם יתחיבו תהיה בהם יד העדים תחלה, "ועצר את השמים ולא יהיה מטר והאדמה לא תתן את יבולה", ואחר כך: "ואבדתם מהרה" (לעיל יא, יז) על ידי האמות:

ב| **יערף כמטר לקחי.** זו היא העדות שתעידו, שאני אומר בפניכם: תורה שנתתי לישראל שהיא חיים לעולם, כמטר הזה שהוא חיים לעולם, כאשר יערפו השמים טל ומטר: **יערף.** לשון יטיף, וכן: "יערפו טל" (להלן לג, כח), "ירעפון דשן" (תהלים סה, יב): **תזל כטל.** שהכל שמחים בו, לפי שהמטר יש בו עצבים, כגון הולכי

לב א ב אַצִיתוּ שְׁמַיָּא וַאֲמַלֵּיל, וְתִשְׁמַע אַרְעָא מֵימְרֵי פֻמִּי: יִבְסַם כְּמִטְרָא אֻלְפָנִי, יִתְקַבַּל כְּטַלָּא
ג מֵימְרִי, כְּרוּחֵי מִטְרָא דְּנָשְׁבִין עַל דִּתְאָה, וְכִרְסִיסֵי מַלְקוֹשָׁא דְּעַל עִסְבָּא: אֲרֵי, בִּשְׁמָא דַיְיָ
ד אֲנָא מְצַלֵּי, הַבוּ רְבוּתָא קֳדָם אֱלָהַנָא: תַּקִּיפָא דְּשַׁלְמִין עוֹבָדוֹהִי, אֲרֵי כָל אוֹרְחָתֵיהּ דִּינָא,
ה אֱלָהָא מְהֵימְנָא דְּמִן קֳדָמוֹהִי עַוְלָא לָא נָפֵיק, מִן קֳדָם דְּזַכַּאי וְקַשִּׁיט הוּא: חַבִּילוּ לְהוֹן,
ו לָא לֵיהּ בְּנַיָּא דִּפְלַחוּ לְטַעֲוָתָא, דָּרָא דְּאַשְׁנִי עוֹבָדוֹהִי וְאִשְׁתַּנִּיוּ: הָא קֳדָם יְיָ אַתּוּן גָּמְלִין
דָּא, עַמָּא דְּקַבִּילוּ אוֹרָיְתָא וְלָא חַכִּימוּ, הֲלָא הוּא אֲבוּךְ אַתְּ דִּילֵיהּ, הוּא עַבְדָּךְ וְאַתְקְנָךְ:
ז אִדְּכַר יוֹמִין דְּמִן עָלְמָא, אִסְתַּכַּל בִּשְׁנֵי דָר וְדָר, שְׁאַל אֲבוּךְ וִיחַוֵּי לָךְ, סָבָךְ וְיֵימְרוּן לָךְ:

דְּרָכִים וּמִי שֶׁהָיָה בּוֹרוֹ מָלֵא יַיִן: **כִּשְׂעִירִם.** לְשׁוֹן "רוּחַ סְעָרָה", כְּתַרְגּוּמוֹ: "כְּרוּחֵי מִטְרָא", מָה הָרוּחוֹת הַלָּלוּ מְחַזְּקִין אֶת הָעֲשָׂבִים וּמְגַדְּלִין אוֹתָם, אַף דִּבְרֵי תוֹרָה מְחַזְּקִין אֶת לוֹמְדֵיהֶן וּמְגַדְּלִין אוֹתָן: **וְכִרְבִיבִים.** טִפֵּי מָטָר, וְנִרְאֶה לִי, עַל שֵׁם שֶׁיּוֹרֶה כַּחֵץ נִקְרָא 'רְבִיב', כְּמָה דְאַתְּ אָמַר: "רֹבָה קַשָּׁת" (בראשית כא, כ): **דֶשֶׁא.** אֵרְבֵּרי"ן, עֲטִיפַת הָאָרֶץ מְכֻסָּה בְּיֶרֶק: **עֵשֶׂב.** קֶלַח אֶחָד קָרוּי 'עֵשֶׂב', וְכָל מִין וּמִין לְעַצְמוֹ קָרוּי 'עֵשֶׂב':

ג **כִּי שֵׁם ה' אֶקְרָא.** הֲרֵי 'כִּי' מְשַׁמֵּשׁ בִּלְשׁוֹן 'כַּאֲשֶׁר', כְּמוֹ: "כִּי תָבֹאוּ אֶל הָאָרֶץ", כְּשֶׁאֶקְרָא וְאַזְכִּיר שֵׁם ה', אַתֶּם "הָבוּ גֹדֶל לֵאלֹהֵינוּ" וּבָרְכוּ שְׁמוֹ. מִכָּאן שֶׁעוֹנִין: "בָּרוּךְ שֵׁם כְּבוֹד מַלְכוּתוֹ" אַחַר בְּרָכָה שֶׁבַּמִּקְדָּשׁ:

ד **הַצּוּר תָּמִים פָּעֳלוֹ.** אַף עַל פִּי שֶׁהוּא חָזָק, כְּשֶׁמֵּבִיא פֻּרְעָנוּת עַל עוֹבְרֵי רְצוֹנוֹ, לֹא בְּשֶׁטֶף הוּא מֵבִיא כִּי אִם בְּדִין, כִּי "תָּמִים פָּעֳלוֹ": **אֵל אֱמוּנָה.** לְשַׁלֵּם לַצַּדִּיקִים צִדְקָתָם לָעוֹלָם הַבָּא, וְאַף עַל פִּי שֶׁמְּאַחֵר אֶת תַּגְמוּלָם, סוֹפוֹ לְאַמֵּן אֶת דְּבָרָיו: **וְאֵין עָוֶל.** אַף לָרְשָׁעִים מְשַׁלֵּם שְׂכַר צִדְקָתָם בָּעוֹלָם הַזֶּה: **צַדִּיק וְיָשָׁר הוּא.** הַכֹּל מַצְדִּיקִים עֲלֵיהֶם אֶת דִּינוֹ, וְכָךְ רָאוּי וְיָשָׁר לָהֶם. "צַדִּיק" מִפִּי הַבְּרִיּוֹת "וְיָשָׁר הוּא", וְרָאוּי לְהַצְדִּיקוֹ:

ה **שִׁחֵת לוֹ וְגוֹ'.** כְּתַרְגּוּמוֹ: "חַבִּילוּ לְהוֹן לָא לֵיהּ": **בָּנָיו מוּמָם.** בָּנָיו הָיוּ, וְהַשְׁחָתָה שֶׁהִשְׁחִיתוּ הִיא מוּמָם: **בָּנָיו מוּמָם.** מוּמָם שֶׁל בָּנָיו הָיָה וְלֹא מוּמוֹ: **דּוֹר עִקֵּשׁ.** עָקוֹם וּמְעֻקָּל, כְּמוֹ: "וְאֵת כָּל הַיְשָׁרָה יְעַקֵּשׁוּ" (מיכה ג, ט), וּבִלְשׁוֹן מִשְׁנָה: "אֻלְדָּה שֶׁשָּׁפָה עֲקוּמוֹת וַעֲקוּשׁוֹת" (ראה חולין נו ע"א): **וּפְתַלְתֹּל.** אנטורטליי"ץ, כַּפְּתִיל הַזֶּה שֶׁגּוֹדְלִין אוֹתוֹ וּמַקִּיפִין אוֹתוֹ סְבִיבוֹת הַגָּדִיל: **פְּתַלְתֹּל.** מִן הַתֵּיבוֹת הַכְּפוּלוֹת כְּמוֹ 'יְרַקְרַק' (ויקרא יג, מט), 'אֲדַמְדָּם' (שם), 'סְחַרְחַר' (תהלים לח, יא), 'סְגַלְגַּל' (תרגום, מלכים א' ז, כג):

ו **הַלַה' תִּגְמְלוּ זֹאת.** לְשׁוֹן תֵּמַהּ, וְכִי לְפָנָיו אַתֶּם מַעֲצִיבִין, שֶׁיֵּשׁ בְּיָדוֹ לִפָּרַע מִכֶּם וְשֶׁהֵיטִיב לָכֶם בְּכָל הַטּוֹבוֹת?: **עַם נָבָל.** שֶׁשָּׁכְחוּ אֶת הֶעָשׂוּי לָהֶם: **וְלֹא חָכָם.** לְהָבִין אֶת הַנּוֹלָדוֹת שֶׁיֵּשׁ בְּיָדוֹ לְהֵיטִיב וּלְהָרַע: **הֲלוֹא הוּא אָבִיךָ קָּנֶךָ.** שֶׁקְּנָאֲךָ, שֶׁקִּנֶּנְךָ בְּקַן הַסְּלָעִים וּבְאֶרֶץ חֲזָקָה, שֶׁתִּקֶּנְךָ בְּכָל מִינֵי תַקָּנָה: **הוּא עָשְׂךָ.** אֻמָּה בָאֻמּוֹת: **וַיְכֹנְנֶךָ.** אַחֵרֵי כֵן בְּכָל מִינֵי בָּסִיס וְכַן, מִכֶּם כֹּהֲנִים מִכֶּם נְבִיאִים וּמִכֶּם מְלָכִים, כְּרַךְ שֶׁהַכֹּל תָּלוּי בּוֹ:

ז **זְכֹר יְמוֹת עוֹלָם.** מֶה עָשָׂה בָּרִאשׁוֹנִים שֶׁהִכְעִיסוּ לְפָנָיו: **בִּינוּ שְׁנוֹת דֹּר וָדֹר.** דּוֹר אֱנוֹשׁ שֶׁהֵצִיף עֲלֵיהֶם מֵי אוֹקְיָנוֹס, וְדוֹר הַמַּבּוּל שֶׁשְּׁטָפָם. דָּבָר אַחֵר, לֹא נְתַתֶּם לִבְּכֶם עַל שֶׁעָבַר, "בִּינוּ שְׁנוֹת דֹּר וָדֹר" לְהַכִּיר לְהַבָּא, שֶׁיֵּשׁ בְּיָדוֹ לְהֵיטִיב לָכֶם וּלְהַנְחִיל לָכֶם יְמוֹת הַמָּשִׁיחַ וְהָעוֹלָם הַבָּא: **שְׁאַל אָבִיךָ.** אֵלּוּ הַנְּבִיאִים שֶׁנִּקְרְאוּ אָבוֹת, כְּמוֹ שֶׁנֶּאֱמַר

ח בְּהַנְחֵל עֶלְיוֹן גּוֹיִם בְּהַפְרִידוֹ בְּנֵי אָדָם
יַצֵּב גְּבֻלֹת עַמִּים לְמִסְפַּר בְּנֵי יִשְׂרָאֵל׃
ט כִּי חֵלֶק יהוה עַמּוֹ יַעֲקֹב חֶבֶל נַחֲלָתוֹ׃
י יִמְצָאֵהוּ בְּאֶרֶץ מִדְבָּר וּבְתֹהוּ יְלֵל יְשִׁמֹן
יְסֹבְבֶנְהוּ יְבוֹנְנֵהוּ יִצְּרֶנְהוּ כְּאִישׁוֹן עֵינוֹ׃
יא כְּנֶשֶׁר יָעִיר קִנּוֹ עַל־גּוֹזָלָיו יְרַחֵף
יִפְרֹשׂ כְּנָפָיו יִקָּחֵהוּ יִשָּׂאֵהוּ עַל־אֶבְרָתוֹ׃
יב יהוה בָּדָד יַנְחֶנּוּ וְאֵין עִמּוֹ אֵל נֵכָר׃
יג בָּמֳתֵי שלישי יַרְכִּבֵהוּ עַל־בָּמוֹתֵי אָרֶץ וַיֹּאכַל תְּנוּבֹת שָׂדָי
וַיֵּנִקֵהוּ דְבַשׁ מִסֶּלַע וְשֶׁמֶן מֵחַלְמִישׁ צוּר׃
יד חֶמְאַת בָּקָר וַחֲלֵב צֹאן עִם־חֵלֶב כָּרִים
וְאֵילִים בְּנֵי־בָשָׁן וְעַתּוּדִים עִם־חֵלֶב כִּלְיוֹת חִטָּה

בְּאֵלִיָּהוּ: "אָבִי אָבִי רֶכֶב יִשְׂרָאֵל" (מלכים ב׳ ב, יב): זְקֵנֶיךָ. אֵלּוּ הַחֲכָמִים: וְיֹאמְרוּ לָךְ. הָרִאשׁוֹנוֹת:

ח) בְּהַנְחֵל עֶלְיוֹן גּוֹיִם. כְּשֶׁהִנְחִיל הַקָּדוֹשׁ בָּרוּךְ הוּא לְמַכְעִיסָיו אֶת חֵלֶק נַחֲלָתָן, הֱצִיפָם וּשְׁטָפָם: בְּהַפְרִידוֹ בְּנֵי אָדָם. כְּשֶׁהֵפִיץ דּוֹר הַפַּלָּגָה הָיָה בְּיָדוֹ לְהַעֲבִירָם מִן הָעוֹלָם, וְלֹא עָשָׂה כֵן, אֶלָּא "יַצֵּב גְּבֻלֹת עַמִּים", קִיְּמָם וְלֹא אִבְּדָם: לְמִסְפַּר בְּנֵי יִשְׂרָאֵל. בִּשְׁבִיל מִסְפַּר בְּנֵי יִשְׂרָאֵל שֶׁעֲתִידִין לָצֵאת מִבְּנֵי שֵׁם, וּלְמִסְפַּר שִׁבְעִים נֶפֶשׁ שֶׁל בְּנֵי יִשְׂרָאֵל שֶׁיָּרְדוּ לְמִצְרַיִם הִצִּיב "גְּבֻלֹת עַמִּים" שִׁבְעִים לָשׁוֹן:

ט) כִּי חֵלֶק ה׳ עַמּוֹ. לָמָּה כָּל זֹאת? לְפִי שֶׁהָיָה חֶלְקוֹ כָּבוּשׁ בֵּינֵיהֶם וְעָתִיד לָצֵאת. וּמִי הוּא חֶלְקוֹ? "עַמּוֹ". וּמִי הוּא עַמּוֹ? "יַעֲקֹב חֶבֶל נַחֲלָתוֹ", וְהוּא הַשְּׁלִישִׁי בָּאָבוֹת, הַמְשֻׁלָּשׁ בְּשָׁלֹשׁ זְכֻיּוֹת, זְכוּת אֲבִי אָבִיו וּזְכוּת אָבִיו וּזְכוּתוֹ, הֲרֵי שָׁלֹשׁ, כַּחֶבֶל הַזֶּה שֶׁהוּא עָשׂוּי בִּשְׁלֹשָׁה גְּדִילִים; וְהוּא וּבָנָיו הָיוּ לוֹ לְנַחֲלָה, וְלֹא יִשְׁמָעֵאל בֶּן אַבְרָהָם וְלֹא עֵשָׂו בְּנוֹ שֶׁל יִצְחָק:

י) יִמְצָאֵהוּ בְּאֶרֶץ מִדְבָּר. אוֹתָם מָצָא לוֹ נֶאֱמָנִים בְּאֶרֶץ הַמִּדְבָּר, שֶׁקִּבְּלוּ תוֹרָתוֹ וּמַלְכוּתוֹ וְעֻלּוֹ, מַה שֶּׁלֹּא עָשׂוּ יִשְׁמָעֵאל וְעֵשָׂו, שֶׁנֶּאֱמַר: "וְזָרַח מִשֵּׂעִיר לָמוֹ הוֹפִיעַ מֵהַר פָּארָן" (להלן לג, ב): וּבְתֹהוּ יְלֵל יְשִׁמֹן. אֶרֶץ צִיָּה וּשְׁמָמָה, מְקוֹם יִלְלַת תַּנִּים וּבְנוֹת יַעֲנָה, אַף שָׁם נִמְשְׁכוּ אַחַר הָאֱמוּנָה, וְלֹא אָמְרוּ לְמֹשֶׁה הֵיאַךְ נֵצֵא לַמִּדְבָּרוֹת מְקוֹם צִיָּה וְשִׁמָּמוֹן, כְּעִנְיָן שֶׁנֶּאֱמַר: "לֶכְתֵּךְ אַחֲרַי בַּמִּדְבָּר" (ירמיה ב, ב): יְסֹבְבֶנְהוּ. שָׁם סִבְּבָם

האזינו

ח בְּאַחְסָנָא עִלָּאָה עַמְמַיָּא, בְּפָרָשׁוּתֵיהּ בְּנֵי אֱנָשָׁא, קַיֵּים תְּחוּמֵי עַמְמַיָּא, לְמִנְיַן בְּנֵי יִשְׂרָאֵל:
ט אֲרֵי, חוּלָקָא דַּיְי עַמֵּיהּ, יַעֲקֹב עֲדַב אַחְסָנְתֵיהּ: סוֹפִיק צָרְכֵיהוֹן בַּאֲרַע מַדְבְּרָא, וּבֵית צַהֲוָנָא
אֲתַר דְּלֵית מַיָּא, אַשְׁרִינוּן סְחוֹר סְחוֹר לִשְׁכִינְתֵיהּ אַלֵּיפִנּוּן פִּתְגָּמֵי אוֹרָיְתֵיהּ, נְטַרְנוּן כְּבָבַת
יא עֵינֵהוֹן: כְּנִשְׁרָא דִּמְחִישׁ לְקִנֵּיהּ, עַל בְּנוֹהִי מִתְחַפַּף, פָּרֵיס גַּדְפּוֹהִי מְקַבֵּילְהוֹן, מְנַטֵּילְהוֹן
יב עַל תְּקוֹף אֶבְרוֹהִי: יְיָ בִּלְחוֹדֵיהוֹן עֲתִיד לְאַשְׁרָיוּתְהוֹן בְּעָלְמָא דְּהוּא עֲתִיד לְאִתְחַדָּתָא, וְלָא
יג יִתְקַיַּם קֳדָמוֹהִי פֻּלְחַן טָעֲוָן: אַשְׁרִינוּן עַל תָּקְפֵי אַרְעָא, אוֹכֵילִנּוּן בִּזַּת סָנְאֵיהוֹן, יְהַב לְהוֹן
יד בִּזַּת שַׁלִּיטֵי קִרְוִין, וְנִכְסֵי יָתְבֵי כְּרַכִּין תַּקִּיפִין: יְהַב לְהוֹן בִּזַּת מַלְכֵיהוֹן וְשַׁלִּיטֵיהוֹן, עִם
עוֹתֶר רַבְרְבֵיהוֹן וְתַקִּיפֵיהוֹן, עַמָּא דְּאַרְעֲהוֹן אַחְסָנְתְהוֹן, עִם בִּזַּת חֵילֵיהוֹן וּמַשִּׁרְיָתְהוֹן,

וְהִקִּיפָם בַּעֲנָנִים, וְסִבְּבָם בִּדְגָלִים לְאַרְבַּע רוּחוֹת, וְסִבְּבָן בְּתַחְתִּית הָהָר שֶׁכְּפָאוֹ עֲלֵיהֶם כְּגִיגִית: **יְבוֹנְנֵהוּ.** שָׂם בְּתוֹרָה וּבִינָה: **יִצְּרֶנְהוּ.** מִנָּחָשׁ שָׂרָף וְעַקְרָב וּמִן הָאֻמּוֹת: **כְּאִישׁוֹן עֵינוֹ.** הוּא הַשָּׁחוֹר שֶׁבָּעַיִן שֶׁהַמָּאוֹר יוֹצֵא הֵימֶנּוּ. וְאוּנְקְלוֹס תִּרְגֵּם: "יְמַנְּחֵהוּ" – יַסְפִּיקֵהוּ כָּל צָרְכּוֹ בַּמִּדְבָּר, כְּמוֹ: "וּמָצָא לָהֶם" (במדבר יא, כב), "לֹא יִמָּצֵא לָנוּ הָהָר" (יהושע יז, טז). "יְסֹבְבֶנְהוּ" – "אַשְׁרִינוּן סְחוֹר סְחוֹר לִשְׁכִינְתֵּיהּ", אֹהֶל מוֹעֵד בָּאֶמְצַע וְאַרְבָּעָה דְּגָלִים לְאַרְבַּע רוּחוֹת:

יא| **כְּנֶשֶׁר יָעִיר קִנּוֹ.** נִהֲגָם בְּרַחֲמִים וּבְחֶמְלָה כַּנֶּשֶׁר הַזֶּה רַחְמָנִי עַל בָּנָיו, וְאֵינוֹ נִכְנָס לְקִנּוֹ פִּתְאוֹם עַד שֶׁהוּא מְקַשְׁקֵשׁ וּמְטָרֵף עַל בָּנָיו בִּכְנָפָיו בֵּין אִילָן לְאִילָן בֵּין שׂוֹכָה לַחֲבֶרְתָּהּ, כְּדֵי שֶׁיֵּעוֹרוּ בָּנָיו וִיהֵא בָּהֶן כֹּחַ לְקַבְּלוֹ: **יָעִיר קִנּוֹ.** יְעוֹרֵר בָּנָיו: **עַל גּוֹזָלָיו יְרַחֵף.** אֵינוֹ מַכְבִּיד עַצְמוֹ עֲלֵיהֶם אֶלָּא מְחוֹפֵף, נוֹגֵעַ וְאֵינוֹ נוֹגֵעַ, אַף הַקָּדוֹשׁ בָּרוּךְ הוּא "שַׁדַּי לֹא מְצָאנֻהוּ שַׂגִּיא כֹחַ" (איוב לז, כג), כְּשֶׁבָּא לִתֵּן תּוֹרָה לֹא נִגְלָה עֲלֵיהֶם מֵרוּחַ אַחַת אֶלָּא מֵאַרְבַּע רוּחוֹת, שֶׁנֶּאֱמַר: "ה׳ מִסִּינַי בָּא וְזָרַח מִשֵּׂעִיר לָמוֹ, הוֹפִיעַ מֵהַר פָּארָן" (להלן לג, ב), "אֱלוֹהַּ מִתֵּימָן יָבוֹא" (חבקוק ג, ג) זוֹ רוּחַ רְבִיעִית: **יִפְרֹשׂ כְּנָפָיו יִקָּחֵהוּ.** כְּשֶׁבָּא לִטְּלָן מִמָּקוֹם לְמָקוֹם אֵינוֹ נוֹטְלָן בְּרַגְלָיו כִּשְׁאָר עוֹפוֹת, לְפִי שֶׁשְּׁאָר עוֹפוֹת יְרֵאִים מִן הַנֶּשֶׁר שֶׁהוּא מַגְבִּיהַּ לָעוּף וּפוֹרֵחַ עֲלֵיהֶם, לְפִיכָךְ נוֹשְׂאָן בְּרַגְלָיו מִפְּנֵי הַנֶּשֶׁר, אֲבָל הַנֶּשֶׁר אֵינוֹ יָרֵא אֶלָּא מִן הַחֵץ, לְפִיכָךְ נוֹשְׂאָן עַל כְּנָפָיו, אוֹמֵר: מוּטָב שֶׁיִּכָּנֵס הַחֵץ בִּי וְלֹא יִכָּנֵס בְּבָנַי. אַף הַקָּדוֹשׁ בָּרוּךְ הוּא, "וָאֶשָּׂא אֶתְכֶם עַל כַּנְפֵי נְשָׁרִים" (שמות יט, ד), כְּשֶׁנָּסְעוּ מִצְרַיִם אַחֲרֵיהֶם וְהִשִּׂיגוּם עַל הַיָּם הָיוּ זוֹרְקִים בָּהֶם חִצִּים וְאַבְנֵי בַּלִּיסְטְרָאוֹת, מִיָּד – "וַיִּסַּע מַלְאַךְ הָאֱלֹהִים וְגוֹ׳ וַיָּבֹא בֵּין מַחֲנֵה מִצְרַיִם" וְגוֹ׳ (שם יד, יט-כ):

יב| **ה׳ בָּדָד יַנְחֶנּוּ.** ה׳ בָּדָד וָבֶטַח נִהֲגָם בַּמִּדְבָּר: **וְאֵין עִמּוֹ אֵל נֵכָר.** לֹא הָיָה כֹּחַ בְּאֶחָד מִכָּל אֱלֹהֵי הַגּוֹיִם לְהַרְאוֹת כֹּחוֹ וּלְהִלָּחֵם עִמָּהֶם. וְרַבּוֹתֵינוּ דְּרָשׁוּהוּ עַל הֶעָתִיד, וְכֵן תִּרְגֵּם אוּנְקְלוֹס. וַאֲנִי אוֹמֵר, דִּבְרֵי תוֹכָחָה הֵם לְהָעִיד הַשָּׁמַיִם וְהָאָרֶץ שֶׁתְּהֵא הַשִּׁירָה לְעֵד שֶׁסּוֹפָן לִבְגֹּד, וְלֹא יִזְכְּרוּ הָרִאשׁוֹנוֹת שֶׁעָשָׂה לָהֶם וְלֹא הַנּוֹלָדוֹת שֶׁהוּא עָתִיד לַעֲשׂוֹת לָהֶם. לְפִיכָךְ צָרִיךְ לְיַשֵּׁב הַדָּבָר לְכָאן וּלְכָאן, וְכָל הָעִנְיָן מוּסָב עַל "זְכֹר יְמוֹת עוֹלָם בִּינוּ שְׁנוֹת דֹּר וָדֹר" (לעיל פסוק ז), כֵּן עָשָׂה לָהֶם וְכֵן עָתִיד לַעֲשׂוֹת, כָּל זֶה הָיָה לָהֶם לִזְכֹּר:

יג-יד| **יַרְכִּבֵהוּ עַל בָּמֳתֵי אָרֶץ.** כָּל הַמִּקְרָא כְּתַרְגּוּמוֹ: **יַרְכִּבֵהוּ.** עַל שֵׁם שֶׁאֶרֶץ יִשְׂרָאֵל גְּבוֹהָה מִכָּל הָאֲרָצוֹת: **וַיֹּאכַל תְּנוּבֹת שָׂדָי.** אֵלּוּ פֵּרוֹת אֶרֶץ יִשְׂרָאֵל שֶׁקַּלִּים לָנוּב וּלְהִתְבַּשֵּׁל מִכָּל פֵּרוֹת הָאֲרָצוֹת: **וַיֵּנִקֵהוּ דְבַשׁ מִסֶּלַע.** מַעֲשֶׂה בְּאֶחָד שֶׁאָמַר לִבְנוֹ בְּסִיכְנִי: הָבֵא לִי קְצִיעוֹת מִן הֶחָבִית, הָלַךְ וּמָצָא הַדְּבַשׁ צָף עַל פִּיהָ, אָמַר לוֹ: זוֹ שֶׁל דְּבַשׁ הִיא, אָמַר לוֹ: הַשְׁקַע יָדְךָ לְתוֹכָהּ וְאַתָּה מַעֲלֶה קְצִיעוֹת מִתּוֹכָהּ: **וְשֶׁמֶן מֵחַלְמִישׁ צוּר.** אֵלּוּ זֵיתִים שֶׁל גּוּשׁ חָלָב: **חֶמְאַת בָּקָר וַחֲלֵב צֹאן.** זֶה הָיָה בִּימֵי שְׁלֹמֹה, שֶׁנֶּאֱמַר: "עֲשָׂרָה בָקָר בְּרִאִים וְעֶשְׂרִים בָּקָר רְעִי וּמֵאָה צֹאן" (מלכים א׳ ה, ג): **עִם חֵלֶב כָּרִים.**

וְדַם־עֵנָב תִּשְׁתֶּה־חָמֶר׃   וַיִּשְׁמַן יְשֻׁרוּן וַיִּבְעָט טו
שָׁמַנְתָּ עָבִיתָ כָּשִׂיתָ   וַיִּטֹּשׁ אֱלוֹהַ עָשָׂהוּ
וַיְנַבֵּל צוּר יְשֻׁעָתוֹ׃   יַקְנִאֻהוּ בְּזָרִים טז
בְּתוֹעֵבֹת יַכְעִיסֻהוּ׃   יִזְבְּחוּ לַשֵּׁדִים לֹא אֱלֹהַ יז
אֱלֹהִים לֹא יְדָעוּם   חֲדָשִׁים מִקָּרֹב בָּאוּ
לֹא שְׂעָרוּם אֲבֹתֵיכֶם׃   צוּר יְלָדְךָ תֶּשִׁי יח
רביעי וַתִּשְׁכַּח אֵל מְחֹלְלֶךָ׃   וַיַּרְא יְהוָה וַיִּנְאָץ יט
מִכַּעַס בָּנָיו וּבְנֹתָיו׃   וַיֹּאמֶר אַסְתִּירָה פָנַי מֵהֶם כ
אֶרְאֶה מָה אַחֲרִיתָם   כִּי דוֹר תַּהְפֻּכֹת הֵמָּה
בָּנִים לֹא־אֵמֻן בָּם׃   הֵם קִנְאוּנִי בְלֹא־אֵל כא
כִּעֲסוּנִי בְּהַבְלֵיהֶם   וַאֲנִי אַקְנִיאֵם בְּלֹא־עָם
בְּגוֹי נָבָל אַכְעִיסֵם׃   כִּי־אֵשׁ קָדְחָה בְאַפִּי כב
וַתִּיקַד עַד־שְׁאוֹל תַּחְתִּית   וַתֹּאכַל אֶרֶץ וִיבֻלָהּ
וַתְּלַהֵט מוֹסְדֵי הָרִים׃   אַסְפֶּה עָלֵימוֹ רָעוֹת כג
חִצַּי אֲכַלֶּה־בָּם׃   מְזֵי רָעָב וּלְחֻמֵי רֶשֶׁף כד

זֶה הָיָה בִּימֵי עֲשֶׂרֶת הַשְּׁבָטִים, שֶׁנֶּאֱמַר: "וְאֹכְלִים כָּרִים מִצֹּאן" (עמוס ו, ד): **עִם חֵלֶב כִּלְיוֹת חִטָּה.** זֶה הָיָה בִּימֵי שְׁלֹמֹה, שֶׁנֶּאֱמַר: "וַיְהִי לֶחֶם שְׁלֹמֹה" וְגוֹ' (מלכים א' ה, ב): **וְדַם עֵנָב תִּשְׁתֶּה חָמֶר.** בִּימֵי עֲשֶׂרֶת הַשְּׁבָטִים, "הַשֹּׁתִים בְּמִזְרְקֵי יַיִן" (עמוס ו, ו): **בָּמֳתֵי אָרֶץ.** לְשׁוֹן גֹּבַהּ: **שָׂדָי.** לְשׁוֹן שָׂדֶה: **חַלְמִישׁ צוּר.** תָּקְפּוֹ וְחָזְקוֹ שֶׁל סֶלַע. כְּשֶׁאֵינוֹ דָּבוּק לַתֵּבָה שֶׁלְּאַחֲרָיו נָקוּד 'חַלָּמִישׁ' (לעיל ח, טו) וּכְשֶׁהוּא דָּבוּק נָקוּד 'חַלְמִישׁ': **חֶמְאַת בָּקָר.** הוּא שֻׁמָּן הַנִּלְקָט עַל גַּבֵּי חָלָב: **וַחֲלֵב צֹאן.** חָלָב שֶׁל צֹאן, וּכְשֶׁהוּא דָּבוּק נָקוּד 'חֲלֵב', כְּמוֹ: "בַּחֲלֵב אִמּוֹ" (לעיל יד, כא): **כָּרִים.** כְּבָשִׂים: **וְאֵילִים.** כְּמַשְׁמָעוֹ: **בְּנֵי בָשָׁן.** שְׁמֵנִים הָיוּ: **כִּלְיוֹת חִטָּה.** חִטִּים שְׁמֵנִים כְּחֵלֶב כְּלָיוֹת וְגַסִּין כְּכוֹלְיָא: **וְדַם עֵנָב.** הָיִיתָ שׁוֹתֶה טוֹב וְטוֹעֵם יַיִן חָשׁוּב: **חָמֶר.** יַיִן בִּלְשׁוֹן אֲרַמִּי: **חָמֶר.** אֵין זֶה שֵׁם דָּבָר אֶלָּא לְשׁוֹן מְשֻׁבָּח בְּטַעַם, ווינו"ש בְּלַעַז. וְעוֹד יֵשׁ לְפָרֵשׁ שְׁנֵי מִקְרָאוֹת הַלָּלוּ אַחַר תַּרְגּוּם שֶׁל אוּנְקְלוֹס: "אַשְׁרִינוּן עַל תָּקְפֵי אַרְעָא" וְגוֹ':

האזינו

טו ודם גבריהון אתאשד כמיא: עתר ישראל ובעט, אצלח תקוף קנא נכסין, שבק פלחן אלהא
טז דעבדיה, ארגיז קדם תקיפא פרקיה: אקניאו קדמוהי בפלחן טעון, בתועיבתא ארגיזו
יז קדמוהי: דבחו, לשידין דלית בהון צרוך, דחלן דלא ידעונין, חדתן דמקריב אתעבידא,
יח דלא אתעסקו בהון אבהתכון: דחלת תקיפא די בראך אתנשיתא, שבקתא פלחן אלהא
יט כ דעבדך: וגלי קדם יי ותקיף רגזיה, מדארגיזו קדמוהי בנין ובנן: ואמר, אסליק שכינתי מנהון,
כא גלי קדמי מא יהי בסופהון, ארי דרא דאשני אנון, בניא דלית בהון הימנו: אנון אקניאו קדמי
כב בלא דחלא, ארגיזו קדמי בטעותהון, ואנא אקנינון בלא עם, בעמא טפשא ארגיזנון: ארי
קדום תקיף כאישא נפק מן קדמי ברגז, שיצי עד שאול ארעיתא, אסיף ארעא ועללתה,
כג כד שיצי עד סיפי טוריא: אסיף עליהון בישן, מכתשי אגרי בהון: נפיחי כפן, ואכילי עוף

טו| **עבית.** לשון עבי: **כשית.** כמו 'כסית', לשון: "כי כסה פניו בחלבו" (איוב טו, כז), כאדם ששמן מבפנים וכסליו נכפלים מבחוץ, וכן הוא אומר: "ויעש פימה עלי כסל" (שם): **כשית.** יש לשון קל בלשון כסוי, כמו: "וכסה קלון ערום" (משלי יב, טז), ואם כתב 'כשית' דגוש, היה נשמע כסית את אחרים: **וינבל צור ישעתו.** גנהו ובזהו, כמו שנאמר: "אחוריהם אל היכל ה'" וגו' (יחזקאל ח, טז), אין לך נבול גדול מזה:

טז| **יקנאהו.** הבעירו חמתו וקנאתו: **בתועבת.** במעשים תעובים, כגון משכב זכור וכשפים שנאמר בהם 'תועבה':

יז| **לא אלה.** כתרגומו: "דלית בהון צרוך", אלו היה בהם צורך לא היתה קנאה כפולה כמו עכשיו: **חדשים מקרב באו.** אפילו האומות לא היו רגילים בהם, גוי שהיה רואה אותם היה אומר: זה צלם יהודי: **לא שערום אבתיכם.** לא יראו מהם, לא עמדה שערתם מפניהם, דרך שערות האדם לעמד מחמת יראה. כך נדרש בספרי. ויש לפרש עוד, "שערום" לשון: "ושעירים ירקדו שם" (ישעיה יג, כא), שעירים הם שדים, לא עשו אבותיכם שעירים הללו:

יח| **תשי.** תשכח. ורבותינו אמרו, כשבא להיטיב לכם אתם מכעיסין לפניו ומתישים כחו מלהיטיב לכם: **אל מחללך.** מוציאך מרחם, לשון: "תחולל אילות" (איוב לט, א), "חיל כיולדה" (ירמיה ו, כד):

כ| **מה אחריתם.** מה תעלה בהם בסופם: כי דור תהפכת המה. מהפכין רצוני לכעס: **לא אמן בם.** אין גדולי נכרים בהם, כי הוריתים דרך טובה וסרו ממנה: **אמן.** לשון: "ויהי אמן" (אסתר ב, ז), נורטור"א בלעז. דבר אחר, "אמן", לשון אמונה, כתרגומו, אמרו בסיני: "נעשה ונשמע" (שמות כד, ז), ולשעה קלה בטלו הבטחתם ועשו העגל:

כא| **קנאוני.** הבעירו חמתי: **בלא אל.** בדבר שאינו אלוה: **בלא עם.** באמה שאין לה שם, שנאמר: "הן ארץ כשדים זה העם לא היה" (ישעיה כג, יג); בעשו הוא אומר: "בזוי אתה מאד" (עובדיה א, ב): **בגוי נבל אכעיסם.** אלו המינין, וכן הוא אומר: "אמר נבל בלבו אין אלהים" (תהלים יד, א):

כב| **קדחה.** בערה: **ותיקד.** בכם עד היסוד: **ותאכל.** ארצכם ויבולה: **ותלהט.** את ירושלים המיסדת על ההרים, שנאמר: "ירושלים הרים סביב לה" (תהלים קכה, ב):

כג| **אספה עלימו רעות.** אחביר רעה על רעה, לשון: "ספו שנה על שנה" (ישעיה כט, א), "ספות הרוה" (לעיל כט, יח), "עלותיכם ספו על זבחיכם" (ירמיה ז, כא). דבר אחר, "אספה", אכלה, כמו: "פן תספה" (בראשית יט, טו): **חצי אכלה בם.** כל חצי אשלים בהם, וקללה זו לפי הפרענות לברכה היא, חצי כלים והם אינם כלים:

כד| **מזי רעב.** אונקלוס תרגם: "נפיחי כפן" ואין לי עד מוכיח עליו. ומשמו של רבי יהודה הדרשן מטולוזא שמעתי, שעירי רעב, אדם כאוש מגדל שער על בשרו. 'מזי' לשון ארמי שער, מזיא,

וְקֶטֶב מְרִירִי | וְשֶׁן־בְּהֵמֹת אֲשַׁלַּח־בָּם
עִם־חֲמַת זֹחֲלֵי עָפָר׃ | מִחוּץ תְּשַׁכֶּל־חֶרֶב כה
וּמֵחֲדָרִים אֵימָה | גַּם־בָּחוּר גַּם־בְּתוּלָה
יוֹנֵק עִם־אִישׁ שֵׂיבָה׃ | אָמַרְתִּי אַפְאֵיהֶם כו
אַשְׁבִּיתָה מֵאֱנוֹשׁ זִכְרָם׃ | לוּלֵי כַּעַס אוֹיֵב אָגוּר כז
פֶּן־יְנַכְּרוּ צָרֵימוֹ | פֶּן־יֹאמְרוּ יָדֵנוּ רָמָה
וְלֹא יְהוָה פָּעַל כָּל־זֹאת׃ | כִּי־גוֹי אֹבַד עֵצוֹת הֵמָּה כח
חמישי וְאֵין בָּהֶם תְּבוּנָה׃ | לוּ חָכְמוּ יַשְׂכִּילוּ זֹאת כט
יָבִינוּ לְאַחֲרִיתָם׃ | אֵיכָה יִרְדֹּף אֶחָד אֶלֶף ל
וּשְׁנַיִם יָנִיסוּ רְבָבָה | אִם־לֹא כִּי־צוּרָם מְכָרָם
וַיהוָה הִסְגִּירָם׃ | כִּי לֹא כְצוּרֵנוּ צוּרָם לא
וְאֹיְבֵינוּ פְּלִילִים׃ | כִּי־מִגֶּפֶן סְדֹם גַּפְנָם לב
וּמִשַּׁדְמֹת עֲמֹרָה | עֲנָבֵמוֹ עִנְּבֵי־רוֹשׁ
אַשְׁכְּלֹת מְרֹרֹת לָמוֹ׃ | חֲמַת תַּנִּינִם יֵינָם לג
וְרֹאשׁ פְּתָנִים אַכְזָר׃ | הֲלֹא־הוּא כָּמֻס עִמָּדִי לד
חָתוּם בְּאוֹצְרֹתָי׃ | לִי נָקָם וְשִׁלֵּם לה

"דַּהֲוָה מְהַפֵּךְ בְּמַזְיֵיהּ" (מגילה דף יח ע"ח): **וּלְחֻמֵי רֶשֶׁף.** הַשֵּׁדִים נִלְחֲמוּ בָּהֶם, שֶׁנֶּאֱמַר: "וּבְנֵי רֶשֶׁף יַגְבִּיהוּ עוּף" (איוב ה, ז), וְהֵם שֵׁדִים: **וְקֶטֶב מְרִירִי.** וּכְרִיתוּת שֵׁד שֶׁשְּׁמוֹ מְרִירִי: **קֶטֶב.** כְּרִיתָה, כְּמוֹ: "אֱהִי קָטָבְךָ שְׁאוֹל" (הושע יג, יד): **וְשֶׁן בְּהֵמֹת.** מַעֲשֶׂה הָיָה וְהָיוּ הָרְחֵלוֹת נוֹשְׁכוֹת וּמְמִיתוֹת: **חֲמַת זֹחֲלֵי עָפָר.** חֲרֵס נְחָשִׁים הַמְהַלְּכִים בִּגְחוֹנָם עַל הֶעָפָר כַּמַּיִם הַזּוֹחֲלִים עַל הָאָרֶץ. 'זְחִילָה' לְשׁוֹן מְרוּצַת הַמַּיִם עַל הֶעָפָר, וְכֵן כָּל מְרוּצַת דָּבָר הַמְשַׁפְשֵׁף עַל הֶעָפָר וְהוֹלֵךְ:

כה) **מִחוּץ תְּשַׁכֶּל חֶרֶב.** מִחוּץ לָעִיר תְּשַׁכְּלֵם חֶרֶב גְּיָסוֹת: **וּמֵחֲדָרִים אֵימָה.** כְּשֶׁבּוֹרֵחַ וְנִמְלָט מִן הַחֶרֶב חַדְרֵי לִבּוֹ נְקוּפִים עָלָיו מֵאֵימַת חֵימָה וְהוּא מֵת וְהוֹלֵךְ בָּהּ. דָּבָר אַחֵר, "וּמֵחֲדָרִים אֵימָה", בַּבַּיִת תִּהְיֶה אֵימַת דֶּבֶר, כְּמָה שֶׁנֶּאֱמַר: "כִּי עָלָה מָוֶת בְּחַלּוֹנֵינוּ" (ירמיה ט, כ), וְכֵן תִּרְגֵּם אוּנְקְלוֹס. דָּבָר אַחֵר, "מִחוּץ תְּשַׁכֶּל חֶרֶב" עַל מַה שֶּׁעָשׂוּ בַּחוּצוֹת, שֶׁנֶּאֱמַר: "וּמִסְפַּר חֻצוֹת יְרוּשָׁלַיִם שַׂמְתֶּם מִזְבְּחוֹת לַבֹּשֶׁת" (שם יא, יג). "וּמֵחֲדָרִים אֵימָה" עַל מַה שֶּׁעָשׂוּ בְּחַדְרֵי חֲדָרִים, שֶׁנֶּאֱמַר:

כה וּכְתִישֵׁי רוּחִין בִּישִׁין, וְשֵׁן חֵיוַת בָּרָא אֲגָרֵי בְהוֹן, עִם חֲמַת תַּנִּינַיָּא דְּזָחֲלִין בְּעַפְרָא: מִבָּרָא
תְּתַכֵּיל חַרְבָּא, וּמִתַּוָּנַיָּא חַרְגַּת מוֹתָא, אַף עוּלֵימֵיהוֹן אַף עוּלֵימָתְהוֹן, יַנְקֵיהוֹן עִם סָבֵיהוֹן:
כו כז אֲמַרִית יְחוּל רְגָזִי עֲלֵיהוֹן וַאֲשֵׁיצֵינוּן, אֲבַטֵּיל מִן בְּנֵי אֱנָשָׁא דָּכְרָנְהוֹן: אִלּוּ לָא פּוֹן, רֻגְזָא
דְּסָנְאָה כְּנִישׁ, דִּלְמָא יִתְרַבְרְבוּן בְּעֵיל דְּבָבָא, דִּלְמָא יֵימְרוּן יְדָנָא תְּקֵיפַת לַנָא, וְלָא מִן קֳדָם יי
כח כט הֲוָת כָּל דָּא: אֲרֵי עַם, מְאַבְּדֵי עֵיצָא אִנּוּן, וְלֵית בְּהוֹן סָכְלְתָנוּ: אִלּוּ חֲכִימוּ אִסְתַּכַּלוּ בְדָא,
ל סַבַּרוּ מָא יְהֵי בְּסוֹפְהוֹן: אֵיכְדֵין, יִרְדּוֹף חַד לְאַלְפָא, וּתְרֵין יְעָרְקוּן לְרִבּוֹתָא, אֱלָהֵין תַּקִּיפְהוֹן
לא לב מְסַרְנוּן, וַיי אַשְׁלֵימִנּוּן: אֲרֵי, לָא כְתֻקְפַּנָא תֻּקְפְהוֹן, וּבַעֲלֵי דְבָבַנָא הֲווֹ דַּיָּנָנָא: אֲרֵי כְּפֻרְעֲנוּת
עַמָּא דִסְדוֹם כָּס פֻּרְעָנוּתְהוֹן, וְלָקוּתְהוֹן כְּעַם עֲמוֹרָה, מַחְתְהוֹן בִּישִׁין כְּרֵישֵׁי חִוְיָן, וְתַשְׁלָמַת
לג עוֹבָדֵיהוֹן כִּמְרָרוּתְהוֹן: הָא כִּמְרַת תַּנִּינַיָּא כָּס פֻּרְעָנוּתְהוֹן, וּכְרֵישׁ פִּתְנֵי חִוְיָן אַכְזְרָאִין:
לד לה הֲלָא כָּל עוֹבָדֵיהוֹן גְּלַן קֳדָמַי, גְּנִיזִין לְיוֹם דִּינָא בְּאוֹצְרָי: קֳדָמַי פֻּרְעָנוּתָא וַאֲנָא אֲשַׁלֵּים,

"אֲשֶׁר זִקְנֵי בֵית יִשְׂרָאֵל עֹשִׂים בַּחֹשֶׁךְ אִישׁ בְּחַדְרֵי מַשְׂכִּיתוֹ" (יחזקאל ח, יב):

כו| **אָמַרְתִּי אַפְאֵיהֶם.** אָמַרְתִּי בְּלִבִּי אַפְאֶה אוֹתָם. וְיֵשׁ לְפָרֵשׁ "אַפְאֵיהֶם" אֶעֱשֵׂם פֵּאָה, כְּהַשְׁלִיכָם מֵעֲלֵי הֶפְקֵר, וְדֻגְמָתוֹ מָצִינוּ בְעֶזְרָא: "וַתִּתֵּן לָהֶם מַמְלָכוֹת וַעֲמָמִים וַתַּחְלְקֵם לְפֵאָה" (נחמיה ט, כב), לְהֶפְקֵר, וְכֵן חִבְּרוֹ מְנַחֵם. וְיֵשׁ פּוֹתְרִים אוֹתוֹ כְּתַרְגּוּמוֹ: "יְחוּל רֻגְזִי עֲלֵיהוֹן", וְלֹא יִתָּכֵן, שֶׁאִם כֵּן הָיָה לוֹ לִכְתֹּב 'אֲאַפְאֵיהֶם', אַחַת לְשִׁמּוּשׁ וְאַחַת לִיסוֹד, כְּמוֹ: "אַאַזֶּרְךָ" (ישעיה מה, ה) "אַאַמִּצְכֶם בְּמוֹ פִי" (איוב טז, ה), וְהָאָלֶ"ף הַתִּיכוֹנָה אֵינָהּ רְאוּיָה בּוֹ כְּלָל. וְאוּנְקְלוֹס תִּרְגֵּם אַחַר לְשׁוֹן הַבָּרַיְתָא הַשְּׁנוּיָה בְּסִפְרֵי (שכב) הַחוֹלֶקֶת תֵּבָה זוֹ לְשָׁלֹשׁ תֵּבוֹת: 'אָמַרְתִּי אַף אִי הֵם', אָמַרְתִּי בְּאַפִּי אֶתְּנֵם כְּאִלּוּ אֵינָם, שֶׁיֹּאמְרוּ רוֹאֵיהֶם עֲלֵיהֶם אַיֵּה הֵם:

כז-כט| **לוּלֵי כַּעַס אוֹיֵב אָגוּר.** אִם לֹא שֶׁכַּעַס הָאוֹיֵב כָּנוּס עֲלֵיהֶם לְהַשְׁחִית, וְאִם יוּכַל לָהֶם וְיַשְׁחִיתֵם יִתְלֶה הַגְּדֻלָּה בּוֹ וּבֵאלֹהָיו וְלֹא יִתְלֶה הַגְּדֻלָּה בִּי, וְזֶהוּ שֶׁנֶּאֱמַר: "פֶּן יְנַכְּרוּ צָרֵימוֹ", יְנַכְּרוּ הַדָּבָר לִתְלוֹת גְּבוּרָתִי בְּנָכְרִי שֶׁאֵין הַגְּדֻלָּה שֶׁלּוֹ, "פֶּן יֹאמְרוּ יָדֵנוּ רָמָה" וְגוֹ'. כִּי אוֹתָן גּוֹי "אֹבַד עֵצוֹת הֵמָּה וְאֵין בָּהֶם תְּבוּנָה", שֶׁאִלּוּ הָיוּ חֲכָמִים "יַשְׂכִּילוּ זֹאת... אֵיכָה יִרְדֹּף" וְגוֹ': **יָבִינוּ לְאַחֲרִיתָם.** יִתְּנוּ לֵב לְהִתְבּוֹנֵן לְסוֹף פֻּרְעָנוּתָם שֶׁל יִשְׂרָאֵל:

ל| **אֵיכָה יִרְדֹּף אֶחָד.** מִמֶּנּוּ, אֶלֶף מִיִּשְׂרָאֵל: **אִם לֹא כִּי צוּרָם מְכָרָם וַה' הִסְגִּירָם.** מְכָרָם וּמְסָרָם בְּיָדֵנוּ, דליברי"ר בְּלַעַז:

לא| **כִּי לֹא כְצוּרֵנוּ צוּרָם.** כָּל זֶה הָיָה לָהֶם לָאוֹיְבִים לְהָבִין שֶׁהַשֵּׁם הִסְגִּירָם וְלֹא לָהֶם וְלֵאלֹהֵיהֶם הַנִּצָּחוֹן, שֶׁהֲרֵי עַד הֵנָּה לֹא יָכְלוּ כְּלוּם אֱלֹהֵיהֶם כְּנֶגֶד צוּרֵנוּ, כִּי לֹא כְסַלְעֵנוּ סַלְעָם. כָּל 'צוּר' שֶׁבַּמִּקְרָא לְשׁוֹן סֶלַע: **וְאֹיְבֵינוּ פְּלִילִים.** וְעַכְשָׁיו אוֹיְבֵינוּ שׁוֹפְטִים אוֹתָנוּ, הֲרֵי שֶׁצּוּרֵנוּ מְכָרָנוּ לָהֶם:

לב| **כִּי מִגֶּפֶן סְדֹם גַּפְנָם.** מוּסָב לְמַעְלָה, אָמַרְתִּי בְּלִבִּי אַפְאֵיהֶם וְאַשְׁבִּית זִכְרָם, לְפִי שֶׁמַּעֲשֵׂיהֶם מַעֲשֵׂה סְדוֹם וַעֲמוֹרָה: **שַׁדְמוֹת.** שְׂדֵה תְבוּאָה, כְּמוֹ: "וּשְׁדֵמוֹת לֹא עָשָׂה אֹכֶל" (חבקוק ג, יז), "בְּשַׁדְמוֹת קִדְרוֹן" (מלכים ב' כג, ד): **עִנְּבֵי רוֹשׁ.** עֵשֶׂב מַר: **אַשְׁכְּלֹת מְרֹרֹת לָמוֹ.** מַשְׁקֶה מַר רָאוּי לָהֶם, לְפִי מַעֲשֵׂיהֶם פֻּרְעָנוּתָם. וְכֵן תִּרְגֵּם אוּנְקְלוֹס: "וְתוּשְׁלְמַת עוֹבָדֵיהוֹן כִּמְרָרוּתְהוֹן":

לג| **חֲמַת תַּנִּינִם יֵינָם.** כְּתַרְגּוּמוֹ: "הָא כִמְרַת תַּנִּינַיָּא כָּס פֻּרְעָנוּתְהוֹן", הִנֵּה כִּמְרִירַת נְחָשִׁים כּוֹס מִשְׁתֵּה פֻּרְעָנוּתָם: **וְרֹאשׁ פְּתָנִים אַכְזָר.** כּוֹסָם, שֶׁהוּא אַכְזָר לִנְשֹׁךְ – אוֹיֵב אַכְזָרִי יָבֹא וְיִפָּרַע מֵהֶם:

לד| **הֲלֹא הוּא כָּמֻס עִמָּדִי.** כְּתַרְגּוּמוֹ, כִּסְבוּרִים הֵם שֶׁשָּׁכַחְתִּי מַעֲשֵׂיהֶם, כֻּלָּם גְּנוּזִים וּשְׁמוּרִים לְפָנַי: **הֲלֹא הוּא.** פְּרִי גַפְנָם וּתְבוּאַת שַׁדְמוֹתָם "כָּמֻס עִמָּדִי":

לה| **לִי נָקָם וְשִׁלֵּם.** עִמִּי נָכוֹן וּמְזֻמָּן פֻּרְעָנוּת נָקָם, וִישַׁלֵּם לָהֶם כְּמַעֲשֵׂיהֶם, הַנָּקָם יְשַׁלֵּם לָהֶם גְּמוּלָם. וְיֵשׁ מְפָרְשִׁים "וְשִׁלֵּם" שֵׁם דָּבָר, כְּמוֹ 'וְשִׁלּוּם', וְהוּא מִגִּזְרַת: "וְהַדִּבֵּר אֵין בָּהֶם" (ירמיה ה, יג), כְּמוֹ 'וְהַדִּבּוּר'. וְאֵימָתַי אֲשַׁלֵּם לָהֶם? "לְעֵת תָּמוּט

לְעֵת תָּמוּט רַגְלָם     כִּי קָרוֹב יוֹם אֵידָם
וְחָשׁ עֲתִדֹת לָמוֹ׃     כִּי־יָדִין יהוה עַמּוֹ לו
וְעַל־עֲבָדָיו יִתְנֶחָם     כִּי יִרְאֶה כִּי־אָזְלַת יָד
וְאֶפֶס עָצוּר וְעָזוּב׃     וְאָמַר אֵי אֱלֹהֵימוֹ לז
צוּר חָסָיוּ בוֹ׃     אֲשֶׁר חֵלֶב זְבָחֵימוֹ יֹאכֵלוּ לח
יִשְׁתּוּ יֵין נְסִיכָם     יָקוּמוּ וְיַעְזְרֻכֶם
יְהִי עֲלֵיכֶם סִתְרָה׃     רְאוּ ׀ עַתָּה כִּי אֲנִי אֲנִי הוּא לט
וְאֵין אֱלֹהִים עִמָּדִי     אֲנִי אָמִית וַאֲחַיֶּה
מָחַצְתִּי וַאֲנִי אֶרְפָּא     וְאֵין מִיָּדִי מַצִּיל׃
ששי כִּי־אֶשָּׂא אֶל־שָׁמַיִם יָדִי     וְאָמַרְתִּי חַי אָנֹכִי לְעֹלָם׃ מ
אִם־שַׁנּוֹתִי בְּרַק חַרְבִּי     וְתֹאחֵז בְּמִשְׁפָּט יָדִי מא
אָשִׁיב נָקָם לְצָרָי     וְלִמְשַׂנְאַי אֲשַׁלֵּם׃
אַשְׁכִּיר חִצַּי מִדָּם     וְחַרְבִּי תֹּאכַל בָּשָׂר מב
מִדַּם חָלָל וְשִׁבְיָה     מֵרֹאשׁ פַּרְעוֹת אוֹיֵב׃
הַרְנִינוּ גוֹיִם עַמּוֹ     כִּי דַם־עֲבָדָיו יִקּוֹם מג
וְנָקָם יָשִׁיב לְצָרָיו     וְכִפֶּר אַדְמָתוֹ עַמּוֹ׃

רַגְלָם", כְּשֶׁיִּתֹּם זְכוּת אֲבוֹתָם שֶׁהֵם סְמוּכִים עָלָיו: כִּי קָרוֹב יוֹם אֵידָם. מִשֶּׁאֶרְצֶה לְהָבִיא עֲלֵיהֶם יוֹם אֵידָם, קָרוֹב וּמְזֻמָּן לְפָנַי לְהָבִיא עַל יְדֵי שְׁלוּחִים הַרְבֵּה: וְחָשׁ עֲתִדֹת לָמוֹ. וּמַהֵר יָבֹאוּ הָעֲתִידוֹת לָהֶם: וְחָשׁ. כְּמוֹ "יְמַהֵר יָחִישָׁה" (ישעיה ה, יט).

עַד כָּאן הֵעִיד עֲלֵיהֶם מֹשֶׁה דִּבְרֵי תוֹכָחָה לִהְיוֹת הַשִּׁירָה הַזֹּאת לְעֵד, כְּשֶׁתָּבוֹא עֲלֵיהֶם הַפֻּרְעָנוּת יֵדְעוּ שֶׁאֲנִי הוֹדַעְתִּים מֵרֹאשׁ. מִכָּאן וְאֵילָךְ הֵעִיד עֲלֵיהֶם דִּבְרֵי תַנְחוּמִין שֶׁיָּבֹאוּ עֲלֵיהֶם כִּכְלוֹת הַפֻּרְעָנוּת, כְּכָל אֲשֶׁר אָמַר לְמַעְלָה: "וְהָיָה כִי יָבֹאוּ עָלֶיךָ... הַבְּרָכָה וְהַקְּלָלָה וְגוֹ' וְשָׁב ה' אֱלֹהֶיךָ אֶת שְׁבוּתְךָ" וְגוֹ' (לעיל ל, א-ג):

לו) כִּי יָדִין ה' עַמּוֹ. כְּשֶׁיִּשְׁפֹּט אוֹתָם בְּיִסּוּרִין הַלָּלוּ הָאֲמוּרִים עֲלֵיהֶם, כְּמוֹ: "כִּי בָם יָדִין עַמִּים" (איוב לו, לא), יְיַסֵּר עַמִּים. 'כִּי' זֶה אֵינוֹ מְשַׁמֵּשׁ בִּלְשׁוֹן 'דְּהָא' לָתֵת טַעַם לַדְּבָרִים שֶׁל מַעְלָה, אֶלָּא לְשׁוֹן תְּחִלַּת דִּבּוּר, כְּמוֹ: "כִּי תָבֹאוּ אֶל הָאָרֶץ" (ויקרא כה, ב), כְּשֶׁיָּבֹאוּ עֲלֵיהֶם מִשְׁפָּטִים

לו **הלא** כל עובדיהון גלן קדמי, גניזין ליום דינא באוצרי: קדמי פרענותא ואנא אשלים,
בעדן דיגלון מארעהון, ארי קריב יום תברהון, ומבע דעתיד להון: ארי ידין יי דינא דעמיה,
לז לח ופרענות עבדוהי צדיקיא יתפרע, ארי גלי קדמוהי דבעדן דתתקף עליהון מחת סנאה,
לט יהון מטלטלין ושביקין: ויימר אן דחלתהון, תקיפא דהוו רחיצין ביה: דתרב נכסתהון
הוו אכלין, שתן חמר נסכיהון, יקומון כען ויסעדונכון, יהון עליכון למגין: חזו כען, ארי
מ מא אנא אנא הוא, ולית אלה בר מני, אנא ממית ומיחי, מחינא ואף מסינא, ולית מן ידי
משיזיב: ארי אתקינית בשמיא בית שכינתי, ואמרית, קים אנא לעלמין: אם על חד
מב תרין כחיזו ברקא, מסוף שמיא ועד סוף שמיא תתגלי חרבי, ותתקף בדינא ידי, אתיב
מג פרענותא לסנאי, ולבעלי דבבי אשלים: ארוי גרי מדמא, וחרבי תקטיל בעממיא, מדם
קטילין ושבן, לאעדאה כתרין מריש סנאה ובעיל דבבא: שבחו עממיא עמיה, ארי

הללו ויתנחם הקדוש ברוך הוא על עבדיו לשוב ולרחם עליהם: **יתנחם.** לשון הפך מחשבה, להיטיב או להרע. כשתראה כי אזלת יד האויב הולכת וחזקה עליהם, ו"אפס" בהם "עצור ועזוב": **עצור.** נושע על ידי עוצר ומושל שיעצר בהם: **עזוב.** על ידי עוזב. 'עוצר' הוא המושל העוצר בעם שלא ילכו מפוזרים בצאתם לצבא על האויב: **עצור.** הוא הנושע במעצור המושל: **עזוב.** מחזק, כמו: "ויעזבו ירושלם עד החומה" (נחמיה ג, ח), "איך לא עזבה עיר תהלת" (ירמיה מט, כה): **עצור.** מייטני"ר: **עזוב.** אימפורטו"ר בלעז:

לז) **ואמר.** הקדוש ברוך הוא עליהם: "אי אלהימו" עבודה זרה שעבדו: **צור חסיו בו.** הסלע שהיו מתכסין בו מפני החמה והצנה, כלומר שהיו בטוחין בו להגן עליהם מן הרעה:

לח) **אשר חלב זבחימו.** היו אותן אלהות אוכלים, שהיו מקריבים לפניהם, ושותין "יין נסיכם": **יהי עליכם סתרה.** אותו הצור יהיה לכם מחסה ומסתור:

לט) **ראו עתה.** הבינו מן הפרענות שהבאתי עליכם ואין לכם מושיע, ומן התשועה שאושיעכם ואין מוחה בידי: **אני אני הוא.** אני להשפיל ואני להרים: **ואין אלהים עמדי.** עומד כנגדי למחות: **עמדי.** דגמתי וכמוני: **ואין מידי מציל.** הפושעים בי:

מ) **כי אשא אל שמים ידי.** כי בחרון אפי אשא

ידי אל עצמי בשבועה: **ואמרתי חי אנכי.** לשון שבועה הוא, אני נשבע 'חי אני':

מא) **אם שנותי ברק חרבי.** אם אשנן את להב חרבי, כמו: למען היות לה ברק, פלאמבו"ר: **ותאחז במשפט ידי.** להניח מדת רחמים באויבי שהרעו לכם, "אשר אני קצפתי מעט והמה עזרו לרעה" (זכריה א, טו), ותאחז ידי את מדת המשפט להחזיק בה ולנקום נקם: **אשיב נקם וגו'.** למדו רבותינו באגדה מתוך לשון המקרא שאמר: "ותאחז במשפט ידי" – לא כמדת בשר ודם מדת הקדוש ברוך הוא, מדת בשר ודם זורק חץ ואינו יכול להשיבו, והקדוש ברוך הוא זורק חציו ויש בידו להשיבם כאלו אוחזן בידו, שהרי ברק הוא חצו, שנאמר כאן: "ברק חרבי ותאחז במשפט ידי", והמשפט הזה לשון פרענות הוא, בלעז יושטיצ"א:

מב) **אשכיר חצי מדם.** האויב: **וחרבי תאכל.** בשרם: **מדם חלל ושביה.** זאת תהיה להם מעון דם חללי ישראל ושביה ששבו מהם: **מראש פרעות אויב.** מפסע תחלת פרעות האויב, כי כשהקדוש ברוך הוא נפרע מן האמות פוקד עליהם עונם ועונות אבותיהם מראשית פרצה שפרצו בישראל:

מג) **הרנינו גוים עמו.** לאותו הזמן ישבחו האמות את ישראל, ראו מה שבחה של אמה זו שדבקו בהקדוש ברוך הוא בכל התלאות שעברו עליהם ולא עזבוהו, יודעים היו בטובו ובשבחו: **כי דם עבדיו יקום.** שפיכות דמיהם, כמשמעו: **ונקם**

שביעי וַיָּבֹא מֹשֶׁה וַיְדַבֵּר אֶת־כׇּל־דִּבְרֵי הַשִּׁירָה־הַזֹּאת מד
בְּאׇזְנֵי הָעָם הוּא וְהוֹשֵׁעַ בִּן־נוּן׃ וַיְכַל מֹשֶׁה מה
לְדַבֵּר אֶת־כׇּל־הַדְּבָרִים הָאֵלֶּה אֶל־כׇּל־יִשְׂרָאֵל׃
וַיֹּאמֶר אֲלֵהֶם שִׂימוּ לְבַבְכֶם לְכׇל־הַדְּבָרִים אֲשֶׁר מו
אָנֹכִי מֵעִיד בָּכֶם הַיּוֹם אֲשֶׁר תְּצַוֻּם אֶת־בְּנֵיכֶם
לִשְׁמֹר לַעֲשׂוֹת אֶת־כׇּל־דִּבְרֵי הַתּוֹרָה הַזֹּאת׃
כִּי לֹא־דָבָר רֵק הוּא מִכֶּם כִּי־הוּא חַיֵּיכֶם וּבַדָּבָר מז
הַזֶּה תַּאֲרִיכוּ יָמִים עַל־הָאֲדָמָה אֲשֶׁר אַתֶּם
עֹבְרִים אֶת־הַיַּרְדֵּן שָׁמָּה לְרִשְׁתָּהּ׃
★ מפטיר וַיְדַבֵּר יהוה אֶל־מֹשֶׁה בְּעֶצֶם הַיּוֹם הַזֶּה לֵאמֹר׃ מח
עֲלֵה אֶל־הַר הָעֲבָרִים הַזֶּה הַר־נְבוֹ אֲשֶׁר בְּאֶרֶץ מט

**יָשִׁיב לְצָרָיו.** עַל הַגֶּזֶל וְעַל הֶחָמָס, כְּעִנְיָן שֶׁנֶּאֱמַר: "מִצְרַיִם לִשְׁמָמָה תִהְיֶה וֶאֱדוֹם לְמִדְבַּר שְׁמָמָה תִּהְיֶה, מֵחֲמַס בְּנֵי יְהוּדָה" (יואל ד, יט), וְאוֹמֵר: "מֵחֲמַס אָחִיךָ יַעֲקֹב" וְגוֹ' (עובדיה א, י): **וְכִפֶּר אַדְמָתוֹ עַמּוֹ.** וִיפַיֵּס אַדְמָתוֹ וְעַמּוֹ עַל הַצָּרוֹת שֶׁעָבְרוּ עֲלֵיהֶם וְשֶׁעָשָׂה לָהֶם הָאוֹיֵב: **וְכִפֶּר.** לְשׁוֹן רִצּוּי וּפִיּוּס, כְּמוֹ: "אֲכַפְּרָה פָנָיו" – "אֲנִיחִנֵּיהּ לְרֻגְזֵיהּ" (בראשית לב, כ; אונקלוס שם): **וְכִפֶּר אַדְמָתוֹ.** וּמַה הִיא אַדְמָתוֹ? – "עַמּוֹ", כְּשֶׁעַמּוֹ מִתְנַחֲמִים אַרְצוֹ מִתְנַחֶמֶת, וְכֵן הוּא אוֹמֵר: "רָצִיתָ ה' אַרְצֶךָ" (תהלים פה, ב), בַּמֶּה רָצִיתָ אַרְצֶךָ? "שַׁבְתָּ שְׁבוּת יַעֲקֹב" (שם).

בְּפָנִים אֲחֵרִים הִיא נִדְרֶשֶׁת בְּסִפְרֵי וְנֶחְלְקוּ בָהּ רַבִּי יְהוּדָה וְרַבִּי נְחֶמְיָה. רַבִּי יְהוּדָה דּוֹרֵשׁ כֻּלָּהּ כְּנֶגֶד יִשְׂרָאֵל, וְרַבִּי נְחֶמְיָה דּוֹרֵשׁ אֶת כֻּלָּהּ כְּנֶגֶד הָאֻמּוֹת. רַבִּי יְהוּדָה דּוֹרְשָׁהּ כְּלַפֵּי יִשְׂרָאֵל: **אָמַרְתִּי אַפְאֵיהֶם.** (לעיל פסוק כו) כְּמוֹ שֶׁפֵּרַשְׁתִּי, עַד "וְלֹא ה' פָּעַל כׇּל זֹאת" (לעיל פסוק כז): **כִּי גוֹי אֹבַד עֵצוֹת הֵמָּה.** (לעיל פסוק כח) אִבְּדוּ תּוֹרָתִי שֶׁהִיא לָהֶם עֵצָה נְכוֹנָה: **וְאֵין בָּהֶם תְּבוּנָה.** לְהִתְבּוֹנֵן "אֵיכָה יִרְדֹּף אֶחָד" מִן הָאֻמּוֹת "אֶלֶף" מֵהֶם, "אִם לֹא כִּי צוּרָם מְכָרָם" (לעיל פסוק ל). "כִּי לֹא כְצוּרֵנוּ צוּרָם" (לעיל פסוק לא), הַכֹּל כְּמוֹ שֶׁפֵּרַשְׁתִּי עַד תַּכְלִית.
וְרַבִּי נְחֶמְיָה דּוֹרְשָׁהּ כְּלַפֵּי הָאֻמּוֹת: **כִּי גוֹי אֹבַד עֵצוֹת הֵמָּה.** כְּמוֹ שֶׁפֵּרַשְׁתִּי תְּחִלָּה, עַד "וְאֹיְבֵינוּ פְּלִילִים" (לעיל פסוק לא):

לב| **כִּי מִגֶּפֶן סְדֹם גַּפְנָם.** שֶׁל אֻמּוֹת: **וּמִשַּׁדְמֹת עֲמֹרָה** וְגוֹ'. וְלֹא יָשִׂימוּ לִבָּם לִתְלוֹת הַגְּדֻלָּה בִּי: **עֲנָבֵמוֹ עִנְּבֵי רוֹשׁ.** הוּא שֶׁאָמַר: "לוּלֵי כַּעַס אוֹיֵב אָגוּר" (לעיל פסוק כז) עַל יִשְׂרָאֵל לְהַרְעִילָם וּלְהַמְרִירָם, לְפִיכָךְ: "אַשְׁכְּלֹת מְרֹרֹת לָמוֹ" לְהַלְעִיט אוֹתָם עַל מַה שֶּׁעָשׂוּ לְבָנַי:

מד **וַאֲתָא מֹשֶׁה, וּמַלֵּיל, יָת כָּל פִּתְגָּמֵי תֻּשְׁבַּחְתָּא הָדָא קֳדָם עַמָּא, הוּא וְהוֹשֵׁעַ בַּר נוּן:**
מה מו **וְשֵׁיצִי מֹשֶׁה, לְמַלָּלָא, יָת כָּל פִּתְגָּמַיָּא הָאִלֵּין עִם כָּל יִשְׂרָאֵל: וַאֲמַר לְהוֹן שַׁווֹ לִבְּכוֹן,**
**לְכָל פִּתְגָּמַיָּא, דַּאֲנָא, מַסְהֵיד בְּכוֹן יוֹמָא דֵין, דִּתְפַקְּדוּנוּן יָת בְּנֵיכוֹן, לְמִטַּר לְמֶעְבַּד, יָת**
מז **כָּל פִּתְגָּמֵי אוֹרָיְתָא הָדָא: אֲרֵי, לָא פִתְגָּם רֵיקָן הוּא מִנְּכוֹן, אֲרֵי הוּא חַיֵּיכוֹן, וּבְפִתְגָּמָא**
מח **הָדֵין, תֵּירְכוּן יוֹמִין עַל אַרְעָא, דְּאַתּוּן, עָבְרִין יָת יַרְדְּנָא, לְתַמָּן לְמֵירְתַהּ: וּמַלֵּיל יי עִם**
מט **מֹשֶׁה, בִּכְרַן, יוֹמָא הָדֵין לְמֵימַר: סַק, לְטוּרָא דְּעִבְרָאֵי הָדֵין לְטוּרָא דִּנְבוֹ, דִּבְאַרְעָא**

לג) **חֲמַת תַּנִּינִם יֵינָם.** מוּכָן לְהַשְׁקוֹתָם עַל מַה שֶּׁעוֹשִׂין לָהֶם:

לד) **כָּמֻס עִמָּדִי.** אוֹתוֹ הַכּוֹס, שֶׁנֶּאֱמַר: "כִּי כוֹס בְּיַד ה'" וְגוֹ' (תהלים עה, ט):

לה) **לְעֵת תָּמוּט רַגְלָם.** כְּעִנְיָן שֶׁנֶּאֱמַר "תִּרְמְסֶנָּה רָגֶל" (ישעיה כו, ו):

לו) **כִּי יָדִין ה' עַמּוֹ.** כְּלָשׁוֹן זֶה מְשַׁמֵּשׁ "כִּי יָדִין" בִּלְשׁוֹן 'דְּהָא', וְאֵין "יָדִין" לְשׁוֹן יִסּוּרִין, אֶלָּא כְּמוֹ כִּי יָרִיב אֶת רִיבָם מִיַּד עוֹשְׁקֵיהֶם, "כִּי יִרְאֶה כִּי אָזְלַת יָד" וְגוֹ':

לז) **וְאָמַר אֵי אֱלֹהֵימוֹ.** וְהָאוֹיֵב יֹאמַר: "אֵי אֱלֹהֵימוֹ" שֶׁל יִשְׂרָאֵל, כְּמוֹ שֶׁאָמַר טִיטוּס הָרָשָׁע כְּשֶׁגִּדֵּד אֶת הַפָּרֹכֶת, כְּעִנְיָן שֶׁנֶּאֱמַר: "וְתֵרֶא אֹיַבְתִּי וּתְכַסֶּהָ בוּשָׁה הָאֹמְרָה אֵלַי אַיּוֹ ה' אֱלֹהָיִךְ" (מיכה ז, י):

לט) **רְאוּ עַתָּה כִּי אֲנִי וְגוֹ'.** אָז יְגַלֶּה הַקָּדוֹשׁ בָּרוּךְ הוּא יְשׁוּעָתוֹ, וְיֹאמַר: "רְאוּ עַתָּה כִּי אֲנִי אֲנִי הוּא", מֵאִתִּי בָּאת עֲלֵיהֶם הָרָעָה, וּמֵאִתִּי תָּבֹא עֲלֵיהֶם הַטּוֹבָה: **וְאֵין מִיָּדִי מַצִּיל.** מִי שֶׁיַּצִּיל אֶתְכֶם מִן הָרָעָה אֲשֶׁר אָבִיא עֲלֵיכֶם:

מ) **כִּי אֶשָּׂא אֶל שָׁמַיִם יָדִי.** כְּמוֹ 'כִּי נָשָׂאתִי', תָּמִיד אֲנִי מַשְׁרֶה מְקוֹם שְׁכִינָתִי בַּשָּׁמַיִם, כְּתַרְגּוּמוֹ. אֲפִלּוּ חַלָּשׁ לְמַעְלָה וְגִבּוֹר לְמַטָּה, אֵימַת עֶלְיוֹן עַל הַתַּחְתּוֹן, וְכָל שֶׁכֵּן שֶׁגִּבּוֹר לְמַעְלָה וְחַלָּשׁ מִלְּמַטָּה: **יָדִי.** מְקוֹם שְׁכִינָתִי, כְּמוֹ: "אִישׁ עַל יָדוֹ" (במדבר ב, יז), וְהָיָה בְּיָדִי לְהִפָּרַע מִכֶּם, אֲבָל אָמַרְתִּי שֶׁ"חַי אָנֹכִי לְעֹלָם", אֵינִי מְמַהֵר לִפָּרַע לְפִי שֶׁיֵּשׁ שֶׁהוּת בַּדָּבָר, אֲנִי חַי לְעוֹלָם וּבְדוֹרוֹת אַחֲרוֹנִים אֲנִי נִפְרָע מֵהֶם, וְהַיְּכֹלֶת בְּיָדִי לִפָּרַע מִן הַמֵּתִים וּמִן הַחַיִּים. מֶלֶךְ בָּשָׂר וָדָם שֶׁהוּא הוֹלֵךְ לָמוּת, מְמַהֵר נִקְמָתוֹ לִפָּרַע בְּחַיָּיו, כִּי שֶׁמָּא יָמוּת הוּא אוֹ אוֹיְבוֹ וְנִמְצָא שֶׁלֹּא רָאָה נִקְמָתוֹ מִמֶּנּוּ, אֲבָל אֲנִי חַי לְעוֹלָם, וְאִם יָמוּתוּ הֵם וְאֵינִי נִפְרָע בְּחַיֵּיהֶם, אֶפָּרַע בְּמוֹתָם:

מא) **אִם שַׁנּוֹתִי בְּרַק חַרְבִּי.** הַרְבֵּה 'אִם' יֵשׁ שֶׁאֵינָם תְּלוּיִין, כְּשֶׁאֲשַׁנֵּן "בְּרַק חַרְבִּי וְתֹאחֵז בְּמִשְׁפָּט יָדִי", כֻּלּוֹ כְּמוֹ שֶׁפֵּרַשְׁתִּי לְמַעְלָה:

מד) **הוּא וְהוֹשֵׁעַ בִּן נוּן.** שַׁבָּת שֶׁל דְּיוֹזְגֵי הָיְתָה, נְטָלָה רְשׁוּת מִזֶּה וְנִתְּנָה לָזֶה, הֶעֱמִיד לוֹ מֹשֶׁה מְתֻרְגְּמָן לִיהוֹשֻׁעַ שֶׁיְּהֵא דּוֹרֵשׁ בְּחַיָּיו, כְּדֵי שֶׁלֹּא יֹאמְרוּ יִשְׂרָאֵל: בְּחַיֵּי רַבְּךָ לֹא הָיָה לְךָ לְהָרִים רֹאשׁ. וְלָמָּה קוֹרְאֵהוּ כָּאן 'הוֹשֵׁעַ'? לוֹמַר שֶׁלֹּא זָחָה דַּעְתּוֹ עָלָיו, שֶׁאַף עַל פִּי שֶׁנִּתְּנָה לוֹ גְּדֻלָּה, הִשְׁפִּיל עַצְמוֹ כַּאֲשֶׁר מִתְּחִלָּתוֹ:

מו) **שִׂימוּ לְבַבְכֶם.** צָרִיךְ אָדָם שֶׁיִּהְיוּ עֵינָיו וְלִבּוֹ וְאָזְנָיו מְכֻוָּנִים לְדִבְרֵי תּוֹרָה, וְכֵן הוּא אוֹמֵר: "בֶּן אָדָם רְאֵה בְעֵינֶיךָ וּבְאָזְנֶיךָ שְּׁמָע וְשִׂים לִבְּךָ" וְגוֹ' (יחזקאל מ, ד), וַהֲרֵי דְּבָרִים קַל וָחֹמֶר: וּמַה תַּבְנִית הַבַּיִת שֶׁהוּא נִרְאֶה לָעֵינַיִם וְנִמְדָּד בַּקָּנֶה, צָרִיךְ אָדָם שֶׁיִּהְיוּ עֵינָיו וְאָזְנָיו וְלִבּוֹ מְכֻוָּנִים לְהָבִין, דִּבְרֵי תּוֹרָה שֶׁהֵן כַּהֲרָרִין תְּלוּיִין בְּשַׂעֲרָה, עַל אַחַת כַּמָּה וְכַמָּה:

מז) **כִּי לֹא דָבָר רֵק הוּא מִכֶּם.** לֹא לְחִנָּם אַתֶּם יְגֵעִים בָּהּ, כִּי הַרְבֵּה שָׂכָר תָּלוּי בָּהּ, "כִּי הוּא חַיֵּיכֶם". דָּבָר אַחֵר, אֵין לְךָ דָּבָר רֵיקָן בַּתּוֹרָה שֶׁאִם תִּדְרְשֶׁנּוּ שֶׁאֵין בּוֹ מַתַּן שָׂכָר. תֵּדַע לְךָ, שֶׁכֵּן אָמְרוּ חֲכָמִים: "וַאֲחוֹת לוֹטָן תִּמְנָע" (בראשית לו, כב), "וְתִמְנַע הָיְתָה פִילֶגֶשׁ" וְגוֹ' (שם פסוק יב), לְפִי שֶׁאָמְרָה: אֵינִי כְּדַאי לִהְיוֹת לוֹ אִשָּׁה, הַלְוַאי וְאֶהְיֶה פִּילַגְשׁוֹ, וְכָל כָּךְ לָמָּה? לְהוֹדִיעַ שִׁבְחוֹ שֶׁל אַבְרָהָם, שֶׁהָיוּ שִׁלְטוֹנִים וּמְלָכִים מִתְאַוִּים לִדָּבֵק בְּזַרְעוֹ:

מח) **וַיְדַבֵּר ה' אֶל מֹשֶׁה בְּעֶצֶם הַיּוֹם הַזֶּה.** בִּשְׁלֹשָׁה מְקוֹמוֹת נֶאֱמַר "בְּעֶצֶם הַיּוֹם הַזֶּה":

מוֹאָב אֲשֶׁר עַל־פְּנֵי יְרֵחוֹ וּרְאֵה אֶת־אֶרֶץ כְּנַעַן
אֲשֶׁר אֲנִי נֹתֵן לִבְנֵי יִשְׂרָאֵל לַאֲחֻזָּה: וּמֻת בָּהָר נ
אֲשֶׁר אַתָּה עֹלֶה שָׁמָּה וְהֵאָסֵף אֶל־עַמֶּיךָ
כַּאֲשֶׁר־מֵת אַהֲרֹן אָחִיךָ בְּהֹר הָהָר וַיֵּאָסֶף אֶל־
עַמָּיו: עַל אֲשֶׁר מְעַלְתֶּם בִּי בְּתוֹךְ בְּנֵי יִשְׂרָאֵל נא
בְּמֵי־מְרִיבַת קָדֵשׁ מִדְבַּר־צִן עַל אֲשֶׁר לֹא־
קִדַּשְׁתֶּם אוֹתִי בְּתוֹךְ בְּנֵי יִשְׂרָאֵל: כִּי מִנֶּגֶד נב
תִּרְאֶה אֶת־הָאָרֶץ וְשָׁמָּה לֹא תָבוֹא אֶל־
הָאָרֶץ אֲשֶׁר־אֲנִי נֹתֵן לִבְנֵי יִשְׂרָאֵל:

נֶאֱמַר בְּנֹחַ: "בְּעֶצֶם הַיּוֹם הַזֶּה בָּא נֹחַ" וְגוֹ' (בראשית ז, יג), בְּמַרְאִית אוֹרוֹ שֶׁל יוֹם; לְפִי שֶׁהָיוּ בְּנֵי דוֹרוֹ אוֹמְרִים, מִכָּךְ וְכָךְ, אִם אָנוּ מַרְגִּישִׁין בּוֹ אֵין אָנוּ מַנִּיחִין אוֹתוֹ לִכָּנֵס בַּתֵּבָה, וְלֹא עוֹד אֶלָּא אָנוּ נוֹטְלִין כַּשִּׁילִין וְקַרְדֻּמּוֹת וּמְבַקְּעִין אֶת הַתֵּבָה. אָמַר הַקָּדוֹשׁ בָּרוּךְ הוּא: הֲרֵינִי מַכְנִיסוֹ בַּחֲצִי

נ דְּמוֹאָב, דְּעַל אַפֵּי יְרֵחוֹ, וַחְזִי יָת אַרְעָא דִכְנַעַן, דַּאֲנָא יָהֵיב, לִבְנֵי יִשְׂרָאֵל לְאַחְסָנָא: וּמוּת,
בְּטוּרָא דְּאַתְּ סָלֵיק לְתַמָּן, וְאִתְכְּנֵישׁ לְעַמָּךְ, כְּמָא דְּמִית, אַהֲרֹן אֲחוּךְ בְּהוֹר טוּרָא, וְאִתְכְּנֵישׁ
נא לְעַמֵּיהּ: עַל דְּשַׁקַּרְתּוּן בְּמֵימְרִי, בְּגוֹ בְּנֵי יִשְׂרָאֵל, בְּמֵי מַצּוּת רְקַם מַדְבְּרָא דְצִין, עַל דְּלָא
נב קַדֵּישְׁתּוּן יָתִי, בְּגוֹ בְּנֵי יִשְׂרָאֵל: אֲרֵי מִקֳּבֵיל תִּחְזֵי יָת אַרְעָא, וּלְתַמָּן לָא תֵיעוֹל, לְאַרְעָא,
דַּאֲנָא יָהֵיב לִבְנֵי יִשְׂרָאֵל:

הַיּוֹם, וְכָל מִי שֶׁיֵּשׁ בְּיָדוֹ כֹּחַ לִמְחוֹת יָבֹא וְיִמְחֶה. בְּמִצְרַיִם נֶאֱמַר: "בְּעֶצֶם הַיּוֹם הַזֶּה הוֹצִיא ה'" (שמות יב, נא), לְפִי שֶׁהָיוּ מִצְרִיִּים אוֹמְרִים, מִכָּךְ וָכָךְ, אִם אָנוּ מַרְגִּישִׁין בָּהֶם אֵין אָנוּ מַנִּיחִין אוֹתָם לָצֵאת, וְלֹא עוֹד אֶלָּא אָנוּ נוֹטְלִין סְיָפוֹת וּכְלֵי זַיִן וְהוֹרְגִין בָּהֶם. אָמַר הַקָּדוֹשׁ בָּרוּךְ הוּא: הֲרֵינִי מוֹצִיאָן בַּחֲצִי הַיּוֹם, וְכָל מִי שֶׁיֵּשׁ בּוֹ כֹּחַ לִמְחוֹת יָבֹא וְיִמְחֶה. אַף כָּאן בְּמִיתָתוֹ שֶׁל מֹשֶׁה נֶאֱמַר: "בְּעֶצֶם הַיּוֹם הַזֶּה", לְפִי שֶׁהָיוּ יִשְׂרָאֵל אוֹמְרִים, מִכָּךְ וָכָךְ, אִם אָנוּ מַרְגִּישִׁין בּוֹ אֵין אָנוּ מַנִּיחִין אוֹתוֹ, אָדָם שֶׁהוֹצִיאָנוּ מִמִּצְרַיִם, וְקָרַע לָנוּ אֶת הַיָּם, וְהוֹרִיד לָנוּ אֶת הַמָּן, וְהֵגִיז לָנוּ אֶת הַשְּׂלָו, וְהֶעֱלָה לָנוּ אֶת הַבְּאֵר, וְנָתַן לָנוּ אֶת הַתּוֹרָה, אֵין אָנוּ מַנִּיחִין אוֹתוֹ. אָמַר הַקָּדוֹשׁ בָּרוּךְ הוּא: הֲרֵינִי מַכְנִיסוֹ בַּחֲצִי הַיּוֹם וְכוּ':

נ] **כַּאֲשֶׁר מֵת אַהֲרֹן אָחִיךָ.** בְּאוֹתָהּ מִיתָה שֶׁרָאִיתָ וְחָמַדְתָּ אוֹתָהּ, שֶׁהִפְשִׁיט מֹשֶׁה אֶת אַהֲרֹן בֶּגֶד רִאשׁוֹן וְהִלְבִּישׁוֹ לְאֶלְעָזָר, וְכֵן שֵׁנִי, וְכֵן שְׁלִישִׁי, וְרָאָה בְּנוֹ בִּכְבוֹדוֹ. אָמַר לוֹ מֹשֶׁה: אַהֲרֹן אָחִי, עֲלֵה לַמִּטָּה, וְעָלָה. פְּשֹׁט יָדֶיךָ, וּפָשַׁט. פְּשֹׁט רַגְלֶיךָ, וּפָשַׁט. עֲצֹם עֵינֶיךָ, וְעָצַם. קְמֹץ פִּיךָ, וְקָמַץ. וְהָלַךְ לוֹ. אָמַר מֹשֶׁה: אַשְׁרֵי מִי שֶׁמֵּת בְּמִיתָה זוֹ:

נא] **עַל אֲשֶׁר מְרִיתֶם פִּי** (על פי במדבר כ, כד; שם כז, יד) – גְּרַמְתֶּם לַמְרוֹת פִּי: **עַל אֲשֶׁר לֹא קִדַּשְׁתֶּם אוֹתִי.** גְּרַמְתֶּם לִי שֶׁלֹּא אֶתְקַדֵּשׁ. אָמַרְתִּי לָכֶם: "וְדִבַּרְתֶּם אֶל הַסֶּלַע" (במדבר כ, ח) וְהֵם הִכּוּהוּ, וְהֻצְרְכוּ לְהַכּוֹתוֹ פַּעֲמַיִם, וְאִלּוּ דִּבְּרוּ עִמּוֹ וְנָתַן מֵימָיו בְּלֹא הַכָּאָה, הָיָה מִתְקַדֵּשׁ שֵׁם שָׁמַיִם, שֶׁהָיוּ יִשְׂרָאֵל אוֹמְרִים: וּמַה הַסֶּלַע הַזֶּה שֶׁאֵינוֹ לְשָׂכָר וְלֹא לְפֻרְעָנוּת, אִם זָכָה אֵין לוֹ מַתַּן שָׂכָר וְאִם חָטָא אֵינוֹ לוֹקֶה, כָּךְ מְקַיֵּם מִצְוַת בּוֹרְאוֹ, אָנוּ לֹא כָּל שֶׁכֵּן?:

נב] **כִּי מִנֶּגֶד.** מֵרָחוֹק: **תִּרְאֶה וְגוֹ'.** כִּי אִם לֹא תִרְאֶנָּה עַכְשָׁיו, לֹא תִרְאֶנָּה עוֹד בְּחַיֶּיךָ: **וְשָׁמָּה לֹא תָבוֹא.** וְיָדַעְתִּי כִּי חֲבִיבָה הִיא לְךָ, עַל כֵּן אֲנִי אוֹמֵר לְךָ: "עֲלֵה... וּרְאֵה" (לעיל פסוק מט):

# הפטרת האזינו

הפטרה לשבת שבין יום הכיפורים לסוכות.
בשבת שבין ראש השנה ליום הכיפורים קוראים את ההפטרה בעמ׳ ר.

הפטרתנו היא מהפרקים החותמים את ספר שמואל, הנושאים אופי מסכם. דוד המלך היה איש צבא משכמו ומעלה. הוא שרד מלחמות רבות וממושכות והביא את מלכות ישראל לשיאים חסרי תקדים. עם זאת ידע שהמקור לכוחות, לחכמה, לדבקות במטרה ולהצלחה הוא הקב״ה, ועל זה אמר שירה. חובתנו לפעול ולעשות בידיעה שעצם העשייה וההצלחה הם מתנת שמים.

שמואל ב׳
לאשכנזים
ולספרדים

וַיְדַבֵּר דָּוִד לַיהוָה אֶת־דִּבְרֵי הַשִּׁירָה הַזֹּאת בְּיוֹם א כב
הִצִּיל יְהוָה אֹתוֹ מִכַּף כָּל־אֹיְבָיו וּמִכַּף שָׁאוּל׃
וַיֹּאמַר יְהוָה סַלְעִי וּמְצֻדָתִי וּמְפַלְטִי־לִי׃ אֱלֹהֵי ב ג
צוּרִי אֶחֱסֶה־בּוֹ מָגִנִּי וְקֶרֶן יִשְׁעִי מִשְׂגַּבִּי
וּמְנוּסִי מֹשִׁעִי מֵחָמָס תֹּשִׁעֵנִי׃ מְהֻלָּל ד
אֶקְרָא יְהוָה וּמֵאֹיְבַי אִוָּשֵׁעַ׃ כִּי אֲפָפֻנִי מִשְׁבְּרֵי־ ה
מָוֶת נַחֲלֵי בְלִיַּעַל יְבַעֲתֻנִי׃ חֶבְלֵי ו
שְׁאוֹל סַבֻּנִי קִדְּמֻנִי מֹקְשֵׁי־
מָוֶת׃ בַּצַּר־לִי אֶקְרָא יְהוָה וְאֶל־ ז
אֱלֹהַי אֶקְרָא וַיִּשְׁמַע מֵהֵיכָלוֹ
קוֹלִי וְשַׁוְעָתִי בְּאָזְנָיו׃ ותגעש ח
וַיִּתְגָּעַשׁ
וַתִּרְעַשׁ הָאָרֶץ מוֹסְדוֹת הַשָּׁמַיִם
יִרְגָּזוּ וַיִּתְגָּעֲשׁוּ כִּי־חָרָה לוֹ׃ עָלָה ט
עָשָׁן בְּאַפּוֹ וְאֵשׁ מִפִּיו
תֹּאכֵל גֶּחָלִים בָּעֲרוּ מִמֶּנּוּ׃ וַיֵּט י
שָׁמַיִם וַיֵּרַד וַעֲרָפֶל תַּחַת
רַגְלָיו׃ וַיִּרְכַּב עַל־כְּרוּב וַיָּעֹף וַיֵּרָא יא
עַל־כַּנְפֵי־רוּחַ׃ וַיָּשֶׁת חֹשֶׁךְ סְבִיבֹתָיו יב
סֻכּוֹת חַשְׁרַת־מַיִם עָבֵי שְׁחָקִים׃ מִנֹּגַהּ יג
נֶגְדּוֹ בָּעֲרוּ גַּחֲלֵי־אֵשׁ׃ יַרְעֵם מִן־שָׁמַיִם יד
יְהוָה וְעֶלְיוֹן יִתֵּן קוֹלוֹ׃ וַיִּשְׁלַח טו
חִצִּים וַיְפִיצֵם בָּרָק ויהמם׃ וַיֵּרָאוּ אֲפִקֵי טז
וַיָּהֹם
יָם יִגָּלוּ מֹסְדוֹת תֵּבֵל בְּגַעֲרַת
יְהוָה מִנִּשְׁמַת רוּחַ אַפּוֹ׃ יִשְׁלַח מִמָּרוֹם יז

יח יִקָּחֵנִי   יַמְשֵׁנִי מִמַּיִם רַבִּים׃   יַצִּילֵנִי

מֵאֹיְבִי עָז   מִשֹּׂנְאַי כִּי אָמְצוּ

יט מִמֶּנִּי׃   יְקַדְּמֻנִי בְּיוֹם אֵידִי   וַיְהִי

כ יְהוָה מִשְׁעָן לִי׃   וַיֹּצֵא לַמֶּרְחָב

כא אֹתִי   יְחַלְּצֵנִי כִּי־חָפֵץ בִּי׃   יִגְמְלֵנִי

יְהוָה כְּצִדְקָתִי   כְּבֹר יָדַי יָשִׁיב

כב לִי׃   כִּי שָׁמַרְתִּי דַּרְכֵי יְהוָה   וְלֹא

כג רָשַׁעְתִּי מֵאֱלֹהָי׃   כִּי כָל־מִשְׁפָּטָו

כד לְנֶגְדִּי   וְחֻקֹּתָיו לֹא־אָסוּר מִמֶּנָּה׃   וָאֶהְיֶה

כה תָמִים לוֹ וָאֶשְׁתַּמְּרָה מֵעֲוֹנִי׃   וַיָּשֶׁב יְהוָה לִי

כו כְּצִדְקָתִי   כְּבֹרִי לְנֶגֶד עֵינָיו׃   עִם־

חָסִיד תִּתְחַסָּד   עִם־גְּבוֹר תָּמִים

כז תִּתַּמָּם׃   עִם־נָבָר תִּתָּבָר   וְעִם־

כח עִקֵּשׁ תִּתַּפָּל׃   וְאֶת־עַם עָנִי

כט תּוֹשִׁיעַ   וְעֵינֶיךָ עַל־רָמִים תַּשְׁפִּיל׃   כִּי־

אַתָּה נֵירִי יְהוָה   וַיהוָה יַגִּיהַּ

ל חָשְׁכִּי׃   כִּי בְכָה אָרוּץ גְּדוּד   בֵּאלֹהַי

לא אֲדַלֶּג־שׁוּר׃   הָאֵל תָּמִים

דַּרְכּוֹ   אִמְרַת יְהוָה צְרוּפָה   מָגֵן

לב הוּא לְכֹל הַחֹסִים בּוֹ׃   כִּי מִי־אֵל מִבַּלְעֲדֵי

לג יְהוָה   וּמִי צוּר מִבַּלְעֲדֵי אֱלֹהֵינוּ׃   הָאֵל

מָעוּזִּי חָיִל   וַיַּתֵּר תָּמִים

לד דרכו׃   מְשַׁוֶּה רגליו כָּאַיָּלוֹת   וְעַל־   (דַּרְכִּי רַגְלָי)

לה בָּמוֹתַי יַעֲמִדֵנִי׃   מְלַמֵּד יָדַי

לו לַמִּלְחָמָה   וְנִחַת קֶשֶׁת־נְחוּשָׁה זְרֹעֹתָי׃   וַתִּתֶּן־

לז לִי מָגֵן יִשְׁעֶךָ וַעֲנֹתְךָ תַּרְבֵּנִי׃   תַּרְחִיב צַעֲדִי

לח תַּחְתֵּנִי   וְלֹא מָעֲדוּ קַרְסֻלָּי׃   אֶרְדְּפָה

אֹיְבַי וָאַשְׁמִידֵם   וְלֹא אָשׁוּב עַד־

לט כַּלּוֹתָם׃   וָאֲכַלֵּם וָאֶמְחָצֵם וְלֹא יְקוּמוּן   וַיִּפְּלוּ

תַּחַת רַגְלָי׃ וַתַּזְרֵנִי חַיִל מ
לַמִּלְחָמָה תַּכְרִיעַ קָמַי תַּחְתֵּנִי׃ וְאֹיְבַי מא
תַּתָּה לִּי עֹרֶף מְשַׂנְאַי וָאַצְמִיתֵם׃ יִשְׁעוּ וְאֵין מב
מֹשִׁיעַ אֶל־יְהוָה וְלֹא עָנָם׃ וְאֶשְׁחָקֵם מג
כַּעֲפַר־אָרֶץ כְּטִיט־חוּצוֹת אֲדִקֵּם
אֶרְקָעֵם׃ וַתְּפַלְּטֵנִי מֵרִיבֵי עַמִּי תִּשְׁמְרֵנִי מד
לְרֹאשׁ גּוֹיִם עַם לֹא־יָדַעְתִּי
יַעַבְדֻנִי׃ בְּנֵי נֵכָר יִתְכַּחֲשׁוּ־לִי לִשְׁמוֹעַ מה
אֹזֶן יִשָּׁמְעוּ לִי׃ בְּנֵי נֵכָר יִבֹּלוּ וְיַחְגְּרוּ מו
מִמִּסְגְּרוֹתָם׃ חַי־יְהוָה וּבָרוּךְ צוּרִי וְיָרֻם מז
אֱלֹהֵי צוּר יִשְׁעִי׃ הָאֵל הַנֹּתֵן נְקָמֹת מח
לִי וּמוֹרִיד עַמִּים תַּחְתֵּנִי׃ וּמוֹצִיאִי מט
מֵאֹיְבָי וּמִקָּמַי תְּרוֹמְמֵנִי מֵאִישׁ חֲמָסִים
תַּצִּילֵנִי׃ עַל־כֵּן אוֹדְךָ יְהוָה בַּגּוֹיִם וּלְשִׁמְךָ נ
מִגְדּוֹל אֲזַמֵּר׃ מגדיל יְשׁוּעוֹת נא
מַלְכּוֹ וְעֹשֶׂה־חֶסֶד לִמְשִׁיחוֹ
לְדָוִד וּלְזַרְעוֹ עַד־עוֹלָם׃

יחזקאל הנביא פונה אל האנשים שגלו עמו לבבל בגלות יהויכין. "אבות אכלו בוסר ושיני בנים תקהינה" – זו הייתה השקפתו המוטעית של העם ערב חורבן בית ראשון – הדורות הקודמים חטאו ודורנו נענש. הדבר הביא לייאוש בעם ולהתנהלות פסיבית בזמן החורבן. יחזקאל הביא את דבר ה' לעם, וחלק על גישה זו עקרונית ומעשית. עקרונית, כי ההנהגה האלהית פועלת על פי העיקרון "הנפש החטאת היא תמות, בן לא ישא בעון האב" – לכל אחד יש אחריות על מעשיו ולא על מעשי הדורות הקודמים. מעשית, כי מעשי האדם כאן ועכשיו יכולים לשנות תמיד. אמנם גזרת החורבן בלתי הפיכה, אבל תיקון העיוותים שעליהם הצביעו הנביאים כגורמי החורבן, יכול למזער את אופי החורבן ולהיות תשתית לבניין לעתיד לבוא. החורבן הפיך ביחס לעם ישראל, ופסיביות וייאוש רק יעצימו את החורבן. בייאוש זה נלחם יחזקאל בשליחות ה'.

יחזקאל לתימנים

כֹּה אָמַר אֲדֹנָי יֱהוִה וְלָקַחְתִּי אָנִי מִצַּמֶּרֶת הָאֶרֶז הָרָמָה וְנָתָתִּי כב יז
מֵרֹאשׁ יֹנְקוֹתָיו רַךְ אֶקְטֹף וְשָׁתַלְתִּי אָנִי עַל הַר־גָּבֹהַּ וְתָלוּל׃
בְּהַר מְרוֹם יִשְׂרָאֵל אֶשְׁתֳּלֶנּוּ וְנָשָׂא עָנָף וְעָשָׂה פֶרִי וְהָיָה לְאֶרֶז כג
אַדִּיר וְשָׁכְנוּ תַחְתָּיו כֹּל צִפּוֹר כָּל־כָּנָף בְּצֵל דָּלִיּוֹתָיו תִּשְׁכֹּנָּה׃
וְיָדְעוּ כָּל־עֲצֵי הַשָּׂדֶה כִּי אֲנִי יְהוָה הִשְׁפַּלְתִּי ׀ עֵץ גָּבֹהַּ הִגְבַּהְתִּי כד
עֵץ שָׁפָל הוֹבַשְׁתִּי עֵץ לָח וְהִפְרַחְתִּי עֵץ יָבֵשׁ אֲנִי יְהוָה דִּבַּרְתִּי
וְעָשִׂיתִי׃ וַיְהִי דְבַר־יְהוָה אֵלַי לֵאמֹר׃ מַה־לָּכֶם א ב יח
אַתֶּם מֹשְׁלִים אֶת־הַמָּשָׁל הַזֶּה עַל־אַדְמַת יִשְׂרָאֵל לֵאמֹר אָבוֹת

ג יֹאכְלוּ בֹסֶר וְשִׁנֵּי הַבָּנִים תִּקְהֶינָה: חַי־אָנִי נְאֻם אֲדֹנָי יֱהוִה אִם־
ד יִהְיֶה לָכֶם עוֹד מְשֹׁל הַמָּשָׁל הַזֶּה בְּיִשְׂרָאֵל: הֵן כָּל־הַנְּפָשׁוֹת
לִי הֵנָּה כְּנֶפֶשׁ הָאָב וּכְנֶפֶשׁ הַבֵּן לִי־הֵנָּה הַנֶּפֶשׁ הַחֹטֵאת הִיא
ה תָמוּת: וְאִישׁ כִּי־יִהְיֶה צַדִּיק וְעָשָׂה מִשְׁפָּט
ו וּצְדָקָה: אֶל־הֶהָרִים לֹא אָכָל וְעֵינָיו לֹא נָשָׂא אֶל־גִּלּוּלֵי בֵּית
יִשְׂרָאֵל וְאֶת־אֵשֶׁת רֵעֵהוּ לֹא טִמֵּא וְאֶל־אִשָּׁה נִדָּה לֹא יִקְרָב:
ז וְאִישׁ לֹא יוֹנֶה חֲבֹלָתוֹ חוֹב יָשִׁיב גְּזֵלָה לֹא יִגְזֹל לַחְמוֹ לְרָעֵב יִתֵּן
ח וְעֵירֹם יְכַסֶּה־בָּגֶד: בַּנֶּשֶׁךְ לֹא־יִתֵּן וְתַרְבִּית לֹא יִקָּח מֵעָוֶל יָשִׁיב
ט יָדוֹ מִשְׁפַּט אֱמֶת יַעֲשֶׂה בֵּין אִישׁ לְאִישׁ: בְּחֻקּוֹתַי יְהַלֵּךְ וּמִשְׁפָּטַי
י שָׁמַר לַעֲשׂוֹת אֱמֶת צַדִּיק הוּא חָיֹה יִחְיֶה נְאֻם אֲדֹנָי יֱהוִה: וְהוֹלִיד
יא בֵּן־פָּרִיץ שֹׁפֵךְ דָּם וְעָשָׂה אָח מֵאַחַד מֵאֵלֶּה: וְהוּא אֶת־כָּל־אֵלֶּה
יב לֹא עָשָׂה כִּי גַם אֶל־הֶהָרִים אָכַל וְאֶת־אֵשֶׁת רֵעֵהוּ טִמֵּא: עָנִי
וְאֶבְיוֹן הוֹנָה גְּזֵלוֹת גָּזָל חֲבֹל לֹא יָשִׁיב וְאֶל־הַגִּלּוּלִים נָשָׂא עֵינָיו
יג תּוֹעֵבָה עָשָׂה: בַּנֶּשֶׁךְ נָתַן וְתַרְבִּית לָקַח וָחָי לֹא יִחְיֶה אֵת כָּל־
יד הַתּוֹעֵבוֹת הָאֵלֶּה עָשָׂה מוֹת יוּמָת דָּמָיו בּוֹ יִהְיֶה: וְהִנֵּה הוֹלִיד
בֵּן וַיַּרְא אֶת־כָּל־חַטֹּאת אָבִיו אֲשֶׁר עָשָׂה וַיִּרְאֶה וְלֹא יַעֲשֶׂה כָּהֵן:
טו עַל־הֶהָרִים לֹא אָכָל וְעֵינָיו לֹא נָשָׂא אֶל־גִּלּוּלֵי בֵּית יִשְׂרָאֵל
טז אֶת־אֵשֶׁת רֵעֵהוּ לֹא טִמֵּא: וְאִישׁ לֹא הוֹנָה חֲבֹל לֹא חָבָל וּגְזֵלָה
יז לֹא גָזָל לַחְמוֹ לְרָעֵב נָתָן וְעֵרוֹם כִּסָּה־בָגֶד: מֵעָנִי הֵשִׁיב יָדוֹ נֶשֶׁךְ
וְתַרְבִּית לֹא לָקָח מִשְׁפָּטַי עָשָׂה בְּחֻקּוֹתַי הָלָךְ הוּא לֹא יָמוּת
יח בַּעֲוֺן אָבִיו חָיֹה יִחְיֶה: אָבִיו כִּי־עָשַׁק עֹשֶׁק גָּזַל גֵּזֶל אָח וַאֲשֶׁר
יט לֹא־טוֹב עָשָׂה בְּתוֹךְ עַמָּיו וְהִנֵּה־מֵת בַּעֲוֺנוֹ: וַאֲמַרְתֶּם מַדֻּעַ לֹא־
נָשָׂא הַבֵּן בַּעֲוֺן הָאָב וְהַבֵּן מִשְׁפָּט וּצְדָקָה עָשָׂה אֵת כָּל־חֻקּוֹתַי
כ שָׁמַר וַיַּעֲשֶׂה אֹתָם חָיֹה יִחְיֶה: הַנֶּפֶשׁ הַחֹטֵאת הִיא תָמוּת בֵּן
לֹא־יִשָּׂא ׀ בַּעֲוֺן הָאָב וְאָב לֹא יִשָּׂא בַּעֲוֺן הַבֵּן צִדְקַת הַצַּדִּיק
כא עָלָיו תִּהְיֶה וְרִשְׁעַת רשע עָלָיו תִּהְיֶה: וְהָרָשָׁע הָרָשָׁע
כִּי יָשׁוּב מִכָּל־חַטֹּאתָו אֲשֶׁר עָשָׂה וְשָׁמַר אֶת־כָּל־חֻקּוֹתַי וְעָשָׂה
כב מִשְׁפָּט וּצְדָקָה חָיֹה יִחְיֶה לֹא יָמוּת: כָּל־פְּשָׁעָיו אֲשֶׁר עָשָׂה לֹא
כג יִזָּכְרוּ לוֹ בְּצִדְקָתוֹ אֲשֶׁר־עָשָׂה יִחְיֶה: הֶחָפֹץ אֶחְפֹּץ מוֹת רָשָׁע
כד נְאֻם אֲדֹנָי יֱהוִה הֲלוֹא בְּשׁוּבוֹ מִדְּרָכָיו וְחָיָה: וּבְשׁוּב
צַדִּיק מִצִּדְקָתוֹ וְעָשָׂה עָוֶל כְּכֹל הַתּוֹעֵבוֹת אֲשֶׁר־עָשָׂה הָרָשָׁע
יַעֲשֶׂה וָחָי כָּל־צִדְקֹתָו אֲשֶׁר־עָשָׂה לֹא תִזָּכַרְנָה בְּמַעֲלוֹ אֲשֶׁר־

מָעַל וּבְחַטָּאתוֹ אֲשֶׁר־חָטָא בָּם יָמוּת׃ וַאֲמַרְתֶּם לֹא יִתָּכֵן דֶּרֶךְ כה
אֲדֹנָי שִׁמְעוּ־נָא בֵּית יִשְׂרָאֵל הֲדַרְכִּי לֹא יִתָּכֵן הֲלֹא דַרְכֵיכֶם לֹא
יִתָּכֵנוּ׃ בְּשׁוּב־צַדִּיק מִצִּדְקָתוֹ וְעָשָׂה עָוֶל וּמֵת עֲלֵיהֶם בְּעַוְלוֹ כו
אֲשֶׁר־עָשָׂה יָמוּת׃ וּבְשׁוּב רָשָׁע מֵרִשְׁעָתוֹ אֲשֶׁר כז
וַיָּשָׁב עָשָׂה וַיַּעַשׂ מִשְׁפָּט וּצְדָקָה הוּא אֶת־נַפְשׁוֹ יְחַיֶּה׃ וַיִּרְאֶה וישוב כח
מִכָּל־פְּשָׁעָיו אֲשֶׁר עָשָׂה חָיוֹ יִחְיֶה לֹא יָמוּת׃ וְאָמְרוּ בֵּית יִשְׂרָאֵל כט
לֹא יִתָּכֵן דֶּרֶךְ אֲדֹנָי הַדְּרָכַי לֹא יִתָּכְנוּ בֵּית יִשְׂרָאֵל הֲלֹא דַרְכֵיכֶם
לֹא יִתָּכֵן׃ לָכֵן אִישׁ כִּדְרָכָיו אֶשְׁפֹּט אֶתְכֶם בֵּית יִשְׂרָאֵל נְאֻם אֲדֹנָי ל
יֱהוִה שׁוּבוּ וְהָשִׁיבוּ מִכָּל־פִּשְׁעֵיכֶם וְלֹא־יִהְיֶה לָכֶם לְמִכְשׁוֹל עָוֹן׃
הַשְׁלִיכוּ מֵעֲלֵיכֶם אֶת־כָּל־פִּשְׁעֵיכֶם אֲשֶׁר פְּשַׁעְתֶּם בָּם וַעֲשׂוּ לָכֶם לא
לֵב חָדָשׁ וְרוּחַ חֲדָשָׁה וְלָמָּה תָמֻתוּ בֵּית יִשְׂרָאֵל׃ כִּי לֹא אֶחְפֹּץ לב
בְּמוֹת הַמֵּת נְאֻם אֲדֹנָי יֱהוִה וְהָשִׁיבוּ וִחְיוּ׃

# פרשת
# וזאת הברכה

# וזאת הברכה

כז וְזֹאת הַבְּרָכָה אֲשֶׁר בֵּרַךְ מֹשֶׁה אִישׁ הָאֱלֹהִים א לג
אֶת־בְּנֵי יִשְׂרָאֵל לִפְנֵי מוֹתוֹ׃ וַיֹּאמַר יְהוָה מִסִּינַי ב
בָּא וְזָרַח מִשֵּׂעִיר לָמוֹ הוֹפִיעַ מֵהַר פָּארָן וְאָתָה
אֵשׁ דָּת מֵרִבְבֹת קֹדֶשׁ מִימִינוֹ אשדת לָמוֹ׃ אַף חֹבֵב ג
עַמִּים כָּל־קְדֹשָׁיו בְּיָדֶךָ וְהֵם תֻּכּוּ לְרַגְלֶךָ יִשָּׂא
* מִדַּבְּרֹתֶיךָ׃ תּוֹרָה צִוָּה־לָנוּ מֹשֶׁה מוֹרָשָׁה קְהִלַּת ד
יַעֲקֹב׃ וַיְהִי בִישֻׁרוּן מֶלֶךְ בְּהִתְאַסֵּף רָאשֵׁי עָם ה
יַחַד שִׁבְטֵי יִשְׂרָאֵל׃ יְחִי רְאוּבֵן וְאַל־יָמֹת וִיהִי ו
מְתָיו מִסְפָּר׃ וְזֹאת לִיהוּדָה וַיֹּאמַר ז
שְׁמַע יְהוָה קוֹל יְהוּדָה וְאֶל־עַמּוֹ תְּבִיאֶנּוּ יָדָיו
רָב לוֹ וְעֵזֶר מִצָּרָיו תִּהְיֶה׃

פרק לג

א] **וזאת הברכה. לפני מותו.** סמוך למיתתו, שאם לא עכשיו אימתי:

ב] **ויאמר ה׳ מסיני בא.** פתח תחלה בשבחו של מקום, ואחר כך פתח בצרכיהם של ישראל, ובשבח שפתח בו יש בו הזכרת זכות לישראל, וכל זה דרך רצוי הוא, כלומר כדאי הם אלו שתחול עליהם ברכה: **מסיני בא.** יצא לקראתם כשבאו להתיצב בתחתית ההר כחתן היוצא להקביל פני כלה, שנאמר: "לקראת האלהים" (שמות יט, יז), למדנו שיצא כנגדם: **וזרח משעיר למו.** שפתח לבני עשו שיקבלו את התורה ולא רצו: **הופיע. להם: מהר פארן.** שהלך שם ופתח לבני ישמעאל שיקבלוה ולא רצו: **ואתה. לישראל: מרבבת קדש.** ועמו מקצת רבבות מלאכי קדש, ולא כלם ולא רבם, ולא כדרך בשר ודם שמראה כל כבוד עשרו ותפארתו ביום חפתו: **אש דת.** שהיתה כתובה מאז לפניו באש שחורה על גבי אש לבנה, נתן להם בלוחות כתב ידו. דבר אחר, "אש דת", כתרגומו, שנתנה להם מתוך האש:

ג-ד] **אף חבב עמים.** גם חבה יתרה חבב את השבטים, כל אחד ואחד קרוי 'עם', שהרי בנימין לבדו היה עתיד להולד כשאמר הקדוש

לג א ב ודא ברכתא, דבריך משה, נביא דיי ית בני ישראל, קדם מותיה: ואמר, יי, מסיני אתגלי
ויזהור יקריה משעיר אתחזי לנא, אתגלי בגבורתיה על טורא דפארן, ועמיה רבות קדישין,
ג כתב ימיניה, מגו אישתא אוריתא יהב לנא: אף חביבנון לשבטיא, כל קדישוהי בית
ד ישראל בגבורא אפיקנון ממצרים, ואנון מדברין תחות ענגך, נטלין על מימרך: אוריתא
ה יהב לנא משה, מסרה ירתא לכנשת יעקב: והוה בישראל מלכא, באתכנשות רישי עמא,
ו כחדא שבטיא דישראל: ייחי ראובן בחיי עלמא ומותא תנינא לא ימות, ויקבלון בנוהי
ז אחסנתהון במנינהון: ודא ליהודה ואמר, קביל יי צלותיה דיהודה במפקיה לקרבא, ולעמיה
תתיבניה בשלם, ידוהי יעבדן ליה פורענותא מסנאוהי, וסעיד מבעיל דבבא הוי ליה:

ברוך הוא ליעקב: "גוי וקהל גוים יהיה ממך" (בראשית לה, יא): **כל קדשיו בידך.** נפשות הצדיקים גנוזות תחת כסא הכבוד, כענין שנאמר: "והיתה נפש אדני צרורה בצרור החיים את ה' אלהיך" (שמואל א' כה, כט): **והם תכו לרגלך.** והם ראויים לכך, שהרי תוכו עצמם לתוך תחתית ההר לרגליך בסיני. "תכו" לשון פעלו, התוכו לתוך מרגלותיך: **ישא מדברתיך.** נשאו עליהם על תורתך: **מדברתיך.** המ"ם בו קרוב ליסוד, כמו: "וישמע את הקול מדבר אליו" (במדבר ז, פט), "ואשמע את מדבר אלי" (יחזקאל ב, ב), כמו: מתדבר אלי, אף זה "מדברתיך", מה שהיית מדבר להשמיעני לאמר להם, טי"ש פורפלידור"ש בלעז. ואונקלוס תרגם, שהיו נוסעים על פי דבריך, והמ"ם בו שמוש, משמשת לשון 'מן'. דבר אחר, "אף חבב עמים", אף בשעת חבתן של אמות העולם, שהראית לאמות פנים שוחקות ומסרת את ישראל בידם, "כל קדשיו בידך", כל צדיקיהם וטוביהם דבקו בך ולא משו מאחריך ואתה שומרם: **והם תכו לרגלך.** מתמצעים ומתכנסים לתחת צלך: **ישא מדברתיך.** מקבלין גזרותיך ודתותיך בשמחה, ואלה דבריהם: **תורה.** אשר "צוה לנו משה, מורשה" היא לקהלת יעקב, אחזנוה ולא נעזבנה:

ה] **ויהי.** הקדוש ברוך הוא: **בישרון מלך.** תמיד על מלכותו עליהם, בכל התאסף ראשי חשבון אסיפתם: **ראשי.** כמו: "כי תשא את ראש" (שמות ל, יב), ראויין אלו שאברכם. דבר אחר, "בהתאסף", בהתאספם יחד באגדה אחת ושלום ביניהם – הוא מלכם, ולא כשיש מחלקת ביניהם:

ו] **יחי ראובן.** בעולם הזה: **ואל ימת.** לעולם הבא, שלא יזכר לו מעשה בלהה: **ויהי מתיו מספר.** נמנין במנין שאר אחיו, דגמא היא זו, כענין שנאמר: "וישכב את בלהה... ויהיו בני יעקב שנים עשר" (בראשית לה, כב), שלא יצא מן המנין:

ז] **וזאת ליהודה.** סמך יהודה לראובן מפני ששניהם הודו על קלקול שבידם, שנאמר: "אשר חכמים יגידו וגו' להם לבדם נתנה הארץ ולא עבר זר בתוכם" (איוב טו, יח-יט). ועוד פרשו רבותינו: כל ארבעים שנה שהיו ישראל במדבר, היו עצמות יהודה מתגלגלין בארון מפני נדוי שקבל עליו, שנאמר: "וחטאתי לאבי כל הימים" (בראשית מד, לב), אמר משה: מי גרם לראובן שיודה? יהודה וכו': **שמע ה' קול יהודה.** תפלת דוד ושלמה, ואסא מפני הכושים, ויהושפט מפני העמונים, וחזקיה מפני סנחריב: **ואל עמו תביאנו.** לשלום מפני המלחמה: **ידיו רב לו.** יריבו ריבו וינקמו נקמתו: **ועזר מצריו תהיה.** על יהושפט נתפלל, על מלחמת רמות גלעד, "ויזעק יהושפט וה' עזרו" (דברי הימים ב' יח, לא). דבר אחר, "שמע ה' קול יהודה", כאן רמז ברכה לשמעון מתוך ברכותיו של יהודה, ואף כשחלקו

שני ◂ וּלְלֵוִ֣י אָמַ֔ר תֻּמֶּ֥יךָ וְאוּרֶ֖יךָ לְאִ֣ישׁ חֲסִידֶ֑ךָ אֲשֶׁ֤ר ח
נִסִּיתוֹ֙ בְּמַסָּ֔ה תְּרִיבֵ֖הוּ עַל־מֵ֥י מְרִיבָֽה׃ הָאֹמֵ֞ר ט
לְאָבִ֤יו וּלְאִמּוֹ֙ לֹ֣א רְאִיתִ֔יו וְאֶת־אֶחָיו֙ לֹ֣א הִכִּ֔יר
וְאֶת־בָּנָ֖ו לֹ֣א יָדָ֑ע כִּ֤י שָֽׁמְרוּ֙ אִמְרָתֶ֔ךָ וּבְרִֽיתְךָ֖
יִנְצֹֽרוּ׃ יוֹר֤וּ מִשְׁפָּטֶ֙יךָ֙ לְיַֽעֲקֹ֔ב וְתוֹרָתְךָ֖ לְיִשְׂרָאֵ֑ל י
יָשִׂ֤ימוּ קְטוֹרָה֙ בְּאַפֶּ֔ךָ וְכָלִ֖יל עַֽל־מִזְבְּחֶֽךָ׃ בָּרֵ֤ךְ יא
יְהוָה֙ חֵיל֔וֹ וּפֹ֥עַל יָדָ֖יו תִּרְצֶ֑ה מְחַ֨ץ מָתְנַ֧יִם קָמָ֛יו
וּמְשַׂנְאָ֖יו מִן־יְקוּמֽוּן׃ לְבִנְיָמִ֣ן אָמַ֔ר יב
יְדִ֣יד יְהוָ֔ה יִשְׁכֹּ֥ן לָבֶ֖טַח עָלָ֑יו חֹפֵ֤ף עָלָיו֙ כָּל־
שלישי הַיּ֔וֹם וּבֵ֥ין כְּתֵפָ֖יו שָׁכֵֽן׃ ◂ וּלְיוֹסֵ֣ף יג
אָמַ֔ר מְבֹרֶ֥כֶת יְהוָ֖ה אַרְצ֑וֹ מִמֶּ֤גֶד שָׁמַ֙יִם֙ מִטָּ֔ל
וּמִתְּה֖וֹם רֹבֶ֥צֶת תָּֽחַת׃ וּמִמֶּ֖גֶד תְּבוּאֹ֣ת שָׁ֑מֶשׁ יד
וּמִמֶּ֖גֶד גֶּ֥רֶשׁ יְרָחִֽים׃ וּמֵרֹ֖אשׁ הַרְרֵי־קֶ֑דֶם וּמִמֶּ֖גֶד טו
גִּבְע֥וֹת עוֹלָֽם׃ וּמִמֶּ֗גֶד אֶ֚רֶץ וּמְלֹאָ֔הּ וּרְצ֥וֹן שֹׁכְנִ֖י טז
סְנֶ֑ה תָּב֙וֹאתָה֙ לְרֹ֣אשׁ יוֹסֵ֔ף וּלְקָדְקֹ֖ד נְזִ֥יר אֶחָֽיו׃

אֶרֶץ יִשְׂרָאֵל נָטַל שִׁמְעוֹן מִתּוֹךְ גּוֹרָלוֹ שֶׁל יְהוּדָה, שֶׁנֶּאֱמַר: "מֵחֶבֶל בְּנֵי יְהוּדָה נַחֲלַת בְּנֵי שִׁמְעוֹן" (יהושע יט, ט):

ח| וּלְלֵוִי אָמַר. וְעַל לֵוִי אָמַר: תֻּמֶּיךָ וְאוּרֶיךָ. כְּלַפֵּי שְׁכִינָה הוּא מְדַבֵּר: אֲשֶׁר נִסִּיתוֹ בְּמַסָּה. שֶׁלֹּא נִתְלוֹנְנוּ עִם שְׁאָר הַמַּלִּינִים: תְּרִיבֵהוּ וְגוֹ׳. כְּתַרְגּוּמוֹ. "תְּרִיבֵהוּ עַל מֵי מְרִיבָה", נִסְתַּקַּפְתָּ לוֹ לָבֹא בַּעֲלִילָה, אִם מֹשֶׁה אָמַר: "שִׁמְעוּ נָא הַמֹּרִים" (במדבר כ, י), אַהֲרֹן וּמִרְיָם מֶה עָשׂוּ?:

ט| הָאֹמֵר לְאָבִיו וּלְאִמּוֹ לֹא רְאִיתִיו. כְּשֶׁחָטְאוּ בָּעֵגֶל וְאָמַרְתִּי: "מִי לַה׳ אֵלָי" (שמות לב, כו) נֶאֶסְפוּ אֵלַי כָּל בְּנֵי לֵוִי, וְצִוִּיתִים לַהֲרֹג אֶת אֲבִי אִמּוֹ וְהוּא מִיִּשְׂרָאֵל אוֹ אֶת אָחִיו מֵאִמּוֹ אוֹ בֶּן בִּתּוֹ, וְכֵן עָשׂוּ. וְאִי אֶפְשָׁר לְפָרֵשׁ אָבִיו מַמָּשׁ, וְאָחִיו

ח וללוי אמר, תמיא ואוריא אלבישתא לגבר דאשתכח חסיד קדמך, דנסיתהי בנסיתא
ט והוה שלים, בחנתהי על מי מצותא ואשתכח מהימן: דעל אבוהי ועל אמיה לא
רחים כד חבו מן דינא, ואפי אחוהי ובנוהי לא נסיב, ארי נטרו מטרת מימרך, וקימך
י לא אשניאו: כשרין אלין דילפון דינך ליעקב, ואוריתך לישראל, ישוון קטורת בסמין
יא קדמך, וגמיר לרעוא על מדבחך: בריך יי נכסוהי, וקרבן ידוהי קביל ברעוא, תבר חרצא
יב דסנאוהי, ודבעלי דבבוהי דלא יקומון: לבנימין אמר, רחימא דיי, ישרי לרחצן עלוהי,
יג יהי מגין עלוהי כל יומא, ובארעיה תשרי שכינתא: וליוסף אמר, מברכא מן קדם יי
ארעיה, עבדא מגדנין מטלא דשמיא מלעילא, וממבועי עינן ותהומין, דנגדין ממעמקי
יד טו ארעא מלרע: עבדא מגדנין ועללן מיבול שמשא, עבדא מגדנין מריש ירח בירח: ומריש
טז טוריא בכיריא, ומטוב רמן דלא פסקן: ומטוב, ארעא ומלאה, רעי ליה דשכינתיה
בשמיא ועל משה אתגלי באסנא, ייתין כל אלין לרישא דיוסף, גברא פרישא דאחוהי:

מאביו, וכן בניו ממש, שהרי לוים הם, ומשבט לוי לא חטא אחד מהם, שנאמר: "כל בני לוי" (שם): **כי שמרו אמרתך.** "לא יהיה לך אלהים אחרים" (שמות כ, ג): **ובריתך ינצרו.** ברית מילה, שאותם שנולדו במדבר, של ישראל לא מלו את בניהם, והם היו מולין ומלין את בניהם:

י **יורו משפטיך.** ראויין אלו לכך: **וכליל.** עולה:

יא **מחץ מתנים קמיו.** מחץ קמיו מכת מתנים, כענין שנאמר: "ומתניהם תמיד המעד" (תהלים סט, כד), ועל המעוררין על הכהנה אמר כן. דבר אחר, ראה שעתידין חשמונאי ובניו להלחם עם היונים, ונתפלל עליהם לפי שהיו מועטים, שנים עשר בני חשמונאי ואלעזר כנגד כמה רבבות, לכך נאמר: "ברך ה' חילו ופעל ידיו תרצה": **ומשנאיו מן יקומון.** מחץ קמיו ומשנאיו מהיות להם תקומה:

יב **לבנימן אמר.** לפי שברכת לוי בעבודת הקרבנות ושל בנימין בבנין בית המקדש בחלקו, סמכן זה לזה, וסמך יוסף אחריו, שאף הוא משכן שילה היה בנוי בחלקו, שנאמר: "וימאס באהל יוסף" וגו' (תהלים עח, סז). ולפי שבית עולמים חביב משילה, לכך הקדים בנימין ליוסף: **חפף עליו.** מכסה אותו ומגן עליו: **כל היום.** לעולם, משנבחרה ירושלים לא שרתה שכינה במקום אחר: **ובין כתפיו שכן.** בגבה ארצו היה בית המקדש בנוי, אלא שנמוך עשרים ושלש אמה מעין עיטם, ושם היה דעתו של דוד לבנותו, כדאיתא בשחיטת קדשים (זבחים נד ע"ב): אמרי נחתי ביה פורתא משום דכתיב: "ובין כתפיו שכן", אין לך נאה בשור יותר מכתפיו:

יג **מברכת ה' ארצו.** שלא היתה בנחלת השבטים ארץ מלאה כל טוב כארצו של יוסף: **ממגד.** לשון עדנים ומתק: **ומתהום.** שהתהום עולה ומלחלחה אותה מלמטה. אתה מוצא בכל השבטים ברכתו של משה מעין ברכתו של יעקב:

יד **וממגד תבואת שמש.** שהיתה ארצו פתוחה לחמה וממתקת הפרות: **גרש ירחים.** יש פרות שהלבנה מבשלתן, ואלו הן קשואין ודלועין. דבר אחר, "גרש ירחים", שהארץ מגרשת ומוציאה מחדש לחדש:

טו **ומראש הררי קדם.** ומברכת מראשית בשול הפרות, שהרריה מקדימין לבכר בשול פרותיהם. דבר אחר, מגיד שקדמה בריאתן לשאר הרים: **גבעות עולם.** גבעות העושות פרות לעולם ואינן פוסקות מעצר הגשמים:

טז **ורצון שכני סנה.** כמו: 'שוכן סנה', ותהא ארצו מברכת מרצונו ונחת רוחו של הקדוש ברוך הוא הנגלה עלי תחלה בסנה: **רצון.** נחת רוח ופיוס, וכן כל 'רצון' שבמקרא: **תבואתה.** ברכה זו "לראש יוסף": **נזיר אחיו.** שהפרש מאחיו במכירתו:

יז בְּכוֹר שׁוֹרוֹ הָדָר לוֹ וְקַרְנֵי רְאֵם קַרְנָיו בָּהֶם
עַמִּים יְנַגַּח יַחְדָּו אַפְסֵי־אָרֶץ וְהֵם רִבְבוֹת
רביעי יח אֶפְרַיִם וְהֵם אַלְפֵי מְנַשֶּׁה: וְלִזְבוּלֻן
אָמַר שְׂמַח זְבוּלֻן בְּצֵאתֶךָ וְיִשָּׂשכָר בְּאֹהָלֶיךָ:
יט עַמִּים הַר־יִקְרָאוּ שָׁם יִזְבְּחוּ זִבְחֵי־צֶדֶק כִּי שֶׁפַע
כ יַמִּים יִינָקוּ וּשְׂפֻנֵי טְמוּנֵי חוֹל: וּלְגָד
אָמַר בָּרוּךְ מַרְחִיב גָּד כְּלָבִיא שָׁכֵן וְטָרַף זְרוֹעַ
כא אַף־קָדְקֹד: וַיַּרְא רֵאשִׁית לוֹ כִּי־שָׁם חֶלְקַת
מְחֹקֵק סָפוּן וַיֵּתֵא רָאשֵׁי עָם צִדְקַת יהוה עָשָׂה
חמישי כב וּמִשְׁפָּטָיו עִם־יִשְׂרָאֵל: וּלְדָן אָמַר
כג דָּן גּוּר אַרְיֵה יְזַנֵּק מִן־הַבָּשָׁן: וּלְנַפְתָּלִי אָמַר

יז **בכור שורו.** יש בכור שהוא לשון גדלה ומלכות, שנאמר: "אף אני בכור אתנהו" (תהלים פט, כח), וכן: "בני בכרי ישראל" (שמות ד, כב): **בכור.** מלך היוצא ממנו, והוא יהושע: **שורו.** שכחו קשה כשור לכבש כמה מלכים: **הדר לו.** נתון לו, שנאמר: "ונתתה מהודך עליו" (במדבר כז, כ): **וקרני ראם קרניו.** שור – כחו קשה ואין קרניו נאות, ראם – קרניו נאות ואין כחו קשה, נתן ליהושע כחו של שור ויפי קרני ראם: **אפסי ארץ.** שלשים ואחד מלכים, אפשר שכלם מארץ ישראל היו? אלא אין לך כל מלך ושלטון שלא קנה לו פלטרין ואחוזה בארץ ישראל, שחשובה לכלם היא, שנאמר: "נחלת צבי צבאות גוים" (ירמיה ג, יט): **והם רבבות אפרים.** אותם המנגחים הם הרבבות שהרג יהושע שבא מאפרים: **והם אלפי מנשה.** הם האלפים שהרג גדעון במדין, שנאמר: "וזבח וצלמנע בקרקר" וגו' (שופטים ח, י):

יח-יט **ולזבולן אמר.** אלו חמשה שבטים שברך באחרונה: זבולן גד דן ונפתלי ואשר, כפל שמותיהם לחזקם ולהגבירם, לפי שהיו חלשים שבכל השבטים, הם הם שהוליך יוסף לפני פרעה, שנאמר: "ומקצה אחיו לקח חמשה אנשים" (בראשית מז, ב), לפי שנראים חלשים ולא ישים אותם לו שרי מלחמתו: **שמח זבולן בצאתך ויששכר באהליך.** זבולון ויששכר עשו שתפות, זבולון יושב לחוף ימים ויוצא לפרקמטיא בספינות ומשתכר, ונותן לתוך פיו של יששכר, והם יושבים ועוסקים בתורה. לפיכך הקדים זבולון ליששכר, שתורתו של

יז רבא דבנוהי זיוא ליה, וגבורן אתעבידא ליה מן קדם דתקפא ורומא דיליה, בגבורתיה,
עממיא, יקטיל כחדא עד סיפי ארעא, ואנון רבותא דבית אפרים, ואנון אלפיא דבית מנשה:
יח ולזבולון אמר, חדי זבולון במפקך לאגחא קרבא על בעלי דבבך, ויששכר במהכך למעבד
יט זמני מועדיא בירושלם: שבטיא דישראל לטור בית מקדשא יתכנשון, תמן יכסון נכסת קדשין
כ לרעוא, ארי נכסי עממיא ייכלון, וסימן דמטמרן בחלא מתגלין להון: ולגד אמר, בריך דאפתי
כא לגד, כליתא שרי, ויקטיל שלטונין עם מלכין: ואתקבל בקדמיתא דיליה, ארי תמן, באחסנתיה
משה ספרא רבא דישראל קביר, הוא נפק ועאל בריש עמא, זכון קדם יי עבד, ודינוהי עם
כב כג ישראל: ולדן אמר, דן תקיף כגור אריון, ארעיה שתיא מן נחליא דנגדין מן מתנן: ולנפתלי אמר,

יששכר על ידי זבולון היתה: **שמח זבולן בצאתך.** הצלח בצאתך לסחורה: **ויששכר.** הצלח בישיבת אהליך לתורה, לישב ולעבר שנים ולקבע חדשים, כמו שנאמר: "ומבני יששכר יודעי בינה לעתים... ראשיהם מאתים" (דברי הימים א' יב, לג), ראשי סנהדרין היו עוסקים בכך. ועל פי קביעת עתיהם ועבוריהם, "עמים" של שבטי ישראל "הר יקראו" – להר המוריה יאספו. כל אסיפה על ידי קריאה היא, "ושם יזבחו" ברגלים "זבחי צדק": **כי שפע ימים יינקו.** יששכר וזבולון, ויהא להם פנאי לעסק בתורה: **ושפני טמוני חול.** כסויי טמוני חול, טרית וחלזון וזכוכית לבנה היוצאים מן הים ומן החול, ובחלקו של זבולון היה, כמו שאמור במסכת מגלה (דף ו ע"א): "זבלון עם חרף נפשו למות" (שופטים ה, יח) משום ד"נפתלי על מרומי שדה" (שם), היה מתרעם זבולון על חלקו, לאחי נתת שדות וכרמים וכו': **ושפני.** לשון כסוי, כמו שנאמר: "ויספן את הבית" (מלכים א' ו, ט), "וספון בארז" (ירמיה כב, יד), ותרגומו: "ומטלל בכיורי ארזיא". דבר אחר, "עמים הר יקראו", על ידי פרקמטיא של זבולון, תגרי אמות העולם באים אל ארצו, והיא עומדת על הספר, והם אומרים: הואיל ונצטערנו עד כאן נלך עד ירושלים ונראה מה יראתה של אמה זו ומה מעשיה, והם רואים כל ישראל עובדים לאלוה אחד ואוכלים מאכל אחד, לפי שהגוים אלהו של זה לא כאלהו של זה ומאכלו של זה לא כמאכלו של זה, והם אומרים: אין אמה כשרה כזו, ומתגירין שם, שנאמר: "שם יזבחו זבחי צדק": **כי שפע ימים יינקו.** זבולון ויששכר, הים נותן להם ממון בשפע:

כ) **ברוך מרחיב גד.** מלמד שהיה תחומו של גד מרחיב והולך כלפי מזרח: **כלביא שכן.** לפי שהיה סמוך לספר לפיכך נמשל כאריות, שכל סמוכי ספר צריכים להיות גבורים: **וטרף זרוע אף קדקד.** הרוגיהם היו נכרים, חותכים הראש עם הזרוע במכה אחת:

כא) **וירא ראשית לו.** ראה ליטול לו חלק בארץ סיחון ועוג שהיא ראשית כבוש הארץ: **כי שם חלקת.** כי ידע אשר שם בנחלתו חלקת שדה קבורת מחוקק, והוא משה: **ספון.** אותה חלקה ספונה וטמונה מכל בריה, שנאמר: "ולא ידע איש את קברתו" (להלן לד, ו): **ויתא.** גד: **ראשי עם.** הם היו הולכים לפני החלוץ בכבוש הארץ לפי שהיו גבורים, וכן הוא אומר: "חלוצים תעברו לפני אחיכם" וגו' (לעיל ג, יח): **צדקת ה' עשה.** שהאמינו דבריהם ושמרו הבטחתם לעבר את הירדן עד שכבשו וחלקו. דבר אחר, "ויתא" משה "ראשי עם". "צדקת ה' עשה" על משה אמור:

כב) **דן גור אריה.** אף הוא היה סמוך לספר, לפיכך מושלו באריות: **יזנק מן הבשן.** כתרגומו, שהיה הירדן יוצא מחלקו ממערת פמייאס, והיא לשם שהיא בחלקו של דן, שנאמר: "ויקראו ללשם דן" (יהושע יט, מז), וזנוקו וקלוחו מן הבשן. דבר אחר, מה זנוק זה יוצא ממקום אחד ונחלק לשני מקומות, כך שבטו של דן נטלו חלק בשני מקומות. תחלה נטלו בצפונית מערבית, עקרון

נַפְתָּלִי שְׂבַע רָצוֹן וּמָלֵא בִּרְכַּת יְהוָה יָם וְדָרוֹם
כד יְרָשָׁה: וּלְאָשֵׁר אָמַר בָּרוּךְ
מִבָּנִים אָשֵׁר יְהִי רְצוּי אֶחָיו וְטֹבֵל בַּשֶּׁמֶן רַגְלוֹ:
כה כו בַּרְזֶל וּנְחֹשֶׁת מִנְעָלֶךָ וּכְיָמֶיךָ דָּבְאֶךָ: אֵין כָּאֵל
יְשֻׁרוּן רֹכֵב שָׁמַיִם בְּעֶזְרֶךָ וּבְגַאֲוָתוֹ שְׁחָקִים:
כז מְעֹנָה אֱלֹהֵי קֶדֶם וּמִתַּחַת זְרֹעֹת עוֹלָם וַיְגָרֶשׁ חתן התורה
כח מִפָּנֶיךָ אוֹיֵב וַיֹּאמֶר הַשְׁמֵד: וַיִּשְׁכֹּן יִשְׂרָאֵל
בֶּטַח בָּדָד עֵין יַעֲקֹב אֶל־אֶרֶץ דָּגָן וְתִירוֹשׁ
כט אַף־שָׁמָיו יַעַרְפוּ־טָל: אַשְׁרֶיךָ יִשְׂרָאֵל מִי
כָמוֹךָ עַם נוֹשַׁע בַּיהוָה מָגֵן עֶזְרֶךָ וַאֲשֶׁר־חֶרֶב
גַּאֲוָתֶךָ וְיִכָּחֲשׁוּ אֹיְבֶיךָ לָךְ וְאַתָּה עַל־בָּמוֹתֵימוֹ

וסביבותיה, ולא ספקו להם, ובאו ונלחמו עם לשם שהיא פמיאס, והיא בצפונית מזרחית, שהרי הירדן יוצא ממערת פמיאס והוא במזרחה של ארץ ישראל, ובא מהצפון לדרום, וכלה בקצה ים המלח שהוא במזרח יהודה שנטל בדרומה של ארץ ישראל, כמו שמפרש בספר יהושע, והוא שנאמר: "ויצא גבול בני דן מהם ויעלו בני דן וילחמו עם לשם" וגו' (יהושע יט), יצא גבולם מכל אותה הרוח שהתחילו לנחל בה:

כג **שבע רצון.** שהיתה ארצו שבעה כל רצון יושביה: **ים ודרום ירשה.** ים כנרת נפל בחלקו, ונטל מלא חבל חרם בדרומה לפרש חרמים ומכמורות:

כד **ברוך מבנים אשר.** ראיתי בספרי (שנה) אין לך בכל השבטים שנתברך בבנים כאשר. ואיני יודע כיצד: **יהי רצוי אחיו.** שהיה מתרצה לאחיו בשמן אנפיקינון. דבר אחר, "יהי רצוי אחיו", שהיו בנותיו נאות, והוא שנאמר בדברי הימים (א' ז, לא): "הוא אבי ברזית", שהיו בנותיו נשואות לכהנים גדולים ולמלכים הנמשחים בשמן זית: **וטבל בשמן רגלו.** שהיתה ארצו מושכת שמן כמעין. ומעשה שנצטרכו אנשי לודקיא לשמן, מנו להם פולמוסטוס אחד כו' [אמרו לו: לך והבא לנו שמן במאה ריבוא. הלך לירושלים, אמרו לו: לך לצור. הלך לצור, אמרו לו: לך לגוש חלב. הלך לגוש חלב, אמרו לו: לך אצל פלוני לשדה הלז, ומצאו שהיה עוזק תחת זיתיו. אמר לו: יש לך שמן במאה ריבוא שאני צריך? אמר לו: המתן לי עד שאסיים מלאכתי. המתין עד שסיים מלאכתו. לאחר שסיים מלאכתו, הפשיל כליו לאחוריו והיה מסקל ובא בדרך.

כד נַפְתָּלִי סְבַע רַעֲוָא, וּמְלֵי בִּרְכָן מִן קֳדָם יְיָ, מַעְרַב יַם גִּנֵּיסַר וְדָרוֹמוֹהִי יֵירַת: וּלְאָשֵׁר אֲמַר,
כה בְּרִיךְ מִבִּרְכַּת בְּנַיָּא אָשֵׁר, יְהֵי רַעֲוָא לַאֲחוֹהִי, וְיִתְרַבָּא בְּתַפְנֻקֵי מַלְכִין: תַּקִּיף כְּבַרְזְלָא
כו וְכִנְחָשָׁא בֵּית מוֹתְבָךְ, וּכְיוֹמֵי עוּלֵימוּתָךְ תֻּקְפָּךְ: לֵית אֱלָהּ אֶלָּא אֱלָהָא דְּיִשְׂרָאֵל,
כז דִּשְׁכִינְתֵיהּ בִּשְׁמַיָּא בְּסַעֲדָךְ, וְתֻקְפֵיהּ בִּשְׁמֵי שְׁמַיָּא: מְדוֹר אֱלָהָא דְּמִלְקַדְמִין, דְּבְמֵימְרֵיהּ
כח אִתְעֲבִיד עָלְמָא, וְתָרֵיךְ מִן קֳדָמָךְ, סָנְאָה וַאֲמַר שֵׁיצִי: וּשְׁרָא יִשְׂרָאֵל לְרֻחְצָן בִּלְחוֹדֵיהוֹן
כְּעֵין בִּרְכְתָא דְּבָרֵיכִנּוּן יַעֲקֹב אֲבוּהוֹן, בַּאֲרַע עֲבוּר וַחֲמַר, אַף שְׁמַיָּא דְּעִלָּוֵיהוֹן
כט יְשַׁמְשׁוּנוּן בְּטַלָּא: טוּבָךְ יִשְׂרָאֵל לֵית דִּכְוָתָךְ, עַמָּא דְּפֻרְקָנֵיהּ מִן קֳדָם יְיָ תְּקוֹף
בְּסַעֲדָךְ, וּדְמִן קֳדָמוֹהִי נִצְחָן גִּבָּרְוָתָךְ, וְיִתְכַּדְּבוּן סָנְאָךְ לָךְ, וְאַתְּ עַל פְּרִקַת צַוְרֵי מַלְכֵיהוֹן

אמר לו: יש לך שמן במאה ריבוא? כמדומה אני ששחוק שחקו בי היהודים. כיון שהגיע לעירו, הוציאה לו שפחתו קומקמוס של חמין ורחץ בו ידיו ורגליו, הוציאה לו ספל של זהב מלאה שמן וטבל בו ידיו ורגליו, לקיים מה שנאמר: "וטבל בשמן רגלו". לאחר שאכלו ושתו, מדד לו שמן במאה ריבוא. אמר לו: כלום אתה צריך ליותר? אמר לו: הן, אלא שאין לי דמים. אמר לו: אם אתה רוצה ליקח קח, ואני אלך עמך ואטול דמיו, מדד לו שמן בשמונה עשר ריבוא. אמרו: לא הניח אותו האיש לא סוס ולא פרד ולא גמל ולא חמור בארץ ישראל שלא שכרו. כיון שהגיע לעירו יצאו אנשי עירו לקלסו, אמר להם: לא לי קלסוני אלא לזה שבא עמי, שמדד לי שמן במאה ריבוא והרי נושה בי בשמונה עשרה ריבוא], כִּדְאִיתָא בִּמְנָחוֹת (דף פה ע"ב):

כה) בַּרְזֶל וּנְחֹשֶׁת מִנְעָלֶךָ. עַכְשָׁיו הוּא מְדַבֵּר כְּנֶגֶד כָּל יִשְׂרָאֵל, שֶׁהָיוּ גִּבּוֹרֵיהֶם יוֹשְׁבִים בְּעָרֵי הַסְּפָר וְנוֹעֲלִים אוֹתָהּ שֶׁלֹּא יוּכְלוּ הָאוֹיְבִים לִכָּנֵס בָּהּ, כְּאִלּוּ הִיא סְגוּרָה בְּמַנְעוּלִים וּבְרִיחִים שֶׁל בַּרְזֶל וּנְחֹשֶׁת. דָּבָר אַחֵר, "בַּרְזֶל וּנְחֹשֶׁת מִנְעָלֶךָ", אַרְצְכֶם נְעוּלָה בֶּהָרִים שֶׁחוֹצְבִין מֵהֶם בַּרְזֶל וּנְחֹשֶׁת, וְאַרְצוֹ שֶׁל אָשֵׁר הָיְתָה מַנְעוּלָהּ שֶׁל אֶרֶץ יִשְׂרָאֵל: וּכְיָמֶיךָ דָּבְאֶךָ. וְכַיָּמִים שֶׁהֵם טוֹבִים לְךָ, שֶׁהֵן יְמֵי תְחִלָּתְךָ, יְמֵי נְעוּרֶיךָ, כֵּן יִהְיוּ יְמֵי זִקְנוּתְךָ שֶׁהֵם דּוֹאֲבִים זָבִים וּמִתְמוֹטְטִים. דָּבָר אַחֵר, "וּכְיָמֶיךָ דָּבְאֶךָ", כְּמִנְיַן יָמֶיךָ, כָּל הַיָּמִים אֲשֶׁר אַתֶּם עוֹשִׂים רְצוֹנוֹ שֶׁל מָקוֹם, יִהְיוּ "דָּבְאֶךָ", שֶׁכָּל הָאֲרָצוֹת יִהְיוּ דּוֹאֲבוֹת כֶּסֶף לְאֶרֶץ יִשְׂרָאֵל, שֶׁתְּהֵא מְבֹרֶכֶת בְּפֵרוֹת וְכָל הָאֲרָצוֹת מִתְפַּרְנְסוֹת הֵימֶנָּה, וּמַמְשִׁיכוֹת לָהּ כַּסְפָּם וּזְהָבָם, אשקורנ"ט, הַכֶּסֶף כָּלֶה מֵהֶם שֶׁהֵן מְזִיבוֹת אוֹתוֹ לְאַרְצְכֶם:

כו-כז) אֵין כָּאֵל יְשֻׁרוּן. דַּע לְךָ "יְשֻׁרוּן", שֶׁ"אֵין כָּאֵל" בְּכָל אֱלֹהֵי הָעַמִּים, וְלֹא כְּצוּרְךָ צוּרָם: רֹכֵב שָׁמַיִם. הוּא אוֹתוֹ אֱלוֹהַּ שֶׁ"בְּעֶזְרֶךָ", "וּבְגַאֲוָתוֹ" הוּא רוֹכֵב "שְׁחָקִים": מְעֹנָה אֱלֹהֵי קֶדֶם. לְמָעוֹן הֵם הַשְּׁחָקִים לֵאלֹהֵי קֶדֶם, שֶׁקָּדַם לְכָל אֱלֹהִים, וּבֵרַר לוֹ שְׁחָקִים לְשִׁבְתּוֹ וּמְעוֹנָתוֹ, וּמִתַּחַת מְעוֹנָתוֹ כָּל בַּעֲלֵי זְרוֹעַ שׁוֹכְנִים: זְרֹעֹת עוֹלָם. סִיחוֹן וְעוֹג וּמַלְכֵי כְּנַעַן שֶׁהָיוּ תָּקְפּוֹ וּגְבוּרָתוֹ שֶׁל עוֹלָם, לְפִיכָךְ עַל כָּרְחָם יֶחֶרְדוּ וְיָזוּעוּ וְכֹחָם חָלַשׁ מִפָּנָיו, כִּי לְעוֹלָם אֵימַת הַגָּבוֹהַּ עַל הַנָּמוּךְ. וְהוּא, שֶׁהַכֹּחַ וְהַגְּבוּרָה שֶׁלּוֹ "בְּעֶזְרֶךָ", "וַיְגָרֶשׁ מִפָּנֶיךָ אוֹיֵב", "וַיֹּאמֶר" לְךָ: "הַשְׁמֵד" אוֹתָם: מְעֹנָה. כָּל תֵּבָה שֶׁצְּרִיכָה לָמֶ"ד בִּתְחִלָּתָהּ הִטִּיל לָהּ הֵ"א בְּסוֹפָהּ:

כח) בֶּטַח בָּדָד. כָּל יָחִיד וְיָחִיד אִישׁ תַּחַת גַּפְנוֹ, מְפֻזָּרִים, וְאֵין צְרִיכִין לְהִתְאַסֵּף וְלֵישֵׁב יַחַד מִפְּנֵי הָאוֹיֵב: עֵין יַעֲקֹב. כְּמוֹ: "וְעֵינוֹ כְּעֵין הַבְּדֹלַח" (במדבר יא, ז), כְּעֵין הַבְּרָכָה שֶׁבֵּרְכָם יַעֲקֹב. לֹא כְ"בָדָד" שֶׁאָמַר יִרְמְיָה: "בָּדָד יָשַׁבְתִּי" (ירמיה טו, יז), אֶלָּא כְּעֵין הַבְטָחָה שֶׁהִבְטִיחָם יַעֲקֹב: "וְהָיָה אֱלֹהִים עִמָּכֶם וְהֵשִׁיב אֶתְכֶם אֶל אֶרֶץ אֲבֹתֵיכֶם" (בראשית מח, כא): יַעַרְפוּ. יִטְּפוּ: אַף שָׁמָיו יַעַרְפוּ טָל. אַף בִּרְכָתוֹ שֶׁל יִצְחָק נוֹסֶפֶת עַל שֶׁל יַעֲקֹב: "וְיִתֶּן לְךָ הָאֱלֹהִים מִטַּל הַשָּׁמַיִם" וְגוֹ' (בראשית כז, כח):

כט) אַשְׁרֶיךָ יִשְׂרָאֵל. לְאַחַר שֶׁפֵּרַט לָהֶם בְּרָכוֹת, אָמַר לָהֶם: מַה לִּי לִפְרֹט לָכֶם? כְּלַל דָּבָר, הַכֹּל שֶׁלָּכֶם: אַשְׁרֶיךָ יִשְׂרָאֵל מִי כָמוֹךָ. תְּשׁוּעָתְךָ בַּה' אֲשֶׁר הוּא "מָגֵן עֶזְרֶךָ" וְ"חֶרֶב גַּאֲוָתֶךָ": וְיִכָּחֲשׁוּ

תִּדְרֹֽךְ׃ וַיַּ֨עַל מֹשֶׁ֜ה מֵֽעַרְבֹ֤ת מוֹאָב֙ א לד
אֶל־הַ֣ר נְב֔וֹ רֹ֚אשׁ הַפִּסְגָּ֔ה אֲשֶׁ֖ר עַל־פְּנֵ֣י יְרֵח֑וֹ
וַיַּרְאֵ֨הוּ יְהֹוָ֧ה אֶת־כָּל־הָאָ֛רֶץ אֶת־הַגִּלְעָ֖ד עַד־
דָּֽן׃ וְאֵת֙ כָּל־נַפְתָּלִ֔י וְאֶת־אֶ֥רֶץ אֶפְרַ֖יִם וּמְנַשֶּׁ֑ה ב
וְאֵ֗ת כָּל־אֶ֙רֶץ֙ יְהוּדָ֔ה עַ֖ד הַיָּ֥ם הָאַחֲרֽוֹן׃ וְאֶת־ ג
הַנֶּ֗גֶב וְאֶת־הַכִּכָּ֞ר בִּקְעַ֧ת יְרֵח֛וֹ עִ֥יר הַתְּמָרִ֖ים
עַד־צֹֽעַר׃ וַיֹּ֨אמֶר יְהֹוָ֜ה אֵלָ֗יו זֹ֤את הָאָ֙רֶץ֙ אֲשֶׁ֨ר ד
נִשְׁבַּ֜עְתִּי לְאַבְרָהָ֨ם לְיִצְחָ֤ק וּֽלְיַעֲקֹב֙ לֵאמֹ֔ר
לְזַרְעֲךָ֖ אֶתְּנֶ֑נָּה הֶרְאִיתִ֣יךָ בְעֵינֶ֔יךָ וְשָׁ֖מָּה לֹ֥א
תַעֲבֹֽר׃ וַיָּ֨מָת שָׁ֜ם מֹשֶׁ֧ה עֶבֶד־יְהֹוָ֛ה בְּאֶ֥רֶץ מוֹאָ֖ב ה
עַל־פִּ֥י יְהֹוָֽה׃ וַיִּקְבֹּ֨ר אֹת֤וֹ בַגַּי֙ בְּאֶ֣רֶץ מוֹאָ֔ב מ֖וּל ו
בֵּ֣ית פְּע֑וֹר וְלֹֽא־יָדַ֥ע אִישׁ֙ אֶת־קְבֻ֣רָת֔וֹ עַ֖ד הַיּ֥וֹם
הַזֶּֽה׃ וּמֹשֶׁ֗ה בֶּן־מֵאָ֧ה וְעֶשְׂרִ֛ים שָׁנָ֖ה בְּמֹת֑וֹ לֹא־ ז
כָהֲתָ֥ה עֵינ֖וֹ וְלֹא־נָ֥ס לֵחֹֽה׃ וַיִּבְכּוּ֩ בְנֵ֨י יִשְׂרָאֵ֧ל אֶת־ ח
מֹשֶׁ֛ה בְּעַרְבֹ֥ת מוֹאָ֖ב שְׁלֹשִׁ֣ים י֑וֹם וַיִּתְּמ֔וּ יְמֵ֥י בְכִ֖י
אֵ֥בֶל מֹשֶֽׁה׃ וִיהוֹשֻׁ֣עַ בִּן־נ֗וּן מָלֵא֙ ר֣וּחַ חָכְמָ֔ה ט
כִּֽי־סָמַ֥ךְ מֹשֶׁ֛ה אֶת־יָדָ֖יו עָלָ֑יו וַיִּשְׁמְע֨וּ אֵלָ֤יו בְּנֵֽי־

אֹיְבֶיךָ לָךְ. כְּגוֹן הַגִּבְעוֹנִים, שֶׁאָמְרוּ: "מֵאֶרֶץ רְחוֹקָה... בָּאוּ עֲבָדֶיךָ" וְגוֹ' (יהושע ט, ט): וְאַתָּה עַל בָּמוֹתֵימוֹ תִדְרֹךְ. כְּעִנְיָן שֶׁנֶּאֱמַר: "שִׂימוּ אֶת רַגְלֵיכֶם עַל צַוְּארֵי הַמְּלָכִים הָאֵלֶּה" (שם י, כד):

לד א תְּדְרוֹךְ: וּסְלֵיק מֹשֶׁה, מִמֵּישְׁרַיָּא דְּמוֹאָב לְטוּרָא דִּנְבוֹ, רֵישׁ רָמְתָא, דְּעַל אַפֵּי יְרֵיחוֹ, וְאַחְזְיֵהּ
ב יי יָת כָּל אַרְעָא, יָת גִּלְעָד עַד דָּן: וְיָת כָּל נַפְתָּלִי, וְיָת אֲרַע אֶפְרַיִם וּמְנַשֶּׁה, וְיָת כָּל אֲרַע
ג יְהוּדָה, עַד יַמָּא מַעְרְבָאָה: וְיָת דָּרוֹמָא, וְיָת מֵישְׁרָא, בִּקְעַת יְרֵיחוֹ, קִרְיַת דִּקְלַיָּא עַד צוֹעַר:
ד וַאֲמַר יי לֵיהּ, דָּא אַרְעָא דְּקַיֵּימִית, לְאַבְרָהָם לְיִצְחָק וּלְיַעֲקֹב לְמֵימַר, לִבְנָךְ אֶתְּנִנַּהּ, אַחְזִיתָךְ
ה ו בְּעֵינָךְ, וּלְתַמָּן לָא תִעְבַּר: וּמִית תַּמָּן, מֹשֶׁה עַבְדָּא דַּיי, בְּאַרְעָא דְּמוֹאָב עַל מֵימְרָא דַּיי: וּקְבַר
יָתֵיהּ בְּחֵלְּתָא בְּאַרְעָא דְּמוֹאָב, לָקֳבֵיל בֵּית פְּעוֹר, וְלָא יְדַע אֱנָשׁ יָת קְבוּרְתֵיהּ, עַד יוֹמָא
ז הָדֵין: וּמֹשֶׁה, בַּר מְאָה וְעֶסְרִין, שְׁנִין כַּד מִית, לָא כְהַת עֵינֵיהּ וְלָא שְׁנָא זִיו יְקָרָא דְּאַפּוֹהִי:
ח וּבְכוֹ בְנֵי יִשְׂרָאֵל יָת מֹשֶׁה, בְּמֵישְׁרַיָּא דְּמוֹאָב תְּלָתִין יוֹמִין, וּשְׁלִימוּ, יוֹמֵי בְכִיתָא אֶבְלָא
ט דְּמֹשֶׁה: וִיהוֹשֻׁעַ בַּר נוּן, אִתְמְלִי רוּחַ חָכְמָא, אֲרֵי סְמַךְ מֹשֶׁה, יָת יְדוֹהִי עֲלוֹהִי, וְקַבִּילוּ מִנֵּיהּ

פרק לד

א| **מֵעַרְבֹת מוֹאָב אֶל הַר נְבוֹ.** כַּמָּה מַעֲלוֹת הָיוּ, וּפְסָעָן מֹשֶׁה בִּפְסִיעָה אַחַת: **אֶת כָּל הָאָרֶץ.** הֶרְאָהוּ אֶת כָּל אֶרֶץ יִשְׂרָאֵל בְּשַׁלְוָתָהּ, וְהַמְּצִיקִין הָעֲתִידִין לִהְיוֹת מְצִיקִין לָהּ: **עַד דָּן.** הֶרְאָהוּ בְּנֵי דָן עוֹבְדֵי עֲבוֹדָה זָרָה, שֶׁנֶּאֱמַר: "וַיָּקִימוּ לָהֶם בְּנֵי דָן אֶת הַפָּסֶל" (שופטים יח, ל), וְהֶרְאָהוּ שִׁמְשׁוֹן שֶׁעָתִיד לָצֵאת מִמֶּנּוּ לְמוֹשִׁיעַ:

ב| **וְאֵת כָּל נַפְתָּלִי.** הֶרְאָהוּ אַרְצוֹ בְּשַׁלְוָתָהּ וְחֻרְבָּנָהּ, וְהֶרְאָהוּ דְּבוֹרָה וּבָרָק מִקֶּדֶשׁ נַפְתָּלִי נִלְחָמִים עִם סִיסְרָא וְחַיָּלוֹתָיו: **וְאֶת אֶרֶץ אֶפְרַיִם וּמְנַשֶּׁה.** הֶרְאָהוּ אַרְצָם בְּשַׁלְוָתָהּ וּבְחֻרְבָּנָהּ, וְהֶרְאָהוּ יְהוֹשֻׁעַ נִלְחָם עִם מַלְכֵי כְּנַעַן, שֶׁבָּא מֵאֶפְרַיִם, וְגִדְעוֹן שֶׁבָּא מִמְּנַשֶּׁה נִלְחָם עִם מִדְיָן וַעֲמָלֵק: **וְאֵת כָּל אֶרֶץ יְהוּדָה.** בְּשַׁלְוָתָהּ וּבְחֻרְבָּנָהּ, וְהֶרְאָהוּ מַלְכוּת בֵּית דָּוִד וְנִצְחוֹנָם: **עַד הַיָּם הָאַחֲרוֹן.** אֶרֶץ הַמַּעֲרָב בְּשַׁלְוָתָהּ וּבְחֻרְבָּנָהּ. דָּבָר אַחֵר, אַל תִּקְרֵי "הַיָּם הָאַחֲרוֹן" אֶלָּא 'הַיּוֹם הָאַחֲרוֹן' – כָּל הַמְּאֹרָעוֹת לְיִשְׂרָאֵל עַד שֶׁיִּחְיוּ הַמֵּתִים:

ג| **וְאֶת הַנֶּגֶב.** אֶרֶץ הַדָּרוֹם. דָּבָר אַחֵר, מְעָרַת הַמַּכְפֵּלָה, שֶׁנֶּאֱמַר: "וַיַּעֲלוּ בַנֶּגֶב וַיָּבֹא עַד חֶבְרוֹן" (במדבר יג, כב): **וְאֶת הַכִּכָּר.** הֶרְאָהוּ שְׁלֹמֹה יוֹצֵק כְּלֵי בֵית הַמִּקְדָּשׁ בְּכִכַּר הַיַּרְדֵּן בְּמַעֲבֵה הָאֲדָמָה:

ד| **לֵאמֹר לְזַרְעֲךָ אֶתְּנֶנָּה, הֶרְאִיתִיךָ.** כְּדֵי שֶׁתֵּלֵךְ וְתֹאמַר לְאַבְרָהָם לְיִצְחָק וּלְיַעֲקֹב, שְׁבוּעָה שֶׁנִּשְׁבַּע לָכֶם הַקָּדוֹשׁ בָּרוּךְ הוּא – קִיְּמָהּ, וְזֶהוּ "לֵאמֹר", לְכָךְ הֶרְאִיתִיהָ לְךָ, אֲבָל גְּזֵרָה הִיא מִלְּפָנַי שֶׁ"שָּׁמָּה לֹא תַעֲבֹר", שֶׁאִלּוּלֵי כָּךְ, הָיִיתִי מְקַיֶּמְךָ עַד שֶׁתִּרְאֶה אוֹתָם נְטוּעִים וּקְבוּעִים בָּהּ וְתֵלֵךְ וְתַגִּיד לָהֶם:

ה| **וַיָּמָת שָׁם.** אֶפְשָׁר מֹשֶׁה מֵת, וְכָתַב: "וַיָּמָת שָׁם"? אֶלָּא מִכָּאן וְאֵילָךְ כָּתַב יְהוֹשֻׁעַ. רַבִּי מֵאִיר אוֹמֵר: אֶפְשָׁר סֵפֶר הַתּוֹרָה חָסֵר כְּלוּם, וְהוּא אוֹמֵר: "לָקֹחַ אֵת סֵפֶר הַתּוֹרָה הַזֶּה" (לעיל לא, כו)? אֶלָּא הַקָּדוֹשׁ בָּרוּךְ הוּא אוֹמֵר וּמֹשֶׁה כּוֹתֵב בְּדֶמַע: **עַל פִּי ה'.** בִּנְשִׁיקָה:

ו| **וַיִּקְבֹּר אֹתוֹ.** הַקָּדוֹשׁ בָּרוּךְ הוּא בִּכְבוֹדוֹ. רַבִּי יִשְׁמָעֵאל אוֹמֵר: הוּא קָבַר אֶת עַצְמוֹ, וְזֶה הוּא אֶחָד מִשְּׁלֹשָׁה אֵתִים שֶׁהָיָה רַבִּי יִשְׁמָעֵאל דּוֹרֵשׁ כֵּן. כַּיּוֹצֵא בּוֹ: "בְּיוֹם מְלֹאת יְמֵי נִזְרוֹ יָבִיא אֹתוֹ" (במדבר ו, יג), הוּא מֵבִיא אֶת עַצְמוֹ. כַּיּוֹצֵא בּוֹ: "וְהִשִּׂיאוּ אוֹתָם עֲוֹן אַשְׁמָה" (ויקרא כב, טז), וְכִי אֲחֵרִים מַשִּׂיאִים אוֹתָם? אֶלָּא הֵם מַשִּׂיאִים אֶת עַצְמָם: **מוּל בֵּית פְּעוֹר.** קִבְרוֹ מוּכָן שָׁם מִשֵּׁשֶׁת יְמֵי בְרֵאשִׁית לְכַפֵּר עַל מַעֲשֵׂה פְעוֹר, וְזֶה אֶחָד מִן הַדְּבָרִים שֶׁנִּבְרְאוּ בְּעֶרֶב שַׁבָּת בֵּין הַשְּׁמָשׁוֹת (אבות ה, ו):

ז| **לֹא כָהֲתָה עֵינוֹ.** אַף מִשֶּׁמֵּת: **וְלֹא נָס לֵחֹה.** לַחְלוּחִית שֶׁבּוֹ. לֹא שָׁלַט בּוֹ רִקָּבוֹן וְלֹא נֶהְפַּךְ תֹּאַר פָּנָיו:

ח| **בְּנֵי יִשְׂרָאֵל.** הַזְּכָרִים, אֲבָל בְּאַהֲרֹן מִתּוֹךְ

יִשְׂרָאֵל וַיַּעֲשׂוּ כַּאֲשֶׁר צִוָּה יהוה אֶת־מֹשֶׁה׃
י וְלֹא־קָם נָבִיא עוֹד בְּיִשְׂרָאֵל כְּמֹשֶׁה אֲשֶׁר
יא יְדָעוֹ יהוה פָּנִים אֶל־פָּנִים׃ לְכָל־הָאֹתֹת
וְהַמּוֹפְתִים אֲשֶׁר שְׁלָחוֹ יהוה לַעֲשׂוֹת בְּאֶרֶץ
מִצְרָיִם לְפַרְעֹה וּלְכָל־עֲבָדָיו וּלְכָל־אַרְצוֹ׃
יב וּלְכֹל הַיָּד הַחֲזָקָה וּלְכֹל הַמּוֹרָא הַגָּדוֹל אֲשֶׁר
עָשָׂה מֹשֶׁה לְעֵינֵי כָּל־יִשְׂרָאֵל׃ חזק

## הפטרת וזאת הברכה

ההפטרה היא ההמשך הרציף של האירועים החותמים את ספר דברים. מותו של משה וכניסתו של יהושע לתפקידו להוביל את סוף המסע לארץ כנען, מציבים אתגר גדול לפני המנהיג-הנביא יהושע. משה, שהנהיג את העם ארבעים שנה, הותיר חלל גדול בהסתלקותו, והאתגרים הקשורים בחציית הירדן ובמלחמות עם עמי כנען הקשו עוד יותר. בנבואה הראשונה יהושע מקבל חיזוק משולש מה׳ לקראת היעדים שעליו לכבוש. שלוש פעמים אמר לו ה׳ ״חזק ואמץ״. במענה לפנייתו אל שבטי עבר הירדן, למימוש התחייבותם לעבור חלוצים לפני העם בכניסה לארץ, הוא מקבל מנציגי העם חיזוק נוסף למנהיגותו. חיזוקים אלה היו נחוצים לו ביותר באותה עת.

יהושע

א א וַיְהִי אַחֲרֵי מוֹת מֹשֶׁה עֶבֶד יהוה וַיֹּאמֶר יהוה אֶל־יְהוֹשֻׁעַ בִּן־נוּן
ב מְשָׁרֵת מֹשֶׁה לֵאמֹר׃ מֹשֶׁה עַבְדִּי מֵת וְעַתָּה קוּם עֲבֹר אֶת־הַיַּרְדֵּן הַזֶּה
אַתָּה וְכָל־הָעָם הַזֶּה אֶל־הָאָרֶץ אֲשֶׁר אָנֹכִי נֹתֵן לָהֶם לִבְנֵי יִשְׂרָאֵל׃
ג כָּל־מָקוֹם אֲשֶׁר תִּדְרֹךְ כַּף־רַגְלְכֶם בּוֹ לָכֶם נְתַתִּיו כַּאֲשֶׁר דִּבַּרְתִּי אֶל־
ד מֹשֶׁה׃ מֵהַמִּדְבָּר וְהַלְּבָנוֹן הַזֶּה וְעַד־הַנָּהָר הַגָּדוֹל נְהַר־פְּרָת כֹּל אֶרֶץ
ה הַחִתִּים וְעַד־הַיָּם הַגָּדוֹל מְבוֹא הַשָּׁמֶשׁ יִהְיֶה גְּבוּלְכֶם׃ לֹא־יִתְיַצֵּב אִישׁ
לְפָנֶיךָ כֹּל יְמֵי חַיֶּיךָ כַּאֲשֶׁר הָיִיתִי עִם־מֹשֶׁה אֶהְיֶה עִמָּךְ לֹא אַרְפְּךָ וְלֹא
ו אֶעֶזְבֶךָּ׃ חֲזַק וֶאֱמָץ כִּי אַתָּה תַּנְחִיל אֶת־הָעָם הַזֶּה אֶת־הָאָרֶץ אֲשֶׁר־
ז נִשְׁבַּעְתִּי לַאֲבוֹתָם לָתֵת לָהֶם׃ רַק חֲזַק וֶאֱמַץ מְאֹד לִשְׁמֹר לַעֲשׂוֹת
כְּכָל־הַתּוֹרָה אֲשֶׁר צִוְּךָ מֹשֶׁה עַבְדִּי אַל־תָּסוּר מִמֶּנּוּ יָמִין וּשְׂמֹאול
ח לְמַעַן תַּשְׂכִּיל בְּכֹל אֲשֶׁר תֵּלֵךְ׃ לֹא־יָמוּשׁ סֵפֶר הַתּוֹרָה הַזֶּה מִפִּיךָ
וְהָגִיתָ בּוֹ יוֹמָם וָלַיְלָה לְמַעַן תִּשְׁמֹר לַעֲשׂוֹת כְּכָל־הַכָּתוּב בּוֹ כִּי־אָז
ט תַּצְלִיחַ אֶת־דְּרָכֶךָ וְאָז תַּשְׂכִּיל׃ הֲלוֹא צִוִּיתִיךָ חֲזַק וֶאֱמָץ אַל־תַּעֲרֹץ

י בְּנֵי יִשְׂרָאֵל וַעֲבַדוּ, כְּמָא דְפַקֵּיד יְיָ יָת מֹשֶׁה: וְלָא קָם נְבִיָּא עוֹד, בְּיִשְׂרָאֵל כְּמֹשֶׁה, דְּאִתְגְּלִי
יא לֵיהּ יְיָ, אַפִּין בְּאַפִּין: לְכָל אָתַיָּא וּמוֹפְתַיָּא, דְּשַׁלְחֵיהּ יְיָ, לְמֶעֱבַד בְּאַרְעָא דְמִצְרָיִם, לְפַרְעֹה
יב וּלְכָל עַבְדוֹהִי וּלְכָל אַרְעֵיהּ: וּלְכָל יְדָא תַקִּיפְתָא, וּלְכָל חֶזְוָנָא רַבָּא, דַּעֲבַד מֹשֶׁה, לְעֵינֵי כָּל
יִשְׂרָאֵל:

שֶׁהָיָה רוֹדֵף שָׁלוֹם וְנוֹתֵן שָׁלוֹם בֵּין אִישׁ לְרֵעֵהוּ וּבֵין אִשָּׁה לְבַעְלָהּ, שֶׁנֶּאֱמַר: "כֹּל בֵּית יִשְׂרָאֵל" (במדבר כ, כט), זְכָרִים וּנְקֵבוֹת:

י| אֲשֶׁר יְדָעוֹ ה' פָּנִים אֶל פָּנִים. שֶׁהָיָה לִבּוֹ גַּס בּוֹ וּמְדַבֵּר אֵלָיו בְּכָל עֵת שֶׁרוֹצֶה, כְּעִנְיָן שֶׁנֶּאֱמַר: "וְעַתָּה אֶעֱלֶה אֶל ה'" (שמות לב, ל), "עִמְדוּ וְאֶשְׁמְעָה מַה יְצַוֶּה ה' לָכֶם" (במדבר ט, ח):

יב| וּלְכֹל הַיָּד הַחֲזָקָה. שֶׁקִּבֵּל אֶת הַתּוֹרָה בַּלּוּחוֹת בְּיָדָיו: וּלְכֹל הַמּוֹרָא הַגָּדוֹל. נִסִּים וּגְבוּרוֹת שֶׁבַּמִּדְבָּר הַגָּדוֹל וְהַנּוֹרָא: לְעֵינֵי כָּל יִשְׂרָאֵל. שֶׁנְּשָׂאוֹ לִבּוֹ לִשְׁבֹּר הַלּוּחוֹת לְעֵינֵיהֶם, שֶׁנֶּאֱמַר: "וָאֲשַׁבְּרֵם לְעֵינֵיכֶם" (לעיל ט, יז), וְהִסְכִּימָה דַּעַת הַקָּדוֹשׁ בָּרוּךְ הוּא לְדַעְתּוֹ, שֶׁנֶּאֱמַר: "אֲשֶׁר שִׁבַּרְתָּ" (שמות לד, א) – יִישַׁר כֹּחֲךָ שֶׁשִּׁבַּרְתָּ:

הספרדים מסיימים כאן
התימנים מדלגים ליהושע ו, כז

י וְאַל־תֵּחָת כִּי עִמְּךָ יְהוָה אֱלֹהֶיךָ בְּכֹל אֲשֶׁר תֵּלֵךְ:* וַיְצַו
יא יְהוֹשֻׁעַ אֶת־שֹׁטְרֵי הָעָם לֵאמֹר: עִבְרוּ | בְּקֶרֶב הַמַּחֲנֶה וְצַוּוּ אֶת־הָעָם
לֵאמֹר הָכִינוּ לָכֶם צֵדָה כִּי בְּעוֹד | שְׁלֹשֶׁת יָמִים אַתֶּם עֹבְרִים אֶת־
הַיַּרְדֵּן הַזֶּה לָבוֹא לָרֶשֶׁת אֶת־הָאָרֶץ אֲשֶׁר יְהוָה אֱלֹהֵיכֶם נֹתֵן לָכֶם
יב לְרִשְׁתָּהּ: וְלָרְאוּבֵנִי וְלַגָּדִי וְלַחֲצִי שֵׁבֶט הַמְנַשֶּׁה אָמַר
יג יְהוֹשֻׁעַ לֵאמֹר: זָכוֹר אֶת־הַדָּבָר אֲשֶׁר צִוָּה אֶתְכֶם מֹשֶׁה עֶבֶד־יְהוָה
יד לֵאמֹר יְהוָה אֱלֹהֵיכֶם מֵנִיחַ לָכֶם וְנָתַן לָכֶם אֶת־הָאָרֶץ הַזֹּאת: נְשֵׁיכֶם
טַפְּכֶם וּמִקְנֵיכֶם יֵשְׁבוּ בָּאָרֶץ אֲשֶׁר נָתַן לָכֶם מֹשֶׁה בְּעֵבֶר הַיַּרְדֵּן וְאַתֶּם
טו תַּעַבְרוּ חֲמֻשִׁים לִפְנֵי אֲחֵיכֶם כֹּל גִּבּוֹרֵי הַחַיִל וַעֲזַרְתֶּם אוֹתָם: עַד
אֲשֶׁר־יָנִיחַ יְהוָה | לַאֲחֵיכֶם כָּכֶם וְיָרְשׁוּ גַם־הֵמָּה אֶת־הָאָרֶץ אֲשֶׁר־יְהוָה
אֱלֹהֵיכֶם נֹתֵן לָהֶם וְשַׁבְתֶּם לְאֶרֶץ יְרֻשַּׁתְכֶם וִירִשְׁתֶּם אוֹתָהּ אֲשֶׁר |
טז נָתַן לָכֶם מֹשֶׁה עֶבֶד יְהוָה בְּעֵבֶר הַיַּרְדֵּן מִזְרַח הַשָּׁמֶשׁ: וַיַּעֲנוּ אֶת־
יְהוֹשֻׁעַ לֵאמֹר כֹּל אֲשֶׁר־צִוִּיתָנוּ נַעֲשֶׂה וְאֶל־כָּל־אֲשֶׁר תִּשְׁלָחֵנוּ נֵלֵךְ:
יז כְּכֹל אֲשֶׁר־שָׁמַעְנוּ אֶל־מֹשֶׁה כֵּן נִשְׁמַע אֵלֶיךָ רַק יִהְיֶה יְהוָה אֱלֹהֶיךָ
יח עִמָּךְ כַּאֲשֶׁר הָיָה עִם־מֹשֶׁה: כָּל־אִישׁ אֲשֶׁר־יַמְרֶה אֶת־פִּיךָ וְלֹא־יִשְׁמַע
אֶת־דְּבָרֶיךָ לְכֹל אֲשֶׁר־תְּצַוֶּנּוּ יוּמָת רַק חֲזַק וֶאֱמָץ:*

האשכנזים מסיימים כאן

ו כז וַיְהִי יְהוָה אֶת־יְהוֹשֻׁעַ וַיְהִי שָׁמְעוֹ בְּכָל־הָאָרֶץ:

# עשרת הדיברות בטעם העליון בפרשת ואתחנן

לעשרת הדיברות יש שתי מערכות טעמים המכונות "טעם עליון" ו"טעם תחתון". מפאת אורכם החריג של חלק מהפסוקים בטעם העליון, מצויים בהם טעמים כגון פזר ותלישא, זרקא וסגול, ואלה מוסיפים נופך חגיגי לקריאה. שינוי הטעמים גורר בעקבותיו שינויים בניקוד, כגון חילופי קמץ-פתח (פָנָי-פָנַי), וכן דגשים באותיות בג"ד כפ"ת בראש מילה (כָל-כָּל מלאכתך).

שיטת החלוקה המקורית שנהגה בארץ ישראל היא כנראה הטעם התחתון, ואילו הטעם העליון מוּצָאו במסורת הבבלית. עם זאת, כבר בכתבי היד העתיקים של התנ"ך מובאות שתי שיטות הטעמים במשולב. שילוב זה יצר בלבולים ומחלוקות, בעיקר לגבי טעמי הפסוק הראשון ('אנכי'). הבאנו כאן את עשרת הדיברות בטעם העליון לפי שיטתו של היעב"ץ. לדעת רוו"ה יש לקרוא את הדיבר הראשון עד 'מבית עבדים' בטעם התחתון (ראה הערתו על קריאת הדיברות, בסוף ספר שמות).

ר' חזקיה ב"ר מנוח כתב ('חזקוני' שמות כ, יד) שבחג השבועות קוראים את עשרת הדיברות בטעם העליון ואילו בקריאת פרשת השבוע (בפרשת יתרו ובפרשת ואתחנן) קוראים בטעם התחתון. כך אכן מנהג רוב קהילות אשכנז. ר' מנחם די לונזאנו כתב בספרו 'אור תורה' (שמות כ) שבקריאה בציבור קוראים תמיד בטעם העליון, ורק היחיד קורא בטעם התחתון. וכך הוא מנהג קהילות הספרדים. בקהילות תימן היה מצוי אך ורק הטעם העליון, שכן מסורת תימן מתאימה בדרך כלל למסורת הבבלית.

אָנֹכִי יְהוָה אֱלֹהֶיךָ אֲשֶׁר
הוֹצֵאתִיךָ מֵאֶרֶץ מִצְרַיִם מִבֵּית עֲבָדִים לֹא־יִהְיֶה לְךָ אֱלֹהִים אֲחֵרִים עַל־
פָּנָי לֹא תַעֲשֶׂה־לְךָ פֶסֶל ׀ כָּל־תְּמוּנָה אֲשֶׁר בַּשָּׁמַיִם ׀ מִמַּעַל וַאֲשֶׁר בָּאָרֶץ
מִתָּחַת וַאֲשֶׁר בַּמַּיִם ׀ מִתַּחַת לָאָרֶץ לֹא־תִשְׁתַּחֲוֶה לָהֶם וְלֹא תָעָבְדֵם כִּי
אָנֹכִי יְהוָה אֱלֹהֶיךָ אֵל קַנָּא פֹּקֵד עֲוֺן אָבוֹת עַל־בָּנִים וְעַל־שִׁלֵּשִׁים וְעַל־
רִבֵּעִים לְשֹׂנְאָי וְעֹשֶׂה חֶסֶד לַאֲלָפִים לְאֹהֲבַי וּלְשֹׁמְרֵי מצותו׃ לֹא מִצְוֺתָי
תִשָּׂא אֶת־שֵׁם־יְהוָה אֱלֹהֶיךָ לַשָּׁוְא כִּי לֹא יְנַקֶּה יְהוָה אֵת אֲשֶׁר־יִשָּׂא אֶת־
שְׁמוֹ לַשָּׁוְא׃ שָׁמוֹר אֶת־יוֹם הַשַּׁבָּת לְקַדְּשׁוֹ כַּאֲשֶׁר צִוְּךָ ׀ יְהוָה
אֱלֹהֶיךָ שֵׁשֶׁת יָמִים תַּעֲבֹד וְעָשִׂיתָ כָּל־מְלַאכְתֶּךָ וְיוֹם הַשְּׁבִיעִי שַׁבָּת ׀
לַיהוָה אֱלֹהֶיךָ לֹא־תַעֲשֶׂה כָל־מְלָאכָה אַתָּה וּבִנְךָ־וּבִתֶּךָ וְעַבְדְּךָ־וַאֲמָתֶךָ
וְשׁוֹרְךָ וַחֲמֹרְךָ וְכָל־בְּהֶמְתֶּךָ וְגֵרְךָ אֲשֶׁר בִּשְׁעָרֶיךָ לְמַעַן יָנוּחַ עַבְדְּךָ
וַאֲמָתְךָ כָּמוֹךָ וְזָכַרְתָּ כִּי־עֶבֶד הָיִיתָ ׀ בְּאֶרֶץ מִצְרַיִם וַיֹּצִאֲךָ יְהוָה אֱלֹהֶיךָ
מִשָּׁם בְּיָד חֲזָקָה וּבִזְרֹעַ נְטוּיָה עַל־כֵּן צִוְּךָ יְהוָה אֱלֹהֶיךָ לַעֲשׂוֹת אֶת־יוֹם
הַשַּׁבָּת׃ כַּבֵּד אֶת־אָבִיךָ וְאֶת־אִמֶּךָ כַּאֲשֶׁר צִוְּךָ יְהוָה אֱלֹהֶיךָ
לְמַעַן ׀ יַאֲרִיכֻן יָמֶיךָ וּלְמַעַן יִיטַב לָךְ עַל הָאֲדָמָה אֲשֶׁר־יְהוָה אֱלֹהֶיךָ נֹתֵן
לָךְ׃ לֹא תִרְצָח׃ וְלֹא
תִנְאָף׃ וְלֹא תִגְנֹב׃ וְלֹא־
תַעֲנֶה בְרֵעֲךָ עֵד שָׁוְא׃ וְלֹא
תַחְמֹד אֵשֶׁת רֵעֶךָ וְלֹא
תִתְאַוֶּה בֵּית רֵעֶךָ שָׂדֵהוּ וְעַבְדּוֹ וַאֲמָתוֹ שׁוֹרוֹ וַחֲמֹרוֹ וְכֹל אֲשֶׁר לְרֵעֶךָ׃

# קריאות והפטרות לשבתות מיוחדות

## מפטיר לשבת ראש חודש

במדבר כח, ט–טו

וּבְיוֹם הַשַּׁבָּת שְׁנֵי־כְבָשִׂים בְּנֵי־שָׁנָה תְּמִימִם וּשְׁנֵי עֶשְׂרֹנִים סֹלֶת מִנְחָה
בְּלוּלָה בַשֶּׁמֶן וְנִסְכּוֹ׃ עֹלַת שַׁבַּת בְּשַׁבַּתּוֹ עַל־עֹלַת הַתָּמִיד וְנִסְכָּהּ׃
וּבְרָאשֵׁי חָדְשֵׁיכֶם תַּקְרִיבוּ עֹלָה לַיהוָה פָּרִים בְּנֵי־בָקָר שְׁנַיִם וְאַיִל אֶחָד
כְּבָשִׂים בְּנֵי־שָׁנָה שִׁבְעָה תְּמִימִם׃ וּשְׁלֹשָׁה עֶשְׂרֹנִים סֹלֶת מִנְחָה בְּלוּלָה
בַשֶּׁמֶן לַפָּר הָאֶחָד וּשְׁנֵי עֶשְׂרֹנִים סֹלֶת מִנְחָה בְּלוּלָה בַשֶּׁמֶן לָאַיִל הָאֶחָד׃
וְעִשָּׂרֹן עִשָּׂרוֹן סֹלֶת מִנְחָה בְּלוּלָה בַשֶּׁמֶן לַכֶּבֶשׂ הָאֶחָד עֹלָה רֵיחַ נִיחֹחַ
אִשֶּׁה לַיהוָה׃ וְנִסְכֵּיהֶם חֲצִי הַהִין יִהְיֶה לַפָּר וּשְׁלִישִׁת הַהִין לָאַיִל וּרְבִיעִת
הַהִין לַכֶּבֶשׂ יָיִן זֹאת עֹלַת חֹדֶשׁ בְּחָדְשׁוֹ לְחָדְשֵׁי הַשָּׁנָה׃ וּשְׂעִיר עִזִּים
אֶחָד לְחַטָּאת לַיהוָה עַל־עֹלַת הַתָּמִיד יֵעָשֶׂה וְנִסְכּוֹ׃

## הפטרת שבת ראש חודש

אם ר״ח חל בשבת וראשון הספרדים מוסיפים פסוק ראשון ואחרון מהפטרת ׳מָחָר חֹדֶשׁ׳ בעמ׳ רלט.

סיומה של ההפטרה, שהוא גם סיומו של ספר ישעיהו, מזכיר את החזון העתידי שלפיו כל האנושות תבוא למקדש לעבוד את ה׳. בהפטרה מובלט המתח שבין ההווה העגום לעתיד השלם. מעבר זה בין המציאות לחזון יכול להיות גם סיכום לספר ישעיהו כולו. ישעיהו ניבא בתקופת הגלות הראשונה — גלות מלכות ישראל, וגם בתקופה שבה נוצרה האפשרות לגאולה שלמה. ״בִּקש הקב״ה לעשות חזקיהו משיח וסנחריב גוג ומגוג״ (סנהדרין צד ע״א). אפשרות זו לא התממשה בדורם של ישעיהו וחזקיהו, כיוון שחזקיהו ״לא אמר שירה״ — ולא שיבח את ה׳ על ההצלה מידי אשור. במציאות העתידית, המתוקנת, יבוא כל בשר להשתחוות לפני ה׳, וישלים את השירה החסרה.

ישעיה סו, א–כד

כֹּה אָמַר יְהוָה הַשָּׁמַיִם כִּסְאִי וְהָאָרֶץ הֲדֹם רַגְלָי אֵי־זֶה בַיִת אֲשֶׁר תִּבְנוּ־לִי
וְאֵי־זֶה מָקוֹם מְנוּחָתִי׃ וְאֶת־כָּל־אֵלֶּה יָדִי עָשָׂתָה וַיִּהְיוּ כָל־אֵלֶּה נְאֻם־יְהוָה
וְאֶל־זֶה אַבִּיט אֶל־עָנִי וּנְכֵה־רוּחַ וְחָרֵד עַל־דְּבָרִי׃ שׁוֹחֵט הַשּׁוֹר מַכֵּה־
אִישׁ זוֹבֵחַ הַשֶּׂה עֹרֵף כֶּלֶב מַעֲלֵה מִנְחָה דַּם־חֲזִיר מַזְכִּיר לְבֹנָה מְבָרֵךְ
אָוֶן גַּם־הֵמָּה בָּחֲרוּ בְּדַרְכֵיהֶם וּבְשִׁקּוּצֵיהֶם נַפְשָׁם חָפֵצָה׃ גַּם־אֲנִי אֶבְחַר
בְּתַעֲלֻלֵיהֶם וּמְגוּרֹתָם אָבִיא לָהֶם יַעַן קָרָאתִי וְאֵין עוֹנֶה דִּבַּרְתִּי וְלֹא שָׁמֵעוּ
וַיַּעֲשׂוּ הָרַע בְּעֵינַי וּבַאֲשֶׁר לֹא־חָפַצְתִּי בָּחָרוּ׃ שִׁמְעוּ דְּבַר־יְהוָה
הַחֲרֵדִים אֶל־דְּבָרוֹ אָמְרוּ אֲחֵיכֶם שֹׂנְאֵיכֶם מְנַדֵּיכֶם לְמַעַן שְׁמִי יִכְבַּד יְהוָה
וְנִרְאֶה בְשִׂמְחַתְכֶם וְהֵם יֵבֹשׁוּ׃ קוֹל שָׁאוֹן מֵעִיר קוֹל מֵהֵיכָל קוֹל יְהוָה
מְשַׁלֵּם גְּמוּל לְאֹיְבָיו׃ בְּטֶרֶם תָּחִיל יָלָדָה בְּטֶרֶם יָבוֹא חֵבֶל לָהּ וְהִמְלִיטָה

זָכָר: מִי־שָׁמַע כָּזֹאת מִי רָאָה כָּאֵלֶּה הֲיוּחַל אֶרֶץ בְּיוֹם אֶחָד אִם־יִוָּלֵד גּוֹי
פַּעַם אֶחָת כִּי־חָלָה גַּם־יָלְדָה צִיּוֹן אֶת־בָּנֶיהָ: הַאֲנִי אַשְׁבִּיר וְלֹא אוֹלִיד
יֹאמַר יְהוָה אִם־אֲנִי הַמּוֹלִיד וְעָצַרְתִּי אָמַר אֱלֹהָיִךְ: שִׂמְחוּ
אֶת־יְרוּשָׁלַםִ וְגִילוּ בָהּ כָּל־אֹהֲבֶיהָ שִׂישׂוּ אִתָּהּ מָשׂוֹשׂ כָּל־הַמִּתְאַבְּלִים
עָלֶיהָ: לְמַעַן תִּינְקוּ וּשְׂבַעְתֶּם מִשֹּׁד תַּנְחֻמֶיהָ לְמַעַן תָּמֹצּוּ וְהִתְעַנַּגְתֶּם מִזִּיז
כְּבוֹדָהּ: כִּי־כֹה ׀ אָמַר יְהוָה הִנְנִי נֹטֶה־אֵלֶיהָ כְּנָהָר שָׁלוֹם וּכְנַחַל
שׁוֹטֵף כְּבוֹד גּוֹיִם וִינַקְתֶּם עַל־צַד תִּנָּשֵׂאוּ וְעַל־בִּרְכַּיִם תְּשָׁעֳשָׁעוּ: כְּאִישׁ
אֲשֶׁר אִמּוֹ תְּנַחֲמֶנּוּ כֵּן אָנֹכִי אֲנַחֶמְכֶם וּבִירוּשָׁלַםִ תְּנֻחָמוּ: וּרְאִיתֶם וְשָׂשׂ
לִבְּכֶם וְעַצְמוֹתֵיכֶם כַּדֶּשֶׁא תִפְרַחְנָה וְנוֹדְעָה יַד־יְהוָה אֶת־עֲבָדָיו וְזָעַם
אֶת־אֹיְבָיו: כִּי־הִנֵּה יְהוָה בָּאֵשׁ יָבוֹא וְכַסּוּפָה מַרְכְּבֹתָיו לְהָשִׁיב בְּחֵמָה
אַפּוֹ וְגַעֲרָתוֹ בְּלַהֲבֵי־אֵשׁ: כִּי בָאֵשׁ יְהוָה נִשְׁפָּט וּבְחַרְבּוֹ אֶת־כָּל־בָּשָׂר וְרַבּוּ
חַלְלֵי יְהוָה: הַמִּתְקַדְּשִׁים וְהַמִּטַּהֲרִים אֶל־הַגַּנּוֹת אַחַר אחד בַּתָּוֶךְ אֹכְלֵי אַחַת
בְּשַׂר הַחֲזִיר וְהַשֶּׁקֶץ וְהָעַכְבָּר יַחְדָּו יָסֻפוּ נְאֻם־יְהוָה: וְאָנֹכִי מַעֲשֵׂיהֶם
וּמַחְשְׁבֹתֵיהֶם בָּאָה לְקַבֵּץ אֶת־כָּל־הַגּוֹיִם וְהַלְּשֹׁנוֹת וּבָאוּ וְרָאוּ אֶת־כְּבוֹדִי:
וְשַׂמְתִּי בָהֶם אוֹת וְשִׁלַּחְתִּי מֵהֶם ׀ פְּלֵיטִים אֶל־הַגּוֹיִם תַּרְשִׁישׁ פּוּל וְלוּד
מֹשְׁכֵי קֶשֶׁת תֻּבַל וְיָוָן הָאִיִּים הָרְחֹקִים אֲשֶׁר לֹא־שָׁמְעוּ אֶת־שִׁמְעִי
וְלֹא־רָאוּ אֶת־כְּבוֹדִי וְהִגִּידוּ אֶת־כְּבוֹדִי בַּגּוֹיִם: וְהֵבִיאוּ אֶת־כָּל־אֲחֵיכֶם ׀
מִכָּל־הַגּוֹיִם ׀ מִנְחָה ׀ לַיהוָה בַּסּוּסִים וּבָרֶכֶב וּבַצַּבִּים וּבַפְּרָדִים וּבַכִּרְכָּרוֹת
עַל הַר קָדְשִׁי יְרוּשָׁלַםִ אָמַר יְהוָה כַּאֲשֶׁר יָבִיאוּ בְנֵי יִשְׂרָאֵל אֶת־הַמִּנְחָה
בִּכְלִי טָהוֹר בֵּית יְהוָה: וְגַם־מֵהֶם אֶקַּח לַכֹּהֲנִים לַלְוִיִּם אָמַר יְהוָה: כִּי
כַאֲשֶׁר הַשָּׁמַיִם הַחֲדָשִׁים וְהָאָרֶץ הַחֲדָשָׁה אֲשֶׁר אֲנִי עֹשֶׂה עֹמְדִים לְפָנַי
נְאֻם־יְהוָה כֵּן יַעֲמֹד זַרְעֲכֶם וְשִׁמְכֶם: וְהָיָה מִדֵּי־חֹדֶשׁ בְּחָדְשׁוֹ וּמִדֵּי שַׁבָּת
בְּשַׁבַּתּוֹ יָבוֹא כָל־בָּשָׂר לְהִשְׁתַּחֲוֺת לְפָנַי אָמַר יְהוָה: וְיָצְאוּ וְרָאוּ בְּפִגְרֵי
הָאֲנָשִׁים הַפֹּשְׁעִים בִּי כִּי תוֹלַעְתָּם לֹא תָמוּת וְאִשָּׁם לֹא תִכְבֶּה וְהָיוּ דֵרָאוֹן
לְכָל־בָּשָׂר:

וְהָיָה מִדֵּי־חֹדֶשׁ בְּחָדְשׁוֹ וּמִדֵּי שַׁבָּת בְּשַׁבַּתּוֹ יָבוֹא כָל־בָּשָׂר לְהִשְׁתַּחֲוֺת
לְפָנַי אָמַר יְהוָה:

## הפטרת שבת ערב ראש חדש

האירוע המתואר בהפטרה נמשך ארבעה ימים: מערב ראש חודש ועד למחרת היום השני של ראש חודש. בימים אלה הגיע המתח ביחסים בין שאול המלך לדוד לשיאו. שאול כבר יודע שדוד עתיד למלוך תחתיו, והוא מנסה לפגוע בו. בצעד נחרץ החליט דוד להיעלם מפני שאול. לפני כן, הוא רצה לבדוק אם כלו כל הקיצין. אף ששאול כבר איים פעמיים על דוד בחניתו, רצה דוד להיות בטוח בהחלטתו. הוא תיאם עם יהונתן — בנו של שאול ואיש אמונו — מבדק, כיצד יגיב שאול על היעדרותו של דוד ממסיבת ראש חודש בבית המלך. תגובתו של שאול הייתה קשה. יהונתן מדווח לדוד, והם נפרדים כבני ברית פרידה נרגשת מאוד.

שמואל א' כ, יח-מב

וַיֹּאמֶר־לוֹ יְהוֹנָתָן מָחָר חֹדֶשׁ וְנִפְקַדְתָּ כִּי יִפָּקֵד מוֹשָׁבֶךָ: וְשִׁלַּשְׁתָּ תֵּרֵד מְאֹד
וּבָאתָ אֶל־הַמָּקוֹם אֲשֶׁר־נִסְתַּרְתָּ שָּׁם בְּיוֹם הַמַּעֲשֶׂה וְיָשַׁבְתָּ אֵצֶל הָאֶבֶן
הָאָזֶל: וַאֲנִי שְׁלֹשֶׁת הַחִצִּים צִדָּה אוֹרֶה לְשַׁלַּח־לִי לְמַטָּרָה: וְהִנֵּה אֶשְׁלַח
אֶת־הַנַּעַר לֵךְ מְצָא אֶת־הַחִצִּים אִם־אָמֹר אֹמַר לַנַּעַר הִנֵּה הַחִצִּים ׀ מִמְּךָ
וָהֵנָּה קָחֶנּוּ וָבֹאָה כִּי־שָׁלוֹם לְךָ וְאֵין דָּבָר חַי־יְהוָה: וְאִם־כֹּה אֹמַר לָעֶלֶם
הִנֵּה הַחִצִּים מִמְּךָ וָהָלְאָה לֵךְ כִּי שִׁלַּחֲךָ יְהוָה: וְהַדָּבָר אֲשֶׁר דִּבַּרְנוּ אֲנִי
וָאָתָּה הִנֵּה יְהוָה בֵּינִי וּבֵינְךָ עַד־עוֹלָם: וַיִּסָּתֵר דָּוִד בַּשָּׂדֶה וַיְהִי
הַחֹדֶשׁ וַיֵּשֶׁב הַמֶּלֶךְ עַל־הַלֶּחֶם לֶאֱכוֹל: וַיֵּשֶׁב הַמֶּלֶךְ עַל־מוֹשָׁבוֹ כְּפַעַם ׀ אֶל־
בְּפַעַם אֶל־מוֹשַׁב הַקִּיר וַיָּקָם יְהוֹנָתָן וַיֵּשֶׁב אַבְנֵר מִצַּד שָׁאוּל וַיִּפָּקֵד מְקוֹם
דָּוִד: וְלֹא־דִבֶּר שָׁאוּל מְאוּמָה בַּיּוֹם הַהוּא כִּי אָמַר מִקְרֶה הוּא בִּלְתִּי
טָהוֹר הוּא כִּי־לֹא טָהוֹר: וַיְהִי מִמָּחֳרַת הַחֹדֶשׁ הַשֵּׁנִי וַיִּפָּקֵד
מְקוֹם דָּוִד וַיֹּאמֶר שָׁאוּל אֶל־יְהוֹנָתָן בְּנוֹ מַדּוּעַ לֹא־בָא בֶן־יִשַׁי גַּם־תְּמוֹל
גַּם־הַיּוֹם אֶל־הַלָּחֶם: וַיַּעַן יְהוֹנָתָן אֶת־שָׁאוּל נִשְׁאֹל נִשְׁאַל דָּוִד מֵעִמָּדִי
עַד־בֵּית לָחֶם: וַיֹּאמֶר שַׁלְּחֵנִי נָא כִּי זֶבַח מִשְׁפָּחָה לָנוּ בָּעִיר וְהוּא צִוָּה־לִי
אָחִי וְעַתָּה אִם־מָצָאתִי חֵן בְּעֵינֶיךָ אִמָּלְטָה נָּא וְאֶרְאֶה אֶת־אֶחָי עַל־כֵּן
לֹא־בָא אֶל־שֻׁלְחַן הַמֶּלֶךְ: וַיִּחַר־אַף שָׁאוּל בִּיהוֹנָתָן וַיֹּאמֶר לוֹ
בֶּן־נַעֲוַת הַמַּרְדּוּת הֲלוֹא יָדַעְתִּי כִּי־בֹחֵר אַתָּה לְבֶן־יִשַׁי לְבָשְׁתְּךָ וּלְבֹשֶׁת
עֶרְוַת אִמֶּךָ: כִּי כָל־הַיָּמִים אֲשֶׁר בֶּן־יִשַׁי חַי עַל־הָאֲדָמָה לֹא תִכּוֹן אַתָּה
וּמַלְכוּתֶךָ וְעַתָּה שְׁלַח וְקַח אֹתוֹ אֵלַי כִּי בֶן־מָוֶת הוּא: וַיַּעַן
יְהוֹנָתָן אֶת־שָׁאוּל אָבִיו וַיֹּאמֶר אֵלָיו לָמָּה יוּמַת מֶה עָשָׂה: וַיָּטֶל שָׁאוּל
אֶת־הַחֲנִית עָלָיו לְהַכֹּתוֹ וַיֵּדַע יְהוֹנָתָן כִּי־כָלָה הִיא מֵעִם אָבִיו לְהָמִית
אֶת־דָּוִד: וַיָּקָם יְהוֹנָתָן מֵעִם הַשֻּׁלְחָן בָּחֳרִי־אָף וְלֹא־אָכַל
בְּיוֹם־הַחֹדֶשׁ הַשֵּׁנִי לֶחֶם כִּי נֶעְצַב אֶל־דָּוִד כִּי הִכְלִמוֹ אָבִיו: וַיְהִי
בַבֹּקֶר וַיֵּצֵא יְהוֹנָתָן הַשָּׂדֶה לְמוֹעֵד דָּוִד וְנַעַר קָטֹן עִמּוֹ: וַיֹּאמֶר לְנַעֲרוֹ
רֻץ מְצָא־נָא אֶת־הַחִצִּים אֲשֶׁר אָנֹכִי מוֹרֶה הַנַּעַר רָץ וְהוּא־יָרָה הַחֵצִי
לְהַעֲבִרוֹ: וַיָּבֹא הַנַּעַר עַד־מְקוֹם הַחֵצִי אֲשֶׁר יָרָה יְהוֹנָתָן וַיִּקְרָא יְהוֹנָתָן
אַחֲרֵי הַנַּעַר וַיֹּאמֶר הֲלוֹא הַחֵצִי מִמְּךָ וָהָלְאָה: וַיִּקְרָא יְהוֹנָתָן אַחֲרֵי הַנַּעַר

מְהֵרָ֥ה ח֖וּשָׁה אַֽל־תַּעֲמֹ֑ד וַיְלַקֵּ֞ט נַ֤עַר יְהֽוֹנָתָן֙ אֶת־הַ֣חִצִּ֔י וַיָּבֹ֖א אֶל־אֲדֹנָֽיו׃ הַחִצִּ֔ים
וְהַנַּ֖עַר לֹֽא־יָדַ֣ע מְא֑וּמָה אַ֤ךְ יְהֽוֹנָתָן֙ וְדָוִ֔ד יָדְע֖וּ אֶת־הַדָּבָֽר׃ וַיִּתֵּ֤ן יְהֽוֹנָתָן֙
אֶת־כֵּלָ֔יו אֶל־הַנַּ֖עַר אֲשֶׁר־ל֑וֹ וַיֹּ֣אמֶר ל֔וֹ לֵ֖ךְ הָבֵ֥יא הָעִֽיר׃ הַנַּעַר֮ בָּא֒ וְדָוִ֗ד
קָ֚ם מֵאֵ֣צֶל הַנֶּ֔גֶב וַיִּפֹּ֨ל לְאַפָּ֥יו אַ֛רְצָה וַיִּשְׁתַּ֖חוּ שָׁ֣לֹשׁ פְּעָמִ֑ים וַֽיִּשְּׁק֣וּ ׀ אִ֣ישׁ
אֶת־רֵעֵ֗הוּ וַיִּבְכּוּ֙ אִ֣ישׁ אֶת־רֵעֵ֔הוּ עַד־דָּוִ֖ד הִגְדִּֽיל׃ וַיֹּ֧אמֶר יְהוֹנָתָ֛ן לְדָוִ֖ד
לֵ֣ךְ לְשָׁל֑וֹם אֲשֶׁר֩ נִשְׁבַּ֨עְנוּ שְׁנֵ֜ינוּ אֲנַ֗חְנוּ בְּשֵׁ֤ם יהוה֙ לֵאמֹ֔ר יהו֞ה יִהְיֶ֣ה ׀
בֵּינִ֣י וּבֵינֶ֗ךָ וּבֵ֥ין זַרְעִ֛י וּבֵ֥ין זַרְעֲךָ֖ עַד־עוֹלָֽם׃

# איכה

א אֵיכָה ׀ יָשְׁבָה בָדָד הָעִיר רַבָּתִי עָם הָיְתָה כְּאַלְמָנָה רַבָּתִי בַגּוֹיִם שָׂרָתִי
בַּמְּדִינוֹת הָיְתָה לָמַס׃ בָּכוֹ תִבְכֶּה בַּלַּיְלָה וְדִמְעָתָהּ עַל לֶחֱיָהּ אֵין־לָהּ
מְנַחֵם מִכָּל־אֹהֲבֶיהָ כָּל־רֵעֶיהָ בָּגְדוּ בָהּ הָיוּ לָהּ לְאֹיְבִים׃ גָּלְתָה יְהוּדָה
מֵעֹנִי וּמֵרֹב עֲבֹדָה הִיא יָשְׁבָה בַגּוֹיִם לֹא מָצְאָה מָנוֹחַ כָּל־רֹדְפֶיהָ הִשִּׂיגוּהָ
בֵּין הַמְּצָרִים׃ דַּרְכֵי צִיּוֹן אֲבֵלוֹת מִבְּלִי בָּאֵי מוֹעֵד כָּל־שְׁעָרֶיהָ שׁוֹמֵמִין
כֹּהֲנֶיהָ נֶאֱנָחִים בְּתוּלֹתֶיהָ נּוּגוֹת וְהִיא מַר־לָהּ׃ הָיוּ צָרֶיהָ לְרֹאשׁ אֹיְבֶיהָ
שָׁלוּ כִּי־יְהוָה הוֹגָהּ עַל־רֹב פְּשָׁעֶיהָ עוֹלָלֶיהָ הָלְכוּ שְׁבִי לִפְנֵי־צָר׃ וַיֵּצֵא
מִן בת־צִיּוֹן כָּל־הֲדָרָהּ הָיוּ שָׂרֶיהָ כְּאַיָּלִים לֹא־מָצְאוּ מִרְעֶה וַיֵּלְכוּ בְלֹא־ מִבַּת־
כֹחַ לִפְנֵי רוֹדֵף׃ זָכְרָה יְרוּשָׁלַםִ יְמֵי עָנְיָהּ וּמְרוּדֶיהָ כֹּל מַחֲמֻדֶיהָ אֲשֶׁר
הָיוּ מִימֵי קֶדֶם בִּנְפֹל עַמָּהּ בְּיַד־צָר וְאֵין עוֹזֵר לָהּ רָאוּהָ צָרִים שָׂחֲקוּ
עַל־מִשְׁבַּתֶּהָ׃ חֵטְא חָטְאָה יְרוּשָׁלַםִ עַל־כֵּן לְנִידָה הָיָתָה כָּל־מְכַבְּדֶיהָ
הִזִּילוּהָ כִּי־רָאוּ עֶרְוָתָהּ גַּם־הִיא נֶאֶנְחָה וַתָּשָׁב אָחוֹר׃ טֻמְאָתָהּ בְּשׁוּלֶיהָ
לֹא זָכְרָה אַחֲרִיתָהּ וַתֵּרֶד פְּלָאִים אֵין מְנַחֵם לָהּ רְאֵה יְהוָה אֶת־עָנְיִי כִּי
הִגְדִּיל אוֹיֵב׃ יָדוֹ פָּרַשׂ צָר עַל כָּל־מַחֲמַדֶּיהָ כִּי־רָאֲתָה גוֹיִם בָּאוּ מִקְדָּשָׁהּ
אֲשֶׁר צִוִּיתָה לֹא־יָבֹאוּ בַקָּהָל לָךְ׃ כָּל־עַמָּהּ נֶאֱנָחִים מְבַקְּשִׁים לֶחֶם נָתְנוּ
מחמודיהם בְּאֹכֶל לְהָשִׁיב נָפֶשׁ רְאֵה יְהוָה וְהַבִּיטָה כִּי הָיִיתִי זוֹלֵלָה׃ לוֹא מַחֲמַדֵּיהֶם
אֲלֵיכֶם כָּל־עֹבְרֵי דֶרֶךְ הַבִּיטוּ וּרְאוּ אִם־יֵשׁ מַכְאוֹב כְּמַכְאֹבִי אֲשֶׁר עוֹלַל
לִי אֲשֶׁר הוֹגָה יְהוָה בְּיוֹם חֲרוֹן אַפּוֹ׃ מִמָּרוֹם שָׁלַח־אֵשׁ בְּעַצְמֹתַי וַיִּרְדֶּנָּה
פָּרַשׂ רֶשֶׁת לְרַגְלַי הֱשִׁיבַנִי אָחוֹר נְתָנַנִי שֹׁמֵמָה כָּל־הַיּוֹם דָּוָה׃ נִשְׂקַד
עֹל פְּשָׁעַי בְּיָדוֹ יִשְׂתָּרְגוּ עָלוּ עַל־צַוָּארִי הִכְשִׁיל כֹּחִי נְתָנַנִי אֲדֹנָי בִּידֵי
לֹא־אוּכַל קוּם׃ סִלָּה כָל־אַבִּירַי ׀ אֲדֹנָי בְּקִרְבִּי קָרָא עָלַי מוֹעֵד לִשְׁבֹּר
בַּחוּרָי גַּת דָּרַךְ אֲדֹנָי לִבְתוּלַת בַּת־יְהוּדָה׃ עַל־אֵלֶּה ׀ אֲנִי בוֹכִיָּה עֵינִי ׀
עֵינִי יֹרְדָה מַּיִם כִּי־רָחַק מִמֶּנִּי מְנַחֵם מֵשִׁיב נַפְשִׁי הָיוּ בָנַי שׁוֹמֵמִים כִּי גָבַר
אוֹיֵב׃ פֵּרְשָׂה צִיּוֹן בְּיָדֶיהָ אֵין מְנַחֵם לָהּ צִוָּה יְהוָה לְיַעֲקֹב סְבִיבָיו צָרָיו
הָיְתָה יְרוּשָׁלַםִ לְנִדָּה בֵּינֵיהֶם׃ צַדִּיק הוּא יְהוָה כִּי פִיהוּ מָרִיתִי שִׁמְעוּ־נָא
כָל־עַמִּים וּרְאוּ מַכְאֹבִי בְּתוּלֹתַי וּבַחוּרַי הָלְכוּ בַשֶּׁבִי׃ קָרָאתִי לַמְאַהֲבַי הָעַמִּים
הֵמָּה רִמּוּנִי כֹּהֲנַי וּזְקֵנַי בָּעִיר גָּוָעוּ כִּי־בִקְשׁוּ אֹכֶל לָמוֹ וְיָשִׁיבוּ אֶת־נַפְשָׁם׃
רְאֵה יְהוָה כִּי־צַר־לִי מֵעַי חֳמַרְמָרוּ נֶהְפַּךְ לִבִּי בְּקִרְבִּי כִּי מָרוֹ מָרִיתִי מִחוּץ

שִׁכְּלָה־חֶרֶב בַּבַּיִת כַּמָּוֶת׃ שָׁמְעוּ כִּי נֶאֱנָחָה אָנִי אֵין מְנַחֵם לִי כָּל־אֹיְבַי
שָׁמְעוּ רָעָתִי שָׂשׂוּ כִּי אַתָּה עָשִׂיתָ הֵבֵאתָ יוֹם־קָרָאתָ וְיִהְיוּ כָמוֹנִי׃ תָּבֹא
כָל־רָעָתָם לְפָנֶיךָ וְעוֹלֵל לָמוֹ כַּאֲשֶׁר עוֹלַלְתָּ לִי עַל כָּל־פְּשָׁעָי כִּי־רַבּוֹת
אַנְחֹתַי וְלִבִּי דַוָּי׃
ב אֵיכָה יָעִיב בְּאַפּוֹ ׀ אֲדֹנָי אֶת־בַּת־צִיּוֹן הִשְׁלִיךְ מִשָּׁמַיִם אֶרֶץ תִּפְאֶרֶת
וְלֹא יִשְׂרָאֵל וְלֹא־זָכַר הֲדֹם־רַגְלָיו בְּיוֹם אַפּוֹ׃ בִּלַּע אֲדֹנָי לֹא חָמַל אֵת כָּל־נְאוֹת
יַעֲקֹב הָרַס בְּעֶבְרָתוֹ מִבְצְרֵי בַת־יְהוּדָה הִגִּיעַ לָאָרֶץ חִלֵּל מַמְלָכָה וְשָׂרֶיהָ׃
גָּדַע בָּחֳרִי־אַף כֹּל קֶרֶן יִשְׂרָאֵל הֵשִׁיב אָחוֹר יְמִינוֹ מִפְּנֵי אוֹיֵב וַיִּבְעַר בְּיַעֲקֹב
כְּאֵשׁ לֶהָבָה אָכְלָה סָבִיב׃ דָּרַךְ קַשְׁתּוֹ כְּאוֹיֵב נִצָּב יְמִינוֹ כְּצָר וַיַּהֲרֹג כֹּל
מַחֲמַדֵּי־עָיִן בְּאֹהֶל בַּת־צִיּוֹן שָׁפַךְ כָּאֵשׁ חֲמָתוֹ׃ הָיָה אֲדֹנָי ׀ כְּאוֹיֵב בִּלַּע
יִשְׂרָאֵל בִּלַּע כָּל־אַרְמְנוֹתֶיהָ שִׁחֵת מִבְצָרָיו וַיֶּרֶב בְּבַת־יְהוּדָה תַּאֲנִיָּה
וַאֲנִיָּה׃ וַיַּחְמֹס כַּגַּן שֻׂכּוֹ שִׁחֵת מֹעֲדוֹ שִׁכַּח יְהוָה ׀ בְּצִיּוֹן מוֹעֵד וְשַׁבָּת
וַיִּנְאַץ בְּזַעַם־אַפּוֹ מֶלֶךְ וְכֹהֵן׃ זָנַח אֲדֹנָי ׀ מִזְבְּחוֹ נִאֵר מִקְדָּשׁוֹ הִסְגִּיר
בְּיַד־אוֹיֵב חוֹמֹת אַרְמְנוֹתֶיהָ קוֹל נָתְנוּ בְּבֵית־יְהוָה כְּיוֹם מוֹעֵד׃ חָשַׁב
יְהוָה ׀ לְהַשְׁחִית חוֹמַת בַּת־צִיּוֹן נָטָה קָו לֹא־הֵשִׁיב יָדוֹ מִבַּלֵּעַ וַיַּאֲבֶל־חֵל
וְחוֹמָה יַחְדָּו אֻמְלָלוּ׃ טָבְעוּ בָאָרֶץ שְׁעָרֶיהָ אִבַּד וְשִׁבַּר בְּרִיחֶיהָ מַלְכָּהּ
וְשָׂרֶיהָ בַגּוֹיִם אֵין תּוֹרָה גַּם־נְבִיאֶיהָ לֹא־מָצְאוּ חָזוֹן מֵיְהוָה׃ יֵשְׁבוּ לָאָרֶץ
יִדְּמוּ זִקְנֵי בַת־צִיּוֹן הֶעֱלוּ עָפָר עַל־רֹאשָׁם חָגְרוּ שַׂקִּים הוֹרִידוּ לָאָרֶץ
רֹאשָׁן בְּתוּלֹת יְרוּשָׁלִָם׃ כָּלוּ בַדְּמָעוֹת עֵינַי חֳמַרְמְרוּ מֵעַי נִשְׁפַּךְ לָאָרֶץ
כְּבֵדִי עַל־שֶׁבֶר בַּת־עַמִּי בֵּעָטֵף עוֹלֵל וְיוֹנֵק בִּרְחֹבוֹת קִרְיָה׃ לְאִמֹּתָם
יֹאמְרוּ אַיֵּה דָּגָן וָיָיִן בְּהִתְעַטְּפָם כֶּחָלָל בִּרְחֹבוֹת עִיר בְּהִשְׁתַּפֵּךְ נַפְשָׁם
אֲעִידֵךְ אֶל־חֵיק אִמֹּתָם׃ מָה־אעודך מָה אֲדַמֶּה־לָּךְ הַבַּת יְרוּשָׁלִַם מָה אַשְׁוֶה־לָּךְ
וַאֲנַחֲמֵךְ בְּתוּלַת בַּת־צִיּוֹן כִּי־גָדוֹל כַּיָּם שִׁבְרֵךְ מִי יִרְפָּא־לָךְ׃ נְבִיאַיִךְ חָזוּ
שְׁבוּתֵךְ לָךְ שָׁוְא וְתָפֵל וְלֹא־גִלּוּ עַל־עֲוֺנֵךְ לְהָשִׁיב שביתך וַיֶּחֱזוּ לָךְ מַשְׂאוֹת שָׁוְא
וּמַדּוּחִים׃ סָפְקוּ עָלַיִךְ כַּפַּיִם כָּל־עֹבְרֵי דֶרֶךְ שָׁרְקוּ וַיָּנִעוּ רֹאשָׁם עַל־בַּת
יְרוּשָׁלִָם הֲזֹאת הָעִיר שֶׁיֹּאמְרוּ כְּלִילַת יֹפִי מָשׂוֹשׂ לְכָל־הָאָרֶץ׃ פָּצוּ עָלַיִךְ
פִּיהֶם כָּל־אֹיְבַיִךְ שָׁרְקוּ וַיַּחַרְקוּ־שֵׁן אָמְרוּ בִּלָּעְנוּ אַךְ זֶה הַיּוֹם שֶׁקִּוִּינֻהוּ
מָצָאנוּ רָאִינוּ׃ עָשָׂה יְהוָה אֲשֶׁר זָמָם בִּצַּע אֶמְרָתוֹ אֲשֶׁר צִוָּה מִימֵי־קֶדֶם
הָרַס וְלֹא חָמָל וַיְשַׂמַּח עָלַיִךְ אוֹיֵב הֵרִים קֶרֶן צָרָיִךְ׃ צָעַק לִבָּם אֶל־אֲדֹנָי
חוֹמַת בַּת־צִיּוֹן הוֹרִידִי כַנַּחַל דִּמְעָה יוֹמָם וָלַיְלָה אַל־תִּתְּנִי פוּגַת לָךְ
אַל־תִּדֹּם בַּת־עֵינֵךְ׃ קוּמִי ׀ רֹנִּי בַלַּיְלָה לְרֹאשׁ אַשְׁמֻרוֹת שִׁפְכִי כַמַּיִם לִבֵּךְ
נֹכַח פְּנֵי אֲדֹנָי שְׂאִי אֵלָיו כַּפַּיִךְ עַל־נֶפֶשׁ עוֹלָלַיִךְ הָעֲטוּפִים בְּרָעָב בְּרֹאשׁ

כׇּל־חוּצוֹת׃ רְאֵה יהוה וְהַבִּיטָה לְמִי עוֹלַלְתָּ כֹּה אִם־תֹּאכַלְנָה נָשִׁים
פִּרְיָם עֹלְלֵי טִפֻּחִים אִם־יֵהָרֵג בְּמִקְדַּשׁ אֲדֹנָי כֹּהֵן וְנָבִיא׃ שָׁכְבוּ לָאָרֶץ
חוּצוֹת נַעַר וְזָקֵן בְּתוּלֹתַי וּבַחוּרַי נָפְלוּ בֶחָרֶב הָרַגְתָּ בְּיוֹם אַפֶּךָ טָבַחְתָּ
לֹא חָמָלְתָּ׃ תִּקְרָא כְיוֹם מוֹעֵד מְגוּרַי מִסָּבִיב וְלֹא הָיָה בְּיוֹם אַף־יהוה
פָּלִיט וְשָׂרִיד אֲשֶׁר־טִפַּחְתִּי וְרִבִּיתִי אֹיְבִי כִלָּם׃
ג אֲנִי הַגֶּבֶר רָאָה עֳנִי בְּשֵׁבֶט עֶבְרָתוֹ׃ אוֹתִי נָהַג וַיֹּלַךְ חֹשֶׁךְ וְלֹא־אוֹר׃ אַךְ
בִּי יָשֻׁב יַהֲפֹךְ יָדוֹ כׇּל־הַיּוֹם׃ בִּלָּה בְשָׂרִי וְעוֹרִי שִׁבַּר עַצְמוֹתָי׃ בָּנָה עָלַי
וַיַּקַּף רֹאשׁ וּתְלָאָה׃ בְּמַחֲשַׁכִּים הוֹשִׁיבַנִי כְּמֵתֵי עוֹלָם׃ גָּדַר בַּעֲדִי וְלֹא
אֵצֵא הִכְבִּיד נְחׇשְׁתִּי׃ גַּם כִּי אֶזְעַק וַאֲשַׁוֵּעַ שָׂתַם תְּפִלָּתִי׃ גָּדַר דְּרָכַי בְּגָזִית
נְתִיבֹתַי עִוָּה׃ דֹּב אֹרֵב הוּא לִי אריה בְּמִסְתָּרִים׃ דְּרָכַי סוֹרֵר וַיְפַשְּׁחֵנִי שָׂמַנִי אֲרִי
שֹׁמֵם׃ דָּרַךְ קַשְׁתּוֹ וַיַּצִּיבֵנִי כַּמַּטָּרָא לַחֵץ׃ הֵבִיא בְּכִלְיוֹתָי בְּנֵי אַשְׁפָּתוֹ׃
הָיִיתִי שְּׂחֹק לְכׇל־עַמִּי נְגִינָתָם כׇּל־הַיּוֹם׃ הִשְׂבִּיעַנִי בַמְּרוֹרִים הִרְוַנִי לַעֲנָה׃
וַיַּגְרֵס בֶּחָצָץ שִׁנָּי הִכְפִּישַׁנִי בָּאֵפֶר׃ וַתִּזְנַח מִשָּׁלוֹם נַפְשִׁי נָשִׁיתִי טוֹבָה׃
וָאֹמַר אָבַד נִצְחִי וְתוֹחַלְתִּי מֵיהוה׃ זְכׇר־עׇנְיִי וּמְרוּדִי לַעֲנָה וָרֹאשׁ׃ זָכוֹר
תִּזְכּוֹר ותשיח עָלַי נַפְשִׁי׃ זֹאת אָשִׁיב אֶל־לִבִּי עַל־כֵּן אוֹחִיל׃ חַסְדֵי יהוה וְתָשׁוֹחַ
כִּי לֹא־תָמְנוּ כִּי לֹא־כָלוּ רַחֲמָיו׃ חֲדָשִׁים לַבְּקָרִים רַבָּה אֱמוּנָתֶךָ׃ חֶלְקִי
יהוה אָמְרָה נַפְשִׁי עַל־כֵּן אוֹחִיל לוֹ׃ טוֹב יהוה לְקֹוָו לְנֶפֶשׁ תִּדְרְשֶׁנּוּ׃
טוֹב וְיָחִיל וְדוּמָם לִתְשׁוּעַת יהוה׃ טוֹב לַגֶּבֶר כִּי־יִשָּׂא עֹל בִּנְעוּרָיו׃ יֵשֵׁב
בָּדָד וְיִדֹּם כִּי נָטַל עָלָיו׃ יִתֵּן בֶּעָפָר פִּיהוּ אוּלַי יֵשׁ תִּקְוָה׃ יִתֵּן לְמַכֵּהוּ לֶחִי
יִשְׂבַּע בְּחֶרְפָּה׃ כִּי לֹא יִזְנַח לְעוֹלָם אֲדֹנָי׃ כִּי אִם־הוֹגָה וְרִחַם כְּרֹב חֲסָדָו׃
כִּי לֹא עִנָּה מִלִּבּוֹ וַיַּגֶּה בְּנֵי־אִישׁ׃ לְדַכֵּא תַּחַת רַגְלָיו כֹּל אֲסִירֵי אָרֶץ׃
לְהַטּוֹת מִשְׁפַּט־גָּבֶר נֶגֶד פְּנֵי עֶלְיוֹן׃ לְעַוֵּת אָדָם בְּרִיבוֹ אֲדֹנָי לֹא רָאָה׃
מִי זֶה אָמַר וַתֶּהִי אֲדֹנָי לֹא צִוָּה׃ מִפִּי עֶלְיוֹן לֹא תֵצֵא הָרָעוֹת וְהַטּוֹב׃
מַה־יִּתְאוֹנֵן אָדָם חָי גֶּבֶר עַל־חֲטָאָו׃ נַחְפְּשָׂה דְרָכֵינוּ וְנַחְקֹרָה וְנָשׁוּבָה
עַד־יהוה׃ נִשָּׂא לְבָבֵנוּ אֶל־כַּפָּיִם אֶל־אֵל בַּשָּׁמָיִם׃ נַחְנוּ פָשַׁעְנוּ וּמָרִינוּ
אַתָּה לֹא סָלָחְתָּ׃ סַכֹּתָה בָאַף וַתִּרְדְּפֵנוּ הָרַגְתָּ לֹא חָמָלְתָּ׃ סַכֹּתָה בֶעָנָן
לָךְ מֵעֲבוֹר תְּפִלָּה׃ סְחִי וּמָאוֹס תְּשִׂימֵנוּ בְּקֶרֶב הָעַמִּים׃ פָּצוּ עָלֵינוּ פִּיהֶם
כׇּל־אֹיְבֵינוּ׃ פַּחַד וָפַחַת הָיָה לָנוּ הַשֵּׁאת וְהַשָּׁבֶר׃ פַּלְגֵי־מַיִם תֵּרַד עֵינִי
עַל־שֶׁבֶר בַּת־עַמִּי׃ עֵינִי נִגְּרָה וְלֹא תִדְמֶה מֵאֵין הֲפֻגוֹת׃ עַד־יַשְׁקִיף וְיֵרֶא
יהוה מִשָּׁמָיִם׃ עֵינִי עוֹלְלָה לְנַפְשִׁי מִכֹּל בְּנוֹת עִירִי׃ צוֹד צָדוּנִי כַּצִּפּוֹר אֹיְבַי
חִנָּם׃ צָמְתוּ בַבּוֹר חַיָּי וַיַּדּוּ־אֶבֶן בִּי׃ צָפוּ־מַיִם עַל־רֹאשִׁי אָמַרְתִּי נִגְזָרְתִּי׃
קָרָאתִי שִׁמְךָ יהוה מִבּוֹר תַּחְתִּיּוֹת׃ קוֹלִי שָׁמָעְתָּ אַל־תַּעְלֵם אׇזְנְךָ לְרַוְחָתִי

לְשַׁוְעָתִי: קָרַבְתָּ בְּיוֹם אֶקְרָאֶךָּ אָמַרְתָּ אַל־תִּירָא: רַבְתָּ אֲדֹנָי רִיבֵי נַפְשִׁי
גָּאַלְתָּ חַיָּי: רָאִיתָה יהוה עַוָּתָתִי שָׁפְטָה מִשְׁפָּטִי: רָאִיתָה כָּל־נִקְמָתָם
כָּל־מַחְשְׁבֹתָם לִי: שָׁמַעְתָּ חֶרְפָּתָם יהוה כָּל־מַחְשְׁבֹתָם עָלָי: שִׂפְתֵי קָמַי
וְהֶגְיוֹנָם עָלַי כָּל־הַיּוֹם: שִׁבְתָּם וְקִימָתָם הַבִּיטָה אֲנִי מַנְגִּינָתָם: תָּשִׁיב
לָהֶם גְּמוּל יהוה כְּמַעֲשֵׂה יְדֵיהֶם: תִּתֵּן לָהֶם מְגִנַּת־לֵב תַּאֲלָתְךָ לָהֶם:
תִּרְדֹּף בְּאַף וְתַשְׁמִידֵם מִתַּחַת שְׁמֵי יהוה:
אֵיכָה יוּעַם זָהָב יִשְׁנֶא הַכֶּתֶם הַטּוֹב תִּשְׁתַּפֵּכְנָה אַבְנֵי־קֹדֶשׁ בְּרֹאשׁ ד
כָּל־חוּצוֹת: בְּנֵי צִיּוֹן הַיְקָרִים הַמְסֻלָּאִים בַּפָּז אֵיכָה נֶחְשְׁבוּ לְנִבְלֵי־חֶרֶשׂ
תַּנִּים מַעֲשֵׂה יְדֵי יוֹצֵר: גַּם־תנין חָלְצוּ שַׁד הֵינִיקוּ גּוּרֵיהֶן בַּת־עַמִּי לְאַכְזָר
כַּיְעֵנִים כי ענים בַּמִּדְבָּר: דָּבַק לְשׁוֹן יוֹנֵק אֶל־חִכּוֹ בַּצָּמָא עוֹלָלִים שָׁאֲלוּ לֶחֶם
פֹּרֵשׂ אֵין לָהֶם: הָאֹכְלִים לְמַעֲדַנִּים נָשַׁמּוּ בַּחוּצוֹת הָאֱמֻנִים עֲלֵי תוֹלָע
חִבְּקוּ אַשְׁפַּתּוֹת: וַיִּגְדַּל עֲוֺן בַּת־עַמִּי מֵחַטַּאת סְדֹם הַהֲפוּכָה כְמוֹ־רָגַע
וְלֹא־חָלוּ בָהּ יָדָיִם: זַכּוּ נְזִירֶיהָ מִשֶּׁלֶג צַחוּ מֵחָלָב אָדְמוּ עֶצֶם מִפְּנִינִים סַפִּיר
גִּזְרָתָם: חָשַׁךְ מִשְּׁחוֹר תָּאֳרָם לֹא נִכְּרוּ בַּחוּצוֹת צָפַד עוֹרָם עַל־עַצְמָם
יָבֵשׁ הָיָה כָעֵץ: טוֹבִים הָיוּ חַלְלֵי־חֶרֶב מֵחַלְלֵי רָעָב שֶׁהֵם יָזֻבוּ מְדֻקָּרִים
מִתְּנוּבֹת שָׂדָי: יְדֵי נָשִׁים רַחֲמָנִיּוֹת בִּשְּׁלוּ יַלְדֵיהֶן הָיוּ לְבָרוֹת לָמוֹ בְּשֶׁבֶר
בַּת־עַמִּי: כִּלָּה יהוה אֶת־חֲמָתוֹ שָׁפַךְ חֲרוֹן אַפּוֹ וַיַּצֶּת־אֵשׁ בְּצִיּוֹן וַתֹּאכַל
כֹּל יְסוֹדֹתֶיהָ: לֹא הֶאֱמִינוּ מַלְכֵי־אֶרֶץ וכל יֹשְׁבֵי תֵבֵל כִּי יָבֹא צַר וְאוֹיֵב בְּשַׁעֲרֵי
יְרוּשָׁלִָם: מֵחַטֹּאת נְבִיאֶיהָ עֲוֺנוֹת כֹּהֲנֶיהָ הַשֹּׁפְכִים בְּקִרְבָּהּ דַּם צַדִּיקִים:
נָעוּ עִוְרִים בַּחוּצוֹת נְגֹאֲלוּ בַּדָּם בְּלֹא יוּכְלוּ יִגְּעוּ בִּלְבֻשֵׁיהֶם: סוּרוּ טָמֵא
קָרְאוּ לָמוֹ סוּרוּ סוּרוּ אַל־תִּגָּעוּ כִּי נָצוּ גַּם־נָעוּ אָמְרוּ בַּגּוֹיִם לֹא יוֹסִפוּ
וּזְקֵנִים לָגוּר: פְּנֵי יהוה חִלְּקָם לֹא יוֹסִיף לְהַבִּיטָם פְּנֵי כֹהֲנִים לֹא נָשָׂאוּ זקנים לֹא
עוֹדֵינוּ חָנָנוּ: עודינה תִּכְלֶינָה עֵינֵינוּ אֶל־עֶזְרָתֵנוּ הָבֶל בְּצִפִּיָּתֵנוּ צִפִּינוּ אֶל־גּוֹי
לֹא יוֹשִׁעַ: צָדוּ צְעָדֵינוּ מִלֶּכֶת בִּרְחֹבֹתֵינוּ קָרַב קִצֵּנוּ מָלְאוּ יָמֵינוּ כִּי־בָא
קִצֵּנוּ: קַלִּים הָיוּ רֹדְפֵינוּ מִנִּשְׁרֵי שָׁמָיִם עַל־הֶהָרִים דְּלָקֻנוּ בַּמִּדְבָּר אָרְבוּ
לָנוּ: רוּחַ אַפֵּינוּ מְשִׁיחַ יהוה נִלְכַּד בִּשְׁחִיתוֹתָם אֲשֶׁר אָמַרְנוּ בְּצִלּוֹ נִחְיֶה
יוֹשֶׁבֶת בַגּוֹיִם: שִׂישִׂי וְשִׂמְחִי בַּת־אֱדוֹם יושבתי בְּאֶרֶץ עוּץ גַּם־עָלַיִךְ תַּעֲבָר־כּוֹס
תִּשְׁכְּרִי וְתִתְעָרִי: תַּם־עֲוֺנֵךְ בַּת־צִיּוֹן לֹא יוֹסִיף לְהַגְלוֹתֵךְ פָּקַד עֲוֺנֵךְ בַּת־
אֱדוֹם גִּלָּה עַל־חַטֹּאתָיִךְ:
זְכֹר יהוה מֶה־הָיָה לָנוּ הַבִּיטָ וּרְאֵה אֶת־חֶרְפָּתֵנוּ: נַחֲלָתֵנוּ נֶהֶפְכָה לְזָרִים ה
וְאֵין בָּתֵּינוּ לְנָכְרִים: יְתוֹמִים הָיִינוּ אֵין אָב אִמֹּתֵינוּ כְּאַלְמָנוֹת: מֵימֵינוּ בְּכֶסֶף
וְלֹא שָׁתִינוּ עֵצֵינוּ בִּמְחִיר יָבֹאוּ: עַל צַוָּארֵנוּ נִרְדָּפְנוּ יָגַעְנוּ לֹא הוּנַח־לָנוּ:

מִצְרַ֙יִם֙ נָתַ֣נּוּ יָ֔ד אַשּׁ֖וּר לִשְׂבֹּ֥עַ לָֽחֶם׃ אֲבֹתֵ֤ינוּ חָֽטְאוּ֙ אינ֔ם אנ֖חנו עֲוֺנֹתֵיהֶ֥ם וְאֵינָ֔ם וַאֲנַ֖חְנוּ
סָבָֽלְנוּ׃ עֲבָדִים֙ מָ֣שְׁלוּ בָ֔נוּ פֹּרֵ֖ק אֵ֥ין מִיָּדָֽם׃ בְּנַפְשֵׁ֙נוּ֙ נָבִ֣יא לַחְמֵ֔נוּ מִפְּנֵ֖י
חֶ֥רֶב הַמִּדְבָּֽר׃ עוֹרֵ֙נוּ֙ כְּתַנּ֣וּר נִכְמָ֔רוּ מִפְּנֵ֖י זַלְעֲפ֥וֹת רָעָֽב׃ נָשִׁים֙ בְּצִיּ֣וֹן עִנּ֔וּ
בְּתֻלֹ֖ת בְּעָרֵ֥י יְהוּדָֽה׃ שָׂרִים֙ בְּיָדָ֣ם נִתְל֔וּ פְּנֵ֥י זְקֵנִ֖ים לֹ֥א נֶהְדָּֽרוּ׃ בַּחוּרִים֙
טְח֣וֹן נָשָׂ֔אוּ וּנְעָרִ֖ים בָּעֵ֥ץ כָּשָֽׁלוּ׃ זְקֵנִים֙ מִשַּׁ֣עַר שָׁבָ֔תוּ בַּחוּרִ֖ים מִנְּגִינָתָֽם׃
שָׁבַת֙ מְשׂ֣וֹשׂ לִבֵּ֔נוּ נֶהְפַּ֥ךְ לְאֵ֖בֶל מְחֹלֵֽנוּ׃ נָֽפְלָה֙ עֲטֶ֣רֶת רֹאשֵׁ֔נוּ אֽוֹי־נָ֥א
לָ֖נוּ כִּ֥י חָטָֽאנוּ׃ עַל־זֶ֗ה הָיָ֤ה דָוֶה֙ לִבֵּ֔נוּ עַל־אֵ֖לֶּה חָשְׁכ֥וּ עֵינֵֽינוּ׃ עַ֤ל הַר־צִיּוֹן֙
שֶׁשָּׁמֵ֔ם שׁוּעָלִ֖ים הִלְּכוּ־בֽוֹ׃ אַתָּ֤ה יהוה֙ לְעוֹלָ֣ם תֵּשֵׁ֔ב כִּסְאֲךָ֖ לְד֥וֹר וָדֽוֹר׃
לָ֤מָּה לָנֶ֙צַח֙ תִּשְׁכָּחֵ֔נוּ תַּֽעַזְבֵ֖נוּ לְאֹ֥רֶךְ יָמִֽים׃ הֲשִׁיבֵ֨נוּ יהוה ׀ אֵלֶ֙יךָ֙ וְֽנָשׁ֔וּבָה
חַדֵּ֥שׁ יָמֵ֖ינוּ כְּקֶֽדֶם׃ כִּ֚י אִם־מָאֹ֣ס מְאַסְתָּ֔נוּ קָצַ֥פְתָּ עָלֵ֖ינוּ עַד־מְאֹֽד׃

השיבנו יהוה אליך ונשובה
חדש ימינו כקדם

# קהלת

א דִּבְרֵי קֹהֶלֶת בֶּן־דָּוִד מֶלֶךְ בִּירוּשָׁלִָם׃ הֲבֵל הֲבָלִים אָמַר קֹהֶלֶת הֲבֵל
הֲבָלִים הַכֹּל הָבֶל׃ מַה־יִּתְרוֹן לָאָדָם בְּכָל־עֲמָלוֹ שֶׁיַּעֲמֹל תַּחַת הַשָּׁמֶשׁ׃
דּוֹר הֹלֵךְ וְדוֹר בָּא וְהָאָרֶץ לְעוֹלָם עֹמָדֶת׃ וְזָרַח הַשֶּׁמֶשׁ וּבָא הַשָּׁמֶשׁ
וְאֶל־מְקוֹמוֹ שׁוֹאֵף זוֹרֵחַ הוּא שָׁם׃ הוֹלֵךְ אֶל־דָּרוֹם וְסוֹבֵב אֶל־צָפוֹן סוֹבֵב ׀
סֹבֵב הוֹלֵךְ הָרוּחַ וְעַל־סְבִיבֹתָיו שָׁב הָרוּחַ׃ כָּל־הַנְּחָלִים הֹלְכִים אֶל־הַיָּם
וְהַיָּם אֵינֶנּוּ מָלֵא אֶל־מְקוֹם שֶׁהַנְּחָלִים הֹלְכִים שָׁם הֵם שָׁבִים לָלָכֶת׃ כָּל־
הַדְּבָרִים יְגֵעִים לֹא־יוּכַל אִישׁ לְדַבֵּר לֹא־תִשְׂבַּע עַיִן לִרְאוֹת וְלֹא־תִמָּלֵא
אֹזֶן מִשְּׁמֹעַ׃ מַה־שֶּׁהָיָה הוּא שֶׁיִּהְיֶה וּמַה־שֶּׁנַּעֲשָׂה הוּא שֶׁיֵּעָשֶׂה וְאֵין
כָּל־חָדָשׁ תַּחַת הַשָּׁמֶשׁ׃ יֵשׁ דָּבָר שֶׁיֹּאמַר רְאֵה־זֶה חָדָשׁ הוּא כְּבָר הָיָה
לְעֹלָמִים אֲשֶׁר הָיָה מִלְּפָנֵנוּ׃ אֵין זִכְרוֹן לָרִאשֹׁנִים וְגַם לָאַחֲרֹנִים שֶׁיִּהְיוּ
לֹא־יִהְיֶה לָהֶם זִכָּרוֹן עִם שֶׁיִּהְיוּ לָאַחֲרֹנָה׃
אֲנִי קֹהֶלֶת הָיִיתִי מֶלֶךְ עַל־יִשְׂרָאֵל בִּירוּשָׁלִָם׃ וְנָתַתִּי אֶת־לִבִּי לִדְרוֹשׁ
וְלָתוּר בַּחָכְמָה עַל כָּל־אֲשֶׁר נַעֲשָׂה תַּחַת הַשָּׁמָיִם הוּא ׀ עִנְיַן רָע נָתַן
אֱלֹהִים לִבְנֵי הָאָדָם לַעֲנוֹת בּוֹ׃ רָאִיתִי אֶת־כָּל־הַמַּעֲשִׂים שֶׁנַּעֲשׂוּ תַּחַת
הַשָּׁמֶשׁ וְהִנֵּה הַכֹּל הֶבֶל וּרְעוּת רוּחַ׃ מְעֻוָּת לֹא־יוּכַל לִתְקֹן וְחֶסְרוֹן לֹא־
יוּכַל לְהִמָּנוֹת׃ דִּבַּרְתִּי אֲנִי עִם־לִבִּי לֵאמֹר אֲנִי הִנֵּה הִגְדַּלְתִּי וְהוֹסַפְתִּי
חָכְמָה עַל כָּל־אֲשֶׁר־הָיָה לְפָנַי עַל־יְרוּשָׁלִָם וְלִבִּי רָאָה הַרְבֵּה חָכְמָה
וָדָעַת׃ וָאֶתְּנָה לִבִּי לָדַעַת חָכְמָה וְדַעַת הֹלֵלוֹת וְשִׂכְלוּת יָדַעְתִּי שֶׁגַּם־
זֶה הוּא רַעְיוֹן רוּחַ׃ כִּי בְּרֹב חָכְמָה רָב־כָּעַס וְיוֹסִיף דַּעַת יוֹסִיף מַכְאוֹב׃
ב אָמַרְתִּי אֲנִי בְּלִבִּי לְכָה־נָּא אֲנַסְּכָה בְשִׂמְחָה וּרְאֵה בְטוֹב וְהִנֵּה גַם־הוּא
הָבֶל׃ לִשְׂחוֹק אָמַרְתִּי מְהוֹלָל וּלְשִׂמְחָה מַה־זֹּה עֹשָׂה׃ תַּרְתִּי בְלִבִּי לִמְשׁוֹךְ
בַּיַּיִן אֶת־בְּשָׂרִי וְלִבִּי נֹהֵג בַּחָכְמָה וְלֶאֱחֹז בְּסִכְלוּת עַד אֲשֶׁר־אֶרְאֶה אֵי־זֶה
טוֹב לִבְנֵי הָאָדָם אֲשֶׁר יַעֲשׂוּ תַּחַת הַשָּׁמַיִם מִסְפַּר יְמֵי חַיֵּיהֶם׃ הִגְדַּלְתִּי
מַעֲשָׂי בָּנִיתִי לִי בָּתִּים נָטַעְתִּי לִי כְּרָמִים׃ עָשִׂיתִי לִי גַּנּוֹת וּפַרְדֵּסִים
וְנָטַעְתִּי בָהֶם עֵץ כָּל־פֶּרִי׃ עָשִׂיתִי לִי בְּרֵכוֹת מָיִם לְהַשְׁקוֹת מֵהֶם יַעַר
צוֹמֵחַ עֵצִים׃ קָנִיתִי עֲבָדִים וּשְׁפָחוֹת וּבְנֵי־בַיִת הָיָה לִי גַּם מִקְנֶה בָקָר
וָצֹאן הַרְבֵּה הָיָה לִי מִכֹּל שֶׁהָיוּ לְפָנַי בִּירוּשָׁלִָם׃ כָּנַסְתִּי לִי גַּם־כֶּסֶף וְזָהָב
וּסְגֻלַּת מְלָכִים וְהַמְּדִינוֹת עָשִׂיתִי לִי שָׁרִים וְשָׁרוֹת וְתַעֲנוּגֹת בְּנֵי הָאָדָם

שָׂדֶה וְשִׁדּוֹת: וְגָדַלְתִּי וְהוֹסַפְתִּי מִכֹּל שֶׁהָיָה לְפָנַי בִּירוּשָׁלָם אַף חָכְמָתִי
עָמְדָה לִּי: וְכֹל אֲשֶׁר שָׁאֲלוּ עֵינַי לֹא אָצַלְתִּי מֵהֶם לֹא־מָנַעְתִּי אֶת־לִבִּי
מִכָּל־שִׂמְחָה כִּי־לִבִּי שָׂמֵחַ מִכָּל־עֲמָלִי וְזֶה־הָיָה חֶלְקִי מִכָּל־עֲמָלִי: וּפָנִיתִי
אֲנִי בְּכָל־מַעֲשַׂי שֶׁעָשׂוּ יָדַי וּבֶעָמָל שֶׁעָמַלְתִּי לַעֲשׂוֹת וְהִנֵּה הַכֹּל הֶבֶל
וּרְעוּת רוּחַ וְאֵין יִתְרוֹן תַּחַת הַשָּׁמֶשׁ: וּפָנִיתִי אֲנִי לִרְאוֹת חָכְמָה וְהוֹלֵלוֹת
וְסִכְלוּת כִּי ׀ מֶה הָאָדָם שֶׁיָּבוֹא אַחֲרֵי הַמֶּלֶךְ אֵת אֲשֶׁר־כְּבָר עָשׂוּהוּ:
וְרָאִיתִי אָנִי שֶׁיֵּשׁ יִתְרוֹן לַחָכְמָה מִן־הַסִּכְלוּת כִּיתְרוֹן הָאוֹר מִן־הַחֹשֶׁךְ:
הֶחָכָם עֵינָיו בְּרֹאשׁוֹ וְהַכְּסִיל בַּחֹשֶׁךְ הוֹלֵךְ וְיָדַעְתִּי גַם־אָנִי שֶׁמִּקְרֶה אֶחָד
יִקְרֶה אֶת־כֻּלָּם: וְאָמַרְתִּי אֲנִי בְּלִבִּי כְּמִקְרֵה הַכְּסִיל גַּם־אֲנִי יִקְרֵנִי וְלָמָּה
חָכַמְתִּי אֲנִי אָז יוֹתֵר וְדִבַּרְתִּי בְלִבִּי שֶׁגַּם־זֶה הָבֶל: כִּי אֵין זִכְרוֹן לֶחָכָם
עִם־הַכְּסִיל לְעוֹלָם בְּשֶׁכְּבָר הַיָּמִים הַבָּאִים הַכֹּל נִשְׁכָּח וְאֵיךְ יָמוּת הֶחָכָם
עִם־הַכְּסִיל: וְשָׂנֵאתִי אֶת־הַחַיִּים כִּי רַע עָלַי הַמַּעֲשֶׂה שֶׁנַּעֲשָׂה תַּחַת
הַשָּׁמֶשׁ כִּי־הַכֹּל הֶבֶל וּרְעוּת רוּחַ: וְשָׂנֵאתִי אֲנִי אֶת־כָּל־עֲמָלִי שֶׁאֲנִי עָמֵל
תַּחַת הַשָּׁמֶשׁ שֶׁאַנִּיחֶנּוּ לָאָדָם שֶׁיִּהְיֶה אַחֲרָי: וּמִי יוֹדֵעַ הֶחָכָם יִהְיֶה אוֹ
סָכָל וְיִשְׁלַט בְּכָל־עֲמָלִי שֶׁעָמַלְתִּי וְשֶׁחָכַמְתִּי תַּחַת הַשָּׁמֶשׁ גַּם־זֶה הָבֶל:
וְסַבּוֹתִי אֲנִי לְיַאֵשׁ אֶת־לִבִּי עַל כָּל־הֶעָמָל שֶׁעָמַלְתִּי תַּחַת הַשָּׁמֶשׁ: כִּי־
יֵשׁ אָדָם שֶׁעֲמָלוֹ בְּחָכְמָה וּבְדַעַת וּבְכִשְׁרוֹן וּלְאָדָם שֶׁלֹּא עָמַל־בּוֹ יִתְּנֶנּוּ
חֶלְקוֹ גַּם־זֶה הֶבֶל וְרָעָה רַבָּה: כִּי מֶה־הֹוֶה לָאָדָם בְּכָל־עֲמָלוֹ וּבְרַעְיוֹן לִבּוֹ
שֶׁהוּא עָמֵל תַּחַת הַשָּׁמֶשׁ: כִּי כָל־יָמָיו מַכְאֹבִים וָכַעַס עִנְיָנוֹ גַּם־בַּלַּיְלָה
לֹא־שָׁכַב לִבּוֹ גַּם־זֶה הֶבֶל הוּא: אֵין־טוֹב בָּאָדָם שֶׁיֹּאכַל וְשָׁתָה וְהֶרְאָה
אֶת־נַפְשׁוֹ טוֹב בַּעֲמָלוֹ גַּם־זֹה רָאִיתִי אָנִי כִּי מִיַּד הָאֱלֹהִים הִיא: כִּי מִי יֹאכַל
וּמִי יָחוּשׁ חוּץ מִמֶּנִּי: כִּי לְאָדָם שֶׁטּוֹב לְפָנָיו נָתַן חָכְמָה וְדַעַת וְשִׂמְחָה
וְלַחוֹטֶא נָתַן עִנְיָן לֶאֱסֹף וְלִכְנוֹס לָתֵת לְטוֹב לִפְנֵי הָאֱלֹהִים גַּם־זֶה הֶבֶל
וּרְעוּת רוּחַ: לַכֹּל זְמָן וְעֵת לְכָל־חֵפֶץ תַּחַת הַשָּׁמָיִם: ג

עֵת לָלֶדֶת וְעֵת לָמוּת
עֵת לָטַעַת וְעֵת לַעֲקוֹר נָטוּעַ:
עֵת לַהֲרוֹג וְעֵת לִרְפּוֹא
עֵת לִפְרוֹץ וְעֵת לִבְנוֹת:

עֵת לִבְכּוֹת וְעֵת לִשְׂחוֹק
עֵת סְפוֹד וְעֵת רְקוֹד:
עֵת לְהַשְׁלִיךְ אֲבָנִים וְעֵת כְּנוֹס אֲבָנִים
עֵת לַחֲבוֹק וְעֵת לִרְחֹק מֵחַבֵּק:
עֵת לְבַקֵּשׁ וְעֵת לְאַבֵּד
עֵת לִשְׁמוֹר וְעֵת לְהַשְׁלִיךְ:
עֵת לִקְרוֹעַ וְעֵת לִתְפּוֹר
עֵת לַחֲשׁוֹת וְעֵת לְדַבֵּר:
עֵת לֶאֱהֹב וְעֵת לִשְׂנֹא
עֵת מִלְחָמָה וְעֵת שָׁלוֹם:

מַה־יִּתְרוֹן הָעוֹשֶׂה בַּאֲשֶׁר הוּא עָמֵל: רָאִיתִי אֶת־הָעִנְיָן אֲשֶׁר נָתַן אֱלֹהִים
לִבְנֵי הָאָדָם לַעֲנוֹת בּוֹ: אֶת־הַכֹּל עָשָׂה יָפֶה בְעִתּוֹ גַּם אֶת־הָעֹלָם נָתַן
בְּלִבָּם מִבְּלִי אֲשֶׁר לֹא־יִמְצָא הָאָדָם אֶת־הַמַּעֲשֶׂה אֲשֶׁר־עָשָׂה הָאֱלֹהִים
מֵרֹאשׁ וְעַד־סוֹף: יָדַעְתִּי כִּי אֵין טוֹב בָּם כִּי אִם־לִשְׂמוֹחַ וְלַעֲשׂוֹת טוֹב
בְּחַיָּיו: וְגַם כָּל־הָאָדָם שֶׁיֹּאכַל וְשָׁתָה וְרָאָה טוֹב בְּכָל־עֲמָלוֹ מַתַּת אֱלֹהִים
הִיא: יָדַעְתִּי כִּי כָּל־אֲשֶׁר יַעֲשֶׂה הָאֱלֹהִים הוּא יִהְיֶה לְעוֹלָם עָלָיו אֵין
לְהוֹסִיף וּמִמֶּנּוּ אֵין לִגְרוֹעַ וְהָאֱלֹהִים עָשָׂה שֶׁיִּרְאוּ מִלְּפָנָיו: מַה־שֶּׁהָיָה
כְּבָר הוּא וַאֲשֶׁר לִהְיוֹת כְּבָר הָיָה וְהָאֱלֹהִים יְבַקֵּשׁ אֶת־נִרְדָּף: וְעוֹד רָאִיתִי
תַּחַת הַשָּׁמֶשׁ מְקוֹם הַמִּשְׁפָּט שָׁמָּה הָרֶשַׁע וּמְקוֹם הַצֶּדֶק שָׁמָּה הָרָשַׁע:
אָמַרְתִּי אֲנִי בְּלִבִּי אֶת־הַצַּדִּיק וְאֶת־הָרָשָׁע יִשְׁפֹּט הָאֱלֹהִים כִּי־עֵת לְכָל־
חֵפֶץ וְעַל כָּל־הַמַּעֲשֶׂה שָׁם: אָמַרְתִּי אֲנִי בְּלִבִּי עַל־דִּבְרַת בְּנֵי הָאָדָם
לְבָרָם הָאֱלֹהִים וְלִרְאוֹת שְׁהֶם־בְּהֵמָה הֵמָּה לָהֶם: כִּי מִקְרֶה בְנֵי־הָאָדָם
וּמִקְרֶה הַבְּהֵמָה וּמִקְרֶה אֶחָד לָהֶם כְּמוֹת זֶה כֵּן מוֹת זֶה וְרוּחַ אֶחָד לַכֹּל
וּמוֹתַר הָאָדָם מִן־הַבְּהֵמָה אָיִן כִּי הַכֹּל הָבֶל: הַכֹּל הוֹלֵךְ אֶל־מָקוֹם אֶחָד
הַכֹּל הָיָה מִן־הֶעָפָר וְהַכֹּל שָׁב אֶל־הֶעָפָר: מִי יוֹדֵעַ רוּחַ בְּנֵי הָאָדָם הָעֹלָה
הִיא לְמָעְלָה וְרוּחַ הַבְּהֵמָה הַיֹּרֶדֶת הִיא לְמַטָּה לָאָרֶץ: וְרָאִיתִי כִּי אֵין
טוֹב מֵאֲשֶׁר יִשְׂמַח הָאָדָם בְּמַעֲשָׂיו כִּי־הוּא חֶלְקוֹ כִּי מִי יְבִיאֶנּוּ לִרְאוֹת
בְּמֶה שֶׁיִּהְיֶה אַחֲרָיו: וְשַׁבְתִּי אֲנִי וָאֶרְאֶה אֶת־כָּל־הָעֲשׁוּקִים אֲשֶׁר נַעֲשִׂים ד
תַּחַת הַשָּׁמֶשׁ וְהִנֵּה ׀ דִּמְעַת הָעֲשׁוּקִים וְאֵין לָהֶם מְנַחֵם וּמִיַּד עֹשְׁקֵיהֶם
כֹּחַ וְאֵין לָהֶם מְנַחֵם: וְשַׁבֵּחַ אֲנִי אֶת־הַמֵּתִים שֶׁכְּבָר מֵתוּ מִן־הַחַיִּים אֲשֶׁר
הֵמָּה חַיִּים עֲדֶנָה: וְטוֹב מִשְּׁנֵיהֶם אֵת אֲשֶׁר־עֲדֶן לֹא הָיָה אֲשֶׁר לֹא־רָאָה
אֶת־הַמַּעֲשֶׂה הָרָע אֲשֶׁר נַעֲשָׂה תַּחַת הַשָּׁמֶשׁ: וְרָאִיתִי אֲנִי אֶת־כָּל־עָמָל

וְאֵת כָּל־כִּשְׁרוֹן הַמַּעֲשֶׂה כִּי הִיא קִנְאַת־אִישׁ מֵרֵעֵהוּ גַּם־זֶה הֶבֶל וּרְעוּת
רוּחַ׃ הַכְּסִיל חֹבֵק אֶת־יָדָיו וְאֹכֵל אֶת־בְּשָׂרוֹ׃ טוֹב מְלֹא כַף נָחַת מִמְּלֹא
חָפְנַיִם עָמָל וּרְעוּת רוּחַ׃ וְשַׁבְתִּי אֲנִי וָאֶרְאֶה הֶבֶל תַּחַת הַשָּׁמֶשׁ׃ יֵשׁ
אֶחָד וְאֵין שֵׁנִי גַּם בֵּן וָאָח אֵין־לוֹ וְאֵין קֵץ לְכָל־עֲמָלוֹ גַּם־עינו לֹא־תִשְׂבַּע עֵינָיו
עֹשֶׁר וּלְמִי ׀ אֲנִי עָמֵל וּמְחַסֵּר אֶת־נַפְשִׁי מִטּוֹבָה גַּם־זֶה הֶבֶל וְעִנְיַן רָע
הוּא׃ טוֹבִים הַשְּׁנַיִם מִן־הָאֶחָד אֲשֶׁר יֵשׁ־לָהֶם שָׂכָר טוֹב בַּעֲמָלָם׃ כִּי
אִם־יִפֹּלוּ הָאֶחָד יָקִים אֶת־חֲבֵרוֹ וְאִילוֹ הָאֶחָד שֶׁיִּפּוֹל וְאֵין שֵׁנִי לַהֲקִימוֹ׃
גַּם אִם־יִשְׁכְּבוּ שְׁנַיִם וְחַם לָהֶם וּלְאֶחָד אֵיךְ יֵחָם׃ וְאִם־יִתְקְפוֹ הָאֶחָד
הַשְּׁנַיִם יַעַמְדוּ נֶגְדּוֹ וְהַחוּט הַמְשֻׁלָּשׁ לֹא בִמְהֵרָה יִנָּתֵק׃ טוֹב יֶלֶד מִסְכֵּן
וְחָכָם מִמֶּלֶךְ זָקֵן וּכְסִיל אֲשֶׁר לֹא־יָדַע לְהִזָּהֵר עוֹד׃ כִּי־מִבֵּית הָסוּרִים
יָצָא לִמְלֹךְ כִּי גַּם בְּמַלְכוּתוֹ נוֹלַד רָשׁ׃ רָאִיתִי אֶת־כָּל־הַחַיִּים הַמְהַלְּכִים
תַּחַת הַשָּׁמֶשׁ עִם הַיֶּלֶד הַשֵּׁנִי אֲשֶׁר יַעֲמֹד תַּחְתָּיו׃ אֵין־קֵץ לְכָל־הָעָם
לְכֹל אֲשֶׁר־הָיָה לִפְנֵיהֶם גַּם הָאַחֲרוֹנִים לֹא יִשְׂמְחוּ־בוֹ כִּי־גַם־זֶה הֶבֶל
וְרַעְיוֹן רוּחַ׃ שְׁמֹר רגליך כַּאֲשֶׁר תֵּלֵךְ אֶל־בֵּית הָאֱלֹהִים וְקָרוֹב לִשְׁמֹעַ רַגְלְךָ
ה מִתֵּת הַכְּסִילִים זָבַח כִּי־אֵינָם יוֹדְעִים לַעֲשׂוֹת רָע׃ אַל־תְּבַהֵל עַל־פִּיךָ
וְלִבְּךָ אַל־יְמַהֵר לְהוֹצִיא דָבָר לִפְנֵי הָאֱלֹהִים כִּי הָאֱלֹהִים בַּשָּׁמַיִם וְאַתָּה
עַל־הָאָרֶץ עַל־כֵּן יִהְיוּ דְבָרֶיךָ מְעַטִּים׃ כִּי בָּא הַחֲלוֹם בְּרֹב עִנְיָן וְקוֹל
כְּסִיל בְּרֹב דְּבָרִים׃ כַּאֲשֶׁר תִּדֹּר נֶדֶר לֵאלֹהִים אַל־תְּאַחֵר לְשַׁלְּמוֹ כִּי אֵין
חֵפֶץ בַּכְּסִילִים אֵת אֲשֶׁר־תִּדֹּר שַׁלֵּם׃ טוֹב אֲשֶׁר לֹא־תִדֹּר מִשֶּׁתִּדּוֹר וְלֹא
תְשַׁלֵּם׃ אַל־תִּתֵּן אֶת־פִּיךָ לַחֲטִיא אֶת־בְּשָׂרֶךָ וְאַל־תֹּאמַר לִפְנֵי הַמַּלְאָךְ
כִּי שְׁגָגָה הִיא לָמָּה יִקְצֹף הָאֱלֹהִים עַל־קוֹלֶךָ וְחִבֵּל אֶת־מַעֲשֵׂה יָדֶיךָ׃ כִּי
בְרֹב חֲלֹמוֹת וַהֲבָלִים וּדְבָרִים הַרְבֵּה כִּי אֶת־הָאֱלֹהִים יְרָא׃ אִם־עֹשֶׁק
רָשׁ וְגֵזֶל מִשְׁפָּט וָצֶדֶק תִּרְאֶה בַמְּדִינָה אַל־תִּתְמַהּ עַל־הַחֵפֶץ כִּי גָבֹהַּ
מֵעַל גָּבֹהַּ שֹׁמֵר וּגְבֹהִים עֲלֵיהֶם׃ וְיִתְרוֹן אֶרֶץ בַּכֹּל היא מֶלֶךְ לְשָׂדֶה הוּא
נֶעֱבָד׃ אֹהֵב כֶּסֶף לֹא־יִשְׂבַּע כֶּסֶף וּמִי־אֹהֵב בֶּהָמוֹן לֹא תְבוּאָה גַּם־זֶה
הָבֶל׃ בִּרְבוֹת הַטּוֹבָה רַבּוּ אוֹכְלֶיהָ וּמַה־כִּשְׁרוֹן לִבְעָלֶיהָ כִּי אִם־ראית רְאוּת
עֵינָיו׃ מְתוּקָה שְׁנַת הָעֹבֵד אִם־מְעַט וְאִם־הַרְבֵּה יֹאכֵל וְהַשָּׂבָע לֶעָשִׁיר
אֵינֶנּוּ מַנִּיחַ לוֹ לִישׁוֹן׃ יֵשׁ רָעָה חוֹלָה רָאִיתִי תַּחַת הַשָּׁמֶשׁ עֹשֶׁר שָׁמוּר
לִבְעָלָיו לְרָעָתוֹ׃ וְאָבַד הָעֹשֶׁר הַהוּא בְּעִנְיַן רָע וְהוֹלִיד בֵּן וְאֵין בְּיָדוֹ
מְאוּמָה׃ כַּאֲשֶׁר יָצָא מִבֶּטֶן אִמּוֹ עָרוֹם יָשׁוּב לָלֶכֶת כְּשֶׁבָּא וּמְאוּמָה לֹא־
יִשָּׂא בַעֲמָלוֹ שֶׁיֹּלֵךְ בְּיָדוֹ׃ וְגַם־זֹה רָעָה חוֹלָה כָּל־עֻמַּת שֶׁבָּא כֵּן יֵלֵךְ
וּמַה־יִּתְרוֹן לוֹ שֶׁיַּעֲמֹל לָרוּחַ׃ גַּם כָּל־יָמָיו בַּחֹשֶׁךְ יֹאכֵל וְכָעַס הַרְבֵּה וָחָלְיוֹ

וְקָצַף׃ הִנֵּה אֲשֶׁר־רָאִיתִי אָנִי טוֹב אֲשֶׁר־יָפֶה לֶאֱכוֹל־וְלִשְׁתּוֹת וְלִרְאוֹת
טוֹבָה בְּכָל־עֲמָלוֹ ׀ שֶׁיַּעֲמֹל תַּחַת־הַשֶּׁמֶשׁ מִסְפַּר יְמֵי־חַיָּו אֲשֶׁר־נָתַן־לוֹ
הָאֱלֹהִים כִּי־הוּא חֶלְקוֹ׃ גַּם כָּל־הָאָדָם אֲשֶׁר נָתַן־לוֹ הָאֱלֹהִים עֹשֶׁר
וּנְכָסִים וְהִשְׁלִיטוֹ לֶאֱכֹל מִמֶּנּוּ וְלָשֵׂאת אֶת־חֶלְקוֹ וְלִשְׂמֹחַ בַּעֲמָלוֹ זֹה
מַתַּת אֱלֹהִים הִיא׃ כִּי לֹא הַרְבֵּה יִזְכֹּר אֶת־יְמֵי חַיָּיו כִּי הָאֱלֹהִים מַעֲנֶה
בְּשִׂמְחַת לִבּוֹ׃ יֵשׁ רָעָה אֲשֶׁר רָאִיתִי תַּחַת הַשָּׁמֶשׁ וְרַבָּה הִיא עַל־הָאָדָם׃ ו
אִישׁ אֲשֶׁר יִתֶּן־לוֹ הָאֱלֹהִים עֹשֶׁר וּנְכָסִים וְכָבוֹד וְאֵינֶנּוּ חָסֵר לְנַפְשׁוֹ ׀
מִכֹּל אֲשֶׁר־יִתְאַוֶּה וְלֹא־יַשְׁלִיטֶנּוּ הָאֱלֹהִים לֶאֱכֹל מִמֶּנּוּ כִּי אִישׁ נָכְרִי
יֹאכְלֶנּוּ זֶה הֶבֶל וָחֳלִי רָע הוּא׃ אִם־יוֹלִיד אִישׁ מֵאָה וְשָׁנִים רַבּוֹת יִחְיֶה
וְרַב ׀ שֶׁיִּהְיוּ יְמֵי־שָׁנָיו וְנַפְשׁוֹ לֹא־תִשְׂבַּע מִן־הַטּוֹבָה וְגַם־קְבוּרָה לֹא־הָיְתָה
לּוֹ אָמַרְתִּי טוֹב מִמֶּנּוּ הַנָּפֶל׃ כִּי־בַהֶבֶל בָּא וּבַחֹשֶׁךְ יֵלֵךְ וּבַחֹשֶׁךְ שְׁמוֹ
יְכֻסֶּה׃ גַּם־שֶׁמֶשׁ לֹא־רָאָה וְלֹא יָדָע נַחַת לָזֶה מִזֶּה׃ וְאִלּוּ חָיָה אֶלֶף
שָׁנִים פַּעֲמַיִם וְטוֹבָה לֹא רָאָה הֲלֹא אֶל־מָקוֹם אֶחָד הַכֹּל הוֹלֵךְ׃ כָּל־
עֲמַל הָאָדָם לְפִיהוּ וְגַם־הַנֶּפֶשׁ לֹא תִמָּלֵא׃ כִּי מַה־יּוֹתֵר לֶחָכָם מִן־
הַכְּסִיל מַה־לֶּעָנִי יוֹדֵעַ לַהֲלֹךְ נֶגֶד הַחַיִּים׃ טוֹב מַרְאֵה עֵינַיִם מֵהֲלָךְ־נָפֶשׁ
גַּם־זֶה הֶבֶל וּרְעוּת רוּחַ׃ מַה־שֶּׁהָיָה כְּבָר נִקְרָא שְׁמוֹ וְנוֹדָע אֲשֶׁר־הוּא
אָדָם וְלֹא־יוּכַל לָדִין עִם שהתקיף מִמֶּנּוּ׃ כִּי יֵשׁ־דְּבָרִים הַרְבֵּה מַרְבִּים [שֶׁתַּקִּיף]
הָבֶל מַה־יֹּתֵר לָאָדָם׃ כִּי מִי־יוֹדֵעַ מַה־טּוֹב לָאָדָם בַּחַיִּים מִסְפַּר יְמֵי־
חַיֵּי הֶבְלוֹ וְיַעֲשֵׂם כַּצֵּל אֲשֶׁר מִי־יַגִּיד לָאָדָם מַה־יִּהְיֶה אַחֲרָיו תַּחַת
הַשָּׁמֶשׁ׃ טוֹב שֵׁם מִשֶּׁמֶן טוֹב וְיוֹם הַמָּוֶת מִיּוֹם הִוָּלְדוֹ׃ טוֹב ז
לָלֶכֶת אֶל־בֵּית־אֵבֶל מִלֶּכֶת אֶל־בֵּית מִשְׁתֶּה בַּאֲשֶׁר הוּא סוֹף כָּל־הָאָדָם
וְהַחַי יִתֵּן אֶל־לִבּוֹ׃ טוֹב כַּעַס מִשְּׂחוֹק כִּי־בְרֹעַ פָּנִים יִיטַב לֵב׃ לֵב חֲכָמִים
בְּבֵית אֵבֶל וְלֵב כְּסִילִים בְּבֵית שִׂמְחָה׃ טוֹב לִשְׁמֹעַ גַּעֲרַת חָכָם מֵאִישׁ
שֹׁמֵעַ שִׁיר כְּסִילִים׃ כִּי כְקוֹל הַסִּירִים תַּחַת הַסִּיר כֵּן שְׂחֹק הַכְּסִיל וְגַם־זֶה
הָבֶל׃ כִּי הָעֹשֶׁק יְהוֹלֵל חָכָם וִיאַבֵּד אֶת־לֵב מַתָּנָה׃ טוֹב אַחֲרִית דָּבָר
מֵרֵאשִׁיתוֹ טוֹב אֶרֶךְ־רוּחַ מִגְּבַהּ־רוּחַ׃ אַל־תְּבַהֵל בְּרוּחֲךָ לִכְעוֹס כִּי כַעַס
בְּחֵיק כְּסִילִים יָנוּחַ׃ אַל־תֹּאמַר מֶה הָיָה שֶׁהַיָּמִים הָרִאשֹׁנִים הָיוּ טוֹבִים
מֵאֵלֶּה כִּי לֹא מֵחָכְמָה שָׁאַלְתָּ עַל־זֶה׃ טוֹבָה חָכְמָה עִם־נַחֲלָה וְיֹתֵר
לְרֹאֵי הַשָּׁמֶשׁ׃ כִּי בְּצֵל הַחָכְמָה בְּצֵל הַכָּסֶף וְיִתְרוֹן דַּעַת הַחָכְמָה תְּחַיֶּה
בְעָלֶיהָ׃ רְאֵה אֶת־מַעֲשֵׂה הָאֱלֹהִים כִּי מִי יוּכַל לְתַקֵּן אֵת אֲשֶׁר עִוְּתוֹ׃
בְּיוֹם טוֹבָה הֱיֵה בְטוֹב וּבְיוֹם רָעָה רְאֵה גַּם אֶת־זֶה לְעֻמַּת־זֶה עָשָׂה
הָאֱלֹהִים עַל־דִּבְרַת שֶׁלֹּא יִמְצָא הָאָדָם אַחֲרָיו מְאוּמָה׃ אֶת־הַכֹּל רָאִיתִי

בִּימֵי הֶבְלִי יֵשׁ צַדִּיק אֹבֵד בְּצִדְקוֹ וְיֵשׁ רָשָׁע מַאֲרִיךְ בְּרָעָתוֹ: אַל־תְּהִי
צַדִּיק הַרְבֵּה וְאַל־תִּתְחַכַּם יוֹתֵר לָמָּה תִּשּׁוֹמֵם: אַל־תִּרְשַׁע הַרְבֵּה וְאַל־
תְּהִי סָכָל לָמָּה תָמוּת בְּלֹא עִתֶּךָ: טוֹב אֲשֶׁר תֶּאֱחֹז בָּזֶה וְגַם־מִזֶּה אַל־תַּנַּח
אֶת־יָדֶךָ כִּי־יְרֵא אֱלֹהִים יֵצֵא אֶת־כֻּלָּם: הַחָכְמָה תָּעֹז לֶחָכָם מֵעֲשָׂרָה
שַׁלִּיטִים אֲשֶׁר הָיוּ בָּעִיר: כִּי אָדָם אֵין צַדִּיק בָּאָרֶץ אֲשֶׁר יַעֲשֶׂה־טּוֹב וְלֹא
יֶחֱטָא: גַּם לְכָל־הַדְּבָרִים אֲשֶׁר יְדַבֵּרוּ אַל־תִּתֵּן לִבֶּךָ אֲשֶׁר לֹא־תִשְׁמַע
אֶת־עַבְדְּךָ מְקַלְלֶךָ: כִּי גַּם־פְּעָמִים רַבּוֹת יָדַע לִבֶּךָ אֲשֶׁר גַּם־אַתָּ קִלַּלְתָּ
אֲחֵרִים: כָּל־זֹה נִסִּיתִי בַחָכְמָה אָמַרְתִּי אֶחְכָּמָה וְהִיא רְחוֹקָה מִמֶּנִּי:
רָחוֹק מַה־שֶּׁהָיָה וְעָמֹק ׀ עָמֹק מִי יִמְצָאֶנּוּ: סַבּוֹתִי אֲנִי וְלִבִּי לָדַעַת וְלָתוּר
וּבַקֵּשׁ חָכְמָה וְחֶשְׁבּוֹן וְלָדַעַת רֶשַׁע כֶּסֶל וְהַסִּכְלוּת הוֹלֵלוֹת: וּמוֹצֶא אֲנִי
מַר מִמָּוֶת אֶת־הָאִשָּׁה אֲשֶׁר־הִיא מְצוֹדִים וַחֲרָמִים לִבָּהּ אֲסוּרִים יָדֶיהָ
טוֹב לִפְנֵי הָאֱלֹהִים יִמָּלֵט מִמֶּנָּה וְחוֹטֵא יִלָּכֶד בָּהּ: רְאֵה זֶה מָצָאתִי אָמְרָה
קֹהֶלֶת אַחַת לְאַחַת לִמְצֹא חֶשְׁבּוֹן: אֲשֶׁר עוֹד־בִּקְשָׁה נַפְשִׁי וְלֹא מָצָאתִי
אָדָם אֶחָד מֵאֶלֶף מָצָאתִי וְאִשָּׁה בְכָל־אֵלֶּה לֹא מָצָאתִי: לְבַד רְאֵה־זֶה
מָצָאתִי אֲשֶׁר עָשָׂה הָאֱלֹהִים אֶת־הָאָדָם יָשָׁר וְהֵמָּה בִקְשׁוּ חִשְּׁבֹנוֹת
ח רַבִּים: מִי כְּהֶחָכָם וּמִי יוֹדֵעַ פֵּשֶׁר דָּבָר חָכְמַת אָדָם תָּאִיר פָּנָיו וְעֹז פָּנָיו
יְשֻׁנֶּא: אֲנִי פִּי־מֶלֶךְ שְׁמוֹר וְעַל דִּבְרַת שְׁבוּעַת אֱלֹהִים: אַל־תִּבָּהֵל מִפָּנָיו
תֵּלֵךְ אַל־תַּעֲמֹד בְּדָבָר רָע כִּי כָּל־אֲשֶׁר יַחְפֹּץ יַעֲשֶׂה: בַּאֲשֶׁר דְּבַר־מֶלֶךְ
שִׁלְטוֹן וּמִי יֹאמַר־לוֹ מַה־תַּעֲשֶׂה: שׁוֹמֵר מִצְוָה לֹא יֵדַע דָּבָר רָע וְעֵת
וּמִשְׁפָּט יֵדַע לֵב חָכָם: כִּי לְכָל־חֵפֶץ יֵשׁ עֵת וּמִשְׁפָּט כִּי־רָעַת הָאָדָם רַבָּה
עָלָיו: כִּי־אֵינֶנּוּ יֹדֵעַ מַה־שֶּׁיִּהְיֶה כִּי כַּאֲשֶׁר יִהְיֶה מִי יַגִּיד לוֹ: אֵין אָדָם
שַׁלִּיט בָּרוּחַ לִכְלוֹא אֶת־הָרוּחַ וְאֵין שִׁלְטוֹן בְּיוֹם הַמָּוֶת וְאֵין מִשְׁלַחַת
בַּמִּלְחָמָה וְלֹא־יְמַלֵּט רֶשַׁע אֶת־בְּעָלָיו: אֶת־כָּל־זֶה רָאִיתִי וְנָתוֹן אֶת־לִבִּי
לְכָל־מַעֲשֶׂה אֲשֶׁר נַעֲשָׂה תַּחַת הַשָּׁמֶשׁ עֵת אֲשֶׁר שָׁלַט הָאָדָם בְּאָדָם
לְרַע לוֹ: וּבְכֵן רָאִיתִי רְשָׁעִים קְבֻרִים וָבָאוּ וּמִמְּקוֹם קָדוֹשׁ יְהַלֵּכוּ וְיִשְׁתַּכְּחוּ
בָעִיר אֲשֶׁר כֵּן־עָשׂוּ גַּם־זֶה הָבֶל: אֲשֶׁר אֵין־נַעֲשָׂה פִתְגָם מַעֲשֵׂה הָרָעָה
מְהֵרָה עַל־כֵּן מָלֵא לֵב בְּנֵי־הָאָדָם בָּהֶם לַעֲשׂוֹת רָע: אֲשֶׁר חֹטֶא עֹשֶׂה
רָע מְאַת וּמַאֲרִיךְ לוֹ כִּי גַּם־יוֹדֵעַ אָנִי אֲשֶׁר יִהְיֶה־טּוֹב לְיִרְאֵי הָאֱלֹהִים
אֲשֶׁר יִירְאוּ מִלְּפָנָיו: וְטוֹב לֹא־יִהְיֶה לָרָשָׁע וְלֹא־יַאֲרִיךְ יָמִים כַּצֵּל אֲשֶׁר
אֵינֶנּוּ יָרֵא מִלִּפְנֵי אֱלֹהִים: יֶשׁ־הֶבֶל אֲשֶׁר נַעֲשָׂה עַל־הָאָרֶץ אֲשֶׁר ׀ יֵשׁ
צַדִּיקִים אֲשֶׁר מַגִּיעַ אֲלֵהֶם כְּמַעֲשֵׂה הָרְשָׁעִים וְיֵשׁ רְשָׁעִים שֶׁמַּגִּיעַ אֲלֵהֶם
כְּמַעֲשֵׂה הַצַּדִּיקִים אָמַרְתִּי שֶׁגַּם־זֶה הָבֶל: וְשִׁבַּחְתִּי אֲנִי אֶת־הַשִּׂמְחָה

אֲשֶׁר אֵין־טוֹב לָאָדָם תַּחַת הַשֶּׁמֶשׁ כִּי אִם־לֶאֱכֹל וְלִשְׁתּוֹת וְלִשְׂמוֹחַ
וְהוּא יִלְוֶנּוּ בַעֲמָלוֹ יְמֵי חַיָּיו אֲשֶׁר־נָתַן־לוֹ הָאֱלֹהִים תַּחַת הַשָּׁמֶשׁ׃ כַּאֲשֶׁר
נָתַתִּי אֶת־לִבִּי לָדַעַת חָכְמָה וְלִרְאוֹת אֶת־הָעִנְיָן אֲשֶׁר נַעֲשָׂה עַל־הָאָרֶץ
כִּי גַם בַּיּוֹם וּבַלַּיְלָה שֵׁנָה בְּעֵינָיו אֵינֶנּוּ רֹאֶה׃ וְרָאִיתִי אֶת־כָּל־מַעֲשֵׂה
הָאֱלֹהִים כִּי לֹא יוּכַל הָאָדָם לִמְצוֹא אֶת־הַמַּעֲשֶׂה אֲשֶׁר נַעֲשָׂה תַחַת־
הַשֶּׁמֶשׁ בְּשֶׁל אֲשֶׁר יַעֲמֹל הָאָדָם לְבַקֵּשׁ וְלֹא יִמְצָא וְגַם אִם־יֹאמַר הֶחָכָם
לָדַעַת לֹא יוּכַל לִמְצֹא׃ כִּי אֶת־כָּל־זֶה נָתַתִּי אֶל־לִבִּי וְלָבוּר אֶת־כָּל־זֶה ט
אֲשֶׁר הַצַּדִּיקִים וְהַחֲכָמִים וַעֲבָדֵיהֶם בְּיַד הָאֱלֹהִים גַּם־אַהֲבָה גַם־שִׂנְאָה
אֵין יוֹדֵעַ הָאָדָם הַכֹּל לִפְנֵיהֶם׃ הַכֹּל כַּאֲשֶׁר לַכֹּל מִקְרֶה אֶחָד לַצַּדִּיק
וְלָרָשָׁע לַטּוֹב וְלַטָּהוֹר וְלַטָּמֵא וְלַזֹּבֵחַ וְלַאֲשֶׁר אֵינֶנּוּ זֹבֵחַ כַּטּוֹב כַּחֹטֶא
הַנִּשְׁבָּע כַּאֲשֶׁר שְׁבוּעָה יָרֵא׃ זֶה ׀ רָע בְּכֹל אֲשֶׁר־נַעֲשָׂה תַּחַת הַשֶּׁמֶשׁ
כִּי־מִקְרֶה אֶחָד לַכֹּל וְגַם לֵב בְּנֵי־הָאָדָם מָלֵא־רָע וְהוֹלֵלוֹת בִּלְבָבָם
בְּחַיֵּיהֶם וְאַחֲרָיו אֶל־הַמֵּתִים׃ כִּי־מִי אֲשֶׁר יבחר אֶל כָּל־הַחַיִּים יֵשׁ בִּטָּחוֹן יְחֻבַּר
כִּי־לְכֶלֶב חַי הוּא טוֹב מִן־הָאַרְיֵה הַמֵּת׃ כִּי הַחַיִּים יוֹדְעִים שֶׁיָּמֻתוּ וְהַמֵּתִים
אֵינָם יוֹדְעִים מְאוּמָה וְאֵין־עוֹד לָהֶם שָׂכָר כִּי נִשְׁכַּח זִכְרָם׃ גַּם אַהֲבָתָם
גַּם־שִׂנְאָתָם גַּם־קִנְאָתָם כְּבָר אָבָדָה וְחֵלֶק אֵין־לָהֶם עוֹד לְעוֹלָם בְּכֹל
אֲשֶׁר־נַעֲשָׂה תַּחַת הַשָּׁמֶשׁ׃ לֵךְ אֱכֹל בְּשִׂמְחָה לַחְמֶךָ וּשְׁתֵה בְלֶב־טוֹב
יֵינֶךָ כִּי כְבָר רָצָה הָאֱלֹהִים אֶת־מַעֲשֶׂיךָ׃ בְּכָל־עֵת יִהְיוּ בְגָדֶיךָ לְבָנִים
וְשֶׁמֶן עַל־רֹאשְׁךָ אַל־יֶחְסָר׃ רְאֵה חַיִּים עִם־אִשָּׁה אֲשֶׁר־אָהַבְתָּ כָּל־יְמֵי
חַיֵּי הֶבְלֶךָ אֲשֶׁר נָתַן־לְךָ תַּחַת הַשֶּׁמֶשׁ כֹּל יְמֵי הֶבְלֶךָ כִּי הוּא חֶלְקְךָ
בַּחַיִּים וּבַעֲמָלְךָ אֲשֶׁר־אַתָּה עָמֵל תַּחַת הַשָּׁמֶשׁ׃ כֹּל אֲשֶׁר תִּמְצָא יָדְךָ
לַעֲשׂוֹת בְּכֹחֲךָ עֲשֵׂה כִּי אֵין מַעֲשֶׂה וְחֶשְׁבּוֹן וְדַעַת וְחָכְמָה בִּשְׁאוֹל אֲשֶׁר
אַתָּה הֹלֵךְ שָׁמָּה׃ שַׁבְתִּי וְרָאֹה תַחַת־הַשֶּׁמֶשׁ כִּי לֹא לַקַּלִּים הַמֵּרוֹץ וְלֹא
לַגִּבּוֹרִים הַמִּלְחָמָה וְגַם לֹא לַחֲכָמִים לֶחֶם וְגַם לֹא לַנְּבֹנִים עֹשֶׁר וְגַם לֹא
לַיֹּדְעִים חֵן כִּי־עֵת וָפֶגַע יִקְרֶה אֶת־כֻּלָּם׃ כִּי גַּם לֹא־יֵדַע הָאָדָם אֶת־עִתּוֹ
כַּדָּגִים שֶׁנֶּאֱחָזִים בִּמְצוֹדָה רָעָה וְכַצִּפֳּרִים הָאֲחֻזוֹת בַּפָּח כָּהֵם יוּקָשִׁים
בְּנֵי הָאָדָם לְעֵת רָעָה כְּשֶׁתִּפּוֹל עֲלֵיהֶם פִּתְאֹם׃ גַּם־זֹה רָאִיתִי חָכְמָה
תַּחַת הַשָּׁמֶשׁ וּגְדוֹלָה הִיא אֵלָי׃ עִיר קְטַנָּה וַאֲנָשִׁים בָּהּ מְעָט וּבָא־אֵלֶיהָ
מֶלֶךְ גָּדוֹל וְסָבַב אֹתָהּ וּבָנָה עָלֶיהָ מְצוֹדִים גְּדֹלִים׃ וּמָצָא בָהּ אִישׁ מִסְכֵּן
חָכָם וּמִלַּט־הוּא אֶת־הָעִיר בְּחָכְמָתוֹ וְאָדָם לֹא זָכַר אֶת־הָאִישׁ הַמִּסְכֵּן
הַהוּא׃ וְאָמַרְתִּי אָנִי טוֹבָה חָכְמָה מִגְּבוּרָה וְחָכְמַת הַמִּסְכֵּן בְּזוּיָה וּדְבָרָיו
אֵינָם נִשְׁמָעִים׃ דִּבְרֵי חֲכָמִים בְּנַחַת נִשְׁמָעִים מִזַּעֲקַת מוֹשֵׁל בַּכְּסִילִים׃

י טוֹבָה חָכְמָה מִכְּלֵי קְרָב וְחוֹטֶא אֶחָד יְאַבֵּד טוֹבָה הַרְבֵּה: זְבוּבֵי מָוֶת
יַבְאִישׁ יַבִּיעַ שֶׁמֶן רוֹקֵחַ יָקָר מֵחָכְמָה מִכָּבוֹד סִכְלוּת מְעָט: לֵב חָכָם
לִימִינוֹ וְלֵב כְּסִיל לִשְׂמֹאלוֹ: וְגַם־בַּדֶּרֶךְ כשהסכל הֹלֵךְ לִבּוֹ חָסֵר וְאָמַר כְּשֶׁסָּכָל
לַכֹּל סָכָל הוּא: אִם־רוּחַ הַמּוֹשֵׁל תַּעֲלֶה עָלֶיךָ מְקוֹמְךָ אַל־תַּנַּח כִּי מַרְפֵּא
יַנִּיחַ חֲטָאִים גְּדוֹלִים: יֵשׁ רָעָה רָאִיתִי תַּחַת הַשָּׁמֶשׁ כִּשְׁגָגָה שֶׁיֹּצָא מִלִּפְנֵי
הַשַּׁלִּיט: נִתַּן הַסֶּכֶל בַּמְּרוֹמִים רַבִּים וַעֲשִׁירִים בַּשֵּׁפֶל יֵשֵׁבוּ: רָאִיתִי עֲבָדִים
עַל־סוּסִים וְשָׂרִים הֹלְכִים כַּעֲבָדִים עַל־הָאָרֶץ: חֹפֵר גּוּמָּץ בּוֹ יִפּוֹל וּפֹרֵץ
גָּדֵר יִשְּׁכֶנּוּ נָחָשׁ: מַסִּיעַ אֲבָנִים יֵעָצֵב בָּהֶם בּוֹקֵעַ עֵצִים יִסָּכֶן בָּם: אִם־
קֵהָה הַבַּרְזֶל וְהוּא לֹא־פָנִים קִלְקַל וַחֲיָלִים יְגַבֵּר וְיִתְרוֹן הַכְשֵׁיר חָכְמָה:
אִם־יִשֹּׁךְ הַנָּחָשׁ בְּלוֹא־לָחַשׁ וְאֵין יִתְרוֹן לְבַעַל הַלָּשׁוֹן: דִּבְרֵי פִי־חָכָם חֵן
וְשִׂפְתוֹת כְּסִיל תְּבַלְּעֶנּוּ: תְּחִלַּת דִּבְרֵי־פִיהוּ סִכְלוּת וְאַחֲרִית פִּיהוּ הוֹלֵלוּת
רָעָה: וְהַסָּכָל יַרְבֶּה דְבָרִים לֹא־יֵדַע הָאָדָם מַה־שֶּׁיִּהְיֶה וַאֲשֶׁר יִהְיֶה
מֵאַחֲרָיו מִי יַגִּיד לוֹ: עֲמַל הַכְּסִילִים תְּיַגְּעֶנּוּ אֲשֶׁר לֹא־יָדַע לָלֶכֶת אֶל־עִיר:
אִי־לָךְ אֶרֶץ שֶׁמַּלְכֵּךְ נָעַר וְשָׂרַיִךְ בַּבֹּקֶר יֹאכֵלוּ: אַשְׁרֵיךְ אֶרֶץ שֶׁמַּלְכֵּךְ
בֶּן־חוֹרִים וְשָׂרַיִךְ בָּעֵת יֹאכֵלוּ בִּגְבוּרָה וְלֹא בַשְּׁתִי: בַּעֲצַלְתַּיִם יִמַּךְ הַמְּקָרֶה
וּבְשִׁפְלוּת יָדַיִם יִדְלֹף הַבָּיִת: לִשְׂחוֹק עֹשִׂים לֶחֶם וְיַיִן יְשַׂמַּח חַיִּים וְהַכֶּסֶף
יַעֲנֶה אֶת־הַכֹּל: גַּם בְּמַדָּעֲךָ מֶלֶךְ אַל־תְּקַלֵּל וּבְחַדְרֵי מִשְׁכָּבְךָ אַל־תְּקַלֵּל
יא עָשִׁיר כִּי עוֹף הַשָּׁמַיִם יוֹלִיךְ אֶת־הַקּוֹל וּבַעַל הכנפים יַגִּיד דָּבָר: שַׁלַּח כְּנָפָיִם
לַחְמְךָ עַל־פְּנֵי הַמָּיִם כִּי־בְרֹב הַיָּמִים תִּמְצָאֶנּוּ: תֶּן־חֵלֶק לְשִׁבְעָה וְגַם
לִשְׁמוֹנָה כִּי לֹא תֵדַע מַה־יִּהְיֶה רָעָה עַל־הָאָרֶץ: אִם־יִמָּלְאוּ הֶעָבִים גֶּשֶׁם
עַל־הָאָרֶץ יָרִיקוּ וְאִם־יִפּוֹל עֵץ בַּדָּרוֹם וְאִם בַּצָּפוֹן מְקוֹם שֶׁיִּפּוֹל הָעֵץ
שָׁם יְהוּא: שֹׁמֵר רוּחַ לֹא יִזְרָע וְרֹאֶה בֶעָבִים לֹא יִקְצוֹר: כַּאֲשֶׁר אֵינְךָ
יוֹדֵעַ מַה־דֶּרֶךְ הָרוּחַ כַּעֲצָמִים בְּבֶטֶן הַמְּלֵאָה כָּכָה לֹא תֵדַע אֶת־מַעֲשֵׂה
הָאֱלֹהִים אֲשֶׁר יַעֲשֶׂה אֶת־הַכֹּל: בַּבֹּקֶר זְרַע אֶת־זַרְעֶךָ וְלָעֶרֶב אַל־תַּנַּח
יָדֶךָ כִּי אֵינְךָ יוֹדֵעַ אֵי זֶה יִכְשַׁר הֲזֶה אוֹ־זֶה וְאִם־שְׁנֵיהֶם כְּאֶחָד טוֹבִים:
וּמָתוֹק הָאוֹר וְטוֹב לַעֵינַיִם לִרְאוֹת אֶת־הַשָּׁמֶשׁ: כִּי אִם־שָׁנִים הַרְבֵּה
יִחְיֶה הָאָדָם בְּכֻלָּם יִשְׂמָח וְיִזְכֹּר אֶת־יְמֵי הַחֹשֶׁךְ כִּי־הַרְבֵּה יִהְיוּ כָּל־שֶׁבָּא
הָבֶל: שְׂמַח בָּחוּר בְּיַלְדוּתֶךָ וִיטִיבְךָ לִבְּךָ בִּימֵי בְחוּרוֹתֶךָ וְהַלֵּךְ בְּדַרְכֵי
לִבְּךָ ובמראי עֵינֶיךָ וְדָע כִּי עַל־כָּל־אֵלֶּה יְבִיאֲךָ הָאֱלֹהִים בַּמִּשְׁפָּט: וְהָסֵר וּבְמַרְאֵה
יב כַּעַס מִלִּבֶּךָ וְהַעֲבֵר רָעָה מִבְּשָׂרֶךָ כִּי־הַיַּלְדוּת וְהַשַּׁחֲרוּת הָבֶל: וּזְכֹר
אֶת־בּוֹרְאֶיךָ בִּימֵי בְּחוּרֹתֶיךָ עַד אֲשֶׁר לֹא־יָבֹאוּ יְמֵי הָרָעָה וְהִגִּיעוּ שָׁנִים
אֲשֶׁר תֹּאמַר אֵין־לִי בָהֶם חֵפֶץ: עַד אֲשֶׁר לֹא־תֶחְשַׁךְ הַשֶּׁמֶשׁ וְהָאוֹר

וְהַיָּרֵחַ וְהַכּוֹכָבִים וְשָׁבוּ הֶעָבִים אַחַר הַגָּשֶׁם: בַּיּוֹם שֶׁיָּזֻעוּ שֹׁמְרֵי הַבַּיִת
וְהִתְעַוְּתוּ אַנְשֵׁי הֶחָיִל וּבָטְלוּ הַטֹּחֲנוֹת כִּי מִעֵטוּ וְחָשְׁכוּ הָרֹאוֹת בָּאֲרֻבּוֹת:
וְסֻגְּרוּ דְלָתַיִם בַּשּׁוּק בִּשְׁפַל קוֹל הַטַּחֲנָה וְיָקוּם לְקוֹל הַצִּפּוֹר וְיִשַּׁחוּ כָּל־
בְּנוֹת הַשִּׁיר: גַּם מִגָּבֹהַּ יִרָאוּ וְחַתְחַתִּים בַּדֶּרֶךְ וְיָנֵאץ הַשָּׁקֵד וְיִסְתַּבֵּל
הֶחָגָב וְתָפֵר הָאֲבִיּוֹנָה כִּי־הֹלֵךְ הָאָדָם אֶל־בֵּית עוֹלָמוֹ וְסָבְבוּ בַשּׁוּק
הַסֹּפְדִים: עַד אֲשֶׁר לֹא־ירחק חֶבֶל הַכֶּסֶף וְתָרֻץ גֻּלַּת הַזָּהָב וְתִשָּׁבֶר כַּד יֻרְתַק
עַל־הַמַּבּוּעַ וְנָרֹץ הַגַּלְגַּל אֶל־הַבּוֹר: וְיָשֹׁב הֶעָפָר עַל־הָאָרֶץ כְּשֶׁהָיָה
וְהָרוּחַ תָּשׁוּב אֶל־הָאֱלֹהִים אֲשֶׁר נְתָנָהּ: הֲבֵל הֲבָלִים אָמַר הַקּוֹהֶלֶת
הַכֹּל הָבֶל: וְיֹתֵר שֶׁהָיָה קֹהֶלֶת חָכָם עוֹד לִמַּד־דַּעַת אֶת־הָעָם וְאִזֵּן וְחִקֵּר
תִּקֵּן מְשָׁלִים הַרְבֵּה: בִּקֵּשׁ קֹהֶלֶת לִמְצֹא דִּבְרֵי־חֵפֶץ וְכָתוּב יֹשֶׁר דִּבְרֵי
אֱמֶת: דִּבְרֵי חֲכָמִים כַּדָּרְבֹנוֹת וּכְמַשְׂמְרוֹת נְטוּעִים בַּעֲלֵי אֲסֻפּוֹת נִתְּנוּ
מֵרֹעֶה אֶחָד: וְיֹתֵר מֵהֵמָּה בְּנִי הִזָּהֵר עֲשׂוֹת סְפָרִים הַרְבֵּה אֵין קֵץ וְלַהַג
הַרְבֵּה יְגִעַת בָּשָׂר: סוֹף דָּבָר הַכֹּל נִשְׁמָע אֶת־הָאֱלֹהִים יְרָא וְאֶת־מִצְוֹתָיו
שְׁמוֹר כִּי־זֶה כָּל־הָאָדָם: כִּי אֶת־כָּל־מַעֲשֶׂה הָאֱלֹהִים יָבִא בְמִשְׁפָּט עַל
כָּל־נֶעְלָם אִם־טוֹב וְאִם־רָע:

סוף דבר הכל נשמע
את האלהים ירא ואת מצותיו שמור
כי זה כל האדם

# נספחים

# הלכות קריאת התורה

## תקנת קריאת התורה

1 "'וילכו שלשת ימים במדבר ולא מצאו מים' (שמ־ת טו, כב) – דורשי רשומות אמרו: אין מים אלא תורה, שנאמר: 'הוי כל צמא לכו למים' (ישעיה נה, א), כיון שהלכו שלשת ימים בלא תורה נלאו" (בבא קמא פב ע"א). משה רבינו תיקן לישראל לקרוא בתורה בשבתות ובימים טובים, בחול המועד, בראשי חודשים ובכל שני וחמישי, כדי שיקראו בתורה לכל הפחות פעם בשלושה ימים. עזרא הסופר ובית דינו הוסיפו ותיקנו שיקראו גם במנחה של שבת, עבור מי שאינו יכול להגיע לבית הכנסת בימי שני וחמישי (רמב"ם, תפילה פי"ב ה"א).

2 "המנהג הפשוט בכל ישראל שמשלימין את התורה בשנה אחת: מתחילין בשבת שאחר חג הסוכות וקורין בסדר בראשית, בשניה 'אלה תולדות' (בראשית ו, ט), בשלישית 'ויאמר ה' אל אברם' (שם יב, א), וקוראין והולכין על הסדר הזה עד שגומרין את התורה בחג הסוכות. ויש מי שמשלים את התורה בשלש שנים ואינו מנהג פשוט" (רמב"ם, תפילה פי"ג ה"א). בספר 'החילוקים שבין אנשי מזרח ובני ארץ ישראל' מתקופת הגאונים מתואר שמנהג ארץ ישראל היה לסיים את קריאת התורה בשלוש שנים וחצי, וזה ככל הנראה מקור החלוקה לסדרים המופיעה בתנ"ך. אך בכל ישראל פשט המנהג ש"בשבתות קוראים חלק אחד מנ"ג מן התורה וזאת היא פרשה" (סידור רס"ג, שסג).

3 בכל שבת מעלים שבעה קרואים לפרשת השבוע; אך בחגים ובשבת חול המועד אין קוראים את הפרשה על פי הסדר, אלא קוראים קריאה מיוחדת לאותו היום. ישנן חמישים וארבע פרשות, כדי שיהיה אפשר לקרוא פרשה אחת בכל שבת, גם בשנים מעוברות שאין בהן אף יום טוב החל בשבת.

4 ברוב השנים אין חמישים ושלוש שבתות ששום יום טוב אינו חל בהן (הפרשה החמישים וארבע היא 'וזאת הברכה', וקוראים אותה בשמחת תורה אפילו אם חל ביום חול). משום כך בשבתות אחדות קוראים שתי פרשות. בארץ ישראל יש שישה זוגות של פרשות שקוראים לפעמים ביחד. בחו"ל נוסף זוג שביעי לרשימה בשנים שבהן יום טוב שני של שבועות חל בשבת. במניין הפרשות הכפולות התקבל מנהג צרפת, המובא במחזור ויטרי (רנו) ונפסק בטור (תכח). כאשר קוראים שתי פרשות ביחד, שלושה קוראים מהפרשה הראשונה, הרביעי את סוף הראשונה ואת תחילת השנייה, והחמישי עד השביעי מהפרשה השנייה (מג"א קלה, ב בשם מהר"ם מינץ). אם מוסיפים על הקרואים, יש להקפיד שיהיה מספר קרואים אי־זוגי, ושהאמצעי יקרא מעט מכל פרשה (א"ר רפב, ט).

## הוצאת ספר התורה

5 יש הנוהגים לכבד בפתיחת הארון את מי שאשתו בחודש התשיעי להריונה ('מורה באצבע' ג, צ).

6 כשמוציאים את ספר התורה מההיכל נוהגים לנשק אותו וללוותו לתיבה (ע"פ שעה"כ, עניין קריאת הס"ת). בקהילות הספרדים יש נוהגים להוליך את ספר התורה פתוח כדי שכל האנשים והנשים יראו אותו ('אמת ליעקב', מנהגי הוצאת ס"ת ג, וראה מסכת סופרים יד, ח), וכאשר רואים את הכתב כורעים (שו"ע קלד, ב ע"פ מסכת סופרים, שם). וכן נוהגים ללוותו בחזרה להיכל (וראה כה"ח קמט, ו). בשבתות מיוחדות שבהן קוראים בשני ספרי תורה נוהגים בקהילות אשכנז ששליח הציבור לוקח את הספר הראשון אל הבימה ואדם נוסף מביא את הספר השני. כשמחזירים אותם, שליח הציבור לוקח את הספר השני ('שערי אפרים' י, מא), ומי שהביא אותו מחזיר את הראשון.

7 מנהג הספרדים וכן חלק מקהילות האשכנזים להגביה את ספר התורה קודם קריאת התורה כדי שהציבור יראה את הכתוב (שו"ע, שם וכן דעת הגר"א). ומנהג רוב קהילות אשכנז להגביה את ספר התורה אחר הקריאה בו (רמ"א קלד, ב). בשבתות מיוחדות שבהן קוראים בשני ספרי תורה, מנהג הספרדים להגביה את שניהם בתחילה, קודם הקריאה, ובקהילות אשכנז נוהגים להגביה כל ספר אחר הקריאה בו. בשעה"כ (שם) כתב, שמנהג האר"י היה לעמוד סמוך לתיבה בזמן ההגבהה כדי שיוכל לראות בבירור את האותיות, כיון שעל ידי ההסתכלות בהן נמשך לאדם אור גדול.

## דיני הקריאה

8 בימות החול ובמנחה של שבת שלושה עולים לקרוא בתורה – כוהן, לוי וישראל. בחול המועד ובראש חודש עולה ישראל נוסף, בסך הכול ארבעה; ביום טוב עולים חמישה, ביום הכיפורים שישה ובשבת שבעה (משנה, מגילה כא ע"א; וראה טור וב"י, קלה). בימות החול אין מוסיפים על מספר זה, אך בשבתות ובימים טובים יכולים להוסיף (שו"ע רפב, א; והרמ"א שם כתב, שנהגו שלא להוסיף ביום טוב), ומכל מקום מוטב שלא להוסיף הרבה משום טורח ציבור (ילק"י קלה, כו).

9 מותר להעלות קטן לתורה (מגילה כד ע"א; 'הלכות גדולות'; רמב"ם, תפילה פי"ב הי"ז, וכן דעת הגאונים ורבים מהראשונים) וכך פסק מרן (שו"ע רפב, ג). דעת כמה מהראשונים, שאין להעלותו בשלוש העליות הראשונות (הערוך והרוקח; והיחו"ד ח"ב, טו כתב לחוש לשיטה זו בימי שני וחמישי) שהן מתקנת עזרא (ראה בבא קמא פב ע"א), ויש שכתבו שיכול לעלות לעליית שביעי בלבד (תוספות, ראש השנה לג ע"א; מהר"ם מרוטנבורג, פסקים ומנהגים ח"א, קד; וכן דעת האר"י המובאת בשעה"כ, ואחריו נמשכו המקובלים); ויש נוהגים שלא להעלות קטן אלא למפטיר (מג"א רפב, ו; א"ר שם, ג). ומנהג האשכנזים כיום שאין מעלים קטן כלל.

10 נוהגים לקרוא לעולה בשמו (מובא בכנה"ג, סו); אך בהרבה מהקהילות הספרדיות מקובל שאין מזמינים את העולה לתורה בשמו, כדי שאם אינו יכול לעלות מסיבה כלשהי, יהיה רשאי שלא לעלות ('חיים שאל' יג).

11 אם אין בבית הכנסת לוי, הכוהן קורא שוב (גיטין נט ע"ב, ותוספות שם). אם אין כוהן ויש לוי, אין חובה לקרוא את הלוי לתורה; אך אם מעלים את הלוי לקרוא, יש לקוראו ראשון (שו"ע ורמ"א קלה, ו בשם רבינו ירוחם). ומכריזים "במקום כוהן" או "אף על פי שהוא לוי", כדי שלא יטעה הקהל לחשוב שהעולה ראשון כוהן הוא (טור שם).

12 עוד נוהגים להעלות חתן ביום חופתו ובשבתות שלפני נישואיו ואחריהם, בר־מצווה, מי שאשתו ילדה, יתום ביום פטירת אביו או אמו, ומי שחייב לברך הגומל (בה"ל קלו, ד"ה בשבת).

13 אף על פי שמן הדין מותר להעלות אב ובנו או שני אחים בזה אחר זה, אין עושין כן לכתחילה משום עין הרע ('מרדכי', הל' ספר תורה תתקסט בשם מהר"ם; שו"ע קמא, ו).

14 מעיקר הדין, העולה לתורה הוא הקורא בה, אך מכיוון שאין הכל בקיאים, נהגו ששליח ציבור קורא לכל העולים, אלא אם כן העולה יודע לקרוא כראוי ורוצה לקרוא בעצמו. ובקהילות אשכנז נוהגים שלעולם שליח הציבור הוא הקורא (משנ"ב קמא, ח). עולה לתורה שאינו קורא, צריך לקרוא מתוך הספר עם הקורא, ויעשה זאת בלחש (שו"ע קמא, ב ע"פ ר"ת בתוספות, בבא בתרא טו ע"א).

15 העולה לתורה עולה לבימה בדרך הקצרה ביותר (שו"ע קמא, ז בשם בעל תה"ד). פותח את ספר התורה כדי לראות היכן יקרא, ואחר כך מברך "אשר בחר בנו" וקורא (הוא או שליח הציבור). יש אומרים שצריך להקפיד שלא להסתכל בספר בשעת הברכה כדי שלא ייראה שגם הברכות כתובות בו (רמ"א קלט, ד בשם ה'כלבו'), ויש אומרים שאין צורך להקפיד בכך בברכה שקודם הקריאה (שו"ע קלט, ד ע"פ הרמב"ם, וכדעת רבי יהודה, מגילה לב ע"א), ולדעת האר"י יש לכסות את הכתב משום כבוד התורה (שעה"כ, עניין קריאת ספר התורה). לאחר הקריאה סוגר את הספר או מכסהו במטפחת ומברך "אשר נתן לנו" (שו"ע שם, ד-ה, שעה"כ שם).

16 "וצריך הקורא לאחוז בה כאלו קבלה (עכשיו) מהר סיני" ('ארחות חיים', שני וחמישי יט). בשעת הברכה יש לאחוז בספר התורה, אולם אין לגעת בירויעות אלא באמצעות מטפחת (שו"ע קמז, א; שעה"כ, עניין קריאת ספר התורה ע"פ הגמרא במגילה לב ע"א), ומנהג בני אשכנז לאחוז בעמוד (המכונה 'עץ חיים').

17 אם הברכה נאמרה על פרשה שאינה נכונה, צריך לשוב ולברך. אך אם המקום הנכון לקריאה היה פתוח בשעת הברכה, אין צורך לשוב ולברך (ט"ז קמ, ד).

18 הקורא בתורה עומד (מגילה כא ע"א). עולה לתורה שאינו קורא, צריך לעמוד אף הוא ('מרדכי', הל' ספר תורה תתקסח). הקהל אינו מחויב לעמוד (שו"ע קמו, ד), ויש שהורו שראוי לעמוד (שו"ת הרמ"ע מפאנו, צא; א"ר שם; והכנה"ג שם כתב, שכך היה מנהגם של הרד"ך ומהרימ"ט); ומנהג האר"י היה לשבת (מובא בשעה"כ, עניין קריאת ספר התורה).

19 בכל עלייה לתורה קוראים שלושה פסוקים לפחות (מגילה כא ע"ב), ובסך הכל יש לקרוא עשרה פסוקים לפחות (שם) – פרט לפורים, שקוראים בו רק תשעה פסוקים, מכיוון שיש בהם כל מעשה מלחמת עמלק והמצווה למחות את זכרו (תוספות שם). ההפסקות בקריאה צריכות להתאים במידת האפשר לפרשיות פתוחות או סתומות בתורה (ראה מג"א, פתיחה לסימן רפב בשם הזוהר), ונוהגים להפסיק כאשר עניין מסתיים, אף אם אין במקום הפסק פרשה (רמ"א קלח, א בשם תה"ד). פותחים בדבר טוב ומסיימים בדבר טוב (רמב"ם תפילה יג, ה). ומכל מקום אין להפסיק בפחות משלושה פסוקים מהפרשה הקרובה (מגילה כא ע"ב).

## טעות בקריאה

20 "קרא וטעה אפילו בדקדוק אות אחת מחזירין אותו" (רמב"ם תפלה פי"ב, ה"ו; שו"ע קמב, א), וכך מנהג הספרדים. ומנהג אשכנז כדברי הרמ"א (שם), שדווקא אם טעה הקורא טעות המשנה את משמעות הפסוק (בין שקרא מילה שונה, בין ששינה את הניקוד, ולעתים אף את ההטעמה), צריך לחזור למקום שנפלה בו הטעות ולקרוא משם (משנ"ב קמב, ד). ואם הטעות אינה משנה את המשמעות "טוב שלא להגיה עליו על שגגותיו ברבים שלא להלבין פניו, דאף על פי שטעה בה יצא ידי קריאה" (טור קמב בשם המנהיג).

21 אם נזכר שם שמים בפסוק שטעה בו, יש שכתבו שעליו לסיים את הפסוק ולחזור ולקראו מתחילתו; אך אם ישנו עוד שם בהמשך הפסוק, יעצור במקום שנודע לו שטעה, ויחזור לקרוא מתחילת הפסוק ('ציץ אליעזר' חי"ב, מ, ג).

## ספר תורה שנמצאה בו טעות

22 אם נמצאה בספר התורה טעות, יש להפסיק את הקריאה בו ולהמשיך לקרוא בספר אחר ממקום שהפסיקו בו. למנהג הספרדים ספר התורה הפסול נשאר סגור על התיבה עד סיום הקריאה (ילק"י קמג, י ע"פ שולחן גבוה יו"ד רעט, ד), אך האשכנזים נוהגים להחזירו בעת שמוציאים את הספר האחר. אין צורך לחזור ולברך את הברכה הראשונה (שו"ע קמג, ד ע"פ מהר"י בירב). ויש אומרים שיקרא לכל הפחות שלושה פסוקים בספר הכשר אפילו אם לשם כך עליו לחזור על הפסוקים שקרא (ילק"י קלח, ד).

23 יש שפסקו, שאם אפשר לחלק את המשך הפרשה לשבע עליות (או למספר העולים באותו יום, כאמור בהלכה ח), עדיף לעשות כך (משנ"ב שם, טז).

24 טעויות מצויות שבגינן יש להוציא ספר תורה אחר (ראה שו"ע או"ח לב וכן לו; יו"ד רעד):

א. אות חסרה או אות יתרה, ולמנהג האשכנזים דווקא כשהדבר ניכר בקריאה.

ב. אם נכתב קרי במקום כתיב.

ג. שינוי במראה האות, כגון רי"ש שנראית כדל"ת.

ד. אותיות שניטשטשו עד שאין רישומן ניכר.

ה. דיבוק בין שתי אותיות – למנהג האשכנזים דיבוק מלא שמשנה את האות, או דיבוק שנעשה בתחילת כתיבת האות אף שאינו דיבוק מלא – פוסלים; דיבוק קל שנעשה בסוף הכתיבה – אם אין אפשרות לתקן במקום (למשל, בשבת) יש להקל. למנהג הספרדים – מחליפים ספר תורה על כל דיבוק קל. לכל הדעות בספק דיבוק יש להכשיר.

ו. דיבוק קל בתוך האות, כגון: יו"די האל"ף, השי"ן, העי"ן והצדי"ק למנהג הספרדים, ולמנהג האשכנזים דווקא כשנדבקו במלואם.

ז. פירוד ניכר, ולמנהג הספרדים אף פירוד דק כחוט השערה.

ח. אם יו"די האל"ף, השי"ן, העי"ן והצדי"ק מנותקים, אפילו כחוט השערה.

ט. כשאין רווח ניכר בין שתי תיבות ותינוק קוראן כאחת (אך אם יש אות סופית בתיבה הראשונה יש להקל בשעת הדחק), או להפך, כשיש רווח בתוך תיבה ותינוק קוראה כשתי תיבות.

25 נוהגים לברך את העולה, ולעתים מוסיפים ברכה ייחודית לחולה, ליולדת, לבר־מצווה וכד'.

26 לאחר קריאת התורה אומרים קדיש. בזמן הגאונים היו שנהגו לומר את הקדיש מיד לאחר הקריאה, והיו שנהגו לאומרו לאחר החזרת ספר התורה להיכל (שני המנהגים מובאים בסדר רב עמרם גאון). כיום נוהגים שבשבתות ובימים טובים אומרים קדיש לפני עליית המפטיר, שאינו ממניין הקרואים – כדי להפסיק בין הקריאה שחייבים בה לקריאתו (שו"ת הר"י ן' מגאש, פט; או"ז ח"ב, מז, בשם ספר המקצועות); בקריאת התורה בשחרית של חול, בראש חודש ובחול המועד אומרים קדיש לאחר שהעולה האחרון בירך את הברכה שאחר הקריאה; ובמנחה של שבת, של יום הכיפורים ושל תעניות ציבור דוחים את הקדיש עד לאחר הכנסת ספר התורה כדי להסמיך לקדיש את תפילת העמידה ('לבוש' רצב, א).

27 את הקדיש הזה אומר שליח הציבור (טור, קמט), כלומר, הקורא בתורה (ראה שו"ע קמא, ב); ויש הנוהגים שאם העולה האחרון אבל או שיש לו יום זיכרון – הוא אומר את הקדיש ('שערי אפרים' י, ט); ויש הנוהגים שבכל מקרה האבל אומר את הקדיש ('שדי חמד', מערכת אבלות קסג בשם 'אגודת אזוב מדברי' ע"פ גרסה בתשב"ץ ח"ג, קעא).

## מפטיר

28 בשבתות ובימים טובים לאחר אמירת הקדיש אדם נוסף עולה למפטיר (שבה"ל עט בשם הראב"ד). בשבתות המפטיר קורא את הפסוקים האחרונים של פרשת השבוע, פרט לשבתות מיוחדות שקורא בהן עניין השייך לאותה שבת. המפטיר יכול להיות כוהן, לוי או ישראל.

29 לאחר שסיים את קריאת המפטיר, קורא את ההפטרה, שהיא קטע מספרי הנביאים המתאים מבחינת התוכן לפרשה שנקראה, או לתקופה בשנה. מעיקר הדין יש לקרוא בהפטרה עשרים ואחד פסוקים, אך נוהגים לקצר אם עניין ההפטרה מסתיים קודם לכן (מגילה כג ע"א).

30 העולה למפטיר קורא את ההפטרה עצמה, אך אם אינו יודע לקרוא, שליח הציבור קוראה עבורו (רמ"א רפד, ד). יש שכתבו שמוטב לקרוא את ההפטרה מקלף (משנ"ב שם, א); אך ברוב בתי הכנסת לא נהגו להקפיד על כך. ויש שכתבו שמוטב לקרוא את ההפטרה מתוך ספר נביא שלם (יחו"ד ה, כו).

31 קודם שקורא את ההפטרה (המפטיר או שליח הציבור), מברך עליה "אשר בחר בנביאים טובים". ואחריה מברך ארבע ברכות (ע"פ מסכת סופרים פי"ג ה"ח-ה"יג): הראשונה על קיום דברי הנבואה שנאמרו בהפטרה (ספר המנהיג), ושלוש האחרות על הגאולה, על ביאת המשיח ועל קדושת היום. יש מהראשונים שכתבו ששלוש הברכות האלה אינן קשורות להפטרה במישרין אלא הן ברכות שבח והודאה (רא"ה, ברכות מו ע"ב).

32 בקהילות הספרדים יש הנוהגים להוסיף אחר ההפטרה את הפסוק "גואלנו ה' צבאות שמו קדוש ישראל", בגלל הברכות שלאחר מכן המדברות על הגאולה ('כתר שם טוב', הפטרה כח), או כדי לסיים את קריאת ההפטרה בדברי נחמה.

33 יש שאינם גורסים את המילה "ורחמן" בברכה הראשונה שאחר ההפטרה, כיוון שברכה זו מדברת על הנאמנות, והרחמים הם מעניין הברכה השנייה (וכן במחז"ו, קסו). אך בסידור קרקוב שנ"ז הוסיפו מילה זו, מכיוון שכל הברכות מסתיימות בעניין הברכה הבאה; וכן ברוב הסידורים הנדפסים. מנהג חב"ד להוסיף לברכה השנייה "ולעלובת נפש תושיע ותשמח במהרה בימינו", וכן נהג רי"ד סולובייצ'יק.

34 גרסת הראשונים בברכה השנייה שלאחר ההפטרה הייתה "ולעגומת נפש תנקום נקם במהרה בימינו", ומחמת הצנזורה שונתה הגרסה ל"ולעלובת נפש תושיע במהרה בימינו".

35 בשבתות שקוראים בהן מפטיר מיוחד (שבת חול המועד, שבת ראש חודש, שבת חנוכה, ארבע פרשיות, 'פורים משולש' בירושלים) וכן בימים טובים מוציאים שני ספרי תורה. בראשון קוראים לשבעה קרואים ואומרים חצי קדיש. ומנהג בני אשכנז להניח את הספר השני על הבימה קודם הקדיש, ואחר הקדיש מגביהים את הספר הראשון. לאחר מכן המפטיר קורא מעניין היום בספר השני, ומנהג הספרדים לומר שוב חצי קדיש (ב"י רפב בשם הריב"ש, וראה ספר המכריע, לא). אחר כך קוראים את ההפטרה. בשבתות מיוחדות שבהן מוציאים שלושה ספרי תורה, קוראים לשישה קרואים בספר הראשון ואין אומרים חצי קדיש אחר הספר הראשון אלא אחר השני, לאחר שעלו שבעת העולים שהם חובת היום. ולמנהג הספרדים אומר שוב חצי קדיש אחר הקריאה בספר השלישי (שם).

# אוצר לעזי רש"י
## תרגום הלעזים בפירוש רש"י על התורה

משה קטן

| פרק ופסוק | מילה בלועזית | פירוש בעברית |
|---|---|---|
| דברים א,טז | אודנ"ט | בשמעכם |
| דברים ד,כד | אינפרינדר"א | לכעוס |
| דברים ט,כא | מולנ"ט | בטחנו |
| דברים יג,ו | דישטולוד"א | מעוותת |
| דברים יג,ז | אמיטר"א | ישיא, יפתה |
| דברים יג,ז | אפיקייד"א | דבוקה |
| דברים יד,ה | אישטיינבו"ק | אקו, יעל סלע |
| דברים יד,ו | פלנט"א | כף רגל |
| דברים יד,טז | קלב"א שורי"ץ | עטלף |
| דברים יד,יח | הירופ"א | דוכיפת |
| דברים יח,ג | אישפלדו"ן | עצם השכם |
| דברים כז,א | גרדנ"ט | בשמרכם |
| דברים כח,כב | מלויי"ד | מחושים (כלומר קדחת) |
| דברים כח,כב | אישרדימינ"ט | התחממות, התייבשות |
| דברים כח,כב | השל"א | חום |
| דברים כח,כב | קר"ו | כרכום (הכוונה היא כפי הנראה למין צהבת, שבעקבותיה מתכרכמות פני החולה) |
| דברים כח,כח,לז | אישטורדישו"ן | עילפון, הלם, מבוכה |
| דברים כח,מט | אינטינדר"א | להבין |
| דברים כח,סח | אי פורוינדרי"ץ | ותמכרו את עצמכם |
| דברים כט,יח | בינדיר"א שי"י | יברך את עצמו |
| דברים כט,יט | אינפרינמני"ט | חרון אף |
| דברים לב,ב | אירבידי"ץ | מעשב, מכלול העשבים |
| דברים לב,ה | אינטורטיליי"ץ | מפותלים, מסובכים |
| דברים לב,יד | וינו"ש | ייני |
| דברים לב,כ | נורטור"א | חינוך |
| דברים לב,ל | דיליברי"ר | למסור, להסגיר |
| דברים לב,לו | מיינטינג"ט | נשלט |
| דברים לב,לו | אינפורציי"ד | מחוזק |

| פרק ופסוק | מילה בלועזית | פירוש בעברית |
|---|---|---|
| דברים לב,מא | פלנדו"ר | ברק, זוהר |
| דברים לב,מא | יושטיצ"א | ענישה |
| דברים לג,ג | טי"ש פורפרלידורי"ש | דיבוריך (עם עצמך) |
| דברים לג,כה | אישקורונ"ט | ינהרו, ישפעו |

## מִספרים בספר דברים

| פרשה | פסוקים | מילים | אותיות | מצוות |
|---|---|---|---|---|
| דברים | 105 | 1548 | 5972 | 2 |
| ואתחנן | 122* | 1878 | 7343 | 12 |
| עקב | 111 | 1747 | 6865 | 8 |
| ראה | 126 | 1932 | 7442 | 55 |
| שפטים | 97 | 1523 | 5590 | 41 |
| כי תצא** | 110 | 1582 | 5856 | 74 |
| כי תבוא | 122 | 1747 | 6811 | 6 |
| נצבים | 40 | 657 | 2575 | 0 |
| וילך*** | 30 | 553 | 2123 | 2 |
| האזינו | 52 | 614 | 2326 | 0 |
| וזאת הברכה**** | 41 | 512 | 1989 | 0 |
| **ספר דברים** | **834** | **14293** | **54892** | **200** |

* יש המונים לעשׂרת הדיברות עשרה פסוקים
** הפרשה בעלת מספר המצוות הגדול ביותר בתורה
*** הפרשה בעלת מספר הפסוקים הקטן ביותר בתורה
**** הפרשה בעלת מספר האותיות והמילים הקטן ביותר בתורה

# צמחים ובעלי חיים בספר דברים

זֹהר עמר

**אֶרֶץ חִטָּה וּשְׂעֹרָה וְגֶפֶן וּתְאֵנָה וְרִמּוֹן אֶרֶץ־זֵית שֶׁמֶן וּדְבָשׁ** (פרשת עקב ח, ח)

רשימת שבעת המינים מופיעה במרכז הפסוקים המתארים את טבעה ואת תכונותיה הייחודיים של ארץ ישראל. סדר הופעת הגידולים הוא בהתאם לחשיבותם בסל המזונות והם מסווגים לשלוש קבוצות: דגנים, פירות מתוקים ותוצרי מזון. סיווג נוסף הקיים בסדר זה הוא על פי לוח השנה החקלאי ומועד איסוף היבול: הדגנים, גידולי החורף – קצירם בראשית הקיץ, הפירות המתוקים – קטיפתם בחודשי הקיץ, ולבסוף הזיתים – מַסיקם בשלהי הקיץ.

ברשימה זו מופיעים, למעשה, גידולי היסוד החשובים ביותר לאדם בארץ ישראל בתקופת המקרא, בעוד עצים, כמו: שקד, תפוח ואגוז היו שוליים. את כל התוצר החקלאי הנזכר ברשימה, היה אפשר לשמר לאורך זמן ולהפכו לבעל חיי מדף ארוכים לתקופות מחסור. למשל, את גרגרי הדגן היה אפשר לשמר בממגורות או לקלותם ל"קלי", את הענבים הפכו לצימוקים, את התאנים לדבלים, ואת הרימונים לפרדות (עיין בהמשך). חלקם היו תוצר נוזלי (יין ושמן) וחלקם דבש.

**חִטָּה** החיטה נזכרת שלושים פעם במקרא, והיא נחשבת לגידול היסוד החשוב ביותר לאדם שהרי ממנו מכינים את הלחם. היא נחשבת גם לדגן המשובח ביותר בהשוואה לשעורה ולחיטת הכוסמת. בשם חיטה נכללו הסוג *Triticum sp.*, אך מימי המקרא ועד לעת החדשה הייתה מצויה בעיקר חיטה קשה (*T. durum*), ולא החיטה הרכה (*T. aestivum*) השכיחה בימינו. כך עולה באופן חד־משמעי מהממצא הבוטני העשיר שנחשף בחפירות ארכאולוגיות רבות בעת העתיקה. אחת מתכונותיה של חיטת הדוּרוּם (היום בעיקר בתעשיית הפסטות), שהיא משמרת את טריות הלחם טוב יותר מהחיטה הרכה.

שדה חיטה

**שְׂעֹרָה** הדגן השני בחשיבותו בתולדות האנושות מזוהה בוודאות אצל כל הפרשנים והחוקרים עם השעורה התרבותית (*Hordeum vulgare*), שלה זנים אחדים. ייתכן שמקור השם שעורה במלעני השיבוליות – תוספת של מעין זיפים ארוכים כשערה היוצאים בדרך כלל מן המוץ התחתון.

השעורה מבשילה ראשונה מבין תבואות החורף. לחם שעורים נחשב למאכל פחות בערכו התזונתי והכלכלי מהחיטה, והוא מתאים למאכל בהמה או לדלת העם. לעומת זאת, לשעורה תכונות בעלות יתרון רב משל החיטה: דרישותיה הקיומיות צנועות, היא עמידה בפני יובש וחום וגדלה היטב בקרקעות דלות. בתנאים אלה היא מניבה יבולים גבוהים משל החיטה. לכן גידולה היה שכיח באזורי הספר ובתקופות של בצורת ורעב שפקדו לעתים את ארץ ישראל.

שדה שעורה

כרם ענבים

**גֶּפֶן** הגפן (*Vitis vinifera*) היא עץ הפרי החשוב ביותר בעולם המקרא. העץ ופירותיו, תוצריו ובית גידולו מופיעים במקרא הרבה יותר מכל גידול חקלאי אחר: גפן (55), ענבים (19), כרם (90), תירוש (38) ויין (141). על חשיבותו הרבה וגידולו האינטנסיבי מעידים החרצנים הרבים של ענבים מפוחמים שנמצאו בחפירות ארכאולוגיות, ואלפי גתות היין המסורתיות שנמצאו ברחבי כל ארץ ישראל.

את פריו המיובש היה אפשר לשמר כצימוקים (שמ"א כה, יח), ומהמוהל שנסחט מהענבים הלחים או מהצימוקים ייצרו יין. היין נקרא בלשון המקרא גם בשם "תירוש", ולא כפי שמכונה בימינו מיץ הענבים. השימוש בו לא היה שכיח בעבר בשל העדר תנאי קירור ופסטור. בתקופת המקרא ייצרו בעיקר יין אדום ובאופן כללי נודע היין הארץ ישראלי בחוזקו ובמתיקותו הטבעית, שהושגו בחקלאות בעל ומזנים מקומיים. בניגוד לזה, שיטות הגידול והייצור של היין בימינו מבוססות על זני גפן אירופאיים ולרוב בגידול בהשקיה.

עץ תאנה

**תְּאֵנָה** התאנה (*Ficus carica*) עץ פרי נשיר, עתיר סוכרים. פגותיו נאכלו לחות או מיובשות, כלומר, דבלים. במיוחד היו נדרשות "תְּאֵנֵי הַבַּכֻּרוֹת" (ירמיהו כד, ב; ישעיהו כח, ד), המקדימות להבשיל לפני שאר פירות הקיץ. בעוד ששאר עצי הפרי מניבים פירות במועד מוגבל יחסית, הרי שתקופת אריית התאנים נמשכת מראשית הקיץ ועד לחורף.

**רִמּוֹן** הרימון, עץ פרי שכיח, נזכר אחת־עשרה פעם במקרא. צורת הפרי שימשה מקור השראה ליצירת כלים ועיטורים שונים בתבניתו (במשמעות זו נזכר עשרים ואחת פעם, למשל: שמות לט, כו; מלכים ב' כה, יז). הרימון, שם מקום, נזכר חמש פעמים, והרימון, שם פרטי, נזכר פעם אחת (שמואל ב' ד, ב). לרימון (*Punica granatum*) מסורת זיהוי מוחלטת ושמו השתמר בכל השפות השמיות, למשל, בערבית – "רֻמאן". שרידי פירותיו נמצאו באתרים רבים בארץ מתקופת המקרא ואזכורו בסוף רשימת הפירות, בין גידולי היסוד של ארץ ישראל, אינו מקרי. הוא נמנה עם הפירות שאפשר לשומרם לפרק זמן ממושך. קליפתו הקשה משמרת את גרגיריו טריים חודשים ארוכים ואף את גרגיריו היבשים נהגו לאכול. האחרונים נקראו בלשון חז"ל בשם "פרד" או "פרידה", ובימי הביניים אף יוצאו לחו"ל.

מטע רימונים

**זֵית שֶׁמֶן** בשל מרירותו, הזית (*Olea europaea*) אינו מופיע ברשימת שבעת המינים עם שאר עצי הפרי המתוקים. בתקופת המקרא גידלו את הזית לצורך הפקת השמן (נזכר 185 פעמים), המכונה גם יצהר (23 פעמים) – מקור השמן היחיד שהיה לאכילה, למאור ולסיכה. אין עדויות במקרא לאכילת זיתים ונראה שרק בתקופות מאוחרות יותר החל הנוהג השכיח לאכול פירות באמצעות התקנתם בכבישה והמלחה. על השימוש הנפוץ בו בימי המקרא יעידו בתי בד קדומים בכל רחבי ארץ ישראל, חלק מהם בהיקף תעשייתי. השמן אף יוּצא למצרים (הושע יב, ב). על פי הממצא הבוטני-ארכאולוגי הקדום היו כמה זנים של זיתים המוכרים גם בימינו, והשכיח שבהם הוא הזן המכונה סוּרי (=צורי).

כרם זיתים

**דְּבַשׁ** הדבש נזכר בסוף רשימת שבעת המינים והדבר מעיד שהוא יוצא דופן. כבר בתקופת חז"ל נחלקו חכמים, אם מדובר בדבש דבורים או בדבש תמרים (מכילתא דרבי שמעון בר יוחאי, יג, ה). אם מדובר בדבש דבורים, הרי שהוא התוצר היחיד מן החי המופיע ברשימת שבעת המינים. בתקופת המקרא אמנם הכירו את גידול הדבורים המבויתות, אך למעשה מקור רוב הדבש היה מזדמן, והגיע מנחילי דבורי בר. אם מדובר בדבש תמרים, הרי שהתמר הוא עץ הפרי היחיד שגדל באזורים הגאוגרפיים הנמוכים והחמים של בקע הירדן, לעומת שאר עצי הפרי המאפיינים את שדרת ההר הים תיכונית. באזורים אלה העץ היה חלק עיקרי בתרבות האנושית והעדויות לגידולו ולשימושים בו בסל המזונות היו חרצני תמרים שנחשפו באתרים רבים.

עצי תמר

# הבהמות והחיות הטהורות

**זֹאת הַבְּהֵמָה אֲשֶׁר תֹּאכֵלוּ שׁוֹר שֵׂה כְשָׂבִים וְשֵׂה עִזִּים. אַיָּל וּצְבִי וְיַחְמוּר וְאַקּוֹ וְדִישֹׁן וּתְאוֹ וָזָמֶר** (פרשת ראה יד, ד - ה)

התורה מונה את עשרת בעלי החיים הטהורים לפי סדר שכיחותם וחשיבותם לאדם. בתחילה נמנו חיות המשק המבויתות, ולאחר מכן נמנו חיות הבר. למעשה, אין מדובר בשמות מסוימים אלא לפעמים בשמות קיבוציים (רמב"ם, הלכות מאכלות אסורות פ"א ה"ח), למשל, תחת השם איל כלולים כל מיני הפַּרְסְתנים בעלי הקרניים המפוצלות ולא רק אייל הכרמל כפי שמקובל בימינו. נראה שכל בעלי החיים הנזכרים היו ידועים בארצות המקרא: ארץ ישראל ומצרים, והם מייצגים משפחות שונות ובתי גידול שונים. זיהויים של חמשת שמות בעלי החיים הראשונים הנזכרים ברשימה מוחלט, בעוד שזיהוי חמשת האחרונים אינו מוחלט. בסופו של דבר, הזיהוי נקבע על פי מסורות הזיהוי הקדומות, מקורות היסטוריים והממצא הארכאו-זואולוגי המעיד על מציאותם בימי המקרא. מחקרנו מורה שכבר בתקופת המקרא היו לכמה מבעלי החיים הטהורים שמות נרדפים. כמו כן, אין השמות העבריים בימינו זהים בהכרח למינוח המקראי. להרחבה, ראו מאמר באתר ההוצאה.

**אַיָּל** האייל במקרא הוא שם קיבוצי של בני משפחת האיילים (*Cervidae*). בארץ ישראל הקדומה היו מצויים שלושה מינים המכונים בימינו: יחמור פרסי (*Dama mesopotamica*), אייל אדמוני (*Cervus elaphus*) ואייל כרמל (*Capreolus capreolus*). בכל המינים הללו הזכרים מאופיינים בקרניים המתפצלות לסעיפים, והן בעלות רקמת עצם (גרם) מלאה, הנושרת וגדלה מחדש בכל שנה. הנקבות חסרות קרניים. בית גידולם של מיני האיילים הוא לרוב בנופי החורש הים תיכוני.

האייל נזכר במקרא עשרים ואחת פעמים, יותר מכל שאר חיות הבר הטהורות, ובשל חשיבותו הוא נזכר ראשון ברשימה. דבר זה מאושש בממצא הארכאו-זואולוגי העשיר המעיד על שכיחותו באתרים שונים מתקופת המקרא (בעיקר של מיני האיילים הגדולים).

אייל הכרמל

**צְבִי** הצבי נזכר שתים־עשרה פעמים במקרא. הוא מזוהה עם תת־משפחת הצביים (*Gazella*) למיניו השונים, כגון: צבי ארץ ישראלי (*Gazella gazella*) וצבי המדבר (*Gazella dorcas*). בית גידולו במרחבים הפתוחים. לזכר ולנקבה קרניים נבובות שאינן מתפצלות, הגדלות ברציפות. עד גיל שלוש שנים בערך. מאחר שהצבי – *Gazella* – אינו מצוי באירופה היו שהחליפו אותו בטעות עם האייל (בגרמנית "הירש"; באנגלית *deer*).

צבי

**יַחְמוּר** לפי מסורות הזיהוי הקדומות, כמו: תרגום השבעים, היחמור מזוהה עם הבובל (*buselaphus Alcelaphus*), מין אנטילופה שגוון פרוותה נע בין אדום לחום, בדומה ללשון הערבית (בשורש חמ״ר) וחזות פניו כשל חמור (על פי הארמית). הבובל היה נפוץ בארץ ישראל באזורי הספר בדרום הארץ ובבקעת הירדן, כפי שעולה מהממצא הארכאו-זואולוגי מתקופות קדומות שונות. ר׳ אישתורי הפרחי מתארו בעת שבתו בבית שאן, והעדויות האחרונות לקיומו בארץ הן עד אמצע המאה התשע־עשרה. כיום מכונה בשם המקראי היחמור הפרסי (*Dama mesopotamica*), מין אייל גדול.

בובל

**אַקּוֹ** כל הזיהויים מצביעים על העובדה שמדובר במין עז בר, ועל פי התרגומים הארמיים וכן על פי תרגומו של רס״ג לערבית, מדובר ביעל (*Capra ibex nubiana*). תחום תפוצתו מוגבל למצוקים באזורי המדבר (תהלים קד, יח), הרחק מפעילות בני אדם, והמקרא רומז שהאדם אינו מכיר במידה מספקת את אורחותיו ״הידעת עת לדת יעלי סלע״ (איוב לט, א).

יעל

**דִּישֹׁן** הדישון נזכר בשם זה פעם אחת ויחידה במקרא. לפי התרגומים הארמיים, הדישון הוא שם נרדף ל״ראם״ – ״רֵים״ (במדבר כג, כב; איוב לט, ט ועוד), מין בעל חיים טהור נוסף הנזכר במקרא, והמאופיין בקרניים מרשימות (דברים לג, יז; תהלים צב, יא ועוד). המונח *Pygargos* בתרגום השבעים והוולגטה פירושו ״לבן־שת״, ועל סמך זה יש המזהים אותו עם ה־*Addax nasomaculatus*, המכונה כיום דישון בעברית מודרנית. ואולם עד היום לא נמצאו שרידיו באף לא אחת מתקופותיה ההיסטוריות של ארץ ישראל, וספק רב אם אכן גדל בה. לעומת זאת, המונח היווני מתאים גם לראם בשם המודרני (*Oryx leucoryx*), הניכר בקרניו הארוכות והישרות, ומין זה נכחד מתחומי ארץ ישראל רק בראשית המאה העשרים.

ראם

**תְּאוֹ** התרגומים הארמיים מזהים את התְּאוֹ עם שור הבר (*Bos primigenius*), מין בקר גדול ממדים שעל פי הממצא הארכאו-זואולוגי התקיים בתחומי ארץ ישראל בתקופת הברזל. שור הבר נזכר במשנה (כלאיים פ"ח מ"ו) והוא נכחד לחלוטין מהעולם בראשית המאה השבע־עשרה. עם זאת, יש שסברו שליצור זה לא יוחד שם נפרד והוא נכלל בקבוצת השור.

התרגומים הלועזיים זיהו את התאו עם ה־*Oryx* המכונה בימינו בשם ראם. קיימת סברה שבמקור היה שמו של התאו מכוון לשור הבר, וכאשר הוא נכחד, הועתק שמו ויוחד ל־*Oryx*. הזיהוי של התאו המקראי עם הג'אמוס (*Bubalus bubalis*), בעל חיים מבוית, הוא מאוחר וכבר התקבעה טעות זו בשפה העברית המודרנית.

שור הבר

**זֶמֶר** הופעתו של הזֶמר בסוף הרשימה מעידה שמדובר בבעל חיים נדיר ומיוחד. לפי מסורת הזיהוי הקדומה והברורה ביותר שאחזו בה תרגום השבעים ורס"ג, מדובר בג'ירפה (*Giraffa*), יונק שיש לו כל סימני הטהרה המובהקים. דבר זה אושש בסדרה של בדיקות אנטומיות ובדיקה שחלב הג'ירפה מתגבן (לפי המקובל בספרות ההלכה, רק חלב בעלי חיים טהורים מתגבן). עדויות היסטוריות וארכאולוגיות מעידות שיונק זה חי במצרים העתיקה, אך לא בארץ ישראל. לארץ ישראל יובא כנראה רק כבעל חיים אקזוטי מזדמן.

ג'ירפה

# ארנבת ושפן

**אַךְ אֶת־זֶה לֹא תֹאכְלוּ מִמַּעֲלֵי הַגֵּרָה וּמִמַּפְרִיסֵי הַפַּרְסָה הַשְּׁסוּעָה ... וְאֶת־הָאַרְנֶבֶת וְאֶת־הַשָּׁפָן כִּי־מַעֲלֵה גֵרָה הֵמָּה וּפַרְסָה לֹא הִפְרִיסוּ טְמֵאִים הֵם לָכֶם** (פרשת ראה יד, ז)

נראה שהתורה הזכירה את אלה כדוגמה לבעלי חיים שהקו המשותף להם הוא שהם בעלי סימן טהרה אחד. אלא שגם סימן זה אינו מובהק כמו אצל בעלי החיים הטהורים. למשל, הגדרת מעלי גרה בשיטת המיון הקדומה (סיסטמטיקה) אינה זהה בהכרח לזו המודרנית והיא בהגדרתה רחבה יותר: ההגדרה הקדומה כוללת בעלי חיים טמאים שהמערכת האנטומית או המופע ההתנהגותי אמנם נראים לאדם מבחינה חיצונית כבעלי דמיון מסוים לבעלי החיים הטהורים, אך לא באופן תפקודם למעשה. לעניין זה אין כל משמעות הלכתית, שהרי ממילא הם חסרים את שאר סימני הטהרה.

**אַרְנֶבֶת** על פי מסורות התרגום הקדומות, קרוב לוודאי שמדובר בבעל החיים המכונה בימינו בשם ארנבת (*Lepus capensis*). לארנבת אין מערכת קיבות המורכבת מארבעה מדורים, כמו בקרב היונקים הטהורים, אם כי קיימת לה מערכת עיכול המאפיינת את כל הצמחוניים: קיבה, מעי דק ארוך, מעי גס ומעי עיוור ארוך במיוחד. יתרה מזאת, תנועות הלעיסה של הארנבת דומות לפעולה של מעלי גרה מובהקים, כלומר, הלסת התחתונה עשויה לנוע בתנועה סיבובית רחבה. כמו כן, משום שמזונם עשיר בתאית ודורש זמן רב לעיכול הם מבצעים את תהליך הקופרופגיה – הם נוהגים לאכול את הגללים הנוצרים במעי העיוור, ישירות מפי הטבעת לצורך תהליך לעיסה ובליעה משנית. כך מתאפשר עיכול וניצול מלא יותר של המזון. לכאורה, יש בזה מעין העלאת גרה.

ארנבת

**שָׁפָן** מקובל לזהות את השפן המקראי, על פי תרגום של רס"ג לערבית – "וַבְּר", עם שפן הסלעים (*Procavia capensis*). זיהוי זה מתאים לתיאור המקראי של בעל חיים קטן החי בחבורות, שבית גידולו המובהק הוא סלעי (תהלים קד, יח; משלי ל, כו). שפן הסלעים אינו מעלה גרה כמו בעלי החיים הטהורים, שלהם מערכת קיבות המחולקת לארבעה מדורים, אלא הוא מאופיין במערכת עיכול שיש בה: קיבה פשוטה, מעי דק ארוך מאוד, לאחר מכן מעי עיוור גדול דמוי שק, מעי ביניים, ושני מעיים עיוורים נוספים למזון שלא התעכל. המבנה המורכב הזה, של כמה מדורי עיכול מיקרוביאליים, באמצעות תסיסה של אנזימים ובקטריות, מסוגל להגיע לרמת עיכול יעילה בדומה למעלי גרה מובהקים. במצבי התנהגות מסוימים הוא אף מניע את לסתותיו בצורה מעגלית.

נעיר שיש כמה פרשנים הסבורים שזיהוי השפן המקראי אבד או שמא כבר נכחד. זיהוי אחר שהיה מקובל בהשפעת פרשני ימי הביניים הספרדים הוא שמדובר בארנבון *Oryctolagus cuniculus* =(*Lepus cuniculus*), שמוצאו בחצי האי האיברי וצפון אפריקה.

שפן סלעים

# העופות הטמאים

**כָּל־צִפּוֹר טְהֹרָה תֹּאכֵלוּ. וְזֶה אֲשֶׁר לֹא־תֹאכְלוּ מֵהֶם הַנֶּשֶׁר וְהַפֶּרֶס וְהָעָזְנִיָּה. וְהָרָאָה וְאֶת־הָאַיָּה וְהַדַּיָּה לְמִינָהּ. וְאֵת כָּל־עֹרֵב לְמִינוֹ. וְאֵת בַּת הַיַּעֲנָה וְאֶת־הַתַּחְמָס וְאֶת־הַשָּׁחַף וְאֶת־הַנֵּץ לְמִינֵהוּ. אֶת־הַכּוֹס וְאֶת־הַיַּנְשׁוּף וְהַתִּנְשָׁמֶת. וְהַקָּאָת וְאֶת־הָרָחָמָה וְאֶת־הַשָּׁלָךְ. וְהַחֲסִידָה וְהָאֲנָפָה לְמִינָהּ וְהַדּוּכִיפַת וְהָעֲטַלֵּף** (פרשת ראה יד, יא-יח מקבילה בויקרא יא, יג-יט)

חלק משמות העופות הם שמות קיבוציים ועל כך יעיד השימוש במילים "למינה" "למינהו". בהתאם לשיטת המיון הקדומה הם כוללים מיני עופות שונים הדומים במראם ובהתנהגותם. בעניין כשרותם של העופות התורה נוקטת בדרך השלילה והמיעוט, ומונה רק את העופות הטמאים שאין לאוכלם, זאת משום שהעופות הטהורים מרובים על הטמאים (חולין סג ע"ב). לפיכך, כל מי שמכיר את העופות הטמאים יכול לאכול את כל שאר העופות בעולם. אולם במרוצת הדורות זהותם הוודאית של חלק משמות העופות הטמאים השתכחה. לכן בהלכה היהודית נשענים על מסורת ונדרשת בדיקה על פי הסימנים שהביאו חז"ל (חולין פ"ג מ"ו שם סג ע"ב).

הצעות לזיהוי שמות העופות מופיעות בתרגומים הקדומים, כמו: השבעים ואונקלוס, ובספרות חז"ל, אך לא תמיד מובנם ברור. כבר בימי הביניים אנו מוצאים חילוקי דעות באשר לזהותם של רוב שמות העופות. רס"ג בתרגומו לערבית הוא היחיד המזהה בשיטתיות את כל העופות. לעומת זאת, רש"י מזהה רק חלק מהם, ופרשנים אירופים אחרים חלוקים בדעותיהם. למעשה, אפשר לומר שקיימת הסכמה כמעט מוחלטת באשר לזיהויָם של מעט מן השמות: דיה, עורב, כוס, בת יענה ודוכיפת. שמות העופות בעברית המודרנית (על פי האקדמיה ללשון העברית) הם ברובם פרי פרשנות אפשרית והיא אינה מחייבת. כך יש להתייחס גם לתמונות המלוות את נספח זה.

להערכתנו, רק כשליש משמות העופות בעברית המודרנית מזוהים זיהוי ודאי או סביר ביותר. עם זאת, ניתוח מגוון הזיהויים שבידינו מראה שקיימת הסכמה, שכל העופות הטמאים אינם צמחוניים מובהקים והם ניזונים מאכילת בעלי חיים שונים (למשל, יונקים קטנים, זוחלים וחרקים). כמו כן ישנה הסכמה שתחת הכותרת עופות טמאים נכנסים כל העופות הדורסים (לרבות אוכלי נבלות), עופות הניזונים מיצורים החיים במים, ונציגים אחרים ממחלקת העופות.

**נֶשֶׁר** הנשר מופיע ראשון ברשימת העופות הטמאים ונזכר עשרים ושמונה פעמים במקרא, יותר מכל עוף טמא אחר. הדבר מעיד על חשיבותו בעיני הקדמונים כמלך העופות. אין ספק שבמרחב ארץ ישראל הקדומה הכוונה לעוף המכונה בימינו בשם נשר (*Gyps fulvus*). גודלו, מוטת כנפיו הרחבה וכושר דאייתו המרהיב היו למשל ולסמל (לדוגמה, דברים כח, מט; ירמיהו מט, כב; משלי ל, יט). הוא מקנן בסלעים גבוהים, אוכל נבלות מובהק ומזהה את מזונו ממרחק רב (איוב לט, כז-ל). ראשו קרח מנוצות (מיכה א, טז) ומותאם בזה להיתחב לתוך הפגר. שמו השתמר בשפות השמיות, כמו בתרגום הערבי "נסר" לרס"ג. עוף זה לא היה שכיח באירופה ולכן היו שזיהו בטעות את הנשר המקראי עם העיט (*Aquila sp.*) הדורס (ראו תוספות לחולין סג ע"א). זיהוי זה נשען על רמזים שנכתבו בכמה ממאמרי חז"ל והפרשנים האירופים, בהשפעת העיט, סמלה של מלכות רומי ושל אומות אחרות.

נשר

פרס

**פֶּרֶס** הפרס היה עוף שאינו שכיח ביישוב (חולין סב ע"א) וזיהויו המוחלט אינו ברור. רס"ג תרגם לערבית "עקאב", הוא הסוג עיט (*Aquila sp.*), שממנו מינים שונים החיים בבתי גידול שונים. בקרב חלק מהחוקרים היום מקובל זיהוי הפרס עם העוף הנקרא בשם זה (*Gypaetus barbatus*), עוף נדיר החי בבדידות או בזוגות. זיהוי זה מושפע מהפרשנות האטימולוגית של השם פרס, הקשורה לתכונתו של העוף לשאת את מזונו (לרוב נבלות) מגובה רב, לנפצו על הסלעים ולשבור ולפרוס את עצמותיו (השוו מיכה ג, ג). בתרגום אונקלוס מופיע השם "ער" אולי רומז לשם מקום תפוצתו במואב (במדבר כא, טו ועוד), שם מובא בתרגום השם "לְחָיַת", שפירושו בערבית זקָן. דבר זה מאפיין את הפרס שמבסיס מקורו יוצאת ציצית זיפים קשה הנראית כזקן, ומכאן גם שמו המדעי ושמו בשפות רבות.

עזניית הנגב

**עָזְנִיָּה** אין לדעת בוודאות מהו זיהוי העזניה, שכן כבר בתקופת חז"ל היה עוף שאינו שכיח באזורי היישוב (חולין סב ע"א). גזרון שמו המקראי והארמי "עֲזיא" מעידים שמדובר בעוף חזק ועז בהתנהגותו. הוא העוז הנזכר במשנה, שמעצמות כנפיו היו רגילים להכין כלים (כלים פי"ז מי"ד): "ולא הוזכרו כנף העוז וביצת הנעמית אלא בהווה" (תוספתא, שם ז, ו). רס"ג תרגם לערבית "ענקא", כינוי לעוף מיתולוגי ענק בספרות הערבית, וספג ביקורת מאבן עזרא על תרגומו זה. אחרים הסבירו שאכן הכוונה לעוף ממש. כיום מקובל לזהות את העוף עם עזניית הנגב (*Torgos tracheliotus*) גדול העופות הדורסים שהיה בארץ ישראל, עד שכמעט נכחד לאחרונה כמקנן, והוא מזדמן רק באופן נדיר בשמי הנגב. העוף אוכל נבלות, בעל מוטת כנפים של כמעט שלושה מטרים ובמקורו החזק מסוגל לבתק עורות עבים כשל פיל וגמל.

דיה מצויה

**רָאָה**
**דַּיָּה** ברשימת שמות העופות הטמאים במקבילה בספר ויקרא נזכר השם "דָּאָה". יש מחז"ל שפתרו את ההבדלים בנוסח המסורה בסברה ש"דאה וראה ואיה – אחת היא" (חולין סג ע"ב). בתרגומים הארמיים "דַּיְתא". בתרגום הערבי של רס"ג "חדאה" הוא (*Milvus sp.*), סוג של עופות דורסים המכונים גם בימינו בשם דיה.

אַיַּת צרעים

**אַיָּה** הנוסח "האיה למינה" מעיד שמדובר בשם קיבוצי, כמאמר חז"ל: "מאה עופות טמאין יש במזרח וכולן מין איה הן" (חולין סג ע"ב). מהפסוק באיוב (כח, ז) עולה שמדובר בעוף חד־עין המטיב לראות למרחקים: "'נתיב לא ידעו עיט ולא שזפתו עין איה'. תנא: עומדת בבבל ורואה נבלה בארץ ישראל" (שם). תכונות אלה מאפיינות עופות דורסים שונים, אך בזה מסתכמת ההסכמה בין התרגומים הקדומים והפירושים המאוחרים יותר, ובאשר לזיהוי הספציפי אין בהם עקיבות.

בעברית המודרנית נעשה שימוש במין אחד הנקרא אַיַּת צרעים (*Pernis apivorus*), העוף הדורס השכיח ביותר מבין העופות הנודדים החולפים מעל ארץ ישראל.

עורב שחור

**עֹרֵב** קיימת תמימות דעים שה"עֹרב למינו" כולל את הסוג עורב (*Corvus sp.*) למיניו השונים (חולין סג ע"א) ולדומים לו ממשפחת העורביים. שמו השתמר בשפות השמיות, למשל, בתרגום רס"ג לערבית, "ע'ראב". מבין ציפורי השיר הוא יוצא דופן בגודלו ובקולו. הוא אוכל כול, צומח ונבלות, והוא גם טורף גוזלים וביצים ועוד. העורב מתנהג לעתים בתוקפנות, וכעופות דורסים משתמש ברגליו להחזיק את הטרף.

יען

**בַּת הַיַּעֲנָה** כל מסורות הזיהוי הקדומות מסכימות שמדובר בעוף המכונה בימינו בשם יען (*Struthio camelus*), בלשון חז"ל "נעמית" ובתרגום רס"ג לערבית "נעאמה". רבים מהחוקרים המודרניים דחו זיהוי זה וסברו שמדובר בעוף דורס לילי כמו האוח המדברי. לדעתם, בת היענה הנזכרת בפסוקים בנ"ך היא עוף החי בחורבות ומאופיינת בקול בכי ונהי, בעוד שהיען אינו מעופף וכביכול אינו משמיע קול. יש לדחות סברות אלה לנוכח מסורות הזיהוי המוצקות. חז"ל הדגישו שאף שמדובר ביצור משונה (בפולקלור העממי הקדום הוא נחשב לתוצר של עוף וגמל) הוא "כעוף לכל דבר" (ירושלמי, כלאיים פ"ח ה"ה). מסתבר שאף שליענים אין מנגנון השמעת קול בדומה לשאר העופות, הרי שאפרוחי היען יודעים לצפצף והזכר מסוגל להפיק צליל עמום וחזק הנשמע למרחקים.

**תַּחְמָס** בתרגום ירושלמי מובא "חטפיתא" ונראה שבעקבות זאת תרגם רס"ג לערבית "חְ'טַּאף". זהו שם קיבוצי לעופות ממשפחת הסנוניתיים, קבוצה חריגה מבין ציפורי השיר, המצטיינים בתעופתם המהירה וכושר תמרונם. מקור שמם קשור למזונם, בעיקר חרקים, שאותם הם חוטפים במהירות בפיהם תוך כדי מעופם. במשפחה זו נכללים מינים שונים מהסוגים: סנונית (*Hirundo sp.*), כוכית (*Riparia sp.*) וטסית (*Delichon sp.*). בימינו נקרא סוג עופות אחר בשם תחמס (*Caprimulgus sp.*), ובו כמה מיני עופות נדירים בארצנו. עופות אלה פעילים בין הערביים ובלילה וצדים חרקים במהלך תעופתם, כמו בני משפחת הסנוניתיים, ונראה שהתורה לא ייחדה להם שם נפרד. מקור שמם המדעי "חולב עזים" הוא באמונה עתיקה שציפור זו חומסת את חלבם של העזים.

סנונית

**שַׁחַף** זיהוי השחף המקראי עם העוף המכונה בימינו שחף (*Larus sp.*) הוא בהשפעת תרגום השבעים והוולגטה. לא ברורה הוראת השם העברי הקדום או הארמי "שחפא". יש הסבורים שהוראת השם היא מחלה הקשורה בעוף או בבשרו הכחוש. רס"ג תרגם לערבית, "סאף" – מין עוף דורס שזהותו אינה ברורה, ולדעת ר' יונה אבן ג'נאח כנראה בהשפעת הדמיון במילים: שחף בעברית ו"סחאף" בערבית (מחלת השחפת).

שחף

**נֵץ** כל התרגומים הקדומים והפרשנים כמו רס"ג ורש"י זיהו את "הנץ למינהו" עם הסוג המכונה בימינו בשם נץ (*Accipiter sp.*). מדובר בעופות השייכים לדורסי יום, בעלי כנפיים קצרות וזנב ארוך, המצויים בחורשים וביערות. מזונם הוא לרוב ציפורים, כדברי המשנה: "דרוסת הנץ בעוף הדק" (חולין פ"ג מ"א). ייתכן שבשם המקראי נכללו כל הדורסים הקטנים כמו הבז (*Falco sp.*).

נץ מצוי

**כּוֹס** קיימת הסכמה מלאה בקרב הפרשנים שהכוס הוא עוף דורס לילי. בתרגום אונקלוס מובא השם "קדיא" ובתלמוד מובא שמדובר בעופות, אשר "עיניהם הולכות לפניהם כשל אדם" (תענית כג ע"א). קרוב לוודאי שמדובר בעוף המכונה בימינו בשם כוס חרבות (*Athene noctua*), כתרגום רס"ג לערבית "בום", וכפירוש רש"י בצרפתית "צואיט"ש".

כוס חרבות

**יַנְשׁוּף** הינשוף הוא לרוב הדעות עוף דורס לילי. בתרגומים הארמיים הוא "קפופא" והכוונה לעוף הדומה לכוס, קדמת ראשו דומה לפני אדם ולקוף (נידה כג ע"א), ובשמו נרמז זמן פעילותו, "נשף", כלומר, בלילה (אבן עזרא). רש"י פירש "יב"ץ/יב"ן" היא לילית מצויה (*Strix aluco*). בימינו שם העוף ינשוף הוא מסוג *Asio*.

ינשוף

**תִּנְשֶׁמֶת** זיהוי התנשמת שבעופות נתון לחילוקי דעות. אונקלוס תרגם "בותא" – כנראה עוף דורס לילי המשמיע קולות. רס"ג תרגם לערבית "שאהין", הוא בז נודד (*Falco peregrinus*), ולפי רש"י מדובר בעטלף. בלשון העברית המודרנית תנשמת *Tyto alba* היא דורס לילה שכיח המשמיע קולות נשימה ונשיפה.

תנשמת

שקנאי

**קָאַת** הקאת נזכרת חמש פעמים במקרא, ואפשר שאין זהות בין העוף הנזכר בתורה ובין העוף המכונה "קאת מדבר" (תהלים קב, ז). השבעים, הוולגטה ורס"ג תרגמו בתורה: עוף מים, המוכר בימינו בשם שקנאי (*Pelecanus*). עוף זה נקרא בארמית ובערבית בשם "קוּק" (חולין סג ע"א). ייתכן שמקור השם קאת הוא באופן האכלת הגוזלים הניזונים מתוך לוע ההורים, הנראים כמקיאים את מזונם. רוב החוקרים הציעו על סמך הפסוקים בנ"ך, שמדובר בדורס לילי המקיא צְנֵפוֹת – גושים גליליים קטנים של שיירי מזון שאינם מתעכלים.

רחם

**רָחָמָה** מקובל ביותר לזהות את הרחם שבתורה עם העוף המכונה בימינו בשם זה (*Neophron perenopterus*). מדובר בעוף דורס הניכר בתעופתו בכנפיים בגוון שחור־לבן, בדומה לחסידה הלבנה, וייתכן שמכאן נובעת סמיכותם בפסוקים. את החסידה תרגם אונקלוס בשם "חוריתא" (לבנה), ואת הרחם לעומתה תרגם "ירקריקא", בלשון חז"ל צהבהב, בשל גרונו וראשו הצהוב, סימן היכר בולט וייחודי לעוף זה. לרחם מסורת זיהוי שהשתמרה עד ימינו בשמה הערבי "רח'ם", כמובא גם ברס"ג.

בתרגום ירושלמי ובתלמוד מובא השם "שרקרקא" (חולין סג ע"א). מכאן ביקשו אחדים ללמוד שמדובר בסוג עוף המכונה בימינו בשם שרקרק (*Merops sp.*) או עוף אחר המאופיין בשריקתו. אולם אפשר שהירושלמי סבר כאונקלוס, בחילוף הלשוני "שרק" ולא "ירק" או מלשון צבע (כלשון הירושלמי בשבת פ"ז ה"ב, "שרקא אפה" = צבעה אפה) – קדמת העוף הצהוב של הרחם. במסורת חז"ל כמו גם בספרות הזואולוגית הערבית עוף זה הוא סמל למי שמרחם ודואג לבני משפחתו ומכאן שמו.

קורמרן גדול

**שָׁלָךְ** על פי רוב הפירושים מדובר בעוף הניזון מדגים. תרגום השבעים זיהה אותו עם הקורמרן (*Phalacrocorax sp.*), עוף המצטיין בדיג. בוולגטה תרגמו *Mergulus*, מיני ברווזים הצוללים במים וצדים יצורי מים. בתרגומים הארמיים ובתלמוד מובא השם "שלינונא מן ימא", כלומר, השולה דגים מן הים (חולין סג ע"א). רש"י מבאר בתלמוד שמדובר ב"עורב המים" – כינויו העממי של הקורמרן. בהנחה שכל העופות הנזכרים בסמיכות לשלך בתורה הם דורסים ליליים (כוס, ינשוף ותנשמת) אפשר להציע גם את הקטופה (*Bubo zeylonensis*) הצדה דגים, אם כי כיום מדובר בעוף נדיר באזורנו. רס"ג תרגם לערבית "זמג'" – עוף דורס הדומה לעיט. בימינו שלך הוא עֵיט הדגים (*Pandion haliaetus*).

**חֲסִידָה** החסידה במקרא היא עוף נודד החולף בארצנו והיא ניכרת במוטת כנפים מרשימה (ירמיהו ח, ז; זכריה ה, ט). בתרגומים הארמיים ובלשון חז"ל היא מכונה דיה לבנה. לפי פירוש רש"י מדובר ב"ציגוני"א" (*Ciconia sp.*), זיהוי שהתקבל אצל רוב החוקרים ובלשון העברית בת ימינו. זיהוי זה מתאים, לכאורה, לתיאור בפסוקים ולמדרש השמות של חז"ל: "למה נקרא שמה חסידה – שעושה חסידות עם חברותיה" (חולין סג ע"א). החסידה הלבנה כונתה בפי הרומים *pia avis* – העוף הנדיב או החסיד. ייתכן שזה נובע מקשר הנאמנות בין בני הזוג של החסידות ולאמונה שרווחה בימיהם שעופות אלה מצטיינים בכיבוד הורים ובמסירות. לעומת זאת, רס"ג תרגם את החסידה שבתורה בשם "צקר" הוא הבז (*Falco cherrug*).

חסידה לבנה

**אֲנָפָה** "האנפה למינה" רומז שאנפה הוא שם קיבוצי, ולו הרבה מינים דומים. השבעים והוולגטה תרגמו: *charadrius*, כיום נקרא בשם זה הסוג: חופָמי, שחי ליד גדות בתי גידול לחים. בתרגום הירושלמי האנפה היא דיה שחורה. לדעת רס"ג, מדובר בציפורים ממשפחת התוכיים. רש"י כתב שהיא ה"הירו"ן", וזיהוי זה התקבל בימינו בשם אנפה (*Ardea sp.*). תימוכין לזירוי זה יש לראות בדמיון של עופות אלה לחסידה הסמוכה לה בתורה. במדרש השמות של חז"ל נאמר: "האנפה – זו דיה רגזנית, למה נקרא שמה אנפה – שמנאפת עם חברותיה" (חולין סג ע"א). תופעה זו קשורה לעופות שונים החיים בלהקות, כמו מיני אנפות ושחפים המתקבצים יחדיו בקולניות רבה ונראים כמתקוטטים. למעשה, גזרון השם נרמז בפירוש הכפול ל"אנף", א) אף – במשמעות המקור המוארך של העוף; ב) אף – במשמעות כעס, רוגז וחרון.

אנפת לילה

**דוּכִיפַת** זיהוי הדוכיפת עם העוף המכונה בימינו בשם זה (*Upupa epops*) הוא חד־משמעי. בארמית הוא מכונה "נגר טורא" או "תרנגול בר" (גיטין סח ע"ב), בשל ציצת הנוצות שבראשו שהיא מעין כרבולת. ציצת הראש נפרשת ונסגרת לסירוגין ועל סמך זה מובא מדרש שמות הקושר אותה לאגדות שונות: "דוכיפת – שהודו כפות, וזהו שהביא שמיר לבית המקדש" (חולין סג ע"א).

דוכיפת

עטלף פירות

**עֲטַלֵּף** העטלף המקראי מזוהה עם מיני סדרת העטלפים (*Chiroptera*), יונקים בעלי עור דק וקרומי המחבר את הגפיים הקדמיים הארוכים ומהווה קרום תעופה. בשיטת המיון בעולם הקדום סווגו בעלי החיים על פי התנהגות ותכונות חיצוניות, ולפיכך נכללו בעופות כל היצורים בעלי הכנף (לרבות חרקים מכונפים הנקראים שרץ העוף) ובהם העטלף. בשל מעמד ביניים חריג זה, דהיינו, יונק מעופף, הובא העטלף בסוף הרשימה.

## כָּל־עֵצְךָ וּפְרִי אַדְמָתֶךָ יְיָרֵשׁ הַצְּלָצַל

(פרשת כי תבוא כח, מב)

ציקדה

**צְלָצַל** הצלצל הוא כינוי למזיק קשה לעצי הפרי. פירושים שונים ניתנו למונח זה – החל ממחלות צמחים וכלה במיני בעלי חיים מזיקים כמו עש, חילזון וארבה. בתרגום אונקלוס מובא השם "סקאה" ובתלמוד נאמר שהמלקוש "מעלה את הסקאין" (תענית ו ע"א). אפשר שהשם צלצל הוא אונומטופאי (תצלילי) והוא מעיד על הצליל (השוו תהלים קנ, ה) שמפיק מזיק זה באמצעות משק כנפיו (ישעיהו יח א), תיאור העשוי להתאים לקול להקות הארבה (איוב ב, ה), לרעש כרסום העץ של חיפושיות ממיני היקרוניות או לזמזום הצורמני של מיני ציקדות (*Cicandia*). בשנים מסוימות עשויות הציקדות להתרבות ולהזיק באופן משמעותי: הבוגרים מוצצים את מוהל הצמח, והזחלים ניזונים משורשי הפונדקאי (צמח המשמש אכסניה לטפיל הנטפל אליו), וכן הם עלולים להעביר גורמי מחלות בממדי מגפה.

## פֶּן־יֵשׁ בָּכֶם שֹׁרֶשׁ פֹּרֶה רֹאשׁ וְלַעֲנָה (פרשת נצבים כט, יז)

פרג

**רֹאשׁ** הראש נזכר שתים־עשרה פעמים במקרא במשמעות שיקוי רעיל. ברוב התרגומים הקדומים מילה זו מתבארת במשמעות כללית של מרה, מרירות ורעל. ההקבלה ל"לענה" ו"ענבי רוש" (דברים לב, לב; הושע י, ד) רומזת שמקורו צמחי. במחקר המודרני קיימת נטייה לזהותו עם צמח ספציפי. לפי אחת האפשרויות, מדובר בצמח פרג תרבותי (*Papaver somniferum*), שפֵּריו דמוי ראש אדם, וביוונית הקדומה נקרא *Rhoeas*. מפיקים ממנו סם נרקוטי מריר ובשימוש מופרז בו קיימת סכנה. הסם של צמח זה היה ידוע בשימוש בארץ ישראל בתקופת המקרא. בעברית המודרנית מכונה בשם זה הצמח הרעיל רוש עקד (*Conium maculatum*).

מימין: יריקת החמור משמאל: לענת המדבר

**לַעֲנָה** הלענה נזכרת שמונה פעמים, מהן חמש פעמים לצד השם "ראש" במשמעות שם כללי לשיקוי מר או לצמחים מרים ואולי אף רעילים: "ואחריתה מרה כַּלענה" (משלי ה, ד). מונח זה מובא בהקשר של קללה וייתכן שיש קשר פילולוגי בין השם "לענה" ובין שורש הפועל הערבי "לַעַן". השבעים והוולגטה תרגמו לענת האבסינט (*Artemisia absinthium*) שאינה גדלה בארץ, והיא עשויה להתאים בתכונותיה למיני *Artemisia* אחרים הגדלים בארץ, כמו: לענת המדבר (*A. sieberi*). רבים מהחוקרים קיבלו זיהוי זה וכך נקבע גם בלשון העברית המודרנית. רס"ג תרגם בשם הערבי "עלקם" כינוי מימי הביניים לשני צמחים: יריקת החמור (*Ecballium elaterium*) ואבטיח הפקועה (*Citrullus colocynthis*), שבפירותיהם סם משלשל חריף והשימוש בו במינון גבוה מסוכן.

## וְרֹאשׁ פְּתָנִים אַכְזָר (פרשת האזינו לב, לג)

קוברה מצרית

**פֶּתֶן** פסוק זה הוא המשכו של הפסוק הקודם לו ומתאר צמחים רעילים או מרים (לב, לב). המקבילה בין ה"תנינים" ובין ה"פתנים" (השו' תהלים צא, יג) בוודאי מתייחסת לבעלי חיים המסוכנים לאדם. הפתן, כינוי למין של נחש ארסי ביותר, נזכר במקרא במשמעות זו שש פעמים, ואפשר שבמילה "רֹאשׁ" כפל לשון, דהיינו, ארס הנחש המרוכז בראשו (השוו איוב כ, טז). שם זה מתייחד לקוברה המצרית (*Naja haja*), נחש ארסי ממשפחת הפתנים, שא־רכו עשוי להגיע לשני מטרים. נחש זה אינו גדל בארץ ישראל אבל חוברי חברים (הלוחשים לנחשים) הביאוהו כפי שמתואר בתהלים (נח, ה-ו), תופעה שהייתה מוכרת בארץ עד העת החדשה.

## בְּכוֹר שׁוֹרוֹ הָדָר לוֹ וְקַרְנֵי רְאֵם קַרְנָיו, בָּהֶם עַמִּים יְנַגַּח יַחְדָּו אַפְסֵי־אָרֶץ (פרשת וזאת הברכה לג, יז)

**רְאֵם** זיהוי הראם תלוי בהבנת הפסוק: אם בפסוק מקבילה שבה ה"שור" זהה ל"ראם", או מקבילה שבה שני בעלי חיים שונים מאופיינים בקרניים שפגיעתן קשה. לפי הפירוש הראשון, מדובר בשור הבר (*Bos primigenius*) שנחשב לאבי הבקר המבוית, ואז אפשר שהראם במקרא הוא שם נרדף לתאו או שהוא נכלל בשם שור. לפי הפירוש השני הוא זהה לראם בשם המודרני (*Oryx leucoryx*) הניכר בקרניו הגדולות, ואז אפשר שהראם במקרא הוא שם נרדף לדישון. ראה תמונות בערכים "דישון" ו"תאו".

# השוואה בין אירועי שמות, ויקרא ובמדבר ובין אירועי דברים

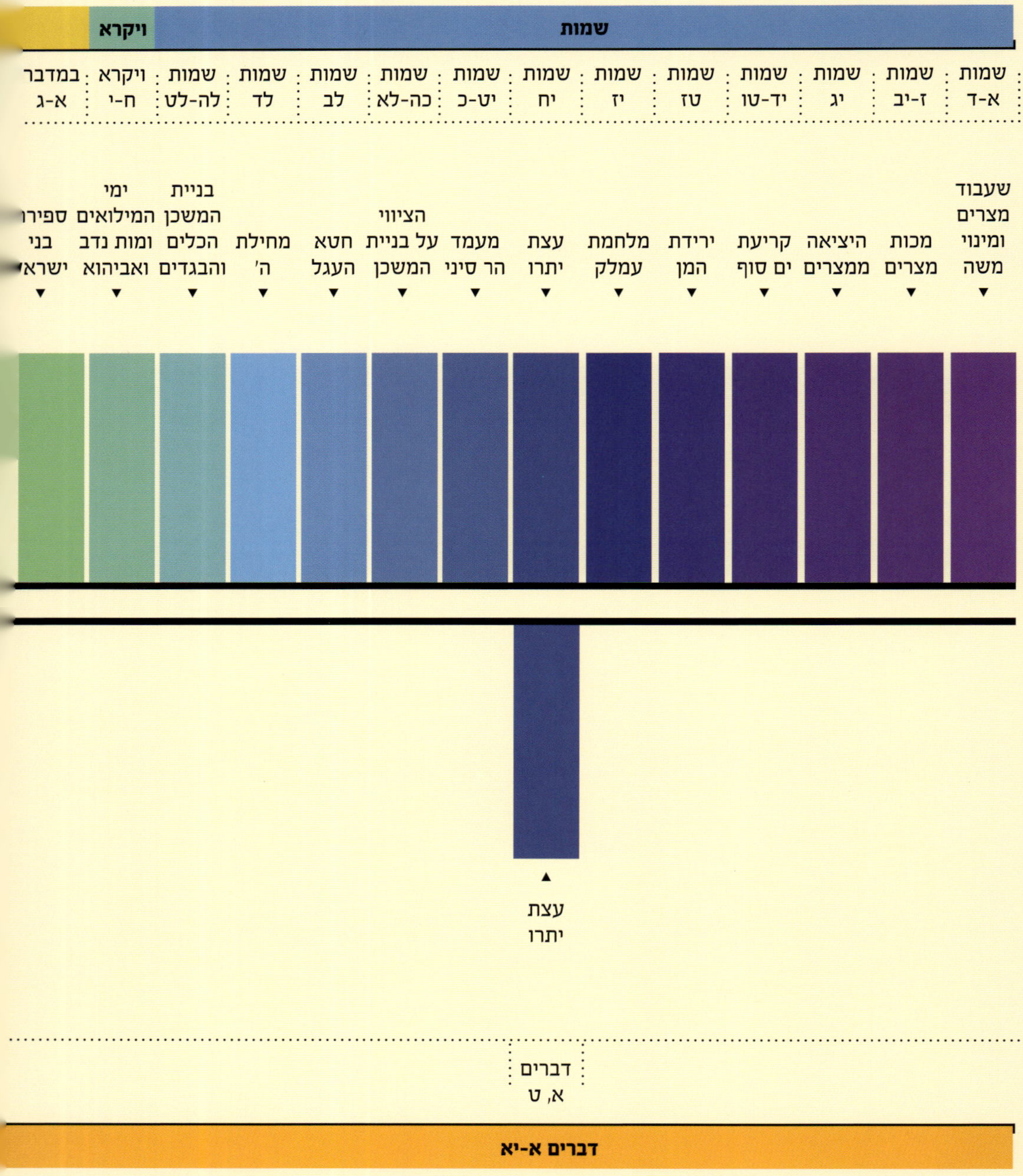

# השוואה בין אירועי שמות, ויקרא ובמדבר ובין אירועי דברים

**במדבר**

| | |
|---|---|
| במדבר א-ג | קברות התאווה |
| במדבר יא | מינוי 70 הזקנים |
| במדבר יא | המרגלים וגזרת 40 שנה |
| במדבר יג-יד | המעפילים |
| במדבר טז-יח | קרח ועדתו |
| במדבר כ | מי מריבה |
| במדבר כ | מות אהרן |
| במדבר כב-כה | כיבוש עבר הירדן |
| במדבר כז | בלעם |
| במדבר כז | בנות צלפחד |
| במדבר כז | הציווי למשה לעלות להר ולראות את הארץ |
| במדבר כז | סמיכת יהושע |
| במדבר לא | נקמה במדיין |
| במדבר לב | נחלת בני גד וראובן |

| | |
|---|---|
| המרגלים וגזרת 40 שנה | דברים א, יט |
| המעפילים | דברים א, מא |
| כיבוש עבר הירדן | דברים ב, כו |
| נחלת בני גד וראובן | דברים ג, יב |
| הציווי למשה לעלות להר ולראות את הארץ | דברים ג, כז |
| סמיכת יהושע | דברים ג, כח |
| מעמד הר סיני | דברים ה, א |
| חטא העגל | דברים ט, ח |
| לוחות שניים | דברים י, א |
| מות אהרן | דברים י, ו |
| בליעת דתן ואבירם | דברים יא, ו |

# מעגל הזמן בשדה

## תרומה

דברים יח, ד

נקראת גם "תרומה גדולה". בעל השדה מפריש מן הגידולים לכוהן. מדין תורה שיעור התרומה - כלשהו, וחכמים תיקנו להפריש אחד מן החמישים.

## מעשר ראשון

במדבר יח, כא-כד

בעל השדה מפריש אחד מעשרה מהנותר לאחר הפרשת התרומה, ונותן ללוי.

## תרומת מעשר

במדבר יח, כה-לב

הלוי נותן לכוהן עשירית מן המעשר שקיבל.

## מעשר שני

דברים יד, כב-כז

בשנים א' ב' ד' ה' משנות השמיטה מפרישים אחד מעשרה מהנותר לאחר הפרשת התרומה והמעשר הראשון. מעשר זה נשאר בידי בעל הפֵרות, ועליו להעלותו לירושלים ולאוכלו שם בטהרה. אם אינו יכול לעלות לירושלים, רשאי הוא לפדות את המעשר במטבעות כסף (לפי ערכו של המעשר), וכשמתאפשר - עולה בעל הפֵרות לירושלים עם הכסף, קונה בו מאכלים, ואוכלם בטהרה. כדרך שפודה בעל פֵרות את המעשר בכסף רשאי הוא לחלל (לפדות דבר קודש ולהוציאו לחולין) את פֵרות המעשר בפֵרות אחרים, ואותם להעלות לירושלים.

## מעשר עני

דברים יד, כח

בשנים ג' ו' משנות השמיטה מפרישים מעשר עני במקום מעשר שני, ונותנים אותו לעניים.

## ביעור מעשרות

דברים כו, יב

בעל הפֵרות צריך לבער את כל המעשרות מביתו, דהיינו, לתת אותם לכוהן (תרומה ותרומת מעשר), ללוי (מעשר ראשון) ולעני (מעשר עני) או להעלותם לירושלים (מעשר שני) - עד ערב הפסח בשנה הרביעית ובשנת השמיטה. אם אינו מעלה את המעשר השני או את פדיונו לירושלים עליו לבערם מן העולם. גם את הביכורים צריך לבער אם נשארו אצלו עד זמן זה.

## וידוי מעשרות

דברים כו, יג-טו

אחר ביעור המעשרות מתוודה הבעלים במנחה של יום טוב האחרון של פסח בשנה הרביעית ובשנת השמיטה. נוסח הווידוי מפורש בתורה, ותוכנו הצהרה של בעל הפֵרות שקִיים את דיני המעשרות כראוי. מצוותו לכתחילה במקדש, ואם התוודה בכל מקום - יצא.

## ביכורים

שמות כג, יט
שמות לד, כו
דברים כו, א-יא

בכל שנה, בין עצרת לסוכות, מביאים את הפֵרות הראשונים משבעת המינים לבית המקדש (ואם איחר, רשאי להביא עד חנוכה). שיעור הביכורים מדין תורה - כלשהו, וחכמים תיקנו להפריש אחד משישים. בעל הפֵרות מביא את הביכורים למקדש בכלי, מניף אותם עם הכוהן וקורא את "מקרא ביכורים" (דברים כו, ה-י). לאחר מכן מניח בעל הפֵרות את הביכורים בצד המזבח, משתחווה ויוצא. כוהני המשמר אוכלים את הביכורים בטהרה. חז"ל דרשו שהמביא ביכורים מביא עמהם גם קרבן שלמים.

## שמיטה

שמות כג, יא
ויקרא כה, א-ז

אחר שש שנות עבודה בשדה, השנה השביעית היא שנת שבתון לארץ. ארבע מלאכות נאסרו במפורש בתורה - זריעה וזמירה, קצירה ובצירה. כמו כן מצווה על בעל השדה להפקיר פֵרות שנה זו.

## שמיטת כספים

דברים טו, א-ב

בסופה של שנת השמיטה חלה מצוות שמיטת כספים. כל מלווה מצווה למחול על ההלוואה ולא לתבוע אותה עוד.

## הקהל

דברים לא, י-יג

בשנה שאחרי שנת השמיטה, בחג הסוכות, מצווה לקרוא באוזני קהל העולים לָרגל פרשיות מן התורה, "שהן מזרזות אותן במצוות ומחזקות ידיהם בדת האמת" (רמב"ם, הלכות חגיגה פ"ג ה"א). פרשיות אלו כולן מספר דברים, והמלך הוא שהיה קורא אותן מעל בימה מיוחדת של עץ בעזרת הנשים.

# הפרשת תרומות ומעשרות

**סדר הפרשת תרומות ומעשרות:**

בתחילה מפרישים תרומה בשיעור 2% מהיבול. לאחר מכן מפרישים עשירית מהנותר (9.8%) מעשר ראשון ללוי. מתוך מעשר זה מפריש הלוי מעשר (0.98%) וזו תרומת המעשר.

נוסף על המעשר הראשון מפרישים מעשר נוסף (שני או עני) מהנותר אחר הפרשת המעשר הראשון (8.82%).

## מצוות במחזור שבע שנים

איקון המוקף בעיגול
מציין אירוע נקודתי

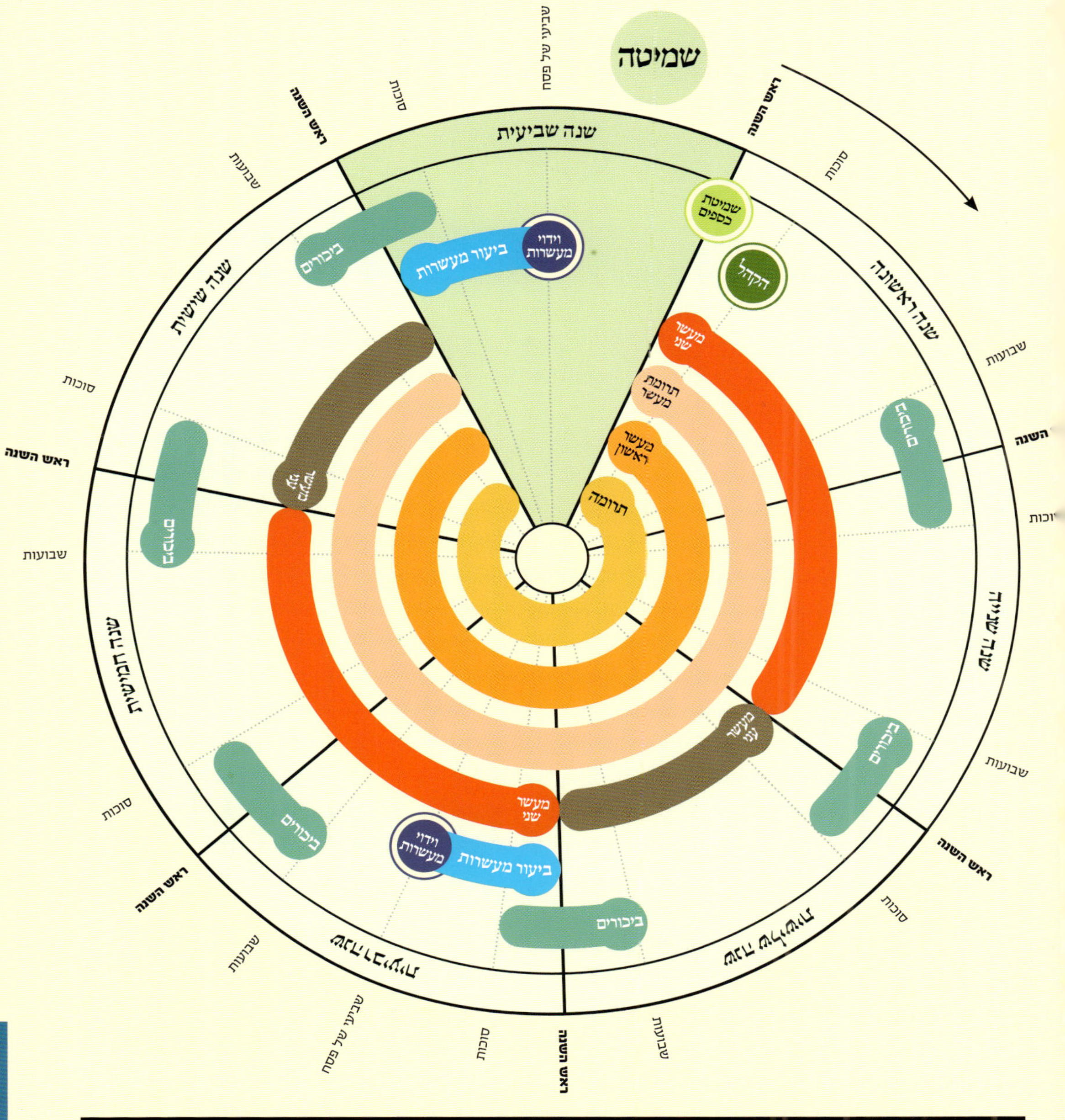

# המקום אשר יבחר ה׳

בנספח זה קיבצנו את המצוות בספר דברים השייכות אל "המקום אשר יבחר ה'". הביטוי "המקום אשר יבחר ה'" מכוון לעתים לבית המקדש ולעתים לכל ירושלים. חלק מהמצוות הן ציוויים על קיום מצווה מסוימת במקום אשר יבחר ה', וחלק מהן איסורים על עשיית מעשה מסוים מחוץ למקום אשר יבחר ה' ("בשעריך", ובלשון חז"ל "בגבולין"). את מצוות ה'לא תעשה' סימנו בעיגול שחור. רשימת המצוות מבוססת על מניינו של הרמב"ם בספר המצוות.

**בניין בית הבחירה**

שמות כה, ח
דברים יב, ה

מצווה זו היא השלישית משלוש המצוות שנצטוו ישראל בכניסתם לארץ (אחר מינוי מלך והכרתת זרעו של עמלק). המשכן שבנה משה רבינו הועמד בגלגל, אחר כך נבנה משכן שילה שהיה בניין אבנים ועליו נפרשו יריעות המשכן של משה. לאחר מכן נבנה מקדש בנוב, לאחר מכן בגבעון, ולבסוף בנה שלמה המלך את בית המקדש בירושלים, בית עולמים. מעת שנבנה המקדש בירושלים נקבע המקום בקדושתו לדורי דורות ונאסר לבנות במקום אחר בית לה' ולהקריב בו קרבן.

**הבאת נדרים ברגל הסמוך**

**איחור בקיום נדרים ונדבות**

דברים יב, ה-ו

אם התחייב אדם בנדר או בנדבה להביא קרבן או כל נדר אחר לבית המקדש, מצווה עליו להביאו לבית המקדש ברגל הסמוך לנדרו.

אם עברו שלושה רגלים ולא הביא, עובר בלא תעשה.

**הקרבת קרבנות במקדש**

**הקרבה מחוץ למקדש**

דברים יב, יג-יד

מצווה להקריב כל קרבן דווקא בבית הבחירה.

אין להקריב שום קרבן מחוץ לבית המקדש, והמעלה קרבנות בחוץ במזיד עונשו כרת. בספר ויקרא (יז, ג) מבואר שיש איסור נוסף על השוחט בחוץ.

**אכילת קודשים חוץ למקומם**

דברים יב, יז

האוכל מבשר חטאות ואשמות מחוץ לעזרה לוקה. הוא הדין לאוכל קודשים קלים חוץ לירושלים. במקביל יש מצוות עשה לאכול קודשי קודשים במקדש, ומקורה בשמות כט, לג.

**מעשר שני**

דברים יב, יז
דברים יד, כב-כג

בשנים א' ב' ד' ה' משנות השמיטה מפרישים אחד מעשרה מהנותר לאחר הפרשת התרומה והמעשר הראשון. מעשר זה נשאר בידי בעל הפֵרות, ועליו להעלותו לירושלים ולאוכלו שם בטהרה.

אין לאכול מעשר שני חוץ לירושלים. אם המעשר הוכנס לירושלים ולאחר מכן הוצא ממנה - האוכלו בחוץ גם לוקה. ושלושה לאווים נפרדים יש כאן, לדגן, לתירוש וליצהר (ראה ספר המצוות לרמב"ם, לא תעשה קמא-קמג).

**אכילת מעשר שני של יצהר**

**אכילת מעשר שני של תירוש**

**אכילת מעשר שני של דגן**

---

**קידוש בכור והקרבתו**

דברים יב, יז
דברים טו, יט-כ

מצווה על הבעלים להקדיש כל בכור בהמה טהורה שנולד, להעלותו לבית המקדש, ושם יקריבו אותו הכוהנים ויאכלוהו. אמנם אף אם לא הקדישו הבעלים, הרי הוא קדוש מאליו.

בכור בהמה טהורה שאין בו מום קרב על גבי המזבח והכוהנים אוכלים אותו בירושלים. כוהן שאכל מבשר הבכור חוץ לירושלים לוקה. חכמים למדו שיש בכלל זה גם איסור מוחלט לזר (מי שאינו כוהן) לאכול מבשר קרבן הבכור (אף בירושלים) וזר שאכל בכור תמים לוקה.

**אכילת בכור תמים**

---

**הבאת הקודשים למקדש**

דברים יב, כו

מצווה על אדם להביא למקדש כל קרבן שנדר או נדב, אף אם נדר בחוצה לארץ.

---

**הקרבת הפסח בבמת יחיד**

דברים טז, ה

אין שוחטים את קרבן הפסח אלא בעזרה, אפילו בשעת 'היתר במות' דהיינו, בזמן שהיה מותר להקריב קרבנות אחרים בבמות חוץ לעזרה (בתקופה שהמשכן שהה בגלגל, וכן בתקופה שהיה מקדש בנוב ובגבעון). זו אינה מצווה מנויה במניין המצוות, אולם לשיטת הרמב"ם זהו איסור של תורה (הלכות קרבן פסח א, ג).

## מצוות שמחה ברגלים

דברים טז, יד

המצווה להקריב שלמי שמחה ברגלים. שלמים אלו - אוכלים אותם הבעלים (פרט לחלקים הקרבים ולחלקים הניתנים לכוהנים), ובכך מרבים שמחה. בכלל מצווה זו גם שמחת הרגל בכל מיני שמחה, כל אדם כפי הראוי לו, אף שלא בזמן בית המקדש. בספר שמות (כג, יד) יש ציווי נוסף על העולים לרגל - להקריב קרבן חגיגה.

## להיראות בבית המקדש ברגלים

דברים טז, טז

כל אדם מישראל חייב לעלות לבית המקדש ברגלים ולהביא עמו קרבן עולה, מן העוף או מן הבהמה. עולה זו נקראת 'עולת ראייה'.

מי שבא לעזרה ברגל ולא הביא עמו עולת ראייה עובר בלאו.

## עלייה לרגל בלא קרבן

## לנטוע אילנות במקדש

דברים טז, כא

אין לטעת אילנות במקדש ואף לנוי ולכבוד אסור, והנוטע לוקה.

## לעשות על פי בית הדין הגדול

דברים יז, יא

חובה לשמוע לבית דין הגדול בכל דבר שיצוו, בין בדבר שלמדו 'מפי השמועה' (דהיינו, במסורת), בין בדבר שדרשו בי"ג מידות שהתורה נדרשת בהן, ובין בסייגים שתיקנו (גזרות, תקנות ומנהגות).

כל מי שאינו עושה כהוראת בית הדין הגדול עובר בלאו זה. עונש העובר על לאו זה יכול להגיע לכדי מיתה בחנק (במקרה של זקן ממרא).

## איסור לסור מדבריהם

**עבודת הכוהנים במשמרות במקדש**

דברים יח, ו-ח

שמואל הנביא ודוד המלך חילקו את הכוהנים לעשרים וארבעה משמרות. בכל שבוע עולה משמר אחד לירושלים לעבודה במקדש, לפי סדר קבוע. החלפת המשמרות נעשית בשבת. ברגלים רשאים כל הכוהנים לשרת בעבודות השייכות לקרבנות הרגלים.

**כניסת טמא להר הבית**

דברים כג, יא

בשטח הר הבית יש דרגות שונות של קדושה ובהתאם להן יש איסורי כניסה לטמאים. זב וזבה, נידה ויולדת אסורים להיכנס לכל שטח הר הבית (במקביל למחנה לוויה במדבר).

**הבאת ביכורים**

שמות כג, יט
שמות לד, כו
דברים יב, יז
דברים כו, א-יא

בכל שנה, בין עצרת לסוכות, מביאים את הפֵּרות הראשונים משבעת המינים לבית המקדש (ואם איחר, רשאי להביא עד חנוכה). שיעור הביכורים מדין תורה - כלשהו, וחכמים תיקנו להפריש אחד משישים. בעל הפֵּרות מביא את הביכורים למקדש בכלי, מניף אותם עם הכוהן וקורא את "מקרא ביכורים" (דברים כו, ה-י). לאחר מכן מניח בעל הפֵּרות את הביכורים בצד המזבח, משתחווה ויוצא. כוהני המשמר אוכלים את הביכורים בטהרה. חז"ל דרשו שהמביא ביכורים מביא עמהם גם קרבן שלמים.

**מקרא ביכורים**

**אכילת ביכורים**

את הביכורים אוכלים הכוהנים בירושלים. אם אכלם כוהן אחר שיצאו מירושלים - לוקה.

**וידוי מעשרות**

דברים כו, יג-טו

לאחר שבעל הפרות מבער את כל המעשרות מרשותו, הוא מתוודה במנחה של יום טוב האחרון של פסח בשנה הרביעית ובשנת השמיטה. נוסח הווידוי מפורש בתורה, ותוכנו הצהרה של בעל הפֵּרות שקִיים את דיני המעשרות כראוי. מצוותו לכתחילה במקדש, ואם התוודה בכל מקום - יצא.

**הקהל**

דברים לא, יב

בשנה שאחרי שנת השמיטה, בחג הסוכות, מצווה לקרוא באוזני קהל העולים לָרגל פרשיות מן התורה, "שהן מזרזות אותן במצוות ומחזקות ידיהם בדת האמת" (רמב"ם, הלכות חגיגה פ"ג ה"א). פרשיות אלו כולן מספר דברים, והמלך הוא שהיה קורא אותן מעל בימה מיוחדת של עץ בעזרת הנשים.

# המצוות שבמקדש, בירושלים ובגבולין

המקדש

- בניין בית הבחירה

- כניסת טמא להר הבית
- לנטוע אילנות במקדש
- עבודת הכוהנים במשמרות במקדש

- הבאת נדרים ברגל הסמוך
- הבאת הקודשים למקדש
- הקרבת קרבנות במקדש

- איחור בקיום נדרים ונדבות
- להיראות בבית המקדש ברגלים
- עלייה לרגל בלא קרבן

- מצוות שמחה ברגלים
- הבאת ביכורים
- מקרא ביכורים

- וידוי מעשרות
- הקהל
- קידוש בכור והקרבתו

- לעשות על פי בית הדין הגדול
- איסור לסור מדבריהם

# מבט על ארץ ישראל מהר נבו

וַיַּעַל מֹשֶׁה מֵעַרְבֹת מוֹאָב אֶל־הַר נְבוֹ רֹאשׁ
הַפִּסְגָּה אֲשֶׁר עַל־פְּנֵי יְרֵחוֹ וַיַּרְאֵהוּ יהוה
אֶת־כָּל־הָאָרֶץ אֶת־הַגִּלְעָד עַד־דָּן. וְאֵת
כָּל־נַפְתָּלִי וְאֶת־אֶרֶץ אֶפְרַיִם וּמְנַשֶּׁה וְאֵת
כָּל־אֶרֶץ יְהוּדָה עַד הַיָּם הָאַחֲרוֹן. וְאֶת־
הַנֶּגֶב וְאֶת־הַכִּכָּר בִּקְעַת יְרֵחוֹ עִיר הַתְּמָרִים
עַד־צֹעַר (פרשת וזאת הברכה לד, א-ג)

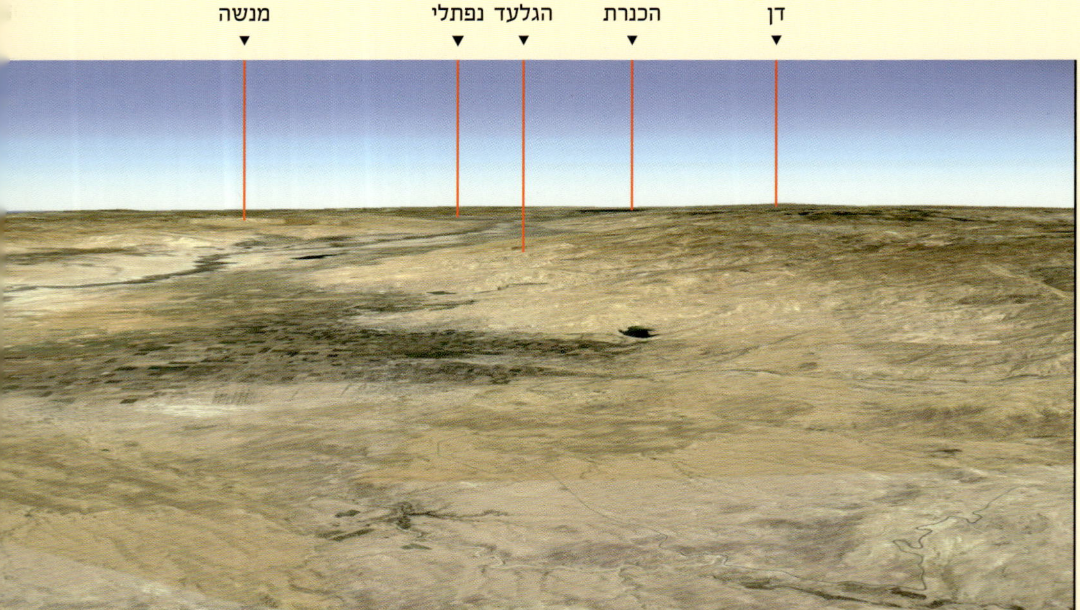


GoogleEarth - Image Landset - Image © 2015 DigitalGlobe, Image © 2015 CNES / Astrium, Data SIO, NOAA, U.S. Navy, NGA GEBCO

# מבט על ארץ ישראל מהר נבו

GoogleEarth - Data SIO, NOAA, U.S. Navy, NGA GEBCO

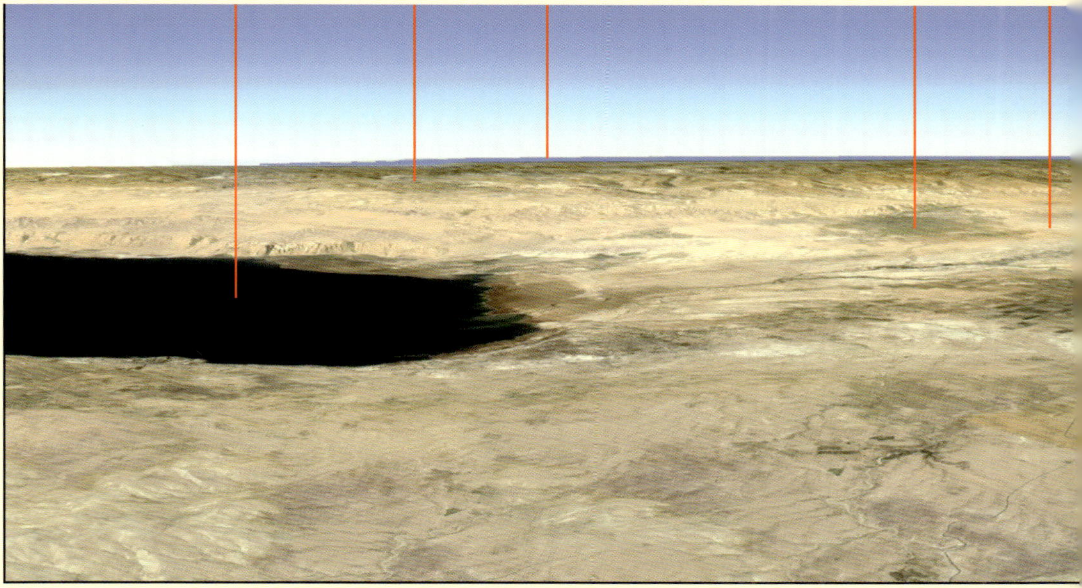

ירושלים
קורן